小阿瑟·M.施莱辛格
史学经典

旧秩序的危机 1919—1933
罗斯福时代

［美］小阿瑟·M.施莱辛格 —— 著

林国荣 —— 译

上海译文出版社

小阿瑟·M. 施莱辛格史学经典

编委会

顾云深　李剑鸣　黄仁伟
刘　鸣　任军锋　邱立波

总　序

小阿瑟·施莱辛格："见证者历史"的书写者

顾云深

美国作为一个世界性大国，虽然立国时间也就区区二百五十年左右，其文化软实力则不容小觑，历史学作为文化软实力的一种呈现，在美国格外受到重视。自二十世纪以来，随着美国国力的增强和国际地位的提升，美国的历史学经历了职业化和学科化的发展，特别是自二十世纪初"新史学"——以历史学家詹姆斯·哈维·鲁滨逊（James Harvey Robinson）一九一一年的著作《新史学》（*The New History*）出版为标志——发轫之后，极力主张打破狭隘的政治史研究传统，用进步的、综合的、多因素的观点从整体上考察历史的发展和演变，倡导历史学与新兴的社会科学相结合，注重历史的社会功能，强调历史为现实服务。由此呈现出史学发展的新面向、新格局和新趋势。在二十世纪美国史学发展的进程中，小阿瑟·M. 施莱辛格无疑是一位令人瞩目的历史学家，他与理查德·霍夫施塔特（Richard Hofstadter）、埃里克·戈德曼（Eric Goldman）、丹尼尔·约·布尔斯廷（Daniel J. Boorstin）等同一代著名史学家成为接续二三十年代"进步主义史学"之后，在一九四〇年代至一九七〇年代最为活跃、最负盛名的历史学家，直至一九八〇年代之后各类新流派、新转向，如"新文化史""新政治史"等的出现后被迭代，但是，他们是二十世纪中期承上启下的一代史学家群体，也被贴上"自由主义史学""保守主义史学"或"一致论史学"等标签。

小施莱辛格出身史家名门，其祖父一代一八六〇年从德国移民至美国，父亲阿瑟·M.施莱辛格一九一七年从哥伦比亚大学获得博士学位，随后走上历史学教学和研究的道路，曾先后执教于俄亥俄大学和艾奥瓦大学，一九二四年获聘于哈佛大学，小施莱辛格随全家一起迁居到波士顿剑桥，从此与哈佛结下了深深的情缘。作为二十世纪初"新史学"的倡导者和践行者之一，小施莱辛格勇于打破美国传统精英史学的羁绊，尤其关注美国社会生活史、劳工史、妇女史、黑人史等，所撰写的《殖民地商人与美国革命，1763—1776》(*The Colonial Merchants and the American Revolution, 1763—1776*)、《美国历史新观点》(*New Viewpoints in American History*)，以及主编的多卷本《美国生活史》(*A History of American Life*)等均获得学界的好评，其与弗雷德里克·杰克逊·特纳（Frederick Jackson Turner）、查尔斯·奥·比尔德（Charles A. Beard）、弗农·路易斯·帕林顿（Vernon Louis Parrington）等人一样，被认为是"进步史学派"的代表人物。

小施莱辛格的母亲伊丽莎白·班克罗夫特（Elizabeth Bancroft）据称和十九世纪美国最具声望的政治家、历史学家乔治·班克罗夫特（George Bancroft）是远亲。小施莱辛格从小受到家庭的熏陶，尤其是得到父亲在人文教育方面的培养，其年少聪慧，博览群书，涉猎甚广，一九三三年，小施莱辛格十六岁，已经从高中毕业，考虑到进大学年龄还小，同时为了奖掖他学业优秀，父亲带全家进行了一次环球旅游，以开阔他的眼界，更多地了解世界。他们游历了东亚、东南亚以及欧洲许多国家，瞻仰了人类文明史上许多著名的历史遗迹，从金字塔到雅典卫城、庞贝古城，从紫禁城、万里长城到吴哥石窟。正是在北京，哈佛大学毕业后又在牛津大学获得博士学位的费正清（John King Fairbank，当时他正在中国从事研究和学习汉语）带着他的新婚妻子威尔玛·坎农（Wilma Cannon，中文名费慰梅）前来拜访施莱辛格一家，与小施莱辛格结识。威尔玛·坎农的父亲沃尔特·布拉德福德·坎农（Walter Bradford Cannon）是哈佛大学医学院著名生理学家（坎农家的旧宅所在地后来建成现在的哈佛燕京图书馆）。一九三六年小施莱辛格进入哈佛大学读书，这位十九岁的一年级新生认识了比自己大五岁的女孩玛丽安·坎农（Marian Cannon），她正是威尔玛·坎农的妹妹。当时已经回到哈佛的费正清夫妇慧眼识珠，也曾为他们的姻缘牵线搭桥。两人成婚后，小施莱辛格与费正清不仅变成了连襟，两位历史学家还成了终生的好朋友。我们从两人的相关记载中可以看到，一九八七年正值费正清八十大寿，小施莱辛格夫妇专程去剑桥为其祝寿，而当年恰好也是小施莱辛格的七十大寿，费正清夫妇也特地到纽约海德帕克的罗斯福总统图书馆参加了小施莱辛格的生日庆祝会，彼此之间有着深切的交往（据小施莱辛格《日记，1952—2000》）。

在哈佛求学期间，小施莱辛格师从著名思想史家佩里·米勒（Perry Miller）和文学史家弗·奥·马西森（F. O. Matthiessen），以研究十九世纪美国思想家奥雷斯蒂斯·奥·布朗森（Orestes A. Brownson）的思想为主题的论文获得哈佛大学的荣誉学位，论文经他补充修改后成书，于一九三九年四月正式出版，书名为《奥雷斯蒂斯·奥·布朗森：一个朝圣者的成长》(*Orestes A. Brownson: A Pilgrim's Progress*)。这本书出版以后，受到一些史学名家如比尔德、亨利·斯蒂尔·康马杰（Henry Steele Commager）等人的好评，比尔德称之是"对美国历史写作的真正思考"。正是由于对布朗森的思想史研究，小施莱辛格对十九世纪美国社会历史发展和演变有了更为深切的理解，他接触大量有关社会等级和思想冲突、宗教教派和神学思想、社会经济和政治变迁等方面的文献史料，对一八三〇年代民主党总统杰克逊当政时期，美国由早年的精英民主政治向大众民主政治转型产生了兴趣，尤其是对当时美国史学界关于"杰克逊民主"的传统诠释产生疑惑，如"边疆学派"宗师特纳从"边疆在美国历史上的重要性"的角度，把"杰克逊民主"主要解释为"源自密西西比河流域的边疆民主社会"，过于强调区域利益冲突，而忽略财富与阶级的不平等和冲突。这样的问题意识激发起小施莱辛格对探究杰克逊时代历史的浓重兴趣。同时，他也试图在美国的历史中为当时罗斯福总统正在大张旗鼓实施的"新政"寻找先例，以此证明"新政"的合法性。他把思想史研究与政治史研究结合起来，以思想史的方法来研究政治史，采用文献档案和口述史并重的手段，对杰克逊时代美国社会的转型、美国民粹主义运动的兴起、两党制度建构与形塑等问题，进行了深入细致的研究，撰写了成名作《杰克逊时代》，打破了以特纳为代表的"边疆学派"片面地将"杰克逊民主"的形成完全归因于西部边疆生活的观点，他认为，"杰克逊民主"同样具有重要的东部起源，尤其是杰克逊主义中的激进主义的来源，就是东部那些思想家和知识分子的产物，他明确提出阶级冲突是发生社会变革动力的观点，认为"杰克逊民主"的真正动力源于日益城市化、工业化的东部，那里的劳工阶级、作家和知识分子在更为激进的经济民主中起到了领导作用。"杰克逊民主"更多地表现为阶级斗争而不是区域之间的斗争，而在美国政治生活中，阶级斗争的形式便是工商业界与其他所有群体对国家控制权的争夺。该书在一九四五年出版后，即获得学界甚高的评价，被认为是"进步主义史学"最后一部具有里程碑意义的著作，"具有成熟的眼光和分析性的思考"（霍夫施塔特语）。史家阿兰·内文斯（Allan Nevins）在书评中称：该书"赋予了杰克逊主义运动新的意义……是值得关注的分析历史作品，充满活力，富于洞察力和新的事实"。《杰克逊时代》获得一九四六年普利策历史著作奖，一举奠定了他在美国历史学界的地位。此时，小施莱辛格才二十八岁，可谓是少年成名。由于其出色的史学才华和成就，同年即被哈佛大学聘为历史系副教授。施莱辛格父子两人同时执教于哈佛大学历史系，施莱辛格把自己在哈佛常开的一门课程"美国社会与思想"拆分成两门课，思想史部分由小施莱辛格开设名为"美国思想史"的课程，他自己则专讲"美国社会文化史"。父子接续，相得益彰，受到了哈佛学生的欢迎，"上阵父子兵"也成为哈佛校园中的一道亮丽风景线。

小施莱辛格和其父母均是坚定的自由主义者，也是民主党的忠实拥趸，他在学生时代就十分赞赏一九三〇年代罗斯福总统为应对美国经济大萧条而实施的"新政"社会改革。面对战后美国出现的保守主义思潮，"反共""恐共"也成为攻击和诋毁"新政"的借口，在东西方冷战的缘起阶段，小施莱辛格对美国历史上的自由主义传统进行了总结和反思，撰写了一部为自由主义张本的政论性著作——《核心：自由的政治》（*The Vital Center: The Politics of Freedom*），于一九四九年出版。此书全面阐述了他对自工业革命以来世界历史发展的深入分析和主要观点，以及对战后国际关系和国际形势发展趋势的判断，提出要理解自由主义传统，秉承"新政"自由主义的路径，除了"核心"，无左无右。唯如此，才能真正捍卫美国的自由民主制度。他的这部政论性著作被评论界视为"一部战后自由主义的宣言"，同时，也标志着小施莱辛格从进步主义历史观向自由主义历史观的转变。在"非美活动忠诚调查"和麦卡锡主义猖獗的年代，他秉持自由主义的立场，认为意识形态的对立只是思想的分歧，并非你死我活的斗争，反对对同情和支持左翼的知识分子进行打压和迫害，他不赞同把所有身为共产党员的教授开除出大学的观点，主张"在课堂上要采取价值中立的态度"。

从第一次世界大战结束到第二次世界大战结束的三十年间，美国经历了一些具有特殊意义的历史事件："一场史无前例的资本主义扩张，一次美国历史上最大的经济危机，一场引人注目的政治改革试验，一次天翻地覆的世界性战争。美国跃居世界领先地位。"（埃里克·方纳《新美国历史》）大家都想了解自己所生活的那个动荡起伏、风云变幻的年代，专业历史学家们纷纷著书立说，写出了一大批研究这一历史时期的作品。一九五七年至一九六〇年，小施莱辛格出版了《罗斯福时代》三部曲，即《旧秩序的危机 1919—1933》(*The Crisis of the Old Order: 1919—1933*)、《新政的来临 1933—1935》(*The Coming of the New Deal: 1933—1935*)、《剧变的政治 1935—1936》(*The Politics of Upheaval: 1935—1936*)。与绝大部分论述罗斯福"新政"的作品或其他罗斯福传记不一样的地方是，小施莱辛格并不局限于"新政"本身来讨论"新政"，也非主要突出罗斯福个人对"新政"的建树和贡献，而是将"新政"和罗斯福个人置于一个特定的、宏观的历史背景中加以考察和论述。他曾说："一切都是以我当时所处的历史时代为条件的。"该三部曲的第一卷《旧秩序的危机 1919—1933》，就着重追溯和分析了"新政"的思想和历史根源，特别是将罗斯福的政治思想与伍德罗·威尔逊、西奥多·罗斯福的政治思想进行对比研究，指出了他们的异同，以及小罗斯福汲取了前任思想观念的合理部分，形成了他自己独特的政治思想和实施"新政"的政治理念。小施莱辛格以后来逐步成型的"美国历史周期理论"为分析范式，他把这种范式称为"全国范围内公共目标和个人利益之间的持续转换"。每隔数十年，就会出现一个这样的历史周期，因此，小施莱辛格深入地分析了一九二〇年代美国社会在共和党保守主义政府治理下，如何从所谓的"柯立芝繁荣"走向经济大萧条的过程。小施莱辛格对"新政"这一历史事件的记述是全景式的，书中翔实地描述了罗斯福动员当地美国人和移民，各种族（无论黑白）选民，无论北方各州还是南方各州的各阶层选民结成联盟来赢得大选的胜利。《罗斯福时代》这部巨著还"记录了美国社会在公共政策引导下成功向现代资本主义社会转型与过渡的过程，充分展示了现代民族国家采取切实有效的尝试和举措，增强危机的处置能力，妥善应对史无前例的经济困境，从而帮助人们克服恐惧心理，摆脱危机阴影，取得经济发展和社会改革的业绩和成效"（艾拉·卡茨尼尔森《恐惧本身：罗斯福新政与当今世界格局的形成》）。小施莱辛格还认为，"新政"是悠久的改革传统的一部分，该传统可以追溯到美国的立国之初。

"新政"改革也是群众性的民主运动的一部分,这场运动在与那些贪婪自私的利益集团的斗争中获得了成功。这部著作气势宏大,文笔优美,论述生动有力,感人至深,出版后获得了史学界和一般读者的欢迎和好评,极大地影响了人们对罗斯福时代的看法,第一卷《旧秩序的危机 1919—1933》还获得了美国历史学最高奖班克罗夫特奖,著名史学家约翰·威廉·海厄姆(John William Higham)曾评价说:"自从乔治·班克罗夫特那个时代以来,首次有一部描述美国历史中一段时期的多卷本学术著作能获得如此高度的赞扬。"(海厄姆等《历史: 美国历史研究的发展》[History: The Development of Historical Studies in the Unite States]) 当代史家卡茨尼尔森也指出,在众多历史学家中,小施莱辛格"首先提出了围绕救赎这一主题书写'新政'历史的主张。这也是最早由职业历史学家对这一主题作出的严肃评判,为后来的'新政'研究定下了基调"。

在《罗斯福时代》三部曲中,小施莱辛格解释历史的框架再次发生了变化,他不再坚持"进步史学派"的那种"阶级冲突论",而是致力于论证"美国的政治传统主要是基于一种自由主义的和谐一致"。后来有人也把他归入"和谐论"的历史学派中,其实他与"和谐论"有所不同,他更大程度上是一个自由主义史学的代表人物,不仅在历史研究和历史书写中秉持这样的观念和立场,在参与具体政治实践时,亦是如此。由于两次世界大战的经历,小施莱辛格体会到知识分子的思想和才华也可以对社会与现实政治产生影响,他希望自己不同于父亲,仅仅充当一个温和的自由主义者,而是像他从小就敬仰的先辈班克罗夫特一样,既能成为一位伟大的历史学家,也能在政治舞台上发挥自己的作用。他对于介入政治行动有很大的热忱和积极性,也成了一个在政治上的行动主义者。一九四七年他与罗斯福夫人埃莉诺等人一起发起组建了自由主义者的政治组织"美国人争取民主行动"(ADA),并在该组织中发挥思想智囊的作用。一九四九年出版的《核心》一书,被称为"战后自由主义的宣言"，自然也是 ADA 的行动纲领。一九五二年和一九五六年，小施莱辛格先后两次参加了民主党人阿德莱·史蒂文森的总统竞选班子，成为史氏的演讲撰稿人，但是，史氏两次都败给了共和党候选人艾森豪威尔。然而，小施莱辛格的自由主义观念引起了民主党参议员约翰·肯尼迪的注意，遂将其吸纳到自己一九六〇年的总统竞选团队中来，一方面，他觉得小施莱辛格可以成为他和自由主义知识精英之间的一座桥梁，另一方面，他觉得小施莱辛格对自由主义观念的一些阐释可以为他的竞选纲领提供一些新意，这恰恰是他本人最感缺乏的。正如肯尼迪传记的作者罗伯特·达莱克（Robert Dallek）所言："施莱辛格加入肯尼迪的竞选阵营，主要是因为他认为肯尼迪与史蒂文森相比是个更加现实的自由主义者，而帮助杰克发现一种与众不同的自由主义观点的正是施莱辛格。"（罗伯特·达莱克《肯尼迪传》[*An Unfinished Life: John F. Kennedy, 1917—1963*]）肯尼迪试图学习罗斯福，网罗了一批知识精英进入他的智囊团，小施莱辛格与沃尔特·惠特曼·罗斯托（Walt Whitman Rostow）、约翰·肯尼思·加尔布雷思（John Kenneth Galbraith）等人一样成为大卫·哈伯斯坦（David Halberstam）所称的"出类拔萃之辈"中的一员，肯尼迪任命他为总统的特别助理，参与白宫内外事务的处理。史学家从政，究竟能发挥什么样的作用？这确实引起过一些人的质疑。肯尼迪的密友和幕僚特德·索伦森（Ted Sorensen）曾写道："其在白宫的职责还是引起了一些人的诟病，说他不过是装饰门面的知识分子，这些人或者不了解肯尼迪总统以史为鉴、对历史的重视程度，或者不了解阿瑟有着多么敏锐的政治头脑……后来阿瑟写的关于约翰·肯尼迪和罗伯特·肯尼迪的传记充分证明了白宫的选择是明智的。"（特德·索伦森《总统幕僚：在肯尼迪身边十一年》[*Counselor: A Life at the Edge of History*]）

一九六三年十一月二十三日，肯尼迪总统在达拉斯遇刺身亡，一九六八年六月四日，曾在肯尼迪政府中担任司法部部长的弟弟罗伯特也被刺杀身亡。罗伯特·肯尼迪遇刺身亡后一个月，其遗孀埃塞尔就向小施莱辛格提出要求，请他为其丈夫撰写一部传记，尽管此时小施莱辛格还沉浸在肯尼迪总统遇刺后深深的悲伤之中，他曾对朋友说："因为伤心欲绝而无法静心思考。"（理查德·奥尔德斯《施莱辛格：帝国历史学家》[*Schlesinger: The Imperial Historian*]）但是面对肯尼迪兄弟的遗孀杰奎琳和埃塞尔以及他们的家庭，他都是无法拒绝的。他说过，作为一个"长时期以来唯一能从白宫这一有利位置观察历史的职业历史学家"，当然义不容辞地有责任把这段历史记录下来。另一方面，他也是为了回应当时由著名记者与史家威廉·曼彻斯特（William Manchester）的畅销书《总统之死》（*The Death of a President*）中对肯尼迪兄弟夸张和不实的叙述。为了如实记录肯尼迪总统白宫执政的岁月，他曾应肯尼迪的要求，积累了许多重大事件决策过程的记录和笔记（本是准备为肯尼迪将来自己所用），后来又对一些当事人作了口述史实录来加以补充。他花了一年多的时间，撰写了《一千天：约翰·菲·肯尼迪在白宫》，一九六六年再度获得了普利策奖和国家图书奖。后来又完成了罗伯特·肯尼迪的传记《罗伯特·肯尼迪及其时代》（*Robert Kennedy and His Times*），此书也获得了国家图书奖。因为要连续为肯尼迪兄弟立传，他不得不放下《罗斯福时代》第四卷的写作，致使这部伟大的多卷本著作始终存在未竟的遗憾。事实上，作为肯尼迪的同龄人，小施莱辛格对于"接过火炬的一代"（指出生于二十世纪的年轻一代政治家）有着充满理想主义色彩的期望，按照他正在逐步成型的"美国历史周期理论"，肯尼迪正是接续罗斯福"新政"改革传统的一代，这一代不但可以塑造出一种新型的自由主义，而且是在政治上可能更能创新的人。《一千天》如同他的前两部作品一样，具有优秀史家的宏大叙事风格，史实清晰，细节生动，为读者勾画出肯尼迪当政时期内外政策形成和决策的历史情境。

当然，小施莱辛格从内心深处希望能将肯尼迪时代与美国历史上的自由主义改革传统接续起来，为它的存在提供合法性的证明。正是由于对肯尼迪兄弟执政历史的分析和记载，他写成了从"杰克逊时代""罗斯福时代"，直到"肯尼迪时代"的美国民主党自由主义传统和推进社会变革的作品系列，也形成了小施莱辛格主要历史著述的一个特征。作为被评论界称为一度处于美国政治核心圈的人物，小施莱辛格如此接近政治权力中心，可以利用局内人和局外人的双重身份以及历史学家的独特视角来描述和分析美国统治集团内部的政治运作，但这样的描述和分析能否摆脱政党圈子的立场和偏袒，能否具有真正的客观性和可信度，也常常遭到学界和社会的质疑，有人就说他是"肯尼迪的卡米洛"，是"宫廷历史学家"，是"肯尼迪神话"的制造者之一。但是，小施莱辛格指出，在历史学职业化之前，许多伟大的历史学家撰写的历史就源于他们亲身的经历。涉足历史记录的客体对历史学家而言是有益的。他后来在谈到历史学的功用时指出："历史学家的目标是在重现往事的过程中力争做到准确、抽丝剥茧与客观公正。但是历史并非仅仅是供奉于大雅之堂中的一门学科，它在国家走向未来的过程中扮演着独特的角色。历史之于国家就像记忆之于个人，一个人被剥夺了记忆，会感到无助与迷失，全然忘记他去过哪里或即将前往何处。以此类推，当一个国家否定了自己的历史时，它将无法应对自己的当下和未来。"

离开白宫后，小施莱辛格又回到校园，他被纽约市立大学聘为阿尔伯特·史怀哲人文讲座教授，除了教书写作，也较多地参与社会政治活动，发挥着一个自由主义公共知识分子的作用，关注着美国社会和政治，在各类媒体上发表了许多论文和时评，一部分结集出版，如讨论美国历史发展问题的《美国历史的周期》（*The Cycles of American History*），探讨美国总统制度的《帝王总统》（*The*

Imperial Presidency）和《战争与美国总统制》（*War and the American Presidency*），参与美国种族问题与多元文化主义争辩的《美国的分裂：对多元文化社会的思考》（*The Disuniting of America: Reflections on a Multicultural Society*）。其"美国历史周期理论"来源于其父亲施莱辛格的"国家政治趋势论"，并吸纳了一九六〇年代社会学中"代"的理论发展而成，认为美国"政治周期"就是国家在公共目标与个人利益之间的一种持续不断的运动。他以此理论解释二十世纪的美国历史，对一些相关的社会科学领域产生了一定的影响，不过褒贬不一，争论不少。对美国总统制的研究，主要体现其自由主义态度和立场，尤其是针对二十世纪以来美国总统行政权力的扩张，小施莱辛格提出了"帝王总统"的概念，其时恰逢美国政界为尼克松总统的"水门事件"闹得沸沸扬扬之际，"帝王总统"很快成为被学界和社会接受的一个政治术语，认为其恰如其分地阐释了二十世纪以来随着美国经济实力增长和国际地位上升，美国总统制所发生的变化。由于其长期参与总统竞选的实践，并一度担任总统的特别助理，使那些研究总统史的专家也不得不承认其著述具有很强的说服力（福里斯特·麦克唐纳《美国总统制：一部知识史》[Forrest McDonald, *The American Presidency: An Intellectual History*]）。对于自一九八〇年代兴起的关于"多元文化主义"的讨论，小施莱辛格也积极参与其中，一九九一年出版的《美国的分裂：对多元文化社会的思考》一书，即是他针对美国的种族歧视和种族隔离的历史痼疾，将"多元文化主义"放在美国历史发展的进程中加以考察的成果，他认为正是来自世界各地的民族和种族怀着共同的信念和理想，在北美大陆的历史进程中逐步"合众为一"，而融合成为一个全新的国家和民族。他坚持美利坚国家认同，反对偏执地极力地宣扬"非洲中心论"、从一个极端走向另一个极端的倾向，担忧族群自我认同超越国家认同有可能产生的危

害，其最终结果必将导致美国的分裂。对照当下的美国，小施莱辛格的担忧不无道理。

　　作为历史学家的小施莱辛格，一生笔耕不辍，除了为世人留下了十几部史学专著之外，还主编过许多有价值的历史文献资料，如在《牛津美国历史学会历史文献指南》（*The American Historical Association's Guide to Historical Literature*）中就列入了其主编的《大西洋移民与美国的建立：1607—1860》，此外还有《美国的思想道路》（*Paths of American Thought*）、四卷本的《美国政党史》（*History of U.S. Political Parties*）和十卷本的《美国总统选举史：1789—1984》（*History of American Presidential Elections, 1789—1984*）等。二〇〇〇年他八十三岁，出版了自己两卷本的回忆录中的第一卷《20世纪的历程：1917—1950》（*A Life in the 20th Century, Innocent Beginnings, 1917—1950*），二〇〇七年去世后，他的儿子安德鲁（Andrew Schlesinger）和斯蒂芬（Stephen Schlesinger）又根据他的日记编辑了回忆录的第二卷《日记：1952—2000》以及《小施莱辛格书信集》（*The Letters of Arthur Schlesinger, Jr.*）。由于小施莱辛格具有多重面向，西方著名的《历史学家与历史著作百科全书》（*Encyclopedia of Historians & Historical Writhing*）认为他"可能是二十世纪下半叶最知名和最具争议的历史学家"。二〇一七年，英国史家理查德·奥尔德斯编写出版了小施莱辛格的传记《施莱辛格：帝国历史学家》，因其九十年的一生确乎伴随着美利坚"帝国"盛衰荣辱的过程。一九八八年十月二十六日，《纽约时报》用一整版的篇幅，刊登了一份自由主义的公告，训斥时任总统里根对自由主义的嘲弄和轻蔑，坚称自由的原则是永恒的。包括小施莱辛格、肯尼思·加尔布雷思、丹尼尔·贝尔（Daniel Bell）在内的六十三位著名自由派公共知识分子在上面署了名，当代著名历史学家托尼·朱特（Tony Judt）称他们是"关键的知识分子核心人物，是美国公共生活中的坚强道德中心"（托尼·朱特《重估价值——反思被遗忘的二十世纪》[*Reappraisals: Reflections on the Forgotten Twentieth Century*])。

二〇一五年我在为谈丽博士的专著《小阿瑟·施莱辛格史学思想研究》(复旦大学出版社，二〇一五年)撰写序言时曾说道："在中国，不知出于什么原因，除了《一千天：约翰·菲·肯尼迪在白宫》和由其主编的《美国政党史》有中译本(其实都是摘译本)之外，他的重要著作《杰克逊时代》《美国历史的周期》《罗伯特·肯尼迪及其时代》《帝王总统》《罗斯福时代》三部曲以及《美国的分裂：对多元文化社会的思考》等，目前都无中译本。而事实上，对小施莱辛格的史学与史学思想的剖析和研究，无疑有助于加深我们对二十世纪美国史学史和思想史的理解。"二〇一六年，上海译文出版社决定把译介小施莱辛格的主要史学著作列入该社的出版计划，并购买了其中十部主要史学著作的版权，翻译出版，以飨读者。小施莱辛格的史著是二十世纪中期的作品，尽管它的某些观点和结论已经显得落伍，他本人也始终摆脱不了时代和阶级的局限性，但是在美国史学史、政治史和思想史研究发展过程中，无疑还有其一席之地，特别是《杰克逊时代》《罗斯福时代》等作品，既有学院派职业历史学家的深邃眼光和扎实功力，又兼具深受读者喜爱的通俗历史作品书写中叙事精彩和文笔生动的特点，至今仍被认为是史学的经典之作。对于中国读者来说，要了解二十世纪美国历史，小施莱辛格的史学作品依然是值得一读的。如果要想深入了解小施莱辛格的史学思想，前述谈丽博士的专著《小阿瑟·施莱辛格史学思想研究》可以说是目前国内学界最为扎实最为深入的著作，可以参照阅读。

二〇二一年九月

献给莱因霍尔德·尼布尔

每一场革命最初都是一个人心里的一个想法。

——爱默生

目 录

2003 年版前言 　　　　　　　　　　　　　i
1956 年版前言 　　　　　　　　　　　　　vii

一　序幕：1933 年　　　　　　　　　　　 3

第一部分　镀金岁月

二　正午阴云　　　　　　　　　　　　　15
三　新国家主义　　　　　　　　　　　　22
四　新自由　　　　　　　　　　　　　　35
五　国家主义化的"新自由"　　　　　　41
六　亢奋与败落　　　　　　　　　　　　47

第二部分　繁荣政治

七　白宫的普通人　　　　　　　　　　　61
八　常态　　　　　　　　　　　　　　　66
九　共和党经济学　　　　　　　　　　　74
十　商业时代　　　　　　　　　　　　　86
十一　"新时代"的先知　　　　　　　　93

第三部分　外部视角

十二	困顿政治	111
十三	乡村震荡	125
十四	劳工骚动	133
十五	公共电力政策的斗争	140
十六	1928 年选战	150
十七	自由主义哲学	156
十八	知识分子的反叛	173

第四部分　黑暗幽谷

十九	崩盘	185
二十	"新时代"窘境	192
二十一	恐惧蔓延	198
二十二	商业大分裂	210
二十三	改革议程	217
二十四	告别改革	239
二十五	华盛顿的高潮	261
二十六	1932 年危机	287

第五部分　萧条政治

二十七	民主党备战	315
二十八	芝加哥决议	340

第六部分　快乐战士

二十九　哈得孙河畔的童年　　365
三十　　华盛顿历练　　　　　396
三十一　浴火　　　　　　　　424
三十二　在奥尔巴尼的责任　　444

第七部分　昏暗平原

三十三　为美利坚而战　　　　475
三十四　举国期待　　　　　　506
三十五　混沌空位期　　　　　524

注释　　　　　　　　　　　559

2003年版前言

本书是《罗斯福时代》的第一卷，问世之时，距离富兰克林·罗斯福去世仅十二年。因此，这本《旧秩序的危机1919—1933》享有优势，年代切近让叙事鲜活生动。作者成长于罗斯福时代，访问过从"大萧条"和第二次世界大战过来的人，其中很多人认识富兰克林·罗斯福，与他共事，抵制他，爱他，恨他。如同阿列克西·德·托克维尔所观察到的，时代的参与者要比后人更了解"时代观念的动向，民意的潮流，即便他们的时代已经过去了，仍然能够在思想和心灵中感受到时代的震颤"。（当然，后世之人自有补偿性优势——新的视角，对事情的来龙去脉会有更清晰的了解，能够接触到私人文件和解密的档案，避免了时代成见，等等，以及诸般后见之明。）

《旧秩序的危机》力图呈现从第一次世界大战结束到"大萧条"开启之际的美国。"美国人的头等生意就是生意"——这是卡尔文·柯立芝总统在1925年给出的著名评说，商业宗教已然渗透并主宰了美国社会。"修建一座工厂如同修建一座神殿，"柯立芝申述说："……在工厂工作，如同在神殿敬神。"这个社会将商业领袖奉为新宗教的先知，甚至耶稣基督也有了新的使命；广告界人士布鲁斯·巴顿对人子极尽赞誉之能，因为他"从商业社会底层甄选了十二人，将他们打造成一个征服世界的组织"。

1920年代是商业崇拜的盛世，美利坚大地充斥着种种的说教和自我欺骗。但对于"异端"——门肯、辛克莱·刘易斯、菲茨杰拉德、德莱塞、海明威、弗罗斯特、奥尼尔——而言，这是闪闪发光的十年,艺术上富有创造力,充满了机智、讽刺和悲剧的洞见。

这些当然都是很久以前的事情了。1920年代更接近内战时期而非21世纪。不过在某些方面,特别是诸多经济幻象,与我们最近的时代却有几分相像,此等情形十分诡异,令人不寒而栗。

1920年代似乎迎来了一段经久的繁荣期,牛市似乎坚不可摧,股价节节攀升,势头似乎注定要永远持续下去,人们对商业领袖的智慧无条件信任;人们为这个年代欢呼喝彩,不久,这段岁月便有了"新时代"的称号。赫伯特·胡佛于1928年大选时说道:"今天的美利坚,距离最终战胜贫困的目标已是如此之近,这是人类历史之上任何地方都不曾有过的景象……如果有机会继续推进过去八年的政策,在上帝的护佑下,我们很快就能见证贫困在这个国家彻底绝迹。"耶鲁大学著名经济学家欧文·费雪于1929年秋天总结了"新时代":"股价攀升到高位了,而且看来这个高位期将会是永久的。"

1990年代看来也迎来了自己的"新时代",人们对这个"新时代"的信仰同样撩动人心,只不过这次,人们称之为"新经济"。这是"有史以来最大的牛市"的时代,这是非理性繁荣的时代,这是肆意投机的时代,这是残忍欺骗投资者和劳动者的时代,这也是肆意消费以及浮华生活的时代。公司高管自领薪酬,一天的所得超过了普通劳动者一年的收入,一旦察觉前方危险,赶在市场崩塌之前将手中股票悉数抛售,令劳动者和投资者在第二天清晨沦落凄风苦雨之境地。艾隆·斯隆有言,"人们一度认定安然公司代表着未来,是一家实实在在的'新经济'公司"。20世纪头几年曝光的商业丑闻——安然、安达信、泰科、世通、阿德菲亚等等,同1920年代的过度实在是再匹配不过了。

约翰·肯尼思·加尔布雷思《大崩盘》一书已然成为对1929年那场灾难的经典描述:"金融记忆通常维持十年左右。每隔十年涌现出一代新人,人们会相信他们是金融天才,他们自己对此也深信不疑。"投机、近乎迷狂的自我欺骗、市场原教旨主义以及贪婪催生的种种骗局,其背后的运作机理最终不可避免地刺破金融泡沫。如果说,泡沫破灭之于1990年代"新经济"的灾难性小于1920年代"新时代"泡沫破灭之时,如果说,1990年代没有出现新秩序的危机,原因很简单:1929年的"大崩盘"催生了"新政"。

1929年的合众国,并没有内嵌的经济稳定机制,没有安全网,没有社会保障,没有失业补助,没有银行存款保险基金,没有最低工资制度,没有农业价格扶持机制,也没有证券交易委员会这样的建制。

"新政"之前,合众国差不多每隔二十年就会经历一次严重萧条——1819年、1837年、1873年、1893年、1907年以及1929年——"新政"之后的六十年里,则没有出现大的萧条。"新政"的立法举措改变了市场规则,建立了对经济的公共监管机制。

那么,该如何解释1980年代一系列储蓄—贷款丑闻以及2002年的安然丑闻呢?如同证券交易委员会前主席阿瑟·刘易斯告诉国会的那样,"失灵的不仅是监管资本市场的系统"。为什么系统会失灵?就因为此类监管性质的委员会,即便能逃脱放松管制的狂潮,也常常被应监管的商业集团接管并操控。

具有讽刺意味的是商业集团的领袖剧烈抵制"新政"的诸般举措和政策,尽管"新政"旨在恢复经济活力,保护投资者、消费者和劳工。富兰克林·罗斯福所说的"经济保皇主义者"输掉了那场战争,即便经济得以复苏,旧秩序的力量和声望也在随后的半个世纪里始终不曾恢复。罗斯福的历史性贡献是将资本主义从资本家手中拯救出来。

富兰克林·罗斯福在绝望和困顿时期入主白宫。跟合众国历史上其他的伟大总统一样,他也是毁誉参半的人物。大多数美国人敬仰他。愤怒的少数派恨他。他是20世纪最招人爱也最招人恨的总统。

改革总会激怒旧秩序的受益者。当本书于1950年代问世时，1930年代的怒潮并没有得到实质性的缓解。强烈憎恶"白宫里的那个人""他的阶级的叛徒"的人们，仍然不在少数。这也解释了读者在我1956年版的"前言"中可能发现的防御性语气。

时光进入21世纪，1930年代和1940年代的刻骨激情早已经退潮。历史学家和政治学家们通常将富兰克林·罗斯福视为合众国最伟大的三个总统之一，另两位分别是林肯和华盛顿。富兰克林的身影高高耸立，困扰着他所有的继任者，正如威廉·洛伊希滕堡教授在其1985年的杰作所阐述的，"在富兰克林·罗斯福的阴影下"。

即便在1980年代，罗纳德·里根全力推进针对罗斯福新政的反向革命，这位深染保守信仰的总统谈及富兰克林·罗斯福，依然满怀深情和敬重，这毫无疑问是因为，当他年轻，很可能更聪明时，他将前四次总统选票都投给了罗斯福。1990年代，纽特·金里奇虽然致力于通过"与美利坚的契约"来完成里根的这场反向革命，也仍然称富兰克林·罗斯福为二十世纪最伟大的总统。

历史绝不能写成圣徒传记。富兰克林·罗斯福拥有卓绝的领导才能，对于时代的关键问题，有着高超的直觉，在甄选并管理那些有着十足干劲和想象力的下属方面，也能力出众，作为公众教化者，他的能力是十分惊人的，也有着同样惊人的能力去提振美利坚民众的士气。不过，他可绝非没有缺陷。在政策和政治上，他都犯过不少错误。有时候，他也会贪得无厌，诡计多端，也会虚荣、过分随意且相当无情。可以说，他以一人之身融合了高远的理想主义和粗粝的甚至是细碎的现实主义。换言之，他确实是伟人，同时，也难免人性的脆弱、摇摆和错误。

不管怎么说，他对合众国的贡献是巨大的。至于他对世界的贡献，当然会有人认为个人对历史影响有限，我希望持这种看法的人，不妨品读一下本书第536页括弧里的段落。

民主伟大的力量，在于其自我纠正的能力。自我纠正需要强有力的领导力。正如詹姆斯·布赖斯在《美利坚联邦》里所说,"一切政治体制当中,最需要伟大的领导的,恐怕就是民主体制了"。过去的美利坚,伟大的领导人总是能够在需要的时刻应运而生。未来的美利坚呢?

小阿瑟·M.施莱辛格
2002 年 10 月 15 日

1956 年版前言

  罗斯福时代绝非仅限于富兰克林·德拉诺·罗斯福身为总统的十二年时光。实际上，1933 年—1945 年间的桩桩件件将美国人的生活推上了巅峰。国家在应对"大萧条"和战争的剧烈挑战之时，调动了早期进步主义运动的资源、早期的战争能量以及历时十年积累起来的商业领袖资源，此等资源自然也是道德和智识双方面的。若要真正理解罗斯福的施政生涯，就必须将之置于借由整整一代人的观念、希望和经验熔铸而成的背景当中。

  现在写富兰克林·罗斯福，我觉得并不是一个好的时机。历史学家都知道，一位领袖人物的声誉，在其谢世之后十年到二十年间，往往处于谷底。对于刚刚渐行渐远的历史，人们通常看不太清楚。那情形就如同我们置身一轮历史浪涛的底端；唯有等到下一轮历史浪涛袭来，将我们送上高处的时候，才能真正回顾并看清楚之前发生的事情。西奥多·罗斯福和伍德罗·威尔逊的情况就是这样，他们直到最近才从相对不利中走出来，光阴流转暂时地谴责了他们。

  此时书写罗斯福，当然不是说我有能力超越限制。目前的观点，当然不足以支撑任何持久的评判，对这一点，身为作者比任何人更清楚。不过，在如此切近的时段入手写作，也有另外一些优势可以作为补偿，特别是可以征询重大事件的参与者，从而抢救一些信息，若是推迟写作，则这些信息很可能就没有机会付诸文字了。当然，在这方面，本书尚不能自认做到了完全和彻底。作者欢迎一切的修正和拓展，以便改进并推出新的版本。

撰写这部作品，需要感谢的人当然很多。我的父亲阿瑟·M.施莱辛格（Arthur M. Schlesinger Sr.），一如既往地是智慧和灵感的源泉，一如既往地是我的向导。他和我的母亲伊丽莎白·班克罗夫特·施莱辛格悉心审读了书稿，还做了大量其他的工作，在此，请容许我致谢。要特别感谢我的两位好友，西摩·E. 哈里斯和约翰·肯尼思·加尔布雷思，这些年，他们极为耐心地忍受了我在经济问题上的无知，并从批评角度审读书稿，改正了书中的很多错误，当然，若是书中仍然有错误，责任在我。还有一批研究罗斯福的同道中人，比如赫尔曼·卡恩、弗兰克·弗赖德尔、巴兹尔·劳赫以及约翰·M. 布卢姆等，都毫无保留地为我提供建议和意见。还有一些朋友审读了部分或者全部的文稿，他们给出的批评意见极大地改进了书稿，这些朋友是：埃米利·莫里森·贝克、鲁思·哈里斯、巴巴拉·文德尔·克尔、玛丽·麦卡锡、理查德·H. 罗维尔以及莫顿·G. 怀特。此外，保罗·布鲁克斯、海伦·菲利普斯和霍顿·米夫林出版公司的安妮·巴雷特也都给予我很有价值的建议。

在此要特别致谢富兰克林·罗斯福图书馆以及赫尔曼·卡恩，身为馆长，卡恩可谓出色的典范，告诉大家图书馆如何最大程度地襄助学术研究。当然也要特别感谢乔治·罗奇、威廉·J. 尼古拉斯以及图书馆团队的其他成员，这个团队令人仰慕。哈佛大学图书馆、国家档案馆以及哥伦比亚大学口述史学会的工作团队也是我要深表谢意的，他们为我提供了很多帮助。在此，也请允许我向阿道夫·A. 伯利、玛丽·W. 杜森、安娜·罗斯福·霍尔斯特德、小亨利·摩根索、雷克斯福德·G. 特格韦尔以及麦乔治·邦迪［亨利·L. 史汀生的文件保管人］致谢，他们允许我查阅并征引他们的个人文件，并在很多问题上向我提供建议。

古根海姆基金会提供的经费让我得以开启本书的研究和撰写；

来自哈佛大学弥尔顿基金会的经费则在后期提供了实质性的帮助。我的秘书朱莉·阿姆斯特朗·杰普森负责录入并校订书稿，勘验注释和参考文献，她在这个过程中表现出了无限的耐心、友善和慷慨，我对她的感激无以言表。我的妻子玛丽安·坎农·施莱辛格提供了锐利且深刻的批评，更在本书写作过程中对我如此担待，如此支持，她的帮助和支持不可或缺，否则，本书是不可能有机会同大家见面的。

小阿瑟·M. 施莱辛格
1956 年 2 月 25 日

旧秩序的危机 1919—1933
罗斯福时代 I

一　序幕：1933 年

1933 年 3 月 3 日，星期五，午夜，白宫。全国各地的银行纷纷关门闭户。美国经济的大钟看来要停摆了。这个富庶、丰裕的国度，土地、森林以及矿产资源之丰厚令人艳羡，更有无与伦比的技术能力和无尽的人力资源，但也难逃厄运，沦落困顿境地，受尽煎熬。钟声响起，宣告总统离任时刻的到来，疲惫不堪的总统最后说道："我们山穷山尽了。还能做什么呢，没有了。"[1]

3 月 4 日，星期六，破晓时分，天色灰暗、惨淡。浓重的冬日阴云笼罩在城市上空。一阵寒冷的西北风裹挟着冷雨奔袭而来。白日里的铅色天空令无助之感更为剧烈。《纽约时报》称："沮丧和低落在这首府之城盘桓不去，人人可感。"上午时光渐渐逝去，人们开始聚集，准备参加中午的仪式，看来，吸引人群的不仅有希望，还有好奇。将近十万人聚在国会大厦前面的广场上，人们集结成群，很是安静，有的坐在凳子上，有的则站在屋顶上。还有人干脆爬到树上，树叶早已经落尽。人们等待着，窃窃私语。有人问："那些看着像小笼子的东西是什么啊？""机关枪。"一个妇女回答，还发出了一阵紧张的窃笑。阿瑟·克罗克写道，"合众国政府的此次更迭，其氛围像是这座首府遭遇了战时围困。"阴暗天光从铅色天空散射而来，人们面容麻木、凝重，更显出一种近乎奇幻的氛围。唯有国会大厦是真实的,在阴云的映衬之下,显现出钢铁一般的冷峻轮廓。[2]

从白宫驱车前往国会大厦的路上,这位即将离任的总统眼帘低垂,面色阴沉,而且,并没有试图掩饰自己的情感。这个国家曾帮他走出艾奥瓦的贫穷农地,让他获得财富和权力,他也以高尚且无私来回报国家,尽心尽责,但最终,这个国家还是拒绝了他。赫伯特·胡佛后来写道:"民主可不是友善的雇主。若想离开选举性的职位,除非患病、死去或者出局。"[3]

按照惯例,离任总统应在3月3日的晚上约请当选总统共进晚宴;但是胡佛拒绝依循惯例,没有向新任总统发出晚宴邀约。最后,还是白宫管家坚持说,当选总统必须有这样一个向前任表达尊重的机会。晚宴的惯例取消了,取而代之的是3月3日下午的一场茶会。"红厅"的气氛着实不自然,在最后时刻关于银行问题的讨论,更是无果而终,令情形更显糟糕。结束晤谈之时,当选总统认为胡佛此时的心境不是太好,颇为委婉地提议即将离任的总统可不必再行回访。胡佛盯着继任者的眼睛。"罗斯福先生,"他冷冷地说道,"如果您像我这样,置身华府这么长的时间,您就会明白,合众国的总统是不会拜见任何人的。"富兰克林·德拉诺·罗斯福领着家人匆匆离开,返回五月花酒店,我们这位当选总统显然是怒了。一位好友后来这么评说当时的情形:"他确实是怒了……这样的情形在他这里可实在是不多见啊。"[4]

汽车在拥挤的人群中驶往国会大厦,胡佛坐在车里,一动不动,表情漠然,漫不经心。很显然,他认为街道两边时不时响起的欢呼声是冲着罗斯福去的,跟他没关系,所以他没有必要回应。但是在罗斯福看来,在敞篷车里坐在当选总统旁边,这最后的时刻当然是属于离任总统;因此,当选总统并不需要去回应那微弱的掌声。于是,敞篷车载着二人在尴尬的沉默中向前行驶。经过宪法大道新建的商务部大楼时,罗斯福本指望曾经当过商务部部长的胡佛至少会回转一下情绪，对人群有所回应、有所表示。罗斯福遂作了几句善意的评说，但即将离任的总统也只是以莫可名状的低语作为回应，这便令当选总统幡然醒转，两个人再也不能像两座冷硬雕像一样僵持下去了。于是，当选总统开始向道路两边的人群展露笑意，并挥舞高顶礼帽。[5]胡佛没有任何改变，依旧面色凝重，不带任何表情。

此时的美利坚大地，笼罩在绝望当中。每四个劳工，便有一人失业。曾经冒着浓烟令天空黯淡的工厂，此时纷纷沦落静寂境地，如同鬼影一般，伫立在那里，像是死去的火山。多少家庭就住在沥青纸包裹的破屋子里或者衬锡的洞穴里，如同野狗一样，在城市垃圾里搜寻食物。10月，纽约市卫生局报告说，公校体系超过五分之一的学生已经营养跟不上了。成千上万的孩子沦落为流浪儿，成了四处浪荡的野孩子。饥饿游行浪潮正在纽约和芝加哥的寒冷街道上涌动而起，这些人深陷困顿和痛苦中。乡村地区的躁动发展成了暴力。农民纷纷拦截行驶在艾奥瓦公路上的运奶车辆，将牛奶倒入沟渠。人们还成群结队，阻止抵押品拍卖程序，将银行和保险公司的人赶出城镇，威胁法庭和法官，并要求抵押债务延期。内布拉斯加，一家拍卖公司侵入一处农田，并没收了两辆卡车，纽曼格罗夫的农民便自行组建民团，命名为"红军"，将卡车夺了回来。西弗吉尼亚，矿区住户纷纷被赶出家园，只能在路边搭帐篷住，靠着菜豆和黑咖啡过活。[6]

1月，爱德华·A. 奥尼尔，亚拉巴马州的一个种植园主，农业局同盟的负责人，就已经坦率地警告参议院的一个委员会："除非为农民做点什么，否则，不出十二个月，乡村地区就会爆发革命。"唐纳德·里奇伯格，芝加哥的一名律师，几个星期之后在参议院的另一个委员会作证说："种种迹象已经表明，倘若当前合法的领导层不迅速采取行动以替代空话，不合法的领袖集团就会兀自崛起并采取行动。"威廉·格林，美国劳工联合会的主席，该联合会素来保守，且这位主席素来温和，此时也不免告诉参议院的一个委员会：倘若国会仍然不推行三十四工时法案，劳工就会实施"大罢工"，以此迫使雇主实施三十四工时制度。参议员雨果·布莱克不免打断了格林的陈词："这样的话，岂不是一场阶级战争吗？"格林回应说："是不是阶级战争我不知道，但可以肯定……这将是暴力的语言，很多雇主只能听得懂这种语言。"[7]无论是城市还是乡村，共产党的组织者轻易就能找到听众，并发展起狂热的追随者群体。

帕特里克·J. 赫尔利，胡佛的战争部部长，将驻扎在得克萨斯州一座小兵站的军队调往肯塔基州。来自得克萨斯州的参议员汤姆·康纳利随即在参议院勃然大怒，指控战争部故意将军队集结在大城市附近。"看看我们这位战争部部长，满眼的恐惧，"康纳利说，"认为那里有赤色分子和共产分子出没。"刚刚就职的纽约市市长则尝试用这样的话安抚这座城市："放心吧，你们的市长足够坚强，会战斗到底。我决不会让这座大都市遭受'红军'的侵袭。"但是在接下来的那个星期里，一群共产党人便设法越过了设置在东六十五街区那座褐砂石建筑前面的警戒线。富兰克林·D. 罗斯福正在这座房子里拟定未来计划，有十一名民主党领袖正在前面的台阶上照相；那群共产党人挥舞着拳头高喊："究竟什么时候能吃上东西？我们要行动！"见此情形，这群民主党领袖慌忙跑回房子里。（这群人中包括了科德尔·赫尔和詹姆斯·F. 伯恩斯；此二人在垮台之前，同共产党方面很可能是有不少牵连的。）警察随即携带警棍将街道肃清。[8]

埃尔默·戴维斯报告说，有一个工业城市的头面人物已经组建了一个委员会，酝酿着一旦电力线路和铁路线被切断，就将这座城市及其周边乡村地区串联成统一的经济区域，来应对危机，戴维斯所说的这座城市其实就是俄亥俄州的代顿市。在棕榈滩埃夫格雷斯的酒会之上，一名银行家宣称这个国家已经到了革命边缘；另一名宾客则打破了惊讶和沉寂，提议公司"尽速逃离合众国，并尽可能多地带走现金"。一名洛杉矶银行家在横跨大陆的火车上宣示说："肯定会有一场革命。农民已经起来了。劳工也快了。赤色分子将会席卷这个国家，也可能是法西斯分子。当然，除非罗斯福做点什么。"[9]

罗斯福能做什么呢？1933 年 2 月，参议院财政委员会传召了一批商业领袖，希望听听他们对这场危机的看法。约翰·W. 戴维斯，美国律师协会的主席，他的陈词是："我没什么好说的，无论是事实还是理论。"宾夕法尼亚铁路公司的 W. W. 阿特伯里说："没有万灵药方。"这些人中的大多数都认同老资格政客伯纳德·巴鲁克的陈词："若再不平衡预算，那就是在玩火。"就在这些人相继给出苍白回应时，这个国家的银行纷纷开始关门了。威廉·吉布斯·麦卡杜对此极为光火，"我们整个的银行体系落入了一批蠢材手中"。[10]

破产观念似乎也席卷了知识界。威廉·艾伦·怀特写道："自由主义令我心碎之处就在于，它不曾弹奏希望的音符，也没有未来的计划，没有任何方案可言。"就在总统就职仪式的前夜，一位著名的宗教界人士宣示了自由社会的讣告。莱茵霍尔德·尼布尔宣示说，他所作文章的前提设定是："资本主义正在死去，并且我的信念是：资本主义应当死去。"寄望内部改革，只能是自欺欺人。"历史上不曾有证据可以表明，统治阶级会因为无能或者不公而放弃自己的社会地位或者特权。"陷入绝望的人并不少，很多人只是巴望着出现救世主。来自纽约州的众议员汉密尔顿·菲什于 1 月下旬致信罗斯福说，在这场危机中，我们定然"会将一切权力都给您，只要您需要"。[11]

此时整个国家进入临界点，众生形象随之涌现：光鲜整洁的男人，身穿双排扣西装，在参议院委员会面前显得那么迷茫且无能；商务办公室以及大学里面弥漫着混乱和阴沉的氛围；乡村俱乐部湮没在恐惧当中。在静寂街道上游行的愤怒人群；在垃圾堆里搜寻食物的人们；美味的牛奶在肮脏的道路上白白流淌；谷仓大门之上悬挂着的套索；干冷的西北风一路袭来，掠过国会山广场。

国会山上，当选总统正在军事事务委员会的房间里等待着。他静静地坐着，面色凝重且苍白，在不断地浏览手中的就职演说稿。来自路易斯安那州的参议员休伊·朗瞥见了当选总统，遂准备冲进房间；但是到了门口的时候，一下子停了下来，然后踮着脚又悄无声息地离开了。还有十分钟到正午时分，罗斯福便开始沿着走廊向参议院大厅走去，但是被拦住了。"好吧，"他说，"我们就再等会儿吧。"就职时刻到来之际，罗斯福便坐着轮椅，直奔东门；接着便步行了三十五码，来到典礼台。

就在刚刚，同样的参议院大厅里面，新任副总统、来自得克萨斯州的约翰·南斯·加纳宣誓就职。紧接着人群从参议院大厅拥出，直奔外面的典礼台附近。人们拥入国会大厦东门的狭窄出口，将逃生通道都堵塞了。加纳和即将离任的副总统、来自堪萨斯州的查尔斯·柯蒂斯，此时都已经抵达典礼台旁边。这个可怜的得克萨斯人没有穿外套，在凛冽寒风中瑟瑟发抖；遂借了条围巾将脖子围了起来。身边的柯蒂斯已经用厚厚的毛外套将自己裹了起来，就那么缩在里面，几乎都看不到人了，他的眼睛直勾勾地盯着现场，很显然是迷失在回忆里面了。慢慢地，受邀宾客陆续穿过人群而来：新内阁成员、六个参议员、新任第一夫人、总统的母亲以及总统的几个高高大大的儿子，都来到现场。走在最后的是联邦最高法院首席大法官查尔斯·埃文斯·休斯，身形挺拔且庄严，头戴黑色的丝质无檐便帽，白色胡须在寒风中抖动着，黑色袍服在腿部飘摆。演说台左侧的皮革坐垫的椅子上，端坐着赫伯特·胡佛。

时间推移，人群的情绪也越发高涨起来。不久，最高法院的一名随员带着罗斯福的家用《圣经》抵达现场。终于，号角响起；富兰克林·德拉诺·罗斯福面色紧张且苍白，斜靠着大儿子詹姆斯的臂膀,沿着褐红色地毯铺就的甬道缓缓上行。海军军乐队身着传统的猩红色夹克衫和蓝色裤子,也在这个过程中完成了《向统帅致敬》的最后一节。人群遂激动起来,这股情绪浪潮很快便席卷了四十多英亩的这片公园和人行道组成的区域;接着便是欢呼和掌声。伍德罗·威尔逊夫妇挥舞着手绢。伯纳德·巴鲁克跳上凳子,也挥舞起黑色丝帽。约瑟夫斯·丹尼尔斯,新总统的老上级,此时也已经是两眼含泪,用拐杖使劲地敲击地面。几缕阳光穿透厚厚云层散射而来,一时之间照亮了典礼台。

大法官先生庄严宣读了誓词,掷地有声。宣读完毕之后,罗斯福并未按照惯例回答说"我将谨遵誓言",而是将全部誓词重述了一遍。("确实很欣慰,"对于当选总统的这个做法,休斯评论说,"……我认为重述誓词更有尊严感,也更为恰当。"[12])那本家用《圣经》已经翻开,恰是《哥林多前书》的第十三章。"我们如今仿佛对着镜子观看,模糊不清,到那时,就要面对面了。我如今所知道的有限,到那时就全知道,如同主知道我一样。如今常存的有信,有望,有爱;这三样,其中最大的是爱。"

六天前,身在海德帕克书房里的罗斯福,用铅笔在一张标准大小的黄色横格纸张上草拟了就职演说词。就职仪式当天,在参议院委员会房间等候之时,他又补充了新的开篇词:"这是奉献日。"但是在演说现场,随着巨大的人潮迅速沉寂下来,那巨大的庄严感奔涌而起,将他湮没,令他情不自禁地高声宣示说,"这是这个国家的奉献日。"[13]

此时的整个国家,数百万人聚拢在收音机旁边。新任总统站在演讲台上,没有戴帽子,也没有笑容,双手紧紧抓着讲台。他说,现在,讲真话的时刻到来了,他要讲出全部实情,坦率且大胆。"在此,请容许我申述我的坚定信念:我们唯一要恐惧的东西就是恐惧本身,这样的恐惧,无可名状、没有道理、没有根据,但也正是这样的恐惧,麻痹了我们,令我们不敢付出必要的努力,将后退变成前进。"演讲人将脑袋向后仰了仰。"我们这个国家，每逢黑暗时刻，总能够遇到率直且强劲的领导者，这领导者也总能够得到人民的理解和支持，没有这样的理解和支持，胜利也就无从谈起。"

新总统接着说，大自然对这个国家的恩赐不曾减少。"丰裕就在触手可及的地方，然而，恰恰就是在此等丰裕之地，宽裕的生活却正在消散而去。这主要是因为主宰人类物资交换的主宰者们失败了，他们固执己见却又毫无作为，他们已经承认自己的失败，而且，他们就这么撒手不管了……他们已经没有视野可言了，但凡没有视野的地方，人民就将遭遇灭顶之灾。货币兑换商们已然从文明殿堂的宝座之上逃离了。"此番述说令听众爆发出第一轮的巨大掌声。"该结束那样的银行行为和商业行为了，那样的行为披着神圣信托的外衣，但实际上常常干下残酷且自私的恶行。"

"这个国家要求行动，而且就是现在……我们必须行动，必须迅速行动起来……我们必须像一支训练有素的忠诚军队那样，采取行动，愿意为了共同的纪律做出牺牲，没有这样的纪律，便不会有任何进展，也不会有任何有效的领导权能。"新总统说，"即刻行动，这是国家的当前要求和需要，如此强烈的要求和需要乃是空前的，而这很可能也要求暂时地偏离常态的公共制衡程序。"此等情形之下，新总统郑重补充说，倘若国会未能推行必要立法，倘若危机仍然严重，那么，"我会要求国会将仅存的那件武器授予我，以应对这场危机，那就是广泛的行政授权，用以抵抗这场危机，此等权能之巨大就如同我们遭遇了外敌入侵之际的行政授权。"此番陈词激发了听众长时间的掌声，这是在表达赞许和激赏，这也是那一天最具声势的掌声。

阿瑟·克罗克记述说："他的脸依然是极为严肃，那些熟识他的人都快认不出他了。"确实，此时的罗斯福并未认肯雷鸣般的掌声。当然也并非所有人都会分享潮水般的热情。一些人从旁观瞧新总统那漂亮的脑袋，倾听新总统那精巧的声音，不信任之感不免从内心涌动而起，此等魅力和修辞背后究竟隐藏了什么，他们实在是无从拿捏。即将离任的国务卿亨利·L.史汀生在日记中记述说，"我确实是吓坏了……跟他过往的大部分演说一样，这里面充斥了含混辞令，他可是有能力靠着这种手段去达成所愿的。"埃德蒙·威尔逊，此时也在现场，负责为《新共和》报道就职仪式，他说他见证的是"老套的油滑、老套的布道式的含混其词"，不过是伍德罗·威尔逊之雄辩辞令的翻版，但没有威尔逊演说背后的那种灼热的生命力。威尔逊评论说："有一点倒是能看得非常清楚，独裁之预兆已然涌动而出了。"

不过，不苟言笑的新总统此时并未有任何犹疑。他给出了这样的结尾陈词："我们对基本民主的未来并未失去信念。合众国的人民并未气馁。在困难中，他们作为选民提出的要求是直接而有力的行动。他们要求的是有领导的纪律和方向。他们选择了我来作为实现他们愿望的工具。我也是以这样的精神来担当的。"一旁的赫伯特·胡佛双眼直勾勾地盯着地面。

骑兵吹响高昂、嘹亮的号角，宣布开始就职游行仪式。富兰克林·罗斯福乘坐总统专车，向沿途的人群挥手致意，很显然，这些男男女女仿佛从漠然和眩晕中一下子醒转过来。骑兵以纵队排开，游行开始。

此时的华盛顿，仍然笼罩在阴冷当中。不过，美利坚大地上，雾霭开始散去。

第一部分　镀金岁月

二 正午阴云

1

劳合·乔治在下议院起身发言。他的陈词颇为动情:"我希望我们可以这么说,这将是决定命运的一个早上,一切战争将就此终结。"[1]

1918年11月的这一天,很多人对未来都心怀同样灿烂的想法。如果说这场世界大战的冲击波一度警醒世人文明已然到了灾难边缘,那也可以说,此时的这场胜利也足以表明,人类还有自我救赎的能力。毕竟,战争也许意味着屠杀和毁灭,但同时也意味着人类有能力奉献于超越了自私和利益的更为宏阔的目标。依托这样的精神,文明足以重生。

所以,战争给了人类希望。而且,战争也释放了巨大的能量——战争打破了诸般条框,将生命潮流从既有轨道当中解脱出来。当那些本应当在学校安心读书的孩子们,手中掌握了生死权能的时候,为了重建备受摧残的世界,又有什么是他们不能做的呢?1918年的世界,到处都因为对变革的预期而兴奋,而颤栗。此时此刻,俄国已经经历了革命,德国的革命浪潮正席卷而来,这也是威尔斯、萧伯纳、韦伯夫妇和费边社的时刻,是充满希望、亢奋和信仰的时刻。似乎也是无限可能性的时刻。

对于这样一个年轻人的世界，感受最为强烈者非凡尔赛莫属，1919年的春天，正是在凡尔赛，胜利者们齐聚一堂，制造和平。此时此刻，老人们也许还把控着决策权，但年轻人相信，具体计划和方案将由自己来提供，具体的选择也将由自己来界定。伍德罗·威尔逊之"十四点"，其官方解释已然由时年三十岁的沃尔特·李普曼备好了。约瑟夫·C. 格鲁，时年三十九岁，是美国代表团的秘书长；诺曼·希·戴维斯，时年四十岁，是美国代表团的经济顾问。和约的重建条款则掌控在时年三十一岁的约翰·福斯特·杜勒斯手中，而且，杜勒斯的弟弟艾伦也是美国代表团秘书团队的关键成员，此时的艾伦刚刚二十六岁。时年二十八岁的威廉·C. 布利特是美国代表团的情报长，时年二十四岁的小阿道夫·奥·伯利则分管俄国事务。时年三十五岁的埃德温·M. 沃森已经是威尔逊总统的军事随员了。本杰明·V. 科恩，时年二十五岁，是美国的犹太复国主义者，作为美国代表团的顾问，他当然是要致力于为犹太人确保一片家园。

这些年轻人实际上已经在权力的边缘了。如果说作为现实主义者，权力令他们迷醉，那也可以说，作为理想主义者，他们都激情满怀地投身于这样一个目标：创造一个可以满足人类需求的世界。威廉·布利特在这其中是颇有代表性的，尽管他比其他人更有激情，更具爆炸性。在凡尔赛的这几个月时光，他的经历可谓痛楚，从中足以见出年轻人的理想主义同这个渐渐失去幻想的时代以及各国伸张的必然性，发生了何等尖锐的冲撞。

2

布利特生在费城，在利顿豪斯广场长大，在耶鲁接受教育，其人面色红润，聪明，不安分，魅力十足，自然也是我行我素。他游历广泛，对历史性时刻是有本能直觉的。1914 年 7 月的一个夜晚，他正陪着母亲游览莫斯科，街头的一阵喧嚣将他惊醒。从国家酒店的窗户望出去，他看到愤怒的人群正从克里姆林宫方向涌动而来，叫嚣着战争。很快，费城《大众纪闻报》便派他乘坐亨利·福特的"和平号"返回欧洲；布利特遂在妻子的陪伴之下深入德国，从那里报道这场战争。夫妻俩抵达汉堡之时，埃内斯塔·德林克·布利特留下了这样一段日记："我们都不敢入睡，生怕说起梦话泄露秘密。比利总是将窃听器藏在壁炉里面，总觉得那里才是安全的。"壁炉里的窃听器，比利心目中的安全之法，这同时也是一个象征，展现出他的那种浪漫且阴谋的脾性，这脾性恰恰就隐藏在他那温雅且有趣的外表之下。（不过，这同时也是一个时代的准确预兆，在这样一个时代，有太多的时候确实是需要将窃听器藏在壁炉里面。）[2]

布利特从德国返回之际，已然深信中欧强权乃是对美国的致命威胁。但是，唯有作为通达和平的手段，战争才能够得到证成，而且这样的和平还必须是植根于正义的。布利特热切地跟进着俄国的情况。在此期间，他读到了伍德罗·威尔逊的那份著名演说稿，正是那场演说策动了"十四点"计划，这令布利特相当兴奋。威尔逊在演说中申述，"今日之世界已沦落危机当中，人们呐喊声四起，这其中最令人激奋也最具力度者，当属俄国人民的呼声。"那些姐妹国家将如何对待俄国，威尔逊接着说，这必将是对各国之善意的"真正考验"。[3]

此时的布利特有决心参与这场伟大的和平工作，并且在这方面，他也是有能力、有信心的，当然也能堪大用，遂得到豪斯上校的支持，最终赢得了在凡尔赛的一席之地。俄国问题的阴影一直笼罩着此次和会；布利特认为，若要确定布尔什维克是否有心加入这场欧洲大合唱，最好的办法就是直接去问他们。1919 年初，布利特受命威尔逊和劳合·乔治，前往探察能否同俄国方面商议和平条件。跟他同行的是林肯·斯蒂芬斯，此人是美国老牌的丑闻揭发人了；在这趟差事里面担任男性秘书之职，一路之上，布利特跟斯蒂芬斯一直磕磕绊绊，争斗不休，如同斯蒂芬斯说的那样，"就像北极圈的一对熊仔"。

成效超乎预期。布利特从列宁那里得到的谈判条件对协约国/盟国相当有利，远超所有人的预判。这趟差事之后，伯纳德·巴鲁克问起斯蒂芬斯，俄国是何情况，斯蒂芬斯回答说："在那里，我仿佛置身未来，还不错。"布利特虽不擅长此等格言警句，但也同样印象深刻。他致信威尔逊，"今日的俄国，恐怕唯有社会主义政府方能成立，除非借助外人的刺刀，否则，其他的制度是没有机会的"，"共产党的列宁集团从今天的情形来看，已经是十分温和了，在这一点上，跟一切有能力掌控俄国的社会主义政府并无不同"。

布利特返回巴黎之时，可以说是满怀热忱。他向前来道贺的豪斯上校作了汇报；他还不能即刻见到威尔逊，遂同劳合·乔治共进早餐，向劳合·乔治也作了汇报。可能是因为布利特先向豪斯和劳合·乔治作汇报，惹得威尔逊不悦，当然也可能是别的什么原因，威尔逊拒绝同布利特会面。此时，诸般新势力也正谋划着反对同布尔什维克达成解决方案。伦敦和巴黎的保守派媒体宣示了这种观念；而且，4月份，高尔察克麾下白军看来也正在击退红军，布利特的提议被打入冷宫。劳合·乔治在接受下院质询之时，关于此事给出了这样的陈词："据说有那么几个美国年轻人去了趟俄国，但我对此事一无所知。"[4]

3

5月的一个夜晚，克利翁酒店的一个私人房间里，这批"美国年轻人"聚集一堂,商议即将浮现而出的和平前景。这里面,斯蒂芬斯是唯一一个老一些的人物了。余者则包括了布利特、伯利、萨缪尔·艾略特·莫里森以及克里斯蒂安·A.赫脱等人。对待和平前景,布利特看到的只有灾难。也正是在此次聚会上,布利特第一次(当然不是最后一次)陈词说,他就想着去往里维埃拉,躺在那里的沙滩上,静观世界堕入地狱。在场人等大多赞同布利特的看法。最终提出的和平方案就是一场背叛;没什么新秩序,只不过是赤裸裸的武力催生的邪恶且古老的阴谋而已;时代又一次捉弄了年轻人,让他们落入困顿境地。

布利特、伯利和莫里森提议从代表团辞职。不免有人质疑这么做的效果,认为这不过是以卵击石的纯粹侠义之举,不会有任何效果可言。对此,伯利热忱满怀地回应说,武力终究是暂时的,理想主义才是"美利坚的真正利器",而且也终将决定历史。(据伯利回忆)喝完咖啡之后,布利特从桌子上拿起红玫瑰,作为荣誉的标志,赠送有意辞职之人;至于那些不愿辞职的人,他则将黄色的长寿花扔给他们,颇有些瞧不起的态势。聚会结束之时已经是深夜了。这批美国年轻人在协和广场的阴郁雾霭当中各自散去,淡淡的哀伤和落寞恰如同这雾霭,萦绕他们心间。[5]

1919年5月15日,伯利和莫里森将信件呈送各路,语词庄重,抗议和约乃是对威尔逊"十四点"保证条款的肆意背叛。两天后,布利特以更为庄严的姿态致信美国总统。信中写道:"很遗憾,您没能将我们的战斗进行到底,当今世界,千千万万的人们,包括我在内,都曾信仰于您,但您对这些人基本上没有信仰可言。"此番言词可谓犀利且痛彻。他还总结说:"就是这样,我国政府活生生地将世界上的受苦民众送入新的压迫、奴役、屈服以及离乱境地,这个世界将再次迎来战争岁月。"[6]

4

春日的希望时光就这么渐渐退去。赫伯特·胡佛此时正负责美国在欧洲的救济事务,凌晨四点十分,信差将他叫醒,送来和约草案,捧读之下,胡佛不免万分焦虑。这焦虑和关切令他无法入眠,遂在巴黎黎明时分空荡荡的街道之上信步游走,最后遇到了同样焦虑且失望的史末资将军。[7]当天晚些时候,二人见到了一位英国经济学家,此人有着剑桥的精致优雅,一副优越姿态,不过,这并不能掩盖他那确实出色的头脑。跟这批美国年轻人一样,约翰·梅纳德·凯恩斯很快也辞职脱离了英国代表团。当年的夏秋时节,凯恩斯写就了一篇论章,饱含阴郁的先知气息,文章名字是"《和约》的经济后果"(The Economic Consequence of the Peace)。

布利特在返回美国之后,决意惩罚一下总统,毕竟,就在不久前,他曾如此信任总统。1919 年 9 月,参议员亨利·卡波特·洛奇传召布利特前来参议院外交委员会,出席《凡尔赛和约》听证会。布利特遂在听证会上提供了一系列的官方文件、私人谈话备忘录以及其他的机密材料,以此来支持背叛传闻,这令在场参议员们相当满意。毫无疑问,布利特此举逾越了严格的规矩界限,甚至扭曲了真相。罗伯特·兰辛,威尔逊的国务卿,称布利特的此等行径"不齿、下作且暴躁",菲利普·克尔,劳合·乔治的秘书,也就是后来的洛锡安勋爵,也申斥说,布利特的确同劳合·乔治和自己有过交流,但布利特关于这些谈话的证词"完全是捏造"。但无论如何,布利特此番证词的影响是毫无疑问的。"我们都非常感激于您,布利特先生",参议员洛奇在听证会上的此番表述已经颇能说明问题了。

在布利特出席听证会四天之前,伍德罗·威尔逊在奥马哈宣称:"我要告诉你们,我的同胞们,我完全可以肯定,倘若各国不团结起来阻止战争,不出一代人的时间,就会有另一场世界大战降临。"[8]十三天后,已然筋疲力尽的总统,仍然在科罗拉多州的普韦布洛为国联事业奔走呼号的总统,最终还是遭遇了总统生涯的第一场惨败。

梦想也随之破灭。黄金时刻也就成了巴黎明媚春日时光的一场幻梦。这一年的秋天,凯恩斯写道:"我们的运数算是走到头了。"那促使人类超越眼前私利的情感力量,在凯恩斯看来,已然消耗殆尽了。"我们筋疲力尽,再也无法承受,该歇歇了。如今,普遍情感的光芒在人类灵魂当中已然如此黯淡,现在活着的人们实在是见所未见啊。"[9]

三　新国家主义

1

然而，这普遍的情感仍然在美利坚的灵魂中燃烧着。1919年的希望并非一时之间的热情迸发。《新共和》于1917年就已经宣示说，"民主是会传染的，如一切的人类事务，这场战争……会将民主革命浪潮传布整个世界，这是可以肯定的。"[1]

此时的合众国，民主革命的浪潮已经积蓄了三十年的力量。1890年代人民党（The Populist）对商业集团之统治权能发起的那场挑战，实际上就已经将美利坚改革运动引入了一个新阶段。人民党运动决然弃绝了杰斐逊主义的统绪，确切地说，就是放弃了"小政府就是好政府"的古老信仰。1892年的人民党纲领便已经宣称，"我们相信，政府之权能乃是人民之权能，这权能是应当扩张的……据此，便可以最终结束这片土地上的压迫、不义和贫穷。"[2]这股平民主义潮流涵括了诸多模糊元素。某种程度上，可以说，这是一场有理有据的抗议运动，是贫苦农民针对银行、铁路以及加工商集团之过分压迫而展开的，也是一场植根于挫败和仇恨的非理性浪潮，旨在将这个世界解释成一场阴谋，一场在华尔街和罗斯柴尔德家族操控之下的国际银行家集团的阴谋。但不管怎么说,平民主义浪潮虽有此等尖刻和恨意,但人民党纲领却蕴涵了相当丰富的政治和经济创见。人民党提起的诸多要求,比如基本的农业价格支持制度、累进所得税制度、秘密投票制度、参议员直选制度、公民创制权和公决制度以及铁路、电话以及电报体系的国家所有权制度等等,实际上已经为接下来一代人的改革历程界定了不少的目标。

1896年,人民党的精神俘获了民主党,并催生了威廉·詹宁斯·布赖恩这等人物。1890年代后期,农业价格的上升消解了农村地区的激进主义浪潮;不过,改革动力并未就此消散,而是采取了其他的形式,此时城市开始成为改革能量的新源泉。从前,平民主义浪潮之驱动力在于农民对于所谓的商业集团霸权阴谋的恐慌,进步主义潮流则是植根于城市社区领导阶层的困顿情感,此时在美利坚社会崛起的暴发户集团可谓野蛮且贪婪,对昔日里的这些稳定社区造成了威胁。进步主义运动秉持中产阶级视野和道德主义品性,对待政策问题颇为温和而且也是颇有头脑的,但是,其创造力和冲劲则比不上平民主义运动。不过,话又说回来,进步主义运动具体实施的东西要比平民主义运动多出很多。

进步主义时代可说是民众教育的空前时代。报纸杂志的丑闻揭露者们一点都没闲着,大量揭露政治和商业腐败的种种内幕。政治领袖人物也很是卖力,纷纷向众人表明诚实和智慧是能够成为救治之道的。于是,这场运动便催生了一批颇有代表性的进步派州长,比如威斯康星州的罗伯特·M.拉福莱特、纽约州的查尔斯·埃文斯·休斯、加利福尼亚州的海勒姆·约翰逊以及俄亥俄州的詹姆斯·M.考克斯等,这其中既有共和党人,也有民主党人,不过所有这些人都致力于推行中产阶级的公民行为标准,以此对抗贪婪的财富和邪恶的政治。就公众影响力而言,所有这批人当中最具分量者当属纽约州的西奥多·罗斯福。

2

罗斯福对于美国中产阶级想象力的改造之巨，是那个时代的所有其他人都不能比拟的。短促且尖利的声音、闪着白光的牙齿，一旦笑起来就会露出牙齿，仿佛能征服一切，表演欲之强烈到了无可遏制的地步，这一切都给他接触过的东西带来了生命力。他身上的道德义愤是无限的，他体内蕴藏的能量随时随地都能倾泻而出。他以一人之身汇聚了美国人对于商业霸权的巨大不满。并且他能够以极为戏剧化的方式来发泄这种不满，因此，他自然也就缓解了这不满情绪背后人们对于行动和政绩的压力。拉福莱特等人一直都对他的那种"嘴上的激进主义"颇多不满。拉福莱特说，他总是四处开炮，空气中到处都是噪音和烟幕，一旦硝烟散去，人们才发现最终的结果只能说是雷声大雨点小，基本上没有切实建树可言。[3] 不过，罗斯福的此等性情倒也给改革运动注入了相当的动力，单纯的经济领域是不可能提供此等动力的。他激发了美利坚的良知。年轻一代纷纷追随于他，服务公益，自林肯之后，美国人便不曾有过此等人物可供追随了。

西奥多·罗斯福当然要比他时常表现出来的形象更为复杂。对于美利坚新工业力量之意涵和影响，他是有出色洞见的。在国内，工业的迅猛发展加剧了经济公正以及社会和平问题。在国外，此等工业势头也令美利坚无可挽回地介入了世界权力的政治游戏当中。罗斯福之性情可谓躁动难安、活力四射，他也正是凭借这样的性情，竭力唤醒这个国家去认肯新的责任。若要担当此等新责任，无分国内还是国外，他深信唯一的办法就是确立一个"强劲的联邦政府"，并据此将国家目标确立为公共政策之真正的指导力量。

传承和视野是特殊的武器，在推动罗斯福去达成国家目标意识的复兴。他出身纽约的富有之家,因此传承了财富和独立,并自认超越了阶级分野。特别是他对待商业集团的态度,是相当蔑视。"说不上憎恶,"他写道,"不过对于这个国家的那些典型的大富大贵之人,我确实没有特别的尊重或者仰慕可言,也没有信任可言。无论是国内政策还是对外政策,我都不觉得他们能提供像样的看法。""所谓的财阀政府,背后其实就是这样一批人在操控的,这些人在某些方面非常强大,有着'点石成金'的本领,但是他们的理想在本质上不过就是再普通不过的典当铺小老板的理想,尽管他们如此地自以为是",对于这样的政府,我绝对是没有好话的。他宣示说,他同等地反对财阀政府和暴民政府。[4]

他一直深怀这样一种信念:他是在复兴古老的国家目标传统,说白了就是联邦党人的传统,身为年轻历史学家的时候,他便已经为此一传统倾注了极为热忱的笔墨,也正是此一信念令他变得更为坚定。他相当仰慕汉密尔顿的政府观念,只不过汉密尔顿对民主制度的诸般疑虑,确实令他颇感美中不足,否则,他的这种仰慕将会是彻头彻尾的。至于杰斐逊,即便他对于普通民众的品评是正确的,在国家之角色问题上,美利坚政治的这个圣人却是犯下了无可救治的错误。这就如同罗斯福更为年轻一些的友人亨利·L.史汀生常常说起的那样,政府并非"纯粹是有组织的警察力量,一种必要的恶,而是一套正面推行国家进步和社会改善的建制"。[5]

国家政府若要真正将职责担当起来,就必须强过社会当中的任何私人集团。对此,史汀生自然是有所申述的,他说,不能"像杰斐逊那样",一味地将国家视为潜在的暴君,"相反,今时今日的我们应当将行政权能视为保护力量,旨在保护个体公民对抗商业集团之非官方权能的压迫"。[6]差不多从登临总统宝座伊始,罗斯福就已经在全力战斗,力图确证国家意志,对抗种种极为放肆的国内挑战者——种种的托拉斯组织、公司集团以及先前共和党统治时期豢养的宠幸集团。

3

罗斯福推行的这场反托拉斯战争，不能说多么地一以贯之，也不能说多么地有效。不过，他的这种犹疑态势倒也并非出于政治上的权衡，而是出于这样一个事实：跟老派的反托拉斯主义者不同，他对问题的看法要更为复杂一些。诸如拉福莱特这样的人物，其看待问题的方式是那种近乎无情的简单或者单纯，对这等人物来说，《谢尔曼反托拉斯法》始终是"人类才智能够创制的最强劲也最完善的武器，用来保护民众对抗垄断之权能和肮脏贪欲"。[7]但是罗斯福这样的人，是能够在经济集中化潮流中辨识出一种进化的必然性的，在他看来，《谢尔曼反托拉斯法》只不过是在演练乡愁而已。

赫伯特·克罗利《美利坚生活的承诺》一书于1909年问世，罗斯福就是在这一年结束总统生涯，所以，该书对罗斯福的具体规划并无贡献可言。不过，罗斯福之于国家主义主张的本能情感和体认，在这本书中倒也获得了颇有说服力的政治哲学伸张。克罗利颇为深刻地反思了美国的民族经历，从中洞察到了美国信仰的精髓，即轻率地相信这个国家"注定会因其充分潜能而走向成功"。克罗利指出，在太长的时间里，人们都认为美利坚生活之承诺是自动实现的；并且认为昔日里的这个自动进程将来也会同样有效。克罗利尖锐且全面地挑战了此等乐观主义和放任精神。他说，美利坚对于个体自由的传统信仰，已然铸成了无论道德层面还是社会层面都令人难以接受的财富分配格局，此等财富分配格局之下，"那理想的承诺，非但不能自动实现，反而会自动地死亡"。唯一的希望就在于改变国民对待社会发展的态度，将昔日里无意识的国家命运情感，转变成有意识的国家目标情感，以管理取代放任。克罗利指出，这就意味着，对于经济和社会状况，民族国家必须担当起积极且细致的责任。这则进一步地意味着"更高程度上的社会化民主体制"，一种"新的民族主义"。克罗利据此补充说，《谢尔曼反托拉斯法》所依托的观念和理论，对"国家计划"构成了"致命障碍"。[8]

克罗利更感兴趣的显然是确认某种观点，而非设计具体的方案；但其他人则是乐于为"新国家主义"拟定其经济学方案。摩根集团的乔治·W.珀金斯，本身就是重要的托拉斯体系组建者，他认为，现代技术已彻底革新了世界，旧式的竞争模式已遭摒弃了。"这无情的竞争方式，背后究竟是什么东西在支撑呢？"珀金斯给出了这样的设问。"以更低的价格提供更好的产品给公众吗？这会是那背后的动力吗？肯定不是的！"他申述说，新的竞争模式纯粹是一场权力战争，并且为了竞逐权力，其他一切都是可以牺牲的。"工业发展的全部道路之上布满了此等竞争带来的累累白骨。"是什么造成了剥削、恶劣的劳动条件、失业和低工资呢？是竞争！"那些忠诚于《谢尔曼反托拉斯法》之文字表述的国会议员，实际上是在为血汗工厂和童工代言。"竞争"的毁灭性已然太大了，已然令人无法承受了。合作必须成为今时今日之目标和诉求"。

珀金斯说，在这方面，联邦政府已经有所动作了，先后对各州、银行以及铁路实施了监管；据此，珀金斯指出，接下来就应当对大公司实施监管了。政府应当对所有的州际商业公司实施专营许可；并借此在资本化、行业惯例、价格以及劳工政策方面推行联邦标准。至于公司自身，则必须认识到并承认，他们虽然对股东负有义务和责任，但对劳工和公众同样负有义务和责任。因此，政府应当让他们推出合作计划；对此，珀金斯给出的表述虽然有些笨拙，但也确实能表达他的意思，那就是要对现代工业实施"人民化"；也应当责令他们为利润分配、社会保险以及养老金制订计划。珀金斯认为，真正的合作体制，将会催生"最为充分、最为优良也最为理想的社会主义机制",确切地说就是保留了私人财产权的社会主义。[9]

德国卡特尔模式的诸般优势确实让珀金斯有所触动,比如社会保险、经济稳定、工业增长以及国家统一性等方面,他也确实希望推动美国经济向着这个方向发展。1910年,珀金斯离开摩根集团,开始游历全国,向一切可能的集团或者群体宣讲自己的福音。1912年选战,他向罗斯福阵营提供了二十五万多美元的助选资金。至于西奥多·罗斯福,当然是很看重珀金斯的这笔钱,同样也看重珀金斯的想法。

1912年面世的一本书令西奥多·罗斯福获得了进一步的激励,书名是《集中与控制:美国托拉斯问题的解决之道》(*Concentration and Control: A Solution of the Trust Problem in the United States*),作者是查尔斯·R.范海思,在威斯康星大学上学时候,他是拉福莱特的同班同学,后来成为这所大学的校长。经济集中是无可避免的,在这个问题上,范海思赞同珀金斯,他甚至更为强烈地确证了经济控制之必然性。"倘若我们容许集中以及合作,"他写道,"那也就必须建立控制机制,以便保护民众,唯有政府委员会体制才能推行充分的控制机制。"[10]

在这段时期,西奥多·罗斯福自己的思想逐渐明晰起来,他对自己的继任者威廉·霍华德·塔夫脱的恨意也日趋强烈起来,这也就令他的指向越发地明确了。在他看来,摧毁托拉斯已然是疯狂行径,"毫无意义的疯狂"。"合作观念之应用已经在我国经济体系当中锻造出很多东西了,抛弃所有这些东西并回归那惨烈竞争的时代,显然是荒谬的"。不过,话又说回来,接受大公司体制并不就意味着向大公司体制屈服,这个问题是民主制度的试金石。罗斯福宣示说,"有人认为,人的一切权利都应当服从利润,这个看法是错误的,秉持这种看法的人必须给人类福祉的倡导者让步,因为后者的看法毫无疑问是正确的:每个人的财产都应当服从共同体的普遍权利，都应当在运用财产之时服从公众福祉的要求，无论是何等程度的要求。"[11]"无论是何等程度的要求"，这样的表述毫无疑问是非常强悍的，即便这话出自"泰迪"·罗斯福之口。

4

另有一支力量对罗斯福思想之发育也起到了至关重要的作用。控制私人大公司，这只不过是一半的工作；另一半工作是要帮助漂泊无助的个人在这个庞大的社会里安身立命。在这个问题上，"新国家主义"吸收了社会工作领域的新经验，也吸收了"社会福音"派的新教义。

"社会福音"和社会工作都崛起于十九世纪后期，都是作为对工业秩序之苦难和不公的非政治回应而崛起的。面对这样的苦难和不公，有着社会取向的牧师和神父开始提醒教民，基督徒对同伴是有责任担当的，基督教的道德同贫民窟和血汗工厂是有关联的，除非社会秩序本身基督教化，否则，基督徒的使命便不能算是完成。华盛顿·格拉登博士说："基督教律法要求人遵循着它生活，遵循着它经商，遵循着它治国理政。"一旦基督教信仰完成了对社会的改造，"腐败的政治和铸造苦难的垄断，就都将烟消云散；基督教信仰的旗帜将引领光与美、和平与丰裕、快乐和愉悦进入尘世"。

在社会福音派看来，此等目标是可以在尘世历史之中达成的；上帝的王国中安静在尘世实现。但是，单靠教会的力量是不够的。格拉登写道："有些重要工作并非志愿组织可以完成，这类工作是必须借助国家权能方能成就的。"当前这个国家是没有可能完成此类工作的，因为商业集团已经掌控了当前的这个国家。社会福音派最为犀利的神学家沃尔特·劳申布什申述说："若要上帝国的旗帜进驻未来，那就必须让劳工大军扛起这面大旗，以坚决态势向前挺进。"[12]

由此,格拉登和劳申布什在激励现代新教之良知的过程中,也在引领这良知向着一种正面且积极的国家理论进发,同时也在向着这样一种信仰迈进:必须借助劳工的力量来抵冲商业集团的权能。社会福音派的组织运动就此涌动而起,1907年成立了循道宗社会事工联盟,1908年成立了联邦基督教协进会,这些都标志着"社会福音"在新教各派的拓展。

5

此时,社区服务体系当中的男男女女也没有闲着,他们在力推社会工作,社会工作之于他们,就如同信仰之于"社会福音"派。社会工作领域的第一个女英雄就是芝加哥霍尔斯泰德街区赫尔之家的简·亚当斯。不久,莉莲·沃尔德便也在纽约建立了亨利街区服务中心。赫尔之家、亨利街区服务中心以及其他城市陆续出现的同类机构,令美国中产阶级首次扩大了同劳工生活的接触,比如血汗工厂、童工、肮脏的工作条件、漫长的工时、饥饿线上的工资水平以及组织权利的丧失,等等。这些社会工作者放弃了舒适的中产家园,进入城市贫民窟展开工作,竭力为穷苦人群、移民群体以及作为重中之重的贫民窟出生的孩童,创造出一点点的希望空间。

中产阶级的此番针对贫困群体的使命浪潮,恰好跟新起的妇女解放运动释放的能量形成接合。赫尔之家和亨利街区服务中心更是培育了一批杰出女性,她们的活力和激情乃重塑了美利坚自由主义。弗洛伦丝·凯利就是从赫尔之家走出来的,后来正是她成了全国消费者协会背后的驱动力量。组建合众国儿童中心的想法,则是出自莉莲·沃尔德,而且该组织的前两任负责人,朱莉亚·莱思罗普和格雷斯·阿博特也都是从赫尔之家走出来的。同样的希望和理想激发了众多更为年轻的女性，诸如约瑟芬·戈德马克、弗朗西丝·珀金斯、玛丽·杜森、玛丽·安德森以及伊迪丝·阿博特，等等。人们将这批女性称为"忠诚奉献的老姑娘"。社会工作不仅疏解了她们的中产阶级良知，也给她们提供了机会，令她们在擅长的领域找到了用武之地。

这其中，弗洛伦丝·凯利在社会改革方面出力甚多，她比任何人都酝酿了更多的社会改革新方法。凯利是人称"生铁"的众议员 W. D. 凯利的女儿，父亲是贸易保护主义者，女儿则是社会主义者，是弗里德里希·恩格斯的朋友，浑身鼓荡着勇气和活力，用弗朗西丝·珀金斯的话来说，还有"炽烈的道德义愤"。全国消费者协会于 1899 年创立之时，是基于这样一种信念：消费者若是购买血汗工厂的产品，那就等于是血汗劳工的雇主，跟血汗工厂的老板没有区别。在弗洛伦丝·凯利的引领之下，消费者协会开始对廉价房舍里面的家庭制造业体系、童工现象以及女性夜间劳工和超长工时现象展开斗争。该协会全面展开调查，所提供的事实材料激发了公众良知。接着，协会律师便起草了相应的议案，并组织院外游说集团，致力于在立法轨道上有所推进。由此，消费者协会便发动了一场最低工资立法运动，并拟定了法案范本，很快便有十三个州以及哥伦比亚特区推行了此类立法。当法案遭遇司法挑战的时候，弗洛伦丝·凯利便赶赴波士顿，约请路易斯·D. 布兰代斯出面，为此类立法之合宪性辩护。为此，布兰代斯创制了那份著名的"布兰代斯意见书"，该意见书在美利坚司法惯例当中引入了这样一项非正统观念：在涉及共同体之健康和福祉的问题上，法院判决既要考量法律问题，也要考量事实问题。

与此同时，诸如女性工会同盟和劳工立法促进会之类的组织，也为着争取体面的劳工条件而展开了其他方面的斗争。取缔童工，确立工时上限和工资下限，建立社会保险机制等等方面的斗争浪潮，其策源之地就在于这些中产阶级团体，而非工会组织。这些改革者遭遇了商业集团的众多抵制，商业集团通常会说，妇女或者七岁孩童是有劳动"自由"的，有权利在贫民窟的廉价房舍里面每天工作十二个小时，剥烟叶或者做人造花；这样的抵制态势自然加深了人们对商业集团之动机的疑虑。

赫尔之家、亨利街区服务中心、全国消费者协会以及其他的类似组织乃在社会责任感方面教育了整整一代人。小亨利·摩根索、赫伯特·莱曼以及小阿道夫·伯利等人都拥有亨利街区服务中心的工作履历；弗朗西丝·珀金斯、杰勒德·斯沃普以及查尔斯·A.比尔德则都曾在赫尔之家工作过（约翰·杜威是该机构董事会的早期成员之一）；悉尼·希尔曼则在两个机构都拥有工作履历；约瑟夫·B.伊斯门在罗伯特·A.伍兹在波士顿建立的南角服务中心工作过；1912年，艾奥瓦州的一个年轻人从格林内尔学院毕业之后，便来到东部，在纽约东区的克里斯塔多拉服务中心工作，这个年轻人的名字是哈里·霍普金斯。阿尔弗雷德·E.史密斯从贝尔·莫斯科维茨那里接受了社会工作伦理；埃莉诺·罗斯福，一直都是女性工会同盟的积极分子，也是弗洛伦丝·凯利和莉莲·沃尔德的朋友，她自然是将社会工作伦理传给了富兰克林·德·罗斯福。

此类组织看起来很是单纯，似乎没有什么防御能力，但实际上颇有力量。瓦格纳曾品评说："将今时今日的迫切问题摆在国会和州立法机构面前，在这方面，社会工作者们扮演了核心角色，此等角色之分量是极重的，怎么评估都不过分。"社会工作者的精巧且一以贯之的圣洁形象，其效能终究盖过了上级集团的一切喧嚣和威慑。无可遏制的温婉柔和，这就是他们的行事之道。[13]

6

政客当中，对此一社会潮流反应最为敏锐者自然非西奥多·罗斯福莫属了。实际上,早在1880年代初,西奥多·罗斯福便已经在纽约州议会引领了一场斗争,反对在廉价房舍里面制造香烟。当上总统之后,他早在1907年便对消费者协会张开双臂表示欢迎了;他还在白宫召开有关童工问题的专门会议,用简·亚当斯的话来说,这样的会议"令社会工作在国家生活中获得了前所未有的尊严和地位"。而且,这样一场结盟行动并没有什么牵强。社会工作的内在逻辑,在相当程度上就是"高贵者当有更高的义务",说白了,这就是类似家长式作风的逻辑;个中见解更倾向于帮助他人,而非令人们能够自助。社会工作者通常都觉得自己是最了解情况的。西奥多·罗斯福通常就是这样。

与此同时,共和党内的进步主义集团也正在推进同塔夫脱政府的斗争。最初,拉福莱特是这个集团的总统候选人;不过1912年年初,罗斯福宣布参选。当共和党全国大会再次提名塔夫脱的时候,罗斯福决定退出共和党。随后,他便自行组党,在本党全国大会召开之前,他约见了一批颇有名望的社会工作者,并采纳了全国社会工作大会刚刚拟定的一份方案。后来,他对进步党纲领留下了这样的评说:"我们最好的纲领条目,也就是真正令我党跟其他政党区分开来的那个条目,就是出自他们……(社会工作者)的贡献之大确实是无可估量的。"在党代会上,简·亚当斯就支持提名罗斯福。[14]

八月份的芝加哥大会上,罗斯福这场运动的势头达到了顶峰。面对近乎疯狂的人群,西奥多·罗斯福如同一头强悍公麇,伫立当场,激励追随者们迎接这场末日之战,并为上帝而战。整个美利坚大地,年轻人纷纷挺身而起,响应他的号召,这其中就包括宾夕法尼亚州的吉福德·平肖、伊利诺伊州的哈罗德·伊克斯和唐纳德·里奇伯格、堪萨斯州的威廉·艾伦·怀特和阿尔弗雷德·M.兰登;内布拉斯加州的乔治·W.诺里斯、密歇根州的弗兰克·诺克斯、艾奥瓦州的亨利·A.华莱士、纽约州的费利克斯·法兰克福特和诺曼·托马斯、宾夕法尼亚州的弗朗西斯·比德尔、新罕布什尔州的约翰·G.怀南特和查尔斯·威·托比以及康涅狄格州的迪恩·阿赫森等。

四　新自由

1

民主党方面，1912年时提名了时任新泽西州州长的伍德罗·威尔逊。跟西奥多·罗斯福一样，威尔逊也将非同寻常的诸多特质注入美利坚政治生活当中。二人有很多共同之处，比如教养、学识、文学修为、个人魅力以及十足冲劲等。罗斯福待人接物颇为随意且热情，威尔逊则相对内敛且淡漠一些；不曾听闻有人称呼威尔逊是"伍迪"或者"W. W."。二人都可说是在俗布道人，不过，罗斯福更像是一个信仰复兴主义者，常常以强悍态势，威慑听众，强制听众踏上福音之路，威尔逊采用的则是加尔文神学家的那种严厉且雄辩的语式。罗斯福的自我中心主义往往令他的个性过度张扬；威尔逊则极其内敛，始终谨守自己的坚硬内核。罗斯福的力量在于行动，威尔逊的力量则在于他的内敛。

举止冷峻，行动迅捷，衣着整齐，锐利的眼神和好斗的下巴，这样一个威尔逊，若不过分沉醉于自我正义感或者道德热忱当中，则可以说是相当幽默且有魅力的。威尔逊教授出身，不过，对于政治，他表现出了相当的灵敏度。特别是他的演说，强劲有力，这一点在1912年时,大家便已经体认到了,当时他发表了一系列令人瞩目的演说,阐述了他针对"新国家主义"的替代路径。他在演说中宣示了"一个新的社会时代,一个人类关系的新时代……一个新的经济社会",借助此番演说,威尔逊召唤同胞担当使命,将这个国家从财富集中体制的新型暴政当中解放出来。"当前的垄断体制既深且远,若要战胜并摧毁这样的垄断体制,必须采取某种战略,"他说,"采取这种战略,我们就是在拯救而不是在伤害这个国家的经济;当我们将这利益格局拆解开来并斩断那些垄断集团之间的勾连和纽带的时候,我们内心也就会明确……这样一种视野和见解:任何社会都不可能从上而下实施革新,相反,一切社会的革新都是自下而上推展开来的。"这就是"新自由"。

威尔逊强烈反对家长制国家理论。汉密尔顿在他这里没有任何魅力可言:"确实是一代伟人,但是在我看来,却不能算是伟大的美国人。"美利坚的哲学就在于一切人权利平等,任何人都不得拥有特权,"自由之地,没有特权。""我可不想在所谓的慈善体制之下过日子,"威尔逊说,"我也不想被政府照顾……我们并不想要那种仁慈的政府。我们想要的是自由的政府、公正的政府。"

威尔逊珍视杰斐逊的梦想。不过,他也着手对自己心目中的杰斐逊主义进行了诸多改造,注入了一些重要的新元素。迟至1906年,他所理解的"杰斐逊精神",其要义仍然在于避免对经济的一切公共干预。不过,若要瓦解特权体系,是必须召请并倚靠国家行动的。说到底,威尔逊实质上是将杰斐逊的国家理论给颠倒过来了:"我相信,杰斐逊若是置身今时今日这个时代,他定然也能看到我们看到的一切……很显然,若是没有警觉且果断的政府干预,也就不会有公平游戏可言了。"他担当州长之职不久,便对政府权能越来越理解并宽许了。同时,政治野心也在砥砺他对民众疾苦的感受力;1912年选战当中,他同威廉·G. 麦卡杜和路易斯·D. 布兰代斯有了交情,一番接触下来,也令他彻底完成了对他心目中杰斐逊主义的改造，令杰斐逊主义从无为而治的政府哲学变成了一套极为锋利的国家哲学。在极为重大的职责压力之下，威尔逊渐渐地认清了，若要达成杰斐逊主义的诉求和目标，那就必须放弃杰斐逊主义的手段。[1]

2

在麦卡杜这样的商界人士身上，威尔逊体认到自由主义群体对华尔街的憎恶，也体认到已然酝酿成熟的经济改革观念。麦卡杜出生在佐治亚州，居住在纽约，训练有素的律师，论心性则是改革派，1912年时四十九岁，便已经在发起修建第一条穿越哈得孙河的隧道，现任哈得孙-曼哈顿铁路公司的总裁。强悍且精力十足的他，一直都在谆谆告诫商界集团：公司是人民的仆人，不是主人；"打压公众"的态度应当改一改了，应当用"让公众满意"取而代之。他对美利坚经济发展的理解，同乔治·沃·珀金斯的理解恰成针锋相对之势。珀金斯认为，现代公司制度的深层原因和动力，"并非人对财富和权力的欲望，而在于诸般自然因素的运作，说白了，就是进化"，对此，麦卡杜表示反对，他说，"此类大型公司建制可不是新经济条件和复杂文明体系自然发育的产物。相反，此类东西更有可能是野心勃勃之人无约束活动的人造产物，而且，这类人都是有着高度发育的占有性权能的。"

那么，对此类巨大造物，能做些什么呢？"在我看来，"麦卡杜说，"应当倾尽这个国家的全部力量，来保护竞争。"当然可以尝试一些管制举措，但唯有通过委员会之类的建制，方能推行管制举措；问题的关键就在于，谁来控制这些委员会机构？"无管制的竞争要优于有管制的垄断，"1911年年初的时候他将一些新的表述引入这场论战当中，"不过说到底，有管制的竞争则要优于无管制的竞争和有管制的垄断。"[2]

路易斯·D. 布兰代斯将此番分析理路做了进一步的阐发。布兰代斯于1856年生于肯塔基州的路易斯维尔，后来从哈佛大学法学院毕业，而后便在波士顿拥有了一段极为辉煌的法律生涯。他拥有极为出色的分析才能，并且品性坚韧，这就很自然地为他赢得了一批客户，愿意为他的此等才具和品性支付重酬。到了1907年，布兰代斯便已经是百万富翁了。但是他是理想主义者，并且是在1848年的革命统绪中成长起来的，对他这样的人来说，物质上的成功是根本不够的。于是，从1890年代开始，布兰代斯便着手拓展第二职业了，这也就是所谓的"人民律师"生涯，确切地说，就是为着公众利益免费工作，并且涵涉范围相当广泛，从地方问题（诸如有轨电车特许经营权）到州一级的问题（诸如储蓄银行的人寿保险）再到地区性的问题（诸如纽黑文铁路），等等，尽皆在列。从1907年开始，他便建立起全国性的声望，这一年，他成为全国消费者协会的律师，在工时和工资立法问题上，闯过了一系列重大考验，他的表现令人侧目。

布兰代斯个子很高，背有些驼，留着长长的灰褐色头发，眼窝深陷，脸上散发着略带哀婉的贵族气，当然也能品出里面的深沉智慧，多少有点像是犹太版的林肯。在斗争当中，若是发了怒，他也会挥洒出气势十足的正义姿态，令人禁不住地联想起《旧约》中的先知；这样的心态时常令他难以相信敌人也会有诚实动机。不过，在放松时刻，比如说在跟朋友们聊天的时候，他则会带上肯塔基州的土音，表现出罕见的平和、安详。

在威尔逊这里，杰斐逊主义是信仰；布兰代斯则似乎将之改造成了一种政策。他相当直截地否决了"新国家主义者"的大前提。他认为，大规模经济体制并不是无可避免的，并非植根于机器时代之必然性，并非经济效率大潮之无可避免的结果。确切地说，此等体制并非技术的造物，而是金融体制的造物，是银行家操控之下的人为产物,因为银行家都急切地要推出新的债券并稀释股票。

布兰代斯相信,对于经济集中的这种狂热,最终的结果只能是窒息自由:J. P. 摩根是社会主义者最得力的盟友,原因很简单,若他的工作就这么贯彻下去,那么社会主义基本上就不需要再去做什么了。"据说皇帝尼禄在评说治下民众之时曾有言,他希望全部的基督徒加起来只有一个脖子,这样的话,他就只需要挥刀一次,就将他们所有人砍头了,社会主义者其实也想说:'就让这些人将这些东西集中起来;他们很快就可以将一切都集中在一个脑袋下面,如此,我们只需要一次性的行动,便可以接管全部工业了。'"

如果说克罗利关切的是国家的士气,布兰代斯关切的则是公民个体的道德品性。大规模经济体制就是要诅咒的东西:"如今,我们都渐渐看清楚了,大的东西都是非常恶劣的,而且是非常低贱的。"经济和政府当然可以无限制地扩张,但人却从来都是同样的尺寸。过度的权能才是真正的、巨大的腐败者。若将过分的权能赋予人们,超出了他们能够承受的限度,那就只能令少数人变成暴君,并就此毁灭其他的人群。集权机制窒息了实验的机会和空间,抽离共同体的才智,令其集中在中心区,由此令社会变得孱弱不堪。千万不可将信仰寄托于政府管制:"补救性的制度,若是操控在敌人手中,也难免败亡,并且会变成压迫者的利器。"说到底,责任是唯一的开发者,种种国家制度和经济制度,必须匹配人的能力。布兰代斯总结说,公民个体的发育"既是必要的手段,也是最终的目的"。[3]

3

布兰代斯此番对杰斐逊主义的再阐释,恰恰就是威尔逊一直在摸索努力的方向。1912 年 8 月同布兰代斯的初次会面,其成效是立竿见影的。威尔逊赞同，问题的关键并非管制垄断，而在于管制竞争；很快，威尔逊便希望布兰代斯拿一套方案出来。布兰代斯回复说，私人工业体系的各个分支都能够而且也都应当保持竞争格局。若垄断无可避免，则应当将相关产业"交付人民所有，而非资本家所有"。他接着申述说，由政府管制垄断，乃是自欺欺人；选项只有两个，要么将垄断权能悉数破除，要么就对之实施接管。这个国家必须做出抉择，要么是工业专制体制，当然，政府控制会介入其中予以缓和，要么就是工业自由。[4]

"新自由"观念就是如此，并且也集结了一批年轻人，比如纽约州的 W. G. 麦卡杜和富兰克林·德拉诺·罗斯福、田纳西州的科德尔·赫尔、得克萨斯州的约翰 N. 加纳和萨姆·雷伯恩、康涅狄格州的霍默·卡明斯、南卡罗来纳州的丹·罗珀以及威斯康星州的约瑟夫·E. 戴维斯，等等。

五　国家主义化的"新自由"

1

1912年的这场论战,卷入其中的各个派系毫无疑问都认为自己是在为根本性的原则问题而战。在威尔逊派眼中,"新国家主义"是威胁众生的暴政,在其中,商业集团和政府将成为双生巨人,将令个人在他们脚下化为齑粉。在西奥多·罗斯福的追随者看来,所谓"新自由",只不过是要回归杰斐逊的乡愁,这是毫无意义的,说白了,那只不过是在金融资本主义的背景和条件下加以重述的杰斐逊主义,这样的杰斐逊主义,即便翻新了,但若是认为当前体制在改革之后能够自行施展,那就大错特错了,即便是翻新了,也仍然是过时之物。如此,威尔逊和罗斯福便在托拉斯问题上怒目相向,那情形就仿佛两人站在一个无可跨越的深渊的两边。

"两派在经济政策上的分歧,"布兰代斯于1912年宣示说,"是根本性的,是无可调和的。"[1]新国家主义阵营对此见解自然也是极为赞同。威尔逊赢得选战并推行了最初的一轮政策,但这并未令双方态势有所缓和。一直到1914年,克罗利仍然在抨击威尔逊的方案,认为那不过是在"复活杰斐逊式的个人主义",认为那样的方案完全缺乏国家目标意识，完全枉顾这样一个事实："汉密尔顿的国家主义，尽管有着强烈的贵族气，但实质上要比杰斐逊那无差别的个人主义更为民主，原因很简单，汉密尔顿的国家主义在社会层面更具建设性。"年轻的历史学家查尔斯·A. 比尔德，此时刚刚完成了对宪法之起源的大胆研究，对克罗利的此番见解深为赞同：农业民主不过是杰斐逊毫无效用的野心而已，"就如同威尔逊的那种小经济民主目标一样，同样不切实际，同样无法达成"。锐利且流畅的公共评论人沃尔特·李普曼此时刚刚脱离社会党，他也将威尔逊的自由政策同罗斯福的控制政策对立起来。乔治·珀金斯更是颇为蔑视地总结说："不如将这所谓'新自由'称为'旧奴役'。"[2]

不过，人们很快便看明白了，二者之间的鸿沟并没有一开始看起来那样无可跨越。威尔逊指控罗斯福意欲将垄断体制普遍化，罗斯福回击说，威尔逊试图将这个国家的所有公司悉数瓦解，很显然，彼此之间的指控都不能成立。双方在攻击对方的时候，都扭曲了对方的观点，并且都模糊了这样一个实情：彼此之间的一致实际上是大于分歧的。无论目标是管制垄断还是管制竞争，双方实际采用的方法都是一样的，那就是通过扩张政府权能来应对商业权能。"新国家主义"和"新自由"同样认肯国家对经济生活实施积极干预的必要性。

威尔逊早从1906年的无为而治立场转换到1912年的积极主义立场的时候，实际上就已经接受了这个必要性，并将之视为二十世纪杰斐逊主义的逻辑结果。"自由政府的方案，"他说，"在今天这样一个时代，必须是积极且正面的。"[3]即便是布兰代斯，虽然对大规模经济机制极为戒惧，也期望国家在破除托拉斯的同时，在劳工问题和社会保障问题上推行大范围的计划。

威尔逊幕僚队伍中的其他一些人对于国家的态度甚至更为温和。E. M. 豪斯上校，得克萨斯人，素来低调、内敛，很快便成为新总统的心腹,他于 1912 年推出《菲利普·德鲁,管理者》(*Philip Dru, Administrator*) 一书,这是一本乌托邦式的虚拟作品,主人公在 1920 年时因为担心组织化的财富将会终结美利坚自由,遂夺取大权并自立为独裁者。豪斯在书中指出,德鲁发现不得不消解自己早期的州权倾向;他很快便建立了一套强悍的集权体制,将公司置于严厉的国家管制之下(同时拒绝限制公司的规模),取缔控股公司,将电话电报事业社会化,推行充分就业立法,下令建立联邦养老保险和失业保险体系,并且一般性地确立了全覆盖式的国家主义,甚至令西奥多·罗斯福这样的人都不免为之一惊。[4] 然而,到了 1918 年,富兰克林·K. 莱恩,威尔逊的内政部部长,便已经申述说:"书中的一切渐渐地都会应验,包括女性选举权在内。总统终将成为'菲利普·德鲁'。"[5]

2

威尔逊已然着手在两派之间的那道深渊之上搭建桥梁了,此举背后的动力并非政策建议,说白了,那背后的动力是环境的力量。最早的压力来自南方民主党的激进派。南方的温和派,诸如弗吉尼亚的卡特·格拉斯和亚拉巴马的奥斯卡·W. 安德伍德,对 1912 年的新自由方案已然是非常满意了。但是该集团的另外一些人则希望政府能够担当更为积极的角色。众议员科德尔·赫尔希望确立一套联邦所得税。众议员萨姆·雷伯恩还在布兰代斯的襄助之下,起草了一份旨在管控铁路债券销售的议案。此外还有布赖恩统绪的农业派民主党人、贫穷白人和所谓的"红脖子"群体的支持者,当然还有华尔街的仇视者,在这些集团眼中,最初的"新自由"观念显然是太过寡淡且孱弱了。在他们看来,仅仅是压制商业集团的阶级立法,显然是不够的。他们相信,威尔逊政府对穷人是有正面义务的。威尔逊政府必须为小企业和农民群体做点什么,来平衡共和党政府对大公司的偏袒。南方激进派曾襄助布赖恩、布兰代斯和麦卡杜,强制对卡特·格拉斯的联邦储备法案实施根本性的修订,这可算是他们斩获的第一场胜绩。而后又将一项针对农民的短期信贷条款嫁接到联邦储备法案里面,由此便在保守派新自由观念体系当中打开了另一条裂缝。威尔逊很快便发现自己已经接受了此等立法行动,依据他1912年的观念,这样的立法显然算是阶级立法了。[6]

与此同时,威尔逊也着手在关键性的反托拉斯政策领域探索新的方向。布兰代斯在1912年时曾认为管制非但无用,还会带来危害,此时则接纳了新国家主义的联邦委员会观念,借此来对公司实施监管。结果便是1914年的一系列立法行动,最终催生了联邦贸易委员会,并且将管理权能赋予该委员会。布兰代斯还更进一步地举荐查尔斯·范海思担任工业关系委员会的主席,两年前,范海思的《集中与控制》一书可是西奥多·罗斯福的《圣经》啊。1912年时"根本性的、无可调和的"分歧,到了1914年,便已经失去了锋芒。

随着1916年大选的迫近,威尔逊完全接纳了1912年进步主义纲领的主要思路。到了这个节点之上,威尔逊已然对强政府、政府管制以及为着农民和劳工而实施的干预政策秉持明确支持态度,简言之,他明确支持积极且正面的联邦举措和行动,以此为机会平等创造空间。看来,基本上来说,罗斯福是正确的:倘若民选制度真的有效,那么人民的政府则必须要强过商业集团。

3

就这样,威尔逊开始接纳并利用进步党纲领的时候,进步党自身则因在1914年选举中遭遇重挫，此时正在为生存而战。该党领袖颇令人仰慕，他在这个节点之上提议由亨利·卡波特·洛奇担当1916年选战当中进步党的总统候选人，此举等于是相当决绝地表明自己对进步党人古老"圣战"事业的新见解。乔治·珀金斯，进步党的天使人物，此时则也已经感觉出，昔日公麋运动的时代已然结束了。哈罗德·伊克斯觉得是珀金斯杀死了进步党，也有人认为是威尔逊，不管是谁，1916年的进步党大会都足以表明，进步党的时代已经过去了。

昔日里曾为信仰而战的那些男男女女，很多人此时吃惊地发现，"新国家主义"竟然在"新自由"里面实现了。就如同沃尔特·李普曼说的那样，威尔逊的民主党"于此时此刻是这个国家唯一一个在范围上是全国性的、在目标上是自由主义性质的并有有效行动能力的政党"。赫伯特·克罗利，此时对自己早前的怀疑态度有了悔意，宣示了对威尔逊的支持。诸如班布里奇·科尔比、弗雷德里克·C. 豪、爱德华·P. 科斯蒂根、阿莫斯·平肖、简·亚当斯、莉莲·沃尔德以及华盛顿·格拉登等的进步派，此时也纷纷追随威尔逊。[7]

那么罗斯福呢？1915年12月，罗斯福致信哈罗德·伊克斯，"跟你一样，我也是激进派。我完全支持1912年纲领的一切条目；不过，目前，我主要关心的是合众国同当前欧洲形势的关系问题。"旧式的激进主义仍然是有生命力存续下来的。1918年3月，西奥多·罗斯福远远走在了威尔逊政府前面，为美利坚自由主义确立了一系列新的目标，要求在养老保险、医疗保险以及失业保险、公共住房等领域推进改革。但是这些年间，外交政策问题着实消耗了他的大量精力，最终令人筋疲力尽。战争期间，威尔逊拒绝给他用武之地，这令他备感痛苦，更令他痛苦的是1908年之后他一直在虚掷光阴，双重折磨之下，他陷入病痛、疲惫当中，郁郁寡欢，1919年的第一个月，便去世了。

"有些东西已经植根生命当中了,这些东西是绝不会被取代的",二十五年之后,伊克斯谈起罗斯福死讯传来之时感慨道。"我只能把脸深埋在枕头里面,"当时正在芝加哥卧病在床的唐纳德·里奇伯格写道,"哭得像个孩子。"[8]

六　亢奋与败落

1

战争令威尔逊完成了改宗。战争需要动员国力,最终自然而然地让威尔逊成了新国家主义集团的头面人物。为了应对战争需求,对经济实施集中引导,看来势在必行;战争本身也令事情的优先次序变得清晰且明确,由此确定的标准自然地就令理性化的工业组织体制成为可能。一时之间,华盛顿成了这个国家无可争议的经济核心之地。借由战时工业委员会,政府开始对工业生产实施调度和动员。借由战时食品署,政府尝试对食品生产和销售实施控制。借由资本发行委员会,政府尝试对私人投资实施管控。借由战时金融公司,政府尝试引导工业扩张并为其提供资金。政府还接管了铁路、电话和电报系统,在多个领域建立了独立的公共公司,诸如合众国住房公司、船运委员会应急运输公司、糖类平衡委员会以及云杉木生产公司等等。在经济事务领域,联邦政府的触角还从未伸展到此等程度。伦道夫·伯恩以和平主义的不满情绪申述说:"这个国家就靠战争活着了。"[1]

战时工业委员会是这场经济计划的核心试验品。伯纳德·巴鲁克是该委员会的主席，国际收割机公司的亚历山大·莱格是委员会背后的推动力量，此外还有休·S. 约翰逊准将、乔治·N. 皮克以及杰勒德·斯沃普等人的襄助，在这些人的合力之下，战时工业委员会很快便着手兑现罗斯福和克罗利的国家主义愿景了。委员会要干的第一件事情，当然是涉及反托拉斯法的问题，这令罗斯福很是快慰。"倘若《谢尔曼法》有损我国的战时生产效能和商业效能，"西奥多·罗斯福说，"那同样也会伤害和平时期的生产效能和商业效能，原因很简单，战时与平时的问题……并无不同。"巴鲁克差不多是借用了克罗利的语言，申述说，借由这清晰、明确的优先次序，就能令经济"回应国家目标，而非纯粹顺应那些有购买力的人群的意志"。[2]

若是依据日后的战时标尺来评判，1918 年的集中控制机制只能算是初步的。尽管人们对屈从"国家目标"之事议论纷纷，但比如民用汽车这样的产业仍然是可以自由生长并成熟起来的，与此同时，美国的坦克和飞机生产仍然要依靠欧洲工厂。不过，战时工业委员会的经验也隐约让人们体认到了集体行动能够产生怎样的经济力量。总而言之，身为南卡罗来纳民主党人的巴鲁克，完全有理由摒弃《谢尔曼法》和《克莱顿法》的理论依据，正如巴鲁克自己说的那样，那样的理论不过是为了让经济顺从"那些只能满足昔日境况的更为简单的原则"罢了。战争已然迫使各行各业组建起全国性的协会组织，所有此类组织都为其成员公司负责，并且都在政府监管之下。商业界则破天荒头一回体验了"天然竞争者之间的此等联合、合作以及共同行动机制带来的巨大优势，这优势不仅是给他们自己的，也是给公众的"。巴鲁克申述说，为什么就不能在和平时期也发展此类同业公会组织，以便工业体系能够在政府监管之下，自主拟定并推行经济协作机制呢？[3]

战时工业委员会，用巴鲁克的话来说，"其灵感来自大规模的工业动员体系，平日里一切相互冲撞的努力在此都得到协调"，据此来满足全部的社会需求；情况若真是如此，则《新共和》的一番评说也就完全站得住脚了：合众国在进入战争之时，"士气之高昂俨然就是一个合作社性质的国家，那样的士气可不是一个普通的战时国家能比的"。[4] "合作社性质的国家"，这个表述体现了美利坚激进派历时三十载的梦想。这梦想从未像此时此刻这般如此接近实现。正是在这个时候，年轻自由派纷纷涌入华盛顿，参与战时工作，同威尔逊总统或者豪斯上校展开交流，要不就是汇聚在第十九街区的某处宅邸，一起度过快乐的夜晚，大法官霍姆斯称此处宅邸是"真理之家"；但真正重要的并不是这些。真正重要的是这样一种感受：这种全国性的牺牲精神以及这些朝向全国性计划机制的姿态，显然是一场恢宏历史潮流的美利坚式表达，而这潮流的目标就是社会正义。

2

约翰·杜威可说是此等信念最为热忱的宣讲者了，此时的杜威已然是知识界公认的美利坚自由主义哲学家。1918 年的这场世事潮流，令约翰·杜威触动最深的地方，在于他自己所说的"战争开启的诸般社会可能性"，比如说，将技术资源用于共同体目的，比如说让利润主导的生产体制服从实用性的生产体制，比如说为着公共控制的目的，将生产资料组织起来，等等。杜威申述说，战争之于私人财产制神圣性的古老信仰是一场打击，而且，这古老信仰遭遇此等打击，便再也没有可能完全恢复过来了。"若战争压力不再，自然会有很多专门的公共控制机构随之败落，"杜威写道，"但无论有多少这样的机构就此败落，世事潮流都不可能回头。"[5]

对进步派来说，这场战争是对旧式资本主义的致命一击。唐纳德·里奇伯格说："这场世界大战已然将旧体制的缺陷及其愚蠢后果揭示出来，此等情形之下，但凡有些政治头脑和经济视野的人，便都无从捍卫当前的这套经济秩序了；这是实情。"里奇伯格觉得西奥多·罗斯福的进步主义观念尚且不够，遂发出笼统或者说是略显含混的呼吁，呼吁"工业民主化"。《新共和》的沃尔特·韦尔也表现出同等的乐观，"这场战争教会我们的东西，"他写道，"我们在和平时期也不可能忘记……这种经济团结的新局面，一旦得到，就绝无可能再交出去了。"1917 至 1918 年间的那个焦虑冬天，J. P. 摩根评论说，这个国家正在向着俄国靠拢；这话出自摩根之口，倒也没什么好奇怪的。"如今的立法行动，目标所向，显然是反商业的，而且表现得相当夸张，很显然是要毁灭一切价值的，"这位金融巨头满心忧虑地申述说，"但是，目前的情形，任何人对此都不能说什么，也不能做什么。情绪潮流是有自己的道路的。"[6]

3

此时，威尔逊本人更是发出了社会重建的呼吁。1919 年 5 月，正值国会特别会期，威尔逊以电报形式从巴黎发送咨文，总统在咨文中宣示说，资本—劳工问题"在任何国家都是首当其冲的问题"。咨文接着陈词，要应对这个问题，美利坚就必须向着"新的工业组织形态"进发，那是"真正意义上的工业民主化"，是"一种合作和伙伴体制，以对管控机制的真正的共同诉求和共同参与为基础"。威尔逊在咨文中谈到了劳工有权"以制度方式分享决策权能"，只要是涉及劳工福祉的决策。此番陈词透露出的愿景相当模糊，不过，同 1912 年的那种简单纯真的杰斐逊主义比较起来，很显然已经向前迈出一大步了，别忘了，1912 年的那种杰斐逊主义，仍然信仰经济生活中的自动和谐机制。[7]

政府显然正在成为分量十足的改革工具；在政府内部，改革能量也正以时任财政部部长的麦卡杜为核心聚拢起来。妻子谢世之后，麦卡杜一直单着，1914年，他迎娶了威尔逊的小女儿埃莉诺，并在白宫举行婚礼，麦卡杜因此迎来了自己活跃政治生涯的巅峰。这样的政治身位，令他多少像是一个王储，而他也是以无限的自信来看待这份家族传承的。"政府究竟有何用处呢？"1915年，他在一时愤激之下慷慨陈词说，"是一个穿着紧身衣的家伙吗？是一个蜷缩在角落里，双手颤抖不止，不敢有任何行动的家伙吗，还是说，它确实是至关重要的家伙？"[8]当然不会有人怀疑他对这些问题的答案。1917年，麦卡杜说服威尔逊对铁路实施接管，自领负责人之职，将工作雷厉风行地做了起来。休战协定签署之后没过几个星期，麦卡杜提议将联邦对铁路的控制权能延长到1924年，以此来检验和平时期统一管理机制的可行性。

其他的提议也不在少数，纷纷敦促政府开辟新的行动领域。约瑟夫斯·丹尼尔斯，时任海军部部长，对无线通信系统的前景印象深刻，遂提议建立一套国际通信系统，所有权和经营权均在联邦政府。此类官方计划实际上不过是民间热情的苍白影射而已。威廉·艾伦·怀特于1917年跟布赖斯勋爵谈起西部进步派的时候，着力申述了激进派信条：铁路国有化制度、联邦养老补贴制度、"依照社会主义路线"实施自然资源公营，比如石油、水力、电力、森林以及矿产等；"切实重新分配国家财富"。一年后，怀特还认为战时价格管制制度应当转变为恒久制度，又过了一年，他更是倡议以修宪方式授予国会工业和商业领域的"无限权能"，令国会可以推行全国性的最低工资制度，并保证充分就业。[9]

到了1919年，民众激进主义潮流充分铺展开来。格伦·E. 普拉姆，芝加哥律师，为铁路劳工组织拟订了一份铁路国有化方案。美国劳工联合会在丹佛举行集会，呼吁将普拉姆方案拓展到其他工业领域。矿工联合会以票决方式，呼吁矿产国有化。这一系列行动和举措的背后,则是以排山倒海之势漫卷而来的罢工浪潮;美利坚历史之上,还从未有此等规模的劳工卷入其中。2月的一场大罢工令西雅图彻底瘫痪。到了秋天时节,基础工业领域的罢工浪潮陆续涌动而起,特别是在钢铁和煤炭产业,这就足以表明,已经蛰伏了太长时间的劳工运动到了这个时候,终于觉醒了。

这就跟巴黎的情况差不多,在这么一个狂野时刻,看来一切皆有可能。自由派周刊每隔一期便会推出文章,谈论即将降临的新社会秩序,有些刊物的更新频率甚至要更高。"革命"议题在美利坚大地上四处传播,当然是那种宪法框架之内的和平革命。对此时刚刚脱下军服的年轻人来说,这个世界是充满活力的。春天总是生机勃发的时节,约翰·多斯·帕索斯后来写道,不过不曾有哪个春天能像1919年的这个春天那样,到处都爆发出如此亢奋的激情和潮流,毕竟,在这个时候,包括帕索斯在内的成千上万的年轻人都刚刚从法国战场返回故土。此时的"帝国美利坚",多斯·帕索斯回忆说,正笼罩在丽思大饭店的灿烂光辉当中。只要你去电影院,就能看到查理·卓别林。无论你去往哪里,这个世界上的所有国家都在你的眼前展现出来,都在饥饿和愤怒当中,渴望着一切躁动且新鲜的东西。[10]

4

然而,甚至就在威尔逊等人以绚烂之词纵论重建大业的时候,他们推行的计划就已经开始坍塌了,而且这一切就发生在他们眼前。战争当然催生了道德忠诚和奉献的浪潮。但是和平降临了,自私自利也随之回归。唐纳德·里奇伯格写道:"这情形,就如同一夜之间冰封大地,战时激情和理想催生的万物生长的繁盛景象尽归肃杀之地。"无论是哪里,里奇伯格都能听到落叶萧瑟之声。[11]幻梦破碎的心情和场景于 1919 年开始漫布开来，不仅是身在巴黎的布利特、伯利和凯恩斯如此，这潮流也席卷了华盛顿、纽约，并且很快便漫卷了美利坚大地的所有城市。

威尔逊的"工业民主化"体系是最先败落的。1919 年 2 月，他设立了工业委员会，以乔治·皮克和休·S. 约翰逊为首领，旨在引领战时工业委员会的控制权能走过一段过渡期。但是到了 5 月，皮克的委员会便开始瓦解了，原因是缺乏执行权能，更重要的是，此时的国民士气正在迅速消解，令该委员会无法从中得到支持。此时麦卡杜也已经厌倦了政府事务，想着去赚钱了，遂在停战协定签署之后，即刻辞去了财政部的职务。威尔逊很快便宣布铁路回归私人所有权的怀抱。国会否决了丹尼尔斯关于政府垄断广播业务的提议。就这样，政府在一个又一个领域收缩起来。唯一坚持下来的重要战时机构也是麦卡杜的作品，这就是战时金融公司，该机构的负责人尤金·迈耶，精力十足，计划着动用廉价贷款，帮助经济度过这段归正时期的起伏和动荡。但是，要做这样的事情，迈耶必须同财政部方面麦卡杜继任者的保守观念艰难对抗，此时主持财政部的是卡特·格拉斯和戴维·F. 休斯敦。[12]

只有一个领域是政府没有收缩或者退却的，那就是思想和表达领域。伦道夫·伯恩是正确的：战争确实是国家的生命力所在。如今看来，既然给了国家行善的权能，很可能也就给了国家作恶的权能，而且在 1919 年，作恶的权能看来是在战后存续下来了。总检察长 A. 米切尔·帕尔默也确实有理由对此表示关切；1919 年春天，一颗炸弹在帕尔默家门前爆炸，差一点就要了他的命。我们这位总检察长遂将此番个人体验普遍化了，将之推展为全国性的紧急状态。一年后，在回首当时情形之时，帕尔默详细阐发了自己的论题："一年前，就如同草原野火，革命之火扑面而来，漫卷了美利坚的一切法律制度和秩序。这大火侵入了美利坚一切劳动者的家园，革命的灼热火舌舔食了教会的圣坛，跃入校园的钟楼，窜入美国人家庭的幽深之地,试图以放荡法令取代婚姻誓言,将社会根基燃烧殆尽。"[13]

1920年元旦,我们这位总检察长下令在全国范围内对激进派的巢穴实施同步攻击。帕尔默派出的探员逮捕了六千多人,但只收缴到三支手枪,没有找到任何的爆炸物,显然,就凭这些东西根本不可能搞出什么阴谋来。不过,此番警报也的确成功地将恐惧传布开来。比如说,在康涅狄格州的哈特福德,那些前往监狱探望遭到逮捕的朋友的人,当场也遭到逮捕,理由是,这些人既然为此前遭到逮捕的人求情,本身就足以成为初步证据,证明他们跟布尔什维克有牵连……1920年初的一次内阁会议上,已然浑身颤抖得像鬼魂一样的总统,禁不住地转向自己的总检察长说:"帕尔默,千万别让这个国家看见血色啊。"[14]

5

然而,已经为时太晚了。巴黎方面,克列孟梭对自由派的梦想实施了杀伐,美利坚也是一样,帕尔默也杀死了自由梦想;在这两场行动当中,伍德罗·威尔逊都是那个同谋者。对那些反战自由派来说,事态的发展恰好应验了他们的预言:战争将摧毁进步主义。就如同哈罗德·斯特恩斯说的那样,威尔逊采取措施让批评者闭嘴,将其中一些人投入监狱,将另一些人送进政府。在斯特恩斯看来,自由运动的此番败落就如同一场实验一般,证明了自由主义一旦遭遇不好的结果,就不会按照自身的逻辑继续推进下去了。斯特恩斯将此种情形称为"自由主义的失败之道"。[15]

支持战争的自由派此时也开始失去信心了。老资格的改革派人物弗雷德里克·C.豪,自世纪之交便一直在为进步主义战斗,在克利夫兰同汤姆·约翰逊和牛顿·贝克协力推进市政改革运动,在西奥多·罗斯福所谓的"末日之战"当中同罗斯福并肩携手，在埃利斯岛担当威尔逊的移民事务专员，也曾协同 T. E. 劳伦斯和费萨尔在凡尔赛负责处置近东问题，而今，却也开始用新的眼光来审视新国家主义了。他申述说，自由派如今正遭受国家的迫害，他们对这个国家的热爱，恐怕远远超过了那些侦办他们的联邦探员；而这样的迫害恰恰就是那么一场战争的产物，当初，这场战争可是向整个世界都承诺了民主的。如果说只有很少一些人遭遇了实际的指控，那也可以说，这样的指控"令所有人都活生生地感觉自己的热情、信念以及内心的思想遭遇了宣判"。此时的豪兀自伫立在进步主义运动的废墟之上，就这么看着自己对大政府的信仰消散而去；"我已经不能再信任国家了。"很多改革者也都升腾起这种幻想破灭之感。即便是哈罗德·伊克斯，一度以经典的西奥多·罗斯福风格为战争奔走呼号，并且绝少承认错误，也不免在 1919 年，在海勒姆·约翰逊的一番申述面前，确认自己是错的。[16]

一时之间，约翰逊似乎成了最后那根稻草。约翰逊，身材方正魁梧，其人强硬、不妥协，此时满怀憎恨和阴郁，他无所畏惧，挺身而出，对抗这股狂潮。他曾是加利福尼亚州出色的自由派州长；他曾在 1912 年担任罗斯福的竞选伙伴；他性情强悍、霸气十足，且颇为激进。1920 年夏天，共和党进步派在芝加哥集会，集会者们心存一线希望，尝试推举约翰逊为共和党的总统候选人。但共和党全国大会最终还是选择了（或者说是已经选择了）来自俄亥俄州的温和保守派沃伦·G. 哈定；约翰逊遂拒绝了副总统候选人提名；全国大会遂选定来自马萨诸塞州的卡尔文·柯立芝担任哈定的竞选伙伴，由此便完成了共和党二十年来最为保守的这份竞选票单。

这样的结果令进步派备感失落，遂在全国大会结束之后最后一次聚会，聚会之人包括了吉福德·平肖、威廉·艾伦·怀特、伊克斯、唐纳德·里奇伯格，另外还有一些人参与，但为数不多。聚会之上，有人提议大家此后应当保持联络，保持集团身份。此时伊克斯手里有一份联络名单，他暗自下定决心，总有一天，要向这份名单发出召唤。公廪运动就此结束。（选战期间，约瑟夫斯·丹尼尔斯评论说，共和党人已经吞食了公廪运动。"若真是这样，"丹尼尔斯说，"那他们就等于是将脑子吃到肚子里去了。"）[17]

此时民主党方面也在竭力提振并维持士气。民主党的全国大会是在偏远的旧金山召开的，开幕之际，全国委员会主席霍默·卡明斯为威尔逊和国联实施辩护，借此来激励众人。随后，主席台上面一幅巨大的总统肖像画徐徐展开，人们的情绪一下子热烈起来，确信之感随之席卷了整个会场。一个又一个代表团相继起身，加入这场胜利巡游。到了这个节点，便只剩下坦慕尼协会的一批顽抗之士仍然安坐不动，直到海军部助理部长那高大的身影突然跃起，举起了纽约代表团的旗帜。一时之间，现场一片喧嚣，热潮涌动。很快，富兰克林·罗斯福便奔放起来，将旗帜高高举起，也加入了胜利巡游。

此时华盛顿方面，威尔逊仍然对第三任期心怀期许。巡游活动结束之后，时任国务卿的班布里奇·科尔比本打算以欢呼方式通过对威尔逊的提名，大会是在一番努力之后，才制止了科尔比的这个打算。此时职业政客集团都相信，这个国家已然涌起了一股相当深沉的反威尔逊潮流。经历了四十轮票决之后，詹姆斯·M.考克斯获得最终提名，此人曾是俄亥俄州的改革派州长，表现良好。大会接着选任富兰克林·罗斯福为民主党副总统候选人，由此完成了竞选票单，民主党的这个罗斯福在海军部的工作表现是一流的，其州政治履历足以表明其自由主义取向。考克斯和罗斯福遂联手展开了一场勇敢斗争。不过，凯恩斯是正确的：此时的自由派已然走到了命数的尽头。这一年的11月，人民选择了哈定和柯立芝。

1920年，在华盛顿，海勒姆·约翰逊跟一名报界人士谈起："战争令人民在一代人时间里备受顿挫。他们在上百项压迫性法令面前俯首称臣。他们已然成了政府的奴隶。俄国的情况令他们惊惧不已。他们已然变得如此驯良了；这么多年了，他们一直就是这样，很难恢复过来。掌控着共和党的利益集团将会充分利用这驯良的人民。"

"当然，"约翰逊补充说，"最终必将有一场革命，不过我有生之年是见不到了。"[18]

第二部分　繁荣政治

七　白宫的普通人

1

1919年2月1日,星期五,爱德华·L.多希尼,石油大亨,身着华服,在阿奎塔尼亚号上侃侃而谈。他说,美国的真正威胁是社会主义,确切地说是社会主义及其子嗣共产主义和布尔什维克主义。"美国的多数教授,"他说,"都在传授社会主义和布尔什维克主义……威廉·博伊斯·汤普森就在传授布尔什维克主义,而且他很可能已经使摩根集团的拉蒙特'改宗',范德利普上校是布尔什维克主义者,查尔斯·R.克兰也是……亨利·福特也算,威尔逊带往国外的上百个历史学家,其中大多数都是。"[1]

1921年3月4日,星期五,多希尼感觉应当好一些了。那批布尔什维克主义者此时已经离开华盛顿了;而且,诸如多希尼这样的人物,在新政府中是会有宾至如归的感觉的,毕竟,他曾为这个新政府的到来,投入了两万五千美元的献金。伍德罗·威尔逊换成了沃伦·G.哈定,一个是心性高洁且视野远大的知识分子,一个则是相貌漂亮的小镇伙计,这样一场政治切换,应该说是让人再放心不过的了。

为什么是哈定？1920年的共和党，出色得多的人物并不在少数。诸如莱昂纳德·伍德将军、弗兰克·洛登州长，还有海勒姆·约翰逊、赫伯特·胡佛等，都不是等闲之辈，但是这些人最终都在内斗中彼此消耗殆尽。1920年2月，哈定的好友哈里·多尔蒂就预测说，那十个到二十个不等的疲惫政客，在这场僵局大会的最后日子里，围坐在桌子旁边，最终只能达成一致，选择哈定；多尔蒂这话很快便应验了。说实在的，此时的这个国家，已然厌倦了高远的理想主义，遂接受了这个抉择。

　威尔逊，仍然生活在华盛顿，对哈定自然是抱持了极端的轻蔑。据说，这位前总统还特意发明了一个术语来刻画这位继任者："小屋心性"（bungalow mind）。确实没什么好奇怪的，就是在辛克莱·刘易斯推出那本著名小说的这一年，人们见证了一个平头小人物是如何接管了宾夕法尼亚大道1600号的。哈定很自然地在白宫营造出俄亥俄州倦怠小城镇的氛围，破败的街道、每周一次的小屋聚谈会、吸烟室里天南海北的胡扯、星期天早上的高尔夫，接着便是炸鸡午餐和下午的打盹时间。艾丽斯·罗斯福·朗沃思，另一名共和党总统之女、众议院议长之妻，对哈定总统的白宫留下了难以磨灭的印象：书房里坐满了总统的狐朋狗友，桌子上全是纸牌的碎片；托盘里全是高脚酒杯，还洒满了酒水；空气里面烟雾弥漫；衣服纽扣悉数敞开，痰盂里面满是秽物。"哈定人不坏，"朗沃思品评说，"就是粗俗。"[2]

　哈定确实不是坏人。他相当友善随和，对朋友忠诚，对对手也没有恶意。威尔逊拒绝将社会主义者尤金·德布斯从亚特兰大监狱里面释放出来，哈定则毫不犹豫地缩减了德布斯的刑期。不管怎么说，俄亥俄的特雷霍特和印第安纳的马里恩并没有什么不一样的。"我们完全懂得彼此。"德布斯在造访白宫之后，欢呼着说。[3]而且哈定对自己不抱什么幻想。他的自我界定很清楚，他就是一个参与者、助推者和接引人。这也是他喜爱的生活，他也不想要别的。不过,他的妻子可不是这样,他称呼她是"公爵夫人",这位"公爵夫人"一直在推搡着他前进;最终,在完全违背内心意愿和自身判断的情况下,他成了合众国的总统。

他在这座总统府邸喝酒、赌博,在总统书房炒股(他谢世之时,还欠了克利夫兰一家经纪公司十八万美元),他也帮他的那帮狐朋狗友赚得盆满钵满,即便如此,他仍然能够体认总统职位的尊严,当然也能体认到自己没有能力维护那样的尊严感。1922年,他在全国新闻俱乐部做了一次非正式演说,此次演说中,他回忆说,他的父亲曾告诉他还好他不是女孩:"你从来都是那么随和。你从来不会拒绝人。""我的天呐,这太糟糕了!"他向威廉·艾伦·怀特抱怨说,"那些天杀的朋友们,怀特,就这么让我跑来跑去,夜不能寐啊!"他还抱怨说:"这座白房子就是监狱。那些人一直紧跟着我,根本摆脱不掉。这就是坐牢啊。"他还跟尼古拉斯·默里·巴特勒抱怨说,"这办公室我实在待不下去了,我根本就不该来这里。"[4]

2

总统之职可不是一个人的事情那么简单。那是一套体制,这套体制有自己的决策体系,有自己的动力机制,更有自己的生命。总统无论花费多少个下午在高尔夫球场上,花费多少个夜晚在牌桌上,总统制度本身都要运转下去的。总统身边有着一批能力和品性都相当出色的人,比如国务卿查尔斯·埃文斯·休斯,比如财政部部长安德鲁·梅隆,比如农业部部长亨利·C. 华莱士,比如商务部部长赫伯特·胡佛,等等。

不过,哈里·多尔蒂,身为检察长,却是一个末流角色,在决策领域颤颤巍巍,道德上也颇为散漫。1922年铁路售货员罢工之时，多尔蒂却努力让自己相信，这是美共在阴谋颠覆合众国政府。"这就是内战"，他告诉哈定，而且他认为是莫斯科在背后捣乱；为此，他还发出了一道强有力的禁制令，牵涉甚广，以一万七千项犯罪条款对罢工者实施指控。休斯和胡佛觉得这样的禁制令太过暴烈了，遂在内阁会议上提出批评；但是当来自蒙大拿州的参议员伯顿·K.惠勒实施公开抗议的时候，这位检察长反应倒不慢，直接将惠勒视为"参议院共产势力的领袖"。[5] 而且，这样一个多尔蒂，一方面忙着将共和国从惠勒和唐纳德·里奇伯格这样的布尔什维克分子手中拯救出来，此二人都是罢工组织的顾问，另一方面则以更大的操劳，为K大街"小绿房子"里的那些俄亥俄老朋友们操纵司法部事务。

内政部部长跟检察长也是一类人物。在威廉·艾伦·怀特眼中，这个不修边幅、邋遢不堪的内政部部长艾伯特·B.福尔跟兜售专利药品的药贩子没什么区别，"看起来就是一个廉价小商贩。我都不敢相信自己的眼睛了。"[6] 但是哈定对福尔确实极为仰慕，还想过让福尔做自己的国务卿；爱德华·L.多希尼将这一切看在眼里，1921年11月30日，多希尼将一个皮包塞给福尔，里面是十万美元现金，多希尼后来在立誓作证之时，说这笔"贷款"是出于老朋友之间的关系，绝对没有内幕交易，但多希尼也提供证词说，福尔的确给了多希尼一份租约，令多希尼得以将加利福尼亚埃尔克希尔斯的海军燃油仓库租了下来。可以这么说，多希尼终于找到了一个绝对不是布尔什维克分子的公职人员。

多尔蒂和福尔都是没有羞耻心之人。慢慢地，华盛顿便风声四起。俄亥俄帮的一个成员恰巧在哈定于1923年夏天动身前往阿拉斯加前夕自杀。这令总统不免觉到要大难临头了。于是，他突然约请商务部部长赫伯特·胡佛同行。哈定有此突兀举动，很可能是想让胡佛给自己出出主意，但是不久，人们便觉得个中原因似乎主要是胡佛桥牌打得好。可以肯定的是，总统把打牌当成了工作，每天都从早餐时间一直打到半夜，房间里面烟雾缭绕，极为闷热，但总统很享受纸牌不断落下的声音。一旦到了头昏脑涨的地步，我们这位商务部部长就赶忙跑到甲板上或者警戒车上，呼吸一下新鲜空气。

一路之上，哈定表现出从未有过的不安和躁动。他告诉《纽约世界报》的查尔斯·米切尔森："我不指望成为伟大总统，不过，我也许能成为人们最喜爱的总统之一。"有么一天，哈定终于把胡佛叫到一边，询问这位商务部部长，倘若遭遇政府丑闻，该如何应对，当然，哈定的用词颇为含混笼统。可以看出，总统的忧虑并不明确，但却是挥之不去的。此时，一行人已经返回太平洋西北海岸地区，此时总统已然是疲惫不堪了，但仍然在执行自己的演说日程。很快，哈定便病倒了，据说是因为吃了坏掉的蟹肉（尽管正式菜单上并没有出现蟹肉）。随后的某天，总统似乎有所恢复。8月3日，妻子在给他读《星期六晚邮报》上一篇有关他的文章，他脸色突然变得惨白，身体抖动了一下。片刻时间，我们这位总统便一命呜呼了。（美联社的一名记者也因为此次报告活动而扬名立万；这名记者的名字是斯蒂芬·厄尔利，1920年选战之时，厄尔利为富兰克林·罗斯福工作。）阿拉斯加之行令赫伯特·胡佛对桥牌永远没了兴趣。自此之后，胡佛便再也没有碰过桥牌。[7]

殡葬车缓缓地向着华盛顿驶去。一时之间，民众陷入发自内心的悲伤当中，成群结队地赶来，目送火车经过，学校的孩子们吟唱着《更近我主》，火车经过的站点和交叉路口，都是这样的景象。回归白宫之后，哈定的尸体放置在东厅，一副朴素的棺材放置在空旷大厅的中央，棺材上面放着四个花环。8月的一个晚上，大约是凌晨两点左右，弗洛伦丝·哈定走下楼来，看着敞开的棺材，她的丈夫就躺在里面，脸颊涂了胭脂，嘴唇涂了口红，昏暗当中，仿佛恢复了生命的颜色。"公爵夫人"叫人搬过来一张椅子，在他边上坐下，把脸贴近他的脸，柔声说道，"沃伦，这趟行程一点没有伤到你。"顿了一下，她又说，"现在，没人能伤害你了，沃伦。"[8]

八　常　态

1

午夜已过，佛蒙特州，普利茅斯。路边的白色小屋已经没入黑暗当中，小城一片静谧，汽车声响突然刺破了这夜晚的宁静。片刻之间，西联汇款公司的信差便从布里奇沃特来到这座小城，敲响了柯立芝家的房门。卡尔文·柯立芝的父亲睡眼惺忪，起身点燃煤油灯，打开了那封电报。家人匆忙叫醒副总统，片刻之间，卡尔文·柯立芝便穿上了最好的黑色西装。国务卿休斯的长途电话遂即打来，催促柯立芝赶往华盛顿宣誓就职。不过，柯立芝从来都知道自己想要什么。他的父亲是公证员；这家人也是有自己的家庭《圣经》的；当壁炉台子上那座洛可可风格的维多利亚时代老钟指向两点四十七分的时候，卡尔文·柯立芝宣誓就任总统之职。[1]

应该说，柯立芝是在一个还算不错的时间节点接任了总统之职。此时，尚且没有人知道政府的腐败已经到了何等程度。唯一清楚的是，这个国家需要那种能够激发人们道德敬意的领袖。在经历了哈定的懒散和放纵之后，这个国家需要的是"品格"。除了佛蒙特州的这个扬基佬而外，还有谁更合适呢？卡尔文·柯立芝是在节俭精神的教养之下成长起来的,更是老派美德的狂热信奉者啊。

在保守主义道德谱系当中,"品格"的地位是根本性的。第一次世界大战前夕的普若听证会上,J. P. 摩根就曾申述过此一原则。委员会顾问问他,商业信誉是否主要依托财产。摩根回答说:"不,先生,品格才是最重要的。"比金钱或者财产更加重要吗?"当然比金钱重要,实际上比任何东西都更重要。那是金钱买不到的。"[2] "品格"可不是虚的,即便其定义时常是有受限的。在商业世界,正是"品格"这样的东西,将摩根这样的人同吉姆·菲斯克那样的人、将德怀特·莫罗这样的人同多希尼或 H. F. 辛克莱那样的人区分开来;在政治领域,也是"品格"将伊莱休·鲁特、亨利·卡波特·洛奇、H. L. 史汀生这样的人同布莱恩、福勒克以及哈定那样的人区分开来。品格意味着教养、责任、在上者的责任感以及尺度意识。

此等品质曾主导并引领商界和政坛。但是在战后的这些年间,这些品质已经失去了大量领地。当然还不至于彻底败落,外交仍然被认为是他们的阵地,毕竟外交领域同他们的文雅、语言修养以及异地游历之时的品位是颇为契合的。也正是因此,查尔斯·埃文斯·休斯这样的人才能成为国务卿,亨利·L. 史汀生这样的人才能成为菲律宾总督。然而,不会有多少人关心外交事务。几年之后,史汀生以挖苦口吻写道,"反正我是局外人,美利坚正在忙活的时候,我却在远东之地'优哉游哉'。"[3] 在重大事务上,品性高洁的保守派人士确实是越来越没分量了。那些典型的巨富之人,二十年前曾让西奥多·罗斯福感觉如此厌烦且荒诞,如今都成了局内人。

品格高洁之人在相当程度上也是欢迎此一新取向的。1920 年代,亨利·卡波特·洛奇就曾将哈定推荐给自己在波士顿的朋友们;他还致信西奥多·罗斯福,对艾伯特·福尔来了一番极为热情的评说,后来,他回首此类言词之时,自然是相当尴尬,并在出版自己通信集的时候将这些言词悉数删掉了。德性十足的赫伯特·胡佛也是如此，福尔从内政部辞职之时，胡佛给福尔送去一份信笺，发自内心地表达了自己的希望，希望福尔尽快回归公共生活，并且还相当热切地补充说："在我的记忆中，内政部好从未有过像你这样有着如此建设性和合法性的领导人物。"这份信笺是在福尔丑闻爆发之前写就的；不过，此信的收信人，查尔斯·埃文斯·休斯早已经察觉他是个夸夸其谈的卑劣之人，其欺骗行径是如此昭彰，令威廉·艾伦·怀特难以置信。（实际上，早在1922年3月，也就是胡佛写就这份信笺一年之前，华莱士就已经提请人们注意海军油库租约转手的事情了。）至于多尔蒂，哈定任命的联邦首席大法官威廉·霍华德·塔夫脱则称之为"我所认识的最优秀的人之一"[4]。

就是这样，这些高洁之士也在推动着自身的堕落。这其中，素来冷漠且头脑清醒的休斯是个例外。至少在私下里，他不会抱持什么幻想。不过，在这段温和日子里，休斯较之以往也是更为冷漠了，更让人难以接近。除了华莱士而外，他在内阁并没有什么私人朋友。甚至胡佛也不免抱怨说，休斯是"我所认识的人里面最为自持的一个……对于我竭力发掘的种种个人交情，他完全没有兴趣"。[5]其余的大多数人，则要么是因为错误的党派忠诚，要么是因为遇人不淑，最终都于无形中放松了尺度。就跟首席大法官塔夫脱一样，他们也都将哈里·多尔蒂视为"忠诚、勤勉、中正、诚实且勇敢之人"，是政坛中活生生的鹰级童子军；至于托马斯·J. 沃尔什和伯顿·K. 惠勒，则因为揭露了哈定政府的丑闻，而在这些人眼中沦为丑闻散布者和社会主义分子。

不过，慢慢地，即便是塔夫脱这样的人也无法对参议员沃尔什揭露的实情视而不见了；认肯此等事情，自然对这个国家的道德信心造成了打击。柯立芝于此时横空出世，就是因为他看来极为适合扮演修复者的角色，来修复此等打击造成的创伤。确实，这样的情形基本上是可以预见的。没有哪个银行家族能比 J. P. 摩根更好地表征品格崇拜了;而且,也就是在1920年,摩根集团最能体现品格崇拜的两个成员恰巧有了这样一番通信。"接下来的四到八年间,"德怀特·莫罗在给托马斯·W. 拉蒙特的信中说,"我认为美利坚最需要的就是这样一个人,此人能以一人之身体现并展示品格。我认为柯立芝比两党中的任何人都更切近这个角色。"[6]

2

莫罗早在阿默斯特的大学时代就已经认识柯立芝了,那还是1890年代的事情了。并非所有人都将柯立芝看得这么高。但也没有谁能否认这个干净、整洁、心思纯净的小个子扬基佬,公共场合素来言简意赅,私下场合如此能言善辩,从来都是自我中心,从来都是自我满足,从来都是那么幽默,薄薄的嘴唇、锐利的眼神,这样一个人当然有着真正意义上的强烈个性。

此时的柯立芝,已然远离了佛蒙特乡村的童年时代,这令英国大使惊诧不已,"他出身农家,但我从未见过哪个农家子弟能像他那样,如此彻底地消除了农家特质"。在马萨诸塞州走上法律和政治生涯之后,柯立芝便从来都表现得能干、寡言且稳靠。波士顿警察罢工事件,令当时身为州长的他无形中因为决策果断而斩获声望,并将他送上副总统的位置。不过,他在华盛顿谈不上有什么影响力。阿瑟·H. 范登堡,密歇根的一个年轻共和党编辑,就认为柯立芝"没什么分量",获得连任提名的概率微乎其微。

他的演说充斥了枯燥无味的格言警句,他就是用这样的方式来阐发他的社会哲学的。"美利坚人民的头等大事,"他说,"就是做生意。"不过,在柯立芝这里,生意可绝不仅仅是通常意义上的生意;生意也是一种宗教;对于这样的宗教,柯立芝倾注了他枯燥性情中的全部激情。"建立工厂的人,"他写道,"也是在建造寺庙……在工厂工作的人,也就是在做敬拜。"柯立芝对此类事情的感受相当炽烈。威廉·艾伦·怀特对他十分了解,怀特称他是一个神秘主义者,是商业的苦行僧,他深深信仰财富的神圣品性,就如同林肯信仰人之神圣品性一样,"相当狂热、发自内心的、真正的狂热,令人颤栗的狂热"。

柯立芝崇拜商业,同样也就憎恶政府。"倘若联邦政府不复存在,普通民众在相当长一段时间的日常生活中,也不会觉察出有什么异样。"联邦政府唯有在为商业效力的时候,才能站得住脚。"确立了人民的法律,也正是确立了工业的法律。"联邦政府若要服务商业,最主要的办法就是自我削减;"严格节约的公共开支机制,要比任何东西都更能令政府为经济效力,救治经济病症。"节约是他自认的信条;是"最为务实的理想主义";也是"民族品性的充分标尺"。

身为总统,柯立芝致力于无为而治之道。白宫门卫回忆说:"我所见的总统当中,没有谁能像他那样睡那么长时间。"他通常会有十二个小时左右的时间是醒着的,在这段时间里,他都是尽量不做什么事情。在《自传》中,他特意提点了这样一个准则:"别人能做的事情,你就尽量少插手。"我们这位总统认为此一准则是一切准则中最为重要的。实践当中,他还补充了这样一个准则:尽量少说话。他颇为漠然地解释说,"少说话,就少惹麻烦"。沉默是最好的防护,是可以抵御并挫败外界的。他曾跟胡佛谈起,白宫访客中,九成的人都是想要得到他们不应当拥有的东西。"对这些人,你若是绝对沉默,用不了三四分钟的时间,他们也就垂头丧气、知难而退了。要是你未能保持绝对沉默,即便只是咳嗽一声或者不慎笑了一下,他们就又来劲了。"某天,有那么一个参议员受命前来面见总统,希望总统做一些事情,柯立芝把脚跷在桌子上,说道:"难道你不知道吗,人这一辈子,五分之四的麻烦,只需要坐下来保持安静,就都自动化解啦。"

柯立芝时期的白宫，所谓大事基本上就是总统的早餐：薄饼蘸着佛蒙特枫糖浆，八点要准时送到，他的那只白色牧羊犬，体形硕大，就在房间里逛来逛去，通常会将咖啡盘里的糖汁舔个底朝天。有时候，他会在床上用早餐，服务生则会用这个时间在他脑袋上涂抹凡士林。若非牵涉信仰问题，他就会用谜一般的态度来看待生活。他的幽默相当尖刻，说来就来，无可预测。他的眼睛时不时地会像鹦鹉那样闪烁出光芒，那情形好像是要咬人了；紧接着，紧绷的嘴唇里面便会蹦出一连串要命的话；偶尔，他会漫无目的地搞起恶作剧，将房间里所有的铃都按响，然后自己藏起来，借此愚弄一把服务生，还会跟特勤人员开一些粗俗的玩笑，那样的玩笑并没有什么趣味。他还会变得十分暴躁，连他那温良娴熟的妻子都觉得不可理喻。在白宫门房的记忆中，即便是西奥多·罗斯福，在其最为暴躁的时候，跟柯立芝比起来，也只能算是相当平和了。[7]

　　在一些人眼中，他在格言警句中透射出的自信，表征了俗常智慧；在另一些人眼中，这样的自信则表征了令人难以忍受的自鸣得意。在一些人眼中，他的这种无所作为的态势，是大师级的自我约束；在另一些人眼中，那不过是一个愚蠢懒汉的沾沾自喜罢了，实质上却是空空如也。在一些人看来，他的幽默是无害的玩笑；在另一些人看来，他的幽默所展示的是尖酸刻薄。对于自己的目标，他从来都是那么满足，在一些人看来，这是"品格"的象征，在另一些人看来，这不过是表明他的心灵和灵魂都已经破产了。在一些人眼中，他是美利坚中产阶级的最佳典范；在另一些人眼中，他是美利坚中产阶级的最坏样板。

　　威廉·艾伦·怀特说他是"巴比伦的清教徒"。他的节俭令那个铺张的时代变得圣洁，他的朴素令那个奢华的时代变得圣洁，他的沉默令那个喧嚣鼓噪的时代变得圣洁。如此看来，他就是那个时代所要求的道德象征。

3

柯立芝也在不断地完善这样的象征。沃尔什调查委员会不断地将哈定政府的丑闻揭露于世，公众舆论随之激荡而起，柯立芝遂罢免了多尔蒂的检察长之职，并着手整顿政府。与此同时，柯立芝悄悄确立了自己对共和党的掌控，确切地说，就是允许自己的朋友威廉·摩根·巴特勒代理自己掌控了共和党。

巴特勒，马萨诸塞州的商人，胡萨克-奎塞特·米尔斯公司和西角螺纹公司的老板，他的崛起是有象征性的。昔日里，商业集团在党内并无直接影响力。诸如亨利·卡波特·洛奇和博伊斯·彭罗斯这样的政客一直都跟商业领袖平起平坐，对等谈判。洛奇确实持一种倨傲看法，他认为商业集团若是介入政治，要比其他的任何集团都更为恶劣；"若是商人去处理政治大事，那场景岂非惨不忍睹啊。"[8] 但是，这个来自北岸区的贵族却不曾预见到新时代的降临。他已经服务共和党将近半个世纪了；此前二十五年的时间里，他一直都是共和党全国大会的主席，仿佛是终身了；在他所属的阶层，他同商界的交往也是最深的。然而，1924 年，当他最后一次出席全国大会的时候，已然成了一个普通代表，无人关注，无人问津，新贝德福德纺织厂的老板，则在一批来自北安普顿的精明中产阶级律师的支持下，主导了场面。洛奇就那么坐在那里，经受着羞辱的洗礼，全程都是一张傲气且漠然的脸，将贵族气派进行到底，让他的敌人们没有机会享受折辱他、伤害他的快感和满足感。

1924 年的共和党大会进展顺利。代表们没有表现出过分的热情（只是在遭遇部长梅隆挑战之时，是个例外，梅隆可是美利坚的顶级富豪），以一场实质上的欢呼通过了柯立芝的提名。在威廉·E. 博拉拒绝了副总统候选人提名之后（据说，当时博拉说道："我这是图个啥啊？"），大会转而提名了来自伊利诺伊州的准将查尔斯·盖茨·道威斯；而后，代表们便各自散去，他们对这个结果信心十足，认为民众会跟他们一样，认同并接纳柯立芝。

民主党方面，在经历了全国大会之上的激烈斗争之后，最终提名了来自纽约州的约翰·W. 戴维斯，一个秉持保守派立场的公司律师。面对这样的结果，两党的众多自由派便纷纷瞩望罗伯特·拉福莱特（老鲍勃）作为替代选择。老鲍勃遂在新建的进步党的旗帜之下，将此番瞩望担当起来；这是进步派对商业集团霸权的挑战，尽管这挑战本身的力量相当孱弱，但也足以为共和党选战提供关键议题了。道威斯将军高声宣示说："就在于你们究竟是跟卡尔文·柯立芝一同站在常识的坚硬磐石之上，还是跟罗伯特·M. 拉福莱特一起，站在社会主义的流沙之上。"倘若这就是关键问题，那么美国人民将如何选择，想必也是没有疑问的了。

"这是一场著名的胜利，"威廉·霍华德·塔夫脱在选战结束几天之后思量结果之时，禁不住品评说。这位首席大法官觉得，无论何时，只要美利坚人民理解到问题的关键就在于激进主义和保守主义之间的抉择，那么答案从来都是一样的："这片土地并非激进之地。我觉得这个国家真的是这个世界最为保守的国家。"[9]

九　共和党经济学

1

1925年,《国家商业》杂志,美国商会的喉舌,说美利坚商人已经成为"这个国家最具影响力的人群"。该杂志指出,在美国,如今商人已经据有了"前所未有的领导地位"。《华尔街日报》则补充说,"政府与商务如此彻底地融合起来,无论是在美国,还是在其他地方,这都是不曾有过的情况。"卡尔文·柯立芝自然认肯这样的政商联盟。"这是一个商业国度,"柯立芝说,"……这样一个国度自然需要一个商业政府。"[1]

这就是这场共和党实验的要义所在;此时的安德鲁·梅隆,作为财政部部长,也正体现了这种新的同盟体制。1925年的梅隆,已经是七十岁高龄了,他的一生亲眼见证了乡村经济和殖民地经济是如何发展成世界之上最为强大的工业强权的。他于1874年在匹兹堡进入了银行业;那些铸造了这场奇迹般变迁的伟大商业领袖,都是他的同代人;对于布赖恩、罗斯福和威尔逊,他当然是有记忆的,在此三人的时代,人民一度对商业领导权能失去了信任,但后来还是接纳了商业领导权能,如今,那个对商业领导权能失去信任的时代已然结束了，对这一切，梅隆内心里自然很是欣慰。他获得任命成为财政部部长，这要是放在早前，根本是不可想象的，从中似乎可以看出国民态度的革命性转变。

他身体瘦弱，脸色凝重，颧骨突出，衣着打扮和言谈举止颇有爱德华时代那种的绅士风范。他的衣装都是黑色的，肃穆且奢华，衣服扣子总是扣得严丝合缝，总是打着黑色领带；帽子则从来都是那种软式的、灰色的。上好的美酒、上好的雪茄、精美的瓷器以及美妙的画作，这些是他最为享受的，仿佛也最契合于他。不过，在公共生活当中，他永远都是一脸的倦怠和焦虑。从来都是以冷冷的笑容和吵闹的声音，呼吁政府厉行节约，从来没有停止过。[2]

"所谓政府，不过是一桩生意，"梅隆说，"可以而且应当依据商业原则运行。"如此，则政府之第一要务就是平衡预算，第二要务自然就是有债必偿。不过，很快，梅隆的主要关切便转向了削减税率，特别是高收入阶层的税率，这就令他的态度多多少少不是那么一以贯之了。他觉得目前的附加税率太高了，已经让人无法承受了。一个年入百万美元的人，差不多要缴纳三十万美元的个人所得税。他宣示说，此举的结果和影响在各个方面都已经显现出来了；所有人都知道"那些一直未能启动的商业项目，还有那些被迫放弃的商业项目，都是出于同样的原因而搁浅的，那是高昂的附加税"。他告诫说，税负毕竟是税负，不是充公，二者之间无论如何是有差异的；若要找回此间差异，他提议将附加税上限确定在25%。一个人，无论赚了多少钱，都不应当将四分之一以上的收入用来缴纳附加税；否则，美利坚创造力的源泉将会被抽干。[3]

然而，即便是在1920年代，那种致力于削减百万富翁群体税收负担的议案，也不可能获得无保留的支持。约翰·南斯·加纳，来自得克萨斯州的众议员，相当有手腕，他于1924年就挫败了梅隆提起的税收议案，并且还迫使柯立芝签署了更为严厉的议案。但是梅隆也是韧劲十足，从不放弃，每年都尝试着将高收入阶层的税负削减那么一点点。反对者的态度依旧明确,对他是没有同情可言的。来自内布拉斯加州的乔治·W. 诺里斯是这么评论梅隆1925年的税收议案的,"该议案将令梅隆先生自己受益无穷,这样的议案若获得通过,梅隆先生自己的税负减免额度将超过内布拉斯加州全体纳税人受益额度的总和啊。"[4]但是,此等含沙射影并不能遏制梅隆的这场征讨运动。

减税并非梅隆唯一的手段。若是不能予以减免,他往往可以靠退款方式予以补偿,这种做法是有优势的,因为可以进行幕后操作。直到加纳于1930年迫使相关方面将数据披露出来,人们才知道梅隆究竟干了什么。执掌财政部的第一个八年期间,这位财长竟然以现金返还、贷款和抵扣的方式,支出了三十五亿美元。在此期间,除了1927年和1930年,这些方面的支出额度一直处于稳步递增的态势,1927年和1930年之所以有所收敛,主要是迫于国会的压力。在这个过程中,数百万美元流入了梅隆自己的公司;另有数百万美元,加纳毫不吝啬地指明了其去向,那就是最有利于共和党的地方。如此,1930年选战中,十七个给予共和党政治献金额度超过一万美元的个人,都成了梅隆此番官方恩惠的受益人。[5]

与此同时,梅隆本人也在继续相当活跃的投机活动。通过家族公司,梅隆家族可是分得了一大杯羹。据《纽约时报》1926年的一份报道,我们这位财长的亲戚仅在铝材以及湾区石油的投机当中,就赚到了三亿美元。这还不是这些家族公司的全部。"遵照您的指示,我写就了一份备忘录,将个人合法避税的种种办法尽列其中,"国税局的税务专员致信我们这位财长说,"很高兴有机会将备忘录呈送于您。"备忘录里面涵括了十种避税方法,其中有五种方法是梅隆先生在立誓作证之时承认用过的。国税局的这名税务专员还给梅隆配了一名税务专家,协助谋划财长的个人所得税返还事宜;这个专家很快便围绕梅隆个人的支出清单大做文章,将自己在公职期间积累的知识全部调动起来,为部长大人的私人账目效力。

也就是这个专家帮助梅隆建立了更多的家族公司,在股票交易方面制造账面损失,以此来抵扣税负,与此同时,梅隆却以财政部部长身份,呼吁纳税人如实缴纳个人所得税。[6]

2

梅隆的税负方案在公正和伦理方面是存在矛盾的,至少在那些秉持怀疑态度的观察者眼中是这样的。而且,其经济理论依托也存在矛盾。倘若用削减债务和平衡预算来缓解经济的紧张态势,那么梅隆的税负减免计划很自然地就会令更多的钱进入投机领域。梅隆说,"减免税负将会刺激贸易和商业。"[7]他就是依托此一观念,又将数十亿美元注入这场繁荣当中,实际上,这场繁荣已经不需要进一步刺激了。

但这却是商业集团需要的;而且,通盘来看,这也是经济政策领域的一场新的测验。柯立芝也正是出于类似的考量,对1922年共和党确立的高关税壁垒甚是珍视。与此同时,柯立芝也支持商务部部长胡佛执行了一项力度十足的计划,旨在推动美国工业产品拓展海外市场。伍德罗·威尔逊曾相当直截地认为,高关税政策同出口扩张是难以相容的。因此,在其任内的最后一项法令当中,威尔逊否决了一项旨在提升关税的议案,当时威尔逊申述说,合众国已然成为债权国,此等情形之下,他国便只有三种渠道可以购买美国产品,其一是从美国借钱,其二是卖黄金给美国,其三是卖东西给美国。威尔逊否决了前两个渠道。"倘若我们要欧洲偿还债务,"他总结说,"……我们就必须从欧洲买东西。"[8]但是胡佛对威尔逊提起的这种两难漠然置之,转而着力依托美国的对外贷款来推进美国的对外贸易。这样的方案自然是纽约银行家们非常乐于配合的。于是,整个1920年代,便有数十亿美元借由私人贷款的方式流往国外，以此来提升美国产品在国际市场的份额。

柯立芝总统还削弱了昔日里联邦政府的商业管制机制，以此来进一步伸张他对商业集团领导权能的信任。于是，从先前的犹疑时期传递下来的种种管制机构，很快便被注入了新的团结精神。比如说，此时派驻关税委员会的那些人，差不多都是受保护产业部门的公开代表。当委员会的少数派在科罗拉多州的 E. P. 科斯蒂根引领之下，提出反对意见，认为委员会成员应当回避牵涉自身或者亲戚之经济利益的案子的时候，柯立芝便申斥了这个少数派，认为他们是无事生非。在我们这位总统看来，恰恰就是因为有特殊利益牵涉，所以相关委员才能够在利益相关的事情上拥有高人一等的判断和智识，还有谁比他们更适合充任评断者呢？正是依托这样的精神，白宫放任宾夕法尼亚铁路公司的老板 W. W. 阿特伯里将总统有关铁路合并计划的特殊咨文向国会呈送并分发。[9]

柯立芝本人是完全诚实的，他并未感受到这其中的利益冲突，而且他据此为自己的政府确立了样板。"新自由"之后的那些年间，联邦贸易委员会一直都是政府管制体系的核心建制之一。但是，1925 年 W. E. 汉弗莱入主该委员会，就此便开启了一个新时代。汉弗莱对威尔逊时期的联邦贸易委员会多有批评，认为"那是压迫、干扰和伤害而非帮助商业的工具"；他说，联邦贸易委员会不能再充任"社会主义的宣传机构"了。很快，汉弗莱便在政策和程序双方面实施了剧烈改变。昔日里，联邦贸易委员会是用来遏制垄断的，而今，则转而支持商业的自我规约机制，同时也支持借由会晤机制，鼓励在商业惯例问题上达成全行业的协议。[10]

如此，华盛顿便开始对经济集中趋势展露出笑颜，尽管在这个世纪的大部分时间里，华府至少在理论上是反对此等趋势的。此时的胡佛，自然对战时工业委员会的经验记忆犹新，遂驱策商务部跟进并支持此一同业公会潮流。在商务部的襄助之下，同业公会纷纷自行拟定"章程",此类"章程"一旦出台,便会得到联邦贸易委员会的认肯并在全产业推行。尽管此类章程的初衷是消除"不公正"的商业惯例,但慢慢地便也涉入了诸如竞争性减价问题等,有时候,还会就此构筑起种种壁垒,在这壁垒后面,商业集团相互勾连起来,图谋规避反托拉斯法令。

经济集中当然也会采取更为公开的形式,此类活动同样兴盛。控股公司体制进入了公用事业和交通领域,连锁商店也进入了零售领域;全国各地,大公司开始吞食小公司,并且同其他的大公司实施合并。截止到1930年,两百家最大的非银行业公司,经历了十年的高速发展,其发育速度是小型非银行业公司的两倍到三倍,这两百家公司控制了这个国家半数的公司财富。[11]而且,在柯立芝政府眼中,私营经济权已然由最有责任意识者掌握。

3

而且,还不能说政府的此种看法是完全没道理的。倘若经济结构之优劣,应当依据其表面业绩予以评判,那么很显然,1920年代早期的美利坚经济是相当优秀的。国民生活水准显然在稳步提升;经济机会也在稳步扩张;消费品市场稳步拓展。此一时期,美利坚资本家的想象力以及美利坚技术人员的聪明才智,在国民生活生活领域的施展程度,可以说是到了前所未有的水准。一时之间,这个国家似乎到了一个新的丰裕时代的边缘了。

然而,丰裕之路也催生了新的问题。决定性的经济事实是技术效能和生产率的异乎寻常的提升。每个工时的平均产能在这个十年间提升了大约四成之多。如此一来,首要的经济挑战便是如何分配产能效益,以便同时维持就业和繁荣。

依据正统经济理论,生产成本降低了,就必然会令价格下降,或者令工资提高，要不就是两者兼而有之。然而，经济刚性显然麻痹了市场，令市场失去应有的反应能力，这其中的部分原因就在于经济集中。古典经济理论中的价格机制拥有完美的灵敏度，但是在实践当中，其灵敏度已然变得疲软且迟钝了。

由于逐渐累积起来的经济刚性，商品也就没有办法通过降低价格来寻找市场，如此一来，技术效能之提升所带来的经济收益，也同样无法通过提高工资或者提高农业价格来寻求出路，这里面的原因很简单，劳工集团和农业集团的议价能力是相当孱弱的。结果，便是此番经济收益越发地以利润形式落入商业集团手中。这个十年间，利润增幅达到了80%，已然是生产率增幅的两倍之多；金融集团的利润增幅更是达到了疯狂的150%。[12]

利润提升了，自然也就推高了公司证券的价格；随着证券价值的走高，公司当然就会发现，要获取更多的资金，最简便的办法就是发行更多的证券。这些资金都很便宜，因为公司是无需为发行股票支付利息的，但要去银行拿贷款，就必须支付利息。于是，公司便纷纷借助这笔资金来扩张产能，令更多的产品涌入已经拥挤不堪的市场；要不就是渐渐地，将越来越多的资金转入投机领域。结果便是再次推升股价，然后在一个更高的价位上重演上述的经济过程。1920年代便在这一轮又一轮的经济过程中行走着，股票市场越来越多地吸纳着工业产能催生的未分配收益。

股票市场的早期繁荣当然不是人为的。在这个阶段，这样的繁荣自然是反映了坚实的工业扩张。特别是汽车工业给经济的基础部门输入了相当大的能量，诸如钢铁产业、机械工具、石油、橡胶、道路以及公共建筑等，同时也鼓励了创新和研究。然而，一直在刺激繁荣的过剩利润，同时也在缩短繁荣的寿命。原因很简单，经济效能之提升带来的收益越来越多地转化成利润，这就必然导致民众之整体购买力的滑落。梅隆的税收政策，却是将重点置于救济高收入群体，而非消费者，这就令本已失衡的收入分配格局以及过度储蓄格局更形严重了。到了 1929 年，收入在一万美元以上的群体只占总人口的 2.3%，但这个群体在一百五十亿美元的总储蓄额度当中，就占据了三分之二。全国六万个高收入家庭的储蓄额度差不多跟两千五百万底层收入群体的总储蓄额度持平了。[13] 很显然，民众购买力的增幅完全不足以吸纳商品的增幅。

农业萧条进一步扭曲了需求结构。战后，农民已经丧失了海外市场；结果便是农业收入一下子塌陷下来，这就令经济陷入根本性的不平衡泥潭。但是共和党政府对农业困境的关切度远不及对商业困境的关切度。"农民是从来都不赚钱的，"柯立芝颇有哲学意味地告诉农业贷款委员会的主席，"我不相信我们对此能做很多的事情。"[14] 然而，农业群体，很多人都生活在贫困当中，大部分农民背负着抵押债务，他们可没如此深远的哲学眼光。但是当农民也要求效仿工业领域的保护性关税机制，也为他们提供保护的时候，华府并未表现出任何的同情。结果，农业的半壁江山也就没有能力做出应有的贡献，去维持需求。

至于城市居民，他们的工资未能跟上生产率的提升，华府对待他们，就跟对待农民一样冷漠。商业集团自然是要在公开场合高谈阔论对于高工资的美利坚信仰，但实践当中，这个集团却是让工资增幅远远地落在了产量和利润增幅的后面。1923 年到 1929 年间，制造业的产能平均提升了大约 32%，工资的平均增幅则只是 8% 略多一点点。[15] 而且，此时的执政集团当中，也不曾有谁看得出一场强有力的劳工运动会有任何的经济价值。

很显然，城市居民的工资水平和农业居民的收入水平是严重落后的，这就意味着这场"繁荣"越来越不能催生相应的购买力，随着这一态势的稳步发展，民众的购买力越来越无法跟得上产能，慢慢地，市场积压的情况就越发地严重了。实际上，即便购买力分配格局更为合理，此时也已经难以避免经济疲软的命运，原因很简单，此时，最初的汽车产业扩张浪潮已经开始疲软。而且，结构弱点此时也已经相当深重，特别是银行业和证券业，这就令经济前景更形飘摇了。

4

然而，此时的华尔街和华府对此并无多少忧虑。实际上，截止到1920年代中期，整个经济机制已经开始集中在单一的环节上，那就是股票市场的行情显示系统，这个系统在永无止息地显示着股市的点数。热钱如同洪流一般涌入股市，将股价一路推高。此时的商业集团领袖们，一门心思想着赚钱，已然忘记了审慎考量，纷纷着手建立新的投资托拉斯，设置新的控股公司，操控新盘，其目标则从来都是发行新的股票以满足显然是无法满足的股市。1923年的资本发行额度达到三十二亿美元，此后，年均资本发行额度便一路稳步攀升，到1927年，差不多到了一百亿美元；股票交易额度同样稳步攀升，1923年，纽约交易所的交易量为两亿三千六百万股，1927年，这个数据便提升到五亿七千七百万，到1928年，更是跃升到十一亿两千五百万。1925年，纽约交易所的股票市值总额度为两百七十亿美元，到了1929年，便攀升到六百七十亿美元。全国的私人净负债总额度从1920年的一千零六十亿美元，攀升到1929年的一千六百二十亿美元。[16]

慢慢地，即便是商业领袖集团也在他们自己建立起来的这套复杂金融结构中迷失了。但是，一时之间，所有人都觉得，这里是金钱和权力的无尽源泉，就如同一场没有休止的轮盘赌一样，没有人会是输家。于是，整个国家的激情便越发地集中于曼哈顿岛南端狭窄街区里面的狂热交易活动。美利坚民众也学到了一系列新词汇。"经纪人贷款"，顾名思义，就是经纪人提供给客户的贷款；如此，便能够令客户的投机额度远超自身的资金供应能力。"边际买进",意思就是在用经纪人贷款买进股票的时候,客户只需要缴纳所购股票面值一定比例的资金就可以了。说白了,倘若经纪人贷款的边际比率是25%,那就意味着客户手中的实有资金在股票市场的购买力可以提升四倍。在股市稳步处于牛市的情况下,又有谁会是输家呢?

政府人士看着这股投机热潮,内心是快慰且赞许的。十年前,威尔逊建立了联邦储备体系作为平抑经济进程的手段。在1920年代,联邦储备体系拥有两个主要的信贷政策工具。其一是公开市场操作,确切地说就是对政府债券实施买进或者卖出,以此来改变成员银行的准备金率,从而对基础货币供应实施扩张或者收缩。其二是贴现率,确切地说就是提升或者降低各个银行向联邦储备体系实施借款的利率,以此来收紧或者放松货币供应。

很显然,在1920年代,很多人高估了货币政策的力量。不过,联邦储备体系拥有并使用的力量,总体上倾向于扩张货币供应,这部分地是对欧洲状况作出的回应。比如说,让利率保持在低位,令贷款变得便宜,联邦储备委员会既能够遏制欧洲黄金的流入,也能够令美国有更多的资金用于对外贷款。人们相信,如此一来便可以襄助欧洲重建。本杰明·斯特朗,纽约联邦储备银行的强悍行长,以及英格兰银行行长蒙塔古·诺曼,正是本着这样的精神,于1927年做出一项关键决策,将贴现率从四个百分点削减到三点五个百分点。二人此举的目的是要令英国维持金本位制,两年前,英国财政大臣温斯顿·S.丘吉尔颇为鲁莽地令英国信守了金本位制,如此一来,二人的这一决策就可以避免一场世界范围的经济紧缩。但是,宽松货币政策势必加速了美国的通货膨胀。1928年的美国,正值选举年,因此不可能有人愿意做出果断决策,遏制此一上升螺旋。[17]

到了这个节点,但凡头脑清醒的经济人士都开始生出不安。偶尔,也会有人公开表达不安和疑虑,也能激起人们微弱的焦虑和担忧。但是，无论何时，只要市场有波动和疲软的迹象，政府里面便指定有人出面为扩张局面站台说话。当然不能认为白宫和财政部不了解情况；毕竟，这个国家的商业领袖们就是柯立芝总统午宴和晚宴的座上客；而且所有人都知道财政部部长梅隆本人通过自己的家族公司，对当前市场是有深深介入的。

疑虑有时候也会展现在总统面前。比如说商务部部长胡佛就时不时地对联邦储备委员会的扩张政策表示反对意见（尽管不是公开表态）。但对此，柯立芝从来都是现成的回应，他始终坚持说联邦储备委员会是独立于财政部的，也不在行政分支的管辖范围之内，梅隆则对自己这位同僚不曾间断的忧虑颇为不屑，认为那不过是杞人忧天。

1927年初，哈佛大学的一名教授，威廉·Z. 里普利，受召来到白宫。里普利是布兰代斯和索尔斯坦·凡勃仑统绪中人，尽管他在阐述自己思想之时用词很是温和，但眼前的经济趋势，所有权越发分散，但控制权越发地集中，令他极为忧虑。一方面，股票和债券从华尔街向全体国民扩散，另一方面，经济权能从国民向华尔街集中；里普利感觉到，此等局面若继续发展下去，其结果势必是鼓励公司保密和欺骗，"串通洗盘、恶意操盘、隐瞒信息以及舞弊作假等等"。总统将双脚跷在桌子上，嘴里叼着雪茄，但在听里普利谈话的时候，内心不免越发担忧起来；终于，总统开口问道："眼前的情形，我们能做什么呢？"当时里普利并不认为证券管制是联邦职责，遂回答说："联邦政府什么都做不了，这是各州的事情。"总统即刻眼往上看，表情如释重负，一脸的感激。[18]

到了1927年底，经纪人贷款额度已经接近四十亿美元大关。很多人觉得，这样的基础已经难以负载价值膨胀的上层建筑了。1928年1月7日，柯立芝总统再次出面救驾。他说，经纪人贷款的扩张是经济扩张在证券市场引发的自然反应，他看不出这里面有任何不正常的东西。几个星期之后，联邦储备委员会的罗伊·扬，也是胡佛的好友，在国会的一个委员会作证说，当前的经纪人贷款规模究竟是太低了还是太高了，他不能定论；不过，他也申述说："我倒是很满意，因为这些贷款都维持在安全和保守的轨道上。"[19]于是，市场就继续保持一路走高的态势。

十　商业时代

1

如果说美利坚的头等大事就是生意，那么生意之于美国人而言，可不仅仅是赚钱。用尤利乌斯·克莱因博士的话来说，"商业灵魂发生了一场令人震惊的转变"，需要说明的是，克莱因博士是赫伯特·胡佛的商务部的领袖人物，也是"新时代"的一个小先知；克莱因这话的意思其实是说，商业已经转变成"道德之事"。在这个过程中，商业荡涤了早期那种粗俗和贪婪的品性。资本主义就此超越了个人主义和物质主义，转变成社会的和精神的东西。不过，资本主义仍然奇迹般地保留了利润动力机制，没有这样的动力机制，一切的社会方案就都只能沦为乌托邦。另一个小先知加雷特·加勒特也以惊奇的口吻写道："在此之前很久，人们就已经想象过一种社会状态，在其中，至高无上的私人赢利欲望服从于社会观念。但是，不曾有人想象过这样的社会状态是真正有利可图的。"[1]

新的信仰渗透了教堂、法庭、学院和媒体。它催生了自我感觉良好的文学，埃德加·A.格斯特就是此种文学的桂冠诗人。它催生了成功经济学和乐观主义形而上学。对此一新信仰的一些追随者来说，此一进程甚至意味着更多的东西，比如卡尔文·柯立芝就是这样的追随者，在这些人眼中，工厂就是寺庙，工作就是敬拜，商业已然快成了新宗教。对真正的信徒来说，这新宗教的诫命便是"服务"，其圣餐礼就是在吉瓦尼斯俱乐部或者扶轮社的每周聚餐，其仪式是集体吟唱欢乐歌谣，其神学家就是那个名叫布鲁斯·巴顿的纽约广告人。巴顿于1925年推出畅销书《无人认识的人》，在这本书中，巴顿将耶稣基督也吸纳到新宗教当中来了，以令人艳羡的口吻评价人子，说耶稣基督"从商界草根阶层拣选了十二个人，将之打造成一个最终征服了整个世界的组织"。[2]

救赎的标尺在于成功；成功遂成为精神品质的可见证明。但凡成功之人，便值得全人类的嘉许。一名商业作家写道："没有这些伟大心灵，民众将失去头脑，如同历史证明的那样，人类最终也将堕入野蛮的暗夜当中……民众终究是受惠者，少数精英则是施恩者。"倘若个人奋斗是通达救赎之路，那么倚靠政府便是魔鬼的诱惑。全国制造业协会的主席在1925年的大会演说中对魔鬼连祷文展开抨击："听听那些怪异的哲学，生存工资、核查系统、最低工资、政府照管儿童、只雇用工会会员的工厂，等等，还有社会主义的财富再分配。"

联邦政府，即便是柯立芝的放任体制，终究也是威胁。詹姆斯·M.贝克，哈定时期的副检察长，于1926年推出了自己的一本书，书名是《消失的州权》。同一年，奥格登·米尔斯，一个激进且能干的保守派，在众议院郑重宣示说，联邦集权机制"正在打击我国体制的基石"，"今时今日，这个国家的头等要务"就是要强化地方。[3]

2

达尔文主义曾催生了生存竞争锻造品性的观念，1920年代，此一观念则融入了商业责任观念,由此进行了调整。调整之后的新观念不再一味谴责公众,而是将公众视为取悦和服务的对象。显然,重点正在从生产和竞争向着分配、消费以及合作转移。伫立涡轮机和高炉中的自立企业家形象,此时已经不再是文化英雄了,取而代之的是经销商、推销员以及商业政客。

欧文·D. 扬,在通用电气、美国无线电公司以及美联储纽约银行都有职务,在这股新趋势当中是颇有影响力的人物。他提出这样的论题:无约束的利润机制正在让位给一种信托意识。"如今,人们对义务的感受已经不再是为着资本的利益榨取劳工,也不再是为着资本和劳工的利益剥削公众,而是为着所有人的利益,明智且公平地做事。"[4]

秉持类似看法的人并不在少数。不过,在某种意义上可以说,商业领袖集团中最具影响力的人物非亨利·福特莫属;福特虽然是旧统绪当中的伟大企业家,但同时也是引领整个商业集团以新参照系思考问题的人,新的参照系是以销售、分配以及商业政治家构成的;因此,亨利·福特的情况就更能说明问题了。亨利·福特当然是个天才,但他同时也狭隘、无知且粗俗。他总是带着枪,相信轮回转世之说,痛恨银行家、医生、犹太人、天主教徒,憎恶胖子、酒精、烟草、监狱以及死刑。他内心的情感是肆意冲撞且混沌,他通常凭着内心的诸般冲动行事。1916 年,他曾自费派遣一艘"和平船"前往欧洲,打算结束第一次世界大战;1918 年,应伍德罗·威尔逊的私人约请,他成为民主党的参议员候选人;1920 年,他着手在《迪尔伯恩独立报》刊发《锡安长老议定书》。他从来都相信上帝是跟他站在一起的:"我是受到接引的,"他指着自己的脑袋跟朋友们说,"我是受到接引的。"[5]

古怪归古怪,对于新时代,亨利·福特有着强劲视野。他相信,现代的大规模生产机制已经令经济无所不能了;商品如此丰富,这本身必然会革新商业哲学。高产量、低价格以及高工资必然是新的目标。唯有稳步提升工资并降低价格，商业集团才能维持大众购买力。他常常申述说："所有这些根本性的东西，总括起来就是一个词——'服务'。"倘若商业拒绝"服务"，那就没办法生存。[6]

福特如此看重民众购买力，将一种全新的因素引入商业经济学。早前一代的商业集团，如同爱德华·A.法林说的那样，都认为购买力是"自行发生"的；在"新时代"，商业集团则有责任去催生购买力，否则，商业经济体制就会瓦解。问题的关键就在于维持需求水平。既然生产问题已经解决了，那么用加雷特·加勒特的话来说，"此等情形之下，民众若是存钱而不是消费，那就会陷入自我毁灭的境地。"加勒特还告诫说，民众必须认识到，所谓节俭，若严格执行的话，将会变成"经济上的灾难"。[7]

3

这就是"新时代"的官方哲学，品格、服务、高薪酬；私人赢利欲望服从社会职能观念，利润动机依然存续并发挥作用。不过，新信仰并没有承载新时代的全部信念。商界人士对自己的职业赋予尊严，职业批评家们自然会嘲笑商业集团的此番行径。H. L. 门肯写道："商人的目标就是要赚大钱，但他们总是在大赚特赚之后，摆出一副不以为然的态势，仿佛那并不是他们的目标；可以说，只有商人才会是这种做派。"[8]对此抱有疑虑的人并不少。不管怎么说，此种新的商业理想主义，虽然也是相当忠诚且真诚，但终究未能彻底改造深处潜流中的占有欲望。

也许应该说，这是原则与行动之间本来就会有的鸿沟，人们当然可以在俱乐部高谈阔论品格问题的同时，暗中谋划着进入优选名单并介入幕后交易；或者也可以在扶轮社肆意谈论服务意识，却在更衣室里咒骂农民、劳工、外国人和知识分子。"这个世界太烂啦！"威廉·艾伦·怀特在回首早期理想主义之时不免感叹说，"……若是十年前有人告诉我这个国家走到今天会是这个样子……我肯定会觉得他脑子有问题。"[9]尽管遑遑之词和高远希望漫卷各方，但在很多人眼中，所谓的"新时代"实质上不过是用来赚钱的踏板而已。

比利·米切尔将军在这些年间开始为美利坚空军奔走呼号。十年后在总结此番事业的败因之时，他告诉国会一个委员会："一旦商人掌控了政府，我们最好啥都别干了。"委员会里面有人遂即问询，您说的商人，究竟指哪些人呢？"就是有东西要卖的人。"老将军正色回答说。看起来，单一的利润动机是要一直存续并发育下去的，直到将所有其他的动机赶尽杀绝。约瑟夫·B. 伊斯门是颇为出色的威尔逊集团中人，在州际商业委员会供职，1925 年，他对时代的主导哲学提起了抗议。他说他不认为追逐私利是"人性当中唯一动力"，仿佛只有这样的动机可以催生可欲结果一样；尽管在柯立芝看来这是再明显不过的事情了；"在此，请允许我说，人类收获的最重要的服务，从来都是更高动机的产物。"可惜，只有为数不多的人能注意到人性中的此类情感，也只有这些人才能够如同老威尔逊派丹尼尔·C. 罗珀那样，感受到国父一代人的理想已然沦落遗忘境地了。

丹尼尔·罗珀不禁哀叹说，整个国家都陷入了"金钱狂热"中，教会、学校、家庭，一切的一切，无一幸免。人们不再想着帮助同伴，而是想着从同伴那里攫取金钱。"我们已经成了迷途浪子，这可不是什么痴人诳语。"乔治·诺里斯更是评论说，战争结束之后，他便不曾记得遇到哪怕一个真正幸福的人。"战争摧毁了欧洲，"布兰代斯评论说，"战争的余波摧毁了我们。"[10]

4

即便是商业宗教的忠诚信徒也不免有所疑虑。他们显然渴望一些东西；他们的理想主义需要出口，自我感觉良好的柯立芝、古怪无常的亨利·福特，抑或是经纪人和推销员，这些人显然不能满足他们的崇拜之心，他们需要的是更为高洁、公正的崇拜对象。1927年春天，有那么一个时刻，世人有机会见证此等需求已经是何等深沉了。在那一刻，国民的希望和恐惧一下子以强烈的虔诚态势聚焦在一个年轻人身上，就在几天前，这个年轻人尚且是寂寂无闻之辈，这个年轻人全凭一人之力，驾驶一架单翼飞机，在天海之间孤独穿行，展开了一场飞越大西洋的疯狂之旅。一时之间，数百万人屏住了呼吸，眼含热泪地祈祷着，等待英雄归来的消息。飞机在勒布尔热着陆的消息传来，全国陷入疯狂。柯立芝总统即刻派遣一艘巡洋舰迎接英雄回家，在所有人眼中，这是再合适不过的行动了。终于，1920年代也有自己的英雄了。

小查尔斯·A. 林德伯格遂成为救赎的象征。他以一人之身体现了1920年代人们内心强烈仰慕的一切，精明算计时代的冒险、利益时代的信仰、苍老中年时代的青年。难以尽数的怒火正在吞噬时代潮流当中的人们，他却将人们带离这噬人的烈火，越过私利欲望，回归更为深沉也更为高洁的动机。一时之间，很多人似乎不再是商人了。他们擦干热泪，不知道该骄傲还是该羞耻。他们巴望着义无反顾地投身冒险事业，只要那事业对个人来说是灾难但对人类来说却是一切。用斯科特·菲茨杰拉德的话来说，"在乡村俱乐部里，在'小声点'酒吧里，人们纷纷闭目静思，品味着古老而美好的梦想。"[11]

林德伯格娶了德怀特·莫罗的女儿为妻，这是一桩恰如其分的王朝联姻。但是林德伯格只是个孩子,而且他要的仅仅是自由,除此之外便没有更多的了。他不能满足国家领袖资质的需求,确切地说,此时人们需要的是一个能够激发精神潜能的人,人们相信,正是这股繁荣浪潮,将人心当中的精神潜能深深闭锁起来了。此时的美国人比以往任何时候都更强烈地需要一个人挺身而出,将眼前的金钱狂热改造成仁慈的服务秩序,在那样的激奋时刻,这就是人们的梦想。

十一 "新时代"的先知

1

1920年代,有一个美国人的形象越发地凸显出来,看来可以成为"新时代"理想和现实之鸿沟的桥梁。赫伯特·克拉克·胡佛既是商务部部长,也是贵格会信徒。他的职位令他处身经济生活之核心地带,他的信仰则将他同最为高洁的服务理想等同起来。此外,他的整个生涯都可以说是在实现美国梦。这个十年间,他比别的任何人都更为清晰地阐述了美利坚个人主义伦理,这种个人主义不是往日里那无情且野蛮的个人主义,而是一种充满希望的个人主义,预示了一个合作主义的未来,恰如他自己的生涯所展现的那样。

胡佛于1874年生于艾奥瓦州的西布兰奇,在这座典型的美国小城,他享受了无忧无虑的童年时光:夏日里,他会用柳树竿和饵虫钓鱼;秋日里,他会用自制的弓箭偷猎鸽子和野鸡,然后拢起篝火美美地吃上一顿;寒冷冬日的破晓时分,他会在白雪皑皑的野地里追逐野兔。日后,这些回忆总是令他不自主地泛起一阵阵的诗意和乡愁,那的确是温暖且安稳的记忆。不过,田园生活很快就结束了。八岁那年,他父母双亡。不久,他便也离开艾奥瓦,前往俄勒冈跟亲戚生活在一起了。

少年时期的一些经历激发了他的工程师梦想,当利德·斯坦福着手在加利福尼亚创建一所新大学的时候,他便抓住机会在这所大学接受训练。1895年,他完成斯坦福学业的时候,已经是校园里的风云人物了,接着,他便开始闯荡世界。到了1897年他二十三岁之时,就已经成为当地名人了。此时,英国的比伊克-莫林矿业公司传话到加利福尼亚,说他们需要一个拥有金矿开采经验的美国工程师,前往澳大利亚工作。年轻的胡佛得到了这份工作。

他是第一代在整个世界传布影响力的美国人之一;接下来的岁月里,他的经历就如同理查德·哈定·戴维斯剧本里面的冒险故事一样丰富多彩。胡佛先是前往西澳大利亚;而后前往中国,当时年仅二十五岁的胡佛成为中国(开平)矿务局的首席工程师,年薪两万美元,襄助中国的自然资源成为外来投资的安全之所,这其中就包括了开平煤矿,其间,遭遇了义和团叛乱风暴。伦敦的总公司很快便意识到这个出色的年轻人有着相当才干。于是,二十七岁的胡佛便成为比伊克-莫林公司的年轻合伙人。此时,他的商业业务集中在伦敦;不过,他本人的主要时间仍然是在野外勘探矿脉、组建新公司和辛迪加集团,也会在火车或者汽船上度过几天甚至几个星期的时间,每到一处,总有厚厚一沓电报在等着他。他就这么不停地奔走,从曼德勒到德兰士瓦,从埃及到马来群岛,从西奈山的绿松石矿区到雾气弥漫、汽灯昏黄的伦敦街道。

这的确是理查德·哈定·戴维斯笔下的冒险生涯,但胡佛不能算是戴维斯作品里面的主人公。胡佛为人内敛、谨慎,极具才干,办事很有效率,圆脸,淡绿褐色的眼睛,头发灰褐色,直直的,肩膀很宽,他将所有的冒险都凝聚于商业活动,戴维斯笔下的主人公则是将所有的生活都变成了一场冒险。胡佛待人接物相当自持内敛,除非是在他可以信任的老朋友中间;即便是在老朋友中间,他也相当矜持。威尔·欧文，自斯坦福时期就已经跟他颇为熟识了，欧文在1928年写道："我都不记得听他'放声'笑过。"似乎有某种东西将胡佛同人的非理性情感隔绝开来。也许是他那冷静的工程师头脑，那样的头脑关心的是解决问题，而不是缓解情绪；也许这只是一种防护性质的冷漠，毕竟，在那个时代的美利坚，经济上的进展需要人们的心灵付出惨重代价，于是，一颗本来温暖的心，就必须学会这种防护性质的冷漠。

随着声望日增，胡佛实际从事工程业务的时间很快便开始减少了，用于组建公司并推动公司事务的时间则相应地增多了。他在这些年间的崛起历程已然是极为壮丽了。从艾奥瓦州的西布兰奇到伦敦坎普登山霍恩顿街的红屋，他以异乎寻常的速度实现了这个跨越。尽管他在伦敦城的知名度远超在华尔街的知名度，在仰光和约翰内斯堡的知名度也远远超过在华盛顿的知名度，不过他仍然颇为上心地维系并提升在美利坚的关系网。1907年，他在斯坦福大学校园里面买下了一栋小屋。1909年，他加入了共和党全国俱乐部（在西布兰奇，唯一的民主党人还是这座小城的一个有名醉汉）。[1] 1912年，他提供了一笔政治献金，支持西奥多·罗斯福的选战。

到了1908年，胡佛已经为自己的财富之路奠定了基础。于是，他便决定以顾问工程师的身份开启这条道路。短短时间内，他的办事处就遍布了从旧金山到彼得格勒的很多地方，并成为爱德华时代十几家跨国公司的主导人物，要么是公开的，要么就是隐身幕后，诸如俄罗斯-亚细亚联合公司、阿根廷集团公司、西伯利亚集团公司、北尼日利亚锡矿公司等等。从育空河到火地岛，从阿尔泰山和额尔齐斯河到谢拉山脉，遍布了他的商业利益。1914年，他有这么一番自我评论："我在很多国家都有职业活动，从中得来的总收入应该是美国所有工程师里面最高的。"

这些年是胡佛飞黄腾达的时光。工程事务和公司管理事务自然令胡佛面对众多实际问题的挑战，但他都能够以自己的冷静和头脑予以应对，游刃有余。他的生活相当富足惬意。他后来记述说，"战前的英格兰是全世界生活最舒服的地方"；他还记述说，"千年来，西方世界最快乐的时光就是第一次世界大战之前的二十五年"。当然，此等惬意生活很快也要归于毁灭了。1914年的那个紧张的8月，胡佛就在伦敦的办公室里面。在他眼中，这场战争完全是不可思议的。战争之降临，他记述说，"就如同一场地震。简直是山摇地动，天翻地覆"。[2]

2

从一开始，胡佛的组织才能便派上了用武之地，先是照管滞留欧洲的美国人，后是操持比利时的救济事务。他的耐心和头脑似乎是无限的，将比利时方面的事情处理得井井有条，在这个过程中，食品问题、运输问题、资金问题以及外交问题，他都应付自如。返回美国之后，他便开始重建自己在美利坚舞台的地位和形象。在华盛顿，他给人留下了深刻印象。威尔逊觉得他做事情有条不紊，让人放心。布兰代斯更是觉得他是"这场战争送给华盛顿的最了不起的人物"。

也会有人觉得他的那种冷静性情颇令人不舒服。约瑟夫斯·丹尼尔斯说："他谈起比利时的大事情，实在是太过漠然了，仿佛就是在交代生产数据一样。他的言谈举止，似乎就是将活生生的人看作是一堆数字罢了。我就从来没有看他对那里的事情动过情，仿佛那里发生的事情根本就不是悲剧一样。"胡佛离开的时候，跟丹尼尔斯握手，仍然是那么漠然，这不免令丹尼尔斯觉得胡佛要么天生就是无心之人，要么就是这些年的闯荡和磨砺，已经将胡佛的心消磨殆尽了。但是，没有人能否认胡佛的能力，即便丹尼尔斯也是如此。接任战时食品署署长之后，胡佛在华盛顿的表现堪称大师级别，他将这份差事料理得头头是道，令人印象深刻。"若是你对我了解更多一些，"他告诉佩顿·C. 马尔奇将军说，"你就会发现，我是就事论事之人。"到了1918年，胡佛已经是美国家喻户晓的人物了。战争结束了，他的职责并没有结束。他的工作重点遂转入其他国家的饥荒和混乱问题。

战前的胡佛热爱欧洲的艺术、文学、华美的城市以及那些历史根基深厚的教堂建筑。但是胡佛也感觉出，战争已然将这片古老大陆变成了"仇恨的熔炉"。在那辉煌的外表之下，他显然感觉到了欧洲的一些现实，民族主义、帝国主义、世代的仇恨、复仇欲望、强烈的猜忌还有焦虑和恐惧等等，这些都在暗流涌动，这种感觉错了吗？他说不清楚；他总觉得，战争催生的理想主义也许会铸造欧洲的重生。1918年晚些时候，他协同罗伯特·阿·塔夫脱、刘易斯·L. 施特劳斯以及自己团队的其他一些人，跨越大西洋，前往欧洲，一路之上，众人谈论欧洲事务之时充满期待。这样一个时刻，也许正是欧洲可以同过去一刀两断的时刻，若如此，则文明本身也就有了涅槃重生的机会。

然而，抵达欧洲之后不久，这期待便开始随风飘散了。胡佛参加了协约国的一次部长级磋商。他后来记述说，那些人啊，他们的每个毛孔都流淌着阴谋、自私和残忍。时间就这么一个星期一个星期地过去了，情况也越发明朗：战争没有荡涤欧洲心灵，也没有纯净欧洲灵魂。胡佛依然尽职尽责，勇敢战斗。他的人不断地将补给品和希望向着欧洲的各个偏远角落输送。在凡尔赛的一系列磋商当中，胡佛都将自己的全部韧劲调动起来，力图让政客们淡忘国家利益的冲突，并直面欧洲的基本处境和事情。约翰·梅纳德·凯恩斯记述说，胡佛是"唯一一个浴火巴黎之后，声望仍然能够提升的人"。

可以说，在所有的节点上，胡佛都能够挺身而出，对抗激情、偏见和自私自利。但事情到了这一步，他也只能在深深的悲观情绪面前俯首称臣了,他的诸般规划必须依托合作机制,这样的合作并不依赖计算尺或者雇员的合作,而是人人参与其中的平等合作,因此,胡佛的悲观情绪随着时间的推移也越发地深重了。1919年在同胡佛一番交流之后,豪斯上校致信威尔逊说:"他完全陷入悲观和阴郁当中,无以自拔了。"和约终于出台了,胡佛也就此迎来终极的心碎时刻;接下来的场景便是巴黎破晓的幽光当中,他蹒跚而行,并遇到了史末资和凯恩斯。

在胡佛看来,这一切也算是得偿其所了。欧洲既然不能自救,美国也救不了它;美国有自己的命运,并没有跟欧洲绑缚在一起。此后的很长一段时间里,胡佛一谈起欧洲,就备感憎恶。而且,此后将近二十年时间里,他始终不曾踏足欧洲半步。[3]

3

1919年9月,胡佛返回美国之时,发现自己已经是全国性的政治人物了。但凡善意之人,都在他身上看到了能够在这样一个从战争到和平的转折时期,将这个国家团结起来的慷慨和视野。1920年2月,布兰代斯说:"我百分百支持他。他拥有高洁的公共精神、非凡的头脑、学识、同情心,他年轻,能敏锐感受到对这个国家真正有价值的东西,更拥有组织才能以及激发忠诚的力量,这些都注定了他能在总统职位上做出非同一般的事情。"[4]在这个问题上,至少赫伯特·克罗利是赞同布兰代斯的;《新共和》遂开始为胡佛造势。此时的一批年轻民主党人,也不免回忆起1918年胡佛在一次威尔逊集会之上有着何等的受欢迎度,于是便认为胡佛是自己人,并着手为胡佛的提名展开宣传和运作。

这个集团里面,首屈一指的人物是海军部助理部长富兰克林·D. 罗斯福,1919年在同胡佛有过一番交流之后,罗斯福相当兴奋，他记述说："他绝对令人吃惊，我希望他能够成为总统。没有比他更适合的人选了。"罗斯福后来还回忆说，他和富兰克林·莱恩甚至为了拉拢胡佛，专门为胡佛拟定了一份政治时间表[5]，不过，此举没能奏效；一段时间的掂量之后，胡佛最终还是决定回归共和党阵营。

1920年，胡佛究竟是计算出现了错误，还是根本就对两党的提名没有真正兴趣，既有的证据并不能清楚论定。但不管怎么说，他曾经全心支持哈定，而且他相信哈定是支持国联计划的，也正是因此，他才会在印第安纳波利斯宣示说，支持"各国联合共保和平的原则"，是"共和党的试金石，据此可以检验真诚、正直以及政治家资质"。[6]哈定将商务部部长和内政部部长的职位提供给他，让他自行选择。胡佛选择了商务部，但也提出了自己的条件，那就是参与所有的重大经济决策，商业的、劳工的、农业的、金融的，还有外交的。

胡佛提起的这个条件，倒也并非出于权力欲望。此次返回美国，也令他迅速形成了自己的一套有关美利坚社会的哲学，他感觉必须通过整个联邦政府来表达自己的这套哲学。也正是这套哲学驱动着他随后的全部公共生涯。1922年，他推出了一部很有分量的小书，《美利坚个人主义》，借由此书阐述了自己的这套哲学。

4

《美利坚个人主义》的渊源在于战时幻想失落的情形。胡佛希望否弃欧洲的那种自私自利、等级森严的个人主义。他说，那是"狂野的个人主义"，那样的个人主义只能带来不平等和不公正。他也同样希望否弃社会主义哲学，那是欧洲在应对狂野个人主义之时找到的答案。平均化的平等主义肇端于"法国大革命的鼓噪"；

随着国家在战争中的扩张,平等主义获得了能量,与此同时,"战争激情催生的虚妄的社会亢奋"在其中推波助澜。当然,激进主义的威胁也不能忽略;激进主义的"毁灭性批判浪潮"很有可能导向革命。最重要的,是要警惕民众!"民众是完全靠感觉活着的:民众没有自己的心灵可以酝酿计划。民众都是盲从盲信的,它毁灭,它吞噬,它仇恨,它做梦,但它从不建设。"

胡佛申述说,美利坚必须同时拒斥欧洲的反动潮流和激进潮流;接着,他便详细界定了美利坚这种新的"进步个人主义"的特有使命。"攫取并保有私人财产,确切地说,是将公共产品据为私有并予以维护",这并非美利坚个人主义的目的。他说,美利坚已然确认并确立了两个伟大道德原则,其一是机会平等原则,其二是服务原则,据此,也就已经中和了个人主义的自私取向。机会平等意味着人们可以倚靠自己的能力在社会上赢得晋升之道。至于"正在崛起的服务观念",则是在此前的那段痛楚岁月里发育起来的,这股巨大的神秘力量已然将一种新的合作意识注入社会。两大原则汇聚起来,为美利坚个人主义提供了精神框架和道德目标。

1922年的胡佛就这么观瞧着美利坚,发觉眼前的这个社会已然为实现自身的伦理使命而取得巨大进展。当然,这个社会还存在大量营养不良且教育不足的儿童,同时也存在备受宠溺且尽享特权的儿童;"不过,不妨从总体上看一看美利坚三千五百万儿童的状况,若说这其中仍然有上百万儿童没有获得公正待遇,这似乎是严重夸张了。"经济组织一度操控在肆意而为的个人所有权机制手中;但是现在,越来越多的人都持有股票了,所有权体制正在国民中分散开来,"同一个经济项目,有十到二十万人参与其中,倒也并非不常见的事情。"其结果是董事会和管理层开始发育出共同体责任意识;并且经济组织"也正以强有力的态势向着合作机制前进"。[7]

此等雄辩愿景,毫无疑问提供了相当惬意且完满的道德框架,据此道德框架便可以解释此时的经济集中潮流，解释股票市场的扩张，解释对社会改革的冷漠态度，当然也解释了对激进主义的压制态势。作为社会哲学家，胡佛此举已然是出了大力，就 1920 年代商业集团的实践和原则之间的歧异实施了调和。作为商务部部长，他则是要完成这个调和。

胡佛此时进驻商务部，就如同十年前进驻一个濒临破产的矿业公司一样。此时的联邦政府已然沦落萎靡怠惰之境地，但是美利坚商业之花却正在鲜活且肆意地绽放。据银行家和重建事务代理人 S. 帕克·吉尔伯特记述，此时的胡佛是"商务部的部长，也是所有其他部委的副部长"。[8]

胡佛最重要的工作在对外领域。他将商务部改造成一部用来开拓美国海外市场的机器；在这个过程中，美国的私人贷款将大量美元输出海外，短短几年间，美国出口贸易便给人留下了鲜活的繁荣印象。此时，胡佛虽然也拓展了对贸易问题的研究，并且支持启动对贸易平衡问题的充分研究，但他在关税问题上却相当近视，竟然看不出各国的美元储备跟各国在美国市场的销售能力是有关联的，这一点颇有些奇怪。1922 年的福尔德尼-麦卡博关税议案获得通过之后，他跟亨利·哈兹里特解释说，事实胜过理论；事实就是，"我国的进口贸易，免关税的比例是越来越高了"。相关的事实便是，造成这种状况的原因在于提高关税必然削减应税进口额度，对应税进口商品实施绝对的禁制性关税，则必然意味着，所有的进口商品都将是免关税的；但是，这样的相关事实并没有干扰胡佛的计算。[9]

在国内事务上，胡佛竭尽所能地促成自己关于服务原则的构想。他觉察出，此时的美利坚经济生活正在经历一场革命："我们正从极端个人主义的时代走向协作行动的时代。"[10] 为了推进这场革命，他鼓励同业公会体制，也鼓励简化并标准化机器工艺及其使用流程；他还想方设法地动员商业集团采取集体行动，反对浪费，反对"过度竞争"以及不公平的行业惯例。

5

　　胡佛的这种"进步个人主义",最为大胆的表达在于他在应对经济周期之时采取的办法。1921 年,正值战后的疲软时段,胡佛说服哈定以总统名义召集一次失业问题会议。哈定在致开幕词的时候申述说,这一轮萧条是无可避免的,若是认为借助计划机制可以避免这场萧条,那将是自我欺骗,特别是一切涉及政府支出的计划,都只能造成更大的麻烦。此次会议相当决绝地宣示说,失业问题主要是一个"共同体问题"。不过,虽然宣讲了这么多的正统话语,此次会议仍然有一些新的尝试,最终也提起了一系列的建议,旨在启动一批公共工程,以此来平抑经济波动。胡佛在总结陈词之时,也强调说,必须设法缓解此次经济周期;他还坚持说,"解决办法总是会有的"。

　　为了寻求解决办法,展开了一系列基础性的经济研究,其一是韦斯利·C. 米切尔主持的经济周期问题研究,其二是建筑业之稳定性问题的研究,其三是 1928 至 1929 年间关于美利坚近期经济变化问题的研究。来自宾夕法尼亚州工业委员会的奥托·T. 马勒里在先前的白宫经济会议之上出了大力,正是他的努力令此次经济会议支持了公共工程储备理论;他随后便在自己撰写的经济周期论章中更为详尽地阐述了此一理论。建筑产业的研究结果进一步支持了此一稳定理论。美国建筑业协会则一直都支持这个理论,该协会的主席富兰克林·德·罗斯福则更是强烈支持那种依托经济周期来拓展建筑工程的想法。罗斯福于 1923 年写道,我们正尝试"平抑有害的膨胀峰值期,以及由此催生的同样有害的极端萧条期。若要达成此一目标,就必须依靠集体行动,并且还要教育公众认清事实情状"。

1921 年和 1923 年，胡佛尝试依托政府建筑工程达成反周期目标，并取得了一定的成功，具体操作便是在经济紧缩期，加速公共工程，在经济膨胀期，则延缓公共工程。也就是在这段时间，来自艾奥瓦州的参议员 W. S. 凯尼恩和来自马里兰州的众议员 F. N. 齐尔曼也将一系列议案引入国会，旨在扩张公共工程体系，以此来平抑周期性的失业现象。胡佛虽然支持这些议案，但这些议案最终也都泥牛入海；1928 年，来自华盛顿州的参议员韦斯利·琼斯和来自纽约州的参议员罗伯特·F. 瓦格纳也将两份类似的议案引入国会，这两份议案更进一步地拟定了公共工程决策之时机选择问题方面的程序，但最终也是泥牛入海。[11]

1928 年在新奥尔良举行的州长论坛上，这方面的努力和尝试迎来了高潮。论坛之上，缅因州州长拉尔夫·欧文·布鲁斯特（此时布鲁斯特尚没有放弃自己的姓氏）宣示说，他是代表胡佛发言的，接着这位州长便阐述了一项联邦—州—市政协同方案，旨在借助公共工程平抑经济周期。布鲁斯特申述，每年七十亿美元的公共工程支出，"就能够令美利坚的繁荣态势在极大程度上维持下去……有事实为据，只需要将几百万美元的资金用在刀刃上，就可以轻轻松松地避免一段经济低谷期，否则的话，这样一场经济波动将会令美利坚经济付出十亿美元的代价"。

布鲁斯特的此番计划，也就是日后人们所谓的"胡佛计划"，跟先前的类似提案存在两个环节上的差异。其一，"胡佛计划"虽然也宣称只关心必要的公共工程决策的时机选择问题，确切地说就是何时加速何时延缓的问题，但该计划同时也拟定了三十亿美元的公共工程储备金机制，此等额度显然远远超过了先前一切类似的严肃提案。其二，依据"胡佛计划"，政府用于反萧条的储备资金并非来自税收，而是来自政府借款。在这两个环节上，"胡佛计划"显然是受了当时一本极为流行的著作的影响，这本书的名字是《丰裕之路》，作者是威廉·特鲁芬特·福斯特和瓦迪尔·卡钦斯，该书恰恰是在这一年早些时候问世的。身为作者之一的福斯特教授实际上还陪同布鲁斯特州长一同前往新奥尔良参会，以便回答相关问题。但是在长时间的论辩之后，此次州长论坛通过票决，搁置了该方案。[12]

胡佛对此类想法的个人态度究竟如何，难以论定。他的确给予了名义上的支持；不过，经济形势走出战后低谷之后，他先前的强烈兴趣似乎归于淡漠了。比如说，公共工程储备金计划需要相当精细的数据材料；但胡佛在商务部基本上没有推动相关的研究工作，比如国民收入问题的研究，等等。1928年，他确实允许用他的名义策动布鲁斯特计划；但此后便再没有后文了，他在自己的回忆录里面甚至都没有提及这件事情。不过，话又说回来，此类计划看来也能够进一步地证明他在全国性问题上的建设性方法，并且进一步地表明他的经济思想正逐步成熟起来。在公众心目中，此类方案愈发地将他同智慧和预见等同起来。

6

还有另外的一些因素令这样的公众看法更加深入人心。胡佛绝对不是那种厌弃政治的人。正如沃尔特·李普曼后来评说的那样，"他的整个政治生涯都浸润在现代式的公开机制中，并借由这样的机制呈现出来"，他是第一个这么做的总统。[13]商务部公布的所有举措都强化了部长本人作为大师级组织者、无往不利的工程师以及无所不知的经济学家的形象。此番不间断的行动，并不是特别给柯立芝总统看的，毕竟，身为总统的柯立芝在原则上并不赞赏我们这位商务部部长的干劲，在实践上也不认同我们这位商务部部长的野心。在谈论这个商务部部长的时候，柯立芝常常讽刺他是一个"奇异男孩"，一个"创造奇迹的人"。[14]不过，柯立芝不曾给胡佛的政策设置障碍；就胡佛的政治运作而言，柯立芝的反对态度相当微弱且迂回，不足以产生像样的效果。

在布莱克山的时候，柯立芝曾颇为神秘地说："我不会选择参加1928年总统选战。"没人知道柯立芝说这话的时候，内心究竟是何想法。也许，他确实是想将自己摘出去，也许他希望借此给自己开出一张汇票，目的是将其他竞争者关在门外；不过，他毕竟有着佛蒙特人的精明审慎，他之所以说这么一番话，最大的可能性是想借此关闭连任提名问题的大门，此时的这届总统任期已经过去四分之三了。布莱克山声明之后，一名记者曾询问柯立芝是否有意退隐，柯立芝看着这名记者，眼神相当锐利，片刻之后回答说："不。"不过，无论柯立芝内心究竟是何想法，此番谜一般的声明，其效果都是为胡佛清除了障碍。

1928年春天，情况已经很明朗了：我们这位商务部部长已然将所有的竞争者都抛在后面了。不过，同样明显的是，柯立芝总统对自己这位推定继承人也越发不满了。这一年的5月，柯立芝跟自己的农业部部长谈起自己的商务部部长："那家伙一直都是不请自来，向我提各种建议，已经六年了，他的那些建议都很糟糕！"但是当参议员巴特勒、财政部部长梅隆以及其他人询问总统具体该怎么做的时候，总统总是陷入尴尬沉默当中。

提名大会三个星期之前，来自印第安纳州的詹姆斯·沃森做了最后一次请求。柯立芝拒绝了。"我不想要提名，这个基本态度依然不变，"据沃森回忆，总统在回绝之时就是这么说的，"我认为我对自己还是非常了解的。我很适合战争刚刚结束的那段时期，但是现在时过境迁了，我已经不适合了。……从现在开始，政府事务当中必须有一些建设性的东西，"接着，柯立芝颇令人吃惊地申述说，"若仍然认为'应当让经济自行发展下去'，那恐怕是已经行不通了。"沃森坚持自己的请求。那么总统愿意接受连任提名吗？"哎，"柯立芝说，"这事情还是让提名大会决定吧。"三个星期之后，提名大会的态度已然很明确了，柯立芝听闻消息，显然是非常沮丧，拒绝用餐，一下子倒在白宫的床榻之上，失望至极。[15]

7

就1928年的情形而论，胡佛恐怕较之所有人都能更为客观地检验商业集团之于这个巨大且多元的国家的统治能力。胡佛本人对此中职责有着充分体认。选战之时，他就曾颇为骄傲地说，共和党政府已然"为政商关系奠立了一个新的基础"。他相信，其效果在所有方面都是明显可见的。"过去七年半时间里，共和党政府一直在竭力推行明智政策，若没有这样的政策，我们现在也就不可能享受这繁荣盛世了。"倘若这个国家想要这繁荣持续下去，"共和党政策之延续将是重中之重，否则的话，就别指望这场进步能继续维持下去"。

当然，这繁荣盛世也正面临诸多威胁，首当其冲者就是民主党的农业政策以及公共电力政策，这些政策若是推行起来，将意味着政府权能介入经济生活，意味着国家社会主义。今天的美利坚人民，有着一项根本性的冲突需要解决，胡佛说，那就是美利坚个人主义，确切地说就是"坚定的个人主义"，同政府管控哲学之间的冲突。不过，共和党依然如此清晰地为美利坚人民标明了道路，任谁都无法欺骗人民偏离这条道路了。他相信过去的智慧（"从未有哪个政党在回望过去这段时光的时候，能够如此满意"），对未来，他更是信心满满（"我们的经济体制有着根本的正确性，这一点任谁都没有理由否认"），就是在这样的心境之下，胡佛反复谈起"消灭贫困"的话题，几乎到了迷狂的程度。

"今日美利坚，"1928年8月11日，赫伯特·胡佛宣示说，"如此接近对贫困的终极胜利了，这是人类历史上一切时代和一切国家都不曾有过的。贫穷正在从我们这里消失。我们尚未真正达成目标,不过,只要有机会将过去八年的政策坚持下去,那么在上帝护佑之下,我们很快就能见证贫困从这个国家最终消失的那一天。"[16]

1928年11月6日,美利坚人民给了赫伯特·胡佛所说的这个机会。

第三部分 外部视角

十二　困顿政治

1

人民确实做出了选择,不过,并非所有人都认同这个选择。从这个十年的一开始,就一直存在对"新时代"的另外一种看法。1921年5月,富兰克林·K.莱恩,伍德罗·威尔逊的内政部部长,也是富兰克林·D.罗斯福的好友,此时正躺在梅约诊所的病房里,在思量着死亡问题。"倘若我去往另一个世界,我会选择谁呢?我会做什么呢?"他的脑海闪过一系列的人选。"我想我会选择林肯,会跟他一起在河边散步。"他的思绪随之飘向他正待前往的那种生活。"没错,我们会在那河边坐下,河岸的缓坡温柔地伸向静谧的水流,我们会看着我们的人民在过着怎样的生活,正在遭受私刑的黑人,正在掀起内战的矿工,劳工们正在抵抗,雇主们残忍无情,人性在工业面前俯首称臣……"他草草描摹的此番画面就此中断。第二天,他便溘然长逝了。[1]

老威尔逊派是以愤怒且蔑视的眼光看待"新时代"的。这些人都经历过昂扬的理想主义。他们都敢于做大事,敢于冒大险。1920年之后,他们看到的是一个不一样的美利坚,在他们眼中,这样一个美利坚是由诸般卑劣动机驱动的。华盛顿 S 大街的一处房子里面，此等憎恨情绪可以说是无以复加了，伍德罗·威尔逊就居住在此，这位前任总统就如同幽灵一般，仍然徘徊在共和党的饮宴之上。此时的威尔逊，时常觉得自己在 1924 年时应当成为民主党的候选人；此时的他仍然将自己视为民主党的思想领袖。他会跟布兰代斯、巴鲁克、牛顿·D. 贝克、诺曼·戴维斯等人定期会面，意图拟定一份民主党宣言。经历多番修订之后，草案总算是成形了，呼吁对铁路、油料供应和电力实施管制，"将联邦政府的宪法权能用到极致"。但这份宣言缺乏激情，从未公之于众。[2]

威尔逊遂发布了一份个人声明。他认为，俄国革命是一个时代的不满和愤怒的象征，于是，他便着手考量这场革命的意涵。这场革命的起因，他写道，在于全盘否定了俄国人民的权利，那样的权利是一切人的正常需求。他申述说，有一点需要特别注意，身陷不满和愤怒的群体，无论在哪里，其控诉矛头都是指向资本主义。这样的控诉并非完全没有道理。"难道资本家们通常不都是将为他们劳动的人视为纯粹的利润工具吗，难道资本家们不都是认为剥削劳动者的身体和精神能量是正当之事情吗？在这个过程中，资本家们更是深谙节约之道，尽一切可能地削减金钱和情感成本。"

"这个世界对于民主来说，已然是安全之地了，"威尔逊申诉说，但是，"民主尚未令这个世界变成足以抵御非理性革命的安全之地。当前的至高任务是极为深重的，是要拯救文明，民主正面临着深重挑战，挑战是强韧、迫切的。我们无可回避，否则我们先前成就的一切，很快就会悉数坍塌，沦为废墟；合众国是最为伟大的民主制度，必须将这至高使命担当起来。"

摆脱革命的道路，威尔逊说，就在于社会正义，所谓社会正义就在于放弃私利，推进所有人的福祉。"这个时代的人们一直在对抗资本主义体制过分强大的自私力量，社会正义就是我们这个时代在抵抗过程中强烈感受到的东西"。[3]结尾之时，威尔逊似乎认为，国际秩序必须以经济改革为发端。他说,今时今日,国联梦想正在让位给旧日的"新自由"梦想。六个月后,威尔逊便去世了。

2

威尔逊谢世,但他关于民主党必须成为进步党的信念存续下来了。他的女婿W. G. 麦卡杜将农业主义的元素注入这个信念。麦卡杜其人柔和灵变,他是以威廉·詹宁斯·布赖恩的形象来自我塑造的。在做公司律师的时候,他便对华尔街和垄断体制展开猛烈攻击,即便他同时也在接受 E. L. 多希尼的律师费。跟布赖恩一样,他也成了强烈的禁酒主义者。他顺应"圣经带"的宗教激情。甚至对三K党也秉持一种不可知论的谨慎态度。1922年3月,他从纽约迁居加利福尼亚,此时的麦卡杜,显然正在成为南方和西部民主党人无可争议的领袖人物。

当年晚些时候,民主党在国会选战中斩获颇丰,这令麦卡杜充满希望。此时的民主党,以来自田纳西的科德尔·赫尔为全国委员会主席,众议院席位一下子增加了七十三席,由此重新焕发出活力。"在这个11月,我们赢得了怎样一场胜利啊!"麦卡杜致信纽约州的富兰克林·D.罗斯福说,"不过,倘若民主党能够在接下来两年间让这个国家相信民主党确实是秉持自由和进步路线的政党,我们就能在1924年对共和党保守派和反动派制造巨大冲击,跟这样的冲击相比,眼前这场胜利根本不足为道。"[4]

然而,麦卡杜此时选择布赖恩的形象来自我塑造,显然是太晚了。1896年之后,这个国家的品性已经变了。1920年的人口调查显示,美利坚的城市人口已经超过了农村人口,这在这个国家的历史上还是第一次。而且此时的纽约,美利坚的头号城市,已经为城市民主集团培育了一个相当有能量的代言人。

阿尔弗雷德·E.史密斯，1924年时五十一岁，正在完成在纽约州州长位置上的第二个任期。他出生在纽约东区一处破落公寓的三楼，在炮台公园附近长大，在伊斯特河里跟野孩子们一起游水，一起上教区学校，十多岁的时候，便在富尔顿鱼市当上了过秤员，每天从天亮干到天黑。他就在这座城市里面奔波闯荡，破衣烂衫，歪着脑袋，一口浓重的鼻音，说着各种轻松肆意的俏皮话。他有着业余演员的天分，这是最重要的；这毫无疑问强化了他在美利坚城市底层人群中的迷人形象。

俏皮机智、性情随和，这样一个史密斯很轻松地就进入了政治圈。1903年，他以州党代会代表的身份前往奥尔巴尼；到了1911年，他便已经成为民主党领袖了。一开始，立法事务令他颇感困顿。但是，他有着非同一般的实践头脑，凭着这种能力，他很快便对州政有了令人吃惊的了解和把控。与此同时，他也开始引领民主党向着诸般新的社会计划迈进。城市组织，就其本能和职能而言，或多或少都是"为民"的，从来都是如此。确切地说，城市组织必须帮助民众生存下去，为了服务民众，这些组织会在光景不错的时候帮人们寻找工作，在光景不好的时候帮人们支付房租，在警察或者神父面前为民众求情，在感恩节和圣诞节的时候，也惦记着人们。但是，此类城市政党机器并无能力应对工资、工时以及劳动条件之类的问题。要填补这个空白，就必须靠着州议会的立法行动。

1911年春天，三角束腰内衣工厂发生火灾，将近一百五十名女工死于那场火灾，这些女工都还是小姑娘，工厂门户紧闭，这些女孩就在门背后的狭窄空间里慢慢窒息，要不就只能尖叫着跳到下面的大街上。这场灾难引发了公众的震动和抗议浪潮。市民遂组建了一个安全委员会；亨利·史汀生和亨利·摩根索都在多个时段担任该委员会的主席，麦卡杜也是委员会的成员，委员会的秘书则是一个社会工作者，名叫弗朗西丝·珀金斯，珀金斯曾目睹那场火灾。

州议会迅速做出反应。1911年6月，州议会设立了一个工厂调查委员会。委员会的主席是罗伯特·F. 瓦格纳，一个热忱满怀的德国移民，很年轻，来自纽约东区北部，此人后来将成为参议院民主党团的领袖人物；阿尔·史密斯，爱尔兰移民，担任该委员会的副主席。史密斯和瓦格纳都有美利坚工业生活的亲身体验，对移民劳工的无助境遇自然都有所体认。瓦格纳自己就是从贫民窟一步步走出来的，有人曾援引他的事迹来证明穷人也是有机会的，对此，瓦格纳回应说："这可能是最虔诚的胡说八道了。我确实是从底层走出来的，没错。但那是运气、运气、运气。想想其他人吧。"然而，即便是瓦格纳和史密斯这样的人，此前也都不曾充分体认劳工在黑暗阁楼里面、在肮脏污秽、恶臭漫天的洗衣房和厕所里的悲惨境遇，当然也不曾充分体认童工的残酷遭遇。弗朗西丝·珀金斯是委员会的调查员之一，她带着史密斯前往现场，亲眼见证成千上万女工的生活，这些女工都已经是面色苍白、筋疲力尽了，在奥伯恩制绳厂的狭窄走道里每天十小时轮班倒，还都是夜班。在视察一家工厂的时候，珀金斯让罗伯特·瓦格纳试着从墙上一处小小洞口爬过去，洞口旁边标记着"火灾逃生口"的字样，然后爬上一个陡峭的铁梯，梯子上已经覆盖了一层冰碴，梯子顶端距离地面足有十二英尺之遥。珀金斯还带着委员会的成员在破晓时分去往卡塔罗格斯县的一座罐头加工厂，现场观瞧六七岁的儿童是如何在凌晨幽光当中就开始剥豆子的。此番所见所闻，令史密斯和瓦格纳终生不曾忘怀。[5]

3

此番努力的结果便是令民主党的立法政策有了更为明确的方向感。以往，若要将社会改革方案引入议会，是需要社会工作者集团和消费者协会竭尽一切的。不过,很多民主党议员出身贫苦阶层,他们都秉持同情态度;到了这个时候,一些党老大也开始对社会改革之政治吸引力有所认肯了。查尔斯·F. 墨菲,坦慕尼协会的党老大,此前曾反对一项旨在将女工工时限制在三十四个小时的议案。后来,当弗朗西丝·珀金斯为了一项社会提案而寻求他的支持,他说:"在我看来,我们当中很多人都会投票给这个议案。我会让孩子们提供最大帮助的。"

对史密斯和瓦格纳这样的人来说,此番操劳是出于自身的良知和对他人的爱。史密斯在1915年的宪法集会之上就已经证明了自己对州务的精熟把握(当时的会议主席伊莱休·鲁特说:"所有参会者当中,阿尔弗雷德·E. 史密斯是最了解本州的经济状况的。"),1918年,史密斯获选成为纽约州州长。在州长位置上,始终引领着他的行政政策的,就如同他的好友贝尔·莫斯科维茨说的那样,是社会工作伦理。1920年的选战,共和党赢得大胜,史密斯遂遭遇挫败,不过,1922年,史密斯再次获选成为州长,他的计划也随之收获了新的证明和支撑。

布赖恩、麦卡杜以及农业派民主党人所代表的是一种虚假的经济激进主义,这样的激进主义激荡着对华尔街和垄断体制的愤怒,相形之下,史密斯代表的是社会福祉取向的自由主义,对财富集中现象颇为冷漠,对根本性的变革也没什么兴趣,这一派真正关心的是如何保护个人免受工业社会的侵害。史密斯于1920年提起的立法咨文,总括了他的纲领:最低工资立法;女工的八小时工作日立法;生育保险;提升劳动补偿额度;在乡村地区建立州的医护体系,等等。他支持将水电体系的所有权收归州政府,对于公民自由,他有着坚定信仰,正是这样的信仰,令他反对激进派策动的肆意无度的立法调查活动,并且反对书刊和电影审查制度。

史密斯是非常优秀的公共管理人员。他能娴熟调度各方专家的力量,信任这些专家;不过,最终的决策权一直都在于他自己的坚实且中正的管理本能。富兰克林·D.罗斯福曾品评说:"他拥有锋利的常识之剑,任凭各方申述缠绕成怎样的戈尔迪之结,他都能够挥剑将之斩断;他的这种能力令人称奇。"史密斯很清楚,唯有民众理解并支持,否则任何的改革都难以持久。他的计划之所以能取得最后的成功,恰恰就是因为他始终将政治视为民众教育之事。[6]

4

1920年代的乡村美利坚正在进行自己的后卫战。宪法第十八修正案是乡村美利坚的最后一场努力,试图将乡村伦理和风尚强加给城市。这个乡村美利坚借助三K党的力量,力图维持种族纯洁性,抵御城市移民的侵染,并借由一系列的小行动,力图保护传统信条,抵抗城市异端,这其中,田纳西州代顿的斯科普斯案是最引人瞩目的。此等情形之下,1924年的民主党大会之上,麦卡杜和史密斯就不仅仅是竞争对手那么简单了。此时的农业主义、禁酒主义、原教旨主义以及恐外情绪正在肆意涌动,对此类潮流来说,麦卡杜和史密斯显然成了相互敌对的象征。这一年,民主党大会在纽约召开,纽约城,对阿尔·史密斯来说是家园之地,却是布赖恩眼中的"敌人的国度"。

麦迪逊广场花园的长时间集会之上,城乡对立的态势几度爆发出来。其中一次因富兰克林·D.罗斯福而起,四年之前,这位副总统候选人在此次大会上试图走上讲台,呼吁提名史密斯。1921年,遭遇脊髓灰质炎侵袭之后,罗斯福选择了静养,此时则重返全国政治舞台。他推着轮椅向讲台靠近;而后便挂着拐杖,走向发言人的桌子。他高声宣示说,史密斯就是"政治战场上的'快乐斗志'",过道里的人群立刻陷入疯狂。沃尔特·李普曼致信罗斯福说,此次演说"打动人心,非同寻常。让我热血沸腾,不仅如此,您展露出来的脾性、风范堪称完美，效果是极为雄辩的"。走廊里面，代表们纷纷议论起罗斯福的身体状况，都感到颇为遗憾。[7]

当牛顿·D.贝克呼吁对国际联盟表示认可的时候，热潮又一次席卷会场。贝克眼含热泪，谈到自己作为战争部部长的职责："我素来珍惜年轻人的生命，然而，我接受了这怪异且扭曲的命运，这命运呼唤我……去往您的家门前，要求您献出儿子，然后我将他们派去死亡之地。我看着他们，内心的恐惧令我颤抖，令我蜷曲，我欢迎他们活着回来，那让我感受到无可言表的解脱和快慰，我要向死者发誓，季节流转，日夜交替，无论在教堂，在政治集会，还是在广场大街，我永远都会发出这般高声呼吁，永远，永远，直到他们的牺牲得偿其所。"一时之间，1919年的激奋情感复活了。但是，贝克此番言词所诉求者是大会的良知而非理智和计算，代表们对他的演说报以热烈欢呼，但最终还是否决了他的提议。[8]

大会之上，有人动议将谴责三K党的条款明确列入纲领，此一动议令更深层的问题浮出水面。此前的几个月时间里，一直有人恳请麦卡杜出面抵制三K党。然而，麦卡杜显然是担心自己跟多希尼有所牵连的事情会败露，在抵达会场之时，非但没有谈及抵制三K党的事情，反而是相当阴暗地谈起了"纽约城特权和金融堡垒里面那邪恶、肆意的幕后统治巢穴"。三K党是乡村抗议浪潮的利刃；麦卡杜自然无法拒绝如此利刃。一场激烈论战随之而起，威廉·詹宁斯·布赖恩终于起身发言，反对此一动议。走道里已经挤满了坦慕尼协会的人，他们在肆意地喊叫着，制造嘘声。会场之上，南方和西部的代表目睹他们的英雄遭遇城市集团的此等轻慢，冷峻的内心正酝酿着愤怒的火山。布赖恩静待这股风潮消停下去；而后便以婉转音调侃侃而谈，竭力呼吁大会回归工厂和农业问题。"我的朋友们，"他补充说，"跟共和党斗争可比不像抵制三K党那么简单，那是需要更大勇气的。"但是，他的巨大威严也只能平息走廊里面的亢奋，并不能说服他们。最终，大会以一票之差令抵制三K党的动议遭到否决。[9]

史密斯和麦卡杜之间的拉锯战就这么持续着，一轮又一轮令人疲惫不堪的票决，代表们集结成各种小集团，展开商议并回应唱票，就这么在湿热的会场里煎熬着，时不时地会回到闷热无比的旅馆房间里稍稍休憩一下。若要获胜，必须获得三分之二的多数票，这是民主党提名大会的古老规则；但无论是史密斯还是麦卡杜，甚至都没有能力赢得一个简单多数。最终，越来越多的代表因为实在无法忍受下去，遂逐渐地将票仓向着西弗吉尼亚州的约翰·W. 戴维斯转移，并最终令戴维斯在第一百零三轮的票决中获胜，赢得提名。接下来，大会以更为淡漠的态度选择了布赖恩的弟弟、内布拉斯加州的州长查尔斯·W. 布赖恩为副总统候选人，由此完成了竞选票单……有记者恭喜戴维斯。戴维斯则坏笑着回应说："谢谢，不过，这个提名究竟价值几何，你是知道的。"[10]

不过真要说起来，此次大会虽然乱作一团，但也确实没有谁比最终选定的那个人更适合担当总统候选人了。戴维斯拥有国会履历，在国会期间，他协助起草了《克莱顿法》，他的履历总体上是进步主义取向。威尔逊时期，他曾是相当出色的副检察长，更在四十五岁时成为美国驻英大使。1920 年，有人便动议提名于他，当时威尔逊表示了反对；尽管如此，戴维斯在很多方面都算是威尔逊阐发于 1912 年的"新自由"观念的完美继承人。他的生日跟托马斯·杰斐逊是同一天，他对杰斐逊主义的尊奉是绝对的。"我认为杰斐逊是这个国家最为伟大的政治思想家，我就期望在那样的信仰里死去。"他的基本纲领就是削减关税，削减税负，并厉行节约。"最重要的是，"他说，"在一切问题上，主导的目标和志向都应当是为私人企业和个人创造力开辟空间，应当将这一点奉为民主党全部政策的基调。"[11]

不过，作为候选人，戴维斯是有弱点的。他在 1921 年脱离政务之后不久便成为华尔街的律师。对很多进步派来说，这就等于是在 W. M. 巴特勒的密友和 J. P. 摩根的律师之间做出抉择，这样的抉择相当痛苦。对两党的激进派来说，倒是有那么一个人足以成为公共福祉事业的无可腐蚀的支持者，此人就是威斯康星州的罗伯特·M. 拉福莱特。

5

此前西奥多·罗斯福和威尔逊已经走上国家主义和战争的道路，布赖恩在肖托夸的福音和佛罗里达的房产面前失去了往日的斗志，唯有拉福莱特，仍然是那么严格，仍然是那么不轻信，仍然维持着当初的信仰。在他的引领之下，威斯康星已经确立了最早的现代收入税法、最早的且效力十足的劳工补偿法、最早的现代劳动立法以及最早的汇票立法。置身这个感觉良好的 1920 年代，拉福莱特也在着手提高遗产税，并确立超额利润税、铁路和水力的公共所有权机制，同时着手取消劳工禁制令。他对联邦最高法院尤其憎恶，1922 年，他称呼联邦最高法院是"美利坚人民的实际统治者"，为此，他还特别提议授权国会重新推行遭到最高法院否决的立法。[12]

战后，农业带的其他地方逐渐躁动起来，不满的浪潮四处涌动。在北达科他州，非政党同盟同该组织的社会主义组织者和报刊编辑携起手来，在几个农作物大州展开运作，要求将谷仓、面粉厂以及屠宰场收归州政府所有；到了 1920 年，非政党同盟已经在明尼苏达州协助建立了农工党。劳工组织运动浪潮也开始酝酿起来，1922 年，十五个铁路劳工组织在克利夫兰召集了一次"进步派政治行动大会"。农工运动的浪潮就此铺展开来，很有可能为第三党的诞生奠定基础。

不过，战争也令美利坚自由主义遭遇了新的威胁。美利坚劳工党尊奉莫斯科方面第三国际的指令行事，此时也在这场拉福莱特运动中看到了机会。美共主导的农工同盟遂抓住机会，于1924年春天召开集会，提名拉福莱特为该同盟的总统候选人。但是这位头发已经花白的老斗士自然不会对美共有什么幻想。美共也要加入这场进步主义运动，他说，很明显他们的唯一目的就是要把局面进一步搞乱，借此来达成他们自己的最终目标。"因此，我认为，一切的进步主义者都应当拒绝参与任何有可能跟美国共产党组织有瓜葛的运动。"[13]

7月份的进步党大会是一代改革派的重聚。包括雅各布·考克西将军在内的改革派人物纷纷前往克利夫兰，新国家派、新自由派、社会工作者、社会福音派、工会派、非政党同盟以及社会党，在此次大会之上汇聚一堂。大会以欢呼形式提名了拉福莱特，拉福莱特接受了此次提名；来自蒙大拿州的民主党激进派参议员伯顿·K. 惠勒也加入了这张竞选票单，同拉福莱特并肩作战。"戴维斯也好，柯立芝也罢，"惠勒说，"其实都是保守派的选择。"选战期间，惠勒直接将此二人称为"金粉二人组"（Gold Dust Twins）。进步党大会提起的纲领在极大程度上凸显了西部激进主义的反垄断诉求。该纲领的宣示条款（起草人是公麋运动人物唐纳德·里奇伯格），以新国家主义的语式批判了"残忍无情的个人主义和竞争原则"，并确认了"进步主义的合作原则"。[14]

这张进步派票单赢得了斯克里普斯—霍华德报系、美国劳工联合会以及大部分改革派的支持。拉福莱特将重心集中在垄断问题上，当然，他也对威尔逊的战争政策实施了足够力度的攻击，这为他吸引了众多德裔移民的支持，但也因此疏远了很多的威尔逊派。尽管有进步派加盟，这场选战依然孱弱无力。柯立芝与繁荣的组合无往而不利。进步派同民主党的票仓加总起来也比共和党票仓少了两百多万张选票。拉福莱特虽然赢得了威斯康星州，并在另外几个州击败了戴维斯，但在全国票仓方面落后了三百五十万张选票。

1924年的进步党，其前景甚至比不上1912年的进步党。铁路劳工集团于1925年初退出，令该组织陷入西部农业派和社会主义集团的拉锯泥潭。1925年初，有人看到拉福莱特躺在办公室的沙发上，满脸的皱纹和焦虑，吞云吐雾。"我信奉民主，"这位老人说，"但是民主真能运作起来吗？"几个月后，这位老斗士去世了，进步党随之瓦解。这个党没有核心的信仰或者原则可以将各个组成部分维系起来，除了三十年运动浪潮的残片外，什么都没有。唐纳德·里奇伯格在几年后回首这段日子的时候，不免品评说："整个的那段日子里，美利坚政治生活当中的这个进步主义集团，在何去何从问题上的想法，一直都极其含混模糊。"[15]

6

民主党的情况也好不到哪里去。麦卡杜的反华尔街言论可谓高调，但这并不能掩饰他对金融集中体制是缺乏切实的解决办法的。在州政层面上，史密斯确实有不错的社会方案，但也仅此而已，他没有更为宏大的构想。比如说，当前经济秩序是否健全，在这个问题上，他一点都不操心；就如同沃尔特·李普曼于1928年评说的那样，他实际上是"美利坚城市集团最为强劲的保守派"。[16]而且，此时民主党的全国性党组织也陷于令人绝望的涣散状态。

1924年12月，富兰克林·罗斯福写了一封公开信给最近这场集会的代表传阅。罗斯福在信中评论说，共和党"代表的是保守主义，是少数精英对这个国家的社会和经济结构的控制权能"；民主党则是"秉持进步和自由思想"的政党，但是，除非民主党能达成一个政党应有的效能和团结，否则这个政党就无法实现自己的潜能。那么要复兴民主党组织，应该做些什么呢？[17]

种种回答汇聚起来,实际上等于是对这个挫败中的政党实施了一场拷问。诸如弗吉尼亚州的卡特·格拉斯这样的人,认为民主党过分地浸染了"拉福莱特主义和布赖恩主义";马里兰州州长艾伯特·C.里奇希望以州权对抗共和党的集权政策。另有一些人,比如科罗拉多州州长威廉·E.斯威特和华盛顿州的克拉伦斯·C.迪尔则觉得民主党太过保守了。一些人认为此时的民主党不过是地方利益的大杂烩,没有能力达成积极目标。一些人认为只要媒体大门依然向民主党关闭,能做的事情就不会太多;就如同康涅狄格州的霍默·卡明斯所说:"人们常常会抛出这样那样的'统治集团'说辞,对这样的说辞,我们是必须予以抵制。"看来,很多人都赞同伊利诺伊州的亨利·T.雷尼的悲观看法:"我们无能为力,只能等待共和党自行败落。"此时,也有一些人表达了些许遗憾和伤感,认为应当让富兰克林·罗斯福担当1928年的提名。[18]

接着,罗斯福便动议召开一次党务会议,商讨组织问题。但是全国委员会主席并不待见这个动议;颇具影响力的纽约州民主党人,诸如巴鲁克和诺曼·戴维斯等人,则表示反对;布赖恩和麦卡杜的支持者们,自然不会忘记1924年罗斯福曾是史密斯的选战经理,因此也都有所犹疑。最终,罗斯福动议的党务会议变成一系列的餐会,地点在华盛顿,参与聚会之人是罗斯福和民主党国会党团的一批领袖人物。

但罗斯福没有放弃,他连续写就信笺,反复强调:民主党必须"借由明确政策,自立为建设性的进步政党,如此才能吸引更多的追随者"。他在1925年的一封信笺中申述说,自1920年之后,"我们就一直无所作为,就那么眼睁睁地看着别人捷足先登"。他继续申述说,共和党其实是借着哈定政府丑闻和梅隆税改议案的东风捷足先登的;在这个过程中,民主党甚至连国会的地盘都丢了。问题的根源就在于,"在普通选民心目中,今日的民主党已经没有清晰明确的建设性目标了"。

1925年11月，罗斯福读到克劳德·鲍尔斯的《杰斐逊与汉密尔顿》一书。遂即便为《纽约世界报》撰写了一篇书评，在评论中他将汉密尔顿和杰斐逊作了一番对比，前者拥有组织精良的财富、门第和媒体力量的支撑，后者所能指靠的便只有"劳苦大众散乱且根本没有组织性可言的力量，显然，劳苦大众难以接触，更难以组织"。罗斯福写道，当他放下这本书的时候，不免有窒息之感，他不敢想象倘若汉密尔顿赢了，这个共和国会是什么样子。"同样令我窒息的是，倘若同样的斗争再次鼓荡起来，那会是怎样一副光景啊。"

"今时今日，汉密尔顿已经重现了，"富兰克林·D. 罗斯福说，"那么杰斐逊也要现身了吗？"[19]

十三　乡村震荡

1

美利坚农民曾以高贵姿态，挺身而出，迎接战争的挑战。1910年之后的十年，美利坚农民将粮食种植和收获面积差不多增加了15%。来自美国的粮食令欧洲大片土地获得拯救，免于饥饿和革命侵袭。但是，繁荣也催生了出口扩张；当欧洲农业于战后恢复生产时，美国农产品的出口市场便趋于萎缩了。就在城市的商业集团为解决了繁荣之奥秘问题而惊奇不已欢呼雀跃的时候，农业群体则沦落阴郁和愤怒当中，就么眼睁睁地看着农业总收入从1919年的一百七十七亿美元跌落到1921年的一百零五亿美元。农产品价格指数在同一时期也从215点跌落到124点；农地价值出现了全国范围的崩盘现象。价格跌落的同时，税负和债务却在增加。1916年到1923年间，每英亩农地的负债率翻了一番。与城市相比，农产品的贸易条件急剧恶化。[1]

不满催生了抗议。这场危机给农业促进会和农民协会注入了新的生命力，也给了新起的且颇具进取意识的美利坚农业局同盟出人意料的行动空间。1912年的进步党纲领可谓长篇累牍，只是到了第七十二段才蜻蜓点水式的提到了农民问题，1924年的进步党纲领则完全变了个样子，其全部诉求都是围绕农民群体的不平等意识展开的。早在1921年，国会中的农业派议员便开始集结成所谓的"农业集团"。"这个国家已经依托保护政策，成为强大的工业国了，"来自堪萨斯州的参议员阿瑟·卡珀于1922年申述说，"如今，农业也需要同样的保护，不能对农业撒手不管，否则的话，我们就无法维持工农业增长的平衡。"[2]

但是问题在于，如何在立法领域拟定并推行保护原则。很快便有了一个答案，答案并非来自农民自身，而是来自两个刚刚离开战时工业委员会的管理人员，一个是农业机械制造商，名叫乔治·N.皮克，另一个是已经退休的骑兵准将，名叫休·S.约翰逊，此时是伊利诺伊州莫林农具公司的总裁兼总顾问。

1922年年初，皮克和约翰逊发布了一份未署名的小册子，题为《农业平等》。这份小册子为美利坚农产品提出了价格双轨制计划，其一是针对国内市场的保护价格，其二是针对剩余出口农产品的世界市场价格。国内价格由两位作者所谓的"公平交换价值"来决定，确切地说，这种价格同总体价格指数挂钩，比如说，将战前十年间的农产品平均价格跟同一时期的总体物价指数挂钩。（得梅因的《华莱士农民》杂志迅速做出反应，将之称为"平价"。）至于剩余农产品，则由一个联邦出口公司以国内价格买进，然后向海外市场倾销，无论海外市场是怎样的行情。若政府因此遭受损失，则由从中获益的商品所有人予以弥补；由此核定下来的补偿款也就是所谓的"平准费"。[3]

很显然，皮克-约翰逊方案忽略了一些长时段问题，比如成本削减、技术重组以及土壤保护等。不过，该方案倒确实提供了一种机制，借助这个机制，剩余农产品就不至于令农业价格的整体结构发生坍塌。皮克是该方案的坚定倡导者，1922年之后，他便投入越来越多的时间和精力，宣传并推展此一平准计划。皮克还找到了一个颇为热忱的倾听者，那就是哈定的农业部部长亨利·C. 华莱士。

2

华莱士此时已经主编《华莱士农民》杂志很多年时间了，他了解农业的诸般忧虑。但是在哈定政府里面，他发觉自己很孤单，似乎只有他怀有此番关切。参议员卡珀于1922年尖刻抱怨说："商业集团对待农民，只有打击，没有帮助，尽管商业集团本应当是农业群体最好的朋友。"内阁里面，商业集团的指定代言人自然是商务部部长胡佛；胡佛素来喜欢将农业称为"农业产业"，很显然，这位商务部部长对农业有自己的一套观念。1920年，农业促进会驻华盛顿代表在斟酌了所有潜在的总统候选人之后，表态说，胡佛是"这个国家对农民最有敌意的人"。同年，华莱士在谈到战时食品署的时候，也宣示说，"他对待生猪、牛奶和牛肉生产户的那种方式和态度，足以表明他心存偏见，那种偏见足以令农民对他完全失去信任。在农民眼里，他就是大商业集团典型的独裁者。"[4]

胡佛认为，农业部的职责应当仅限于告诉农民该种什么，至于农产品如何处置，则是应当由商务部去告诉农民的事情。但是在华莱士看来，后面这个职责对农业繁荣来说是至关重要的，他肯定不会放弃此等职责。为此，华莱士想方设法强化农业部，还特意组建了农业经济研究处；此番努力，是要在这样一个商业势力主导的政府里面为农业赢得一席之地，但事实证明，这件事情颇为艰难。"除非农民团结起来，以集团身份为自身的权利而战，"华莱士曾跟自己的一个幕僚谈起，"否则的话，我们这些执掌农业部的人很快就会丧失全局观念和视野了，因为其他利益集团的观念和视野将会主宰我们。"[5]

1923年年初,华莱士主持起草了一份议案草案,该草案是以皮克-约翰逊方案为基础的。1924年1月,来自俄勒冈州的参议员查尔斯·麦克纳里和来自艾奥瓦州的众议员吉尔伯特·N.豪根将该议案引入国会。胡佛对麦克纳里-豪根议案表示强烈反对。甚至三十年之后,胡佛仍然因为华莱士支持该议案,而将华莱士称为"法西斯分子"。1924年,南方农业集团同商业集团结成联盟,最终在众议院挫败了该议案。不过,该议案的支持者迅速集结起来。皮克组建了美利坚农业委员会,协调此次斗争;伯纳德·巴鲁克提供资金支持和其他方面的协助;华莱士则召请蒙大拿农业事务专员兼农业报刊编辑切斯特·C.戴维斯前来华盛顿,为该议案展开运作。

不过,到了这个节点上,我们这位农业部部长的干劲也开始冷却下去了。胡佛不断抵制,已然令华莱士非常疲惫,坐骨神经的疼痛不断袭来,为麦克纳里-豪根议案投入了过度的精力,加之还要写一本书来阐述这场农业危机,我们这位农业部部长终于支撑不住,于10月入院接受手术。一个星期后,华莱士溘然谢世。"很多人都说是华盛顿的境况杀死了华莱士,"华莱士的一名亲密助手写道,"另有一些人则给出了更为明确也更具私人性质的说法。"柯立芝很快便提议由胡佛接掌空缺的农业部部长职位。胡佛表示拒绝;这个职位遂转给W. M. 贾丁,贾丁本来就对商务部颇为仰慕,对此,胡佛的评说一针见血,他说贾丁"当即同我们建立了充分的合作"。[6]

3

现在,胡佛掌控了局面。不过,麦克纳里-豪根派并没有就此气馁;而且,此时又有一个华莱士挺身而出,在襄助他们。这个华莱士就是部长华莱士的儿子，名叫亨利·阿加德·华莱士，小华莱士身形瘦长，很是腼腆，总是一头乱发，为人十分诚恳，是一个非常出色的遗传学家和天分十足的农业经济学家，父亲在华盛顿履职期间，他便一直接替父亲，担当《华莱士农民》杂志的编辑工作。

1920 年，小华莱士推出《农业价格》一书，将农业问题置于很是宏阔的历史背景中予以阐述。他在书中申述说，他对"理想主义的社会工作者、劳工组织的代表人物以及很多热衷于抛弃投机性的价格登记制度并以固定价格的立法机制取而代之的农民"，都秉持怀疑态度。不过他也强调说，农民若要在自由市场机制之下维持收入，唯一的办法就是选择战略性的时间节点，削减产量。小华莱士极其仰慕索尔斯坦·凡勃仑，在这个问题上，华莱士也以颇类似于凡勃仑的口吻写道，农民"将会发现，自己终究是要像劳工和资本家那样，以同样讲求科学和职业精神的方式，实施一些颠覆行动"。他接着申述说，一旦农民成功地做到了这一点，拥有了跟劳工和资本同样强大的议价地位，那又怎么可能见识不到"此等颠覆手段将转化为支撑价格的力量"呢？[7]

与此同时，小华莱士已经给农民准备好了临时的应变举措。1921 年，他建议农民自愿削减种植面积："少种粮食，多种草料，就能多赚钱。"他还提议政府出面建立农作物保险制度，并且早在 1922 年便倡议"平准仓储"机制。同时，他还尖锐抨击共和党的农业政策。（胡佛就经常向哈定和柯立芝抱怨《华莱士农民》杂志时常登载的不知恭敬的评论文章。有一个流传甚广的故事，说是某次，柯立芝不免问询胡佛，为什么一个有着如此长时间政治历练的人，还会如此介怀此类批评呢。"难道您就不介怀吗？"胡佛反问说，这话很显然是指弗兰克·肯特在《美国信使》上面发表的一篇有关柯立芝的文章。"您是指那个绿皮杂志上的那篇文章吗？"柯立芝回应说，"我倒是看到了那篇文章，不过，那文章是攻击我的，所以，我根本就没有看完。"至于部长华莱士，则是耐心忍受了儿子对自己同僚的这些抨击；只有那么一次，他对小华莱士说："你可得上点心啊。"）[8]

小华莱士同样有着颇为精明的政治感觉。此时的他越发感觉到，农民的希望就在于他所说的"谷物和棉花的联合"。[9]切斯特·戴维斯尤其出力，力图促成西部—南方的某种联盟。1926年，棉花过剩的情况颇为严重，引发了南方的恐惧，无形中襄助了二人的此番工作。1927年，在南方的强力支持下，麦克纳里-豪根议案在国会两院通过。就在该议案获得国会通过的同一天，柯立芝宣布将生铁关税提高五十个百分点，此时的柯立芝自然是要否决麦克纳里-豪根议案的，为此，柯立芝还专门呈送了一份怒气十足的咨文，如此情形颇有些不同寻常。一年后，国会再次通过该议案，柯立芝同样将之否决。

也就是在这个时候，各国都开始构筑壁垒，抵制美国剩余农产品的倾销之举。春天时候，切斯特·戴维斯在华盛顿告诉皮克，"乔治，恐怕我们只能到这了。各国都在筑起关税高墙，我们没办法再去倾销了。""确实没办法了！"皮克脆生生地回答说。[10]

麦克纳里-豪根议案另外还有一些缺陷。该议案提出的方案执行起来有难度；最麻烦的是，提高农业价格，很可能会造成更大的农业剩余，该方案没有办法阻止这种情况。该议案于1928年遭到否决之后，这方面的热情便开始消退了。全国农业促进会将重点转向出口债券计划，旨在通过出口奖励机制，对出口农作物实施补贴；该计划在执行方面要比麦克纳里-豪根议案简单一些，但同样没办法阻止农业剩余的扩张，而且该计划还要满足这样一个前提：倾销，作为一种解决办法，是拥有无限可行性的。小亨利·华莱士等人赞同戴维斯的看法：经济民族主义的崛起已然令麦克纳里-豪根议案和出口债券计划都行不通了。

4

如此看来，问题的难点就在于如何在提升农业价格的同时，不引发农业生产扩张。1920年代之初，明尼苏达大学的约翰·D. 布莱克和蒙大拿州立学院的 M. L. 威尔逊便已经推出了农业调整观念，该观念的主旨是要在农业种植和需求之间建立某种有计划的关联机制。1927年，农业部的一个经济学家，W. J. 斯皮尔曼推出了一本名叫《平衡农业产出》的书，书中申述说，解决办法就在于对接受保护的农作物产量实施限制，如此，便可以令农民无法增加受保护作物的种植面积并由此获益。

斯皮尔曼的方案涵涉了一套颇为复杂的"有限债券"制度。不过，1920年代末期的时候，劳拉·斯佩尔曼·洛克菲勒基金会的比尔兹利·拉姆尔对德国在农业控制方面的做法深有触动，遂约请此时已经身在哈佛的约翰·布莱克调研德国体制能否适用美国的农业问题。1929年，布莱克拟定了具体方案，他称之为国内自愿分配计划，之所以会有这么一个叫法，是因为该计划所依托的原则是将以保护价形式销往国内市场的农作物配额直接分配给个体农户。超出分配额度的部分将不能接受价格保护，如此一来，就能够产生遏制过剩生产的效果；结果便是令倾销在相互竞争的诸般方案中完全没有那么重的分量了。简言之，农民若要接受补贴，就必须先达成默认的限产协议。[11]

到了这个时候，像 H. A. 华莱士以及切斯特·戴维斯这些人，已然越过了麦克纳里-豪根主义，在这样的情况下，内部分配计划显然展露出希望之光。M. L. 威尔逊在蒙大拿读到了布莱克的计划说明，相当兴奋。"如此一来，这迫切的农业救济问题，"哥伦比亚大学的雷克斯福德·G.特格韦尔教授评论说,"就在于农业限产,这倒不是为了契合国家需求或者海外市场的需求,而是为了契合农业市场的购买力。"[12]1928年,内部分配计划仍然滞留在学术讨论范围。不过,在这段时期,围绕麦克纳里-豪根方案展开的斗争已经对农民以及整个国家产生了相当强劲的教育效果。农民已然开始在全国性的框架当中思考问题了,政客和经济学家们则终于将农业问题视为全国性的问题了。

十四　劳工骚动

1

1920年的美国，农业人口规模差不多是一千一百万，不过，农业人口并非唯一遭到商业集团冷遇的群体。这一年的美国，劳工人口的规模已然是农业人口的三倍之多，这个群体的男男女女是靠着每天或者每周的工资活着的。跟农民一样，劳工作为一个群体也经历了战时的繁荣；跟农民一样，他们也在战后见证了自身的经济状况严重滑落，单单是1920年这糟糕的一年，劳工总收入的降幅就超过了三分之一。不过，这个十年的剩余时间里，劳工的恢复状况要比农民好一些。

因此，应该说这个时段并非劳工不满的显著爆发期。不过，劳工的实际工资虽然在稳步提升，也仍然远远落后于生产率的提升，情况已经是相当危险了。劳工的平均工资显然并不足以支撑这样一个幻象：劳工也充分参与并分享了繁荣。这段时间，劳工家庭的最低"健康-体面"生活预算平均每年是在一千八百二十美元到二千零八十美元之间；但是，劳工的平均收入在这个十年间的任何时候，都不曾超过一千五百美元。这其中，有大量的劳工工资是低于平均水准的。1922 年，亚拉巴马州一个成年男性制衣工每小时的平均工资为二十五美分，纺纱女工每小时平均工资为十七美分。而且，面对这种情况，还不能说劳工在闲暇时间方面是有回报的。平均每周工时仍然在五十个小时左右，某些产业的工时更长。即便是在这个十年快结束的时候，数十万钢铁工人每周都要干满七天，还有数千劳工每周要干满八十四个小时。南方的纺织厂，女工和童工每周的工时都是在五十四小时到六十或者七十小时不等。商业集团的领袖人物普遍反对每周五个工作日的提议。"没有什么能比闲暇更能催生激进主义"，这是全国制造业协会主席于 1929 年说过的话。[1]

然而，此时的工会，基本上是技术工人以及收入相对高一些的劳工群体组成的，因此对工时超长且工资很低的大规模产业，基本没什么关切可言。工会成员的人数，在 1920 年达到峰值，有五百多万人，到了 1929 年，就跌落到三百四十万人，1920 年，工会人数占据总劳工人数的 12%，到了这个十年结束的时候，这个比率就下降到 7% 了。[2]在这段时期，劳工领袖集团的态度也越发地谨慎且保守了。矿工联合会在 1920 年是这个国家最大的工会组织；这一年，其成员数量接近五十万人，差不多占了总矿工人数的 60%。不久，煤炭产业遭遇萧条，加之内部纷争，令该组织遭到削弱，于是，便不断有出现造反行动，力图用新的经济观念和新的组织能量来重新激活该组织。但是约翰·L. 刘易斯，矿工联合会的主席，权势很大，为人精明，是自由企业制度和共和党的信奉者，他击退了进步派批评者和反对者，确立了牢固的控制权。到了 1930 年，工会的规模已经不足十年前的一半了。也就是在这一年，有一个矿工集团是这么评价刘易斯的："他杀死的可不仅仅是其他的组织领袖，他也杀死了这个组织的灵魂。"[3]

就这样，僵滞局面渗透了整个劳工运动。一度强大的铁路工会组织未能从 1921 和 1922 年间消耗极大的罢工运动中迅速恢复过来。纺织行业的工会运动近乎灭绝了，即便是在北方也是如此。钢铁产业、机械工具和五金产业的劳工组织程度已经比不上战时了。此时的汽车产业正在扩张当中，因此完全抵制工会化。服装产业的工会运动则在发展壮大，不过，在一些重要的中心城市，比如纽约，各种帮派组织也在不断从中作梗，令该产业的工会运动举步维艰。唯有建筑业的工会运动展现出兴盛态势。在这个十年开端之际，极端保守派的人数是美国劳工联合会总人数的五分之一左右；这个十年结束的时候，这个比例已经接近三分之一了。

此时的美国劳工联合会较之以往任何时候，都更是一个排他性的技工组织，所代表者只是美国劳工很小的一部分人。1925年，领导该组织长达半个世纪的塞缪尔·龚帕斯谢世之时，组织内部遂围绕继承权发生了争斗，这场争斗最终是众多竞争者之中的"最小公分母"胜出，主席职位落到了矿工出身的威廉·格林身上。格林为人处世颇为随和，一副小城镇银行家的仪态，脸色沉静，架着一副无框眼镜，戴着一只大大的黄金链表和钻戒，是共济社和驼鹿慈善互助会的成员，这样一个格林实际上是将哈定式的德性注入美国劳工运动的领导权能中。

2

不过，话又说回来，劳工运动在这个十年间的衰落，内部的停滞并非全部的原因。外部的抵制扮演了同等分量的角色。商业集团处处破解工会组织，镇压罢工运动，并且在所有地方都伸张开放工厂制度之神圣原则。他们还让工会人士遭受种种的社区歧视；比如说，1926年美国劳工联合会大会期间，底特律的几个神父约请一些劳工前来教堂宣讲，但商业委员会取消了大部分的邀约。（劳工教区的一名年轻牧师，名叫莱茵霍尔德·尼布尔，抵制了商业委员会的指令；不过，此时的尼布尔也对这些劳工领袖颇有忌惮，他品评说:"这些人的胆子和想象力相当肆意纵横,就跟一群乡村银行家差不多,这着实让我印象深刻。")[4]

此时的司法体系,也以法律的力量来支撑商业集团的这种态度和情感。联邦最高法院的首席大法官是这么评说1922年美利坚劳工运动的:"对这群人,我们应当抓住一切机会予以打击,不能放松。"[5]在塔夫脱的引领之下,最高法院确实是不放过一切可以打击劳工运动的机会。在贝利案中(Bailey case),最高法院否决了国会为了禁止童工而做出的尝试。在阿德金斯案中(Adkins case),最高法院否决了哥伦比亚特区为女工和童工确立最低工资的尝试,由此也就驳回了费利克斯·法兰克福特和玛丽·杜森为消费者协会拟就的那份"辩护状"。而且,法院还颇为正规地认肯了黄犬契约,所谓黄犬契约,实际上就是以不得加入工会作为得到工作的条件,同时也认肯了一项劳动禁制令,商业集团可以随意依据此一禁制令,来遏制罢工行动。

1920年代初期,劳工组织之所以会散发那么多的政治传单,司法系统的这一系列不利判决是主要原因。不过,拉福莱特运动差不多耗尽了劳工运动的政治能量。1926年的《铁路法案》由唐纳德·里奇伯格起草,该法案帮助缝合了铁路劳工组织的伤口。到了1928年,劳工领袖集团的态度便已经顺服至极了。约翰·L. 刘易斯将商务部部长胡佛视为"当今时代首屈一指的工业政治家",并宣称,胡佛当选是绝对必要之事,"如此,才能令他策动的这场工商业的空前繁荣,能够以恰当方式拓展并稳定下来。"[6]

3

非劳工群体则继续将这场劳工战争打下去。"很有意思,"社会保障制度的支持者亚伯拉罕·爱泼斯坦说,"已经存在于法令册的大多数劳工立法主要都是一些组织单打独斗的成果，这些组织很少有工会成员，也都很少或者根本就没有得到劳工组织的资金支持。"[7]而且，这些组织也完全是靠着机缘巧合去招募新成员的。来自内布拉斯加州的参议员乔治·W. 诺里斯，在1926年的宾夕法尼亚州选战之际，曾由一个身体遭受严重创伤的人开车带着他在一座公司城镇四处观瞧，这人是一场煤矿爆炸事故的幸存者，脑袋已经被挤撞得变了形，皮肤也已经是黑色的了。他跟诺里斯讲述了矿工的生活，讲述了这座公司城镇，讲述了很多身陷债务泥潭的劳工。他还带诺里斯参观了一处荒弃墓地，其中一座墓碑之上刻着这样的文字：

> 地下劳作四十载
> 镐头铲子一肩扛
> 生为煤王的奴隶，而今，感谢上帝，
> 我终获自由。

返回华盛顿之后，诺里斯即刻着手为取缔黄犬契约而战，为限制劳动禁制令而战。在诸如法兰克福特、里奇伯格这样的律师以及约翰·霍普金斯大学的赫尔曼·奥利芬特教授的襄助之下，诺里斯起草了一项议案，以达成目标。在众议院，来自纽约市的众议员菲奥雷洛·拉瓜迪亚是颇为灵变之人，他顺势将一项兄弟议案引入国会。[8]

此番努力令劳工有所受益。不过，劳工联合会在策动此番举措的过程中，并没有发挥什么作用，他们宁愿去相信他们心目中那个时代的头号工业政治家。不过，新的劳工运动浪潮正开始涌动起来。1920年代末期，罢工运动相继涌现，特别是在针织业和纺织厂，这就足以表明，这场大繁荣并不能窒息或者掩盖劳工的不满。

4

北卡罗来纳州的加斯托尼亚,历来自视为南方精梳纱线的生产中心。该州偏远贫困乡村地区的男男女女以及儿童,便纷纷涌入这里,在城市边缘的破败棚屋里面栖身,以便能在这里的工厂找到工作。要是能在这里最大的工厂找到工作,也需要每个星期完成六十六个小时的工作,平均工资不足九美元。很多女工都有夜班。十四岁的女孩要同时操作两部四面细纱机,用脚撑着细纱机,每天都要干上十一个小时,每个星期要干满六天,每个星期的薪酬只有四点九五美元。他们欠下公司商店的债务看来是永远都还不清了,这就令加斯托尼亚劳工群体的不满日益深重起来,并开始寻找领导者。此等情形之下,劳工联合会的保守和僵滞状态毫无疑问留下了空白,自然会有更具胆略的人前来填补。

当美共派出的组织者于1929年来到加斯托尼亚的时候,便发现这里的劳工乃深染了盎格鲁-撒克逊和苏格兰-爱尔兰山民的宗教气质,差不多是以福音热忱来拥抱工会的。但是,劳工组织方面的尝试激起了公司的报复行动,并由此引发了罢工浪潮。在这个过程中,埃拉·梅·威金斯成了纠察线上大家都熟悉的人物了。时年二十九岁的埃拉是九个孩子的母亲,在工厂里面上夜班。一旦她的小娃娃患上百日咳,她是不敢将小娃娃交给自己十一岁的女儿去照看的。但是工头拒绝将她调整到白班,以便她能够自己照看小娃娃。埃拉遂辞去了工作。很快便因为没钱买药,只能眼睁睁地看着四个孩子死去。于是,她便决心出离这巨大的伤痛,向劳工们发声了。她的脸满是皱纹,脸颊深陷,但她的声音是朴素的、真切的,自然奔涌而出,她就是用这样的声音吟唱起哀伤的山间歌谣:

> 我们早晨离家,
> 吻别孩子,
> 去给老板当奴,
> 孩子们却在嚎叫、哭泣。

9月,罢工进入第六个月,埃拉乘着一辆卡车前往工会集会之地。一群武装暴徒迫使卡车停在路边。其中一人举枪开火。埃拉一下子大口大口喘着气,完全不敢相信发生的一切,"上帝啊,他们打中我了!"接着便倒在卡车下面。

> 我们的小娃娃啊,
> 是我们生命中的珍宝,
> 但是亲爱的工友们,对他们来说,可不是这样,
> 那些老板根本就不在乎。

坟墓已经挖好,雨水向着里面流淌。工人们聚集一团,默不作声。埃拉的五个小孩子站在那里,孤独无助,令人动容,一副廉价棺材缓缓沉入墓地。随着第一块红土落在棺材上面,一名工友完成了埃拉的歌谣:

> 但是,工友们,请听我说,
> 若是有工会,他们就会害怕;
> 团结起来吧,工友们,
> 现在就成立工会。[9]

十五　公共电力政策的斗争

1

此时的自由派，同样也远离权力。在西奥多·罗斯福和威尔逊时期，两位总统阅读自由派的作品，并且征询他们的建议，请求他们的支持。但是商业集团历来将他们视为不切实际的理想主义者，有时甚至将他们斥为危险的布尔什维克分子。命运的此番败落令自由派心生怨愤，此外，他们在怨愤之外平添了这样一种信念：商业霸权正在腐蚀他们所热爱的这个国家。

此时，很多问题都形成了这样的忧患意识，这其中最甚者当属自然资源问题。从西奥多·罗斯福时期开始，环境保护就已经是自由派的核心信条之一。"这个国家有不少问题都因为那场大战而被人忽略了，"罗斯福说，"这其中最重要的是如何保护并改善这片土地，将之传递给我们的子孙，不要让我们的子孙沦落我们今天的这种处境。"对罗斯福及其首席林务官吉福德·平肖来说，环境保护首要地意味着"为着民众的福祉而非仅仅是为着少数人的利益"来开发自然资源。土地、水、森林以及矿产不能沦为逐利者的牺牲品。"生活可不仅仅是生意，"平肖写道，"若是将生活变成一桩生意,那样的生活还不如不要。总有东西是高于生意的。"[1]

平肖同塔夫脱的内政部部长理查德·A.巴林杰之间的斗争,毫无疑问凸显了这样一个事实:环境保护计划从来都没有稳靠地位可言;而且塔夫脱之拒斥平肖,似乎也证明了塔夫脱是贪婪者的代理人,至少在进步派眼中是这样的。环保集团的力量在威尔逊时期得到了恢复,但是在哈定任命艾伯特·B.福尔为内政部部长的时候,环保集团再次遭遇挫折。

与此同时,水电问题的分量日益提升。1905 年,林业局得以创立,在此之前,对于可航运水域的电力大坝工程,国会都秉持放权态度,并且无需补偿,也没有时间限制,"说白了,"平肖评论说,"就是无限期且无补偿。"对此,平肖推出了新政策,在放权的同时,也设置了时限,以此来抵冲补偿费用。此一政策激怒了私人电力公司。不过,平肖给出的回应斩钉截铁:倘若就这么纵容少数人掌控电力资源,那他们最终要掌控整个工业体系,并由此掌控整个国家。罗斯福对平肖表示支持,将电力公司视为美利坚历史之上的"最大威胁"。[2]

2

1910 年人们担心的事情,到 1925 年就变成了现实。尽管 1920 年时设立了联邦电力委员会,令政府有了更大的权力去管制州际水电开发事务,但这个委员会的态度非常消极,无意在这么一个"新时代"行使手中权能。在这段时期,各州政府倒是可以借由公用事业委员会来实施州层面的管制,此一管制机制在战前启动之时,可以说是信心十足,但此时不免也都折戟沉沙了。在这羸弱的管制机制之上,赫然耸立着盘根错节且牢不可破的私人化公用事业体系。

公司金融的设计师们为了建造这样一套体系,付出的聪明才智到了无以复加的程度,将这套体系神秘化,同样到了无以复加的程度。这个十年间，电力销售额度翻了一倍还多，因此很自然地吸引了这个国家最有头脑的金融家们的关注。1920年代末，十个大型的公用事业体系在这个国家全部电力照明和能源业务当中，占据了四分之三的份额。在工业领域，此等集中态势通常是为了整合生产的需要，跟工业领域的情况不同，公用事业网络中的各个生产单位彼此之间通常是完全分离的。因此，控股公司背后的驱动力，不在于整合业务，而在于这样一种诱惑和欲望：利用公司金融的巧妙机制，令个人的投资以金字塔之势扩张起来，如此便能够以极小的现金承付额度掌控一个帝国。此等机制，令大部分公司资产都由债券和无表决权股票构成，如此一来，只需要占据50%甚至更少的股权，就可以以小博大，将大权握在手中。

控股公司可以避开管制，这是控股公司的另一大吸引力所在。威尔·罗杰斯说："所谓控股公司，其运作机制实际上就像是在警察追捕你的时候，把赃物转给同犯。"[3] 相形之下，业务公司的股票和债券发行业务要接受州政府的管制，费率也要接受监管；但控股公司有着更大的自由度去稀释股票，并在市场允许的范围之内高估其资产额度。通过发行新的股票和债券，控股公司就可以承付其在业务公司的投资；同时，控股公司为自己发行的债券支付的利息额度，通常少于其在业务公司的投资所获取的利息，因此，其金融基础可以说是万无一失。控股公司是一个层层迭进的组织体系，一旦一个层级的融资效能发挥完毕，便会在其上面构筑新的层级，每个新的层级都将会给背后的发起者提供新的牟利空间。

对业务公司实施此等运作，毫无疑问有着极大的牟利空间，这就令控股公司往往将股价推升到远超实际价值的程度。其结果是股票和债券价值虚高，跟实体工厂的实际价值完全不成比例。此番过度资本化的代价当然要转嫁给业务公司，并最终以提高费率的方式，由消费者承担。随着公用事业公司帝国体系日趋复杂，其责任机制也越发地暗弱。此等公司操作手法的第一个后果便是令已然深陷困顿和迷茫的股票持有者进一步失去了表决权。股票流转的速度不断加快，乱象也越发深重了。到最后，便只能靠着纯粹的势头，或者靠着主导人物的意志力维持局面，让这样一个金字塔结构不至于崩盘。

3

此一时期，最大的两家公用事业集团是联合电力公司和电力股份公司，这两大集团主要靠着纯粹的势头来维持。第三大的英萨尔集团显然是表达了其创建者、芝加哥的塞缪尔·英萨尔那没有边界的野心。英萨尔的天分部分在于他的卓绝知识和胆略，部分在于他对公司机制的精明运用，以及他铁腕无情的管理技术。某次，在出席听证会的时候，有人向他抛出这样一个问题：若是他能在他的天然气工厂采取更为人性化的做法，是否就能让效率更高一些，对此，英萨尔给出了标志性的回答："我的经验是这样的，若要推高劳动效率，最有效的办法就是让找工作的人在工厂大门外排起长队。"

1920年代，公用事业的繁荣期开启之时，英萨尔便以冷静的自信成了其中的弄潮儿。战前，他已经在扩张自己的工厂数量了，此时则开始扩张控股公司的数量。到了1930年，他手下集团的总资产额度已经接近25亿美元了；他所属的集团差不多在全国电力总量中占据了八分之一的额度。但是他的公司体系的发育状况此时已经越发地令人难以置信了。他确实拥有魔幻般的金融手段，但到了这个节点，这一切背后的动机便也仅仅是尽快地猎取利润和权力。通用电气公司的欧文·D.扬，可算是最为开明的公用事业巨头了，后来，他在国会的一个委员会就英萨尔集团问题专门提供了自己的证词。这个扬，曾极为镇定地重组了欧洲金融格局，就是这样一个大人物，在谈到英萨尔集团的时候，也不免陈词说："1932

年2月，当我着手调查该集团的复杂结构之时，我承认，那样的境况让我感到绝望和无助。"他说，在这套复杂体系当中，业务公司之上是控股公司，控股公司之上还设置了一层又一层的控股公司，周围则是以投资公司及其附属公司体系拱卫起来；扬推断说，此等情形，"任何人，无论能力有多强，都不可能真正掌控局面"，说到这里，扬不禁也顿了一下，然后补充说，"也许应该这么说，塞缪尔·英萨尔先生反而是这套复杂结构的受害者，即便他这等干练之人，也没有能力搞明白如此复杂的体系。"[4]

英萨尔的这种观念也在不断扩张，远远超越了他自己的公用事业公司体系。他虽然隐居利伯蒂维尔的宅邸，但他实际上在那里运筹帷幄，主宰着芝加哥，不断地贿赂州公用事业委员会，以温暾水的方式，腐化地方政坛，为此，他甚至专门修建了一座歌剧院。对诸如哈罗德·伊克斯和唐纳德·里奇伯格这样的芝加哥改革派人物来说，英萨尔是真正的大敌；改革派也在不断地对其坚固的外围工事展开攻击。为了应对此番批评和威胁，英萨尔特意设立了伊利诺伊州公用事业信息委员会。很快，私人公司纷纷联合起来，建立了全国电力照明协会，在整个国家展开运作。

4

全国电力照明协会及其附属机构遂即着手向报社、图书馆、学校以及同业组织团体散发各种材料。他们还派出演说人奔赴各个俱乐部、论坛，拉拢收买议员和官员，甚至教堂也不例外。大学教授、学生、报刊编辑、讲座人等等，都秘密进入了公用事业公司的薪酬名册。他们还资助相关的研究工作，并为大学提供了丰厚的经费支持。但凡讲述公用事业金融史之真实情况的教科书都遭遇了审查和钳制，并以更为顺服的东西取而代之。此外，更掀起了一场运动来打击他们所谓的布尔什维克关于公共所有权的异端邪说。在美利坚历史之上,商业集团绝少策动并组织如此强劲的宣传攻势;这其中真正令人瞩目的情状是,这场运动的成本,却是由民众支付的,因为电力照明的账单终究要落在民众头上。[5]

此时的联邦政府,实际上无需如此大的压力予以催动。胡佛已经凭借一系列的文章和演说申述了这样一种看法:电力巨头都是有视野和想法的人,服务精神在背后催动他们,各州的管理委员会也足以保证消费者所需的一切保护。胡佛说:"当前主宰并控制电力公司的大多数人,都是有着新式公共见解的人,他们知道大公司应当对民众承担怎样的责任。"英萨尔对胡佛的此番工作赞赏有加,全国电力照明协会也着力散布了胡佛的这些演说。胡佛在电力问题上的两个主要幕僚离开商务部之后,一个成了全国电力照明协会的执行董事,另一个则为一个公用事业游说集团工作。[6]

不过,即便是胡佛也承认,诸如科罗拉多河上的博尔德大坝这样的工程,唯有联邦政府才有能力担当起来;而且胡佛更承认,若是此类情形,政府是可以生产电力的。但胡佛认为,即便如此,政府也应当首先将电力卖给私人公司;若政府自行分配政府生产的电力,在胡佛看来,就是"纯粹的社会主义"。[7]而且,诸如田纳西河的马斯尔肖尔斯水电站,政府在第一次世界大战期间是该电站的所有人,在此类事情上,共和党的首要关切是尽快地将之处理给私人公司。国会的自由派集团在乔治·W.诺里斯的引领之下,成功地遏制了此类动议。诺里斯提出的由联邦政府负责开发田纳西河谷电力的动议,注定会遭到总统否决。

5

此时,美利坚政坛中人,对公共电力问题关心最甚者非这个小个子莫属了，乔治·诺里斯，自 1913 年开始便一直是内布拉斯加州选任的联邦参议员，习惯穿戴着白色硬领和黑色领带。此时也逐渐年老，1926 年他六十五岁。他出生在底层农业家庭，父母的文化水平也就是勉强能写自己的名字而已，三岁时候，父亲便过世了。"我从未听过母亲唱歌，"诺里斯后来回忆说，"甚至没听母亲哼过什么调子。"不过，这个家庭却是温暖且忠诚的，由这样一个心智坚定的母亲操持着、维系着，想法很是坚定：不能再让孩子错失父辈没有得到的机会。年轻的诺里斯睡在一处没有完工的阁楼里，冬天时节，雪片都能飘落他的床上，但母亲对于未来的雄心一直在点燃他。在温暖的春日午后，母亲顶着太阳种植苹果树，汗流浃背，诺里斯问母亲，为何如此辛劳，毕竟，"在这些果树挂果之前，您可能已经离世很长时间了啊。"母亲停下手中活计，回答说："我也许看不到这些果树挂果了，威利，不过，有人能看到。"[8]

年轻时代的诺里斯，选择了教书生涯，等攒够钱之后，便转身研习法律去了。1885 年，他向西而行，迁居内布拉斯加的比弗谷。此时的诺里斯是狂热的共和党人，1892 年他反对当地的人民党集团，并成为诉讼律师，而后成为地区法官，1903 年，便以众议员身份来到华盛顿。此时，他越发地接受了罗斯福进步主义的影响，逐渐对共和党正统派不满了。"情况已经很清楚了，而且绝对可以肯定，"他申述说，"我不得不放弃对共和党之高傲品性的信仰了。"[9]诺里斯其人，对原则有坚定信奉，所以，除了独立路线，他看不到有别的选择。他选定的第一个靶子是乔·坎农，当时的这位众议院议长，可是权势人物，如同沙皇那样统治着众议院。

诺里斯从来都是黑色衣装，很是谦恭，这就很容易让人低估于他。他成功地引领了一场针对坎农的抵抗运动。接着便于 1913 年进入参议院，在参议院，他依然在走自己的路。1917 年，有六名参议员反对选战，诺里斯便是其中之一。1920 年代，他一直在为反对劳动禁制令和黄犬契约而战；同时也在着力推进一项旨在终结瘸鸭会期体制的宪法修正案,为此,他提出动议,力主未获得连任的国会议员,在卸任之前仍然可以推进立法工作;这期间,他最重要的事情便是推进自然资源的公共控制体制,并反对电力托拉斯。

诺里斯信奉的自由主义,很是严格,是原教旨主义的类型。他天生不事享乐,对奢华秉持清教徒式的排斥和戒惧。"没有人可以在富人家里夜夜笙歌,第二天又能堂而皇之地评判劳苦之人。"他的生活历经磨难和伤痛,父亲去世,第一个孩子生下来就死去,第一任妻子在生下第三个女儿的时候死去,第二任妻子生下的双胞胎儿子也没能幸免。生活的阴云几乎不曾离开过他;那挥之不去的怀疑以及浓浓的忧伤,如同幕布一般笼罩着他,他也时常让这幕布将自己完全遮蔽起来。

1930年,他曾写下这样的话:"我正在下坡路上,时常觉得滑落得非常快。前面的路也许不长了。我确实觉得我人生的比赛已经结束了。"此时的这个老人,一头白发,笔直地向后梳着并高高隆起,眉毛弯曲,特别黑,皮肤呈现新鲜的粉红色,他以温和的中西部声音继续申述:"我自觉不曾有过任何自私野心。金钱和职位于我而言没有任何诱惑……该有的荣誉我都有了。我就想着以中正和无私,尽职公务,回馈人民,除此之外,我就没有别的野心了。"[10]

浓重且黏滞的悲观心绪萦绕心间,但乔治·诺里斯对美利坚生活的诸般前景还是有着诗意构想的。他常常说:"我们正在迎来电力时代的黎明。"美利坚大地之上的每一条河流,"从山间奔流而下,穿越草原,汇入大海",这都是潜在的电力之源;美利坚大地之上每条河流的每一滴水,"来自雪水,来自泉水,来自雨水",都能够造福后代。他眼中的美利坚就是一片闪光之地,由汽轮机、发电机以及输电线融构而成,白色大坝在阳光下闪耀着光芒,那后面是一片蓝水铺展开来,波光粼粼,电力将由此进入千家万户,也将是寻常人家都能用得起的。"这是一项财产,"诺里斯说,"属于我们所有人的财产，是人类福祉的一个源泉。"他宣示说，电力开发应当依托公共所有权体制和公共运营权体制。

这是美利坚人民应该予以传承的财产，因此，但凡否决美利坚人民有此传承的人，诺里斯都非常憎恶：

> "电力托拉斯乃私人贪欲催生的最大的垄断公司……他们收买并且出卖立法机构……他们还侵袭农业组织；他们毫不犹豫地侵入教会和宗教组织的神圣围墙……他们触角纤细，渗透所有社区，令所有家庭都得向他们缴纳贡赋。人类活动的所有领域，他们都试图加以控制。他们用童子军体系来毒害孩子的心灵。他们收买圣坛上的牧师，他们还迈出邪恶且隐秘的步伐，进驻我们的公立学校，在那里毒害孩子们的心灵。"[11]

就这样，公用事业集团的宣传攻势越来越紧凑且强劲，托拉斯体系的结构也越发地演变成一场噩梦，很多自由派人士不免感觉到，公共电力问题较之别的所有问题，都在更大程度上涵盖了商业集团同民众之间的纠葛。约翰·杜威说："电力问题已然是政治王国里面最具分量的单一问题。"费利克斯·法兰克福特于1929年致信富兰克林·罗斯福："如今，水电问题毫无疑问地将诸般社会-经济议题摆在美利坚人民面前了，这样的局面肯定要贯穿未来十年。"[12]时任宾夕法尼亚州州长的吉福德·平肖则延续着已有的斗争，并于1923年时设立大型电力调查局，这个机构为公有体制之下的乡村电力化观念奠定了基础。内布拉斯加州也在诺里斯的影响之下，建立了该州自己的公共电力网。在纽约州，阿尔·史密斯也在呼吁建立州政府所有并运营的水电体制。越来越多的社区或者群体都开始围绕社区电力体制展开斗争。

私人电力公司纷纷谴责此类计划和意图是社会主义，是非美活动。"如果你们喜欢这么说的话，也无所谓，民主党的水电计划就是社会主义的",富兰克林·罗斯福于 1928 年展开回击;他申述说,真要这么看问题的话,那么合众国的邮政体系也是社会主义的,同样的性质,同样的原因。"我们倒是愿意让政府为我们做一些事情,只要政府能够做得比任何人都好,这就是为什么我们由政府来开发某些地方的电力资源,原因就是这么简单,在这些地方,政府能比任何人都做得更好。"[13]

十六　1928年选战

1

时间推移，民众的不满浪潮开始汇聚起来；农民关切收入问题，社会工作者关切福利问题，工会关切组织问题，自由派则在为如何约束商业权势问题操心不已。此等情形之下，一个反对党的存在自然就成了这股潮流的出口；而且，在这个反对党里面，纽约州州长阿尔·史密斯，对社会正义、公共电力以及公民自由，素来都有强劲认同，到了1927年冬天，这个反对党看来已经拥有公认的领袖了。1926年，史密斯连任州长，这就令他的政治吸引力较之以往更大了。而且，1927年9月，麦卡杜也宣布不参与总统竞选。

第二年，民主党在休斯敦召开全国大会，此时的氛围已然是其乐融融的家庭氛围了，1924年的那批缠斗之人此时已然辨识不出了。富兰克林·D. 罗斯福在完结自己的提名演说之时提起动议，要找一个"有意志赢得胜利的人，不仅仅是配得上胜利，更能够夺取胜利。胜利就是他的习惯，他就是快乐战士"，此话一出，代表们欢声雷动，此番团结势头无不令人满意且快慰。[1] 史密斯在第一轮票决中便轻松胜出，来自阿肯色州的参议员约瑟夫·鲁宾逊出任史密斯的竞选伙伴。

接下来便是选战战略的问题了。在这个问题上，史密斯有着几个很清晰的选项。他可以像 1924 年的拉福莱特那样跟商业霸权针锋相对。民主党纽约州委员会前任主席赫伯特·克莱本·佩尔，一个典型的礼服贵族，对商业中人素怀蔑视，他在 1928 年 1 月时候宣示说："柯立芝时期，富人已经向穷人宣战了。现在，就让他们尝尝复仇的滋味，他们是多么地瞧不起穷人啊。"[2]不过，史密斯并没有选择这条路线，反而是试图说服商业集团信任民主党。为了操持选战，史密斯选择了约翰·J. 拉斯科布，一个在杜邦集团和通用汽车公司都拥有显要地位的共和党工业家，1928 年，他实际上打算投票给柯立芝。跟史密斯一样，拉斯科布是天主教徒，也是温和保守派，因此让他担任全国委员会的主席，显然不能提升民主党在"圣经地带"的机会。不过，史密斯认为，自己无论如何都可以拿到南方票仓和自由派票仓，因此他认为，自己最大的胜算在于分裂东北部的商业集团。为了襄助拉斯科布展开这方面的运作，史密斯另外启用了四个百万富翁，分别是詹姆斯·W. 杰勒德、赫伯特·H. 莱曼、杰西·琼斯以及参议员彼得·G. 格里，让这四个人进驻选战组织的关键位置。此次选战，民主党的花费超过了七百万美元，只比共和党方面少了两百万美元。[3]

拉斯科布提供的竞选资金是最多的，他此时已经成为党内的一个头面人物。他很是内向，待人接物很是放不开，说话的时候，几乎都听不清楚，不过，他就这么从一个速记员干起，一路爬升而来。经验让他相信，一个能够给他这样的人提供晋升之路的社会，是相当理想的；而且，除了撤销禁酒令修订法案而外，他对社会变革其实也没什么想法和欲念。无论是商业力量对政府的宰制，还是经济集中潮流，抑或是股市狂欢，都不曾扰动他的清梦。他的格言是：蓝筹股应当以十五倍于公司分红的价格卖掉，而不是昔日里同行的十倍价格；此等格言毫无疑问给华尔街注入了新的能量。1929

年的夏天,他为一家女性杂志撰写了一篇文章,题为《人人皆可成富人》,如此标题,可谓毫无隐晦。确实,"新时代"的追随者中,没人比他更虔诚了。[4]

2

启用拉斯科布,此举的第一个结果是重新撕开了1924年的伤口,此前的休斯敦大会曾一度弥合了这个伤口。此时民主党的布赖恩-麦卡杜集团不免忧心忡忡,认为城市民主党集团要全力回归了。田纳西州的乔治·福特·米尔顿于7月致信麦卡杜,信中申述说,史密斯的计划显然是在"诉求外来之人,在这些人心目中,那个古老的美利坚,那个盎格鲁-撒克逊血统的美利坚,是他们所憎恨的,必须要推翻,必须要羞辱;同时也是在诉求北方黑人群体,这个群体对社会平等和种族霸权充斥了欲念;当然也是在诉求天主教徒,这个群体相信,他们有权入主白宫,当然也没忘记犹太人,犹太人已经被灌输了这样一种意识:现在是时候让他们这些上帝的选民出手,惩罚美利坚的过去了"。"倘若这些集团的霸权所代表的就是史密斯想要的那个美利坚,"米尔顿总结说,"那么,那个老美利坚,杰克逊的美利坚、林肯的美利坚和威尔逊的美利坚,就应当在怒火中挺身而起,将这个新美利坚击败。"

此次启用拉斯科布,同样令所有那些希望此次选战依托进步主义路线展开的人,备感失望和恼火。富兰克林·D. 罗斯福告诉自己的一些朋友说,这是"严重的错误",并补充说,如此一来,就很可能会"永远地疏远了南方、西部和东部乡村地区的大量选民,毕竟,在这些地区,有大量选民并不是铁了心地会支持史密斯,而且这些选民一直以来都想着要回归民主党"。两个星期之后,罗斯福很有把握地写道:"说实在的,选战以这样的方式运作起来,我个人不赞同，史密斯显然是在自断退路。"到了这个节点之上，也就是 7 月下旬的时候，罗斯福觉得自己应当彻底退出了；不过最后，他还是接受了相关方面的劝说，将民主党总部商业处、工业处和职业事务处的工作担当起来，在这个位置上，他的表现倒也真实，他写就一系列署名信笺给商业集团，告诉他们，如果他们不担心胡佛的话，那就更没有必要担心史密斯了。（"胡佛先生的某些管制举措确实对我们的经济体制有好处，这一点毫无疑问，"其中一份信笺写道，"但我还是认为，史密斯州长的政策是要让商界自主照管商业事务，对这个国家来说，这样的政策要稳靠得多。"）[5]

此次选战，史密斯放弃了民主党传统的关税政策，转而为保护制度倡言，并尝试了另外的一些办法来安抚商业集团。与此同时，他依然信守纽约的社会福利计划，这就令他维持住了社会工作者集团的支持；他还捍卫公共电力政策，这为他赢得了乔治·诺里斯的支持。他认肯农业带的不满，并笼统地支持麦克纳里-豪根主义的总体诉求，由此也就令乔治·皮克、切斯特·戴维斯、小亨利·华莱士以及另外几个农业运动领导人都投奔史密斯阵营，支持史密斯的候选人资格。史密斯确实因为其天主教身份备受攻击和非议，不过，他尽可能地抓住机会，确证并伸张自己对公民自由和宗教自由的信仰。

不过，史密斯作为保守派乃至作为自由派的影响，尚且不如他作为城市动态之体现者所发挥的影响，这也是作为候选人的重大担当。他以演员的热忱投入了这个角色。他的乐队演奏的是《纽约人行道》；阿尔·史密斯出现在后台的时候，还是大家熟悉的那套行头，头戴褐色德比帽，大号雪茄在嘴里滚来滚去，带着颤音的城市腔，相当洪亮，响彻人群。他的演说直接、务实而且力度十足，最重要的是，他的演说贴近现实，活生生的。他的演说稿写在信封的背面，在临近演说高潮的时候，他会摇头晃脑，不停地挥舞手臂。他通常都能吸引大批听众，在这一点上，他胜过胡佛。其中，很多人是因为对他这样的城市人备感好奇，不过，也有一些人是被他那种更为肆意、粗陋的激情给吸引了。火车快到俄克拉何马城的时候，史密斯看到在乡村地区燃烧着的血十字架，那是三 K 党的象征物。当晚，他谈到那象征着三 K 党之狂热以及他自己的信仰的血十字架，态度十分冷漠，并且谴责了三 K 党。[6]

不过，史密斯的这场选战，对商业集团来说，自由主义倾向太过严重了，但对热忱改革派来说，却又太过温和了。在芝加哥大学的保罗·H. 道格拉斯教授的引领之下，一批自由派教育家集结起来，对史密斯还有胡佛背后那些"萎靡且腐败的集团"展开攻击，并呼吁社会党候选人诺曼·托马斯提供援手。[7]史密斯对农业带的吸引力，遭遇了来自艾奥瓦州的参议员威廉·E. 博拉的抵冲，博拉出人意料地动用自己的巨大声望，将农业群体集结起来，支持胡佛。拉斯科布的政治无能导致了可怕的方向性错误，比如花费巨资，徒劳地希望拿下宾夕法尼亚州，胡佛可是以上百万的票仓拿下了该州。在这热热闹闹的表面之下，种种低劣的选战手腕暗流涌动，植根于宗教偏见的诽谤和诋毁，有人造谣说，史密斯若是当选，将会把教皇迎入美利坚；有人说，史密斯一旦当选，所有的新教婚姻都将被判无效，所有的新教徒子嗣都将沦为私生子。当然，最具分量的还是繁荣议题，"新时代"场景可谓生动，每个罐子里面都炖着鸡，每个车库里面都有两辆车，当然还要消灭贫困："倘若有机会将过去八年的政策延续下去，那么上帝保护，我们将很快迎来贫穷在美利坚大地最终消失的那一天。"

3

选举日这一天，史密斯收获了八十七张选举人票，胡佛则斩获了四百四十四张。共和党的这场胜利在"铁板一块的南方"撕开了大大的口子。史密斯不仅失去了所有的边境州，更丢掉了五个原邦联州。甚至没能拿下自己的纽约州。总票仓中，胡佛占据58%的份额，史密斯则只有40.7%。

不过，仔细分析之下，民主党还是值得庆贺的。史密斯收获的票仓差不多是1924年戴维斯所获票仓的两倍；而且史密斯此次收获的总票仓为六百万张，创下了历任民主党总统候选人之最。1924年，共和党以一百三十万张选票拿下了十二个大城市；1928年，共和党虽然在选举人票方面拿下显著胜利，但民主党拿下了此前共和党拿下的十二个大城市，虽然优势很小，但也颇能说明问题了。胡佛当然在民主党的南方撕开了口子，但史密斯也蚕食了共和党的北方。农业票仓方面，民主党的地位甚至更为稳固了。比如说在艾奥瓦州，民主党收获的票仓比例差不多翻了一倍，在城镇和城市票仓方面，民主党所占比例也有显著提高。[8]

不过，无论是共和党还是民主党都没能认识此类预兆。恰恰相反，一个集团开始瞩望恒久的权力，另一个集团，尽管自身还是相当有前景的，但也满眼都是永恒的挫败。富兰克林·罗斯福倒是从这场惨败中存活下来，赢得了纽约州州长的职位，他保持了乐观和斗志。不过，他的这种心态在党的领导集团当中基本上得不到回应。1929年年初，约翰·W. 戴维斯致信罗斯福说："依我愚见，当前在复兴我党的道路上，我们基本上不会有任何作为。既然战败了，就应当允许大家休息一下，舔舔伤口。"几个月之后，民主党全国委员会的一名前任宣传人员写了一篇很是沮丧的文章，题为《民主党会重蹈当年辉格党的覆辙吗》。[9]此时，很多人不免都开始思量着，民主党是否正在消散，并且注定了早早灭亡的命运；尽管这其中，有人高兴，有人哀愁。

十七　自由主义哲学

1

1920年，常态回归之后，1919年的自由主义浪潮便一分为二了。更为务实的一半时不时地会在公共电力、农业救济以及社会立法等问题上寻求表达；在这些问题上，诸如诺里斯、拉福莱特以及史密斯这样的人，日复一日地艰苦操劳着，力图获得很有限的收益。另一半则是意识形态取向，这部分残余势力落入知识分子手中，这个集团并不怎么关心解决眼前的问题，而是将主要精力用于塑造一套新的自由主义哲学。约翰·杜威、赫伯特·克罗利、索尔斯坦·凡勃仑以及查尔斯·A. 比尔德是这方面的主要思想者。杜威提出的工具主义为这场自由主义汇总潮流提供了哲学；克罗利的进步主义则为之提供了政治学；凡勃仑的制度主义为之提供了经济学；比尔德的历史叙事则为之提供了对于过去的感受以及对于未来的信念。此四人合力完成了自由主义思想之重组工作，并重建了自由主义统绪。[1]

杜威确立了这场新综合的框架。战前的一代知识分子实际上已经在反叛1890年代的正统了。这场反叛潮流背后的动力，在于人们对逻辑、推理以及抽象的厌恶，说白了，就是这样一种信念：不仅法律的生命如同奥利弗·温德尔·霍姆斯说的那样，在于经验而非逻辑，事实上所有的生活都是如此。这样一场反叛，莫顿·怀特称之为"反叛形式主义"。其发端在于将关注重点从理论转移到事实，从言词转移到实质内容，从意识形态转移到现实。尽管这场反叛最终不免创立了自身的新经院主义，但在这个过程中，自然也令那些古老的观念和看法接受了尖利的批评，并且一度将新的现实意识引入哲学和社会话语当中。杜威不算这其中最具激发性的人物，不过，他无论如何都是这其中最为深刻也最为坚定的综合者。他的突出贡献是界定了这场反叛的逻辑。他的作品，向所有的反叛者，无论是哲学、历史领域的，还是经济学、法理学和政治学领域的，阐明了他们正在做的事情以及他们正在寻求的事情。他对他们的种种争论实施概括，从中抽出共同的论题和共同的信仰。

在杜威看来，终极权威就是经验；较之威廉·詹姆斯的那种更为璀璨夺目的哲学，杜威显然大幅度提升了经验这个概念的组织性。在詹姆斯的哲学中，经验是临时的、个体的；在杜威这里，经验在某种意义上成为公共的和集体的。在对詹姆斯的经验概念实施社会化的过程中，杜威以詹姆斯不曾料想的方式，培育了经验概念的社会意涵。杜威认为，行动的逻辑必须是实验和教育的逻辑；其基础必须是相信人有能力对理性做出回应；必须懂得社会知识和集体探察机制的重要性。一套彻底的经验哲学，依托科学和技术的指引塑造起来，能够催生有组织的社会智识；杜威相信，有组织的社会智识是有能力引领社会变革走向理性且美好的未来的。

1922年，杜威推出《人性与行为》一书，该书着重申述了人性的可塑性。人的本能，杜威写道，是人身上最具可塑性的东西，是"最容易通过运用来加以调整的，也是最容易接受教育指引的"。[2]在《公众及其问题》一书中，杜威则着力表明他的人性分析以及他的工具主义方法何以运用于社会问题。他在书中申述说，继续把玩那些令人厌倦的古老抽象概念，已然是毫无意义了，诸如自由对权威、个体对社会，等等。他认为，调查问题靠的不是形而上学，靠的是对实际后果的调查。借由科学、教育，最重要的是借由对民主之创造性经验的参与，懵懂无知的大众可以转变成拥有责任意识的公众，是能够自我界定、自我教育的，并且能够逐渐形成合理的未来规划。

1929年，杜威推出《新旧个人主义》一书，此时，杜威的论述更加具体，指向性也更加明确。旧的个人主义理想，也就是胡佛在《美利坚个人主义》里面阐扬的那种理想，杜威写道，"已然为着迎合金钱文化之实践"而扭曲变形了。因此，现在必须要做的就是将个人主义从金钱的奴役中解放出来。这个解放过程的第一步，杜威说，就是要意识到，我们已经进入了"集体时代"。在这样一个"集体时代"，要么是商业集团为追逐利润而推行的无政府集体主义，要么就是公共权威推行的有计划的集体主义，人们必须在这二者之间做出抉择。要达成负责任的解决办法，就必须通过科学的方法。在此，杜威也告诫说，若要将责任机制引入商业体系，势必也就注定了"金钱—利润至上的工业体制的灭亡命运"。有时候，杜威不免也会怀疑所谓的科学方法能否扛得住一些人的抵制和反对，毕竟，"这些人可以运用科学方法来谋取私利，而且，他们定然会害怕科学方法之社会性的运用将会摧毁他们的权力和利润，因此，他们势必会竭尽所能地挫败科学方法之社会性应用。"但无论如何，杜威都怀有这样一个深沉希望：一个代表了政府、商业和劳动的国民经济委员会，会令美国自愿走上集体主义道路。杜威说，唯有民主化的集体主义才有能力为新的、真实的美利坚个人主义创造条件。[3]

2

显然，杜威是沿着哲学和心理学的路径展开了思考和阐述，克罗利则选择了历史和政治学这条进路。二十年前，他推出《美利坚生活之承诺》一书，该书既为国家管理观念提供了情感力量，也提供了历史证明。不过，随后，克罗利便对西奥多·罗斯福和威尔逊相继失去了幻想，这就令他对"美利坚生活之承诺"能否实现，不再抱持那么大的信心。克罗利是社会工程学的仰慕者，因此，他在1919年时一度认为，胡佛也许拥有足够丰厚且中正客观的技术头脑，可以对将来有所规划；甚至胡佛一度有了购买《新共和》股票的兴致。然而，对胡佛的此番希望很快消散而去了，1920年，备感失落的克罗利直接破罐子破摔，竟至于选择支持农工党票单之上的候选人帕利·P. 克里斯坦森。1924年，拉福莱特败选，这对克罗利来说，是最后的致命一击。1924年之后，克罗利便对政治没有兴趣了。此时的克罗利已经转变了看法，认为自由主义的使命是要"提升对人类行为的了解，并据此进一步弄清楚何以调整、精简并利用这方面的知识积累"。跟杜威一样，克罗利认为真正的战场在于社会教育；战略在于社会智识；手段是实验方法和创造性的经验。[4]

此时的克罗利对所谓的方案或者规划逐渐失去了兴趣，这很可能是因为在他1930年谢世之前的几年间，他思想中涌动而起的准宗教神秘主义元素。不过，并没有神秘主义倾向的杜威，在方案或者规划问题上也有着克罗利的这种含混态度。二人之所以都会有这样的含混态度，很可能是因为二人对实验主义本身有着极为深沉的信仰，因此都不愿意因为对结果有所预期而令实验本身遭遇压迫或者扭曲。二人都相信，今日之方案或者规划必然会成为明天的正统；因此，二人便都认为，最好是集中精力于过程而非具体的方案或者规划。对人类本性、有组织的科学智识以及创造性经验的信仰，令二人认定，集中的社会计划机制是完全可能的，因此对于计划的细节，二人也就不是太感兴趣了。

身为历史学家的比尔德，则是从另一条进路向着计划目标靠近的。他早期的一部作品着力申述了比尔德所谓的历史当中的根本性的经济因素，并借此阐明了民主与财产之间的冲突可以溯源于共和国之初的年代，如此便等于是对抽象的自由派理想主义来了一场手术。1927年，比尔德推出《美利坚文明的兴起》一书，将美利坚的发展历程一直追溯到他自己处身其中的"机器时代"，在他的描述中，机器时代的社会在整合和灾难之间不停地摇摆、颤抖。比尔德认为，"机器时代"有其自身的内在逻辑；1928年，他推出了自己的文集《人类往何处去》，这本文集旨在表明，置身社会，就如同置身自然一样，人类别无选择，"只能将机器时代的混乱化减为几项控制原则"。技术文明建基于科学和电力设备之上，必然"要不停地拓展其领地并强化其特性"，直到其秩序概念甚至将公共政策也主宰起来。[5]

《人类往何处去》刺激了纽约的一批工程师，他们回应了比尔德发出的要创立一种社会技术学的召唤。1930年在编辑《走向文明》一书的时候，比尔德拓展了自己的社会工程观念。他在书中宣示说，机器化进程将理性赋予政治。"借由内在的必然性，机器化进程将会不断地在社会中扩张有计划的人类行为领域。""计划之绝对必然性……控制着无限的力量，掌控了材料的性质，令材料适应人类，也令人类适应材料，令有意识的理性在人类生活当中威风八面"，这就是比尔德提供的令人狂热的愿景。[6]

如此，比尔德便以历史学家的身份为如下看法提供了支持：新的自由主义应当以国家计划为依托。但此时所谓的计划，仍然是信仰，并未落实为具体的方案。在这场"有意识理性"的事业当中，自由派能获得经济学家的支持吗？

3

1920年代并非经济思想领域青黄不接的时期。古典自由传统中人，比如 F. W. 陶西格，纷纷提起颇有深思的论说，为降低关税、改进预算以及改善公用事业管制体制而倡言。另有一些人则推出了一系列新的思考，比如，欧文·费雪对货币理论展开了出色研究；韦斯利·米切尔在经济周期领域开辟了新的探索；约翰·R. 康芒斯及其追随者在劳工政策、社会保险以及其他的十多个领域推出了具体的改革方案；保罗·H. 道格拉斯就工资的理论和事实问题展开了颇有价值的考察；威斯康星州的阿瑟·奥特迈耶和宾夕法尼亚州的亚伯拉罕·爱泼斯坦就社会保障问题拟定了一系列的方案；W. Z. 里普利对公司金融的过程和实践展开了勘察；一批颇有才具的记者，诸如斯图尔特·蔡斯、乔治·索尔以及约翰·T. 弗林等人，对经济生活的方方面面实施了考察，从华尔街一直到小杂货店；威廉·特鲁芬特·福斯特和瓦迪尔·卡钦斯更是为保持经济增长和稳定提出了诸多颇有胆略的新政策。

福斯特和卡钦斯是这十年间最具锐见的美国经济学家。福斯特曾是里德学院的院长，卡钦斯有过钢铁制造商的履历，并很快成为高盛集团的合伙人，他在这段时期表现出最大的韧劲，致力于阐发购买力理论的经济逻辑。在他们看来，亨利·福特的高工资信念就目前的情况来看，毫无疑问是正确的；不过，走得还不够远。1927年和1928年，二人先后推出《没有消费者的经济》和《丰裕之路》，借此阐述了自己的态度：此一信念若要推行到必要的程度，尚需要走很远的路。

《丰裕之路》是诱惑性经济解释的一场胜利。二人是以群体讨论的方式展开论述的，循循善诱地将读者引领到自己的观念当中，这些观念最终被证明是对古典经济学的一场根本性攻击，古典经济学那悠久且坚固的堡垒——萨伊市场定律，则成为这场攻击行动的重点，该定律在长达一个世纪的时间里一直是正统经济理论的一个根基，其基本观念是：总供给和总需求最终必然会持平；换言之，生产的投入定然会自动地创造出足够的购买力，将所有的产品都消化掉。更简单点说,照顾好生产就行了,消费会照顾好自己的。

在福斯特和卡钦斯看来,整个的这套理论全属虚幻。这样的理论无法对应经济实况。比如说,该理论忽略了货币流动过程中难以计数的滞后和缺漏。他们指出,"工业确实是在不断增加产出,但在任何时段内它都没有增强民众的支付能力。"结果便是令消费者的货币流无法跟商品流保持同步。此外,萨伊定律还忽视了二人所说的"节约困境"。公司也好,个人也好,当然应当奉行节约;但是每节省一美元便也意味着潜在消费量减少了一美元,其结果必然是削减了消费需求。这样一个经济过程最终则定然会引发萧条,除非政府找到办法,对此等过度节约造成的需求不足实施抵冲。

那么,该如何解释眼前这场繁荣呢?福特提供的解释程式是高工资,这种解释显然说明不了任何问题;福斯特和卡钦斯特别提点说,福特自己就根本不曾在任何年份付给工人足够的工资,可以将福特工厂生产线上源源不断制造出来的汽车消化掉。实际上,这场繁荣的真正奥秘在于货币量有了足够的扩张,无论是资本投资还是政府的公共工程支出,"均足以弥补因储蓄造成的消费短缺"。不过,放眼将来,此类私人的和公共的支出显然是不能指望这种机缘之事。二人申述说,给予消费者足够的货币收入,这必须成为政府的一个主要目标。政府之决策必须建基于这样的原则:"经济若遇萧条,就应当增加消费者收入,若遇膨胀,则相应地减少消费者收入。"

二人用一句简单的口号总结了此番反萧条政策:"经济开始疲软的时候,就增加公共支出。"但是,若如此,国债岂不是也要增长吗?对此,二人的回答是,只有在萧条时期才会如此;而且,不管怎么说,债务增加都并非一场无可修复的灾难。"这只不过是说合众国人民集体地欠下了自己更多的钱而已,"如此一来,这个国家的实际财富将会增加,也避免了"一切浪费当中最为严重的……那就是工厂和工人的闲置"。[7]

这些看法激发了某些群体的关注和兴趣。很多商界人士就那么恬然地展读《丰裕之路》，在他们的理解中，书中所作阐述只不过是证明了繁荣是可以靠着消费支出而一直维系下去。缅因州州长布鲁斯特依托此等观念制定了自己的稳定方案。少数自由派则抱持跟亨利·A. 华莱士一样的希望，希望该书会俘获千千万万的读者。职业经济学家们则纷纷欢天喜地地加入了福斯特和卡钦斯设置的一场有奖征文，但凡能找出书中推理漏洞的人，将会获得大笔奖金，但大部分职业经济学家最终都对书中对待萨伊定律的那种漫不经心的方式和态度备感失望，并失去了兴趣；像富兰克林·罗斯福这般有着相当能力的自由派民主党人，也不免在《丰裕之路》的副本中批注说："说得确实好听，可这天下并没有免费的午餐吧。"[8]

自由派的圣人，诸如杜威、克罗利以及比尔德等人，似乎根本就没有意识到福斯特和卡钦斯的存在。不管怎么说，真正令福斯特和卡钦斯骄傲的是，他们推出的政策并不需要对既有秩序的基本要素实施变革。正如他们自己说的那样，"个人主动性、个体责任以及诸般回报，等等，在整个的商业和金融领域，都会存续下来，不会有丝毫变动。"[9]但是那些希望重组社会制度的人，所要求的可不仅仅是此等权宜性质的财政政策，他们要的是更经久的东西。

4

官方自由主义则在新制度经济学派找到了自己需要的东西，该学派的灵感植根于西蒙·帕滕和索尔斯坦·凡勃仑二人的思考，特别是二人对古典经济学之方法和观念的毁灭性攻击。

帕滕认为，经济学的核心事实在于机器的动能。他申述说，现代技术正在将世界送入一个新的历史时代。匮乏的时代正在让位给盈余的时代；即将到来的丰裕经济，也将对经济观念和经济制度实施重估。帕滕认为，这场重估的结果，将会令人们更加看重合作以及国家的角色，而非旧式的毁灭性竞争；将会令人们意识到，"非储蓄者如今要比储蓄者更为高级"，不再看重勤俭节约；将会以"活跃的道德"取代"克制的道德"。"疾病、压迫、时有时无的工作、过早的老去以及种族仇恨是即将消失的匮乏时代的特征；盈余时代将由食物、庇护、资本、人员以及产品的安全和流动性来定义。"[10]

帕滕于1920年代便英年早逝。不过，他关于合理计划终将消除匮乏的坚定信念，深深影响了宾夕法尼亚沃顿商学院的一代学生，其中就包括雷克斯福德·G.特格韦尔和弗朗西丝·珀金斯。索尔斯坦·凡勃仑则更进一步，对经济正统发起了直接攻击。在凡勃仑看来，古典的均衡经济学从根儿上就错了。教科书的陈词滥调自然能够将此等古典模型呈现为完美平衡的态势，但凡勃仑宣称，这样的模型跟现实市场扯不上任何关系。在凡勃仑看来，经济学家若是不能解释切实、具体的经济制度和经济行为，那就是毫无意义、毫无用处的；更糟糕的是，这样的经济学家实际上是在帮助剥削阶级隐藏经济体制的真实性质，让受害者们看不到真相。

20世纪的第一个二十五年间，凡勃仑推出了一系列作品，旨在揭示并界定自由市场经济的真实特性。在《商业企业理论》中，他阐述了自己在"实业"和"商业"之间做出的关键区分。所谓实业是在生产中实现的，商业则是在利润中实现的；在凡勃仑看来，二者之间的斗争，确切地说是技术和资本主义之间的斗争，是美利坚社会的真正要义所在。价格制度一直是凡勃仑的火力集中点，他认为资本主义就是凭借当前的价格制度来颠覆生产并挫伤实业潜能的。"任何依托此等价格体制组织起来的共同体，"他写道，"……实业工厂和工人的习惯性失业或者闲置，看来都是无可避免的事情，无论是整体的，还是局部的。"

凡勃仑摆出的姿态显然是一个冷漠的观察者、一个天外访客，仿佛很喜欢享受人类愚蠢之恒常景观。然而，在这种充斥了讽刺意味的淡漠外表之下，也有着道德论者的激情，这激情的指向就是要令新技术的潜能获得实现。1921年，他推出了《工程师与价格体系》一书，书中描述了这样一种经济设计图景：如同"很有规矩和系统的妓女组织"一样，将实业组织起来。此番图景中自然是用他那一以贯之的讽刺话语装点起来的；不过，其主体元素很是清晰明确，那就是取消价格体系，以一个技术专家团体取而代之，该团体有权向整个经济体分配资源。当然，商业必须滚蛋；确实，昔日的商业集团将依据某种忠诚机制予以排除，令其"失去全部的信托位置和管理责任位置"。[11]

凡勃仑的此番技术统治论宣言倒没有在同行中产生太大影响，真正产生影响的是他对经济制度问题的强调，尽管这种强调在凡勃仑这里还只是泛泛之论。制度主义学派正是借取了他的此番洞见，开始崛起，当然，在这个过程中，制度主义学派也缓和了凡勃仑的那种肆意风格。这个新崛起的学派当中，青年军的领袖人物是韦斯利·C. 米切尔，此人曾跟随凡勃仑和杜威研习。在米切尔手中，制度主义开始向统计和描述的方向发展，尽管米切尔对中央经济计划机制仍然是有兴趣的。其他的制度主义者，特别是哥伦比亚大学的 R. G. 特格韦尔和加德纳·C. 米恩斯、布鲁金斯学会的伊萨多·卢宾以及布鲁金斯学会和耶鲁大学的沃尔顿·H. 汉密尔顿，则更注重拓展制度主义的意识形态意涵。这其中，大多数人都接受了《商业企业理论》的作者凡勃仑。但很少有人会把《工程师与价格体系》的作者凡勃仑真正当回事。

此时的知识分子群体则是要将凡勃仑整个地吞咽下来。毫无疑问，凡勃仑的那种社会学和文学性质的语式令他的作品很有可读性，他的很多讽刺话语很快便变成了自由主义用词。特别是他在商业和实业之间所作的区分，更是将一种新的方法引入了这场社会重组问题大讨论。他暗示说，只要消除商业，确切地说就是消除价格体系和利润动机，那么实业就能够自动地催生计划社会，此论自然令生活变得很是简单了。由此，计划论题不仅得到了最为出色的职业经济学家的背书，也得到了新兴技术本身的背书。

此外，从早前时代传递而来的诸般潮流和冲动，特别是社工统绪和社会福音统绪，给计划论题平添了力量。社工派和社会福音派长期以来都赞同这样一种观念：理性、教育与合作是（或者说应当成为）社会变革的核心动力，人性并不构成严重障碍，并且用不了多久，上帝之国就能够以某种形式在尘世实现。此类传统已经令人们对计划观念有所准备了，与此同时，杜威和克罗利在1920年代展开的工作，也给人们注入了对人之计划能力的切实信心，凡勃仑确认了计划经济的技术可行性，比尔德更是为计划经济盖上了历史必然性的印章。到了这个十年结束的时候，自由主义的综合体系便开始明朗起来。其结果之一便是令自由派较之以往任何时候都更为明晰地同"新时代"的信奉者们区分开来。

5

与此同时，商业文明本身却在强化疏离意识。商业集团并没有努力去掩饰对改革集团的蔑视。赛拉斯·斯特朗，蒙哥马利·沃德公司的老板，1929年正待从美国律师协会主席的位置走上美国商会主席的位置，是商业集团的一个标志性领袖人物。在向全国制造业协会发表的一份演说中，他明言有心将"那些家伙"驱逐出去，他说"那些家伙扮演着'清谈社会主义者'的角色，却纵情享受一切的奢华和快乐，对他们来说，这一切仿佛都唾手可得，但实际上是他们的先人靠着血汗和节俭打拼而来的，他们就么坐在那里，对当前境况牢骚满腹，从不想着做点有帮助或者有建设性的事情"。这些自由派，反而不惧吹毛求疵、杞人忧天之嫌，并不觉得布鲁斯·巴顿和国际扶轮社已然将美利坚生活的精神潜能发掘到极致了。赫伯特·胡佛在申斥辛克莱·刘易斯之时评论说："普罗大众和乡村人群定然能补充这个国家的创造性能量，"此论则不过是确证了自由派对胡佛先生的印象和感受而已。

有那么一件事情足以完美呈现自由派对于既有秩序的怀疑。1920年5月，马萨诸塞州布伦特里的一名工资出纳员遭到杀害，布拉克顿警方遂抓捕了两个意大利人，当时这两个意大利人正试图找辆汽车以便出去散发无政府传单。此时正值"红色恐怖"的日子，尼古拉·萨科和巴尔托洛梅奥·万泽蒂并不知道自己为何遭到警察拦截，他们基本上听不懂英语，于是，二人表现得十分慌乱，仿佛真的有罪一样。最终，二人以谋杀罪指控走上法庭。二人既是公认的激进分子、外来移民，同时还逃避兵役，因此，胜诉的机会十分渺茫。主审法官不久便吹嘘自己对"这些无政府主义混蛋"做过的事情，这名法官也的确完成了马萨诸塞的这场司法设计。1921年，萨科和万泽蒂被判谋杀罪——无人会关心两个寂寂无名的移民的命运。

不过，也确实有那么一些马萨诸塞人对这一司法设计本身生出了关切，证据薄弱，证言漏洞百出，法官更是充满成见，令这些人颇多担忧。一批新的律师遂介入此案，提起新的动议，并展开上诉。加德纳·杰克逊，波士顿的一名报界人士，引领了一个团队，展开辩护工作。案子就这么年复一年地拖延下去。1927年3月，哈佛法学院的费利克斯·法兰克福特教授为《大西洋月刊》写了一篇力道十足的文章，总述了这件案子以及法官塞耶在其中扮演的角色。

萨科是那种粗粝的底层小人物，因为同万泽蒂的交情而被无端牵连到这件案子里面。万泽蒂显然更为显眼一些，他是那种典型的意大利风格的哲学无政府主义者，留着大胡子，头发蓬乱，眼神锐利。塞耶法官于1927年宣布最终判决的时候，甚至不敢直视被告。万泽蒂说:"这七年间,我们所受的折磨实在不是人类语言能够描述的,不过,现在在我就站在你面前,没有颤抖,你且看看我,我就是在直视你的眼睛;我没有愤怒,没有慌张,没有羞愧,也没有恐惧。"萨科说:"这个法庭上发生的事情,如此残忍,我是见所未见,闻所未闻。"

塞耶在宣判之后,跟记者们说:"孩子们,我素来对你们可不薄啊。现在,你们能不能帮我做点什么啊。"没有人应答于他。

到了1927年,萨科-万泽蒂案已然成为万众瞩目的案件。就如同一把刀子一样,穿过1920年代的欢快和冷漠,直插自由派的良心。行刑日期日益逼近,紧张气氛从笔肯山向着全世界散射开来。8月的一个炎热夜晚,公共建筑都被严密看护起来,街道也都设置了重兵巡查,查尔斯敦监狱一时之间更是重兵把守,仿佛是在准备一场围城战,四周墙体之上布满了探照灯和机关枪。终于,辩护团办公室的电话响了两次,一名记者给出了行刑已经完毕的手势,紧张气氛一下子变成了深深的哀伤。不过,这最后的时刻实质上是属于萨科和万泽蒂的:他们的痛楚就是他们的胜利。"我们的言词、我们的性命、我们的痛苦,都不重要!重要的是……他们要取走我们的性命!"

萨科-万泽蒂案是美利坚自由主义的一场创伤记忆。埃德蒙·威尔逊说,行刑令自由派"一时之间不知何去何从"。埃德纳·圣·文森特·米莱,曾在行刑过程中担任纠察员,就这么在疲惫中行走了数个小时,她说她再无可能靠着林间或者海滩漫步来获得宁静了。"大自然确实美丽,但对我来说,那样的美丽再也不能弥补那个人的丑恶、残忍、贪婪,还有他那张撒谎的脸。"厄普顿·辛克莱借小说《波士顿》中一个人物之口说道:"难道您没有看到这件案子的荣光之处嘛,它可是把自由派杀得灰飞烟灭啊!"罗伯特·莫斯·洛维特写道:"我一直拒斥阶级战争教义,认为那不过是党派策略,但现在我不得不接受这个教义了。"约翰·多斯·帕索斯说:"这些怪客,将我们父辈讲述的干净语言翻了个底朝天,将这语言变得污秽不堪,这些怪客就这样击垮了我们的美利坚。""好吧,"帕索斯接着说,"好吧,现在,我们是两个国家了,我们势不两立。"

保守派《波士顿先驱报》的发行人罗伯特·林肯·奥布赖恩则品评说:"既有秩序之动能要求处死萨科和万泽蒂的,你我的生命当中,恐怕都不曾见证过既有秩序之动能获得过此等力量。"确实没错,这就是两个国家。[13]

6

1927年,也就是萨科、万泽蒂被处死的这一年,一批美国自由派造访了苏联,这其中包括杜威、特格韦尔、保罗·H. 道格拉斯和斯图尔特·蔡斯。自然没有人会因为这趟行程而皈依共产主义,也不会有谁觉得共产主义的解决办法可以移植到美国。但是,集体意志在俄罗斯大地展现出来的力量,确实令不少人都深有触动。杜威写道"确实很难不感佩苏联的思想和教育工作者,很难不嫉妒他们,"原因很简单,"一套统一的社会信仰竟然可以令生活变得如此简单、齐整……他们都是一场系统且有组织的有机运动的成员。"特格韦尔则是以凡勃仑的框架来看待共产主义的,认为这是"一场脱离商业机制来操持实业的实验",因此不免对那词句略显雕琢的信仰心有戚戚,这信仰便是:"跟我们的竞争体制相比,苏联的这种凭借人力达成的工业平衡,更有可能达成这样一个目标:'在满足某些人的奢华之前,先满足所有人的生存'。"蔡斯也生出了"朦胧信念",在这"朦胧信念"的驱使之下,压下先前疑虑,暗自揣测说,国家计划委员会也许真的行之有效。[14]

其他人则要走得更远,这些人认为,跟处死萨科和万泽蒂的美利坚相比，苏联显然是更令人满意的选择。一时之间，文人墨客的激奋情绪在美国共产党四围传布开来。诸如林肯·斯蒂芬斯这样坚定的俄罗斯主义者，自然不会动摇信仰。

7

这个十年走向结束的时候，甚至最满怀希望的自由主义倡导者也不免备感沮丧和失落。1928年胡佛取得的胜势对自由派而言，自然是一场打击。当保罗·道格拉斯于1929年组建独立政治行动同盟，借此来实现杜威在其《公众及其问题》一书中阐发的观念的时候，道格拉斯得到的回应寥寥无几。即便自由派当中也不免生出了犹疑，令他们不禁暗自思忖，"新时代"的理论家们也许是正确的，确切地说，商业领袖权能较之以往不仅更为强大了，也更有智慧了，至于接下来的事情，也许真的就能消除贫困了，就像胡佛先生承诺的那样。沃尔特·李普曼在1928年写道："商业界的行动或多或少是无意识的，没有预谋的，不过，显然也变得比进步派的理论更有新意、更具胆略而且总体上更具革命性。"到了1929年，即便是斯蒂芬斯也不免觉得需要重新考虑了，尽管十年前他曾报告说，他已经看到了未来，已经看到了未来是如何运转的。"在美国，大型商业体制正在催生被社会主义者奉为目标的东西，那就是所有人的衣食住行。胡佛时期，各位将见证此一目标的达成。"那么，那一度如此辉煌灿烂的共产主义希望呢？斯蒂芬斯宣称："这个国家正在进行的这场无意识实验，看来也正在文明和文化脉络当中铸造跟苏联成就媲美的东西。苏联的办法可以拯救人类，美国的办法也可以拯救人类，而且我认为两种办法并行不悖。"[15]

仍然信守旧信仰的人已经是寥若晨星了。"二十年前曾做出深沉承诺的这场运动，而今又怎么样了呢？"弗雷德里克·豪喊叫着,"战前的那些激进派而今又在哪里啊?"他们奉献过那么多的东西,他们引领过那么多的人,而今,他们中的大多数人都已经缴械投降了。"是因为这场战斗太艰难了吗?是因为年轻人已经耗尽自己的精力了吗?……还是像他们当中一些人感觉的那样,自由派已然无事可做了呢?"

豪的此番发问引发了一系列的混乱回应。一些自由派显然已经不再抱持什么幻想了。"这些年间,我一直在竭力确认穆尼和比林斯是无辜的,也是在这段痛苦岁月里,"弗里蒙特·奥尔德说,"我在人性的课堂上结结实实地上了一课,我发现,穷人和富人的惟一区别就是一个有钱,一个没钱。"另一些自由派则将自由主义的无能归罪于繁荣。"你不能肆意夸示当前境况的不公,"威廉·艾伦·怀特说,"改革者的时代已经过去啦。"诺曼·托马斯说:"昔日的改革者已经成了'倦怠的激进派',他们的子女而今正在《美国信使》的甘泉里面,喝得醉生梦死。"还有一些人则将罪责归于战争。"这一点我完全可以肯定,"克拉伦斯·达罗说,"那场世界大战应当为今日之反动潮流承担主要责任。"约翰·海因斯·霍姆斯说:"我们发觉,今日之美利坚已经不再是我们热爱的国家了,也许从来都不是。上一代自由派满怀热忱地相信美利坚是独一无二的国家……但是战争接踵而至,人们便也活生生地见证了美利坚……也是帝国主义,只不过比任何帝国主义都更凶残。"也有一些人不得不得出很是激进的结论。"政治自由主义已经死亡了,"罗杰·鲍德温说,"……此等情形之下,唯一有效的力量就是阶级力量了。"

唐纳德·里奇伯格于1929年写道:"这些年的一番磨砺下来,我那一代的进步主义者确实是寥寥无几了。死亡、挫败和失落已然夺走了大部分的人。"年轻的鲍勃·拉福莱特在这一年的某个夏日,在加利福尼亚的某处游廊里面同斯蒂芬斯谈了一个下午和一个晚上,一番交谈下来,他得出结论说,而今的自由派群体已然笼罩在犬儒和幻灭情绪当中,"这没有任何用处啊。"几天之后,索尔斯坦·凡勃仑在加利福尼亚去世,凡勃仑此时已然沦落寂寂无名的凄凉境地,骨灰抛洒在太平洋里面,他至死都没有投降,他也不是那种能投降的人。"新时代"未能皈依的那些人,"新时代"则用另一种办法予以解决,那就是比这些人活得更长。

威廉·艾伦·怀特和路易斯·D.布兰代斯也正是在这场大繁荣的巅峰年份有了一番交流。

"我们是不是很快就会再起一场'大反叛'呢?"布兰代斯问道。

"可能性不大,我只能这么说了。"这是怀特的回答。[16]

十八　知识分子的反叛

1

但是，知识分子的病症可不是单纯的自由主义之倦怠这么简单。此时，唯有少数知识分子维持了对作为一个民主社会的美利坚的深重关切，这些人大多是老一代的热忱之人，他们对于"新国家主义"和"新自由"仍然记忆犹新。至于新一代知识分子，则如同他们的代言人说的那样，他们成长起来的时候，"已然发现诸神已死，也见证了历次的战争，见证了所有信仰的动摇和败落"；斯科特·菲茨杰拉德写道："美利坚正在历史上这场最庞大也最俗丽的欢宴当中游走"，这就是他们知道的一切。这是着魔的时代，一切都是玫瑰色的，都是浪漫的，钻石大如丽思酒店，如同菲茨杰拉德所见，那乡愁的渴念和已经兑现的未来似乎就在这么一个绚烂时刻融合了。[1]

"对政治已然失去了全部的兴趣，这就是这个爵士时代的特征所在。"菲茨杰拉德如是说。这是艺术的时代，这是肆意张狂的时代，这是讽刺的时代，这是奇迹的时代；在这么一个商业政策看来绝不会犯错的时代，谁还会去关心经济问题呢？或者说，在这么一个商业权能无往而不利的时代，谁还会去关心政治呢？若是加以催逼，我们这位年轻作家则会承认自己是个无政府主义者，信奉的是个体自由，反对审查，反对禁制，反对市侩作风；不过，政治就是另外一回事情了，"哦，政治嘛，我是绝对不沾染的，没有半点兴趣"。"我可不会让此类污秽沾染我的心灵，"乔治·让·内森说，"……倘若明天所有的美国人都被杀死，倘若后天半数的俄国人接着都被饿死，于我而言，也不会有半点的扰动。"H. L. 门肯说："如果说我真的还相信什么事情的话，那就是'行善'并不是好事情。"约瑟夫·赫格斯海默说，送钱给欧洲的饥饿儿童，"是最没有意思的花钱方式"。"这个世界的愚蠢和不公，"詹姆斯·布兰奇·卡贝尔说，"不会搅动我的半点义愤。"[2]

这当然不是因为这些人对商业文明会有任何的爱。其实，他们是恨商业文明的；不过，恨归恨，他们在根本上还是依照商界自身的价值体系，接受了这种文明，确切地说，就是将其作为一套成功的制度予以接受，他们相信这套体系是行之有效的。但这套文明对他们而言，终究是令人窒息且憎恶的。金钱的疯狂，就如同一个名叫舍伍德·安德森的芝加哥广告界人士说的那样，"如同野兽一般肮脏"。1923 年那一批年轻知识分子的一个代表人物肯尼斯·伯克写道："美利坚已然成了这个世界之罪恶和庸俗的最为纯粹的集结点。"[3] 当然需要抵抗这种文化；但是抵抗所采取的形式，并非挑战政治或者经济，而是引爆创造性的能量。

适应的方法自然各种各样。一些人选择了实际的逃避，比如说，前往格林威治村躲避，或者遁入墨西哥的荒蛮之地，要不就是在巴黎的精致生活中寻求退隐。仍然待在美国的人也有自己的逃避之策。一种无力无为的消极姿态是普罗大众的通常反应，这在一系列流行形象上都得到了表达，人们就是借助此类形象来抒发幽默和疑虑；比如说"疯狂猫"，永远都是那么快乐、心怀希望，但也永远都避不开不知从何处砸过来的砖块；比如哈罗德·劳埃德，永远都备受困扰；还有基顿，永远都在挫折中；当然，卓别林在这其中占据了突出位置，他所表征者就是那孤独的人性在对抗一个终将压倒他、吞噬他的世界。

在更为文学的层面上，借由喜剧展开的适应手段，催生了讽刺和荒诞，诸如拉德纳、考夫曼以及哈特这样的人物应运而生，以及卡贝尔和赫格斯海默这等不同脉络中的人物。这其中，最伟大的讽刺荒诞作家自然是辛克莱·刘易斯，他创造的那个中西部世界充斥了商业霸权的种种象征物，令人难以忘怀，他确立起来的美利坚形象，不仅影响了他那一代知识分子，更在随后的半个世纪时光里，影响了整个世界。借由逃避展开的适应之道在海明威和菲茨杰拉德身上得到表达，此二人都致力于塑造那种温雅、勇敢和爱的形象，令他们置身这么一个金钱主宰的世界里。借由反叛展开的适应手段，则在德莱塞或者多斯·帕索斯这里得到经典表达，前者满是那种粗朴、笨拙的怜悯，后者则是用锋利的手术刀，轻轻几下，就划开了美利坚生活的外皮，将其内质揭露出来。

2

敏感的人同不敏感的社会，要阐发二者之间的关系，小说是最便利的手段；在1920年代的非政治氛围当中，此一手段有着特别吸引力。甚至那些素日里更喜爱政治表达的人，此时也都转向文学了。唐纳德·里奇伯格此前就已经发表过小说作品了。"书写一场散乱的反叛故事，可以强化它，并令其变得真实。"他曾经这么说过；他于1911年推出的《影子人》一书，以戏剧性的方式对投机提出了指控，正是这部小说帮助他开启了自己的改革生涯。不过，他于1922年推出的《心有所向》一书，却写得不怎么好，远不如《影子人》，这部小说猛烈攻击了商业，并热望着为美利坚生活注入精神元素,注入高贵目标。[4]

威廉·C. 布利特是又一个从政治王国来到小说王国寻求避难的人。布利特可不是安分之人,不可能就这么一直在里维埃拉恬静地过日子,他迎娶了出身哈佛的共产主义者约翰·里德的遗孀,而后便投身到1920年代的亢奋中。这段时期,他时常会在维也纳跟弗洛伊德交流,会在博斯普鲁斯海峡过上一段阔绰日子,偶尔会返回美国,亲身见识并感受一下"新时代",1926年,他推出了《未完待续》一书,旨在清算当年在费城的旧账。这本书实际上是一部风俗喜剧,读起来赏心悦目,里面充斥了对战后生活的贵族式轻蔑,在那样的生活当中,成功被人们视为晋升之阶。里面的一个人物评论说:"我仿佛看到一头小母牛在四处跳跃,阴郁的脸,黄色的背,还有一条保守的尾巴,却一直渗淌着清白受孕的乳汁,在回应着一个名字:美利坚。"最终,里面的一个人物还说出了这样的话:"我们所能瞩望的就是拉乌尔的世界,我指的是共产主义。"接下来一年,布利特的老乡弗朗西斯·比德尔推出了一部颇为优雅的小说《兰佛模式》,颇为犀利地呈现了这样一种生活模式:"没有快乐,没有热忱,机械、满足、漠然。"[5]甚至布利特对未来的那种期盼,也都不能令比德尔感到安慰。

3

这自然是一种绅士式的退避姿态,这样的情感当然不能令年轻一代感到满意。年轻一代主要还是在亨利·L. 门肯及其反叛喜剧里面寻求刺激。门肯的那种傲然冷漠之态堪称华彩,卓绝的论辩风格、对商业文化的肆意蔑视,很能表达年轻一代的内心想法,他们本来就希望就美利坚生活之不可能性展开思量。于是,这样一个国家便跃然而出:在这个国家,商人和农民,或者用门肯的标志性语词来说就是愚民和圣经地带的人群，已然将清教主义和虚伪送上王位；在这个国家，那些喜欢克里奥尔肉汁、比尔森啤酒、Rühlander 1903、勃拉姆斯、漂亮姑娘以及严肃小说的人，都在扶轮社和农民的夹击之下，归于窒息了。

此番呈现相当绚烂，令人备感解脱。不过，这其中有着更为深沉的意味，尽管人们并没有充分感受到这样的意味。门肯扛起个体自由的大旗来对抗文化压力，门肯认为，若是对这样的文化压力仔细勘察，便不难发觉是它跟民主本身联结在一起的。于是，他的论章随之转变成对自治观念本身的持续嘲讽。禁酒令、审查体制、三K党，无论背后的支持者是无良富人还是愚钝群众，这些都是民主理论的必然后果。

所谓民主，说到底，终究只是群众，不会是别的，群众则终究只是愚蠢、野蛮且无知。"民主之下的政治，"门肯说，"基本上就是搜寻、猎捕并惩治令人害怕的东西。政治家终究要变成纯粹的猎巫者，变成备受荣崇的追踪者和窥探者，嘴里永远都念念有词'嘿嘿呵哈'。"民主的主导动机是嫉恨，是嫉恨给了法律力量和尊严；民主的统治手段是狂欢，甚至可以说是高潮；本质上，民主是豺狼和蠢驴之间的厮杀。"若要一个绅士在联邦政府担当职位，这在心理上是不可能的，除非出现奇迹，甚至必须让上帝伸出援手。"让更多的绅士介入政治，此举并无意义，门肯申述说，这样的办法等于是说：用处女填满妓院，以此来拯救卖淫制度。

那么门肯笔下的国会议员又是怎样的形象呢？"阴险狡诈、荒诞不经的渣滓，介于三K党头目和索罗亚斯德骑士团首领之间的某种东西。就是此等害虫在为合众国立法。""那么，公务员系统呢？""贪婪白痴的庇护所而已。"公众舆论呢？不过是群众的永恒恐惧而已，"借由管道直通中央工厂……然后加以调制和着色，加工成罐头，供人食用。"民主道德呢？"一旦没了残忍、嫉恨和怯懦，这道德的十分之九也就不存在了。"那些伟大的民主领袖，他们又该怎么说呢？这些人是所有人中最不能让人忍受的：布赖恩，"原教旨主义教皇"；西奥多·罗斯福，"这个国家的巴巴罗萨"；威尔逊，"自以为是的长老派，自以为是的思想家，伟大的道德政客，基督教流氓无赖的完美典范"。作为一种理论的民主又该当如何？"所有摆在眼前的事实，都决然反对此等理论。"[6]

门肯确立的这个榜样显然是有毁灭性的。他令人们对社会问题的关切和兴趣变得荒诞且落伍，民主本身只是作为一场闹剧，才有可能得到辩护。门肯激发了近乎暴烈的反对情绪，但这情绪绝少跟他对民主的攻击有牵扯。真要说起来，他最为强劲的批评者对民主的拒斥态度比他来得更为暴烈。这些批评者便是新人文主义者，新人文主义者同等地拒斥门肯的无政府主义本性、自由派的情感主义和商业集团的市侩主义，他们的目标是要为柯立芝时代召唤一种贵族哲学，这哲学的主体元素是自律、标准以及"内在的克制"。

欧文·白璧德，是新人文主义派最具影响力的人物，他反对整个的现代民主运动。普选制度能否兼容文明所要求的财产安全度，对此，他也持怀疑态度；他很反对"对于下层命运的病态伤感"。一个真正的政治家，白璧德说，就应当"毫不妥协，斗争到底"，而不是像威尔逊那样，签署《亚当森法案》，为铁路劳工建立八小时工作日制度。自由放任体制也好不到哪里去，不过是令工厂工人成了工业战争的炮灰而已。"竞争催生的此等罪恶，其补救之道，"白璧德说，"在于强者和成功者的节制和大度。"尽管他并没有宣称对可能带来的抉择感到高兴，但他还是申述说，终有一天，我们很可能会面临一场抉择。[7]

4

这场反叛潮流，开启之际是要疏离商业文化，结果却是在某些案例中疏离了民主本身。而且,这样一场疏离并没有激发人们探索社会选择的诸般可能性;毕竟,既然现有秩序看来是如此恒定,那么再去探索社会选择的可能性,看来也没太大意义了。艺术家和作家们在面对同美利坚社会的关系问题上,竟然沦落如此无能为力的境地,这在美利坚历史上还是破天荒头一回。商业文化对知识分子无欲无求,知识分子也不待见商业文化,不会从中汲取什么。而且,一旦创造性反叛的第一轮风潮爆发出来,作家们自己也开始觉察到自己生命力的源泉已经开始枯竭了。到了1927年,菲茨杰拉德便报告说,神经焦虑症已然大范围地显现出来了;1928年,甚至巴黎也变得很是压抑,失落的一代人如今开始回望家乡了。

T. S. 艾略特,美国诗人,此时已经迁居英国,他是沃尔特·李普曼、约翰·里德、海伍德·布龙、汉密尔顿·菲什和布朗森·卡廷的哈佛校友,这位美国诗人在这个十年的早些时候便已经觉察出此一潮流了。

> 这些盘曲虬结的是什么根,
> 从这堆坚硬如石的垃圾里长出的是什么枝条?人之子,
> 你说不出,也猜不透,因为只知道
> 一堆破碎的形象,这里烈日曝晒,
> 死去的树不能给你庇护,蟋蟀不能使你宽慰,
> 而干燥的石头也不能给你一滴水的声音……
> 我会给你展示在一把尘土中的恐惧。[8]

难道这就是现代人的命运,死亡星辰阴谷里的生命?有态而无形,有影而无色,空空的姿势,没有动作?1929年问世的两本书告诉人们,确实如此,现代人终究是要适应这一切的。

沃尔特·李普曼自己的生命历程足以呈现美利坚自由主义的生命轨迹,从社会主义到新国家主义,再到新自由,最后是对公共舆

论以及政治心理的精致剖析。很显然，这是一趟同信念渐行渐远的历程；《道德引论》起始章节的标题是"不信仰的问题"，可谓恰如其分。现代性的酸剂，李普曼说，已然摧毁了那万能神灵主宰人类命运的昔日信仰。他申述说，成熟的标志就是真正懂得了"宇宙对于人类命运的巨大冷漠"；而问题的关键在于，而今已然失落了此等巨大宇宙想象的人类，将何以应对并满足人类的诸般深沉需求，往昔的岁月里，正是这些深沉需求才令那样的宇宙想象成为必然。

对此，李普曼给出的答案是个人性质的，那就是恢复道德洞察力，要达成此一目标，首先要将德性同传统的宗教和形而上学律令脱离开来，而后便鼓励这脱离而出的德性生长发育并最终成熟起来，如此，便能够令威权道德失去用武之地。成熟的人必须如实地接纳这个世界。成熟的人"将会变得强大，不是靠着坚硬决心的力量，而是因为成熟之人已然摆脱了空洞期望催生的紧张和焦虑"。挫败和失望不会触动成熟的人，因为成熟的人"不役于物，对命运之事并无焦虑"。拒绝欲望，也就能够拒绝虚幻；拒绝希望，也就能够摒弃绝望。在该书的结束语中，李普曼总结了他理想中的现代人。"没有什么东西折磨他的内心，没有怀疑，没有野心，没有挫折，没有恐惧，如此，他便能够悠然自得地走过生命历程。他可以将事情看成是一场喜剧或者一场大悲剧，也可以看成是一场纯粹的闹剧，但无论如何，他都能够确认，世事就是如此，智者让一切随风，尽情享受。"[9]

约瑟夫·伍德·克鲁奇不如李普曼这般雄辩，但他的逻辑力量更为强劲，最终也得出了类似的结论。《现代性情》一书的主要关切是：动物生命力在现代文明中已然明显消散。心灵本身靠着推理的力量，将昔日里生命得以组织起来的支点一个一个地消解掉了；科学摧毁了对道德标尺、人性尊严以及生命本身的信仰。在现代人的眼中，克鲁奇写道，"没有任何理由认为自己的生命较微末昆虫更有意义,都是从一场毁灭爬向另一场毁灭而已"。文明,就如同疾病一样,已然削弱了人类;人类的美德完全有可能成为生物学意义上的罪恶。他说:"文明必然会死于哲学的淡漠、反讽以及公正意识,就如同必然会死于堕落一样。"

克鲁奇显然比李普曼更为悲观。一旦文明衰朽,重焕生机的希望便在于野蛮了,此等情形之下,野蛮人兴许会恢复原始的生存本能。"世界可以这样那样的方式恢复生机,但这跟我们无关,我们做不到。怀疑主义已然渗透我等灵魂,信仰已然无法取而代之了。"[10]

第四部分 黑暗幽谷

十九　崩　盘

1

然而,"新时代"根本就不识怀疑主义。这个国家看来已经抵达了恒久的繁荣平台。商业不断扩张。对外贸易不断增长。股市继续攀升。掌握国家领导权的人,其专家素质以及稳靠程度已经是无以复加了。福斯特和卡钦斯写道:"我国历史之上,还是第一次拥有了这样一位总统,其技术素养、工程成就、内阁经验以及对经济要理的把握,正令他适合担当商业领袖。"在1929年3月的就职演说中,胡佛宣示说:"我对这个国家的未来毫无担心。这个国家的未来充满了希望和光明。"[1]

不同声音虽然为数寥寥,但毕竟是有的,这些人所焦虑者主要是眼前的这场股市大繁荣。但是总统认为农业救济和关税修订是更为紧迫的问题。1929年春天,总统启动了国会特别会期,专门考量这些问题。此次会期并不成功。胡佛的农业方案并没有满足农业集团,尽管国会在一番激辩之后,还是采纳了总统的建议并据此设立了一个新的机构,联邦农业委员会。该委员会的目的是控制流向市场的农产品;其中一个条款授权该委员会建立平准公司,借此来控制临时剩余。接下来，这个会期便从4月一直缠斗到11月，而后便休会了，在关税问题上没有采取任何行动。

在其他领域，胡佛则力图推行自己在商务部部长时期酝酿的那些政策。1929年8月，胡佛介入了环保领域，提议将未保留的公地连同所有新推出的屯垦项目以及相关的灌溉事务脱离国家控制。他说，各州"比联邦政府更能胜任大量的此类事务"，他的目标是要让地方共同体掌控自己的自然资源，当然，这所谓的地方共同体便是共同体中最具实力的利益集团。"好吧，"一家报纸对此评论说，"如此一来，环保之事虽然还能持续下去，但终究只是一场美梦。"[2]

总统对公用事业之管制体制，也秉持类似的态度。我们这位总统很是确定，各州的管制机制以及私人公司的责任机制是足够的，因此他毫无顾虑地正式任命了曾经担任过亚拉巴马电力公司律师并时任战争部部长的詹姆斯·W.古德，担任联邦电力委员会的主席。当该委员会于1930年重组的时候，先前那些因为热忱的工作态度而得罪了公用事业公司的职员，便都离职了；其中一人先前曾是该委员会的法律顾问，他告诉媒体，胡佛曾亲自介入委员会事务，阻止对私人公司严格执行《联邦水电法案》。[3]

2

不过，此时的大多数美国人最为关切的还是股市问题，超过了对别的所有经济问题的关切；到了这个时候，也已经有少数人开始由关切转为担忧了。1929年年初，联邦储备委员会在纽约联邦储备银行的持续压力之下，终于同意告诫成员银行，不要再发放用于投机目的的贷款。但是此番道义上的规劝并不能令金融集团的保守派感到满意，这一派当中包括储备委员会的阿道夫·米勒、库恩-

罗布银行的保罗·M.沃伯格和摩根集团的罗素·莱芬韦尔等人。这些人希望将贴现率提升到6%，借此来舒缓当前这场牛市。

但是以福斯特和卡钦斯为代表的扩张派则认为，限制性政策很可能会引发紧缩。他们认为，联邦储备委员会已经制造了"一种将会催生萧条的心态"。[4]可以肯定，为了缓解牛市而提高利率，这显然是笨办法。只要股市还能提供高回报，那就一定要有优先的资金使用权。若在这个时候提升利率，短期来看，将会迟滞真实投资，令其沉降速度超过投机性的投资。长期来看，提高利率，将会借由资本化的过程，令所有资本性资产贬值，由此也就进一步阻滞了真实投资。这场论战贯穿了这一年的春天和夏天。此时总统则忙着别的事情，对于是否停止此番宽松政策，他内心并无定见，因此在这个问题上没有什么作为，只是眼睁睁地看着联邦储备委员会左右摇摆。

到了1929年的夏天，危险信号已经很明显了，比如说，建筑业合同出现的滑落现象就十分令人吃惊。全年的住宅净投资已经沉降到二亿一千六百万美元，跟上一年相比，降幅超过了十亿美元。与此同时，商业积存额度的增长也开始令人警觉了，此一额度在1928年是五亿美元，1929年则是十八亿美元，增幅超过了三倍。消费比率则相应地出现了滑落；1927至1928年间，此一比率的增幅是7.4%，1928至1929年间，这个比率沉降到了1.5%，这已经不是什么好兆头了。[5]

到了1929年的仲夏时节，此类滑落迹象在生产领域和价格指数方面显现出来了。工业产值在6月达到峰值，7月便跌落下来；失业率则是一路走高，直到7月，建筑业开始滑落，商品批发价格一个星期一个星期地跌落下去，下滑态势相当稳定，显然也不是什么好兆头。8月，联邦储备委员会终于同意将贴现率提升到6%，由此强化了紧缩态势。

但是股市方面已经累积了历时6年的稳步攀升势头，因此对价格指数没有太多关注。9月初,股市平均价格抵达最高点。电话电报公司的股价攀升到三百零四美元;通用电气攀升到三百九十六美元,已经是十八个月来平均价格的三倍还多。到了10月初,作为边际购买衡量指数的经纪人贷款额度达到六十亿美元的高点。在这段时间,商业集团的领袖竞相表达乐观态度,华盛顿方面也没有表现出任何的关切。

3

实际上,一些小的不好迹象在9月就已经浮出水面了。但是整个10月,各方经纪人仍然相当乐观地展望着股市再度迎来攀升时刻。接着便是10月23日,星期三,股市出现了一次剧烈震荡,出人意料,一批股票突然间释放出来,价格随之跌落,令边际交易商遭受了剧烈压力。一时之间,华尔街摇撼了,焦虑情绪一下子传布开来。第二天,抛售指令便如同潮水一般涌入股市,抛售体量达到了前所未有的程度,股价的跌落态势令人震惊。有那么几个可怕时刻,交易所实实在在地见证了一批等待抛售的股票拥堵在那里,任凭价格如何低落,都找不到接盘的。恐慌遂即蔓延开来,令交易所决定关闭访客通道;当天上午的观察者当中就有英国前任财政大臣温斯顿·S.丘吉尔。价格收报机沦落可怜的无助境地,其速度根本跟不上现场交易;混乱很快便在全国蔓延开来,抛售的本能演变成一场狂潮。下挫,下挫,还是下挫,股市还能挺多久呢?

中午时分,一群人忧心忡忡地聚集在摩根集团中人托马斯·W.拉蒙特的办公室;其中有四个纽约大银行家(四人中包括来自国民城市银行的查尔斯·E.米切尔和来自大通银行的艾伯特·H.威金)。他们每个人都提出代表各自的银行,提供四千万美元的资金来支撑股市。大约一小时后,理查德·惠特尼,摩根集团的经纪人兼交易所副主席,进入交易大厅,放言要以二百零五美元的价格购入美国钢铁公司的两万五千股,当时该公司的股价是一百九十三点五美元。一时之间,有了银行家资金池的支持,股市似乎要恢复稳定了。

第二天,各方声明如潮水一般涌动而来,旨在稳定人心,有银行家,有经济学家,有财政部方面,当然还有白宫方面,这是最重要的。"这个国家的基本经济盘,"胡佛总统在声明中说,"也就是商品的生产和分配,仍然是健康的,态势很好。"这个星期剩下的时间里,价格态势得以维持,银行家们遂悄悄地将他们在黑色星期一买入的股票重新放回股市,以此来巩固自己的位置,以备未来的风暴。(惠特尼甚至都没有实际买入美国钢铁公司的股票;似乎做个出价的姿态就足够了。)

周末则是恐惧和清盘发挥作用的时候。既然银行方面采取了针对经纪人的自我防护措施,那么经纪人自然也要采取针对客户的防护措施,特别是要防范那些试图进行边际操作的客户。结果星期一迎来了新一轮的抛售狂潮,沮丧和恐慌再度爆发。仅这一天,通用汽车公司的股值就蒸发了二十亿美元。股市不得不提前关闭。第二天,刚一开市,崩溃狂潮迎面而至。很快,便形成雪崩之势,大批人群涌入现场,想尽一切办法脱离市场,以求自保,不被这场大崩溃裹挟而去。经纪人不吝任何价格抛售股票。到了中午时分,便已经有八百万股易手;交易日结束的时候,交易量达到了创纪录的一千六百万股。这一天的白天,交易所的董事召集开会,董事们拥挤在一间封闭的办公室里,有人坐在桌子旁,有人直接站在桌子上,不停地点燃雪茄,抽了两口又在紧张中扔掉,直到房间里面烟味熏天。大多数人提议关闭交易所。但董事会最终决定交易所必须保持开放。

10月30日,星期三,股市一度出现了新希望。报纸再度释放乐观论调;尤利乌斯·克莱因博士,总统的私人经济顾问,约翰·

J. 洛克菲勒和约翰·J. 拉斯科布，都对未来充满信心。随着股价趋于稳定，理查德·惠特尼遂利用这个平静间歇期宣布，交易所只在星期四短暂开放，这个星期的其余时间均不予开放。但是这摇曳不定的稳定希望最终证明了只是一场回光返照。10月30日的《综艺》杂志给出"华尔街下了一个蛋"的头条标题，以此来做总结。

第二周，交易所重新开张，下跌势头当即重启，一路跌落下来，尽是残垣碎瓦。到了11月中旬，金融集团开始评估损失。这短短几个星期的时间，实在是令人难以置信，在纽约交易所登记入市的股票，其市值在这几个星期就蒸发了40%还多，总计折损额度达到二百六十亿美元。"新时代"就这样悲惨落幕了。[6]

4

时光推移，经济学家们渐渐能够解析这场大崩溃的原因了，如下几点看来至为关键：

1. 管理方自然是要力保价格并推升利润，同时也要竭力压低工资和原材料价格，这就意味着劳工和农民未能享受到自身生产率提升所带来的收益。结果便是大众购买力的相对衰减。就这样，资本工厂不断扩张，产量不断提升，但消费者手中资金所占比例却越来越低，越发地没有能力将产品消化掉。简言之，这样的收入分配模式没有能力维持长期繁荣。

2. 七年间，固定资本投资一直维持在很高的水平上，令产能"过度积累"（就既有的消费能力而言），由此将经济送入饱和状态。汽车产业和建筑产业的低迷颇能说明问题。此等情形之下，政府若不改变政策，如此高的资本转化率是不可能维持下去的，确切地说，政府的政策目标不应当是帮助那些已经有钱的人积累更多的资金，而是要将钱从储蓄者手中转移到消费者手中，否则大量的金钱就只能僵滞在储蓄账户里面，无法形成消费力。

3．技术带来的收益被利润和红利吸纳，造成越来越多的投机热钱，最终将股票交易所从证券市场变成赌博之地。

4．股市闪崩只不过是给这场大崩溃画下最后一笔而已。黑色星期四之后，除了"各自逃命"，还有什么安全之策呢？商业集团的自救之举，也只能是毁灭他们自己的这套体制；他们试图避免最坏的情况，但最终是令最坏的情况无可避免。信心既已瓦解，这场闪崩便也令自动复原的一切希望都灰飞烟灭了。

5．总体上说，联邦政府予以鼓励的税收政策是在促动过度储蓄，联邦政府予以鼓励的货币政策，是在价格提升的时候扩张货币，在价格下降的时候收缩货币，联邦政府予以鼓励的关税政策更是令对外贷款成为出口贸易的唯一支撑，而倾向于垄断的政策则促动了经济集中、市场刚性，当然也令价格机制失去了反应能力。联邦政府代表商业集团，很自然地忽视了农业收入和商业收入、工资增幅和产能增幅之间的危险失衡。联邦政府代表银行家集团，自然地忽视了私人债务的分量以及银行和金融体制的深刻结构弱点。联邦政府以商业观点来看待全部问题，因此将集团利益错认成国家利益，结果造成了集团和国家的双重灾难。

二十 "新时代"窘境

1

　　历时八年半的公共生涯，先是商务部部长，后是总统，赫伯特·胡佛有绝佳机会去研究美利坚商业体系的运作机理，也有绝佳机会去影响这个体系的政策。处在这样的位置上，他应当是比任何人都更有能力预见这场灾难。而且，除非认定萧条是资本主义的必然现象，否则就必须认定，1929年的这场大萧条本来可以借助明智的国家政策予以避免。然而，即便说在这八年半的时间里，胡佛确实关注过购买力落后的情况，关注过农民和劳工收入不足的情况，关注过累退性质的税收政策，关注过肆无忌惮的股市操作，关注过私人债务的不断累积，关注过银行系统的诸多缺陷，他的这些关注却没有策动他采取任何有效行动。他的确在很多领域采取过行动，比如说扩张对外贷款，推进国内的分期付款体制，支持经济集中，反对农业救济，等等，但他的这些行动毫无疑问是加速了灾难的到来。

　　话又说回来，真正的罪错也并不在胡佛。在这个商业时代，他一直都是最为高风亮节的"新时代"领导人。实际上，已经有一些商界人士表达过忧虑和怀疑了。保罗·沃伯格就曾发出过警告。查尔斯·G.道威斯，柯立芝时期的副总统，在闪崩之后的日记中留下了这样的话："在我看来，灾难将临的迹象非常明显，恐怕要比合众国此前经历过的所有灾难，都有更为明显的先兆。"[1]

民主党的商业集团跟共和党的商业集团一样会犯错。1929年春天，伯纳德·巴鲁克向《美利坚杂志》的读者保证说，无需再担心经济周期问题了。这一年的整个夏天和秋天，民主党全国委员会的主席同志差不多每个星期都会释放乐观信号。一些顽固的异见分子当然会有个人的疑虑；但在那么一个信心满怀的时代，要表达这样的怀疑，措施可是要非常谨慎的。富兰克林·D.罗斯福就遇到了这样的情况，1929年8月，他颇为怀疑地看着"那些商业集团，那些人满眼所见就是从现在开始一直到公元2000年，繁荣和价值每年都会有50%的增长"，于是，他不免有些犹疑地询问一个银行家朋友："您是不是仍然跟我一样，觉得股票价格的攀升终究会有一个限度呢？"[2]不过，罗斯福并没有预测平台期降临的具体时间。即便是激进派，虽然对资本主义在某个遥远的千年时刻归于崩溃这件事情充满信心，但也都不曾觉得大萧条已经是近在眼前了。

而且，很多人不曾真正意识到这场灾难是何等深重。安德鲁·梅隆素来对纽约的银行没有好感，他颇为直截且简单地告诉胡佛，"他们活该"。"最近的这场波折，"胡佛在商务部的继任者罗伯特·P.拉蒙特说，只不过是"扣减了那些因股市闪崩而遭受损失的那些人的购买力而已，特别是奢侈品方面的购买力。就今日之情形而论，"拉蒙特还颇为安心地补充说，"并无任何根本性的因素跟股价沉降有牵连，或者引发了价格下跌。"即便是自由派的代言人斯图尔特·蔡斯，也认为股市下挫现象只不过是过度膨胀的价值出现了收缩而已，这是有好处的。"我们很可能还有三年的繁荣期，"蔡斯说，"三年之后，也许会进入周期性的低谷。"[3]

全国的商业集团都同意这样的看法。11月和12月，就业率的低落现象也不曾引发任何特殊的警觉。

今天【1929年11月4日】的情况比昨天要好。

——亨利·福特

美利坚商业今日之繁荣【1929年12月10日】要比以往任何时候都更为牢靠。

——伯利恒钢铁公司董事会主席查尔斯·M.施瓦布

不妨把眼光放得更长远一些，过度膨胀的股价结构发生跌落，从一般性的商业观点来看，完全有理由认为是好现象。

——纽约担保信托公司《担保评估》主编

并没有严重的商业问题出现，也不可能会有……今年的情况比去年更好，更有利于长久繁荣。

——纽约国民城市银行副行长乔治·E.罗伯茨

就今日之情形观之，没有什么值得严重担忧。

——全国制造业协会主席约翰·E.埃杰顿[4]

2

不过，总统没这么乐观，他的忧虑更为深重。他担心一场闪崩会引发普遍的收缩和恐慌浪潮；他认为自己作为领导人，遏制此等下滑潮流是职责所在。"清算劳工，清算股市，清算农民，清算房地产"，这是胡佛的财政部部长说的话；这位财长的惟一救治之策是任由经济力量自行发挥作用，让经济就这么滑落下去，就像1873年那样。[5]但是胡佛相信经济的基本盘是健全的，因此没有理由抚恤任何社会群体。自由放任政策自然希望让价格和成本结构接受这场砥砺，"新时代"哲学则要求维持价格水平和消费水平。胡佛推测，若能做到这一点，是可以遏制股市崩盘的。

随后的几个星期时间里,他同商界和社会各界领袖人物展开了一系列会商,希望借此阐发并推行自己的计划。他希望通过工业界的自愿保证机制来维持工资水平并稳定工业价格。他希望借由同工业界和地方政府的谅解机制,将资本扩张和公共建筑维持在常态水准。他计划借由联邦储备政策,维持宽松且丰沛的商业贷款。他希望借由联邦农业委员会去支撑农业。他希望提升关税,保护美国工业,对抗外来竞争。并且在推行这些政策的同时,用规劝和建议的方式去恢复商业信心。

这一系列的政策当中,唯有关税修订问题需要新的立法。1929年的特别会期在关税问题上未有建树,于是,在闪崩之后的几个月里,新关税议案的准备工作便成为国会的主要工作。这个任务落入两个铁杆保护主义者手中,其一是来自犹他州的参议员里德·斯穆特,其二是来自俄勒冈州的众议员威利斯·C. 霍利,二人决心要为合众国寻求"高度的自足"(斯穆特语),令合众国"自足且自持"(霍利语)。二人做出的尝试在很多方面都相当大胆。当保罗·道格拉斯起草一份声明抨击该议案的时候,该声明在十天之内就得到美国经济学会上千人的签名支持。不过学界的反对并不能遏制保护主义者的信仰。"倘若该议案获得通过,"来自印第安纳州的参议院共和党领袖詹姆斯·沃森说,"这个国家在三十天之内就能在金融、经济和商业等方面取得上升势头,不出一年,我们就能重登繁荣之巅峰。"国会通过《斯穆特-霍利法案》之后,胡佛总统遂即用六支金笔签署,他说,若是继续在关税问题上争执不休,对商业信心之恢复的打击恐怕就是"最大"的了。[6]

3

闪崩之后的几个月就这么过去了,在此期间,政府看待未来,并没有明显的警惕和担忧。这一年年尾，财政部部长梅隆评论说："就当前情形而论，我看不到任何的危险迹象，完全不用悲观。"1月晚些时候，胡佛总统宣称，失业情况已经有所好转；2月初，商务部部长拉蒙特宣称，生产和分配都已经回归正常；"没什么可担忧的"。与此同时，就业局方面也宣称，"不出六十天，最多是九十天，这个国家的就业情况就会恢复正常。"尤利乌斯·克莱因博士更是在《美利坚杂志》欣喜宣称，"今时今日，做个年轻人，真是太好啦。"3月4日，拉蒙特用天气预报员的口气非常肯定地说道，"天气不错，温和适中，这个国家也一样，整体上也将要享受那惯常的繁荣了。"3月7日，总统就当前经济形势发表了很是详细的声明，在声明中总统宣称，当前的失业现象主要集中在十二个州，自12月触底之后，"就业情况一直都在缓步改善"；商业界和各州政府的建筑支出甚至超过了1929年。"一切证据，"总统说，"都表明，闪崩对就业状况造成的最猛烈冲击，将在六十天之内结束。"[7]

胡佛此时的处境并不容易。他认为不能放任公众的悲观情绪，否则情绪就很可能会演变成一场恐慌，此见毫无疑问是正确的。他的错误不在于他采纳了乐观路线，而在于他扭曲实情来支撑他的乐观[8]，他也因此相信了自己的结论。尽管他百般劝说，私人支出已然完全没能维持住1929年的水平。尽管总统很是乐观，但失业情况一直都在恶化。商业领袖尽管许下种种诺言，但发现根本没有可能去配合政府稳定经济。当年秋天的庄严集会，商界领袖们信誓旦旦地宣示要同舟共济，但最终证明此番宣示不过是一场仪式表演而已，用J. K. 加尔布雷思的话来说，"根本不是什么商界集会"。"人们只是口吐莲花，空谈'乐观'，行动却很少，"威尔·罗杰斯说，"这样的情形在我国历史上还真不曾出现过。"一些共和党领袖甚至开始在商界的反应中嗅出了阴谋的味道。"每次只要某个政府官员就经济状况发出乐观声明，"共和党全国委员会主席、来自俄亥俄州的参议员西米恩·费斯说,"股市即刻应声而落。"[9]

在这个萧条过程中,实际上是有一个关键时段,只需要少量的支出就能够遏制住累积性的滑落势头,但这个关键时段已经错过了。但是胡佛仍然觉得给出种种的保证,可以像样地替代切实行动;于是,诸般保证便取代了应有的支出。1930年5月1日,他在美国商会发表演说,"我们的联合行动已经取得了显著成功"。这场萧条"已经大幅缓解了"。我们这位总统还说,"我相信此刻的我们已经度过了最艰难的时候,只要继续齐心努力,很快就能恢复过来了"。[10]

二十一　恐惧蔓延

1

就在胡佛总统发布声明，宣称一切证据都表明将在六十天内取得实质性恢复的前一天，一批失业者在美共的组织之下，在白宫前面上演了一场游行示威。一时之间，总统只能呆呆地瞪着窗外。警察随后赶到，手持警棍，用催泪瓦斯驱散了人群。同一天的纽约市，三万五千人聚集在协和广场，倾听共产党人的演说。当美共的领袖威廉·Z. 福斯特号召大家挺进市政厅的时候，警督发出了严厉指令。数百警察和警探手持警棍或者赤手空拳，入场攻击集会人群。《纽约时报》报告说，现场"遂即一片尖叫、哭喊，人们的脑袋和脸上都是血。广场上横七竖八地躺着二十来人，警察对他们拳打脚踢"。有一名便衣警察，穿着羊皮外套，拿着长长的黄色警棍，疯狂地跑过广场，肆意追打。还有两名警察用胳膊搂住一个女孩，然后用棍子击打女孩脸部。现场的一名妇女哭喊着："警察，杀人的警察啊。"[1]

美共将3月6日定为国际失业者日。此番游行示威的目的是要激怒警方实施暴力。美共在一个又一个的城市都达成了此一目的。

但是仅仅是美共的怂恿还不能完全解释这场骚动的冲击力。在美利坚大地之上，美共可不曾像这次这样吸引三万五千人前来集会。华盛顿的官方感受与城市大街和乡村地区的人间实情之间毫无疑问是有鸿沟的，确切地说，总统的经济视野是加速发展中的私人建筑业、逐渐下降的失业率以及迅速抬头的经济信心，但实情是匮乏和恐惧；二者之间的鸿沟就此呈现出来。

到了 1930 年的春天，美国失业人口至少达到了四百万人。领取救济品的队伍再次在大城市涌现出来，1921 年之后，这还是第一次，身陷困顿的人们纷纷拥挤在救济队伍里面，以极大的韧劲向前挤着，就为了争取一个机会能领到一片面包和一杯咖啡。3 月的纽约市，据报道，靠救济生存的家庭数量自 10 月的闪崩之后，便增加了两倍之多。市政寄宿公寓人满为患；第一批获得接纳的一万四千人中，有差不多半数的人都是第一次沦落此等境地；市政府动用了夜间停靠在码头的市政驳船，为无家可归的人提供夜间住宿，这个时节的冷风，正掠过东河，向驳船奔袭而来，刺骨之势，如同鞭子抽打。美国劳工联合会的威廉·格林说，在底特律，"人群整日整夜地坐在公园里，成千上万的人聚集在一起，窃窃私语，他们都失去了工作，正在四处找活干"。[2]

2

一段悲惨历程在整个国家铺展开来，并由此将数百万美国人引入一种新的生活方式。1920 年代，一般来说，工薪阶层有着相当多的工作机会，生活状况令人满意，对未来充满希望。现在，大萧条开始降临了，一开始，一个星期只能工作三天，而后便是两天，再往后就干脆没工作了。于是，便着手找新工作，一开始，精神头还不错，充满希望；接着便冷静下来；再往后就绝望了；就业机构前面排起的长长队伍，饥渴的眼神瞩望着黑板上粉笔字写就的工作信息，在各个工厂之间不停游走，还有整夜的等待，为了在早上第一个得到可能会有的工作机会。粗粝的冷酷，无非是掩饰着恐惧："这里不需要帮助"……"我们不需要任何人"……"继续走，老兄，继续走"。

找寻的历程就这么继续着，衣衫开始破旧，鞋子开始烂掉，衬衫下裹报纸以缓解冬天的寒冷，硬纸板充当新的鞋垫，鞋跟里的棉花能减轻路面的冲击力，用麻袋裹脚，缓解在工厂大门外冻土上面的漫长等待。存款渐渐减少。到了这个节骨眼上，恐惧开始传染家庭。父亲已经没有昔日的快乐了，就那么长时间地待在家里，暴躁、愧疚，甚至惊恐。母亲则时不时地要找些家政、前台或者清洁之类的工作来做；孩子们也开始在放学之后打些零工，赚上几文钱，孩子们当然不理解正在侵袭而来的恐惧，他们只知道必须干点什么贴补家用。

存款一旦用完，就得开始借钱了。若是有人寿保险，就用这个作为抵押来借钱，直到用完；接着便是从亲朋好友处借钱；再往后就是向地主、商店赊账，直到将亲朋好友的资源用光。桌子上已经没有肉菜了；猪油取代了黄油，父亲出门的频率越来越低了，总是可怕的沉默；孩子们的鞋子开始不够穿了，衣服开始破烂了，母亲羞于送孩子去学校。结婚戒指抵押了，家具卖掉了，住处也换了，换到更便宜的房间，当然那房间也更为潮湿，更为肮脏。1930年的春天，费城的一处安置房里面，一个三岁大的小男孩在不停地哭闹；医生检查之后发现，这个小男孩正在承受饥饿的缓慢折磨。一名妇女抱怨说，自己还有东西吃的时候，两个小娃娃也只是勉强能吃点东西，因为他们已经习惯了吃这么少，他们的胃已经缩小了。11月，寒冷的街角开始出现苹果贩子，破旧衣服虽然整洁，但都已经起毛了，神情中透露出凄凉的勇敢，显然正在承受失业的痛楚。这个秋天的每个夜晚，都会有成百上千的人聚集在芝加哥威克大道的下层，用碎木片烤火取暖，外衣领子都竖起来以便尽可能地抵御寒冷，帽子也都拉下来，争取盖住耳朵，他们就那么盯着幽暗的河水，面无表情，上面的大道之上，却是车水马龙，一派舒适场景，载着吃饱喝足的人们回到温暖、亮堂的家中。每个星期，每一天，这支绝望的队伍都在壮大。阴影在黑暗、阴冷的房间里越发浓重了，父亲变得愤怒、无助、羞怯，心神恍惚的孩子们经常陷入饥饿或者患病的境地，母亲在白天的时候，尚能摆出一副坚定的神态，到了晚上夜深人静的时候，却是难以入眠，兀自轻声哭泣。[3]

3

这就是 1930 年；用埃尔默·戴维斯的话来说，这是"消除贫困的第二年"。这一年见证了千千万万美国人进入一种新的、微贱的生存模式，那就是救济名册上的生存模式。大多数失业者仍然在尽可能地坚持。但是存款逐渐耗尽，贷款也用光了，工作仍然没有着落，除了低头面对现实而外，他们便没有别的选择了。

此时的救济体系，主体是地方性的济贫体制，私人性质的福利机构从旁辅助。即便是在 1929 年，公共资金也仅仅担当了全国救济额度的四分之三；到了 1932 年，这个比例提升到五分之四。在一些大城市，社会工作者致力于改善救济标准，以公共福利机构取代旧式的"贫困监管人"，并取得了一些成效。但是在小地方，除了救济院外，便没有别的选择了。整个这套拼凑起来的体系从根本上不会有太大效用，确切地说，这套体系是用来照管没有工作能力的人群的，这些人在任何情况下都没有办法工作，因此根本无法应对大规模失业问题。[4]

1930 年的这个世界，不曾有任何国家像美国这样，对无工作者提供的救济是如此微末且混乱。然而，1930 至 1931 年间的那个冬天，总统先生对该体系的效能充满信心。10月，总统告诉美国劳工联合会他的反萧条政策已经取得了令人震惊的成功，"我们的大制造商、我们的铁路、我们的公用事业、我们的商业家族，还有我们的公职人员"，他们所表现出的奉献精神，应当能激励劳工。这个月晚些时候，一些人希望召开国会特别会期，总统在回绝此番提议时重新确认了自己的信心：这个国家的"志愿组织和社区服务体系"是有能力照管失业者的。[5]

然而，就在一个星期之前，他任命了阿瑟·伍兹上校负责应急就业委员会的工作，伍兹曾在1921年的萧条时期主持救济工作，表现颇为积极。胡佛甚至连这个任命都不愿意做出，他担心此举很可能会扩大危机；他告诉应急就业委员会，失业问题严格意义上是地方问题，应当由地方处理。[6]结果，该委员会的职能便仅限于建议和劝说。伍兹上校是精力充沛之人，自然希望能多做些事情。于是，他起草了一份准备呈送国会的咨文，并报送总统，该咨文呼吁推展公共工作项目，比如贫民窟清扫、廉租房以及乡村电力计划等。伍兹及其委员会同时也支持参议员罗伯特·F.瓦格纳的一系列议案，这些议案旨在推展公共工作计划，并力主建立一个全国性的就业服务体系。但是总统驳回了伍兹的计划，并以一贯的乐观主义向国会发表演讲。无所作为的伍兹就这么看着自己的委员会走过了这个冬天，遂于1931年4月选择辞职。[7]

此时，另有一些事情也开始令总统的处境明朗起来。1930年夏天，一场历时漫长的干旱剪灭了西南地区的大批牲畜和大量庄稼。这样的问题正是胡佛的专长，基本就是比利时问题的再现，要比那无形且恼人的大萧条问题切实多了。胡佛在新闻界的密友马克·沙利文说："这场干旱，胡佛倒是非常乐意应对，他带着一种解脱感，甚至是快感，前来解决这个问题。"[8]面对干旱，胡佛显然重拾了昔日的自信，组织了一套援助方案，并要求国会拨款，以便政府向农民提供贷款，购买种子、肥料以及饲料。

参议院的民主党团即刻着手将胡佛的此番计划推行起来，对人和牲畜一并予以救助。老威尔逊派 W. G. 麦卡杜，此时正觊觎加利福尼亚州的参议院席位，遂提议将农业委员会购买的小麦分配给失业者。但是胡佛重申了自己的立场，仍然坚决反对此类提议。反对派即刻予以反击，对总统实施了无情嘲讽。他们说，总统觉得给饥饿的牲畜吃东西是明智之举，但总统显然认为施食于饥饿中的男女和孩子，是一桩坏事。总统曾经给比利时人和德国人施食，却不愿意施食于自己的同胞。此番嘲讽令胡佛备感受伤且沮丧，遂于 1931 年 2 月发表了一份深有感触的声明。他在声明中说，倘若美利坚这个词还有什么意义的话，那显然意味着个体责任、地方责任以及相互帮助且自助的原则。倘若我们打破这些原则，我们"就是在打击自治之根系"。倘若面对饥饿，联邦救助是唯一的选择，那么联邦救助当然会到来；但是"我对美利坚人民是有信仰的，我相信这一天不会到来"。[9]

4

这个国家就这么颤颤巍巍地走入了大萧条的第二个冬天，此时，失业已经开始沉淀为一种生活方式。这个冬天的大部分时间，天气都相当好，晴空万里，空气清新，阳光灿烂，干燥，有一些冻雪出现。但是在没有取暖装置的廉租房里，在充斥着汗味和洗涤剂味道的廉价旅店里，在公园里，在空荡荡的货车里，在冷风吹动的码头区，却是彻骨的寒冷。没有钱付房租，失业者及其全家就只能在能够找到的空地上建起窝棚。铁路路基旁边，垃圾焚烧站旁边，在城市垃圾场，逐渐涌现了用油纸、锡片、旧盒子和报废汽车搭建的棚户区。一些窝棚颇为整洁，显然清洗过，至少不需要清洁费；剩下的窝棚就相当肮脏了，简直令人难以置信，里面全是腐臭的味道。作为"新时代"的象征,这些破落棚户区很快便收获了嘲讽之名,"胡佛村"(Hoovervilles)。真要说起来,能够在"胡佛村"找到容身之地的人还算是幸运的。没有此等幸运的人就只能蜷缩在过道里、空包装箱里或者闷罐车里过夜了。

在救济线上,在施食处,数个小时的漫长等待也只能得到一碗稀粥,通常没有牛奶,也没有糖,顶多再加一杯咖啡。巨大的蒸汽厨灶里冒出的蒸汽混合着湿衣服和冒汗身体的恶臭,空气令人窒息。不过,在施食处等待,总比在垃圾堆里翻捡要好。在大萧条的第二个冬天,人们可以看到芝加哥的居民在垃圾车刚一倾倒垃圾,即刻就围拢上来,用棍子或者干脆用手,在里面翻捡。1931年6月30日,宾夕法尼亚工业和劳工局报告说,该州差不多四分之一的劳工都失去了工作。公谊会的克拉伦斯·皮克特发现很多学校85%、90%乃至99%的孩子都体重不达标,因此精神状态都相当萎靡怠惰。"您可曾听到饥饿的孩子在苦恼?"亨利街的莉莲·沃尔德问道,"您可曾看到因数个星期的饥饿已经不由自主地颤抖的父母吗?他们就是为了省出一口吃的给孩子。"[10]

失业情况仍然在恶化,失业人数从1930年3月的四百万人攀升到1931年3月的八百万人。各个社区感觉救济问题已经越发超出了他们的能力范围。地方的财政资源正在枯竭;地方信贷正在消失;城镇和郡县都发现自己的税收和借款能力在萎缩。一些州颁布了宪法禁令,禁止将州政府的资金用于家庭救济。不少州的税收能力都到了消耗殆尽的地步;普通财产税差不多也到了极限,随着收入下跌,少数设置了收入税的州,能收到的收入税额度自然也在下降。

与此同时,私人救济的负担越发地落到了穷人自己身上。各个应急救济委员会颇为高调地谈论着"错开"工作以及"共享"工作。但是人们每天能够拥有的工作时间越来越少,在这样的情况下,此等举措显然是要工人将自己本已可怜的收入分给其他工人一份，而雇主则不会做任何贡献。即便雇主加入了这场协作，自愿捐献，通常也都是依据英萨尔集团的原则行事，依据该原则，所有人，无论公司高管还是非技术劳工，每个月都将贡献出一天的薪水。哈佛大学的萨姆纳·H. 斯利克特教授指出，此等捐献机制的真正受益者并非救济线上等待着从方济各会神父那里得到一点施舍的人，而是"美利坚的伟大工业体系"，因为此一工业体系实际上是在拿劳工的工资，支付管理费用。[11]

随着失业规模不断扩大，救济标准也开始下滑。看来，地方或者私人机构越发难以为继了。1931年秋天，纽约州州长富兰克林·D. 罗斯福设立了一个州级的应急救济机构；其他州遂纷纷效仿。威廉·艾伦·怀特于1931年9月申述说，有效的救济"看来是唯一的办法了，是势在必行了，否则，这个冬天就难以压制正在冒出来的街垒了，若是强行压制，就会令劳工野蛮化，就会将革命精神注入美利坚并维持一代人之久"。[12]

5

然而，胡佛总统宣称，全国范围的调查让他相信，在即将到来的这个冬天，州和地方组织足以应对救济之需。而后，总统稍微做了些让步，任命了一个新的委员会，取代原来的伍兹委员会。该机构是"总统失业救济委员会"，由电话电报公司的总裁沃尔特·S. 吉福德领衔。吉福德所秉持的仍然是地方责任观念，他对此一观念的热忱远远超过了伍兹；他在这件事情上的主要贡献是策动了一场宣传运动，目的是刺激私人救济。"10月18日到11月25日，"吉福德和欧文·D. 扬在一份联合声明中申诉说："美利坚将在这段时间感受一场巨大的精神体验所带来的兴奋。"这场宣传运动满怀希望地认为，私人慈善甚至能够强化夫妻情感。

在那些他更应当直接担当的事情上，吉福德表现出来的则是冷漠。1932年1月初，他走马上任已经接近五个月了，吉福德出现在参议院的一个委员会面前。来自威斯康星州的罗伯特·M. 拉福莱特和来自科罗拉多州的爱德华·P. 科斯蒂根在此次听证会上步步紧逼，不断发问，吉福德泰然自若地承认，他并不知道究竟有多少人闲着，他并不知道各州的救济标准是怎样的，他并不知道自己这场运动究竟募集了多少钱，对于地方组织和团体借由税收渠道或者借款渠道募集救济资金的能力，他也一无所知；他不清楚城市和乡村地区的救济需求究竟有多大，他说他不觉得这些问题上的信息对他的工作有多大意义；但他跟总统一样，内心丝毫不怀疑地方体系有能力应对救济问题。"我希望你们不会因为我乐观看待生活而批评我"，他还颇为委屈地申述说。当科斯蒂根要求他向委员会提供相关报告，以支持他的这种乐观的时候，他回答说："我没有，参议员先生。"

不过，有一点吉福德是非常明确的：他反对联邦救济。拉福莱特追问说，倘若费城居民未能得到足够的救济，我们是不是应当关心一下呢？对此，吉福德说，毕竟都是人，自然应当关心，不过他也强词夺理地补充说："至于联邦政府是否应当以官方态势介入此事，那就是另外一回事情了，除非情况已经极其糟糕，否则，联邦政府之正式介入就是一桩明显的丑闻，即便情况变得极其糟糕了，我认为我们也没有义务介入。将此类事情的决定权交付联邦政府，将造成相当严重的危险，我就是这么看的。"联邦救济，吉福德说，势必削弱地方责任意识；势必会令私人救济体系萎缩。他说他的判断是"清明且三思的"：联邦救济是对失业者的"伤害"；"最终的结果将会是等待救济的失业者的情况变得更糟，而不是更好。"[13]

时间就这样走过1931至1932年的这个冬天，也就是大萧条的第三个冬天，救济资源，无论是公共的还是私人的，一步步地走向枯竭。已经有几个城市不再假模假样地宣称自己能满足最低预算标准了。用于鞋子和衣物、医疗、燃气以及电力的钱已经是微乎其微。在纽约市，整个家庭每周能得到的平均救济额度只有二点三九美元。在托莱多，市政委员会对每人每天每餐能够提供的救济额度只有二点一四美分。在诸多辽阔的乡村地区，根本就没有救济可言。"我不想去偷，"一个宾夕法尼亚人致信州长平肖说，"但是我不能就这么让老婆孩子饿着啊……这样的世态还要持续多久？我实在是撑不住了……哎，多希望上帝能给指条路啊。"[14]

6

阴影笼罩着城市和城镇；也笼罩着乡村，同样浓重。实际上，1929 年之前，便已经有大量农民靠存款生活了。华尔街闪崩只不过让农民的日子更难过了，因为对农产品的需求更少了。工业可以通过减产来抵冲因需求降低而对工业价格结构造成的冲击，农民则不一样，农民没有能力控制产出，除了增加种植外，农民便看不到有别的办法可以维持收入。1930 年，总种植面积实际上反而提升了，1931 年，也不曾有明显的下降。

如此一来，农业调整的压力就没能落在生产上面，而是落在价格上面。数据相当震撼。1929 年到 1934 年间，农业产出体量下降了 15%，价格却下降了 40%；工业产出体量下降了 42%，价格只下降了 15%。[15]工业价格的相对稳定更形恶化了农民的贸易条件；工农业价格比率指数从 1919 年的 109（以 1910 年至 1914 年为基准）一路下跌到 1929 年的 89 和 1931 年的 64。[16]玉米价格跌至十五美分，棉花和羊毛价格跌至五美分，生猪和糖的价格跌至三美分，牛肉价格跌至二点五美分。一个农民，若是每天咀嚼一根德兰蒙粗烟，这成本差不多就相当于一蒲式耳的小麦。若是要给孩子买一双四美元的鞋子，就需要卖掉十六蒲式耳的小麦，要知道，一英亩的小麦产量都不一定能达到十六蒲式耳。1932 年，农业净收入为十八亿美元，不足三年前的三分之一。如此可怕的价格跌落，令众多农业家庭的收入微乎其微，很多家庭根本就没有收入。

农民的负债则一直都是依据 1920 年代的价格水平来计算的，那时的价格水平自然要高得多。比如说，一个棉农在棉花价格是每磅十六美分的时候借了八百美元，按当时的价格换算，就相当于五千磅的棉花；但是到了现在，棉花价格跌到五美分，若要偿还八百美元的债务，就相当于卖出一万五千磅还多的棉花。而且，在这段时期，农民收入跌幅达到了 64%，债务跌幅则仅仅是 7%。[17]雪上加霜的是，围栏年久失修，农作物就那么烂在地里，牲畜也没办法运往市场销售，因为销售所得连运费都抵不上，农业机械也都快报废了。有农民发现，与其卖掉农作物再去买煤，还不如直接烧农作物来取暖更为划算。取消抵押赎回权以及欠税拍卖的通知单贴满了门柱和郡县法院。威廉·艾伦·怀特给出了如下总结："所有农民，无论农田是否抵押，都很清楚，以目前的农产品价格，他们迟早要完蛋。"[18]

西南地区爆发的干旱只不过是强化了怨愤。1931 年 1 月，数百佃农聚集在阿肯色州英格兰的红十字会前面，要求给食物吃。这其中有黑人，也有白人，还有人带着步枪。当红十字会的管理人员告诉他们生活必需品的供应已经分发殆尽的时候，人群即刻冲向百货商店，抢夺面粉和猪油。"保罗·里维尔只是唤醒了康科德，"威尔·罗杰斯说，"这些鸟儿却唤醒了整个美利坚。"（纽约的一名共产主义者依据此次事件的新闻报告写了一个短篇故事。林肯·斯蒂芬斯捧读着惠特克·钱伯斯的"你可曾听到他们的声音？"，这位年轻作家不禁写道："只要听到有人谈论'无产阶级艺术和文学'，我就想推荐他们来……看看你们。"）[19]

A. N. 扬，威斯康星农民协会的主席，他于 1932 年初警告参议院农业委员会:"农民天生保守,但是今天你们已经找不到一个保守的农民了。我也是保守之人,跟他们没区别,但是,任何经济体制,若是有权力让我和我老婆流落大街,像我这把年纪,那么除了红色,我恐怕什么也看不到。"

扬还着重跟农业委员会谈起:"今日之事实就是,在威斯康星,实际的红色分子数量之多,你们绝对想象不到……为了能在目前的境遇中活下去,他们不惜做任何事情。我肯定是不愿意说这样的话,不过我发自内心地相信,若是他们中有人能买得起飞机,他们肯定会开着飞机直冲华盛顿,将你们炸上天。"[20]

7

怒潮漫卷而来,无分乡村和城市。爱德华·F.麦格雷迪,美国劳工联合会的保守派代表人物,该同盟本身是个保守组织,1932年春天,他在一个参议院委员会作证,语气颇为痛彻,"我们这个组织的领导人一直都在宣讲忍耐",但是,宣讲不能代替面包。"我要恳切地告诉各位先生,倘若你们仍然无所作为,任由饥饿这么发展下去,反叛的大门将在这个国家敞开。"政府再不要向世人哭闹着说:当务之急是平衡预算。"平衡预算是两个 B 字母打头(Balancing the Budget),但还有两个 B 字母打头的东西,那就是面包和黄油(Bread and Butter)。"

麦格雷迪继续申述说,倘若政府拒绝"让国会为饥饿中的人们提供食物,除非他们有安稳的工作,那么就我个人来说,一旦反叛的大门打开,我是不会做任何事情去关闭这大门的。"

"我是以人的身份,也是以美国公民的身份,说这话的。"

"这样一场反叛并不是反政府的,而是反体制的。"[21]

二十二　商业大分裂

1

这是一个商业国家，卡尔文·柯立芝说，所以，这个国家需要一个商业政府。商人，在1920年代手握权势，因此他们不能相信他们的时代结束了。预测经济复兴，对他们来说，已经是往复循环的家常事。"且承认确实存在一些不那么好的因素，也有必要约略留出一些时间做必要的调整……到了初春时节，就会有明确的回暖信号啦……1930年这一年将会展现出非同一般的稳定局面……下半年就能期待新一轮的经济扩张了……各个方面都将迎来快速复苏，这将是下半年的特点。"春天，钢铁制造商查尔斯·M.施瓦布评论说，如今的商业状况要比六个月或者九个月前"好很多了"，"目前的所有迹象都表明，1930年，宽泛来看，将会是常态商业进步的一年"。9月，全国制造业协会主席对胡佛总统的看法表示赞同，认为"重中之重的问题是犯罪，这个问题正如同巨人一般压在这个国家身上"。尤利乌斯·克莱因博士在银行管理层进行一番调查之后宣称，三分之二的银行管理者选定10月将会迎来拐点，剩下的人则选择了第二年的1月。"这场萧条在三十天前已经越过谷底了"，美国钢铁公司的詹姆斯·A. 法雷尔于1931年1月申述说。[1]

无论如何，经济已经闯过了这场大萧条，这是商界的普遍看法。"现在的情况，并没有什么不正常的"，全国制造业协会的主席说；"过去一百二十年间，我们至少经历了十七个这样的萧条周期"，美国商会主席如是说。国民城市银行的查尔斯·E. 米切尔说："只要我们还生活在个人自由制度之下，就肯定会有这样的经济波动。"德怀特·莫罗自然是擅长智者之言，他说："摆脱经济周期的最好办法就是去证明经济周期是无可避免的。"大通银行的艾伯特·H. 威金说："经济生活总是会有困难，有繁荣，就会有萧条，这么多年了，我们也只是经历了这么一次萧条。这个世界之上，任何人类组织或者人类智能，都是阻止不了的。"对此，参议员拉福莱特不免有些吃惊，遂追问威金，人类承受苦难的能力是不是无限的。"没错。"这位银行家回答说。[2]

倘若萧条内在于这套制度，那么复苏自然也内在于这套制度。"且让自然力量自行发挥作用，"交易所主席理查德·惠特尼说，"这本身是好的信号，足以昭示最终的繁荣。"而且，若复苏是必然的，那么就一定要慎之又慎，不要有任何动作，否则很可能会遏制复苏。联邦政府，就如同亨利·福特说的那样，应当"谨守严格意义上的政府职能。这方面的工作已经足够沉重了。就让经济自行发展吧"。若是借由立法手段来应对经济危机，那恐怕是再糟糕不过的事情了。"以立法手段解除个人的经济责任，"全国制造业协会主席说，"此举等于促其养成花费无度的生活习惯，而这则只能令个人成为立法寄生虫。"政府确实已经斩获了太大的经济角色。《国家商业》杂志的默尔·索普说："要么国家企业让出阵地，要么私人企业就此缴械。"对众议员詹姆斯·M. 贝克来说，问题到了1932年就已经尘埃落定了。他颇为阴郁地总结说："这世界绝少有哪个国家比现在的美利坚更为社会主义了，即便俄国的官僚程度也比不上美利坚。"[3]

2

有威胁的政府干预形式可谓多种多样,这其中最为邪恶者,在很多商界人士看来,是对无工作者实施的救济。确实,此时仍有一些商界人士认为所谓失业不过是装病避工而已。"确实有很多人在吵闹着要工作,这其中很多闹得最凶的人,"全国制造业协会主席说,"要么是扔掉了手中的工作,要么就是根本不想工作,他们实际上是利用这个机会加入共产主义合唱团而已。"[4] 当然,大多数人以令人感佩的慷慨为社区事业做出了贡献。也有不少人则相当狡黠地选择支持分享工作计划;甚至于素来不喜欢抛头露面的 J. P. 摩根也发表了一场广播演说,支持街区援助计划,依据该计划,劳工们将保证每个星期分出一小部分工时给失业者。"我们必须尽我们的绵薄之力了,"摩根说,他说这话的时候,他的两个家仆躲在一间偏房里面,听着收音机。[5]

一些人甚至设计了更不同寻常的计划,来襄助地方救济体系。俄克拉何马燃气公司的约翰·B. 尼科罗斯致信友人、战争部部长帕特里克·J. 赫尔利,提出自己正在俄克拉何马州齐卡萨试验的计划。该计划要求各个餐馆将客人剩下的食物搜集起来,装入五加仑容量的盒子里面;失业者可以领受这些盒子,条件是将农民捐献的木料劈成柴火。尼科罗斯颇有哲学意味地说:"时不时地,会有一些配不上救济的人给我们找麻烦,我们必须抵制此类人,如此才能真正照顾好那些配得上的人。"赫尔利对此计划深有触动,遂亲自推介给伍兹上校。[6]

事情到了这一步,显然任何事都要比救济更好,救济一词简直充斥了一切不祥意味。报纸纷纷刊载照片,上面是一些英国家庭,病恹恹的,脸上写满绝望,这些家庭都是"靠着救济"求取可怜的生存。于是，这样一种印象或者感受便涌动起来：是救济造成了英国的萧条。1930年，温斯顿·丘吉尔致信美利坚商界，为英国救济体制辩护："我不能同意那些人的看法，我国的强制性大众救济体制不会吸干人的元气和自立能力。生活总有足够的砥砺，令我们保持警醒和敏锐。"但此信如同泥牛入海，毫无效用。卡尔文·柯立芝说，上上之道是"让那些制造损失的人承担损失，而不是将损失转嫁给别人"。亨利·福特说，失业保险只能保证失业本身。倘若这个国家票决通过救济体制，刚刚接任商会主席的赛拉斯·斯特朗说，"那么我们作为一个国家，恐怕早已经没落了"。[7]

这场救济问题大论辩所用的语词一直相当令人困惑。到了1931年，绝少有人再反对私人或者地方性质的失业救济了；也绝少有商界人士反对针对商业的联邦救济。但是众多保守派却坚决认定对无工作的人提供联邦救济，意味着共和国的末日。这些人通常都是召请道德理据来支撑此一观点，着重申述政府施舍机制的败坏效果，尽管联邦救济确实有可能在造成英国式的衰朽的同时，带来英国式的沉重税负，但这些商界人士对税负问题只字不提。

与此同时，他们也在继续弘扬节俭、自立精神，并奉劝人们保持希望。德怀特·莫罗说，"赚取体面收入，并保持略有节余，所谓复苏实际上是靠着这样的人而得来的。"美利坚银行家协会主席为如下教义提供了背书：救赎之道在于减少开支，并宣布要发起一场运动"力促民众节俭"。"专心劳作，不要停下来，"查尔斯·M.施瓦布说，"不要担心未来，就我们所能地前进吧。"沃尔特·S.吉福德说："我们不可或缺的是信仰、希望和爱。"美国钢铁公司的梅隆·C.泰勒则认为，"我们正在走出这场大萧条，确实应当从中学到一些重要事情了。"接着他补充说，"要说我们究竟学到了什么，现在还为时过早。"[8]

泰勒此番败兴之论颇有代表性；此论足以揭示出前不久还自认不会犯错的人们在评说这场崩溃之时的困惑。当然，一些人仍然没有从自己的说教中走出来；不过，更有头脑也更为坦率的人们却动摇了。有人问蒙哥马利·沃德公司的休厄尔·埃弗里如何看待这场经济崩溃。埃弗里很是不快地回答说："追究个中因由，实非我能力所及。很不幸，我也没什么朋友可以将这件事情跟我讲个明白。"每一场新的危机对德怀特·莫罗来说都是一场个人冲击。当基德公司、皮博迪公司进入重组的时候，他动摇了；当英国脱离金本位的时候，他震惊了；1931年夏天，头疼和失眠一直困扰着他，于是他将这不眠之夜用来研究失业问题，直到10月份去世。

揭示这潜在恐惧的任务，便落到巴尔的摩与俄亥俄公司的丹尼尔·威拉德身上。此时威拉德已经走过了七十载的人生，此前，他从未质疑过资本主义秩序。然而现在，这套秩序却剥夺了数百万人的工作机会和救济机会，这便令他意识到已经不能再说这套秩序是"完美的，甚至是令人满意的"。失业问题和财富分配问题迫使他对"我国政治、经济体制的基础"发生了怀疑。他说，就他个人而论，"为了避免忍饥挨饿，我是会去偷盗的"。[9]

3

即便是商界的一些老朋友此时也开始有了批评态度。哥伦比亚大学校长尼古拉斯·默里·巴特勒于1931年的夏天抨击了一些商界领袖人物的"轻率诊断"和"得意预言"，这些商界领袖竟然认为我们将自动闯过这场萧条。计划是至关重要的，巴特勒说，他还补充说："先生们，要是我们等待太久，无所作为，就会有人揭竿而起，拿出自己的解决方案，那样的方案很可能是我们不喜欢的。"哈佛商学院院长华莱士·B. 多纳姆说："当前局面，我们的危险并不在于激进派的宣传攻势，而在于我们缺乏有效的商业领导权能。"多纳姆还谈到，苏联的例子已然展现了"一套普遍的美利坚经济计划"的价值和必要性。波士顿的枢机主教奥康奈尔说："失业是工业领袖权能的重大失败……资本主义体制已然宰制工业生活长达两个世纪了,这套体制究竟蕴含了怎样的缺陷,令其创造出自己不能解决的矛盾呢?"[10]

有头脑的商界人士也开始看出问题。"资本主义体制的特性在于悲剧性地缺乏计划,"雷曼兄弟公司的保罗·梅热于1931年很是沮丧地写道,"这实际上反映了所有参与其中的人的头脑。"此时仍然对战时工业委员会的经历记忆犹新的伯纳德·巴鲁克,很快便也呼吁中止反托拉斯法令,以此来为"政府监管之下的工业自治"开辟空间。威廉·G.麦卡杜同样没有忘记往事,提议建立一个和平时期工业委员会。新泽西标准石油公司的沃尔特·C.蒂格尔则提议对反托拉斯法案实施修订,以授权"削减生产,以适应理性的市场需求"。梅隆·泰勒则也并不认为"基础工业部门为建立理性的供求关系而真诚推行的合作计划"是对贸易的限制和约束。鲁道夫·施普雷克尔斯,是西奥多·罗斯福进步主义集团的老兵了,如今是糖业协会的主席,他同样提议由政府出面,将既有的市场需求以适当额度分配给各家公司。[11]

不过,最早的综合性计划是在1931年9月由杰勒德·斯沃普推出,斯沃普是赫尔之家和战时工业委员会的老同志了,如今是通用电气公司的总裁。斯沃普的基本想法是将所有州际业务人员超过五十人的公司组织起来,形成同业公会性质的组织。此类同业公会是自治组织,有权"协调"供销,并"稳定"价格;为了达成这样的协调,必须有统一的会计方法,而且公司财务也应当对同业公会开放。各公司应当进一步地推行补助和失业保险体制,补助金和保险金由雇主和雇员共同缴纳并共同管理。在所有这些同业公会组织之上,应当设立一个全国性的经济委员会。简言之,这实际上是对美国工业的实质性组成部分实施卡特尔化,作为交换,斯沃普提议给劳工保证高度的就业率,若做不到这一点,就提供失业保险。[12]

与此同时，于1932年获选成为美国商会主席的新英格兰电力公司的亨利·I.哈里曼也有了类似的考虑。"我们已经脱离了极端个人主义的时代，"他以商会商业与就业连续性委员会主席的身份撰写的报告中谈到，"如今，若要维持繁荣和就业，最佳的办法是对商业结构实施合理计划。"反托拉斯法案，"自然贴合昔日的经济状况"，不过放在今天，则阻碍了集体行动的道路。因此必须予以调整，允许公司分割市场，当然，为了保护公众，政府也必须有权对过分的价格予以禁制。哈里曼继续申述说，主体商业应当借由同业公会组织起来，以层层递进之势伸展开来，最终形成一个全国性的经济顾问委员会式的组织。拒不合作的少数，又该如何处理呢？"那就像对待拒绝烙印的牲畜一样，"哈里曼说，显然，他并没有忘记蒙大拿州的牧场生活，"用缰绳将他们套起来，打上烙印，让他们跟畜群一起奔跑。"不过，哈里曼也补充说，倘若将此等权力赋予商界，商界也就必须担当责任，建立相应的防御机制，保障人们在疾病、失业以及年老之时的经济需求。1931年秋天，此番提议在商会赢得了相当大的多数。[13]

到了1932年，美利坚商业集团，至少是其中有分量的集团，已经在向着集中计划机制快速靠拢了。琼斯与拉姆森机械公司的拉尔夫·E.弗兰德斯，佛蒙特州人，评论说，这个国家正向着人类发展的一个新阶段前进，"经济机制以及社会生活将接受有意识的指引，以促成普遍福祉之目标。但凡瞩望过此等愿景的人，"弗兰德斯补充说，"别的任何东西都无法再入他的法眼了。"美利坚商业，如同亨利·I.哈里曼总结的那样，正在接受"计划经济哲学"。[14]

二十三　改革议程

1

商业集团的批评者们实际上跟商业集团一样,都被这场突然降临的大萧条搞得晕头转向。自由派改革者的传统关切是福利问题、自由问题,劳工领袖的传统关切则是工资和劳动条件问题。大萧条令两个集团一夜之间面对着崭新的挑战。两个集团也都认为经济增长是必然的,因此对这场经济崩溃都没有任何准备。面对崭新的挑战,绝少有人准备好了诊断或者药方。

劳工集团的反应尤其迟钝。威廉·格林直到1930年年中,才在《美利坚同盟者》上发表评论文章,承认存在大规模失业。当年的劳工联合会大会之上,劳联领导层以极为暴烈的态度驳斥失业保险观念,并认为救济会将劳工变成"国家的依附者",此等态势成了这场大会的主要亮点。然而,随着萧条日益深化,即便劳联也不得不承认大规模失业的存在。到了1931年3月,格林也开始呼吁在工业体系内部推行"持续的协调计划",并在各个产业系统之间推行"全盘合作";7月,格林向胡佛总统宣示说,除非雇主集团"集体担保工作安全",否则,就要面对"无可避免的失业保险立法，这样的立法会将救济体系强加给美利坚工业体系"。

当劳联在温哥华召开 1931 年的大会的时候，格林表现出了罕见的暴烈态度。"我要警告那些剥削者，"他说，"他们的压迫也就到此为止了，否则就等着自食恶果吧，就等着毁灭吧。他们确实该看看史书，看看那些国家的政府是如何毁灭的。革命就是从饥饿的深渊当中喷薄而出的。"[1]此等战斗姿态主要是口头上的，不过，这也足以令领导层避免背书强制性的失业保险计划，该计划是卡车司机工会的丹·托宾连同另外一批劳工领袖提出的，是来自底层的要求。

大的铁路工会组织都回应了此一新的战斗姿态。1932 年春天，这些工会的领导人包括 A. F. 惠特尼和 D. B. 罗伯逊在内，向胡佛总统发出了呼吁。"总统先生，"他们说，"我们来这里是为了告诉您，除非做点什么提供就业机会，缓解失业家庭的艰难处境……否则，混乱将会无可避免，而我们也将拒绝承担责任。"这些人接着申述说，"充分提醒合众国的合宪政府，此乃我们职责所在……目前的情形，人们对当前体制的不满已经相当普遍了，因此越发地要求整个商业体系以及社会结构有所变革。"[2]

2

言辞毕竟不能替代行动；劳工组织领导集团显然缺乏切实计划，除了每周三十小时工时方案之外。马修·沃尔倒是相当高调地谈起"全国性的计划机制，将这个国家的经济活动作为整体加以考虑"，但这并不能掩饰细节的匮乏。似乎只有两个有分量的劳工领袖有心介入细节问题，不过，这也是因为二人自身的经验令二人有可能从细节角度思考计划问题。

其一是矿工联合会的刘易斯。对煤矿工人来说，萧条已经是家常便饭了；长期以来，刘易斯一直都支持在病态的煤炭产业推行计划体制。此次，他提议说，稳定计划机制应当依托一个全国性的经济委员会，在整个工业体系普遍推行。刘易斯申述说，我们必须放弃昔日里人们视若珍宝的古老说辞，诸如"自由放任""竞争""强悍的个人主义"，等等。不过他也赶忙解释说，他当然反对颠覆性运动，在这方面，他不输任何人。"对于一切的非美活动或者反美活动，我从来都是反对态度。不过话又说回来，我很清楚，我们必须直面今时今日的实情，我们一定不能对这场巨大的经济变动以及这个时代的经济潮流，熟视无睹。"[3]

跟刘易斯一样，制衣工联合会的悉尼·希尔曼所代表的产业，也已经被无情竞争送入毁灭境地了，唯有全产业范围的合作机制才能拯救。"若真要控制失业，"希尔曼说，"我们的思考和行动就必须依托经济计划框架展开"；经验已经表明，"仅仅依托自愿合作推行的计划机制，是不够的。"在希尔曼的方案中，这个全国性的经济委员会，是由全国范围的工业代表机构主持建立的，该机构涵括了劳资双方的代表，该委员会"有权拟定拯救计划，也有权将计划付诸实施"。[4]

刘易斯和希尔曼的方案，实质上跟杰勒德·斯沃普和亨利·I.哈里曼的方案并无多少区别。不过，召请"计划"也会有自身的问题。在计划机制之下，价格该如何确定？资源该如何分配？工资水平该如何论定？当此类问题浮现出来的时候，讨论便进入了极为含混的境地。看来，这些艰难抉择只能留待倡议中的经济委员会来定夺。

3

面对这样的技术空白，职业经济学家也帮不上什么忙。那些学术泰斗,诸如陶西格、埃利、康芒斯、米切尔以及塞利格曼等人,其实跟商界和劳工领袖一样,都被这场大萧条搞得措手不及。不过,1920年代的异端们倒是从中这场大萧条当中找到了激励,甚至可以说是找到了证明。当日的经济学家当中,福斯特-卡钦斯二人组中的威廉·T.福斯特,是在大萧条爆发之后最先站稳脚跟的。福斯特的理论体系对这场闪崩有所预见;而且,倘若他真的知道大萧条的原因,他自然也就觉得自己知道救治之策。

此时的福斯特,不免回望1920年代,他很肯定,这场萧条的原因,不能依照正统理路,溯源于无度花钱,相反,福斯特认为,究其根源,在于节俭。"根本不是什么挥霍无度惹的祸,这个国家反而是在严厉节约中白白挥霍了财富。"那么,为什么工业体系不能继续生产并扩大就业呢?"原因很简单,就是因为产品卖不出去了。"福斯特着重申述说,"除非我们提升消费,否则的话,无论我们做什么,都不可能找回好时光。""若要快速遏制这场萧条,唯一靠谱的办法是提升薪资总量。"

不过,福斯特也指出,购买力并不会自行恢复。"我们已经白白等待了三年时间,就这么眼睁睁地巴望着私人企业将必要的货币和信贷送入流通。"福斯特自然是认为,就这么将工作交给那些"慵懒仙子",是愚蠢之举。"私人企业既然失败了,那么公共企业便是唯一的指靠。可以通过集体行动来恢复消费者的购买力,除此之外,便没有别的办法了。所谓集体行动,则必然意味着联邦政府的行动。"

第一步是提升国债额度,"达到恢复就业和生产所需的增幅"。兀自担心债务规模是毫无意义的;一旦国民收入开始增加,"联邦债务之清偿就是很容易的事情了"。政府应当放开手脚花钱,比如修路、清扫贫民窟以及各种各样的公共工作。与此同时,减税也可以释放更多的购买力。倘若别的办法都行不通了,那就干脆直接发放补助金;"这不是像样的办法,但确实可以将一部分僵滞资金带动起来。"政府必须竭尽所能,将美元交付那些愿意花钱的人的手中。"倘若有人说这是通货膨胀,"福斯特说,"那我也要说,当前这个时候,这个国家最需要的就是这样的通货膨胀了。"

福斯特还补充说,应急举措是更为必要之事。对收入、利润以及遗产征收重税,可以在未来避免资金就这么沉睡在储蓄账户里。"这个国家已经一再证明,富人就不可能再像往日那样储蓄了,不可能将一切可以储蓄的东西都储蓄起来。"实际上,正是为着他们的利益考虑,"就应当从富人的盈余中拿走足够的额度,以促消费,同时也令商业体系能在利润轨道上运转起来。这可不是'压榨富人',这是在拯救富人。"此外,福斯特还力主推行强制性的失业和医疗保险制度、银行准备金担保制度,并严格规范证券交易和股票发行。

福斯特很久之前就已经对胡佛不抱幻想了。在他看来,胡佛政府似乎一直在奉行"原罪经济学";这届政府的所作所为,就仿佛这悲惨境况是预定的,并且人力无法改变。这个国家得到的不是行动,只有劝诫。"就好像库埃先生成了他的财政部部长一样。"但是,复苏其实就是这么容易的事情!"倘若还有人觉得我们的经济问题主要出在精神层面,那就不妨让合众国现在宣战,看看会发生什么吧。"如此一来,国会定然要拨款数十亿美元;工厂和农户将收到如云订单;繁荣就此回归。"终有一天,"福斯特说,"我们都会明白过来,倘若一场浴血战争可以拿到这么多的钱,那么眼前这场饥饿战争也能拿到同样多的钱。"[5]

4

福斯特的此番观点主要是在非正统集团中获得了支持。此前,英国的约翰·A.霍布森就已经独立发掘了一种消费不足理论来解释经济停滞。福斯特在解释需求不足的时候，主要是强调商业储蓄和商业融资造成的购买力萎缩，霍布森强调的则是失衡的财富分配结构，这样的分配结构将收入都置于富人手中，富人则拿来储蓄，急需花钱的穷人，所得收入份额反而甚是可怜。能否在不变革资本主义体制的前提下，纠正过度储蓄的倾向，在这个问题上，霍布森的态度要更为悲观。霍布森的分析比福斯特更为系统，也更为精细，不过他提出的建议，诸如赤字开支和累进税制等，却跟福斯特不谋而合。霍布森的作品在美国也不乏影响力。[6]

1930年，约翰·梅纳德·凯恩斯推出了《货币论》一书，此书标志着这么一个成熟得多的英国经济学家也站到了消费不足理论的阵营。凯恩斯将严格的逻辑、精细的分析以及杰出的阐释注入此一新理论当中，最终将此一理论变成了新正统。"这并不是贫困的危机，"凯恩斯于1932年告诉美利坚，"这是丰裕的危机。"当然会有人认定，出路在于节约和节俭，"在于尽可能地避免利用这个世界的生产潜能。"凯恩斯颇为轻蔑地说，此类看法都是"蠢夫和疯子的胡言乱语"。他说他无法想象，能说出此等垃圾的人，在美国还能得到尊重。头脑清醒一些的银行家"不得不游走各方，向世人确证他们的信念：并不存在严重的通胀风险；但其实这话背后的意思是，这只是希望而已，而且他们实在找不到像样的理由来支撑这样的希望。"只要人们仍然秉持这样的看法和情感，凯恩斯说，他就看不出有什么办法可以在不远的将来恢复美利坚的繁荣。[7]

此时的美利坚，福斯特和消费不足论者确实赢得了不少读者，但追随者为数寥寥。此时，一个名叫大卫·库什曼·科伊尔的咨询工程师也发展了一套类似的经济政策观点，科伊尔的专长是结构设计。"高收入并不能自动保证足以促成这个国家运转的消费率，"科伊尔说，"这就是为什么联邦政府要拿走相当一部分收入盈余并投入消费。"不过，福斯特派最具力度的门生是一个名叫马里纳·埃克尔斯的犹他州银行家，他精心研读了福斯特的书，并以自己作为商界人士的亲身经验重新解释了消费不足理论，最终提起的政策建议可谓青出于蓝而胜于蓝，比福斯特的方案更切实，也更有说服力。

问题的关键，在埃克尔斯看来，在于动用政府力量来提升购买力。要达成此一目标，办法是政府支出，比如公共工作支出，比如救济支出（"我们要么采纳一套能够在资本主义体制之下应对危机的计划，要么采纳一套抛开资本主义予以运作的计划。"），比如农业领域的内部分配计划所需的支出，以及其他可以让钱财流动起来的举措。无约束的个人主义时代，埃克尔斯说，已经结束了；经济若要继续存续下去，就必须"依托调整过了的资本主义体制，由政府从上而下予以管控"。[8]

5

在福斯特这里，大萧条"全然是一场货币危机"，因此"货币举措便可予以全部解决"。[9] 不过，此类货币政策，在推展开来的过程中，势必要求相当程度的制度调整；在埃克尔斯这里，制度改革的需要则是得到坦率认肯的。不过话又说回来，福斯特和埃克尔斯都是以购买力问题为切入点，而后才向着结构问题推进。此时，另有一派经济学家，也就是从凡勃仑、帕滕和康芒斯那里得到灵感的制度学派，则是将结构改革作为切入点。

更为审慎一些的制度主义者以国家经济研究局为根据地，并集中精力于制作经济发展的数据图景。不过，制度学派中另有一个集团，以哥伦比亚大学为根据地，则是颇为直接地致力于政策问题。这期间，有两个经济学家，加德纳·C. 米恩斯和雷克斯福德·G. 特格韦尔，以及一名律师小阿道夫·A. 伯利，协力建立了一套有关美利坚经济的新理论，此一理论颇能吸引人。

米恩斯是三人中年纪最小的，1932年时仅有三十六岁，但他已经在经济学和法学的交叉领域探索了很长时间，对制度确立经济发展模式的问题也进行了很长时间的研究。1932年，他协同詹姆斯·C.邦布赖特推出了《控股公司》一书，可说是为探索公司结构而做的最早尝试，同一年，米恩斯又协同阿道夫·伯利推出了那个时代最具影响力的经济论章之一，《现代公司与私有财产》。伯利在巴黎经历了理想的幻灭，此后几年间，他转入实务，同时从事法律教学工作。米恩斯将相当丰沛的创造性经济思考注入了二人的合作当中；伯利比米恩斯稍稍大了几个月，二人都有着法律技术人才的那种精确性，也拥有社会先知的广阔视角。二人都感觉，现代公司的崛起已然令经济发生了革命，这必然也会引发公共政策思维的革命。米恩斯阐发了这场革命的经济理论意涵。伯利则阐发了这场革命的法律和政治意涵。

据《现代公司与私有财产》记述，1930年，两百家非银行业大公司差不多控制了这个国家一半的非银行公司财富，也差不多控制了国民总财富的四分之一。半数的钢铁产业掌控在两家公司手中，四家公司占据了铜矿产业的半壁江山；半数的无烟煤产业也掌控在四家公司手中；镍和铝实际上也都垄断了。三个集团公司控制了超过一半的电力产业；两家公司掌控了差不多三分之二的汽车产业；三家公司控制了70%的烟草业；一家公司垄断了一半的农用机械产业，各个产业的情况基本上都类似。据伯利估算，美国全部产业的65%，已然掌控在大约六百家公司手中。这就意味着为数寥寥的六千人，作为这些公司的董事，实际上控制了美利坚的经济命脉；"减去那些不怎么管事情的董事，这批人的数量将不会超过两千人。"倘若增长率能够维持下去，那么到了1950年，将只剩下两百家公司来掌控全国70%的公司业务。"布兰代斯先生竭力要将时间拨回1915年；即便是现在，费利克斯·法兰克福特教授也仍然不相信这样的情况能维持下去"；然而，这个进程是不可逆的。曾有那么一个时代，社会是由一套封建体制来掌控，而今的情形也差不多，一套"公司体制"正发育起来，此一体制的掌控者是一小撮产业领主。

6

从此等局面出发，米恩斯在经济理论方面得出大胆结论。古典经济学预设了无数小经济单位的存在，此类经济单位借由市场上的自由竞争来平衡供求。此等情形之下，垄断只是非常态的存在，只需要在某个脚注里面泛泛处理就可以了。然而，昔日里的非常态，而今已成为常态。"植根于亚当·斯密式的私人企业的个人主义，"米恩斯写道，"已然在极大程度上让位给植根于现代公司体制的集体行动了，因此经济理论的分析重点应当从竞争转为控制。"

这其中，从米恩斯所谓的"贸易市场"，也就是古典经济学的自由市场，向着"管理市场"的变迁，是决定性的。米恩斯认为，现代公司将极大部分的经济生活纳入单一经济单位的管理控制之下，这便改变了经济的性质。固定价格既取代了弹性价格，市场也就失去了内在的平衡取向。在古典经济模式当中，若供大于求，就会引发价格下跌，直到需求赶上来；但是在"管理市场"，若是出现供大于求的情况，则很可能不是引发价格下跌，而是生产下跌。而今的自由市场机制仅仅在农业领域维持着主导地位；米恩斯还指出，若是遇到萧条，农业部门通常是价格下跌，但产量不会下跌，工业部门若是遇到萧条，则产量下跌，价格不会下跌，如此便造成两大产业部门之间的不对等，而这则进一步催生了经济的不稳定。

很显然，米恩斯考察的是公司革命经济学，伯利的侧重点则在于其社会意涵。规模扩大且所有权分散，此等情况很显然令所有权和控制权越发地隔离开来。股权的扩散，在赫伯特·胡佛看来，意味着所有股票持有人都是美利坚经济的主人，但在伯利看来，这意味着无人可以成为主人。"那可见可触的财产，在你生活中是一回事情；那收藏在银行保险柜里的纸面财产，则完全是另一回事情。"对于后面的这种财产，"所有者"丝毫没有办法以"财产"来对待，只能是被动地等待，在证券市场允许的时候将之出售而已。如此，在公司体制当中，旧的私人财产观念慢慢也就没什么意义了，伯利认为，这么说并不为过。

随着所有权和控制权的分离，利润动机也将逐渐失去分量。伯利认为，那些管理着巨大公司的人们，除了给股东分红外，还将有其他的考量和关切。这样的巨大组织，显然也在演变成社会建制。现代工业的管理者，其将"更多地担当起君主和大臣的职能，而不仅仅是推销人或者商人"。研究一番亚历山大大帝，将更能理解他们，说白了，他们实质上跟这位古代的帝王一样，也是要开疆拓土的，相形之下，若仍是以亚当·斯密的小商人类型来看待他们，反而很难理解他们这类人了。

伯利和米恩斯认为，而今的公共政策，其目标必然是对新的公司体制实施"统一的、受控的、合理的管理和运营"。伯利认为，"正所谓铁打的营盘流水的兵，一批又一批管理者承续下来，当然也就不难意识到，管理者的第一职责是让这套公司体制运转下去；倘若这其中需要彼此协作而非竞争，那就必须协作"，公共政策之目标就是在这样一个进程中达成的，因为这个进程将推动大公司从商业机制走向责任机制。且看看英国的情况，在经历了数代人的发展之后，担当责任机制的银行集团已经崛起了；合众国也是一样的道理，在这个过程中，合众国也将建立起"完全中立的技术统治体制"，并据此推行"并非共产主义的集体主义，说白了就是共同行动，并以对结果的共同责任为基础"。这样的集体主义容许"完整的思想自由；人们可以讨论，可以分歧"。但跟自由放任的资本主义不一样,这样的集体主义要让人们建立以"作为一个整体的国家生活而非利润"为取向的工作模式。此外,还需要一系列的近切改革,需要以政府支出支撑需求,需要重组股票市场,对证券发行实施联邦管制,银行体系集权化,修订反托拉斯法令,为经济集中乃至垄断留出空间,当然也要对全部的集中产业实施严密管制;此外,还有老年保险、健康保险以及失业保险。

"这样一个有责任担当的商业集团,"伯利颇有些惆怅地问道,"仅仅是梦想吗?"他于1932年时候写道,而今的商业领导权能,其特性仍然是"攫取权力,不认肯责任,有野心,但没有勇气"。工业体系的管理者们"基本上没有担当对共同体、对客户以及对劳工的责任;没有联合可言;内部也处于争斗和厮杀格局。"据此,伯利很是阴沉地得出结论说,若事态就这么发展下去,"用不了多久,美利坚跟苏联就会变得非常相像了,也许只需要二十年。由计划经济委员会管控全部工业,由一个小小的管理者集团管控全部工业,这二者之间并无太大差别。"[10]

7

哥伦比亚大学经济系的雷克斯福德·G.特格韦尔,以娴熟且大胆的笔法,简化了制度主义设计图景中的一些单元格。他完全接受了《现代公司与私有财产》的分析;不过,伯利和米恩斯的侧重点是工业,特格韦尔则将农业也涵盖在内;伯利和米恩斯在政策建议方面是相当小心谨慎的,特格韦尔则已经开始思量个体心理和社会计划等远为前沿的问题了。

特格韦尔出生于纽约州西部的肖托夸县,1931年时四十岁。他曾在沃顿学院跟随西蒙·帕滕和斯科特·尼尔林研习,并且对进步主义时代的激奋颇有共鸣。年轻时期,他就已经写出惠特尼式的

诗篇,作了这样一番自我呈现——身材高挑匀称、消瘦但肌肉强劲,紧张,憎恶这个国家的种种恶臭,憎恶富有压迫者:

> 我们开始将富有视为贫穷;我们开始尊崇劳作。
> 我有伟大梦想,要看着他们消亡,
> 我已经备好工具和图表;
> 我的计划漂亮且实用;
> 我就是要撸起袖子大干一场——改造美利坚!

进入 1920 年代,特格韦尔已然是非正统经济观念和社会改革的信徒了。他从帕滕那里学到了丰裕经济学和国家计划理论。从凡勃伦那里,他则汲取了这样一种观念:"商业"对"工业"的宰制将令人类沦落匮乏境地。杜威则将工具主义信念传递给他,据此信念,理性是塑造未来的真正工具。同时,他也在科学管理制之父弗雷德里克·温斯洛·泰勒那里找到了所需的手段,可以令社会达成帕滕、凡勃伦和杜威提起的那些目标。特格韦尔常说,泰勒第一次手持计时器站在米德韦尔钢铁厂一群铲工面前的时候,人类便见证了 19 世纪最伟大的经济事件。只可惜,泰勒并没有走得足够远。特格韦尔相信,科学管理的逻辑要求将计划机制从单个的工厂拓展到整个行业,并最终将整个经济体都涵盖起来。"而今,我们需要的是将泰勒体制推展到整个经济体系。"

特格韦尔自然不待见古典的自由市场理论。"并不存在看不见的手,"他说,并标志性地补充说,"从来都没有。"但是,寻求"切实且可见的手引领我们去完成昔日里人们一直认为是那只神秘的、非实存的、看不见的手担当的任务",这其中的阻力可不仅是来自商业集团。老派的反垄断进步主义集团也会横加阻拦。特格韦尔显然比伯利和米恩斯更具论战热度,他抨击反托拉斯举措是"典型的煽动",是没用的陈词滥调,是无望且灾难性的错误。"钳制商业"政策意味着政府要与"无可避免且无可遏制的产业力量"为敌。只不过是给经济上的必然之事打上了法律罪错的烙印。乡民进步主义是"反动的",威尔逊的"新自由"是一场"年代错误"。特格韦尔对西奥多·罗斯福并不是太在意,看来也没受克罗利多大影响,不过,在古老的美利坚二元对峙当中,特格韦尔认肯西奥多·罗斯福和克罗利的立场取向:"汉密尔顿预测了经济世界将会发生的事情并且阐述了该如何应对,在这方面,他可比杰斐逊强多了。"

倘若经济体系的所有特性中,真有那么一种特性是特格韦尔信持的,那显然是统一性。因此,最大的需求是协调。此前,战时工业委员会曾经达成此一目标,那是"美利坚的战时社会主义"。战争,特格韦尔说,"就是工业工程师的乌托邦……只可惜,停战阻止了生产控制、价格控制和消费控制等领域的一场伟大实验"。不过,这样的尝试定然很快就会再次展开。"我们这个社会正向着合作机制奋力前行,"特格韦尔写道,"一切技术力量都在推进一个集体主义社会;人们的所有受挫的动机都在高声呼吁集体主义社会。但是,过往的意识形态封堵了前进的道路,那些从陈旧意识形态中受益的人,当然会竭力拱卫这些意识形态。"[11]

8

1927年,特格韦尔颇为明敏地提请人们注意,生产率的提升幅度已经超过了工资的提升幅度。但是,他也在《走向成年的工业》一书中评点说,商业集团不可能将生产率上的获益自愿转让出来。而且,没有足够的公共需求可以推动工业部门的计划机制,也没有这项工作所需的技术知识。不过,他觉得,这两个条件在农业部门是存在的。农民群体正在寻求全国性的农业政策;农业推广服务体系不仅提供信息，此一体系本身也是基础的控制机构。对计划机制的这种关切由此引领特格韦尔进入农业经济学领域；对农业经济学的关切很快便令伊利诺伊州前任州长弗兰克·洛登注意到了特格韦尔，1928年，特格韦尔便以此为契机加入了阿尔·史密斯的选战运动。

大萧条更形强化了特格韦尔对计划问题的关注度。1931年冬天，他在美国经济学会发表演说，尝试充分解释计划经济的意涵。一个仅有顾问权力的全国性经济委员会，就像斯沃普或者哈里曼提起的那样，是做不成什么事情的，特格韦尔说。人们当然会去区分部分计划和全盘计划；但是，"最终结果是一样的，说白了，都做不成什么事情。"计划机制的逻辑，说到底并且实际上，是要"消除'商业'"。若要推行计划机制，肯定要限制利润，肯定要管制利润之使用，肯定要控制价格，也肯定要剪除投机性获益。此外，还应当实施宪法改革，"要用这粗糙且不神圣的手去触碰众多神圣先例，毫无疑问需要动用更大规模的、全国性的监管力量，方能推行起来"。

"一旦工业与政府混融一体，"特格韦尔总结说，"现代制度中最为深重的这个二元冲突也就能够缓解下来。计划经济之前景同我所抱持的所有其他希望和信念极为契合，这是根本原因之一。"美利坚的境况曾在走向爆炸，这一点大家都必须清楚。不管怎么说，"未来在俄国日益清晰地呈现出来；美利坚的当前境况自然与之形成了强烈对照；政客们、理论家们以及种种既得利益集团似乎正在进行一场完美合谋，意欲挑动已经长久忍耐的人民走向暴力。"[12]

此番演说是特格韦尔最为激进的宣示了，其意向很清楚。三年后，他在参议院的一个委员会作证说，当时只是为了廓清计划经济的逻辑，在这个过程中，他"实际上是试图表明，那样的逻辑是无效的"。[13]然而，1934年的此番证词则显然是出自政府高官之口，在特格韦尔看来，作为政府高官，第一职责是要保护总统，因为是总统任命了他。1931年的此番论说，完全可以看作是特格韦尔在表达自己的昂扬欲望，确切地说，他要用此等极为油滑的口号和断语，阐发计划经济之意涵，以此来震动听众。实际上，就在同一时期，他也在着手撰写一部作品来阐发更为清明的解决办法，该书经过大量修订之后，于1933年正式推出，书名是《工业纪律与政府技艺》（以下简称《工业纪律》）。

美国经济学会演说的精神是倨傲的、断言式的，那样的气势给人的感觉是要么不干，要干就干大的。在《工业纪律》一书中，特格韦尔确认了中间道路的可行性，申述了他对曾在其他地方所说的"管制型社会之可能性"的信念。[14]他说："现在是可以展开实验的，而且得抓紧时间，以免太晚了。否则，我们肯定要陷落革命旋涡当中。"特格韦尔在此明确了自己的态度，他是不希望革命的。"自由派自然希望在火车正在奔驰的时候，重建车站；激进派更是一副不破不立的态度，希望将车站和服务体系全盘破除，等待新一套结构和体系建立起来。"终极目标也许不会有太大差别，"不过，在为了达成目标而采用的手段上面，毕竟是存在重大差别的"。一边是顽固特权，另一边则是"黑暗的毁灭意向"，自由主义必须置身这险滩和旋涡之间的某个地方，完成经济制度的民主重建。

特格韦尔此时的计划跟哈里曼和斯沃普先前的计划颇为相像，就在不久前，他还极为尖刻地评说过哈里曼和斯沃普的计划。特格韦尔同样希望以自治公会的方式组织工业体系，同样以层级递进之势，最终建立一个工业整合委员会，一个由工业代表和公共代表共同组成的委员会。这个中央委员会将以全盘的政府计划来协调工业计划。不过，特格韦尔也提出一个很有创造性的建议，就是对未分配的公司利润征税，以此迫使投资资金进入公开市场，这样的话，就可以令资本扩张计划服从外部控制。[15]

特格韦尔的这个中央委员会建制拥有执行权，在这方面，他显然超越了哈里曼和斯沃普，不过他并不认为这样的管理型社会会威胁到根本性的自由。《工业纪律》呈现的东西，同美国经济学会演说中呈现的那种强烈的抉择图景，毫无疑问形成了对照，这本身也折射出他自己的内在冲突，作为理论家，他自然喜欢肆意提起且不详概论，但他也是行动者，因此对现实他有务实意识。不管怎么说，他有着极为深沉的信念，他深信作为一种社会方法的实验主义，正是这样的信念，总能够或者差不多总能够拯救他的教义。他并不信任所谓神圣教义和终极目的。当乔治·S. 康茨教授促动教师们招募学生，参与新社会秩序创建大业之时，特格韦尔评论说："在这个问题上，我绝对不能赞成康茨先生的做法。"在特格韦尔看来，教育之目标，应当在于传授方法，而非灌输目标。

对实验的信念或者信仰，也决定了特格韦尔对待共产主义的态度。他的确说过，未来在俄国身上正在显现出来，不过，此论仅仅是在技术意涵上提起的。"争论的核心在于，"他评论说，"要还是不要社会管理。答案则取决于这所谓的社会管理是否涵涉对竞争性观念的压制。"倘若抉择只能在共产主义和自由放任之间做出，那么"实验主义者最好还是退场算了。还好，选择并不是这么简单"。

他对制度变革充满热忱，不过，身为实验主义者，他也明白，还有其他的事情需要去做，而且那些事情很可能是要放在前面去做的。1931 年的冬天，他差不多是以威廉·T. 福斯特的语气申述说，支撑购买力是"一切计划的当务之急，而且是最为重要的，否则，任何计划就都不会有效"，并且"是最有前景的攻击点"。[16]

9

此时，其他的自由派经济学家也都没有闲着，也都在贡献各自的才智，范围甚广，从货币政策一直伸展到制度变革。芝加哥大学的保罗·H.道格拉斯凭借深厚的理论能力和强劲个性，加入了战团。他认为需要政府介入以支撑购买力，在这个问题上，他赞同福斯特和埃克尔斯的看法，也赞同伯利和特格韦尔的看法。他颇有力度地为失业保险以及其他形式的社会保障伸张。不过，他的特殊贡献在于这样一个信念：需要新的政治工具应对这场危机。

1928年，道格拉斯并不觉得史密斯和胡佛之间的抉择有太大意义；1929年，他组建了独立政治行动同盟，闪崩之后，该同盟越发地自认是一个新的激进集团的核心了。约翰·杜威担任该同盟的主席；霍华德·Y.威廉斯，先前的社会福音派宣讲人，则成为该同盟的行政秘书；该同盟的全国委员会融合了斯图尔特·蔡斯、奥斯瓦尔德·加里森·维拉德以及莫里斯·厄恩斯特这样的自由派和诺曼·托马斯、哈里·莱德勒以及莱茵霍尔德·尼布尔这样的社会主义者。道格拉斯在总括该同盟的哲学的时候，申斥了两大党，认为两大党"本质上都是商业政党"。

1930年中期选举之后没过几个星期，杜威便邀约乔治·W.诺里斯引领一个建基于计划和控制原则的新党。此时诺里斯已经是疲惫老兵了，也已经离开了共和党，并自称独立派，遂婉拒了杜威的邀约。他在参议院的办公室告诉杜威和威廉斯："没有希望的。"他还在一封信中补充说："经验表明，除非遭遇重大危机，并且实际上出现了一场政治革命，否则的话，人民是不会回应新党呼声的。"

不过道格拉斯并未放弃，1932年春天，他推出了《新党降临》一书。重申了对两个大党的拒斥态度；他说，民主党在南方是反动的，在大城市是腐败的，不仅如此，"该党主要是以商业集团作为背后支撑，融雷电和救生船的功能于一身"。纽约州州长罗斯福倾向于自由主义，但不能指望此人来改造民主党。他说："若是寄望某个总统凭借一人之力极大地改变事态，这是幼稚不过的幻想，自由派最应当摆脱掉的,就是这个幻想。"如今的美国人民必须瞩望着有那么一天,"民主党会最终没落,一个强劲的农工政党会就此崛起,就如同在英国自由党走向没落,工党崛起一样。"

1932年,道格拉斯支持诺曼·托马斯和社会党。"真正的计划经济体制,"他相信,"在资本主义体制之下,几无可能,唯有社会主义体制,才能赋予其空间。"不过,道格拉斯并不教条;他认为,在美国,社会主义化的问题并不能借由对普遍论题的断言式回答得到解决,这是要经历一连串的实验的。1932年1月,独立政治行动同盟提起了一份"四年计划",该计划主张徐图缓进式的实际举措,诸如联邦救济、公共工作、社会保障以及削减关税,等等,并且公共所有权体制也仅仅是推及公用事业体系。

跟特格韦尔一样,苏联之行令道格拉斯对计划机制之可行性有了新的意识。不过,苏联之行也解释了诸多新的危险。他在1929年时申述说,"跟财富一样,权力的腐败态势也是根深蒂固的,而且是极为精巧的"。在此时的道格拉斯看来,美利坚的问题是要达成充分就业的目标,同时避免"严酷的独裁体制和对民主的否决。"同时,道格拉斯明确了自己的态度,在这项事业中,是不可能跟美共有任何协作的。他说:"他们有自己的目标和方法,事实上,但凡偏离或者有悖于他们的目标和方法的东西,他们都不会当回事。"[17]

10

不难见出,自由派的实用主义是要想方设法地在自由制度的框架之内,达成稳定经济的目标。《新共和》的乔治·索尔,援引F. W. 泰勒、凡勃仑以及战时工业委员会的经验,在1932年推出的《计划社会》一书中呈现了自己的经济设计图景。索尔在书中申述说，刺激有效需求，必须成为"一切全国性经济政策的主要目标"，并认为赤字开支是达成此一目标的最好办法；同时，他也提议建立一个"全国计划委员会"，作为生产计划机制的中心机构。"为着社会目的而推行计划机制，在这条道路上迈出的每一步，"他写道，"都必然是同资本主义渐行渐远的一步。"不过，他诉求的是渐进变革，而非革命；而且他反对那种认为资本主义已经到了崩溃边缘的看法。[18]

查尔斯·A.比尔德则是以更为强烈的态度拒斥极权主义。至于自由放任的神话，"冰冷的实情在于，人人为己和落后者遭殃的个人主义信条，是今日西方文明此等困境的罪魁祸首"。美利坚必须拒斥反托拉斯法令的哲学，转而接纳整合的必然性。比尔德于1931年以"五年计划"的形式推出了自己的解决方案，主张在基础工业部门推行卡特尔体制，由一个全国经济委员会实施管控，该委员会则由商业、劳工和农业三方代表组成。[19]

此时，诸般新的提议或者方案开始挤满杂志版面。制度派经济学家沃尔顿·H.汉密尔顿抨击反托拉斯法令是"另一个时代的常识"，并呼吁对经济的"中央指导"机制向着产能、产量乃至价格领域拓展，他认为这是必然潮流。金融记者约翰·T.弗林宣示说，"资本主义若要存续，真正可能的希望"就在于用投资池取代个体投资，该投资池由政府监管；他说，倘若这个办法也不奏效，"那么资本主义就真的走到头了"。[20]

11

不过，受众最广的自由派经济学家是斯图尔特·蔡斯。蔡斯的观点温和且折中，文风兼具辛辣和迎合，论析透彻，他的这个才能相当罕见，他对这套体制的方方面面都有着无尽的好奇和关切。

1920年代初期，他跟从凡勃仑学习；凡勃仑一直都是他的思想导师；不过他也研读泰勒和凯恩斯的东西，研读生产理论家和货币理论家的作品，无分保守还是异端，他还能够将所有这些人的东西都激发并调和起来，配置出自己的猛料。1927年他随同特格韦尔和道格拉斯造访苏联，计划经济委员会令他大为兴奋，跟他的朋友罗杰·鲍德温不一样，GPU（国家政治保卫局）对他没有造成什么困扰。"苏联不是梦，"他于1931年写道，"一天天地，她的影子落在这个世界，越来越犀利，越来越有胆略。"不过，他也认为，在美国这样的现代技术社会，暴力革命将会是一场灾难。

蔡斯相信，生产问题已经解决了，这个世界已经开始进入分配时代了。这样一场变迁令昔日里在经济舞台上不曾受到重视的两个群体来到聚光灯下面，其一是技术人群，蔡斯称之为"受缚的现代普罗米修斯"，其二是消费者群体。倘若技术群体有了自己的头脑，所有人的丰裕就能够得到保证了。但是也必须借由计划机制来指引技术发展，利润机制无法担当这一使命。对于自由企业资本主义制度造成的那种"无政府动能"，蔡斯有着勒德分子式的恐惧。1932年，他提议对技术发明实施一个十年封禁期，此只不过是半开玩笑而已；他是在推出了自己的一部作品之后，才开起了这个玩笑，那本书呈现的是墨西哥乡村经济令人欣慰的静止图景。

技术进步受到控制之后，便迎来了消费者群体。蔡斯还为消费者的组织工作和教育工作注入了自己的一份重要能量（尤其是通过消费者研究实验室的工作，该实验室每个月都会就商品质量提供报告）。蔡斯认为，消费时代已然改变了社会讨论的整体侧重点，不仅令资本主义过时了，令共产主义也过时了。而今的根本问题不再是谁拥有什么，而是什么方法才能够在最大程度上促进商品流通，同时又将社会断裂的可能性降到最低。

有时候，蔡斯认为未来是要求同资本主义决然断裂的。他也曾因此抨击了凯恩斯的那些建议，认为那些建议不过是为了修补当前体制，有着"致命后果"，"仅仅是对锅炉修修补补，这锅炉最终注定了要爆炸"。不过，尽管言辞尽显夸张，他的具体建议最终也都是一样的修修补补。也正是因此，他在另一些时候则认为，恢复购买力是"解开谜题的那把钥匙"。为此，他呼吁"注入通胀强心剂"，同时也推行再分配性质的税收政策和公共工作政策。他提议采纳"计划生产"提示，为此，他主张修订反托拉斯法案，并以一个"和平时期工业委员会"为主导，借由同业公会体系对工业实施组织，此外还要推行普遍的最低工资和最高工时制度。"在我看来，而今的美利坚工业最为急需者，"他在1931年的秋天写道，"就是协调，依据需求整合供给，结束自由竞争体制造成的可怕浪费和缺漏。各个产业都应当尽快地以清醒且合理的经济单位的身份采取行动，而不能再是一群疯子；越快越好。"他在此期间推出的《新共和》系列以及1932年的著作《新机制》，以一种漫不经心的语言总结了他的规划，并以他的惯常姿态做结论说："为什么俄国人就应当独享重塑世界的乐趣呢？"[21]

12

由此可见，大萧条早期的自由派经济思考逐渐在两套实际规划之上汇聚起来。一种规划来自凯恩斯、福斯特和埃克尔斯，这套规划是从需求不足的角度来看待这场大萧条，因此主张通过政府支出来恢复购买力。另一种规划则来自凡勃仑、帕滕、伯利、米恩斯和特格韦尔，这套规划是从制度框架失效的角度来看待这场大萧条的，因此主张通过结构改革来促成经济整合。无论是消费派还是计划派，这些人都是实用主义者，而非教条主义者。他们都决心要在既有体制之内展开工作，推进既有理性和同意机制，也都决心维持自由社会的当前连续性，正是这样的决心将他们联合起来。

1932年3月，大法官布兰代斯以一篇雄辩之词为这批人提供了特许。当时，大法官萨瑟兰代表联邦最高法院的多数，宣示了这样的判决：俄克拉何马州并不能以这场大萧条为据，判定制冰产业是公用事业。无论危机何等深重，最高法院在多数判决中说，企业自由是受宪法第十四修正案保护的，因此，不能"为了所谓的实验"，而折损企业自由。此时的布兰代斯挥舞着黑色法袍里面的双臂，情绪激荡，他以情感深切的语调宣读了少数派判决意见，当时的法庭现场挤满了人。他强烈否认宪法第十四修正案的初衷是为了让人民在经济危机面前流落无助境地。他说这场危机"比战争更甚"。这样一场危机"甚至威胁到资本主义制度本身的稳定"。在这样的时刻，最高法院能担得起巨大责任去维持社会实验之路吗？"各州和联邦必须有那么一种权力，"他说，"足以通过实验机制来重塑我们的经济实践和制度，否则便无法应对不断变化的社会和经济需求。……若是就此否决实验的权利，将给这个国家带来危险。"[22]

信仰实验，就意味着信仰中间道路。实用主义既反对那些不主张对社会秩序实施任何改革的人，同样也反对那些要求总体变革的人。它致力于推进并提升政府对经济的管理，但反对政府担当所有的经济决策。约翰·梅纳德·凯恩斯在1930年写给《星期六晚邮报》的文章中为实用派改革者伸张。文中写道："我可以预断，两种彼此对峙的悲观主义错误，虽然在当今世界颇为躁动，但在我们这个时代，终将证明都是错误的，一种是革命派的悲观主义，这一派认为情况已经太过糟糕了，除了暴力变革外，已经没有别的办法可以救赎了，另一种是反对派的悲观主义，他们觉得经济和社会生活之平衡已然岌岌可危，不可冒险进行任何实验。"

"我们必须释放我们的心灵，"大法官布兰代斯说，"否则，我们将无法接受理性之光的指引。"[23]

二十四　告别改革

1

威尔·罗杰斯说,历史之上,这是第一个开着汽车前往救济院的国家,他于 1931 年初发出警告。"你们就这么令这个国家沦落饥饿泥潭,"他说,"人们终究是要吃饭的,无论预算、所得税或者华尔街的行情发生了什么状况。当最终时刻到来的时候,华盛顿必定会想起是谁在统治。"1931 年 6 月,有那么一个人开着一辆大大的轿车在印第安纳州加里的郊区穿行,突然有一块砖头砸穿了玻璃窗,他一下子把车停了下来。"这他妈的是谁干的?"他向着黑暗喊叫。夜色深幽之处传来声音,"你们这些有钱的家伙,都得吊死。""你们是何方神圣?"司机问道。"我们就是在给你们准备绳套的人。"当晚晚些时候,旅馆前台说:"他们的忍耐已经耗尽了,胡佛还要再干四年啊……"

1931 年 9 月,退伍军人协会论定,眼前这场危机,"靠着目前的政治方法,是不可能迅速且有效地得到化解的。"同一个月,尼古拉斯·默里·巴特勒在哥伦比亚大学向新生致辞的时候,给出了颇为怪异的评述:极权体制催生了"极为明敏的头脑、极为强劲的性格以及极大的勇气,在这些方面,极权体制都远远超越了选举体制"。10 月,当美国驻英国大使查尔斯·G. 道威斯听闻英国广播公司要向美国播放自由党和工党的竞选演说,遂即否决了 BBC 的这个计划,理由是,如此煽动性的演说很可能会点燃美利坚的公众情绪,这将是很危险的。在密西西比州,一名来自松林地区的老资格政客告诉采访人说:"民众已经躁动起来。共产主义正在赢得据点。此时此刻的密西西比,正有一批人准备着要引领一场民众潮流了。事实上,我现在也是有点颜色的人了。"此人的名字是西奥多·G. 比尔博。[1]

此时,很多美国人都陷入病态中,内心生出一种感觉,一种令人沮丧也令人亢奋的感觉:资本主义要完蛋了。一些人是在救济线上或者松林区里隐约感受到这一点的;但是知识分子不一样,这个群体在 1920 年代的物质主义浪潮中被否决了在美利坚社会的使命感和责任感,因此此时特别容易染上此等病状。门肯已经将他们武装起来,让他们轻蔑美利坚文化,凡勃伦将当前这套经济体制给他们解剖开来,比尔德更是将官方理想背后的肮脏动机展露无遗。而且,这场大萧条已经蚕食了他们在情感上的安全之感。此时的知识分子,就跟股市经纪人一样,突然发现,他们入不敷出了。曾有那么一段时间,"完全的信心",用菲茨杰拉德的话来说,是爵士时代的"根本支柱",而今,这信心已然烟消云散了;透支的时间也正消耗殆尽。1931 年,罗伯特·E. 舍伍德给《重聚维也纳》这样一部关于另一个世界的搞笑剧写了一份颇为动情的引介文章,他在文中申述说,整个这一代人似乎就站在沟壑纵横的破碎无人区,就是一个"破落、阴暗的过渡时代而已"。眼望前路,唯有"黑洞洞的疑虑,点缀了短暂闪过的不祥光点,肯定不会预示着什么好东西。回望身后……桥梁已经烧毁,满眼尽是残垣破壁"。

这迷失的一代看来要比以往的任何一代人都更迷失。此次,他们不得不面对政治和经济现实,既如此,他们所要求的东西就需要更具启示性,而不仅仅是有关购买力或者内部分配计划的种种理论。半吊子举措已经不够了;这是灾难时代。若是同特权、同愚蠢妥协,那么还没等战斗开始,就已经失败了。菲茨杰拉德不免回忆起1919年的激进热潮,两相对照之下,便很是轻松地品评说:"我们只是在翻箱倒柜,不知道那顶自由帽究竟去了哪里,'我记得我是有那顶帽子的啊',还有那件庄稼汉汗衫。"但是到了1932年的夏天,菲茨杰拉德自己也远离了长岛和多维尔,转而捧读马克思了,并且还给出了这样的陈词,"要催生一场革命,就必须在共产党内展开工作"。[2]

年轻一代尤其痛恨在并非自己创造的世界里四处飘零。明尼苏达大学的埃里克·塞瓦赖德写道:"我们放眼四望,到处都是一片混乱。有人说这是无可避免的,这是无可改变的,但我们拒绝相信。无论那些决定论者说了什么,人都不是无可控制的力量的无助牺牲品……人是能够把握并引导这套体制的。"[3] 很多人,无论老少,都在梦想着历史转折点的降临,此一转折将消除失业和困顿,并确保人类渴望已久的体面生活。

2

没有比这更古老的美国梦了。千禧年的希望引领太多的人来到美利坚。这梦想和希望催生了独立激情。19世纪初期,这梦想和希望在这个国家催生了众多乌托邦共同体。在1880年代,这梦想和希望催生了合作制联邦的愿景。到了1930年代,激进派则一直在为一个新世界的诞生而吟唱,这个新世界将是何等公正啊:

> 当每个人都能够活得安全且自由的时候,
> 当这大地属于劳动的时候,

> 一切人都会有快乐，一切人都会有和平，
> 在劳动的共和国，将会出现这样的世界。

而今，大萧条正给激进主义带来等待已久的机会。在这样一个机遇时刻，社会党在某些方面最有资格要求得到没有继承权的人群的支持。社会党是最为强大的激进党派。该党拥有确定的名称，拥有经验丰富的领导人。在某些地方，社会党也已经拥有传统票仓了。繁荣令社会党处于萎缩状态，1928年该党的票仓更是跌落到1900年以来的最低点，即便如此，该党在这一年的票仓仍然是美共的五倍之多。

历史和尊严也是有坏处的。社会党机器的控制者是一批纽约社会主义者党人，这些人主要是欧洲出身，其首领是莫里斯·希尔奎特，这个领导集团已经在习惯路线上战斗了太长时间了。不过，尽管这个老派集团竭力抵制，变革还是到来了。1928年，社会党提名诺曼·托马斯担任总书记，此时，该党甚至不再将"阶级斗争"条款作为入党门槛。托马斯出身社会福音派，深受沃尔特·劳申布什的影响，此时则已然放弃了长老派布道坛，转而投身社会主义政治了。他将一股解放潮流注入社会党；1929年，在纽约市市长的竞选当中，他的表现非常之好，出人意料，如此抢眼的表现出现在股市刚刚闪崩之后，这似乎给社会党的复兴打开了希望之门。但是当有人提议社会党乘胜追击，说服各个工会组织同社会党携手建立类似英国工党那样的组织时，希尔奎特给出了惯常的回答："我们为什么要低声下气地寻求他们的支持呢？让他们来我们这里吧。"[4]

此时的托马斯集团，基本上都是非马克思主义的中产阶级出身，大都受过大学教育，都希望跟劳工建立更为密切的关系，也希望同独立政治行动同盟这样的组织走得更近一些。随着大萧条日益深化，一个新派系崛起了，这就是由保罗·布兰沙德等人领导的

"强硬派",这一派要求社会党复兴阶级斗争观念,并致力于为"有生之年"实现社会主义而斗争。强硬派也希望对苏联采取更为亲近的态度。不过,希尔奎特和老派集团还是击退了此番派系挑战,并维持住了控制权,当然,这是很不容易才得来的。

内斗令社会党陷入麻痹状态,也就无法有效利用大萧条带来的机遇。此时,美共方面正在大肆推行群众集会和骚动策略,以此来寻求失业者群体的支持,社会党的老派集团对此等挑衅策略退避三舍。此时的社会党将研究、教育和劝说作为工作重点。托马斯自然是一个有着不寻常魅力和活力的演说人;但是,托马斯虽然无所畏惧地伸张劳工在公司警察监控之下的组织权利,他最成功的诉求却并非以劳工为对象,而主要是朝向学院和教堂的中产阶级听众。1928年到1932年间,社会党那可怜的成员数量还是勉强翻了一番,从七千人增加到一万五千人。[5]

票仓方面,社会党仍然是马克思主义各党派当中的绝对老大。不过,社会党的诉求和呼声缺乏质性的烈度。那样的诉求和呼声倒是十分契合布道者和社会工作者;然而,很多知识分子很是反感将社会福音、老派集团的经院正统同密尔沃基、雷丁以及布里奇波特的"下水道社会主义"融合起来。激进派则热衷援引托洛茨基对社会党人的那则经典评论,认为社会党就是牙科医生的政党。就像格兰维尔·希克斯说的那样,这场危机所召唤的可不仅仅是那给人希望的合理性论说。约翰·多斯·帕索斯写道:"我不禁觉得,在这样的时刻加入社会党,其效果就如同喝了一瓶淡啤酒。"[6]

3

简言之,社会主义已经被污染了;已经变成了某种跟社会改革无法区分的东西。1931年，很多人开始觉得，改革是不够的，无论是怎样的改革。这一年，林肯·斯蒂芬斯推出了《自传》。这个老资格的记者此时六十五岁了。当时的美国人，没有人能像他那样认识那么多的名人，问过那么多的刁钻问题，报告过那么多的危机事件，并就20世纪的生活写过如此生动、如此众多的东西。也没有人能像他那样如此不知疲倦地测验着自由主义的种种可能性。斯蒂芬斯的一生可以说是集改革派一代人希望之大成。

某次，一个主教以挑衅姿态，请斯蒂芬斯解释一下罪恶的来源问题，斯蒂芬斯回答说，世人都怪罪亚当，亚当则怪罪夏娃，夏娃则怪罪那条蛇，"这就是你们神职集团一直以来坚持的说法。你们都在怪罪那条蛇，说那条蛇就是撒旦。现在该我说了，我要告诉你，真正该怪罪的，是那苹果。"在斯蒂芬斯看来，这才是问题的要义所在。扒粪运动的失败让他明白了，只要私有财产制度大权在握，政府就必然是一个腐败系统；腐败已经成为"国家生命之本质元素"了。所谓改革，其目标就是要改变除了这本质元素而外的一切，既如此，其失败是注定了的。到了1912年，斯蒂芬斯便已经有了自己的定见了："除革命之外的任何东西，都不可能改变这套体制。"

20世纪的第二个和第三个十年间，斯蒂芬斯成了革命的随营人员，先后辗转墨西哥、俄国和意大利。他认识卡兰萨、列宁和墨索里尼，就如同他也认识西奥多·罗斯福、拉福莱特和威尔逊那样；他发觉，相较于那些民主煽动家，自己对率直独裁者更为倾心，就如同他喜欢选区党老大胜过改革宣传家一样。布利特代表团以及凡尔赛事件令他对民主政治家彻底失去幻想；1920年代的意大利则令他对极权德性有了新感受。自由？没错，墨索里尼已经剪灭了自由；不过，在战争时期，威尔逊和劳合·乔治不也是这么干的嘛。"我们一旦感到害怕或者遇到麻烦，就会剪灭自由，难道不是这样吗？自由难道不是一种心理吗？自由所真正依托者并非法律和宪法，而是心性，难道不是这样吗？所谓自由，不过是某种程度的安全感而已，除此之外，还能是什么呢？跟民主、和平一样，自由也必须植根于可以避免恐惧的经济体制。"

斯蒂芬斯总结说，解决办法最终只能是去干唯有共产党干过的那些事情，确切地说，就是接管商业体系，以此来摧毁腐败之源，该体系只要还在私人手中，就只能培育腐败、盗窃和战争。俄国已经指明了道路；即便在美利坚，虽然为未来的准备工作并没有那么明确的目的性，但此一趋势本身已经相当明显了。他写道，美利坚正在沿着一条最终将会同苏联汇合的道路前景，虽然是无意识的，但是"有着巨大动能"。[7]

《自传》引发的反响是巨大的。"新时代"的先知加雷特·加勒特说，斯蒂芬斯是"当今时代最为纯粹的美国人"；在讲述自己生平之时，斯蒂芬斯毫无造作，只是要让人倾听"一个族群的心灵和良知"。身为美国共产党人的约翰·里德早在十五年前就曾品评说，跟斯蒂芬斯在一起，就如同观看亮光闪烁一样。此时此刻，则是最为耀眼的时刻了，在这样一个时刻，就如同牛顿·阿尔文在《民族》杂志上面说的那样，斯蒂芬斯显然是在"发布美利坚改革主义的讣告"。[8]

特别是新一代人，在他的书中发现了神启的品质。成千上万的信笺如同潮水般涌入斯蒂芬斯在加利福尼亚卡梅尔小镇的小房子。此等反响令斯蒂芬斯意气勃发，遂阐明了他认为的他这辈子的真正教益。他以满怀的信心申述说，俄国人已经铸造了"这场伟大转折"；其他人已经没有任何根本性的或者实质性的东西可以提供了。在旧金山的一场集会之上，斯蒂芬斯申述说，俄国革命的铸造者不到一万五千人；接着他便来了一个戏剧性的停顿，才接着说，"看看吧，现在这个大厅里面就差不多有一万五千人了"。昔日的疑虑已经消散了。他没有更多的问题要问了。漫长的求索已经结束了。他总结说："我们这个时代，条条大路都通往莫斯科。"[9]

4

第二年，一本颇有影响力的著作横空出世，将斯蒂芬斯提起的指控实施了总结和概括，这本书的作者要年轻很多。书名本身就已经将宗旨揭示出来了，《告别改革：美利坚进步主义心灵之崛起、生存和败落》。作者名叫约翰·张伯伦，时年二十九岁，拥有七年的耶鲁学习经历，该书表达的是新一代人对实用主义遗产已然失去了耐心。书中生动描绘了一系列进步主义英雄，西奥多·罗斯福、威尔逊、拉福莱特以及克罗利等。但是在张伯伦看来，这些人的全部努力不过是一场无用功；实用派自由主义完全经受不住考验。哈罗德·斯蒂姆斯一直致力于将"自由主义的失败方法"隔离开来，他是正确的。依靠改革，张伯伦说，只能是"为美利坚法西斯主义铺路"。"当前局面，若是清醒且长远看待，"他作结论说，"终究只能让人落入两种结局，要么变成犬儒派，要么变成革命者。"[10]

就这样，斯蒂芬斯和张伯伦将道路准备好了，现在需要的是对革命之后的世界进行一番有说服力的描述。1933年，约翰·斯特雷奇的《即将到来的权力斗争》一书推出美国版，算是将这个任务铺展开来。最终，同样是单独的一部作品，凭借大范围的受众，无情的逻辑以及力道十足的信仰，将整个故事讲述完毕。在整整一代英国社会主义者眼中，斯特雷奇的这部作品，用理查德·克罗斯曼的话来说，一直都是"璀璨夺目的光芒"；对此时很多困顿中的美国人而言，这部作品的冲击力同样强劲。大萧条，在斯特雷奇看来，是资本主义背叛历史的结果。他申述说："实际上，没有任何东西能够阻止美利坚人民，放长眼光，从明天的角度看待问题，生产并分配足够的产品和服务，保证全体美利坚人民丰裕且安稳的生活标尺；更确切地说，除非社会关系已然败落不堪，沦落恶性纠缠的泥潭，否则的话，确实没有什么东西可以阻止美利坚人民。"在这场危机中，共产主义显然提供了"一条道路，一条可以维系人类文明的道路"。在斯特雷奇看来，苏联是无所不能的，甚至可以"无限期地推迟死亡"。"从资本主义世界进入苏联的土地，"他写道，"就是从死到生的一趟旅程。"[11]

此番千禧年迷狂有着症候群取向。俄国革命打开了人类生活的一个新时代，"死亡的霸权从这新生活的黎明中渐渐退去了，生命之流正意气昂扬地穿过人类心灵，一片欢欣鼓舞……这年轻的红色黎明啊……这生命的重生啊，这一切的创造啊，都在呼唤着重生。"诗人肯尼斯·帕琴甚至描绘出新的圣母崇拜：

> 她的眼睛闪耀着克里姆林明灯的光芒……
> 在闪电中现身的革命女神……
> 同志们，我们的红色女神！
> 她是我们的美梦成真。
> 她是永恒的新娘，尽享我们全部的挚爱。[12]

5

共产主义不正是"成真的美梦"吗？集体主义梦想，在1920年代曾令自由派如此迷醉。杜威曾说："一旦有了权力，人民就将统治，到那个时候，人民将有足够的权力，拥有土地、银行以及这个国家的生产和分配体系。这是公理，布尔什维克主义、共产主义以及社会主义的大喊大叫跟这公理毫无牵扯。"[13]此时的杜威，跟比尔德一样，也开始从自己的分析逻辑后退了；他跟比尔德一样，开始批判苏俄并拒斥美国共产党。不过，他们的追随者很了解"迷失了的领袖"这样的现象；无论如何，杜威和比尔德在1917年都屈从了战争热潮。年轻的激进主义者已然从哈罗德·斯蒂姆斯那里学到了教训；他们不会因为过程的痛苦而停止分析。他们已经厌倦了实验，厌倦了实用主义，厌倦了修修补补的改革。他们要变革，他们要决绝的态度和行动。

他们的确从杜威、比尔德和凡勃仑那里汲取了东西，不过，那些东西并不能帮助他们抵挡苏联。杜威、比尔德还有凡勃仑，对个体自由都有着深深关切（尽管凡勃仑很少将这种关切付诸文字）；但他们对自由的信仰主要是个体信念，而非他们政治思想的有机成分。他们需要做的是围绕令自由成为可能的条件建立一套明晰的理论，因此，自由是他们隐含的设定。比如说，他们关于计划经济的作品，就从来没有以现实主义方式解释过这样一个问题：面对一个全权国家，政治反对派将何以维系呢？此时的杜威和比尔德自然都开始批判俄国，但他们的批评不一定能完全地从他们的前提中引申出来。在他们的一些追随者眼中，苏联仍然是1920年代老师们提起的计划论题的典范。

社会福音的遗产强化了这样的感受；社会福音派长期以来所关切的是这样一个情状：资本主义社会的自由常常都会造成不公，这样的社会福音自然不会给自由留出什么空间，仿佛自由真的是一种需要特殊保护的价值。既如此，则这所谓的自由非但不是对个体的必要防护，反而是对个体性的威胁，因此，社会激情的信奉者们便跟计划经济观念的倡导者一样，没有为识别共产主义的威胁作出像样的准备。1932年，联邦基督教协进会宣示说，所谓的竞争原则"不过是原始自私的部分约定俗成化的体现"。相形之下，"基督教理想"要求"计划经济体制的热忱支持"。[14] 联邦基督教协进会的此番宣示并没有提到俄国。哈里·F. 沃德神父于1933年申述说，苏联的意义在于，"它将我们的自由派避之唯恐不及的东西，给了民众，将一个核心目标赋予生活，自中世纪瓦解之后，人类生活一直就失落了这个东西"。"看来，俄国已然以社会正义之名迅速地培育了一种实实在在的人类博爱关系，"利曼·P. 鲍威尔神父写道，"这就令我们这些基督教民族终有一天会发现，自己不得不从俄国人那里重新领悟耶稣之社会教诲的深沉意涵。"[15]

俄国的形象由此变成了合理计划和统一信仰的形象。那是"直接为着公共目的而非私人利益而施行的统治"（罗伯特·莫斯·洛维特语）。那是"当今世界唯一一个征服了失业的国家"（马克斯韦尔·S. 斯图尔特语）。那里当然有压抑，有控制；不过，一个处身战争的国家，一套遭遇威胁的社会制度，当然是要施行审查权能的，这是必然的事情；苏联"在世界大战期间可曾犯过任何比美国更严重的错误？"（埃德蒙·威尔逊发出了这样的问询。）

"人们常常说起的那些俄国坏蛋，以及他们所有的疯狂念头，"威尔·罗杰斯说，"已经铸造出强劲有力的好想法……且想象一下这样一个国家，一个人人都有工作的国家。"种种讲座轮番出炉，在如醉如痴的听众面前讨论共产主义实验。正在寻求新市场的商人，也开始鼓噪起来，要求承认苏维埃体制。拉伊·朗，赫斯特集团《世界报》的主编，还亲身前往莫斯科，签了一批俄国作家，并在纽约大都会俱乐部设宴款待全俄作家协会主席鲍里斯·皮利尼亚克。威廉·艾伦·怀特称俄国"是这个星球最有意识的地方"，"每月一书"俱乐部着重推介并派发了《新俄国入门》一书，该书颇引人入胜地比照了计划机制之下的俄国和一团乱象的美国。到了1931年，随着资本主义体制越发沉陷萧条泥潭，苏联驻纽约的苏美贸易公司差不多每天都能收到三百五十份左右的申请，都是出自希望在苏联找到工作的美国人。[16]

6

共产主义展现出诸般确定性，挑战了自由主义，毕竟自由主义有着自我怀疑，有着负疚良知，其目标也颇为有限。这些年间的哥伦比亚大学，很多学生将斯特雷奇的《即将到来的权力斗争》和李普曼的《道德引论》结合起来阅读。詹姆斯·韦克斯勒在回首自己这段本科时光的时候写道，李普曼和斯特雷奇之间的对照，实际上就是"一个孤独之人和一个未来之人之间的对照，那孤独的人只是在无望地沉思西方没落的情景"。马克思主义提供的不仅是奋斗和信仰；也提供了见解，这是更重要的。斯图尔特·艾尔索普在回首自己在耶鲁的本科时光之时，写道："是马克思主义的至高逻辑，令当今历史中的一切都变得如此明澈……简直是在代替你思考。"[17]

旧日的进步主义已然是穷途末路了，这样的感受正在四处传播。埃德蒙·威尔逊早在1931年就在赫伯特·克罗利的杂志上申述说，他不明白有着克罗利这样的一般性信仰的人，为何会将赌注压在自由主义身上。"倘若那些拒斥了马克思主义教义和共产党战略的美国激进派和进步派有意做成任何有价值的事情，"威尔逊说，"那他们就必须从共产党那里借取共产主义，而且是以毫不含糊且毫无保留的方式借取，并明确主张：他们的终极目标是达成生产资料的政府所有权体制。"威尔逊后来补充说，苏联尽管也有不少的缺陷，但它仍然是"这个世界的道德制高点，尽管这制高点的光芒从未真正散射出来"。[18]

在某些人看来，中产阶级本身已经开始没落并过时了。一批著名小说家开始记述他们脱离旧价值的过程。西奥多·德莱塞，美利坚悲剧的专家级人物，此时也开始觉得共产主义蕴涵了新希望。舍伍德·安德森，一直秉持着这样的信念："对金钱和地位的欲望毒害了全部的生活。"1932年，有那么一段时间，他也相信共产主义手中握着钥匙。"世界正处在危机中，"沃尔多·弗兰克说，"已经没有时间可以浪费了。必须在今天为革命的明天做好准备。否则就太晚了，无法将人类从资本主义战争的毁灭深渊中拯救出来，而且（更糟糕的是），也无法将人类从资本主义和平的道德梅毒中拯救出来。"多斯·帕索斯此时正在完成《U. S. A.》三部曲,其中最后一卷的名字《大钱》足以概括他对美利坚社会的看法。中产阶级已然走上了道德堕落的轨道,威尔逊说,既如此,则未来就在于劳工,就在于"那些以坚定且冷静的革命者身份开启生涯的年轻人",劳工和这样的年轻人将俄国视为"国家之典范",并且致力于为美国寻求一套"工人阶级独裁机制"。[19]

接下来就是将艺术本身也当成斗争武器。美国共产党人迈克尔·戈尔德以对桑顿·怀尔德的一场猛烈攻击开启了这场论战,他说怀尔德是"上流社会基督的先知"。怀尔德那锐利的道德想象,是在全然不同的环境和时代创制出来的,完全是骗人的把戏,在戈尔德看来,显然也标志着布尔乔亚阶层之虚伪的顶峰。他引述了怀尔德的一段话,却是为了嘲讽:"有那么一片生者的土地和死者的土地,二者之间的桥梁就是爱,爱是唯一的幸存者,也是唯一的意义。""在上帝的古老的秘鲁、意大利和希腊,甚至在上帝的资本主义的1931年的美利坚,"戈尔德接着说道,"没有人会在福特的工厂干活,没有人会在饥饿中寻找工作,那里有的全是爱,没有别的。"戈尔德说,怀尔德的光彩和乡愁,只不过是为了掩盖"从美国劳工、外国农民和苦力身上榨取的数十亿美元而已"。[20]

阿奇博尔德·麦克利什,从律师改行而来的诗人,曾在法国跟迷失的一代消磨过一段时日,此时则挺身而出,成了一个旧式理论的主要捍卫者:艺术不是武器。

他于1925年写道:"不能说诗歌意味着什么/诗歌就是诗歌。"他信持此一信念,并据此抨击他所谓的"社会空话";他说,太阳已经在灼烧他们的眼皮了,令他们无法倾听。1932年,他推出了一首颇有些名气的诗《向社会缪斯祈求》(*Invocation to the Social Muse*),借此诗歌,麦克利什颇为精细地展示了他和戈尔德之间的分歧:

女士建议我们遣词造句把东西拧巴出来?

> 我的女主可记得我们的职责？我们是
> 婊子，小姐：小姐，诗人从属于
> 那种众所周知的随军职业：他们必须
> 陪王公部队掉队的人或骑墙派睡。
> 按规定他们不许推进任一方的大业。
>
> 另外严禁搅入军事行动。
> 违反纪律者在广场上被赞扬捧杀——
> 他们的尸骨于是掩在报纸下……
>
> 我们这行当最怕别具一格……
>
> 我提醒你，姑娘，诗人生活不易——
> 穿着溜得跟五块钱票子一样快的靴子：
> 公平吗？还要求我们佩带武器？
>
> （姜山　译）

戈尔德作了回应，他指控说，"希特勒的计划，多多少少是用诗歌子宫的胎膜和奥秘包裹起来的，"麦克利什的"洛克菲勒先生的城市的壁画"，恰恰就透射出希特勒计划的影子。[21]这场论战可谓火花四溅，但时代的良知逐渐向着戈尔德靠拢。看来，这个十年的晚些时候，麦克利什自己差不多也皈依了新的情感潮流。

7

倘若艺术家的职责并非描绘这个世界，而是改变这个世界，那么艺术家就必须以砥砺劳工自身的阶级斗争意识作为目标。一个新的"无产阶级文学"学派据此理论应运而生。此番无产阶级文学背后的第一驱动力，毫无疑问是对大萧条的反应，要寻求新的主题和表现手段来取代被认为已经过时了的1920年代的表现形式，表达贫困和绝望的新情感。不过，美共方面的动作相当迅速，他们即刻为这场新运动提供了前进指令。就如同 M. 戈尔德说的那样，革命，"其世俗表达就是罢工、抵制、群众集会、监禁、牺牲、骚动、殉道、组织，等等"，这实际上是一个值得艺术家们以"宗教奉献"精神予以对待的主题。[22]

无产阶级崇拜并不能摧毁所有的天赋。罗伯特·坎特韦尔于1934 年推出的小说《丰裕之地》以一家木材厂的一场夜间停电事故开篇。一片漆黑的工厂里面，人们都不敢随意走动，否则就很可能被机器伤到，紧张情绪在工人中间不断加剧，大家纷纷呼喊着"呀嚯、呀嚯"，喊声在黑暗中震荡，一时之间成了这套破败体制的象征。黑暗是这部小说的主旨论题；最后，在残酷镇压了一场无可避免的罢工浪潮之后，落逃的罢工领袖们终于意识到这场斗争的意涵，他们无助地坐在海边的灌木丛里，"等待着黑暗降临，如同朋友一样，给他们自由"。[23]

不过，共产主义文学语言也将大部分的小说化约为同一种套路：痛苦的镇压、无法忍受的挑衅、罢工（"这不是爱，不是厌腻，不是恐惧，也不是撕心裂肺；这是新鲜的，明澈的，如同清冷空气注入肺中，这是压倒性的，无情的，如同得胜大军威风凛凛的挺进之势，如同鼓乐队演奏出渐强音调；这是巨大的，这是刺眼的明亮，就如同痛苦是黑暗一样，这其实就是一个词：罢工"）、工人万众一心，然后罢工领袖会前来视察，告诉众人说这场局部战斗是世界阶级斗争潮流的组成部分，再往后就是坚定、无私、极有远见的共产党人出场，对一个瞩望中的时代实施最终的奉献，在那个时代，"所有人都将出离工厂，在街道上吟唱"。[24]

在危机时刻，美共程式中的这种无情，有着某种魅力。强硬、不让步，这样的品性或者姿态毫无疑问令人反感。不过，在危机时刻，若是畏缩，若是不能强硬起来，那岂不是布尔乔亚怯懦的象征？"上帝知道这时常会令我的心灵变得病态，"1932年夏天，有朋友致信格兰维尔·希克斯说，"从某种角度看，这只能是污垢、恶臭、汗渍和污言秽语，只能是野兽的语言。不过也可以肯定，历史就是这样。历史课不是绅士和学者制造，历史出自诺曼·托马斯、德韦尔·阿伦以及约翰·杜威这类人之手，而且是那种人们看来相当恶劣的历史。事实上，所有从事毁灭和创造大业的人……必然都是如此。美利坚这场运动的同代人也将如此。"

因此，一些知识分子对共产主义，既感魅力又感憎恶；甚至于他们憎恶的东西也能平复他们的愧疚。"我们当然应当竭尽所能地拯救我们关心的抽象之物，"希克斯的这个朋友写道，"但是，老天在上，我们也应当明白，总有些东西要根本得多，原始得多，这些东西我们必须当作首要之物来照看（只要人们还在挨饿，只要人们还在遭受剥削），总有些人是在为真正意义上的我们的战争而战斗，无论何时，我们都绝对不能做任何有可能阻止这些人的事情。"[25]

8

1930年，美国共产党的领袖们实际上是一系列血腥仇杀的幸存者，自该党1919年初建之后，这样的仇杀便不曾中断。到了1923年，该党甚至连团结的样子都没有。接下来几年间，莫斯科方面逐渐加强了对该党的控制，美国共产党的领袖们，在这股潮流当中载沉载浮，起起落落。托洛茨基倒台，詹姆斯·P.坎农和马克斯·沙克特曼便随之淡出权力层；布哈林倒台，带走了杰伊·洛夫斯通和本·吉特洛。1930年，便只剩下党的总书记厄尔·布劳德和老资格的劳工组织者威廉·Z. 福斯特了，前者是一个言语柔和且颇为温顺的堪萨斯人，后者则是党的元老级人物。

1931 年，福斯特五十岁，在美利坚劳工史上已经有了可圈可点的履历。1920 年代，他在世界产业工人联盟表现活跃；有那么一段时间，他是法国无政府工团主义在美国的一个主要倡言人；他还领导了 1919 年的那场钢铁工人大罢工。有一段时间将自己的党员身份保密，以免自己在劳工运动中的工作横生枝节。不过到了 1920 年代中期，他便公开了身份，1928 年，他成为党主席的提名人。在党内斗争中，他同斯大林派结盟，当斯大林于 1929 年决定重建美国共产党的时候，他当然有理由抱持最高期待。但是他在派系斗争中秉持的那种无政府工团主义热忱，明显令莫斯科方面起了疑虑。最终，虽不起眼但很是忠诚的布劳德收获了党的领导人的职位，这让福斯特甚是不快。

不过，福斯特仍然是美国共产党最有名望的代言人。1930 年，众议院任命一个委员会，来自纽约州的汉密尔顿·菲什为主席，着手对共产党的活动展开调查。菲什在二十年前曾是哈佛大学橄榄球队的队长，当时约翰·里德是啦啦队队长，菲什遂将福斯特作为主要证人加以传唤。两人就这么坐在一起，形成强烈反差，一个是一身傲然之气的哈得孙河畔的贵族，一个是蓝眼睛工人，嘴唇紧绷，下巴长且骨头突出，一副爱尔兰人的姿态。

"这个国家的劳工都将苏联看成祖国，是这样吗？"菲什问道。"更先进一些的工人是这样的。""把苏联当成祖国吗？""是的。""他们将苏联国旗看作是自己的国旗吗？"对此，福斯特回答说，"这个国家的工人只有一面旗帜，那就是红旗。"菲什继续问询："倘若必须在红旗和美国国旗之间做选择，那么我理解没错的话，你的意思是说你会选择红旗；对吗？"对此，福斯特说："我已经回答过了。"

观看这一幕演出的埃德蒙·威尔逊，不免深为触动。共产党很显然有着巨大优势,他们明确知道他们想要什么,也明确知道该怎么达成目标。那不妥协的品质,威尔逊说,给了他们"一种力量,这种力量是美利坚其他集团,无论是保守派还是激进派,都不曾有过的。"不管怎么说,菲什对他们的恐惧有切实原因:"他们这些人,愿意为了他们的信仰慨然赴死。"[26]

1932 年,福斯特推出《走向苏维埃美利坚》一书,书中尝试传递的就是这种决绝意识,没有情感,也无需手腕。他在书中写到,劳工的唯一出路是"革命之路"。为了避免自己的意思被误解,他特意补充说,他所谓的"取消"资本主义,意思是借由"武装起来的革命无产者","以公开斗争的方式,将资本主义颠覆"。如此,无产阶级专制体制便可以组建美利坚苏维埃合众国了。福斯特更冷冷地申述说:"无产阶级专政体制将对所有的资本主义政党展开清算,共和党、民主党、进步党、社会党等等,皆无幸免。"[27]

9

美国共产党就是秉持这样的精神,着手将这场大萧条带来的机遇利用起来。党派出一批年轻人作为组织者,深入工厂和救济线,这些组织者都不戴帽子,穿着仿制的皮夹克。一些人甚至以相当的个人勇气,冒险深入一些半封建化的乡村地区,深入宾夕法尼亚矿区,深入伊利诺伊州的威廉森县和富兰克林县,深入肯塔基州的哈兰县(1931 年秋天,此地的一名矿工告诉约翰·多斯·帕索斯,"以上帝起誓,倘若他们不让我们在美利坚旗帜之下前进,我们就在红旗下面前进",路易斯·斯塔克也在《纽约时报》发表文章,描述了此地的局面,认为此地"革命并接管政府"的时机已经成熟了)。[28]

共产党派出的组织者在失业群体中展开的工作相当令人侧目。

美共特意建立的失业委员会,到处制造骚动,催动人们为改善救济所的条件,为停止驱逐,为失业保险,而展开斗争,共产党的此类努力通常都能取得不错的效果。党务工作者们肆意鼓噪,制造了很大的呼声,他们也因此赢得不小的功劳,尽管冷静下来想一想,这种效果实际上应当归功于人们的现实处境,而非共产党的鼓动。他们竭力从市镇和城市向着整个国家的层面推进。1931 年 12 月,他们策动了一场"全国饥饿大进军",目标指向华盛顿。人群吟唱着"红旗"和"永远团结",一支破落且邋遢的游行队伍就这样在 12 月初的冬日阳光下向前行进着,队伍里面高举着写满愤怒的标语牌:"上一次战争,我们为老板而战;下一次战争,我们将为劳工而战。"在通过国会山中央走廊的护墙附近,游行队伍遭遇了警察,警察就挡在那里,以步枪、防暴枪和锃明瓦亮的催泪瓦斯枪装备起来,气氛很是安静肃穆;台阶上面的石头建筑里面,则设置了机关枪的枪位。几天之后,失业委员会的全国秘书在参议院的一个委员会作证说:"我们就是要打算组织失业者展开一场战斗,就在城市的街道上战斗。"[29]

不断的活动自然会有效果。在底特律的一次失业劳工集会之上,查尔斯·拉姆福德·沃克听到有人在谈论苏联。他身后一个小个子喊道:"他们的制度比我们的好。"沃克遂问道:"你是共产党吗?"那人回答说:"我可不是,我是天主教徒;我怎么能是共产党呢?不过,他们的制度确实比我们的好……至于工作嘛,"他补充说,"我已经十五个月没有工作了。我有四个孩子,我必须战斗,我不能眼睁睁地看着他们挨饿啊。"[30]不过,这些都是例外情况。在美国共产党策动的此类游行和集会之上,大多数人对共产主义都一无所知;绝少有人沾染共产主义。"过去六个月间,一些工业城市一直都有零星的骚乱,"劳工联合会的爱德华·麦格雷迪在 1932 年春天告诉参议院的一个委员会,"几乎所有情况下,人们都会说,那是共产党策动并领导的,借此把自己摘出来。此类骚动,也许会有共产党参与其中,但绝大多数人对共产主义一无所知,这也是事实。人们要的就是面包。"[31]

共产主义对失业群体的影响并不大,其实,对于因良心负疚而从知识分子群体和职业阶层逃逸出来的那个群体,共产主义的影响力要更大一些。不过,即便是这些人,在参与这场运动的时候,总体上也都不是要在苏联和美国之间做出刻意抉择。毋宁说,他们只是在回应罪愆和渴望交织而成的复杂情感。就如同惠特克·钱伯斯说的那样,共产主义的力量就在于这样一种情状:它提供了"这个垂死世界中别的任何东西都无力提供的灼热,确切地说,就是信仰和愿景"。它要求的那些东西"通常都能够将人类生活当中最好的东西激发出来,比如勇气、清贫、自我牺牲、纪律、头脑,还有我的生命,以及必要的时候,我的死亡"。[32]

有人入党是因为渴望信仰;有人入党是为了权力;有人是理想主义者,党则为他们提供了一场圣战。有人是因为憎恶社会选择了入党,党则将他们的这种憎恶幻化成一种哲学。有人是因为孤独,党则给了他们朋友。有人是因为害怕,党则给他们担保胜利。"我是站在历史这边的,"J. B. 马修斯写道,"站在这边,我就能看向对面,看得透亮,我会心怀真诚的怜悯看着折戟沉沙的自由派和沦落困局的资本家。历史终将以泰山压顶之势碾压他们。"

他们相信,资本主义意味着贫困和失业;共产主义意味着工作和保障。资本主义意味着帝国主义和战争;共产主义意味着自由与和平。资本主义是衰落最后阶段的过往之物;共产主义则孕育着希望,人类终将沿着自己的图景重建自己的生活,人类是能够改变世界的。"那是对力量感的迷醉,"J. B. 马修斯如是说。也有人对此的体验没那么强的个人色彩,确切地说,这些人更多地参照历史而非力量来体悟此一潮流。约翰·多斯·帕索斯于1932年,置身人潮涌动的麦迪逊广场花园,倾听了美国共产党集会主席的演说,党主席在演说中宣布,德国的同志们在选举中赢得了两百万张选票。

帕索斯当时便写道，听闻此言，"我内心感受到巨大的历史迷醉感，这可是共产党之团结的伟大成就啊"。[33]

最终，共产主义对一些美国人来说，成了生命的全部，令生命中的每个时刻都充满了紧迫感和目标意识。老党员们就此抹去了其他的一切动机。"我们党，"本·吉特洛说，"裹挟着他，推动他不断向前。""要我放弃积极的党务活动，那还不如死了算了，"马瑟尔·布卢尔高声宣示说，"让我放弃，那就等于死亡。我已经是党的一分子了，我根本不能想象没有党我将如何生活。"对大多数此类人来说，严厉的党纪，非但不是束缚，反而是共产党之魅力的不可或缺的元素，那是内在激情的外在表现。[34]

10

不过，将共产主义奉为全部的生命，这么干的美国人寥若晨星。1930年，美国共产党人的数量只有六千人；到了1932年，也就是经济崩溃引发的剧烈躁动过去两年之后，也只有可怜的一万两千人。[35]这些年间，登记入党的人数的确大有增加；不过，大多数人入党，就如同在旋转门走了一遭，发觉党纪难以忍受，辩证法毫无意义，语词更是难以理喻，于是又纷纷脱党而去。

错失机会感笼罩着所有成员。《党的组织者》一期又一期地检审着组织方法上的问题和缺陷。莫斯科方面反复发出令状，对美国共产党展开批判。但无论如何，共产主义是无法切入美利坚舞台的。劳伦·吉尔菲兰造访了宾夕法尼亚州一座矿业城镇的"矿井学院"，发现了很多美共活动的迹象；不过，当地共青团的一个会计，一时激愤之下，告诉吉尔菲兰说："哦，去他娘的！他们就是一群蠢猪。真正的矿工不是共产党。阿维洛尼亚一直都有共产党，将来也一直会有。但他们只会到处鼓噪。"有一个经济学家，听闻一个出色银行家的儿子成了共产党,遂回应说,倘若一个出色工人的儿子加入美共,他会更有感觉的。专栏作家海伍德·布龙是一名社会主义者,也是约翰·里德的同学,他的一席话也许最能表达人们的普遍看法:"这个群体是反上帝的,因为上帝并不存在,也是反诺曼·托马斯的,因为诺曼·托马斯真实存在。整个这场运动令我有了小小感伤。即便普林斯顿大学,也不曾像共产党这样,生出这么多的二年级学生。"[36]

不过,共产主义风潮还是有那么一种意义存在。知识分子,就如同矿工们进入矿井之时经常会携带的金丝雀一样,能够感受到远处的危险气息。埃兹拉·庞德称他们是"人类的触须"。倘若实用主义自由派失败了,那么共产主义就必定会吸引越来越多的人走上这条致命道路。

二十五　华盛顿的高潮

1

1929年，赫伯特·胡佛在国会两院据有可观多数。第七十一届国会，参议院方面，共和党议员比民主党议员多出十七人，众议院方面，共和党议员则比民主党议员多出一百人。但是在1930年的国会选举中，民主党在众议院赢回了五十多个席位，由此掌控了众议院；政府在参议院勉强维持了48∶47的微弱多数，实际上没什么分量可言，毕竟，唯一的独立议员、来自内布拉斯加州的诺里斯以及共和党进步主义集团的少数派是反对胡佛政府的。此次中期选举，民主党在各州层面也有良好表现。富兰克林·D. 罗斯福赢得了纽约州的连任；公共电力制度的倡导者在一系列州级选举中取得了胜利，在这些州，私人公用事业问题是关键议题，比如说，在宾夕法尼亚州，吉福德·平肖赢得州长职位，罗伯特·拉福莱特的小儿子菲尔·拉福莱特赢得州长职位，在俄勒冈州、华盛顿州、康涅狄格州、缅因州以及亚拉巴马州，民主党都取得胜利，这足以揭示出，此时各方力量已经汇聚起来，要向商业霸权发起挑战了。当第七十二届国会于1931年12月开启之时，面对的是正在汹涌而起的全国性浪潮，人们开始要求行动了。

然而，绝少有议员准备好了以建设性想法来应对此一浪潮。参议院方面，只有一个议员表现出对经济周期、劳工运动以及工业社会其他问题的持续关切。此人是来自纽约州的罗伯特·F. 瓦格纳。瓦格纳身上的移民特质已经远远地淡去了，只不过还是喜欢在德国酸菜汁里面泡上一只鹧鸪，还是喜欢瓦格纳的戏剧，瓦格纳此时五十五岁左右，是参议院衣着最为考究的人。他的现场发言很是枯燥，他在听证会上相当认真。不过，他的坚持是有影响力的；他自从1927年来到华盛顿之后，便一直都在伸张政府稳定经济的职责，从未间断。

大萧条给他的此番关切注入了新的动力和紧迫感。失业问题在他看来是"资本主义的副产品"；任何体制，倘若在仓廪充实的同时竟然任由民众沦落饥寒交迫的境地，这样的制度"定然是在某些环节上出了大错"。瓦格纳此时依然相信，资本主义是可以改革的，不过，靠着重复"坚定个人主义"的古老咒语，肯定不会有任何作用了。唯一的希望就在于联邦行动。到了1931年，他便开始推出自己的计划了。他的计划以二十亿美元的公共工作项目支出为起点。此外，他还希望设立一个"联邦稳定就业委员会"，以提前规划公共工作方案，还要建立一套行之有效的联邦就业服务体系、一套失业数据统计体系以及一套联邦失业保险体系。

不过，他的这些动议在胡佛那里遭遇了阻力。总统否决了瓦格纳的公共工作方案，阉割了稳定就业委员会，否决了就业服务计划（胡佛正色批评说，这样的计划"是对劳工的严重打击"），同时拒绝给予必要拨款，以建立失业数据统计体系。至于失业保险问题，这样的举措对此时的国会来说，依然是太过激进了，不可能纳入考量范围，尽管这已经是大萧条的第三个冬天了。[1]

就在瓦格纳在稳定经济问题上展开此番努力的时候，罗伯特·拉福莱特没有闲着，也在救济问题上展开了工作。拉福莱特于

1925年承续父亲的参议院席位之时，年仅三十岁，身形方正，很是结实，圆脸，一头黑发，中分发型；他对经济事务有精深研究，是冷静的演说者，也是娴熟的议会政治家。他不像父亲那般威严和昂扬，不过，凭借自己那冷静、清明且掷地有声的低调申述，同样能有效地表达自己的想法。在参议院，他还找到了理想的同道中人，来自科罗拉多州的爱德华·P.科斯蒂根，二人遂协力勘研救济问题。科斯蒂根年长拉福莱特二十岁，出身富人之家，受教于哈佛大学，于1930年进入参议院。科斯蒂根很有魅力，脸庞棱角分明，如同斧削，皮肤黝黑，如同皮革，举止随意，论辩之时镇定自若且相当犀利。在参议院制造业委员会的系列救济问题听证会上，拉福莱特的智性和坚持，同科斯蒂根迅疾且尖利的发问，轮番上阵，交相辉映，由此产生的力度简直能杀人。

1931年，一份来自市政官员和社会工作者的调查报告让拉福莱特和科斯蒂根相信，地方性的救济体制已然失效了。"除非是联邦救济，"科斯蒂根说，"否则便没有可能抚平良知和内心，也没有可能捍卫美利坚这个美好称谓，此类联邦举措还需要尽早拟定并有效且建设性地推行起来。"1932年2月，二人协同提起议案，希望联邦提供三亿七千五百万美元的适度拨款，以襄助各州的救济事务。胡佛政府成功地挫败了这最初的拉福莱特-科斯蒂根议案。不过，拉福莱特和科斯蒂根自然不会放弃，而是将这场斗争坚持了整个春天；在同一个会期里面，公共工作战线上的战斗也开始推展开来，在这条战线上，瓦格纳、亚拉巴马州的雨果·布莱克以及新墨西哥州的布朗森·卡廷提起了一系列的议案，资金要求从十亿美元到五十亿美元不等。[2]

此时的这个参议院反对派很有才干和天分。大法官布兰代斯评点说，这个集团"有着强劲的领袖能力，事实证明也极具效能"。这中间，布兰代斯提点了诺里斯、拉福莱特、布莱克、博拉等人，当然，也应当将瓦格纳、卡廷、科斯蒂根、海勒姆·约翰逊、惠勒以及杰拉尔德·奈等人补充进来。但是，这个集团虽然有能力激发问题，却很少能将议题推行起来。大多数时候，这些人并不是一个集团，而只是一批正义之士的简单聚合，每个人都沿着自己的道路向自己的目标推进。他们所有的努力都没能向政府要求足够的授权，因为胡佛并不想要这样的授权，也未能克制国会本能的反对态势，国会历来反对扩张联邦政府之权能，也反对增加国债。事实上，很多议员都怀疑国会能否在这场危机中有所作为。1931年，来自俄克拉何马州的参议员戈尔的一番言论颇能表达国会的普遍心声，他颇为讽刺地说，借由立法手段来缓解这场危机，其效果"就如同通过立法来缓解疾病一样。这就是一场经济疾病。要遏制此类经济危机，实质上跟试图阻止人类患病是一样的"。[3]

2

此时，众议院的情况更加混乱。这个已经忙乱不已的团体，在1930年之后更是承受了来自人民的新指令，涵括了秉持各种观点的人们。不过，其主导人物是约翰·南斯·加纳，特别是在加纳在第七十二届国会成为议长之后。加纳脸色红润，散发着光彩，一头白发修剪得很短，蓝色眼睛泛着冷光，嘴不大，紧绷着，这样的形象既象征着有无限经验的圣人，又像是刚出生的婴儿。靠着坚持、资历以及最为重要的，对议会政治的无限的精明，他就这么一步步地走上了众议院民主党领袖的位置。

加纳于1868年出生在得克萨斯州的红河县。年轻时候由于担心结核病，于1893年迁居小城尤瓦尔迪，此地在得克萨斯州颇有名气，人称在克拉克斯维尔和落日之间气候最为干燥。加纳仅用了十年时间便成为这座城镇的头面人物，他已经是当地颇为富有的人了，财产逼近五万美元，同时，他也成为得克萨斯州议会的成员。

在州议会，他担任区划委员会的主席，很快便依托这样的身份，提出议案，为自己划定了一个国会选区；1903 年，他便顺利进驻华盛顿了。

他那吃苦耐劳的妻子陪伴着他，在大多数时间里充当他的秘书。二人在国会山附近的一个高档小区租住了一套公寓，每天六点起床，早餐吃羊肉和水果，整个白天都会辛勤工作，傍晚时候偶尔会去其他议员家里串门，九点按时返回，生活过得很是清静。若遇温暖的春日午后，他偶尔会乘着街车前往动物园，给那里的大象和猴子喂东西吃；晚上，他偶尔会在牌桌上放松一下，在扑克筹码的嗒嗒声中，在浓浓的烟味里面娱乐一番，小酌一些葡萄酒和些许清水。这是一种老派的生活，自尊、自主。一直到最后，妻子和儿子一直都称呼他"加纳先生"。

在众议院，加纳很少演说，也很少提起什么议案，尽管他曾为累进收入税制和《联邦储备法案》进行过艰苦斗争。不过，可别忘了，他可是集狡黠和正直于一身的人物，这样的品质颇能赢得政客集团的信任。到了第一次世界大战的时候，他已经是众议院民主党团工人的头面人物了。当克劳德·基钦因为反战而失去执政党团领袖地位的时候，威尔逊便让加纳成了自己在众议院的心腹。

加纳以平稳态势走过 1920 年代。此时，他已经是尤瓦尔迪最富有的人了，拥有银行、百货店、住宅、农田和牧场，拥有山核桃园和蜂箱，拥有绵羊、畜群和安哥拉山羊。在华盛顿，他过着政治老手的惬意生活，经常跟等量级的人物和好友、来自俄亥俄州的尼古拉斯·朗沃思觥筹交错，饮酒聊天，朗沃思是众议院共和党团的议长。一天的工作结束之后，民主党议员都喜欢聚集在加纳的办公室里，拟定本党的战略，为自由而斗争。

在政治上，加纳一直是坚定的杰斐逊主义者。直到 1931 年，他还在申述说："今日之大问题在于，我们的法律太多了。我相信，所谓政府，主要职能就是两个，其一，保护公民的生命，其二，保护公民的财产权。倘若逾越了这两条，政府就将成为负担。"不过，他也反对大金融体制，在这方面，他同样是个杰斐逊主义者，此一敌对态度因其作为乡村银行家而对华尔街的天然仇恨更形强化了。他正是依托这样的精神，对商业集团主导政府的局面展开攻击，领导了反对梅隆减税计划的斗争，同时抨击私有公用事业体制，支持政府经营马斯尔肖尔斯水电站。同时，他反对得克萨斯的三K党势力，并确保众议院认肯了诺里斯的那项瘸鸭修订案。

他终于在第七十一届国会成为民主党团的正式领袖。他投票反对斯穆特-霍利议案，不过他之所以反对，是因为他觉得得克萨斯州第十五区的安哥拉羊毛和百慕大洋葱需要适度保护。（科德尔·赫尔，田纳西的一个自由贸易者，他相信，加纳"实际上跟斯穆特和霍利一样，骨子里都是坚定的高关税主义者"。）不过，这场大萧条令加纳从根本上陷入困顿当中，连同他的那些杰斐逊主义格训，也一并沦落。当他在第七十二届国会获选成为议长的时候，在对待政府的态度上，便一直在合作和抵制之间摇摆不定。好的是，无论他做什么，他通常都能够维持住他身后那批训练有素的追随者。菲奥雷洛·H.拉瓜迪亚，来自纽约市的共和党进步派，就曾说过："这并不是什么国会会期，这就是一只蜇人的蜜蜂。"一些人开始掂量加纳当总统的可能性；也许，一个得克萨斯的柯立芝正是这个国家所需要的。很快，华盛顿媒体开始给他安插各种名号，这些名号可比日常生活中人们用过的那些名号响亮多了，比如"仙人掌杰克""灌木丛杰克"等等，甚至还有"得克萨斯老虎"这样的称谓出现。

1932年2月，加纳组建了一个"民主党经济委员会"，该委员会的职责是竭尽一切可能去平衡预算，为此，甚至推行了销售税立法。但此一立法动议显然走得太远了，民主党人也开始抵制他们的这位领袖了。加纳虽然并不情愿，但还是投入了这场斗争。此时，民主党保守派，比如来自亚利桑那州的刘易斯·W.道格拉斯，自然是支持他的,在这批人的掌声中,加纳起身离开议长席,来到众议院大厅中央,发表了语气强劲的演说,为销售税伸张。在这样一个白热化时刻,加纳要求现场所有信奉平衡预算的人都站起来。一时之间,全院几乎所有人都站了起来,现场成了复兴主义者的热情海洋。但这样的魔力并未能持续下去。在拉瓜迪亚强有力的领导之下,销售税动议最终被踢出局。加纳的威望顷刻之间便遭遇了威胁。不过,这位议长大人很快便不计政治损失,改弦易辙,开始采取相反的路线,这样的举动的确罕见。此番平衡预算案事件之后没过几个星期,他便泰然自若地推举了一份新的议案,这是一份全盘性质的公共工作议案,呼吁拨付联邦政府差不多二十五亿美元的公共支出。[4]

加纳在预算问题上的此番回转,足以表明此时各党各派的思想混乱已经到了何等程度。1931 年,来自宾夕法尼亚州的参议员里德写道:"在这个节点上,各党派之间其实没有太大争执。"但是各党派内部在平衡预算和扩张预算问题上存在重大分歧;不过,他们的论辩也只能令加纳这样的中间派摇摆不定,就跟跷跷板一样。此等情形,就如同安妮·奥黑尔·麦考密克在《纽约时报》上面说的那样,政界已然迷失在自己的浓雾当中了。此时的国会山已经成了这样一个地方,"在这里,说归说,但无所感,在这里,所有的激情都并非感同身受,在这里,所有的思考都是陈词滥调"。[5]

3

美利坚体制本质上仍然是总统体制,所有的事情终究要由白宫里的那个人抉择。"在这套制度里,总统就是行动的中枢节点,无论总统是否接受,"伍德罗·威尔逊品评说,"这样一个职位也是对人的考验，考验他的力量，也考验他的智慧。"在这场经济危机之起因和救治方略问题上，身为总统的赫伯特·胡佛的看法自然要比大多数国会议员要明确得多。

1929 年和 1930 年间，胡佛就曾反复申述，这场大萧条的原因就在于失控的股市投机，投机导致"无可避免的闪崩"。不过，在胡佛看来，闪崩也许无可避免，但投机可以避免。这就是一场无端的经济放纵，但对这个经济体本身的"基本健全性"，此时的胡佛仍然信持无疑，就跟 1928 年他在提名演说中申述的那样。倘若生产和分配体制是健全的，那显然就没有任何必要实施根本变革。他一开始就认定，现在所需要的，仅仅是将其余的经济部门隔离并保护起来，避免被华尔街闪崩造成的震荡波冲击到。因此，问题不在于对有缺陷的结构实施重组，而在于保护健全的结构。[6]

所以，总统在 1929 年推出的方案是：通过固定工资水平和农业价格来支撑购买力；通过联邦储备体系的公开市场操作以及降低贴现率，来刺激信贷；当然还有最重要的，扩张私人建筑和公共建筑体系。总统说："为了重建稳定，这是我国经济体制能够拿出的最强大工具了"；总统不仅将此等工具分派给私人企业，也分派给各级政府。1929 年晚些时候，他呼吁各州州长扩张各州的项目规划，其时，他还保证说："联邦政府会在自身的权能范围之内，发挥最大效能。"[7]

多个月的时间里，对公共工作计划的口头鼓励，一直都是胡佛的首要武器。1930 年 1 月，他宣示说，当年的建筑业总支出将会超过 1929 年的鼎盛期。这一年的 5 月，他宣示说，建筑业增速"已经超出预期了"。然而，总统及其官员尽可以做出种种预测，鼓舞人心，建筑业的私人投资在 1930 年的降幅却已经超过了二十亿美元，公共投资方面则仅仅是增加了四亿美元。1931 年，私人投资额度再次降低了二十亿美元；到了 1932 年，私人投资水平差不多只有1926年的四分之一了。联邦资金的注入当然呈现稳步增长态势，1932年时达到了五亿美元，但公共建筑的总投资额度稳步下降，各州政府和地方政府手里都没钱了。1932年，公共建筑总投资额度跟1930年相比，差不多少了十亿美元。[8]

公共工程计划的此番崩溃，有多个原因。1922年的失业问题会议之后，尽管人们一直都在谈论"建筑储备金"的事情，但无论是胡佛的商务部还是其他部门，都不曾采取实际行动来建立这样一套储备金机制，甚至都没有拟定什么方案。而且，都已经是这个时候了，政府内部也没有人负责推进公共工程计划。梅隆对这方面的想法从来都持鄙视态度，胡佛本人则在诸多关键时刻，成了自己炮制的乐观主义的牺牲品。1930年6月，全国天主教福祉大会的约翰·A. 瑞安博士和阿莫斯·平肖率领一个代表团赶奔华府，敦促总统即刻扩张联邦公共工程计划。胡佛的态度甚是愤怒，他已然觉得自己要比这些来访者更了解情况，在听完申诉之后，他告诉代表团，这场会面毫无必要。潮流已经扭转了。失业规模正在下降。商业正在扩张。政府已经能够完全掌控局面了。公共工程？"先生们，"总统说，"你们来晚了六十天。大萧条已经结束啦。"[9]

4

最重要的是，公共工程观念的这场战争在胡佛内心里已经是输定了的，此时总统真正严重关切的是预算问题。有那么一段时间，正是胡佛内心的这场斗争导致他变来变去，反复无常，令人困惑，时而会发表总统声明，呼吁加大公共工程投入力度，时而又发表声明，抵制更多的公共支出。不过，1930年这一年，随着国民收入持续走低，税收也开始降低。尽管财政部依然报告说1930年的财政盈余接近两亿美元，但很显然，1931年时，这个国家已经开始沦落赤字状态了。赤字越来越近，胡佛便也对他实际上认定的"政府的首要职责"越发地焦虑，这首要职责就是"量入为出，将支出维持在收入的限度之内"。此等情形之下，联邦债务便越发成为经济复苏的主要威胁了。1930年12月，胡佛宣示说："若政府借由债券抽签，那就等于是剥夺了工业和农业方面的等量资本，且无助于缓解失业。靠洗劫公共财政是不可能恢复繁荣的。"

1931年，税收继续降低；当年的联邦赤字差不多达到了十亿美元，这是截止到这个时候美利坚历史之上最大规模的财政赤字了。随着国民收入继续走低，1932年的前景就更加黯淡了；这一年结束的时候，赤字规模很可能会翻三番。此时的胡佛便也开始加倍努力了。他要求政府厉行节约。他呼吁增加税收。他抨击公共支出计划。1931年11月，他颇为直截了当地宣示："若要恢复繁荣，最有力的举措就是维持联邦政府的稳健财政立场。"12月，他郑重否决了那种认为扩张公共工程可以襄助复苏的观念，尽管他自己一度也提出这样的观念。[10]

对赤字的恐惧成了1932年的梦魇。当瓦格纳和加纳敦促国会增加公共支出的时候，胡佛严厉质问他们的动机，并攻击了他们的计划，说二人提出的计划是"美利坚国会史上最为巨大的猪肉桶"。在否决加纳-瓦格纳救济议案的时候，他写道："此前还不曾有人真的向这个国家提出如此危险的动议。"有人指出，总统自己的增税和节约计划，只能进一步削弱购买力；对此，总统仅仅在12月到5月之间，就连珠炮式地发布了二十份声明，以越发强烈的语气一再重申他的关切，并且认为那才是唯一应当关切的事情："平衡预算之绝对必要性"（3月25日）是"经济复苏的真正的本质性因素"（5月5日），是"迫切的、紧急的一步"（5月13日），是"不可或缺的"（5月21日），是"这个国家的第一要务"（8月11日），是"一切公私财政和金融稳定的根基"（8月11日）。[11]

5

对平衡预算的这种痴迷，就此毁灭了胡佛反萧条计划之初始版本中的主要条目，那就是扩张公共工程。[12]与此同时，我们这位总统也开始剧烈改变了对这场大萧条的诊断。1929 年的理论认为这场经济崩盘是失控的国内投机催生的必然结果，但此时的胡佛渐渐开始厌烦了这个看法，这很可能是因为这样的看法将全部罪责推在美利坚商业集团头上，这显然是过分了。1930 年 10 月，胡佛突然宣称，大萧条之根源"只是部分地在美国"。此时的总统，已然认为，大萧条的主要原因在于国际原材料市场的过度供应，由此导致他国价格水平低落，购买力随之下滑，并由此令他国在美国市场的购买力下降。1930 年，对外贸易额度实际下滑幅度不足六千万美元，这个额度不足以解释美国经济的崩溃；统计数据就在眼前，但总统对自己此番新理论的信心仍然迅速提升起来。12 月，他宣示说，"大萧条的主要动因在美国之外的地方"，到了 1931 年 6 月，他继续宣示，"主要原因……不在国内，而是国外"。[13]

此时，欧洲事态的发展很快便给胡佛的此一新思路涂抹了一层合理性。1931 年 6 月，奥地利信贷银行在维也纳遭遇重挫，国际金本位体系随着承受了巨大压力。当年夏天，胡佛实施债务延期计划，但这也只能起到一时的缓解作用，9 月，情况越发地明朗起来，伦敦城已经无法捍卫英镑了。1932 年 1 月，尽管美国和法国不在其内，但仍然有差不多四十个国家与黄金脱钩。这场世界金融危机强化了美国经济承受的压力。

对此时的胡佛来说，恢复金本位制如今已经是跟平衡预算一样的必要议题了。他说，黄金这样的贵金属"已然在人类本能中供奉了万年之久了"。他无意放弃黄金。约翰·梅纳德·凯恩斯预判说，迈达斯诅咒将落到仍然持守黄金的国家身上，确切地说，这些国家将承受黄金定价机制造成的诸多劣势，而世界市场的其他竞争者则可以尽享贬值的优势。合众国，凯恩斯说，正在"将这样一个问题抛给世界：没有合众国的小麦、铜、棉花和汽车，这个世界将何以为继"；这实际上就是在有意毁灭合众国自己的出口产业。但胡佛仍然将美利坚的经济未来同黄金绑缚在一起。他后来也确实宣称，1932 年初的那两个星期，这个国家差点被带离了金本位制，得亏政府采取迅速且果断的行动，才将这个国家从无尽的灾难泥潭中拉了出来。他后来更是回忆说："这个国家从未遭遇此等危险啊。"[14]这话应该说是美利坚一百五十年历史之上的强音了。

胡佛的这种新国际主义存在诸多关键矛盾。他对待外债以及可兑换性的态度，表明他对世界金融集团有着真心关切。不过，世界金融集团在他心目中，同世界贸易集团并不是一回事情，而是彼此分离的。他从未将二者完全混在一起。即便他在同一句话中同时宣称美利坚经济是"自持的"，且很容易"受到外来冲击"，他显然不觉得这话有什么矛盾的地方。结果便是他的黄金政策和关税政策便在相互冲撞的轨道上运行起来。他一方面竭力维持可兑换性，另一方面又竭力推高关税，显然没有意识到，汇率贬值和提高关税是相互矛盾的手段选择，绝无可能为着同一目的同时施行。

胡佛于 1932 年力保的金本位制，实际上当他在 1930 年签署关税法案的时候，就已经遭受重创了。那样的关税壁垒令很多国家都没有机会在美国市场赚钱，无奈之下，这些国家就只能抵制美国出口，以此自保。意大利、西班牙、法国、英国和加拿大遂迅速对美国产品树起了关税壁垒。潮流在向着经济民族主义奔涌，受到威胁的不仅是世界贸易集团，世界金融集团也不能幸免。然而，1932 年的胡佛仍然将大萧条的国际主义理路同坚定的关税壁垒政策联合起来。面对此等情形，有人提议推行互惠贸易协定机制，但胡佛认为此举"违背了美利坚原则"。[15]

6

"新时代"哲学实际上强调了购买力在美利坚经济中的分量,到了1932年,胡佛实际上已经开始远离"新时代"哲学,转而向老式的自由放任哲学靠拢,这样的自由放任哲学信奉平衡预算和金本位体制,只不过在其中加入了贸易保护主义的调和剂。财政部副部长、来自纽约州的奥格登·L. 米尔斯日益增长的影响力,看来推动了总统想法的这种变化,1932年2月,胡佛终于说动梅隆去伦敦担任大使,米尔斯遂升任财长之职。不过,胡佛和米尔斯倒也很清楚,平衡预算和金本位制,尽管都是重大政策,但仅仅是这些政策,显然是不够的。还必须做点什么,保护这个国家的商业,抵御破产和清算浪潮的侵袭。

可能的办法之一就是杰勒德·斯沃普和H. I. 哈里曼提出的方案。有理由认为,总统对工业计划机制是有些想法的。毕竟,在1920年代,没有人能像胡佛那样,做了那么多的工作去培育同业公会体系,并倡导工业自治,也绝少有谁能像胡佛那样,对《谢尔曼法》如此不在乎。即便身为总统,他也曾质疑过"毁灭性的竞争",也曾提议修订反托拉斯法令,也曾呼吁"在美利坚商业街拓展合作精神和责任意识……无论如何,这个国家的商业体系本身能够而且也应当担当起责任,将工业和商业力量都调动起来"。1930年,他告诉美利坚银行协会,"政治政府之外的自治是最为真实的自治"。但是,既然经济体系在根本上是健全的,那么斯沃普和哈里曼的方案在重组道路上也许就走得太远了。不管怎么说,胡佛对斯沃普计划持批评态度,认为那样的计划是"美利坚历史之上最为庞大的垄断计划",并认为商会的计划是"纯粹的法西斯主义"。[16]据此见解,政治政府之外的自治完全有可能过度推进。

倘若不对商业结构实施重组，那么剩下的办法就是保证既有的结构。最初，胡佛曾希望纽约银行业集团能够凭借一己之力支撑信贷体系，就如同先前那些危机中做的那样，但此番希望最终落空了。如总统所见，大萧条期间，纽约银行家集团仅有两次携手采取了有组织的且有分量的合作行动，一次是为了拯救德国马克，一次是为了拯救英镑。胡佛当然寄望他们会采取类似的行动来支持美利坚商业，遂于 1931 年秋天召集银行界的头面人物，开了一次秘密会议，会上，总统希望他们建立一个资金池，为地位不稳的同行提供信贷准备金。令总统懊恼的是，大多数人坚持认为，这是政府的责任。胡佛后来记述说："午夜过了，我返回白宫，心情更加低落了。"一番考量之后，银行家们倒是同意尝试一下"国家信贷协会"计划。但他们的真正心思并不在此；没过几个星期，该计划便明显失败了。[17]

此时，胡佛于 1930 年任命的联邦储备委员会主席尤金·迈耶推出了新计划。迈耶打算复活先前的战时金融公司计划，于是便打出了复兴金融公司的旗号，据此计划，复兴金融公司有权向银行、铁路和保险公司发放贷款。"国家信贷协会"的灾难在前，胡佛便也无心再接纳迈耶的方案了。此时的胡佛，依然反对任何雄心勃勃的贷款方案，不过他倒也希望，仅仅此一立法本身就能够将信贷体系扶稳并就此恢复信心。奥格登·米尔斯是这么评论复兴金融公司计划的："我认为这像极了保险立法。这样的立法，本身就会产生巨大的心理效果，而且越快越好，否则的话，恐怕就会有人真的使用该立法了。"[18]

7

由此，复兴金融公司计划便成为政府手中新的反萧条武器。此时，这件新武器面对的形势却越发地危急了。银行正纷纷关门，仅1931年一年，就有差不多两千三百家银行歇业，焦虑万分的储户开始从仍然开业的银行撤走存款。与此同时，外来投资客不断抛售美国债券以换取黄金，由此催生的黄金流失潮令美国的黄金储备越发减少了。1932年2月，当复兴金融公司决定采取行动的时候，美联储成员银行的总储备额度已经跌破了五千万美元的法定下限。[19]

然而，复兴金融公司的领导层，比如作为主席的尤金·迈耶，比如作为总裁的查尔斯·G.道威斯，都无意采取强力行动。这一年，这个机构的二十亿美元拨款当中，仅仅花出去十五亿美元左右，而且这个额度中的绝大部分都给了银行和信托公司。即便是这样一笔注资，也并没有产生应有的效果；原因很简单，复兴金融公司所获授权，仅仅是向银行发放贷款，并不能用来购买银行的股票；而且此时的银行，需要的并不是更多的债务，而是更多的资本。"这一年半的时间实在是致命，"摩根集团的罗素·莱芬韦尔后来评论说，"复兴金融公司不断地给银行放贷，并且要求足额的附带担保，如此便在拯救银行的这个过程中，令银行慢慢地破产了。"[20]

最开始的五个月，复兴金融公司的操作都是保密的，甚至对复兴金融公司法令要求的那些董事会成员，多多少少也是保密的。"几个月过去了，"来自得克萨斯州的杰西·琼斯，复兴金融公司里面民主党团的主导成员，他后来记述说，"主席迈耶和秘书米尔斯似乎才认为有必要平等对待民主党董事……很显然，他们期望我们盲目地跟从他们，按他们的指示办事。"如果说将消息告诉民主党董事，并不是什么好事情，那将消息向民众公开，就更不是什么好事了。特别是胡佛反对公开复兴金融公司的贷款事务，理由是，若公开消息，很可能会引发这些贷款本来要予以遏制的灾难，比如挤兑潮等。不过，琼斯在接受总统的这个看法的时候，是有所保留的。况且，总统并没有运用保密制度来掩盖复兴金融公司贷款政策的取向，因此可以说，总统并没有试图强化自己的看法。

在签署法案的时候，胡佛曾表态说，复兴金融公司"之创建，并不是为了援助大企业或者大银行"。复兴金融公司展开运作的最初几个月里，总统还发布了诸多声明，传递了这样一种观念：这个机构的工作重点是援助小企业和小银行。然而，1932年7月，约翰·加纳出力，促动国会通过了一项修订案，强制复兴金融公司向国会汇报其贷款业务。如此一来，针对贷款业务建立的分析报告，便一下子介入了，令总统此前发布的官方声明有了不同的意涵。比如说，胡佛在4月宣称，复兴金融公司已经向四十五个州的银行提供了一亿两千六百万美元的贷款，但情况并不像声明中说的那么好，因为国会的分析报告很快便指出，超过半数的贷款都给了三家大银行。

在贷款分配问题上，复兴金融公司连番遭遇偏袒指控，这就令各方对复兴金融公司的批评越发强烈了。6月，道威斯突然辞职，他说他必须回归芝加哥，接受中央共和银行的事务。几个星期之后，复兴金融公司便给道威斯的银行提供了九千万美元的贷款；其时，该银行的储蓄总额度也只有区区九千五百万美元。即便如此，贷款也没有拯救道威斯的银行，很快，该银行便不得不实施重组，不过，这笔贷款来得很是及时，在经历了诉讼之后，这笔贷款便又归还了复兴金融公司。道威斯的银行得到复兴金融公司的迅速援助，而且是在道威斯刚刚离开复兴金融公司之际，但失业者被否决了得到联邦援助的机会，这样的情状自然引发了人们的猜测。当道威斯的继任者阿特利·波默林授意向克利夫兰的一家银行提供一千两百万美元的贷款之时，消息一经披露，便同样引发了诸多猜测，波默林正是克利夫兰这家银行的董事。1933年初，约翰·T. 弗林将此类情状公诸天下，即刻便令胡佛总统的保密政策在很多人眼中完全失去了信誉度。而且，此类保密条款刚一撤销，向大银行发放的贷款额度便迅速萎缩了，这便更加支持了人们的猜测。[21]

8

政府对商业的此番特殊关切,是很自然的事情。"政府的唯一职责,"胡佛在 1931 年的秋天就已经说过,"是要创造有利于私人企业良性发展的条件。"胡佛相信,倘若商业复苏,就必然能够带动全盘复苏,包括劳工、农民以及失业者在内,都将迎来复苏浪潮。

因此,劳工的困境基本上没有得到直接关注。到了 1931 年 9 月,总统不得不放弃早先维持工资率的努力。当诺里斯-拉瓜迪亚议案于 1932 年浮出水面,旨在限制黄犬契约的时候,政府对之表示祝贺,但没有任何热情可言。共和党在国会抨击该议案;胡佛的劳工部部长在同全国制造业协会的顾问晤谈之时,甚至以联邦法官的席位来诱惑唐纳德·里奇伯格,希望他放弃支持该议案。里奇伯格回绝了劳工部部长的提议,国会最终也通过了该议案,胡佛虽然签署了该法案,但颇为不快。1932 年 8 月,胡佛召集十二个联邦储备区的商业和工业委员会,力图"在整条经济战线组织一套协同行动计划"的时候,我们这位总统并没有想着去邀请劳工代表。[22]

一开始,农民得到的关注要更多一些。早先的平准公司体系,旨在将暂时过量的农产品带离市场,以此来支持农业价格,该体系是最初的农业委员会计划的边缘部分,不过,大萧条突然之间令这个边缘部分凸显出来。然而,此一平准体系一直以来都只能应付小的农业生产波动,若遇大规模过剩情况,便毫无还手之力了。农业委员会对小麦和棉花实施买进,这当然有助于维持价格,但是,日益刚性的价格体系毫无疑问会刺激产量提升,但同时,对农产品的需求日益下降,这便迅速抵消了农业委员会买进机制的一切效能。情况很快便明朗起来,若不控制生产,此番价格支持制度是不会有任何作用的。

1930年1月,农业委员会便开始发出警告,"倘若农民故意过度种植,委员会便无法保护农民"。到仲夏时节,亚历山大·莱格,国际收割机公司的老板,也是胡佛任命的农业委员会的主席,联手农业部部长阿瑟·海德,策动了一场自愿减产运动。对于棉农,委员会提议削减三分之一的种植面积。对小麦种植者,该委员会提议减少播种。但大多数农民并没有得到邻居也会削减种植面积的保证,或者可能认为邻居会减少种植面积,遂继续大面积种植,寄望从更高的价格获益。

海德说"我相信有控制的生产会起作用"。不过他很快也补充说,"依我浅见,这场控制机制必须靠农民的自愿行动来达成,靠法律规定是不会有作用的"。然而,没过几个月,该委员会自己便承认,自愿方法无法奏效,因为美国农民的"个人主义性格"。莱格告诉胡佛,"当然还会有少数农业领袖低声谈论生产控制之事,但实际上,他们所有人都明白,控制原则是根本性的"。

但是总统很是敌视对农业过剩实施联邦控制的想法。他差不多也同样不喜欢尝试性的平准试验,尽管依据他的1929年法令,这些都是允许的。"即便是间接的买入或者卖出,"胡佛说,"都绝对违反了我的政府理论。"如此,胡佛的农业政策便落入了自我折磨的无能境地。到了1931年年中,农业委员会便已经放弃了价格支持举措,并全副精力地考虑着如何处置库存。此后,政府便以无助的失败主义态度,旁观着农业价格一路下降。[23]

9

政府应当集中精力援助商业,这样的信念令总统继续抵制援助失业群体的动议。大萧条的第三个冬天正在逼近,胡佛的这个原则开始受到新的挑战。"我们应当援助铁路公司；我们应当援助金融机构；我认为确实应当，"参议员瓦格纳说，"但是又有什么理由不向身陷困顿的美国人同样伸出援手呢？每个村庄，每个城市都有这样的群体，他们自1929年之后便再也没有领过工资了啊。难道唯有这个群体才必须扛起所谓个体责任的十字架吗？"到了这个时候，那种认为救济是地方问题的看法，也不像1929年和1930年时那么有说服力了。身为社会工作者的伊迪丝·阿博特特别申述说，政府可并没有告诉道威斯将军说，为了他的银行，他应当向芝加哥市政委员会寻求援助。[24]

拉福莱特-科斯蒂根议案，连同其中有关联邦向各州提供救济资金的条款，于1932年2月遭遇挫败。不过，参议员瓦格纳和众议院民主党领袖亨利·T.雷尼于春天启动了新的战斗，这一次，他们以不同的形式重提联邦援助计划。5月，民主党参议院领袖、来自阿肯色州的约瑟夫·T.罗宾逊，动议发行超过二十亿美元的联邦债券，以襄助公共工程的自我清偿工作，阿尔·史密斯、伯纳德·巴鲁克和欧文·D.扬即刻对该计划表态支持，备感压力的胡佛遂提出了自己的对冲动议，令复兴金融公司操持联邦援助计划。[25]

民主党和白宫的此番角力，第一个结果便是令瓦格纳-加纳议案获得通过，该议案在支出条款之外，又增加了一项条款，旨在给复兴金融公司提供三亿美元的贷款，以支持有需要的州的救济事务，由此便扩大了复兴金融公司的贷款权力。胡佛对该条款表示支持，同时也支持另一项旨在授权复兴金融公司推行自我清偿性质贷款的条款，不过，胡佛对该议案的其他条款持反对态度，遂否决了该议案。一个星期之后，这些条款在进行了微调之后，再次获得国会通过，这一次，总统予以接受，最终算是批准了1932年的这份《应急救济法案》。此类贷款是有利息的，清偿期限截止到1935年7月，同时，这些贷款的具体使用则仍然属地方责任机制，这令胡佛颇为满意。很显然，政府尽可能狭窄地去理解这些新权力。

"这些贷款，"总统说，"其前提是要有绝对需求，而且必须有足够证据表明相关资金已经耗竭了。我不希望有任何州倚靠这些贷款，除非是万不得已，才可以作为救命稻草来使用。"从白宫的立场来看，复兴金融公司实际上履行的是银行的职能。宾夕法尼亚州州长平肖申述说，他治下的州有超过百万的失业者，六千万美元的联邦救济款，平均分配下来，一年当中，每人每天也只有十三美分，此论既出，复兴金融公司便不得不加以斟酌，最终决定将救济额度提升到一千一百万美元。到了这一年年底，三亿美元救济款，只用掉了三千万，用于公共工程的钱就更少了。[26]

10

此时总统依然坚持自己的原则，颇有几分男子汉气概。但是无论是从他当时的声明来看，还是从他后来的回忆材料来看，均不能判断他此时实际上是如何看待国情的。数年之后，他写道："很多人都放弃了原来的工作，改行卖苹果了，因为卖苹果更赚钱。"这样的说辞倒是颇能说明总统在大萧条降临之前的那种不轻信的态度。倘若人们在街角卖苹果，那必定是因为卖苹果比干别的更赚钱。问题是，跟卖苹果相比，还有什么工作能提供如此薄弱的保障呢，这个问题却不曾激起胡佛的好奇心。

总统还不断地敦促自己的医务官刻意炮制一些信笺，意在表明，萧条期的公众健康情况要比繁荣期更好；"证据已经充分得不能更充分了，"我们这位总统反复申述说，"我们的人民并不曾受饥饿和寒冷的侵袭。"但是，纽约市协和医院基金会以实实在在的数据表明，病患数量正在"异乎常态地、累进式地"增长着，宾夕法尼亚州公共健康局也报告了营养不良以及结核病等情况的危险扩张，各家日报纷纷呈现了匮乏造成的种种后果，面对这样的情形，总统却是相当蛮横地予以申斥。"实际上，并没有人挨饿，"他告诉媒体，"比如说，流浪汉要比以往任何时候都吃得好。纽约就有一个流浪汉，一天吃了十顿饭。"[27]

既然基本盘没有出错，那么基本的经济机制也就不会出错。既如此，问题定然就出在心理上，而非经济上。就像奥格登·米尔斯说的那样，"资产冻结了并不可怕，可怕的是心灵冻结了"。1930年之所以有一系列的乐观劝勉，背后毫无疑问是这样的情感在促动。当经济未能回应此番动员讲话的时候，总统便寻求其他的激励手段。"这个国家所需要的，"他于1931年2月告诉雷蒙德·克拉珀说，"是发自内心的、大大的笑声。现在的情况确实有点疯狂。倘若每隔十天就让人们发自内心地笑起来，我觉得就能结束这场危机了。"他跟韦伯和菲尔德斯也说过同样的话。1932年，他希望威尔·罗杰斯想一想有什么鼓励的话，可以让人们不再一味地存钱。他告诉男歌手鲁迪·瓦利："我觉得你可以唱首歌，让人们忘记困苦，忘记这场大萧条，这样的话，我会发奖章给你。"他跟克里斯托弗·莫利说："这个国家需要的也许就是一篇伟大诗歌……我一直在寻找这样的诗歌，但一直没找到。有时候，一份伟大诗歌是作用要胜过立法。"[28]

他可能是最为勤勉的总统。他每天早上六点起床，迅速穿上自己的那些旧衣服，准备他唯一的运动，那就是七点钟召开的"健身球内阁会议"。这三十到四十分钟不等的时间里，他会跟朋友们一起推健身球；接着便是早餐；八点半时候，他会赶到办公室。他是第一个在办公桌上拥有电话的总统，这一点颇令人瞩目。从早餐一直到晚上十一点入睡，他便一直都在忙碌，在这期间，他也不断地吸着长长的、粗粗的雪茄，苍白的脸上会不断出现新的皱纹，眼睛也因为充血而渐渐眯了起来。"太累了，"他有时候也会感叹，"每根骨头都疼。"他越发地焦虑且暴躁起来。在白宫里面走动的时候,他很少跟仆人说话;白宫门卫艾克·胡佛说:"从没见过他说早上好,甚至都不曾跟人点头示意过。"若是有人跟他打招呼,他也只是低声回应一下,仿佛是被迫嘀咕了一嗓子。交谈时候,他基本上不会看对方,而是不断地翻动桌子上的文件,在空白处写写画画。他不会放松,若是被打扰,他会变得非常恼怒。"他总是哭丧着脸,神情忧虑,"艾克·胡佛说,他"从未大声笑过"。他的一个秘书希望总统能多跟人拉拉家常,对此,总统的回应颇为严厉:"这个国家已经着火了,我可没时间干这种事情。"[29]

11

胡佛,就像威廉·艾伦·怀特品评的那样:"天生是一个阴郁的悲观主义者,总是喜欢看到事情的阴暗面。"艾克·胡佛说:"他比任何总统都更操心、更焦虑。"国务卿亨利·L. 史汀生对此也颇为遗憾,他说,总统喜欢"首先看事情的黑暗面",这似乎是总统的致命偏好。史汀生特别申述说,"一切的政务都浸透了挥之不去的阴郁",这位国务卿不记得一年半的内阁会议之上出现过任何玩笑和轻松的场面。同总统私下晤谈,对这位国务卿来说,"就如同坐在墨水澡盆里"。[30]

朋友们都劝他多露面,从而更像是一个公共领袖人物。"我成不了西奥多·罗斯福那样的人。"对此,总统会颇为哀婉地说;或者也会回应说,"我没有威尔逊那样的品性。"人们的困苦日益加剧,这方面的证据也越发地累积起来,面对此等情形,仍然坚守自己的原则就必然要承受相当的压力,毫无疑问,这样的压力给他带来了焦虑,但也带来了自我正义感。埃斯米·霍华德,英国驻美大使,品评说:"在我遇到的美国人当中,我发现他是最难深交的,没有例外。"已经在白宫工作了四十二年的艾克·胡佛则说:"我也算经历了不少的政府更迭,我觉得胡佛总统这一届是最难伺候的",他还补充说,只要胡佛一家离开白宫,工作人员"在他们离开的时候,都非常高兴"。在跟胡佛会面之前,H. G. 威尔斯曾两次造访白宫。在西奥多·罗斯福时期,白宫跟舒适自在的乡间宅地没有两样,大家可以自由交谈。跟哈定会面,就如同参加政客的招待会,高声寒暄,握手致意。但是同胡佛会面,那气氛不免令威尔斯感觉像是突然拜访一个"病态的、过度劳累且已经是颤颤巍巍的"人,白宫职员也是恍恍惚惚,常常出人意料地出现,而后又出人意料地消失不见。胡佛显然不擅聊天,而是就美国经济自主问题发表了一通宏论,威尔斯觉得,此番宏论是专门给几天之前刚刚离开华盛顿的皮埃尔·拉瓦尔预备的。"我不觉得这有趣。"威尔斯说。[31]

明面上的这种乐观主义并不能掩盖背后的紧张和压力。报界最先对此中形势有所体察。胡佛体制中有很多东西是报界很反感的,比如说,明显喜欢仪式性的装饰,总统夏季避暑的地方总是驻扎着海军陆战队,官方宴会上的号角,白宫诡异角落里安排的特勤人员,等等。不过,总统在记者招待会上的态度是令人警醒。他肆意偏袒(比如说,马克·沙利文和威廉·哈德就都是他的健身球集团的成员),而且他还跟报纸发行人抱怨说,他们的故事让他不快。慢慢地,他也就将记者招待会取消了。他任期的最后两年间,一个月都难得召开一次记者招待会。即使召开,越发地只是散发一下官方材料。为了钳制消息并控制具体的新闻报道,白宫的秘书们可是干了一些很笨的事情,这只能让情况更加糟糕。《圣路易斯邮报》的保罗·Y. 安德森于1931年说,总统跟媒体的关系已经"极其糟糕了",可以说是本世纪迄今的冰点了。彼此之间相互憎恶,毫无掩饰的怀疑以及直截的抨击行为,已然成了这种关系的特征。[32]

12

　　阴郁且没有安全感,这样的情绪很快就向着全国散布开来。正在寻求领袖的民众,面对此等情形,也只能是报以憎恨了。胡佛遂成为无数尖刻玩笑的靶子。有个笑话说,胡佛要求梅隆给自己提供五分钱的贷款,以招募一个朋友,梅隆回答说:"这里有十分钱,把您所有的朋友都招募过来吧。"另有玩笑说,胡佛是世界上最为伟大的工程师,这一点是没有疑问的,"短短两年多一点点的时间,他便将合众国的水给抽干了,挖得到处都是沟渠,就此将合众国送入地狱"。一批杂耍喜剧演员在被告知经济正在转好的时候,不免问道:"胡佛死了?"

　　此时,一些秘密书籍也开始出现,对胡佛在远东时期的生涯以及在高端金融圈的行为展开调查,指控他犯下诸多罪行,一些罪行是针对英国公民的,一些罪行则是为了欺骗中国政府,压榨苦力,从事奴隶贸易,从比利时救济事务当中谋取私利,等等,甚至制造了伊迪丝·卡维尔的死刑。"胡佛"这个语词本身此时差不多成了表达痛恨的前缀词;比如"胡佛村",比如"胡佛毛毯"(用来包裹身体以取暖的报纸),比如"胡佛马车"(用骡子牵引起来的破旧汽车)、"胡佛旗"(从里翻到外,空空如也的口袋)、"胡佛生猪"(北美野兔)。

　　民众的憎恶确实令总统备感受伤。"这个世界太残酷了,"他感叹说,"我的人都不把我当回事。"不过,这却令他更加确信自己的思想。白宫门卫记述说,西奥多·罗斯福和威尔逊常常会请一些意见不同的人来白宫做客,胡佛则喜欢请那些他预先就知道会赞同自己看法的人前来晤谈。二十年后,胡佛在《回忆录》中回首了这段往事,他说他不觉得自己在总统任期里犯过什么错误,也不曾错失过什么机会,没有错误的推测,也没什么好遗憾的。在他看来,当时的批评浪潮,已经不是政治上的讨价还价那么简单,已经成为对美利坚生活方式的严重威胁。西奥多·乔斯林,他的忠诚秘书评论说:"他认为某些批评是不爱国的。"他自认自己是在战斗,不仅是为了既有秩序,更是为了美利坚制度的生存。[33]

他任期的后半段,意识形态问题越发地浮出水面。对于一些商界头面人物的行为,他确实相当愤怒。威廉·艾伦·怀特就记述说,他私下里抱怨他们背信弃义,抱怨他们贪婪。"不过,"怀特也补充说,"因为他已经跟财富群体合作共事三十年之久了,他不能公开谴责一百万美元,更不能公开谴责一亿美元。"他尊重这个美利坚,无论这个美利坚有何等缺陷,他都尊重,而且,他必须予以捍卫。他的愤怒毋宁说是针对那些威胁要改变这个美利坚的人,特别是那些意图靠联邦扩权来改变这个美利坚的人。

怀特承认,胡佛对紧急权力"没有喜好"。为了避免向某种超级国家漂移,胡佛希望"不倚靠政府行动来解决重大问题"。"必须靠人民自己的决心,在自己的共同体展开自己的战斗",以此来战胜这场大萧条。若要联邦政府去担当昔日里的地方职责,将会摧毁"自治之根基"。他相信,未来的问题在于如何撰写这段历史,是以个体责任的语言来书写,还是以"靠立法手段来救治贫困的破产尝试"这样的语言来书写。这场大萧条,他说,是无法"靠立法行动或者行政指令来终结的。经济躯体的创伤必须靠经济体自身的无数细胞的行动,方能形成救治"。[34]

这样一个人,显然是在呼唤自然的救治过程,并满怀激情地反对集权,但情绪变幻之下,同样的这个人又完全可以鼓吹"这个共和国历史之上最为庞大的经济防御和反击计划"。他强烈信奉个人主义,但也将巨大的经济领域都纳入国家行动的轨道,诸如银行、铁路、保险公司、农业群体等,尽皆在内,甚至最后将失业问题也拉了进来。当然,他介入此类计划并非情愿,在推进此类事务之时，他尽可能少地有所作为。不过，他确实是在地方责任体制的大墙之上撕开了一条裂缝，这是此前的美利坚总统不曾做过的。

有益的干预和绝对的邪恶，这二者之间的准确界线究竟在哪里？他又何以能够如此确定呢？比如说，参议院诺里斯倡导政府所有权体制并主张政府运营马斯尔肖尔斯水电站，在他看来，就是"否决了作为我国文明之基础的诸多理想"。[35] 不过，他自己的一些规划，在一些人看来，其布尔什维克色彩也同样浓重，比如詹姆斯·M.贝克就是这样看的。最终，胡佛只能绝望地跟随世事潮流，载沉载浮，一切随风，漂到哪算哪，并且认为那落脚之处就是界限所在。他在脾性上是教条主义者，因此，度上的差异在他这里就成了质上的不同，也很容易将策略问题误认为是原则问题。

随着任期走向结束，这意识形态梦魇也越发地浓重了。他自己就做过史无前例的事情昭示国家行动的潜能和前景；但任何人若是再往前一步，在他看来，就是越过了他心目中那条看不见的红线，就是对美利坚生活方式的威胁。他的悲剧是那种胸怀高尚理想之人的悲剧，这样的人，其头脑很容易僵化，不知变通，自我正义感最终消磨并吞噬了他的奉献精神。

二十六　1932年危机

1

经济继续下滑。国民收入在1929年时尚且是八百七十四亿美元，到了1932年，将美元贬值计算在内，也已经下滑到四百一十七亿美元了。失业规模在不断扩大，1930年时是四百万人，1931年时是八百万人，到了1932年，便攀升到了一千二百万人，差不多每四个劳动者当中，都会有一个人在寻找工作。1931年时的净投资减少了三亿五千八百万美元（以1929年的价格水平计算）；接下来一年，便减少了五十八亿美元，这个数据令人沮丧。联邦储备委员会的制造业生产指数从1929年的110下跌到1932年的57；工资额度则在同期从五百亿美元下跌到三百亿美元。随着价格和收入下降，债务负担便变得难以支撑了，比如农业的抵押债务、铁路债券、市政债券以及各州的债券，等等。

这场滑落呈现出曲折路线，而非一条直线，时不时地出现停顿，令政府不免生出希望的错觉，仿佛最糟糕的情况已经过去了。在这个过程中，胡佛总统曾有两次宣布大萧条已经结束了，第一次是在1931年，不过中欧的金融崩盘遏制了美利坚的复苏迹象；第二次是在1932年，当时，民主党大有可能推行一系列并不稳健的政策，这就击碎了商业信心。但事实上，1931年1月到3月间的那场微弱复苏苗头，在奥地利信贷银行在维也纳关门之前很多个星期，就已经停止了。1932年最后五个月间的那场微弱复苏势头也主要是因为29亿美元的联邦赤字，才短暂刺激起来的，胡佛全力反对这一赤字并且竭尽所能地要将之抹去。[1]没有任何根本性的尝试去解决经济的结构问题，比如商业和农业之间那致命的失衡，已经摇摇欲坠的银行体系，还有根本就靠不不住的证券交易，等等，同时也没有任何像样的公共举措去提升购买力。当相关方面确实采取行动，力图在这方面有所改善的时候，则已经是为时太晚，根本无法遏制经济下滑势头了。

统计数据只是约略反映了此等实情。1932年这一年，人们的痛苦更加严重了。到了这一年的春天，美国钢铁公司实施了第二轮的大幅度削减工资举措，到了这个时候，维持工资水平的努力算是彻底折戟沉沙了。到了这一年的年底，钢铁产业的周薪水平较之上一年下滑了63%，锯木厂的小时工资跌落到五美分，砖瓦厂的小时工资跌落到六美分，平均小时工资则跌落到七点五美分。在阿肯色州的马尔福恩，木材工人的小时工资只有十美分；田纳西面粉厂女工的周薪只剩下可怜的二点三九美元，要知道这些女工每周有五十个工时。轻工业方面的状况更为糟糕。康涅狄格州劳动委员会在1932年夏天报告中宣称，该州的血汗工厂超过了一百个，这些工厂都雇用年轻女工，每个星期要工作五十五个小时，但工资却只有可怜的六十美分到一点一美元。有人发现，一个六口之家，包括四个孩子在内，深夜还在干拧紧线缆固定桩的活，就这样，全家一个星期的收入只有四美元到五美元。就这样，在竞争者们纷纷将劳工成本砍下一半的时候，那些体恤之心尚存的雇主便发现，已经越来越难维持1929年的工资水平了。整体的工资结构显然是要崩盘了。[2]

2

然而，有工作毕竟要比没工作好，即便是血汗工厂的工作；原因很简单，那胡乱拼凑起来的救济体系显然正在坍塌。对救济的需求已经到了无以复加的地步。越来越多的人群开始涌入救济所，一向敬畏上帝的中产阶级，做梦都不曾想到他们有一天也要如此凄惨地站在面包线上等待施舍。救济申请者的队伍越来越庞大，救济资源却日益匮乏，救济标准自然就一路下滑。到了1932年，只有四分之一左右的失业者实际上能够领到救济，基本上是食物，偶尔会有一些可怜的油料。志愿捐助的救济资源差不多已经耗尽了；90%的救济资源来自公共资金；这些资金也在缩水。复兴金融公司的援助太过微薄且太不稳定，根本不足以做什么预先规划。结果，救济机构的运作基础便沦落到灾难性的地步。"我们这里的城市都竭尽全力了"，托莱多市市长于1932年春天申述说，但"我们仍然失败了，败得很惨"。

在纽约市，运气足够好，最终得以进入救济名册的人，一个家庭一星期的平均救济额度为二点三九美元；该市的救济资金只能覆盖半数失业家庭的户主。一群拉美人和非裔葡萄牙人在西城第三十街区一间废弃的装甲组装厂寻求庇护，夜里用绳梯攀爬到顶楼。还有一群人在中央公园已经干涸的蓄水池里面搭建窝棚。他们称之为"胡佛谷"，南面的视野，摩天大楼闪烁着灯光，那些高楼已经处于半空状态，这些人群就是靠着这些灯光，四处摸索着，寻找吃的东西。

在芝加哥，每两个劳工就有一个失去了工作。市政雇员已经有几个月没有领到工资了。从1931年5月开始，芝加哥公共图书馆便一本新书都没有购置了。社会党和美国共产党在这里鼓动七十万失业者，展开多次游行示威。1932年的6月，市长安东·瑟马克说，在这样的时候，华盛顿要是能送来一亿五千万美元的话，那肯定比过些时候派遣联邦军队过来要好一些；但瑟马克的此番恳请也归于枉然。（也就是在这个月，道威斯的银行倒是获得了那笔巨额的联邦贷款。）

1932年7月，费城社区委员会描述了费城的情况，"慢性饥饿状态，家庭生活越发解体"。在宾夕法尼亚矿区，矿工们正在同饥饿进行一场无声的战争，他们在摇摇晃晃的单间宿舍里，忍受着刺骨寒冷，人都快冻僵了，靠野菜和蒲公英为生，在被炸开的黑色峡谷里挣扎求生。在肯塔基州，堇菜头、野洋葱和只有牛才肯吃的野草（有人说，"这是因为牛不会去吃有毒的草"）成了失业人群的食物，面黄肌瘦的孩子们去上学的时候，没有外套穿，也没有鞋子和衬衣。在西弗吉尼亚的洛根县和明戈县，据克拉伦斯·皮克特在众议院一个委员会的证言，那里的人们已经开始洗劫商场并盗窃供应品了。来自伊利诺伊州的众议员肯特·凯勒说："若是这么忍饥挨饿，我也会去偷去抢。"贵格会的书记员则说："我认为我们所有人都会这样。"不过这位书记员匆忙补充："我不确定您是否愿意将这话记入议事录。"

在加利福尼亚州奥克兰，四岁大的纳西索·桑多瓦尔，一直靠垃圾为生，最终死于饥饿，她的兄弟姐妹也都濒临死亡，被匆匆送进了医院。在马萨诸塞州的北安普顿，安东尼·普拉索尔，八个孩子的父亲，最终选择了自杀，因为看不到工作或者救济的希望。对生命的信仰本身似乎正在衰解，1931年，出生率比1921年低了17%，比1926年低了10%。[3]

3

在有些地方，人们能够用建设性的方式来表达不满。在西雅图,人们组建了失业公民同盟,将失业者能够提供的服务和产品集结起来。鞋匠、木匠、裁缝和劳工各自发挥所长,以此换取过剩的木料、鱼、苹果和马铃薯,等等。很快,该同盟的组织体系便拓展到二十二个区,涵括了一万三千个家庭,差不多有十万人靠着该同盟的这种自助体系维持生活。在俄亥俄州的耶洛斯普林斯,安蒂奥克农学院的院长阿瑟·E. 摩根牵头组建了"中西部交换中心"。类似的机构在这个国家的其他地方也纷纷出现。到了 1932 年年底,此类自助性质的物物交换组织差不多铺展到了三十个州,数量估计已经远远超过一百个了,其中很多都发展出了自己的代价券机制。随着国民经济一路下行,失业者纷纷建立自己的庇护之所,以此来寻求保障。[4]

另有一个失业群体,在古老梦想残余的促动之下,抛弃家园,开始上路游荡。没有人确切知道这个群体的规模,据合理估算,1932 年时规模应该是在一百五十万到两百万之间。这些人要么靠着逃票要么靠着搭便车,一路行进,在临时窝棚或者流浪汉丛林过夜,一路之上,他们避开铁路探员和地方警察的巡查,漫无目标地在乡间游荡,徒然地追寻着昔日那美好的美利坚。有那么一段时间,这个群体当中的二三十万年轻人已然成了美利坚的"路边的野孩子"("bezprizorni");这个群体大多是躁动不安的美利坚年轻人(二十个人里面就会有一个女孩),他们很肯定,情况只会变得更好,他们总是在追寻什么,无论是在大城市附近的破败城镇里面,还是在密西西比河边的砂石洞穴里面,抑或是在大桥下面或者拥挤不堪的车厢里面。"去年,我可是游历了这个国家的很多地方,能到处走走看看,我倒也高兴,"其中有人告诉托马斯·迈尼汉说,"不过,一个年轻人要是走得太多了,就会变成流浪汉,我不想变成流浪汉。"[5]

尽管情形已经到了这般地步,大萧条第三个冬天之后,民众的主导情绪依然是冷漠,而非反叛。毕竟,太多的事情顷刻间漫卷而来，一切都发生得太快了，太多人都没来得及充分消化并吸收其意涵。生命，如同这第三个冬天的流行歌谣吟唱的那样，不过是一碗樱桃；别把它当真，它太神秘了。此时的民众，是阴沉，并不躁动，是绝望，并不暴烈。人们没有满怀仇恨，冲向街垒，他们只是静坐家中，在椅子上无助摇晃，将一切归罪于"世道"。凄惨的"胡佛村"就在紧邻奢华住宅区的地方生长起来；人们忍受着饥饿，不远处便是堆满了谷物的谷仓。惊恐之下的人群似乎已经失去了那传统的美利坚天赋：直接行动。[6]

4

然而，1932年，有迹象表明，一股新的仇恨浪潮袭来。这仇恨浪潮第一次针对富人和上流社会铺展开来。不过，这股浪潮尚且是分散的、碎片化的。但也足以昭示民众情感潮流正在发生深层变化。

此一浪潮的起点是反联邦救济的斗争。上流阶层一直以来都反对联邦救济，他们的理由是出于对受救济者之道德健康的关切。这样的解释在1932年越发地没有说服力了。到了这个时候，很多人都开始觉得吉福德·平肖提出的现实主义看法更具力度。"地方救济体制实际上是让穷人承担成本，"平肖说，"……他们之所以如此顽固地反对联邦救济，背后的动因恐怕是他们的恐惧，他们害怕救济所需的税负会落在已然集中起来的财富身上。"

更重要的是这样一种正在传播开来的看法：富人正试图从这场危机当中渔利，这场危机毕竟是一场全国性的危机。这个看法在很大程度上并不公正。不过，太多的富人只想着他们自己和他们的财富，这倒是真的。当英国于1931年9月放弃金本位制时，众多商人急忙将手中的钱兑换成瑞士法郎或者荷兰盾，将手中的美国债券兑换成黄金，并令其流出美国。这场脱离美元的大潮，于 1932 年初达到每个星期一亿美元的速度，据胡佛说，如此强劲的潮流差不多快令美国也不得不脱离金本位了，此等情形，究其主因，在于商业集团对胡佛政府的信心日渐减少了。[7]

更令人恼恨的是一些人为了避税而机关算尽。比如说在芝加哥，那里已经没有足够的资金来维持基本的施政服务体系了，但大资产所有者们仍然组织了一场公开的抵制税收运动；其中一些人在固定资产方面的逃税避税行径实际上从 1929 年就开始了。罗伯特·R. 麦考密克上校以自己的《芝加哥论坛报》为阵地，呼吁公民足额纳税，但对自己在芝加哥包括证券在内的流动资产实施估值的时候，竟然只给出了二万五千二百五十美元的应税额度，这个额度只需缴纳一千五百一十五美元的税。其他的富人给出的应税财产额度甚至更少。比如说，美国商会主席赛拉斯·斯特朗的流动财产税额度就只有一百二十美元，拥有一家鞋业公司的路易斯·弗洛斯海姆的纳税额度则只有区区九十美元，S. W. 施特劳斯投资银行公司总裁 S. J. T. 施特劳斯的纳税额度则只有十八美元，这个额度已经是准穷人的水准了。[8]

减税运动仍然在继续。即便是颇为高风亮节的奥格登·米尔斯，虽然身为财政部部长，依然对父亲的资产实施了税收减免和再注资，总额度高达六百万美元，在这件事情上，我们这位财长既是操盘人，也是受益人，很不幸，这样的行为在 1932 年的氛围中自然是要遭人误解的。更惹人瞩目的是巨富之人为了逃避联邦收入税而采取的系统办法，尽管个中情状直到 1933 年国会启动调查之时才揭露出来。J. P. 摩根，曾呼吁劳工贡献微薄工资，以推动街区援助运动（"我们必须各尽绵薄"），就是这样一个人，在 1930 年、1931 年和 1932 年，不曾缴纳过一分钱的联邦收入税；在后面的两年，他的那些合伙人当中，也不曾有任何人缴纳过半点的收入税。托马斯·W. 拉蒙特的儿子托马斯·S. 拉蒙特，更是向自己的妻子洗售证券，以套取他曾贷给妻子用来购买股票的现金，由此，他便可以宣称自己在这项交易中遭受了十一万四千美元的技术损失；在填报纳税申报单一个月之后，拉蒙特以同样的价格从妻子那里回购了那些股票。从纳税申报单的情况来看，摩根的合伙人，他们的在城中的房产、座驾、在长岛海湾的游艇、在苏格兰的狩猎屋等加总起来，反而在这些萧条年份根本没有应税收入。他们的做法完全合法，但他们的这种公民精神难以赢得尊重。梅隆和米尔斯时代的国税局对他们的纳税申报单自然也不曾有过疑问。国税局的一名探员对待摩根合伙人的纳税申报单，充满了赞许和敬重："我们没有审核他们的税单，因为那税单是在 J. P. 摩根集团的办公室里填报的，那间办公室里面拟定的任何计划或者填报的任何单子，都不会有错，这是我们的经验。"[9]

不管怎么说，摩根集团至少没有违背法律法规。1932 年 3 月 12 日，瑞士金融家伊瓦尔·克罗伊格独自待在巴黎的豪华公寓里，他松开束腰带，在阴郁反思中沉浸了片刻，用手枪对准自己的胸膛，将一颗子弹送进了心脏。两天后，罗切斯特百万富翁乔治·伊斯门也选择了自杀（他留下这样的话："我的工作已经做完了。为什么还要等待呢？"），这就强化了人们这样的看法：这个世界的金融家们正在经受莫可名状、无法承受的压力。人们最终并没有发现伊斯门的死跟金融界的反常情况有什么关系。但是随着克罗伊格的故事逐渐铺展开来，人们看到的是国际盗匪集团的桩桩件件，让半个世界的人都看清楚了罄竹难书的罪恶，让另一半世界的人看清楚了他无可救药的愚蠢。克罗伊格曾在伊利诺伊州干过卖房子的事情，后来在纽约从事建筑业，在美国很是知名。《星期六晚邮报》曾颇为恭敬地采访过他，《时代》杂志将他尊为"泰坦"（其地位甚至高过一般的"大亨"）。就在巴黎事发两个月前，他还亲自向胡佛总统保证说，美利坚人民根本无需为欧洲问题"焦虑烦扰"。他死之后，享受了通常保留给大学校长或者杰出教区委员的礼遇。但是现在，人们都看清楚了，他就是个骗子，是个造假者，而那些接受了他的名头的美国银行家们，则不过是一群傻子而已。[10]

5

倘若克罗伊格这样一个"火柴大王"都能是一个巨盗，那么将来还有什么"泰坦"甚至"巨头"是值得信任的呢？在芝加哥，投资客们已经涌入塞缪尔·英萨尔的办公室，要求他就他那些垃圾股票做出补偿。三十六个贴身保镖将他日夜看护起来，此时英萨尔仍然相信自己的魔力，仍然试图靠着新的贷款和新的操盘术来拯救自己正在坍塌的财产大厦。但是他的那些玄幻手段渐渐地在世人面前失去了魔力。1932 年，他辞掉了四十八个董事职位、六十五个主席职位和十一个总裁职位，突然动身前往欧洲，《纽约时报》给出了这样的评论："英萨尔先生垮掉了，不是因为他的理想错了，而是因为他一直信持的乐观主义……无论如何，他都是美利坚工业帝国最显要也最伟大的创立者之一。"

然而，到了 9 月，真实情况渐渐揭示出来，看来，这位伟大的工业帝国缔造者所犯罪错可不止乐观主义这么简单；接下来几个月间，库克县的一个大陪审团指控他犯下盗用公款之罪。很快，他的律师们便给他发送了加密电报，建议他前往希腊寻求庇护，希腊跟美国没有引渡协议。于是，一个老人便惶惶不安地坐在一批欧洲难民中间，不知道以后会是怎样的情形。"为什么我在美国就不能更受欢迎一些呢？"他说，"我做的那些事情，究竟有哪件是银行家和商业巨头没有做过的呢？那都是商业常态啊。"唐纳德·里奇伯格，英萨尔在芝加哥的老对头，此时宣示了民众的判决："塞缪尔·英萨尔此番生涯的真正意义在于：他的罪孽并非异乎寻常，只不过他的野心太大，伤害太深。"[11]

商业一直坚持将繁荣之功悉数收归己有。现在萧条来了，自然难逃罪责。"倘若当前这场危机的责任人皆有份，"一个富有的公司律师牛顿·D. 贝克说，"那可以肯定，不管将这责任奉送到何人门前，'大商业'都是最有可能的垫脚石。"哈佛商学院院长所说的"商业领袖权能的失败"，于此变得相当复杂，不断浮出水面的大量证据正在让世人见证商业道德的失败，比如说，提供错误报表，伪造债券，逃避税收，背叛信任，拒绝承担责任，等等。[12]

"新时代"就此退去。此时的底特律，亨利·福特的根据地、"新时代"的先知，1932年已然归于废弃了；看来，既有汽车产能的一半，就足以满足随后多年间美国的全部的需求。此时的底特律市市长弗兰克·墨菲，可谓恪尽职守且颇有头脑，然而，即便他竭尽全力，也没有办法照看日益扩大的失业群体。1932年3月7日，气温已经是零华氏度了，一支大约三千人的失业者游行队伍，在警察默许之下，从底特律商业区向亨利·福特在迪尔伯恩的里弗鲁日工厂进发。当队伍抵达城区分界线的时候，迪尔伯恩警方命令他们回头。但游行队伍继续向前推进，并要求在福特工厂送达一份陈情书，同时，游行队伍的领导者们告诫人们，要维持"无产阶级纪律"。警察以催泪弹作为回应，游行人群则以石块、矿渣和冻泥块作为武器。福特工厂的消防人员用消防管将冰水浇向游行队伍；接着警察便开火了，先是一般的枪械，而后便动用了机关枪。一阵弹雨倾泻而来，游行队伍最终四散开来。一些人试图将伤者运走；人群夺路而逃，留下四个死者和多个伤者无人照管。透过工厂四号门上方的窗户，几个前来学习福特生产方法的俄国技师活生生地见证了眼前场景……两天后，四人的尸体躺在一面巨大的红旗下面，气氛极为肃穆，红旗上面是列宁的肖像，还有一行文字："福特给的是子弹，不是面包"。乐队演奏了1905年的俄罗斯葬礼进行曲，成千上万的底特律工人一路跟随棺椁行进，夕阳的余晖抛洒在里弗鲁日工厂那高耸的银色烟囱上面。[13]

当局当然注意到此番新的躁动浪潮。1931年，当局反对削减陆军驻军力量，因为这会"削弱维持内部和平和秩序的手段"。1932年，当国会票决要求政府雇员全面降薪10%的时候，胡佛即刻送上一份秘密咨文，敦促参议院对陆海军正规服役人员法外开恩，理由很明确，一旦发生内部骚乱，他可不想指靠一支因为减薪而满腹怨言的队伍。[14]此时的民众情绪开始从麻木冷漠向愤怒和躁动转变。起初的无精打采，现在看来已经成了民众愤懑情绪正在深深酝酿并集结的信号了。被压迫，被欺骗，被抛弃，这样的情感开始传布开来。一时之间，气氛凝重起来，如同暴风雨之前密布的阴云。

6

1932年5月初，俄勒冈州的波特兰，一批一战老兵想起来，他们还有一笔备用金可以支取，那就是他们手中的"调整补助金凭证"，那是政府承诺要支付的，依据国会法令，这批凭证的支付期限是1945年。倘若这笔钱就是他们的，那为什么在需要的时候就不能支取呢？他们不能就这么眼睁睁地看着孩子们靠腐烂干果和黑咖啡为食，日渐苍白下去，也无法再忍受社区救助体系的无能怠惰以及官方的熟视无睹，最重要的是，他们厌倦了等待，波特兰的这批老兵便决定"向华盛顿进军"，以此让国人知晓他们的困境。于是，他们选择了他们的领袖，一个失业的罐头厂监工，一战时期的士官，名叫沃尔特·W.沃特斯。沃特斯有老婆，更有两个女儿，已经十八个月没有工作了。这支队伍遂在他引领之下出发了，一路之上靠搭便车和沿途周济维持着。他们的原则是"不乞讨，不喝酒，不激进"；而且这支队伍只有真正的一战老兵才能加入。

5月21日，队伍抵达东圣路易斯。当地铁路官员试图阻止他们登上到俄亥俄和巴尔的摩的货车，老兵们便在调度站里面将车厢分开，并在路轨上涂抹肥皂。很快，伊利诺伊州国民卫队便派出分队将他们驱散。最终，伊利诺伊州动用卡车将这支队伍送出了该州，这支来自波特兰的队伍遂给了自己一个自嘲性质的称呼，"补助金远征军"。然而，这场"巴尔的摩与俄亥俄战役"只是故事的前奏而已。

老兵们纷纷加入，踏上"向华盛顿进军"的征途。一时之间，"进军"取代了失业的孤独；重新唤起了十五年前步兵男孩们的同志情谊。当沃特斯率队抵达华盛顿的时候，这支队伍已经有了上千人的规模；而且，接下来几个星期的时间，各路老兵军团风尘仆仆赶奔而来，汇聚哥伦比亚特区。此时国会正在论辩众议院赖特·帕特曼要求即刻支付补助金的议案，他们面对的是一个新型的院外集团，这个集团可不是在五月花酒店抽雪茄喝黑麦茶的一批人了，而是一批戴旧式军帽在安纳考斯迪亚河对面沼泽地安营扎寨的人。他们的举止受人敬重，他们的行动很有纪律。但他们的存在本身就是一种威慑。6月15日，众议院通过了帕特曼议案。

此时的首都警察局局长是一个退役军官，名叫佩勒姆·D. 格拉斯福德，曾是驻法美国远征军中最年轻的准将。他协助安置了这支队伍，让陆军野战厨房给老兵们提供食物，命令警察不得介入，还来到老兵中间，说说笑笑，打打闹闹，总之，尽自己所能，维持这支队伍的士气。他会骑上他那蓝色的大摩托车，在营地四周兜风，他展现出来的耐心和友善抚慰着这些愤怒的人们。此外，一旦来到华盛顿，大多数老兵实际上并不清楚自己为何而来。他们只是对当前的国内状况有模糊的不安之感，只是隐约地希望他们的出现会促动政府有所行动。

6月17日，补助金议案交付参议院进行表决。老兵们遂在国会山聚集起来。此时，当局有意摆出机关枪阵势来迎候这支"远征军"，就像前一年用来对付美国共产党策动的饥饿游行一样；但格拉斯福德反对展示武力。集结在国会大厦前面广场之上的人们预感议案肯定会被参议院否决。人们纷纷枕着衬衫袖子，躺在草地之上，要么就是坐在大理石台阶上面，开起各种尖刻玩笑，但这并不能掩饰他们内心残存的希望。漫长的等待一直从下午伸展到华盛顿温软的黄昏时分，他们就那么聊天，打闹，打盹，而后唱起军歌，最终则是默不作声地坐着。

参议院的票决时刻即将到来。人群中的低声议论变成一片嗡嗡之声。沃特斯本人开始警觉起来，遂催动大家再次唱起军歌。不久，来自俄克拉何马州的参议员埃尔默·托马斯，远征军的朋友，出现在沃特斯身边，跟沃特斯低语片刻。沃特斯即刻走上台阶顶端，展开手臂。几分钟过后，现场的嘈杂之声沉寂下来。沃特斯遂开始讲话，声音低沉且疲倦，"战友们，请安静！"人群中有人喊道；"战友们，我要说的是坏消息。"补助金议案未能通过。广场上的人群一下子躁动起来，现场一片嘘声。"战友们……"沃特斯呼喊着说，"我们要告诉他们，我们能承受这一切。我们要告诉他们我们是爱国者。且让我们一起高唱'美利坚'吧。"歌唱过后，便是阵阵军队号令之声响彻广场："加州军团，来这边"、"纽约军团去那边。"就这样，将近两千人的"远征军"安静有序地形成各自的战队，然后向后转，撤回沼泽地的驻扎之地。没过三十分钟，巨大的广场之上便空无一人了。

一些老兵在沮丧之下离开了华盛顿。更多的人则留了下来，"挺到1945年"成了他们的口号。生活成了安纳考斯迪亚沼泽地的某种秩序。老兵们用木料、包装箱、锡片和帆布条在这里搭建棚屋。一些人干脆就住在破旧的军用帐篷里面，这些帐篷都是格拉斯福德将军提供的。老兵们对十五年前春日时光里的那些基础操练仍然有记忆，此次这些训练便都派上了用场，他们不断地演练阵型，吃饭时候也不忘排起候餐队形，安静等待，还组织棒球比赛、挖掘茅厕（他们称之为"胡佛庄园"），等等，每天以军号为准，按时作息。老婆孩子开始赶来跟丈夫会合，就在烈日之下水汽腾腾的沼泽地里竭力将家庭生活拼凑起来。食物是问题，不但质量不行，而且很是短缺；另一个问题是疾病，这方面的情况越来越严重。湿热之中，半埋的垃圾堆是疾病滋生之地；蚊虫在帐篷里面成群结队；营地的北边更有波托马克河将首都的污水倾灌而来。腐烂食物、汗水、氰化物还有尿液一并挥发出来的恶臭开始在这片沼泽地散布开来。

7

老兵们依然在等待，此时队伍规模已经超过一万五千人了，妇女和儿童也都陪伴在侧，抱着渺茫的希望，希望国会在休会之前能重拾补助金议题。闷热、疲惫和暴躁催生派系争斗，令远征军统帅沃特斯备感烦扰，此时，他的野心受权威的刺激，这位统帅正在寻求扩张自己的权力。6月晚些时候的某天，他拟定了一套相当严格的军事纪律。一群老兵表示反对，他则对他们吼道："不管你们愿不愿意，我都要干我想干的事情，你们若是有人不同意，那就滚出远征军。反正，我是绝不回头的！"此时的沃特斯已经开始瞄向更大的目标了。他告诉加德纳·杰克逊，他曾是社会主义者，所谓补助金只是个借口，这支远征军就是失业者大起义的先锋。为什么就不能有一个全国性的组织，为美利坚大地之上所有受苦受难的人而战呢？"苍天可鉴，"沃特斯说，"银行家们手握数十亿美元，穷苦之人却什么都没有。世人怜我，这空空如也的美利坚民主，已经成为肮脏的特权计划。"沃特斯思量着，这样一个组织应当称为"卡其衫军"，很显然，他内心想着的就是墨索里尼和希特勒。

此时大多数老兵对待沃特斯，已经是疲倦和漠然了。他的首要敌人是美国共产党，说白了就是一小部分共产分子，正努力要驾驭这股远征军浪潮。共产党要的是暴力;为此,他们愤怒地谴责远征军领导层跟格拉斯福德合作维持秩序。不过,正如一名观察者评说的那样,安纳考斯迪亚的诅咒还是公平地指向了银行家集团和美国共产党;而且,远征军领导人不知疲倦地谴责美共的活动,并毁掉美共的传单,将共产势力的领头之人逐出营地。老兵们还建立了袋鼠法庭,判美共的煽动者鞭刑,在背上抽打十五皮带。《补助金远征军新闻》一方面警告说,富人的态度"令共产党更容易渗透军中",另一方面也强调,美共的原则同远征军的计划是背道而驰的,该报的口号是:"向前看,勿向左!"[15]

时间就这么拖延下去,很快就过了7月,老兵们在闷热中暴躁着,妇女们扎堆闲聊,孩子们玩闹嬉戏,婴儿哭闹之声不绝于耳(像伯纳德·迈尔斯,干脆就是在安纳考斯迪亚出生的),格拉斯福德以仁慈态势主持大局。食物越发短缺之际,他自掏腰包,运来价值上千美元的补给品:"孩子们为什么跟着我吃苦受罪,接受训练啊;他们是我的孩子啊。"美国共产党的领导人约翰·T.佩斯某次差点遭到一群愤怒老兵的围攻,此时,格拉斯福德告诉大家:"佩斯跟你们一样有权利在此地讲话。你们若有人不同意他的说法,那就别听,去营地其他地方玩棒球吧。"闷热和厌烦之下,白人和黑人之间发生了斗殴事件,就在满是灰土的地上打了起来,格拉斯福德徒手将他们分开,正告众人说:"我们都是老兵,老兵跟老兵是不打架的。"

当局将远征军看成是一个地方问题,是哥伦比亚特区委员会的事情,不是总统的事情。到了7月中旬,老兵们已经在华盛顿驻扎两个月了。这段时间里,白宫方面不曾传来只言片语;当局也不曾有任何人出面,向老兵们表示同情,甚至都没人跟他们说说他们的诉请为何遭拒。总统本人在这段时间里有足够的时间接见重量级摔跤冠军吉姆·隆多斯、埃塔·厄普森·伽玛妇女联谊会和巴拉卡·费来提协会的代表团以及青少年作文竞赛的优胜者,有足够的时间会见各路要人；但对远征军的领导人紧闭大门。"胡佛先生可从来都不惧谈判并发布声明的啊，"沃尔特·李普曼不禁评论说，"但他竟然懒得同远征军交流，这又是为什么啊。"在此期间，总统唯一的一次行动就是推动了一项议案，给那些愿意回家的老兵提供路费，但这路费需要从1945年到期的补助金里面扣除。

8

此时，国会休会期越来越近了，紧张态势随之加剧。"阴沟里的一条狗都会为了喂饱幼崽而战，"《补助金远征军新闻》告诉老兵们说，但是，这三年来，"你们就这么蜷缩着，低声下气地乞求那一点点的面包碎屑……你们有力量进行斗争，为什么不站起来呢？你们真的是懦夫吗？且做一回男人不行吗？"总统那表面的漠然背后，却是巨大的忧虑。白宫的守卫增加了；各处铁门时不时地还会用铁链锁起来，特别是远征军哨探在白宫前面现身的时候，草坪之上布满了特勤局的人。更有三百名突击队员秘密集结在附近的弹药库，随时准备应对突发情况。《补助金远征军新闻》则继续抽打读者。在上面发布文章说，他们就像蠢牛一样在街角木然等待着，他们的孩子却在挨饿；他们"胆气如鼠"，是"如假包换的懦夫"。

此次国会会期的最后一天，老兵们再次集结起来，进入国会广场。"战友们……"沃特斯在门廊上向众人喊道，"你们一定要给白宫的那些白领鸟留出一条通道，以免他们像烂老鼠一样闯进我们的队伍。我们将一直待在这里，直到见到胡佛。"此前，总统已经宣示，不会前往国会山参加传统的闭会仪式。不过，总统座驾还是在白宫门前等了足足两个小时，最终，不知是什么原因，总统还是选择不前往国会山。聚集在国会山的人群又一次返回营地，同样没有造成任何伤害。

　　此时格拉斯福德计划将远征军余部清空，转移到乡间的某处营地，这位警长希望老兵们干一些手艺活，并种植一些基本农作物，以维持生存。到了这个时候，每天都有老兵离开。但总统和哥伦比亚特区委员会越发地焦虑了。7月26日，战争部部长赫尔利说，远征军确实是个麻烦，因为他们非常遵守法律，这位战争部部长一直在思量着能发生什么事故，这样的话他就有机会对远征军实施宵禁了。7月28日，特区警察受命将入驻宾夕法尼亚大道一些荒弃建筑的老兵赶走。沃特斯叮嘱这些老兵和平离开。但是近些天一直备受压制的以佩斯为首领的美国共产党，此时看到了机会。他们冲向警戒线，抛掷砖头，激起了一场短暂的骚动。两个小时后，警察进入第二栋建筑，这座建筑已经部分坍塌了，人们支起两块木板，代替原来的台阶。一个警察不小心从两块木板之间的缝隙掉了下去；惊慌和恐惧之下，这个警察遂即转身，拔出手枪，对着一群老兵连开数枪。一名老兵当时很安静地站在警察旁边，外套还搭在胳膊上，就这么中弹身亡。其他的警察即刻开火；又有一名老兵受了致命伤，还有多人受伤；接着便传来格拉斯福德的声音，"停止射击"，现场重新沉寂下来。

　　这恰恰就是战争部部长赫尔利要的事故。特区委员会遂决定召请联邦军队。请求送达白宫的时候，白宫方面接受了请求，总算是解脱了；战争部部长赫尔利向道格拉斯·麦克阿瑟将军下达了命令。麦克阿瑟召唤自己的副官德怀特·D.艾森豪威尔少校，并一手抓过马具，跨上战马，亲自负责指挥。

9

　　下午晚些时候，联邦军队抵达现场，四支骑兵小分队，军刀出鞘，一阵嗒嗒之声，鱼贯而过，六辆坦克紧随在后，布罩下面是机关枪，接着便是步兵纵队，步枪已经上了刺刀，头戴钢盔和毒气罩，腰间系着蓝色的催泪瓦斯弹。一开始，士兵们用刺刀和催泪瓦斯对商业区建筑实施清空。接着便在夜幕降临的时候，进入安纳考斯迪亚，用军事派遣要求里面的人离开。军队留出了一个小时时间，供里面的人撤离。而后，士兵们便向前推进，拒不离开的老兵一小撮一小撮地聚集起来，士兵们便向人群投掷催泪瓦斯弹，并将沿途的棚屋和营帐纷纷烧毁，以免有人返回。（战争部部长赫尔利后来否认军队干过这样的事情，但记者提供的第一手证据中包括现场照片，已然是铁证如山了。）很快，老兵们在逃离过程中，也顺手将自己的窝棚焚毁。

妇女和孩子们，泪如泉涌，从住处疯狂跑出，根本没有时间收拾可怜的细软。此时尤金·金尚且只有七岁，突然想起来自己的宠物兔子还在帐篷里面，遂返回去取兔子。一名士兵喊道"离开那里，你这个小崽子"，刺刀一下子捅在孩子的腿上。乔·安杰洛是来自新泽西州卡姆登的一名老兵，看见一个满身傲气的骑兵军官带着一队人，枪上挂着刺刀，直奔自己的棚屋而来；突然间，安杰洛认出那名军官就是小乔治·S.巴顿，十四年前，自己曾在法国战场救过巴顿的命，为此，还收获了一枚杰出军功十字勋章（"那人救过我的命，这一点毫无疑问，"冲劲十足的巴顿后来颇为讥讽地告诉媒体说，"但他对那件事情的多种说法，都跟事实不符。"）。

此时，各处都已经点亮火炬，亮橙色的火焰将这片沼泽区照亮了。后面是国会大厦那巨大的圆顶，在光影中映衬而出。咳嗽声、哽咽声、呕吐声四处响起，就这样，远征军四散而逃，穿过催泪瓦斯那甜腻的味道，沿着好望山一路落荒而行，进入马里兰州，寻求安全之所。早上，灰色雾气从河面升腾而起的时候，蓝白色的烟尘还在闷烧的废墟上面漂浮……小伯纳德·迈尔斯，在远征期间出生的那个婴儿，此时刚来到人世十一个星期，但最终在医院里离去。

《补助金远征军新闻》给出了这样的碑文:"这里躺着伯纳德·迈尔斯,三个月大,因催泪瓦斯致死,总统胡佛下的命令。"

《补助金远征军新闻》创刊号上的诗句,现在看来,颇有预见性:

> 哦,基督,你为世人而死,
> 可你还会回来吗?
> 还是说,你已经看出,
> 你的尘世事功都是枉然。
>
> 你曾努力教世人去爱,
> 那么多人只说不做,
> 哦,主啊,且低头看看,
> 我们的生活。

这是一种看法。道格拉斯·麦克阿瑟则有另一种看法。那些"暴民",他说,受"革命精神"之鼓动。"毫无疑问",他们意图控制政府。"总统忍到了最后一刻,可以说是仁至义尽;但总统也没有太多的时间就这么耗下去了。"对远征军的这场胜利看来成了这位将军漫长军事生涯中的又一场胜利。"在我的戎马生涯当中,"这位将军说,"我可是将不止一个群体从外来敌人的手里解放出来";但从来没有见过备受困顿的人们如此强烈地感激于我,即便是那些在外来军事占领之下煎熬多年的人群。

此前一直在远征军问题上一言不发的当局,此时站了出来,发表一系列的声明,认定远征军的主要成分就是罪犯和共产分子,并组建了一个大陪审团来提供证据。不过,即便听话的主审法官指示大陪审团给出想要的调查结果,陪审团最终仍然拒绝在报告中提到共产势力,反而是指控了三个人,这三个人在一战期间,都曾在海外战事中受过伤。而且，总检察长对远征军提起的指控，是以远征军溃散之后才展开的调查为基础，退伍军人事务局以及宾夕法尼亚州退伍军人福利处展开的更为细致的调查，根本不支持总检察长的这些指控。

然而，当局仍然不让步。当一批作家在舍伍德·安德森和沃尔多·弗兰克引领之下，前往白宫抗议用军队镇压手无寸铁的平民的时候，他们被告知，总统太忙了，没时间见他们。离开之时，他们明明听到草坪对面传来一阵童声合唱，"祝你生日快乐"。一个学童代表团显然正在给胡佛先生送上生日蛋糕。10月，格拉斯福德将军被迫离职。

补助金问题本身相当复杂。很多美国人对老兵们采取的这种压力策略抱持反感态度，但他们觉得，若是支付了补助金，那将会是一场经济灾难。也有很少的一些人，诸如威廉·特鲁芬特·福斯特和赖特·帕特曼这样的人，则支持一切可以将钱送到花钱人手中的办法，即便是补助金。但此时的民众，正对总统对待安纳考斯迪亚沼泽地的人们的那种冷漠态度备感阴郁且沮丧，此番说理性质的论证自然是黯然失色了。总统拒绝接见远征军领导人，这看来是没有任何理由的；当远征军已经同意自行解散的时候，还动用军队，这看来是没有任何理由的；政府没有在特区之外的地方为远征军提供驻留之地，这看来也是没有任何理由的。《华盛顿新闻报》评论："多可怜的场景啊，这伟大的美国政府，当世之上最强大者，却在用军队和坦克四处追逐手无寸铁的男男女女和孩子们……倘若到了必须召唤陆军对非武装公民开战的地步，这个美利坚也就不再是美利坚了。"

不过，老兵们总体上还是漠然服从了。远征军没有武器；士兵们也没有开枪；若是在其他国家，这很可能会演变成一场叛乱，但在这里，最终则不过是困顿男女的一场午夜大溃逃。此次事件确实啃噬了国民的冷漠，但没有击碎这冷漠。[16]

10

可惜,这个夏天的考验只是刚刚开始。在华盛顿,农业组织的领导人开始以更加绝望的语气发声。1931年,亚拉巴马的种植园主爱德华·奥尼尔获选成为农业局的局长,这就算是实现了亨利·华莱士和切斯特·戴维斯先前制订的谷物和棉花联姻计划。奥尼尔身材高大,衣着考究,面色红润,一头很是稀薄的白色头发,脸上总挂着发自内心的笑容,这笑容要么是放松,要么是威胁。奥尼尔给了农业局强有力的领导权能。1931年当年,全国农业协会得到一个新的头领,这就是约翰·A. 辛普森,此人曾将俄克拉何马州农业协会改造成一个相当强劲的组织。辛普森不怎么说话,但很是坚定,对国际银行家集团,他有着昔日人民党式的古老仇恨("那些人是这个国家最恶劣的罪犯"),同时也保持了这样一个信念:借由白银重新货币化推行的膨胀政策,是保证农业协会纲领当中有关农业成本和合理利润条目的最佳手段。至于长远规划,辛普森希望能建立一个合作制联邦。"我觉得资本主义体制注定要灭亡。资本主义体制植根于野蛮、虚假和贪婪等原则中。"[17]

奥尼尔和辛普森遂联手在国会各个委员会推动农业问题。不过,就此时的情况来看,只要政府仍然认为农业问题在根本上是无法解决,那么在华盛顿施加的这些压力就不会有什么效果。1931年,艾奥瓦州出现了一个新的农业领袖,艾奥瓦州农业协会前任主席米洛·雷诺,此人要求采取地方行动,此时雷诺将近六十五岁,身形魁梧,语速平缓,很是友善,一头黑色乱发,向上高高竖起,眼睛深陷,眼神锐利,戴着一顶五加仑的斯泰森帽子。他自人民党时代就开始为农民问题而战;从农业协会人寿保险公司创立之时,就一直是该公司的主席;也是"生产成本"议题最早的推动者之一。

早在1927年,雷诺作为农业协会委员会的成员,就已经提出,倘若不能通过立法手段获得公正,那就没有别的办法了,只能"采取有组织的行动,拒绝以低于生产成本的价格将农产品送入市场"。大萧条给了这样的农业罢工观念新的说服力。到了1932年春天,在一些人眼中,这已经是唯一可以遏制农业价格下跌的办法了。在雷诺的领导之下,农民假日协会得以组建,这里所谓的"假日"实际上是一种讽刺,是在影射商业集团方面颇为惬意的"银行假日"议题。

11

艾奥瓦州的紫黑色土壤相当肥沃;红色的四方形谷仓很是巨大,就那么矗立在舒适的白色农舍的后面,这些农舍都拥有宽绰的草地和在风中轻轻摇动的棉株;这里的乡间是一派丰裕景象。但是这里的农舍都没有涂层,这里农民的装束都破落不堪,田里的庄稼无人看护,就那么在太阳下面炙烤着。1932年的8月,一群戴着十文钱草帽的农民顶着烈日,手持棍棒和草叉,在苏城附近的各条道路之上铺设路钉,并相当精细地用缆绳横过路面,意图拦截打谷机。他们在搜寻运送农产品的卡车,并设法劝说司机就地掉头折返,在这个过程中,这些农民的情绪还是很不错的。他们在太阳下等待,躺在高高的草丛里面,开着各种讥诮玩笑,诅咒着"国际银行家",就在路边搭起帐篷,休息睡觉,妇女援助组织负责用篮子给他们送饭。

牛奶农户的罢工运动跟"假日运动"同时展开,虽然彼此是独立的。这些牛奶户,他们一夸脱牛奶只能收获两分钱,而牛奶销售商将之运往苏城,就能够卖出八分钱的价格,此等情形之下,伍德伯里县的牛奶户便宣布对入城牛奶实施封禁（医院用的牛奶除外）。如此，全部十条入城道路便都处在农民的巡察之下；这场运动很快便扩展到康瑟尔布拉夫斯以及艾奥瓦州的其他地区，并蔓延到邻近各州。但是这场牛奶运动当中，问题就不仅是劝说卡车掉头折返那么简单了。罢工者们撕开奶桶，将牛奶倾倒在路上，鲜牛奶很快便形成一条白色溪流，在混凝土路面上不久就因为失去水分而凝固起来，而后便以涓涓细流之势渗入水渠。康瑟尔布拉夫斯附近，当地治安官迅速促动城中居民用球棒武装起来，命令这些农民清扫道路。接着，便逮捕了六十个纠察员，但农民即刻组织了一场群众运动，向着监狱进发，压力之下，当局只得将这些人释放。

此时纠察线上开始出现新面孔了，都是陌生的城市面孔。这些是来自得梅因的年轻人，身穿褐色衬衫，很显然，都是刚刚组建起来的"卡其衫军"的成员，其中一些人还是参加了"安纳考斯迪亚沼泽地战役"的老兵，另有一些人则是无所事事之徒，唯恐天下不乱。此时的纽约市，美国共产党中央委员会正在斟酌一份来自艾奥瓦州的新闻稿。就跟远征军运动一样，美共这一次又错失了机会。不过，美共还是做出了迟到的决定，派遣老资格的党务活动家埃拉·里夫·布卢尔领着儿子哈罗德·韦尔向西而去。韦尔是美共的农业问题专家，有苏维埃集体农场的生活经历，从莫斯科回来的时候，随身带回了两万五千美元，用来解放美国农民，回国后便在赫伯特·胡佛的农业部谋了个顾问的职位，此时刚刚辞职。

此时雷诺和"假日运动"的其他领导人约略有些不安了，他们对可能会发生的事情并无把握。"你们已经没有办法阻止这场运动了，就如同不能阻止那场革命一样；我说的是 1776 年的那场革命，"雷诺品评说，言辞里面喜忧参半，"即便我努力阻止，恐怕也做不到了。"某个午夜，艾奥瓦州切罗基附近一处农民营地遭遇火枪袭击之后，雷诺便叫停了此次罢工运动，借口是中西部州长会议计划于 9 月在苏城召开。哈罗德·韦尔则是竭尽所能让这股浪潮继续下去，为此，他起草了一份决议，意在促成苏城的一场农民集会。但是此时农民已经越发地厌倦了；而且秋天来了，总统选战运动随之展开，变革的前景就此浮现，即刻行动的压力也就随之弱化了。

这场"假日运动"并没有太大的经济意义。即使大规模抵制市场的行动能够暂时维持价格，但封禁起来的农产品终究要向市场集体释放，这就必然会压低价格。而且，不管怎么说，愿意参与这场运动的农民只是很小一部分。这场农业罢工运动的真正影响，是将体制困境尖锐地呈现出来，这套体制没有能力让自己制造的丰裕发挥作用，这套体制缺乏足够的智慧或者意愿将丰裕和需求对接起来，就这么让数百万人沦落饥饿境地。[18]

12

大萧条的第三个夏天就这样过去了，开始进入第四个冬天，人们的忍耐也随着时间的流逝而快要消耗殆尽。弗吉尔·乔丹，麦格劳-希尔集团和全国工业会议委员会的保守派经济学家，他在1931年美国商会会议之后，提起一份报告，说商业集团已经对其领导人失去信心了；这些商业领袖已经是在孤注一掷了。"用不了几个月，一个经济界的墨索里尼就会让他们服服帖帖地进入巡游队伍，红衫也好，白衫也好，蓝衫也罢，而且还会让他们恭恭敬敬地拜服新偶像。"

1932年初，一个高个子在众议院起身发言，措辞甚是强烈。"我是要将人们未能得到的保障给予人们，"来自纽约州的小汉密尔顿·菲什宣称，"要是现有体制不能提供这样的保障，人民将会改变体制。在这件事情上，可不能犯错。"三个月后，来自宾夕法尼亚州的参议员戴维·A.里德也宣称："我通常不会嫉妒其他国家的政府，但我还是要说，倘若这个国家真的在某个时候需要一个墨索里尼，那就是现在了。"6月的《名利场》杂志（克莱尔·布思·布罗考就是其中的一个编辑）更是直截表态："请指定一个独裁者！"同月25号的《自由》杂志上，伯纳尔·麦克法迪恩也宣称："我们现在需要的就是宵禁法；市民法已经没有时间了。是时候给总统独裁权能了。"到了7月，亨利·黑兹利特在《斯克里布纳》杂志倡议对政府实施根本性的重组，令其一体化。[19]

此类声音当然不具备代表性。但也颇有征候性质。之所以说不具备代表性，是因为此时政治体制又一次迎来了变革机会。1932年是总统选举年。此前的某一天，有人宣布要将贫困赶出这个国家，于是，人民便瞩望着这一天的到来，自那之后，这个国家便发生了太多太多的事情。1932年秋天的这场选战，将是决定性的，这场选战将决定民主制度还能不能恢复人民的信任和忠诚，将决定此前数年的经历是不是会促动更多的农民走上战场，催生更多的远征军、更多的"卡其衫军"和更多的共产党人。1930年和1931年是经济年份；1932年则为政治提供了最后的机会。

第五部分　萧条政治

二十七　民主党备战

1

1928年的选战已经表明，尽管在休斯敦搞了一场和谐大会，但民主党依然没有修复1924年的大分裂。南方对史密斯的抵制，部分地是老布赖恩派的支持者的一场反叛，这个集团在1924年支持麦卡杜，他们不信任大商业体制，厌恶城市，信从宪法第十八修正案，阅读《圣经》。因此，民主党此时的问题就是如何将乡村民主党集团重新融入民主党。

然而，此时，民主党全国委员会的财政状况却令问题更加复杂了。1928年选战之后，民主党的债务达到了令人侧目的一百六十万美元。两大债主，约翰·J. 拉斯科布和伯纳德·巴鲁克，都是有着慈善情怀的民主党富翁，二人有意帮助民主党支撑下去，直到1932年选战。作为回报，他们自然希望在党组织和政策两方面都能有所影响。但是，二人的影响力，并非特意针对民主党农业集团而来，也无意重新俘获这个集团，特别是拉斯科布。

拉斯科布曾坦言，他觉得政治"很难而且没什么吸引力"。不过,他一直待在全国委员会主席的位置上,并且下定决心,不让全国委员会再次沦落惯常的怠惰状态。比如说,1924年到1928年间,民主党甚至都没有一个全国性的总指挥部。1929年、1930年和1931年,拉斯科布为全国委员会提供了三十七万美元的贷款,力促委员会保持活跃状态;此一时期,这笔贷款只偿还了两万五千美元。他还雇用朱厄特·肖斯作为全职经理人,肖斯是一个矮小干练的民主党政客,平日里一套鞋套和手杖装备,处处透射出精明强干;为了完成党务革命,他聘请了一个名叫查尔斯·米切尔森的老牌记者作为全职公关经理。

"查尔斯·米切尔森是何方神圣啊?"拉斯科布问道,此一询问足以表明他缺乏政治经验。米切尔森,在安布罗斯·比耶尔斯和弗里蒙特·奥尔德的辉煌时代,曾在旧金山为赫斯特工作,也曾在《纽约世界报》华盛顿办事处主持了十二年的工作。一个强悍的犬儒派人物,脸上挂着冰冷的、魔鬼般的笑容,脾性冷硬,他见识过太多的事情,对一切都失去了幻想,正是这样一个人将一股新的职业主义精神注入了政治宣传工作。有一段时间,肖斯在全国展开巡游,到处发表演说,竭力复活党的地方组织,在此期间,米切尔森则在华盛顿源源不断地推出一系列的访谈、声明和演说。此番宣传材料,仅在米切尔森入手的前两年就超过了五百份,并且两院民主党头面人物一视同仁地在上面签字,对胡佛政府极尽嘲讽之能。米切尔森自己则在新闻俱乐部不间断地跟同行聚会打牌,以便将自己那些上乘的讥讽之作充分散播开来。此番宣传攻势自然帮助确定了胡佛政府的萧条形象,尽管其切实效能并不像日后传闻说的那般神乎其神。实际上,米切尔森关注最多的问题是关税问题,并没有特别关注阶级问题。无论如何,他是为拉斯科布工作的。不管怎么说,是胡佛自己对大萧条的反应,而非民主党的宣传攻势,主导创造了这样的形象。[1]

2

在政策问题上,伯纳德·巴鲁克跟拉斯科布没有深刻差异。不过,这个高个子、白头发的家伙,却有着精细的面容和温雅的举止,在具体的政治运作方面,巴鲁克可是远远胜过拉斯科布。巴鲁克在战时工业委员会有成功履历并且同威尔逊交往甚密,这也是他在民主党内拥有此等声望的一个原因;他的钱财则是另一个原因(据信有相当一批民主党国会议员是靠着他的资金支持才得以进入国会的,当然,具体数量不详);不过,真正经久的原因在于人们对他的睿智有广泛的信任。没有人能比巴鲁克拥有更大的党内信任了。他对自己的成就非常满意,他毫无造作,毫不隐讳自己的满意,这就令他的这种感受有了非个人化的品质,由此远离了纯粹的自我主义。就仿佛他的生涯、他的成功和他的智慧已然幻化成某种国家纪念碑,这纪念碑仿佛是奉献给美利坚生活为当年那个来自南卡罗来纳的聪明的犹太年轻人打开的诸般可能性的。

华尔街和华盛顿的经历给了巴鲁克这样一种信念:他已经见识了困境当中的人们,已经知晓了人性的限度。他的建言都很简短、直率,充满直觉。一些人认为他总能准确无误地切中问题要害,另一些人则认为他在面对社会或者人性之复杂格局的时候,总是表现出恼人的武断态度。他的直觉当然会出错,1929年春天,他就认为这场繁荣将会是恒久的,不过,他的声望、他的存在以及最重要的,他的公共关系网,在赫伯特·贝亚德·斯沃普的娴熟打理之下,一直都能保留亮点并抹去错误。他的生涯灌注了多少有些自鸣得意的现实主义气息以及权力本能,不过,在更深处的地方,则涌动着理想主义的脉流,尽管绝少有人能辨识这一点。美利坚曾碰触过他的理想主义,威尔逊曾碰触过他的理想主义,民主党也曾碰触过他的理想主义。他在 1920 年代就曾极为交心地跟约瑟夫斯·丹尼尔斯谈到,"这个世界必须在伍德罗·威尔逊的建设性的激进主义和列宁式的激进主义之间做出抉择"。[2]

巴鲁克对待大萧条的态度摇摆不定。在跟商界中人聊天的时候,他会强调有必要依托先前战时工业委员会的路线推行政府计划机制。在跟他认为的危险进步派人士聊天的时候,他会强调耐心和正统。1930 年秋天,他曾致信纽约州州长罗斯福,说共和党的麻烦已经足够大了,他们要面对的是这个艰难时世,以及拥有股票的一千两百万人口,这些人中的每一个都代表着不下于两张的选票。"若是在这个时候,让如此庞大的群体将矛头对准我们,那你岂不是在帮助共和党嘛,"巴鲁克匆匆写道,"经济之身体现在需要休息,在变得更为强大之前,不能再有任何动作了。"[3] 巴鲁克倾向保守主义,不过跟拉斯科布不一样,他绝对不会无可挽回地跟特定的某个计划或者某个候选人绑在一起。他希望窖藏自己的影响力,而不是白白地将之消耗掉。在他看来,生存比成功更重要。他当然会在对抗党内激进主义的斗争中保持活跃。但他不会自陷于输掉的一方。

3

因此,政策动议权便落到了拉斯科布身上;拉斯科布在经济领域有着诸般清晰目标。他害怕的是积极主动的政府。共和党的潮流是"越发地向华府集权",此等潮流若是延续下去,拉斯科布说,很可能会导致一场革命,这场革命将很有可能令合众国分裂为两到三个各自单立的共和国。他认为,民主党最有希望的办法是延续 1928 年的战略。他申述说:"对商业集团展开攻击,这并非民主党的职责……我们反而应当竭尽所能地令政府跟商业脱钩,将贸易从不必要和不合理的政府管制中解脱出来。"他希望民主党聚焦关税问题,力推保护性关税,并提议授权联邦贸易委员会中止反托拉斯法令。

在南方和西部民主党团看来,这样的政策路线显然背叛了民主党最可贵的传统。加利福尼亚州的老威尔逊派乔治·克里尔认为,拉斯科布这是要摧毁"民主党统绪和共和党统绪之间的一切真实区别"。克里尔申述说,拉斯科布的这种领导权能呈现了这样一幅独特场景,"一个反对党竟然刻意地依从保守派对头奠定的路线实施自我塑造"。依从这套战略,乡村派民主党、禁酒派民主党、反垄断派民主党、进步派民主党、布莱恩和平民派的继承者,都越发地躁动难安了。

躁动最为强烈者之一,是田纳西州的科德尔·赫尔,此人于 1930 年从众议院转进参议院。赫尔是热情的低关税派,1928 年史密斯倡导的保护主义关税已然令赫尔懊恼不已,不过,他还是对政党票单表达了忠诚和服从。但 1929 年,他便认定是时候对他所谓的"民主党在高关税贪欲和特权面前的无条件投降举动"宣战了。随后三年间,霍尔没有放过任何可以推进这场战斗的机会。而且,他在此时找到了自己的天然盟友——来自东北地区,对民主党旧式的布赖恩-麦卡杜一翼有着一以贯之理解的富兰克林·D. 罗斯福。[4]

此时的罗斯福认为,乡村派民主党和城市派民主党之间的联盟是完全可行的。不过,他也断定,这样一个联盟惟有在自由主义的基础上才可以发挥效能,说白了,就是要反对商业霸权,而不是像拉斯科布建言的那样,乞求商业支持。1931 年年初,罗斯福向来自纽约州的参议员科普兰表达了自己担忧,他"担心党内有些人会笨头笨脑地相信我们能够跟一些共和党朋友成功地竞争某些利益集团的支持,这些人很可能会误导我们走上保守甚至反动道路"。罗斯福还补充说:"若是认为这些人在赢得了初步战利品之后,仍会接受我们的邀约,那将是愚蠢的,而且,共和党组织已经支持这些人很多年了。"罗斯福还致信另一个友人说,党内总有那么一些人"要让我们党变成高关税政党,并跟这么多年来一直制霸共和党组织的那些利益集团交朋友",民主党一定不能屈从党内的这股势力,"倘若我们赢了,那也必须是因为我们是进步主义者"。[5]

此时,围绕取消禁酒令的问题展开的论战赢得了更大的声势,这也就掩盖了自由派和保守派之间的争斗。当然,在禁酒令问题上,双方的情感都是丰沛且真诚的。但在某种程度上,诸如拉斯科布这样的保守派希望借此将禁酒令问题推升为头号议题,淡化商业霸权问题;诸如罗斯福这样的人,则希望避免在撤销禁酒令问题上引发一场党争,原因很简单,他们绝对不希望因为禁酒令问题而将老布赖恩集团分化出去,令其脱离这场反商业霸权的斗争。

到了1931年,总统候选人提名问题令自由派-保守派的冲突更为复杂了。毕竟,到了1931年的春天,罗斯福已经在1932年的提名竞争中赢得了明显优势,罗斯福的候选人资格是同民主党自由派联结在一起的,这样的格局极具进攻性。

4

拥有全国声望的民主党人当中,第一个出面力挺罗斯福的人是蒙大拿州的伯顿·惠勒,1924年选战中拉福莱特的竞选伙伴。"我一直都认为您是这个国家进步主义思想和行动的真正领袖人物之一,"1930年春天罗斯福致信惠勒表示感激,"因此,您视我为真正的进步主义者,这对我来说,意义重大。"惠勒很快便给出了回复:"在这个国家,您比任何人都更能象征进步主义思想。"[6]

1931年3月,拉福莱特、诺里斯、科斯蒂根、卡廷和惠勒联手发出号召,要在华盛顿举行一场进步党集会。强硬改革派也到场参与，不仅有伊克斯、希尔曼、里奇伯格、查尔斯·比尔德、弗洛伦丝·凯利和莉莲·沃尔德这样的老面孔，还有一批新人加入，比如底特律市市长墨菲。斯克里普斯-霍华德报系的罗伯特·P. 斯克里普斯描述了面临的挑战——倘若不能尽快对财富实施更好的分配，他说："那我们就只能走鹅步了。"此次会议最终草拟了一份规划，以达成斯克里普斯的目标。不过，乔治·诺里斯还是告诫众人不可过分乐观，他说，这个国家是不可能真正推行进步主义立法的，除非选出一个进步主义总统，"又一个罗斯福"。此一说法当然有所指涉，众人看到也十分清楚，自然给予高声欢呼。[7]

罗斯福在奥尔巴尼的诸般表现，无论公共电力问题、失业救济问题、劳动立法问题，还是环保问题和自然资源问题，显然都足以令他赢得进步派的赞许。实际上，另外还有很多人很久之前就已经将富兰克林·罗斯福视为总统候选人了，他的母亲从1882年就开始这么看了，他的助理路易斯·豪最晚从1912年就这么看了，一些人是在他于1920年成为考克斯的竞选伙伴的时候，有了这样的想法，更多的人则是他在1924年和1928年为提名史密斯而发表演说之时，生出了这个念头。不过，直到1930年他在纽约州州长选战中赢得百万票仓将近四分之三的多数之时，人们才真正开始考虑并酝酿他的总统选战，当时的这个票仓比例是史无前例的。票选结果出炉之时，纽约州民主党委员会主席詹姆斯·A. 法利便发布了他和路易斯·豪已经预备好的声明，该声明很是精细，隐约地有一些担忧。法利宣称："我看不出罗斯福先生将如何逃过成为民主党下一届总统候选人的命运，即便不需要任何人的刻意推动。"法利此前从未跟罗斯福讨论过竞选总统的事情，在该声明发布之后，他还是通过电话，将声明读给州长听。罗斯福笑着回应说："你怎么说都行，吉姆，在我这里都没问题，都好。"

几天之后，罗斯福召唤自己在职业政客集团最信任的幕僚来到州长官邸，此人就是来自布朗克斯区的爱德华·J. 弗林，一个文雅之人。晚餐期间,州长、路易斯·豪和弗林一直在东拉西扯地闲聊。饭后,在书房,罗斯福转向弗林,很是简洁地说道:"埃迪,今晚希望能跟你彻夜畅聊一下,原因是我相信我可以获得1932年的总统提名。"[8]

5

罗斯福拥有很多显见资产,家族名号、魅力个性、公认的政治受欢迎度、在奥尔巴尼令人印象深刻的施政记录、对疾病取得的充满戏剧色彩的胜利,还有广泛且精心培育的全国关系网。此外,他还拥有路易斯·豪这般精明的政治心腹以及弗林这般极具手腕的幕僚。不过,在这个集团当中,唯有罗斯福具备全国性的政治经验和本能;也唯有罗斯福同南方和西部有政治关联;而且,说到底,根本性的选战决策,还是要由他自己做出。

很显然,他已经做出一个决定,那就是尽快着手招募代表。此一决定是有风险的。就基本道理而言,冲在前面的选手通常会成为其他所有竞争者的靶子。如此,显而易见的"遏制罗斯福"策略,就是将众多选票分散给颇受宠爱的地方候选人,令罗斯福无法得到民主党全国大会要求的三分之二多数票。不过,在权衡风险之后,罗斯福还是给出了标志性的决定:行动是最好的策略。很快,他便建议弗林游走全国,倾听各派领袖人物的意见,激活先前的政治关系网,并为1932年的提名大会做好组织工作;他告诉弗林,这些工作是非常重要的。弗林很不情愿。他解释说,他不是门童,也不会逢迎讨好;待在幕后,他的效能会更大。于是,弗林和罗斯福便得出共同结论:吉姆·法利是罗斯福的理想使节。[9]

跟路易斯·豪和弗林相比,法利对全国政治实际上更为陌生。

他是从斯托尼波因特的镇委员会主席干起，做过县委员会的主席，做过州代表大会的主席，最后成为州委员会的主席，一路走来，他的活动范围都没有突破党的州级组织。不过，他为人处世有着迷人且镇定的随和风范，还有着井然有序的工作习惯，他的正直品性人所共知，还拥有准确且强劲的记忆力，生活方式中正得体，是典范的居家男人，不喝酒，不抽烟，热情参与礼拜天的弥撒，所有这一切都令他在州政治舞台上留下了印记。罗斯福觉得，他的个人品性值得信靠，足以令偏远地区的选民对他放心，毕竟，那些地区的选民是不会轻易信任一个来自纽约的大个、秃顶、假热情的爱尔兰天主教徒政客的。1930年选战之后，罗斯福便致信法利说："你干得实在是太出色了，我对你的激赏无需多言……我倒是有个想法，倘若你我联手，那将会是克利夫兰和拉蒙特组合之后，再也不曾有过的组合。"[10]当然，无需罗斯福多有补充，法利自然知道，正是当年的克利夫兰和拉蒙特组合，将民主党的纽约州州长推上了总统宝座。

接下来就是钱的问题了。1931年3月，曾在威尔逊帐下担任驻土耳其大使的老亨利·摩根索、纽约律师弗兰克·C.沃克以及美国汽车铸件公司老板威廉·H.伍丁，每人捐献了五千美元。接下来十二个月的选战期，又有一批人加入进来，这其中包括纽约州副州长赫伯特·H.莱曼、弗林、梅西百货公司的杰西·斯特劳斯、《路易斯维尔信使报》的罗伯特·W.宾厄姆、詹姆斯·W.杰勒德（威尔逊时期的驻德国大使）、豪斯上校、戴夫·亨嫩·莫里斯和劳伦斯·S.施泰因哈特，后面这二位都是纽约律师，此外还有几个人也都提供了捐款。1931年的春天，路易斯·豪和法利在纽约市麦迪逊大街331号设立了指挥部。路易斯·豪的办公室是一间昏暗内室，桌子上的信笺、文件、备忘录高高摞起，还盖着一层厚厚的烟灰，这里就是罗斯福选战运动的信息中心。

6

1931年6月，每年一度的州长会议给了罗斯福机会就全国性问题发表看法。给他分配的是一个相对高深的论题，"土地利用与州级计划机制"。不过，他还是抓住机会申述了自己对大萧条的看法，他的看法不仅同胡佛政府的看法形成了强烈对照，也同民主党拉斯科布集团判然有别。罗斯福告诉在座的州长们，人们的问询有理有据，"为什么政府就不能并且不应当采取行动保护公民免于这场灾难呢？"政府必须采取行动，他说，政府必须"在我们的社会—经济生活领域推行更好的计划机制"，诸如病患、失业保险、税收、关税、土地利用以及人口再分配等。他强调了以各州为计划单位的诸般好处，"四十八个实验室"，用来推行社会实验，他还特别总结说，"州级计划和联邦计划于美利坚人民将来的繁荣、幸福以及存在本身，都是至关重要的。"[11]

罗斯福此番呼吁政府采取积极且正面的行动，自然令民主党内的意识形态冲突更为剧烈了。在返回奥尔巴尼不久，罗斯福便进一步采取行动，令政治冲突更加剧烈了。这一年的驼鹿慈善互助会总会所大会将于7月初在华盛顿州西雅图举行；吉姆·法利是热情的互助会成员，自然要如常参会。路易斯·豪认为此次集会是收纳政治讯息的天赐良机。罗斯福赞同此见。6月的一个温暖日子里，法利来到海德帕克，手提箱里面塞满了列车时刻表，还有一份兰德·麦克纳利地图集以及全国委员会成员和各州委员会主席的名单。这个下午快要结束的时候，罗斯福就已经拟定了一份详细的行程表，法利将在十九天的时间里游走十八个州。

6月29日，法利出发了。随后三个星期时间里，就是连续不断的握手寒暄、午宴、晚宴、旅馆房间里的晤谈，滚滚热浪中在各趟列车不断转接切换，众多的名字和面容准确地烙印在记忆中，用特快专递向纽约发送报告，汗水从这个大个子平滑的脸上滚滚而下，不断地跟新人握手，不断地跟新人会面，不断地有新的名字需要记住。

法利的方法巧妙且讲求策略。他首先会提点说，纽约州有三个潜在的候选人，罗斯福、史密斯和欧文·D. 扬。而后，他会依照预定路线引导谈话，以这种徐图缓进策略，寻找机会切入正题。他送回的报告都相当乐观且令人鼓舞。"此地显然是一致支持您的……此地党组织完全支持您……我很满意，州长先生，这里的领导人都是要搭上您这趟车的……倘若一路之上仍然是这样的情况……那么我返回纽约的时候，会高兴死的，我会忍不住发表一份声明，读到这份声明的人大概会以为我疯了，会认为我是精神病院的合格候选人。"

这趟行程，法利以"游方兄弟"的身份，在十九天的时间里接触了一千一百个民主党地方组织领导人。随后的几个星期时间里，他给其中的每个人都发送了私人信件，署名是用绿色墨水写就，很是温和。这一年的秋天，法利仍然在连续不断地活动，在华盛顿同科德尔·赫尔和伯顿·惠勒晤谈，同全国委员会的成员交流，并通过长途电话，维持着全国的关系网。这个秋天，玛丽·W. 杜森，一个身材很高、四肢瘦长的社会工作者也加入了罗斯福阵营，着手收集妇女选票，杜森曾是消费者协会的一个领袖人物，此前曾为史密斯助选。12 月，玛丽·杜森随同法利展开了全国巡游，这趟行程颇有帮助。（她返回后提交的花费清单，额度之低令人难以置信，罗斯福调侃她说，这一路之上估计有不少男性民主党人款待她。）[12]

7

全国委员会主席拉斯科布就这么看着罗斯福阵营这股涌动而起

的选战热潮，越来越恼怒了。查尔斯·米切尔森提议，全国委员会应当一视同仁，将包括罗斯福在内的民主党领袖的演说予以分发，拉斯科布则相当蛮横地回绝了这个提议。[13]在他心目中，州权教义是民主党的传统和正统（他显然忘记了布赖恩和威尔逊），为了将民主党带回他心目中的这个传统路线，他召请三个仍然在世的民主党总统候选人在1932年1月于华盛顿举办的杰斐逊纪念日晚宴之上出面，重申杰斐逊正统。宴会之上，詹姆斯·M.考克斯攻击了共和党的花钱和集权主张；约翰·W.戴维斯抨击了整个积极政府理论。而后便是阿尔·史密斯提议借由公债机制为联邦公共工程计划融资。这样的开支性债券发行计划，大多数民主党保守派都能跟自由派达成共识；巴鲁克、欧文·D.扬和乔伊·罗宾逊则在随后的一个月里，先后认可了史密斯计划的各个变通版本，当然，大前提都是预算平衡、政府节约以及不干预商业。[14]

此时，史密斯仍然是拉斯科布的宠儿，尽管在这段时间里，他对所有能够遏制富兰克林·D.罗斯福的潜在候选人都笑脸相迎。不管怎么说，史密斯曾是纽约州的伟大州长；1928年，史密斯的选战表现就已经可圈可点；而且此时史密斯只有五十九岁，更在这个国家拥有一批狂热追随者。确实，史密斯一度有些退缩，毕竟这需要他再经历一场激烈的全国性战斗。1930年，他曾跟另一名爱尔兰裔民主党人，来自内布拉斯加州的阿瑟·马伦谈起，"一个天主教徒是没有机会成为总统的。你我的有生之年是见不到这个可能了……我无法战胜人心的偏执"。当爱德华·弗林在1931年告知史密斯自己将投奔罗斯福阵营的时候，史密斯说，任何东西都不能引诱自己再次进入政治舞台。史密斯接着便将桌子上的一摞单据摊开，说道："埃迪，这些都是我必须偿还的债务。我的经济状况是极其凄惨的。"史密斯跟赫伯特·莱曼也说过同样的话。1932年2月1日，法利前来拜望，此行部分地是要解释自己为罗斯福做的事情，部分是为了试探史密斯；据法利回忆，史密斯"极其坦诚"，不过对于自己的真实意向，仍然讳莫如深。(史密斯后来倒是跟来自新泽西州的女议员玛丽·T. 诺顿说过："法利背叛了我。等着瞧吧，他也会背叛罗斯福的。")[15]

然而，总统大位的诱惑很难却。随着选举年迫近，史密斯明显开始动摇了。此时，他对罗斯福由来已久的蔑视开始公开化了。1931年的秋天，罗斯福提议修订州宪法，增补一项林业再造条款，史密斯表示反对；但是纽约选民最终票决通过了该修订案，这自然加深了史密斯对罗斯福的怨愤。罗斯福方面则拒绝表态要跟史密斯一争高下，理由是，史密斯是民主党名义上的领袖，自然有权在他认为的合适时间表达自己的观点，但史密斯对罗斯福的这种拒不触碰候选人问题的态度，越发地恼恨了。1932年年初，史密斯告诉詹姆斯·M. 考克斯，依据所有的政治游戏规则，他都有权重获提名。[16]

史密斯是实践中人，对具体、切实的压力是有感受、有反应的，在那么一个保守主义时代，面对州政府的诸般需求，他的表现看来就是一个进步主义者。但他从未推出什么进步主义哲学。而今，他一头扎入商业世界，对于这样一个世界，他没有任何思想防护，因此很快就吸纳了拉斯科布的观念。"我离开奥尔巴尼之后，"他于1933年谈到，"在第一大道的某座宅邸里面住了六年，慢慢地，我已经看不清楚第一大道了，所以，我搬到第五大道。我签下了一年一万美元的房租。"[17]现在，他是帝国大厦的头面人物了，是多家银行和保险公司的董事，是富人的朋友，出入都有自己的豪华轿车，有自己的司机。此番提起的公共工程计划，可算是年迈的阿尔·史密斯的最后一搏了。1931年和1932年间他发布了一系列的主张和声明，基本上都是政府厉行节约、平衡预算、削减商业税负以及推行销售税等的申述。在民主党内，他是北方商业集团的代言人。1932年1月21日，罗斯福正式宣布参加竞选，两个星期之后，史密斯也宣布参战。

8

此时的全国委员会，对地方候选人采取了尽可能鼓励的态度。比如说，马里兰州就推出了在本州拥有巨大声望的州长艾伯特·里奇。里奇时年五十六岁，曾在战时工业委员会当过伯纳德·巴鲁克的总顾问，自1920年开始，便一直担当马里兰州州长之职。他举止温和、优雅、内敛，一头白发，眉毛乌黑，一副精致且俊朗的相貌；此时的政坛，有那么一批优雅精致的马里兰人，诸如 H. L. 门肯、杰拉尔德·W. 约翰逊和年轻律师迪安·艾奇逊等，在这群人中，里奇算是完美典范。

里奇的政治思考，是严格意义上的杰斐逊主义。他认为，这个世界之上，除了意大利和俄国之外，美利坚民族已经是西方世界体制化程度最高的地方了："自吮吸第一口乳汁开始，各色监察人员、各种探子还有政府管理人员，就一直在跟进所有美国人的生活，如影随形，绵绵不断。"1930年，里奇申述说，在胡佛治下，"集权进程之快，即便是（亚历山大·汉密尔顿）最为热忱的追随者，也会惊恐不已"；他说，当前的最大议题是"州的存在对抗联邦的侵夺"。一个敏感且坦率的绅士，被大萧条的人间悲剧深深触动，里奇申述说，这场大规模失业是"我国社会秩序面临的最重大挑战，也为共产主义提供了最为强劲的论证"；但是我们这位绅士提起的解决办法不外乎"让自然力量自行其是，尽可能地不予干预，不予规制"。伯纳德·巴鲁克凭借自己的出色预感，认为"命运的手指"已然指向里奇，将之视为白宫主人的潜在人选了。1932年1月初，这位马里兰州州长也坦言自己有心登上总统宝座（"我当然想，谁不想呢？"），他还抨击了失业保险制度，并攻击了"政府向私人企业领域的全方位扩张"。[18]

全国委员会对另一位州长也颇为青睐，认为此人有希望将西部的几个代表团笼络起来，此人就是俄克拉何马州州长 W. H. 默里。我们这位"阿尔法尔法·比尔"是那种典型的早期美利坚人物，瘦高，骨骼突出，波浪卷的灰色头发，脸庞瘦削，饱经风霜，一副浓密的胡子。破旧的双排扣长外套，一直耷拉到皱巴巴的裤子上面，可以看到瘦长的、长满毛的腿，皱巴巴的白色短袜，似乎是悬挂在鞋子的上面。他是美利坚最后的边疆时代的造物，"出生在 11 月暴雪天的一块棉垫上，"他经常这么说，"在逆境的摇篮中摇摆；饱经艰辛和贫困的垂怜。"年轻时候，他当过奇克索部落联盟的律师；在印第安准州成为正式州之后，他进入国会，任职两届；第一次世界大战之后，一直在不知疲倦地追寻新边疆的他，前往南美洲。在玻利维亚呆了差不多十年，华尔街闪崩之前两个月，他返回俄克拉何马，六个月后，参加州长竞选并胜选。

身为州长，他的统治就如同南美洲的独裁者。他自行雇用本州的民兵，在油田区实施宵禁，嘲讽高等教育，嘲讽农田保育做法，并且宣称，某些农作物的种植，要看月亮的形状，要是选对了时间，农作物长势就会非常好。他会一屁股重重地坐在州长办公室的椅子上，头戴一顶已经被汗渍浸透的皮帽，用一声吼叫迎接来访者："你们想要个啥？"保安也会随时出现，将不受欢迎的客人赶出去。不过，默里本人可不是大字不识的莽夫。他对自己的藏书和学识颇为自负。谈话中间，他时不时地会顺势引经据典，从利库尔戈斯或者昆体良那里借用"害兽"或者"臭鼬"之类的语词。1932 年选战开启之时，他六十二岁，他给自己竖起了"面包、黄油、培根和大豆"的大旗。人们希望他的参选能够分裂罗斯福在南方和西部的支持者阵营。[19]

不过，乡村派民主党很快便发掘了一个强劲得多的人选，那就是约翰·加纳。威廉·伦道夫·赫斯特是加纳选战浪潮的幕后推动者。有一段时间，赫斯特也曾思量着支持罗斯福。不过，尽管他认同罗斯福的电力政策和农田保育政策，但最终还是在罗斯福身上嗅出了国际主义的"邪恶"味道。很快，加纳便向赫斯特的一个代理人保证，自己反对一切的对外纠葛，自己的工作重心是节约和节俭。在1932年的一次新年广播中，赫斯特遂对罗斯福、史密斯、里奇、欧文·D. 扬以及牛顿·D. 贝克展开批判，"这些人都是好人，但也都是国际主义者"，最后则敲定了加纳，"又一个钱普·克拉克"，这个钱普·克拉克就是当年那个将"美国优先"奉为座右铭的候选人。[20]

麦卡杜颇为满意地接纳了加纳作为自己的继承者。1924年的那场争斗，令他永远都无法原谅阿尔·史密斯；他隐隐约约地也不怎么喜欢罗斯福，尽管他曾在纽约政坛上跟罗斯福结过盟。他还特意警告丹·罗珀提防罗斯福："难道你就没看出来，他很可能会将合众国坦慕尼化？"（"我还真没看出来。"罗珀回答说。）麦卡杜还跟阿瑟·马伦议论过罗斯福的残疾，认为罗斯福没有能力挺过选战："我们的票单之上最好不要出现一个死人，阿瑟。"（"不会的。"默里回答说。）[21]

9

显然，这么一群野心勃勃的竞争者，都不是省油的灯，提名大会有可能陷入僵局。但是僵局同样有可能为黑马打开通道，这所谓的黑马就是在初始几轮的投票中少有代表团支持或者根本没有代表团支持的人物，却能赢得最后的胜利，就像1924年那样。罗斯福认为，拉斯科布集团实际上是要将欧文·D. 扬留作后备，等待各方能量耗尽的时候突然杀出；但是有消息说，扬已经拒绝参选了。那么，保守派的下一个人选显然就是俄亥俄州的牛顿·D. 贝克。

若是各方斗争真的到了疲惫不堪的地步，那么贝克确实会是一个很受欢迎的名字。这个小个子,外表平和但内心激烈,拥有令人吃惊的口才,对各个阵营来说,都是有分量的。进步派不会忘记他是克利夫兰的改革派市长,一直在追随汤姆·约翰逊的脚步。理想主义者仰慕他为了国联而进行的漫长斗争,1924 年全国大会之上的那场雄辩发言就是这场斗争的巅峰之作。现实主义者不会忘记他曾是表现出色的战争部部长。保守派则很清楚,他是这个国家最为成功的公司律师之一,范·斯韦林根集团和电力股份集团公司都是他的客户。就学养和高尚原则而论,他似乎又是威尔逊和约翰·W. 戴维斯统绪中人。

贝克拒绝了任何人代表自己向代表团做出保证。十年前,他实际上就曾跟罗斯福结成忠诚同盟,并以此来解释自己在政治上的无为态度。1932 年 1 月,他重申了自己的老观点:美国应当加入国联,不过,十二天后,他突然掉转了立场,"要是我有权力这么做,我是不会让美国加入国联的,除非多数人都了解情况并坚定支持加入国联……我不会支持民主党纲领中力促加入国联的条目"。[22] 长久以来,他一直都竭尽全力为合众国之国际义务而伸张,无分时段,无分日夜,也无论是在教堂、政治集会还是在大庭广众面前,直到这献祭仪式最终完成。

事实上,贝克不仅在国际问题上开始取权变之道,在经济问题上,很久之前也不再取进步主义立场了。身为克利夫兰市市长,他曾支持市政电力工厂计划;作为公用事业公司律师,他也曾支持一份力主关闭市政电力工厂的小册子。他还曾签名支持一篇报刊公关稿,主张在克利夫兰推行开放工厂制度。罗斯福曾给战争时期贝克的同僚约瑟夫斯·丹尼尔斯写信,颇为遗憾地讨论了贝克,虽然那遗憾是虚假的,但信中所述显然有理有据:

> 他的此番劳作,显然经受了非常明显的政治阻力。他的律师执业操作,是全然合法的,但就是因为这个,或者说尽管这

样,很多进步派将他视为 J. P. 摩根集团和范·斯韦林根集团的律师;劳工反对他,德裔美国人反对他,大多数爱尔兰裔也会因为他到今年为止的那种坚定的国联态度而反对他。就像大家说的那样,"这都是令人遗憾的事实!"所有这些确实令人遗憾,毕竟,贝克会是一个好总统,比我强!

然而,对贝克的热情,在诸如沃尔特·李普曼这等评论家的推动之下,依然是暗流涌动。曾在威尔逊帐下担任财政部助理部长的诺曼·H. 戴维斯致信贝克,语气颇为恭维:"就我了解的情况,那些出面为罗斯福站台的重要人物,并无一个是真心支持罗斯福的。"贝克定然也收到了很多这样的信笺;而且,更有一些人,就像弗吉尼亚州的卡特·格拉斯那样,打算亲身前往芝加哥,为贝克助选。[23]

此时,坊间有传言说伯纳德·巴鲁克也支持贝克,尽管没人知道巴鲁克真正会支持谁;也有人认为巴鲁克支持的是扬,当然还有人认为巴鲁克支持的是里奇。不过,有一点看来是清楚的:巴鲁克反对罗斯福。1931 年初,伍德罗·威尔逊基金会的一次聚会之上,老亨利·摩根索指着墙壁上罗斯福 1920 年选战之时的画像,说"那就是我的候选人"。此话一出,现场一片沉寂。巴鲁克接话茬:"亨利大叔,倘若富兰克林获得提名,我就不会给民主党一分钱啦。""但是,伯尼,"这位老人说道,"难道他不是一个好州长吗?""是的,"巴鲁克说,"但是他太不坚定了。"

不过,即便是对待罗斯福,巴鲁克的反对态度也是小心翼翼。欧内斯特·K. 林德利,一个记者,跟罗斯福关系不错,他在《纽约先驱论坛报》上发表文章指出,巴鲁克已经加入拉斯科布—史密斯阵营,巴鲁克遂即向罗斯福提起抗议说:"我对所有候选人都没有倾向。"罗斯福倒是十分享受这样的游戏,遂给出了类似的回复:"就现在的全国政治形势而言,我显然是一个旁观者,而且我基本上没什么个人倾向。"不过,我们这位州长很清楚,巴鲁克对自己的敌意并非不能平复,只要让他感受到罗斯福大门背后的力量就行了;罗斯福很快就将那大门敞开了,时不时地向巴鲁克发出邀请,请他来海德帕克走一走,语气颇为恭顺:"您的头脑如此清明,又是如此了解情况,我非常盼望能有机会恭听您的教诲。"这清明的头脑自然不会欺骗俩人,彼此之间始终谈不上太大的喜欢,不过,两人也都敬重务实之人。[24]

10

到了1932年2月,勾心斗角之势比以往任何时候都更剧烈了。罗斯福的战略非常清楚。那就是对党内的老布赖恩-麦卡杜派保持开放,此时,这一派已经有部分人投奔加纳阵营了,同时,罗斯福阵营也在竭力劝阻加纳集团同史密斯达成某种协议。此时,史密斯和麦卡杜之间以及史密斯同赫斯特之间的宿怨并没有化解,同时,南方和西部农业派对东部商业集团有着天然的憎恶,这对罗斯福的策略显然是有帮助的。此时罗斯福也决定采取进一步措施,力促赫斯特在幕后推动加纳的选战运动。到了这个时候,既然贝克已经放弃了国联,那么罗斯福就成为所有候选人中最具国际主义倾向的人了。豪斯上校尝试私下里说服赫斯特,不必为罗斯福在外交政策上的观点感到担忧,但赫斯特要求罗斯福就此发表公开声明。2月初,罗斯福宣示说,现在的国联已经不是伍德罗·威尔逊当初设想的那个国联了;美国本来可以加入国联,但"我们没有加入,这仍然是事实"。就目前的情况而论,罗斯福说:"我并不支持美国加入国联。"[25]

在其他问题上,罗斯福继续阐发自己的社会和经济观点。在4月初的一次广播演说中,他重新对计划机制发出呼吁。他还针对史密斯-巴鲁克的公共工程热情展开批评，他说，即便能够筹集数十亿美元，即便能够找到有用的工程项目，公共工程也只能是权宜之计。"真正的经济疗法一定要杀死制度里的病菌，而不是将外在症状处理掉就算完事了。"第一要务就是要恢复占这个国家半数人口的农民的购买力。而后，便必须推行一套计划，将农田和农户从抵押体制的泥潭中拯救出来；罗斯福申述说，政府是能够"给普通人提供相当援助的，至少不会逊色于对大银行和大公司的援助"。另一个必要举措是"在互惠的基础上"修订关税，"允许其他国家向我们出售产品以便购买我们的产品"。政府必须学着站在"经济金字塔底层被遗忘之人"的角度来思考问题了。

罗斯福此处提到"被遗忘的人"，即刻便激起了反响。几天之后，在圣保罗举行的杰斐逊纪念日晚宴之上，罗斯福发表演说，阐发了当前阶级政府的诸般危险。他以电力问题为例展开申述，"在电力问题上，政府的表现很是盲目，未能实施管制，也未能明确这样一点：倘若私人资本不愿意接受合理利润，那么政府将予以接管并运营"，这就导致美国人"在现代生活不可或缺的电力方面的花费，远超应有的额度"。各州必须重新确立针对私人利益集团的公共权威，不仅如此，这个国家更需要意识到，经济问题是全国性的，"唯有靠着坚定的全国性控制机制"方能解决。这个国家所需要的，罗斯福说，是"有想象力且有目标的计划机制"，并且要植根于"全国性的利益共享体制"，确切地说，"这样的经济计划机制，并非一时之计，而是为着长远考虑的"。

接下来的那个月，罗斯福在佐治亚州的奥格尔索普大学重申了为全民利益而推行社会计划体制的必要性："我们不能允许我们的经济生活控制在一小撮人手中，在社会福祉问题上，这些人的主要视野已经无法超过这样一个事实了：借出去的钱、发出去的股票，都是要换回巨额利润的。"民众忍饥挨饿，没有工作，原材料和工厂却大量闲置，这种状况一定要持续下去吗？罗斯福申述说，问题不在于资本匮乏；真要说起来的话，实体工厂反而是过度扩张了。问题在于购买力不足。"我相信，我们的流行经济思想到了根本变革的时候了……我们的经济体制有着诸多错误，我们正在为此承受苦难，我们必须纠正这些错误了，必要的话，不妨采取猛烈手段……这个国家需要展开大胆且持之以恒的实验，而且，除非我看错了，人民也要求展开大胆且持之以恒的实验……最重要的是，要尝试一些东西。"[26]

11

罗斯福选战的意义何在，在这个问题上，并不会有太多争议。这位纽约州州长在两个大党的候选人中，是唯一一个对商业领导权持一贯批评态度的，也是唯一一个要求对经济体制实施剧烈变革的（尽管他还没有把话说具体），而且还是唯一一个呼吁推行大胆实验和全面计划的。尽管他此时尚未开出具体药方，但他这些话语背后的情感和动力是崭新的，当然，在某些人看来，也是颇具威胁的。

罗斯福的对手当中，有一些人会觉得罗斯福这话只是说说而已，不会动真格，就像巴鲁克说的那样，罗斯福太善变了。左翼和右翼的评论家们都接受了这个说法，人们还特别援引了罗斯福对待坦慕尼协会腐败体系的例子，当时的罗斯福面对纽约市坦慕尼协会的腐败，选择了回避。《新共和》杂志于1931年说他是一个"有着自由心性和卓越取向的人"，不过，"思想力量并不强大，道德毅力也很是一般"。《民族》杂志的奥斯瓦尔德·加里森·维拉德也申述说，倘若提名的标准是"强大的思想力量、把控争端和问题时的胆略以及寻求解决办法时的勇气和创造力"，那么这提名就绝对不会落到罗斯福头上。海伍德·布龙对罗斯福也是极尽嘲讽，埃尔默·戴维斯则颇为形象地认为，对罗斯福来说，"两点之间的最短距离并非直线,而是螺旋线"。

在对罗斯福的这股贬抑浪潮中,最懂得尺度的人是沃尔特·李普曼了。1932年1月初,李普曼警告西部和南方,不可将罗斯福的进步主义当真。他说,罗斯福其人"很是和善,内心有众多博爱冲动,这样一个人不可能成为任何事物的危险敌人。他太容易高兴了"。一个有着高度感受力的人,对公共事务并无坚定见解,也没有多强的信念,"富兰克林·D.罗斯福可不会是什么圣战者。他不会成为人民的护民官。他也不会成为特权集团的敌人。他就是一个愉悦随和的人,并无任何重大品质可匹配总统大位,不过,他确实很想当总统"。("他确实很聪明,"几天之后,罗斯福也对李普曼有了一番品评,"不过很清楚,他从未让自己的心灵来到哈得孙河以西或者哈勒姆区以北的地方!")斯克里普斯-霍华德传媒集团此时也倾力支持阿尔·史密斯,6月的一份头条评论文章给出了这样的总结,"罗斯福善于泛泛而论,史密斯却具体务实。罗斯福喜欢拖延,史密斯热爱行动。犹疑已经渗透一个人的骨髓,胆略已经渗透另一个人的骨髓……在富兰克林·罗斯福身上,"这篇评论文章很是残忍地总结说,"隐藏着另一个胡佛。"

不过,拉斯科布和全国委员会并不能接受对罗斯福选战运动的此等评估,尽管这样的评估很能安慰人。无论罗斯福说的是不是真心话,这样的言论已然激发了危险激情。罗斯福显然把商业集团给吓跑了。而且也正威胁着要让民主党奉行激进计划。4月份,全国委员会计划举行一场杰斐逊纪念日庆典,党的领导层也计划着利用此次庆典机会,集体批评罗斯福。到时候,所有人都会现身讲台之上,阿尔·史密斯、约翰·W.戴维斯、詹姆斯·M.考克斯、牛顿·贝克、加纳,还有阿肯色州的乔·鲁宾逊和弗吉尼亚州的哈里·伯德,差不多所有的党内头面人物都会登场,唯独没有我们的纽约州州长。[27]

史密斯是此次庆典的主角。他祭出了自己的最好风格,干脆、坦率且掷地有声，他竭力指控罗斯福肤浅、煽动。"这个国家已经是病人了，已经厌倦了这样的政治选战演说家，就仿佛只有他们知道问题在哪一样，"史密斯说，"但是谁又能知道如何救治呢，即便有这样的人，估计也是罕见。"有人告诉我们说，我们必须恢复农民的购买力。"很好！农民购买力当然必须予以恢复。但是，如何做到呢？"有人告诉我们说，公共工程计划只是权宜之计。"谁说不是权宜之计呢？但总比什么都没有要好，跟那虚情假意的施舍比起来，恐怕不知道要好到哪里去了。"

"连篇大话不会给任何人带来工作"，史密斯说；而且，向"被遗忘的人"发出呼吁，这种做法更为恶劣。"在这样的时候，这个国家数百万的男男女女还有孩子，都在挨饿，激发阶级偏见，让富人仇视穷人，或者让穷人仇视富人，这自然是恒久的诱惑。"史密斯说，这样的煽动之术是不能容忍的。"有人试图让穷人相信，在雇主们得以恢复常态繁荣之前，他们是能够找到工作的，如此愚弄穷人，让穷人就此沦落毁灭境地，我反对这样的做法。"

演说到此，史密斯已然是满脸通红，厉声厉色了，他继续申述说，他此前曾声明，他不支持也不反对任何候选人。"不过今晚，我要宣布，我这个声明是有例外的。"此言既出，台下听众便对他下面的话甚是期待了。"任何候选人，若是坚持用此等煽动之术，催动阶级偏见和穷富对立，令这个国家的劳苦大众走上自我毁灭的道路，那么不管是谁，我都将脱下外套，与之战斗到底！"……然而，记者们都注意到，即便是在这样一群听众面前，史密斯的此番抨击之论也只收获了短短五秒钟的掌声。[28]

12

与此同时，代表团争夺战也在如火如荼地展开。实际上，一些代表团已经归附了罗斯福，1931年12月，他收到亚拉巴马代表团的一份临时电文，很是兴奋，遂即用黄色纸片写下了回电，"如同西奥多·罗斯福说的那样，'我很高兴'。富兰克林·罗斯福"[29]第一场真正意义上的初选争夺战出现在3月的新罕布什尔州。史密斯是媒体的宠儿；但罗斯福拥有该州党组织的支撑，差不多以二对一的优势通吃该州的代表团。一个星期后，罗斯福在北达科他州击败了"阿尔法尔法·比尔"·默里，由此挫败了默里的声势。接下来几个星期，佐治亚州、艾奥瓦州、缅因州、威斯康星州、内布拉斯加州、密歇根州和肯塔基州也相继归附罗斯福阵营。

4月底，迎来了马萨诸塞州的初选争夺战。史密斯最终在该州得到了党组织的支持；无论是州长约瑟夫·B. 埃利还是参议员大卫·I. 沃尔什都支持史密斯。此时，罗斯福的儿子詹姆斯正住在波士顿，詹姆斯和波士顿市市长詹姆斯·M. 柯利向罗斯福做出保证，在此番保证的误导之下，罗斯福很是鲁莽地进入了竞票程序，结果史密斯以三对一的优势，通吃该州代表团。两天后，史密斯在宾夕法尼亚州表现出令人吃惊的力量，尽管罗斯福拿到了该州代表团的多数。5月初，加纳赢得加利福尼亚州的初选，罗斯福以很大的劣势居于第二，史密斯则以微弱劣势屈居第三。W. G. 麦卡杜很是兴奋地品评说："这对罗斯福可是一个沉重打击，很可能是致命一击啊。"不过，罗斯福则也颇为兴奋地告诉约瑟夫斯·丹尼尔斯，倘若加州和得克萨斯州尽归我手，那这提名争夺战"就太没意思了"。[30]

此时罗斯福在代表数量方面仍然领先，不过，这两个星期之内，他的领先势头便戛然而止了。马萨诸塞州、宾夕法尼亚州和加利福尼亚州，就如同沃尔特·李普曼说的那样，才是真正的考验；罗斯福在这三个州的表现都很糟糕。"切不要忘了，有那么几个月时间，他已经提名在望，所有候选人中，唯有他享有一套全国性组织的支持，他还拥有'罗斯福'这个名号，他也在竭力将自己跟民众的不满等同起来，考虑到这些因素，他竟然未能展现出他的民众力量，这确实是有点匪夷所思。"李普曼还补充说，职业政客集团也已经意识到，倘若罗斯福获得提名，那么在选战期间，他的弱点将会迅速放大，若如此，他就必然输掉选战。"问题的关键在于，他没能真正理解并把握问题，也没有果断且坚定的决断力，可以去抵抗共和党烧过来的摧毁性炮火。"[31]

然而，罗斯福的选战运动虽然一时受挫，却没有就此打住。接下来的进程中，亚利桑那州、怀俄明州、西弗吉尼亚州、堪萨斯州、新墨西哥州、蒙大拿州、南卡罗来纳州、佛蒙特州、田纳西州、俄勒冈州、内华达州、特拉华州、科罗拉多州、犹他州、密西西比州、佛罗里达州、艾奥瓦州以及北卡罗来纳州相继归附罗斯福阵营。此时，全国提名大会的日期正在迫近，很显然，这位纽约州州长差不多已经赢得多数代表了，他的竞争者当中，无人可以得到三分之一的票数，因此也就不能确保阻击罗斯福。罗斯福已然是蓄势待发了。但是，芝加哥的前景依然黯淡。

二十八　芝加哥决议

1

1932年6月14日，共和党提名大会在芝加哥召开。没有人怀疑代表们会如何投票。此前，纽约商界曾掀起了一场春季运动，为卡尔文·柯立芝造势，但条理井然的胡佛组织体系早早地就将这场声浪剪灭了。不过，记者们注意到，并没有胡佛的选战旗帜、徽章出现，也没有看到支持胡佛的声浪。沃尔特·李普曼唯一看到的胡佛肖像，也就是密歇根大道一处橱窗后面的一幅油画而已。

西麦迪逊大街之上，失业的人们冷漠地看着出租车和轿车将客人陆续送进体育场。一切都在按计划推进。竞选纲领，奥格登·米尔斯已经在华盛顿写好并带到芝加哥，纲领内容还是那一套：反对政府支出，反对直接的联邦救济，要求扩张关税，反对犯罪和毒品，支持印第安人、黑人和儿童，完全认肯胡佛的经济政策。代表们听着这没完没了的纲领条目，而后便接受了，基本上没有讨论。显然，大萧条不曾激发任何的新观念，甚至连新词汇都没有。只有一个问题刺破了这木然、怠惰的氛围，这就是禁酒令问题；这个问题激发了强烈的现场情绪。最终，在一番唇枪舌剑之后，大会采纳了一种莫可名状的骑墙立场，惹怒了禁酒派，却也没能让反禁酒派高兴起来。《芝加哥论坛报》认为这样的政纲是"彻头彻尾的欺骗"。

提名程序在大会第三天开启。来自加利福尼亚州的约瑟夫·斯科特依照常规夸赞了一番现任总统，还是老一套的语词，说总统怎么怎么……总统怎么怎么……总统"这些年里，如同船长，掌控着国家这艘航船，闯过迷雾，闯过飓风，闯过险滩，安全前行……这就是那个荣耀的加利福尼亚人，赫伯特·胡佛！"一时之间，玩具气球从天花板上纷纷掉落，号角齐鸣，乐队奏响了《在那边》。接着便是一个俄勒冈州的代表走上讲台，要求提名马里兰州的约瑟夫·I. 弗朗斯医生，正说话间，麦克风当然是适时地坏掉了；弗朗斯医生此前就曾提议提名卡尔文·柯立芝，以此来给此次提名大会使绊子，到了这个时候，便被保安赶出了会场。其实，这样的伎俩并无必要；胡佛和柯蒂斯顺势获得再度提名。

老资格的共和党人、哥伦比亚大学校长巴特勒对此深感憎恶，他宣示说，这是他最后一次参加共和党提名大会了。H. L. 门肯更以旁观者的仰慕语气嘲讽说："我可见识过不少的提名大会，但这一届是最恶劣的；也是最愚蠢的和最虚伪的。"[1]

2

接着便轮到民主党人吵吵闹闹地涌入芝加哥了，留着山羊胡子的南方政客、来自得克萨斯的牛仔和石油工人、来自西部的小伙子、来自纽约的坦慕尼集团勇士，等等，不一而足。人群就这么挤满了旅馆，挤满了委员会房间，挤满了会场大厅，那是无精打采的共和党人刚刚抛弃的地方。记者们注意到，民主党代表普遍比共和党代表年轻；没那么多秃顶的人；衣着也更讲究一些，更能花钱，也更能逗乐。"对共和党人来说，政治就是生意，"安妮·奥黑尔·麦考密克在《纽约时报》评论说，"对民主党人来说，政治就是娱乐。"[2]

民主党的头面人物实际上在一个星期之前就已经开始集结了。6月20日，星期一，也就是大会开幕之前一个星期的时候，《纽约时报》的一项调查表明，有五百六十六个代表是保证或者受命支持罗斯福的。据此估算，罗斯福在第一轮票决中最起码能够获得微弱多数，但要达到一锤定音的三分之二多数，大体上还差两百张票。吉姆·法利和爱德华·弗林颇为不安，因为二人知道自己在全国政治舞台上是缺乏经验的，因此，二人便亲自赶奔芝加哥，将指挥部设在国会旅馆。路易斯·豪则留守纽约，负责打理最后的细节问题，并计划几天之后前往芝加哥跟二人会合。

6月21日，星期二，加纳抵达芝加哥，遂即表明了政策声明。声明的主旨是撤销禁酒令，压缩三分之一的政府支出，并抨击了"越发强烈的社会主义和共产主义潮流"，认为那是对共和国的"最大威胁"。此时的法利非常注意跟各方交好，因为在关键时候，很多人都可以释放选票，因此，对加纳的此番宣示，法利即刻表达了赞赏。

全国委员会主席拉斯科布跟加纳同一天抵达芝加哥，刚一抵达，便宣示说，禁酒令问题是这个国家当前最大的经济和社会问题。（科德尔·赫尔代表罗斯福集团回应说："倘若此次民主党大会同刚刚的共和党大会一样，开了，又散了，对眼前这场史无前例的大萧条没有严肃思考，甚至都没有提及，那将是严重罪过，跟叛国罪没什么两样。"任何代表，倘若不承认这场大萧条是关键问题，赫尔说，那就活该一脚把他踢到密歇根湖里去。）至于具体细节，拉斯科布颇为自信地补充说，不会取消三分之二多数规则，朱厄特·肖斯将被选为大会的常任主席。在冒险提出此类预断的时候，拉斯科布实际上确认了两大基本争议。毕竟，罗斯福的很多支持者希望破除三分之二多数规则，否则的话，少数派代表，只需要比三分之一多出一张的选票，就可以否决多数派代表支持的候选人了。而且，肖斯担任常任主席一事，也有相当一部分人表示强烈反对。

实际上，4月的一次全国委员会会议上，就曾有暴烈斗争，此次会议之上，罗斯福集团强行推动，将来自肯塔基州的参议员阿尔本·巴克利选为政党方针演说人和临时主席。为此，罗斯福集团同意，自推选巴克利为临时主席的同时，委员会也可以推选肖斯为常设主席。肖斯表示同意，条件是罗斯福给出正式的个人保证。当法利通过电话将此一决议读给罗斯福听的时候，罗斯福即刻指出，委员会无权指定常设主席，因为这是篡夺了大会本身的权力。不过罗斯福也补充说，倘若委员会有心向大会"举荐"肖斯，他是不会反对的。拉斯科布阵营即刻将罗斯福这话理解为铁板钉钉的保证；但是在罗斯福阵营看来，这话等于什么都没说。6月初，罗斯福集团领袖人物在海德帕克聚会，决定推举来自蒙大拿州的参议员托马斯·J.沃尔什为大会常设主席，1924年那看似没有尽头的会期，就是由沃尔什主持的。

幕后的讨论和运作就这么铺展开来，那些自1928年休斯敦集会或者1924年麦迪逊广场集会之后便再也没有见过面的老朋友们，得以在走廊里再度碰面、寒暄，在这个过程中，党的领袖人物陆续抵达。阿尔·史密斯于星期三抵达，面色红润，情绪昂扬，一身蓝色西服，一顶白色草帽。数千人集结在拉萨尔街车站，欢声雷动，迎接史密斯。他告诉媒体，他此次前来，并不是为了引领一场遏制罗斯福的运动，"我这次来，是为了让我自己得到提名"。星期四，史密斯同老冤家麦卡杜进行了一次长时间的晤谈，此时的麦卡杜已经是加纳阵营的领袖了。晤谈之后，两人握手合影，场面甚是和睦。不过，此次晤谈的话外之音颇为含混。八年前，两人分别作为城市集团和乡村集团的代表，差点撕碎了民主党。而今，二人似乎是要联手遏制一个比他们更年轻的人的总统之路，过去几年间，二人跟这个更年轻一些的人关系都不错，1932年的这个时候，这个更年轻一些的人正在努力让乡村和城市团结起来。据史密斯阵营后来供述，二人此次晤谈达成协议：双方都不得释放各自的代表选票，除非告知对方并征询对方的意见。

3

这个反罗斯福联盟的主导者是史密斯。他的支持者、泽西市市长弗兰克·黑格，一个暴君做派的党老大，高高的硬领令他的脖子挺得直直的，星期四，此君一席话，打破了候选人之间一直维持着的面上的安静与和平："罗斯福即便获得提名，也绝无可能赢得选战，"黑格怒气冲冲地断言，"……他拿不到密西西比河以东的任何一个州，在中西部地区也不会有什么胜绩……为什么要考虑这个最弱的人选呢？"赫尔当即还击说，那个曾经差点毁了民主党的"老破落户"，现在又跳出来干活了。A. 米切尔·帕尔默，威尔逊时期的总检察长，此次作为哥伦比亚特区的代表前来芝加哥，是支持罗斯福的，他将黑格的此番宣泄斥为"失足者的哭嚎"。罗斯福本人不希望党内分裂加重，遂从奥尔巴尼发来一份措辞温和的声明，以法利的名义发布出去："罗斯福州长的支持者，此次前来芝加哥，不是为了批判、压制或者诋毁任何民主党人的。"

当天下午，罗斯福阵营的第一次集会之上，蜂拥而来的各方代表对黑格却是极为愤怒。休伊·朗，即刻宣示了自己的战斗热情，他提议罗斯福集团的领袖人物采取行动，对三分之二多数规则实施攻击。法利予以反对，他很清楚，并非所有罗斯福的支持者都反对此一规则，而且他也担心，若是在这个问题上遭遇挫败，会影响整个战局。但是伯顿·惠勒、科德尔·赫尔、约瑟夫斯·丹尼尔斯和霍默·卡明斯都支持休伊·朗的动议。热情就这么汹涌起来，法利显然在失去对会议的掌控。"他看起来很是迷惘、困惑，很是可怜，"玛丽·杜森回忆说，"就如同一只因为碰翻了放着花瓶的桌子而遭主人一顿训斥的小猎犬。"最终，罗斯福集团都没有知会法利一声，便决议采取行动，为简单多数规则而战。

法利后来写道，"此事就如同有人一拳打在我鼻子上。"南方激进派素来敌视三分之二多数规则，诸如密西西比州的约翰·兰金这样的人，将此一规则视为"华尔街手中的一件利器"，自然希望取缔这个规则。但是南方保守派，诸如参议员帕特·哈里森这样的人，则力图将密西西比州维持在罗斯福阵营，他认为，取消三分之二多数规则，同时也就取消了少数派的否决权能，这等于是背叛了南方。此时法利自然是十分担忧了，遂尝试直接跟罗斯福商议。纽约上城区的电话几乎打爆了；法利的电话颇花了些时间才接通。罗斯福在电话里告诉法利不必担忧；车到山前必有路。与此同时，反罗斯福集团的领袖人物也在加紧行动，要将此次出乎意料的机会利用起来。三个现任候选人，史密斯、戴维斯和考克斯，纷纷宣示此一规则的神圣性。卡特·格拉斯指出，取缔行动是"赌徒的诡计"。身在克利夫兰的牛顿·贝克给出的表态可谓高风亮节，"但凡有感受力的人，不免都会发觉，要捍卫一个其候选人资格从一开始就有道德缺陷的人，是件很困难的事情"。萨姆·雷伯恩和麦卡杜申述说，在游戏进行当中改变游戏规则，显然是不合适的。

此时，更多的候选人陆续抵达，谦恭有礼的里奇，在巴尔的摩和俄亥俄车站的欢迎人潮中掉了一只鞋子，几乎是在五彩纸屑和纸带雨中跑到了旅馆；"阿尔法尔法·比尔"·默里，衣衫破旧，邋遢不堪，尽管是大热天，脖子上还是紧紧地缠了一道围巾，在自己的指挥部里，当着慕名而来的人群高谈阔论货币改革问题，喝着黑咖啡，嘴里还嚼着烟头。这些人都投入了捍卫三分之二多数规则的战斗。

路易斯·豪于第二天早上抵达芝加哥，罗斯福阵营在三分之二多数规则问题上的斗争正陷入四面楚歌的境地，甚至包括宾夕法尼亚在内的一些北方州都站在了对立面上。纽约州代表团以六十七对二十五票赞同保留这个规则，这就表明，坦慕尼集团在摊牌时刻很可能会反水罗斯福。路易斯·豪告诉法利和弗林，为今之计只能是体面撤退了。星期一，罗斯福从奥尔巴尼发布声明，宣布放弃这场斗争。《纽约时报》对此发表评论说，"在这件事情上，罗斯福竟然没有将主席法利（一并）放弃，实在是奇迹……这场选战，罗斯福阵营运营得实在是太糟糕了，此次败绩可谓其中的代表作。"说一场选战运营糟糕，这并不是一件很容易的事情，毕竟，就目前的情况来看，罗斯福仍然有很大的可能在第一轮票决中拿下多数。不过，罗斯福显然遭遇了挫折，这一点是没有疑问的。"法利和我在全国政治舞台上被结结实实地上了一课。"弗林后来写道。詹姆斯·哈格蒂则告诉《纽约时报》："今晚，牛顿·D. 贝克已经显现出最大黑马的态势了。"

4

不过，路易斯·豪、法利和弗林绝对没有失去斗志。他们在国会旅馆定的三套房间仍然保留着，他们就是在这里接待各方代表，商议战略，并同身在奥尔巴尼的州长保持联络。路易斯·豪并不轻信任何人，他直接从纽约带上了一个他信得过的电话接线员，名叫路易斯·哈克迈斯特，由此人操持一台专用的电话交换机。还给奥尔巴尼专线配了扩音器；法利则负责在套房里接待一批又一批的代表，令代表们可以在套房里跟八百英里之外的候选人一起交流。一时之间，这成了很受众人追捧的一项活动，那些自感遭到冷落的代表团还会很不高兴地抱怨一番。尽管隔着长长的电话线，罗斯福的魅力并没有减弱，这自然对局面很有帮助。

法利在代表中间不断走动。从容镇定,不知疲倦,粉红色的秃脑袋光芒闪动,随时准备跟人握手,随口正确地叫出代表的名字,那都是他一年前游走全国时见过的人,现在,他则在这里迎候他们,他鼓励悲观者,安抚愤怒者,脸上的笑意散发出十足的自信。一张巨大的地图占据指挥部的中央位置,以不同的颜色涂抹各个候选人掌控的州。自然没有人能忽视罗斯福阵营在这地图上占据的巨大领地。("地盘不小",阿尔·史密斯自然是嗤之以鼻,但"代表不多"。)此时,路易斯·豪在十七楼角落里的套房,电话铃声不断,广播也在吱吱作响,这个小个子,比以往更瘦、更白了,房间里依然是乱糟糟的一团,到处都是烟灰,他就在那里面忙碌着,喘息着,这间套房显然就是罗斯福集团在芝加哥的战略中心。但最终的重大决策都要交付奥尔巴尼方面。"大多数事情,"爱德华·弗林说,"我们都觉得最好是让罗斯福做决定。在征询他的意见之前,我们不会轻动。"

星期一,阿尔本·巴克利,口才出众的肯塔基人,发表了主旨演说,极尽煽动和讥诮之能,抨击共和党统治,让听众享受了足足两个小时的耳福。第二天早上,态度尚不明确的路易斯安那州代表团和明尼苏达州代表团率先登场,大幕正式拉开。休伊·朗以出人意料的清明陈词,阐述了自己的看法,令大会印象深刻。他的代表团随后便落座罗斯福阵营。接着明尼苏达代表团也落座罗斯福阵营。

不过,大会常任主席人选问题是更大的考验。克拉伦斯·迪尔和詹姆斯·F. 伯恩斯主张提名托马斯·沃尔什。约翰·W. 戴维斯则发表雄辩演说,推举肖斯。接着,唱票员开启了票决程序,吉姆·法利很是紧张地将投票情况记录在长长的褐色纸片上。这一次,罗斯福阵营表现得甚是稳定;沃尔什差不多以一百票的优势获胜。乐队奏响《幸福日子再次来临》;新任主席,穿着白色裤子、蓝色外套,打着领结,一条黑线挂着眼镜,在众人簇拥之下走上讲台，甚是荣崇。法利不禁深吸一口气，如释重负。

星期三，是要宣读竞选纲领的时候，纲领草案跟 A. 米切尔·帕尔默和科德尔·赫尔在华盛顿拟就的简洁文本，总体上是一致的。基本内容是将大萧条归罪于共和党政府推行的"灾难性政策"，诸如经济孤立主义、鼓励垄断、信贷膨胀等。大会宣称，"本纲领是同人民定下的契约，是民主党要忠诚信守的，"而后便保证削减 25% 的联邦支出，保证年度预算平衡，保证"无论何种情况"都将推行稳健货币政策，保证"竞争性的关税收入政策"，并保证"政府淡出所有的私人企业领域"，除了公共工程和环保外。同时，纲领也呼吁推行联邦公共工程和失业救济，推行州级的失业和老年保险，"有效控制农业剩余"，并对农民实施其他的援助，强化反托拉斯法规，对控股公司和政权交易实施规制，并保证"政府对人民的福祉问题担当起持久责任"。

尽管有了诸般进步主义取向的姿态，但纲领的总体取向依然是节约和自由放任，而非扩张和计划；这实际上是在表达罗斯福集团右翼以及赫尔、帕尔默、豪斯上校这批老威尔逊派的情感。大会也真挚的热情接受了这份纲领。"决议委员会所作的工作是非常好的，"沃尔特·李普曼评论说，"至少这二十年间的历次大会都没有过这么好的表现了。"但最大的掌声却是留给了这样一句话，"我们主张撤销宪法第十八修正案。"此话既出，现场一片沸腾。足足有二十五分钟时间，所有的事情都停止了。

5

法利和路易斯·豪老早就已经打消了休息的念头。他们通常是从托盘里面抓起三明治啃上两口，天亮前稍稍休息片刻，没完没了的交谈，没完没了的电话，没完没了的计划，为了最后时刻的决战，二人倾尽了一切。这一个星期的局势发展，罗斯福阵营并没有明显的折损。不过，随着第一轮票决时刻的迫近，牛顿·贝克这个名字开始在走廊里和大厅里越来越多地成了议论的话题。法利遂加倍努力，守住密西西比的同时，也尝试争取印第安纳和俄亥俄，贝克集团有可能实施突破的所有州，法利都在竭力防护。

星期四，开始提名。罗斯福的老友、来自奥奇斯县的约翰·E. 麦克首先发言，语气相当平缓。发言刚一结束，大会便开启了第一轮的游行和表演；乐队奏响了《起锚歌》，现场旗帜招展，代表们纷纷列队巡游，一片欢腾，任凭主席如何敲打小槌，也是枉然。此时路易斯·豪正躺在国会酒店的床上，他的哮喘已经很严重了，突然之间，他感觉自己实在是扛不住那海军军歌了。"老天，告诉他们演奏点别的东西吧，"他跟弗林说，夹杂着几声剧烈的咳嗽，"去跟他们说；就演奏《幸福日子再次来临》吧。"这命令很快传给了阿瑟·马伦，于是，富兰克林·D. 罗斯福便有了一首新的赞歌。[3]

接着便是对罗斯福的提名，提名人是康涅狄格州的霍默·卡明斯，这样的力度是非常大的，走廊里、过道里的不满和嘲讽之声即刻涌动起来。阿尔·史密斯身穿一身晚装，匆忙走过过道，进入会场；在听到富兰克林·德拉诺·罗斯福的名字时，他又停了下来，脸色阴沉。只见他转过身，对身边的一个记者说道，"看来我干脆回旅馆听广播算了，是一样的"。

其他的候选人接续而来；汤姆·康纳利提名加纳；而后是马萨诸塞州州长埃利提名史密斯。埃利发表的演说最为强劲。史密斯本人称其为"伯克·科克兰之后提名大会之上最好的演说"。（1920年的旧金山提名大会之上，科克兰正式提名了史密斯；但是，对1924年和1928年两次大会之上自己的提名人，史密斯只字未提。）紧随埃利演说而来的游行庆祝活动时间最长、动静最大，也是最为真切的。走廊里的人群也以极大热情加入其中，他们挥舞着手帕，向下面巡游的代表们抛洒五彩纸屑。

这确实是激动人心的时刻。但是专家们却从中觉察到一丝失败的寒意。几天来，一直有传言说，史密斯计划占领讲台，凭借一场演说，就摧毁罗斯福；然而，此时史密斯却一下子变得萎靡不振了。"史密斯恨罗斯福，"威廉·艾伦·怀特说，"但不知为何，他却不敢用拳头来发泄自己的愤怒了。""今天的阿尔，"门肯评论说，"不再是那个一等一的政治人物了。他跟富人交往甚密，这显然改变了他，让他胆小起来。他已经成了高尔夫玩家……太让人遗憾了。"

6

此时，罗斯福的战略已经非常明确了，就是要将加纳集团从反罗斯福联盟中分化出来。但是第一轮票决在即，加纳阵营的票仓仍然岿然不动。倘若加纳阵营继续这种阵势，那么1924年的场景就很可能要重演了；若如此，在专家眼中，牛顿·贝克就很可能成为1932年的约翰·W.戴维斯。星期四这天，来自克利夫兰的莱昂纳德·P.艾尔斯上校建立起贝克阵营的指挥部。代表们也开始接到各方指示，敦促他们投票给贝克。一些人觉察出这一阵忙乱背后的操盘手是伯纳德·巴鲁克。也有人认为幕后主使是贝克在公用事业公司的一群朋友。然而，说起来确实是讽刺，贝克集团的此番动作反而强化了法利在跟加纳集团谈判之时的筹码；不管怎么说，也许贝克本人无意明确认同国联，但贝克集团却是跟国联紧紧绑缚在一起的，因此也就成了威廉·伦道夫·赫斯特最反对的人物。整个这一星期的时间里，一个又一个电话打往圣西米恩小镇，这里面有法利的电话，有约瑟夫·P.肯尼迪的电话，有詹姆斯·M.柯利的电话，还有其他很多人的电话，人们纷纷警告赫斯特：倘若陷入僵局，那么最终获得提名的人很可能会是赫斯特最反对的那个人。

与此同时，丹尼尔·C.罗珀，来自华盛顿的代表，曾担任威尔逊时期的国税局专员，如今是罗斯福的热情支持者，此人也开始跟老朋友麦卡杜密切接触。这个星期早些时候，来自密苏里州的参议员哈里·霍斯也已经在电话里问询身在奥尔巴尼的罗斯福，是否愿意接受加纳作为竞选伙伴。罗斯福的回答是没问题，霍斯遂向媒体传达了这样一个印象：加纳也接受这个想法。此举等于是早早地选择放弃提名竞争，这令加纳十分不悦，遂打电话给霍斯，来了一番斥责。但是，霍斯此番动议，令法利颇受鼓舞，遂在芝加哥展开新一轮运作，他承诺萨姆·雷伯恩，他将竭尽全力为加纳赢得副总统候选提名。"我们此次前来芝加哥，当然是为了让杰克·加纳议长获得总统候选人提名，"雷伯恩神秘叵测地回应说，"……不过，我们也不希望重演当年的麦迪逊广场事件。"（实际上，就在提名大会召开之前几天，加纳就已经非常肯定地告诉报界的一个朋友，"我不会通过制造僵局，来给领先者使绊子。"）

此时法利也在探索别的可能性。他跟里奇和哈里·比尔德提出副总统提名动议，条件是二人放弃自己的票仓，将之转归罗斯福。而且在第一轮票决之前，法利再次跟雷伯恩谈判。这一次，法利的提议是，第一轮票决之时，得克萨斯州代表团投票给加纳，但是在结果公布之前，将这票仓转归罗斯福；如此，便可以破解僵局了。雷伯恩不为所动。他说，还没有展现全部实力，就这么早早退出，这对加纳是不公平的。法利问道，你们能挺过多少轮？"三轮？四轮？也许五轮吧。"法利最终说道。雷伯恩说："好吧，无论如何，此次大会都会持续一段时间的吧，即便我们对副总统职位有兴趣，而且我也没说我们真的对这个职位有兴趣。"

7

星期四，晚饭休息时间结束，代表们陆续返回，已经是相当疲急了。这个夜晚相当闷热。相机的闪光灯在拥挤大厅的上方不停闪烁,甚是刺眼,令现场更加闷热,也令现场更具戏剧性。晚上还有提名演说,是不是将第一轮投票推迟到第二天更好一些呢?法利就在旁听席的一个狭窄之处支起小床,当作指挥部,他疲惫不堪地躺在床上,召集罗斯福集团领导人物聚谈。大多数人都认为不宜推迟,会有风险,最好是当晚就决出第一轮。法利遂将电话打给身在奥尔巴尼的州长。罗斯福说,无论如何不能推迟,要继续前进。然而,提名演说持续了数个小时,代表们就坐在皱巴巴的衣服和满是汗渍的衬衫之上,一脸的疲倦,现场已经垃圾成堆,满地都是三明治包装纸、可口可乐瓶子还有烟头,闪光灯在上方嘶嘶作响。三点左右,雷声和闪电开始摇撼窗外的黑色夜空;而后,那闪电便迅疾减弱成灰粉色的脉流。

凌晨四点二十八分,主席沃尔什敲击小槌,第一轮票决开始了。一个又一个代表团开始清点票数,然后登记,时间就这么一点一点地过去了。大约两个小时之后,早晨的阳光开始穿透雾气,第一轮票决完成了。罗斯福赢得了六百六十一又四分之一的选票,比三分之二多数少了一百张。史密斯得到了两百零一又四分之三张选票,加纳的票数是九十又四分之一,另外七个候选人则被远远甩在后面。此时的法利,眼睛放光,在等待着有人宣布将自己的票仓转归罗斯福。法利认为,如此,就能够破解僵局了。但是没有人起身。现场顿时陷入混乱。

罗珀表示,没有核心委员会的同意,加利福尼亚州的票仓不会有任何变动。法利急忙赶奔现场,希望芝加哥市市长安东·瑟马克能将伊利诺伊州的票仓转归罗斯福;瑟马克本来可以这么做的,但他还是迟疑了。事情到了这一步,便也只能在混乱中开启第二轮票决。此时,阿瑟·马伦很是迫切地跟汤姆·康纳利交涉得克萨斯代表团票仓的问题:"倘若加纳对副总统候选人提名有兴趣,"马伦说,"我们可以安排。"康纳利思忖片刻,回复说这事还需要研究一下:"稍等片刻,看看我们能做什么吧。"在给奥尔巴尼的电话里,休伊·朗恳请罗斯福出面,即刻兑现交易条件。此时罗斯福正在起草自己的提名演说,遂停了下来回复说,他不能这么干;他不支持这样的交易。"好吧,"休伊·朗说,"你已经无可救药了。"整个这个夜晚,罗斯福都在州长府邸的小小会客室里,穿着衬衫,听着广播,一根又一根的雪茄,时不时地会在电话里交谈一番。

法利深知每一轮票决之时,维持票仓的涨势是非常重要的,他也的确留出了一些备用选票来应付第二轮票决。但结果并没有决定性的变化,罗斯福的票仓增加了十六又二分之一张选票,史密斯方面减少了七又二分之一张,加纳则是维持不动。阿瑟·马伦即刻起身,要求休会。

这一次,反罗斯福集团表示反对。很显然,罗斯福集团的势头已经趋于低落了;正是大好的反击时机。"我们已经在这里煎熬了整整一个晚上,"来自纽约州的达德利·菲尔德·马隆起身发言,"没关系,我们已经准备好了再熬上一个白天。"法利则对讲台上的一个朋友说:"看紧了这一轮。这一轮将决定我是不是还能返回纽约。"人们已经是疲惫不堪了,但大会也只能重整秩序,开始第三轮投票。

此时,罗斯福阵营开始感受到压力。密西西比州,此前依据集体票决规则,仅以一票的优势维持在罗斯福阵营,此时开始有了叛逃迹象;倘若密西西比叛逃,那么阿肯色就会接着逃离。依据字母顺位,阿肯色将是第一个出场的,如此,就很可能会在接下来的票决中引发一场叛离潮。当罗斯福集团授命路易斯安那州的休伊·朗竭力将密西西比和阿肯色两州维持住的时候,密西西比州代表团内部已经陷入激烈争论了。休伊·朗穿了一身亚纺面料的破旧西装,脸上汗水滚滚而下,以一副东道主的态势驾临密西西比州代表团。据理力争、哄骗、恳请、威胁,甚至在几个参议员面前摇晃拳头,总之，将内陆雄辩的诸般手段都使了出来。罗斯福的战线总算是稳住了：第三轮票决结束之时，阳光已经开始从体育场东边的窗户倾泻而下了，这一轮，罗斯福阵营又多了五票，史密斯阵营又少了四票，加纳方面则增加了十一票。万般疲惫之下，大会感恩戴德地接受了麦卡杜的休会动议。此时是星期五上午的九点十五分。

8

接下来的几个小时至关重要。马伦已经重启了跟康纳利的接触，重申了先前的保证：将竭尽"人力之所能"，令加纳成为副总统。这一次，康纳利倒是有了兴趣。与此同时，丹·罗珀在科德尔·赫尔襄助之下，依据略有变化的局面，向麦卡杜方面提出了诉求。他希望这个加利福尼亚人考虑一下，若接受交易，将会有机会去推行威尔逊派的政策。罗珀继续问，难道您本人真的就对国务卿这个职位没有兴趣吗，而且无需任何授权。"没兴趣，"麦卡杜说，"这对我个人没有任何好处。"不过，麦卡杜也补充说，"倘若能有一个休会期，我就能让我们加州代表团实施一次票决，那样的话，我倒也会力促他们支持罗斯福，此事若成，则意味着得克萨斯也会跟进。"但罗斯福必须同意让加纳获得副总统候选人提名，并愿意谈一谈加利福尼亚的联邦分肥问题以及财政部和国务院的职位分配问题。他更补充说，赫斯特的代表坚持认为，得克萨斯代表团至少要力挺加纳七轮。罗珀回应说，这就意味着要么史密斯，要么贝克；"我听说，有人给贝克保证了一百张票，以此作为备选方案。"

不过，此时的赫斯特自然已经看清楚了一些苗头。第三轮投票之后，他便同约瑟夫·威利科姆上校有了一次电话交流，后者是他派驻芝加哥的代表；威利科姆即刻将赫斯特的决定转达给华盛顿方面的乔治·罗思韦尔·布朗。"赫斯特先生现在有点担心,"威利科姆说,"倘若罗斯福阵营败落,结果就只能是在史密斯和贝克之间选择了。此二人,无论谁胜出,都将是一场灾难。"同时,威利科姆也告诉加纳,老大相信"为今之计,若要拯救这个国家,就只能是加纳将自己的票仓转给罗斯福州长"。

星期五早上十一点,布朗在国会大厦东南角的议长私人房间里同加纳会面。此时加纳似乎已经知道将要发生的事情了。一时之间,二人就那么静静地望着国会大厦周边的草坪。而后,布朗便将赫斯特的意见说给议长听。加纳听着,浓密的眉毛下面,他那满是褶皱的脸上毫无表情。最终,他说:"告诉赫斯特,我完全同意他的想法。他是对的。告诉他我会遵照他的意见,将我的票仓转给罗斯福。"

9

与此同时,罗斯福阵营的领袖们正在路易斯·豪的国会酒店套房里紧张磋商。路易斯·豪已经是疲惫不堪地躺在地板上了,领带散开,衬衫开到喉咙,脑袋靠在枕头上,两台电扇对着他的脸一直吹,借此缓解闷热和哮喘。法利则是一屁股坐在地毯上,在他耳边低语:"得克萨斯是我们唯一的机会了。"路易斯·豪无力地表示同意。

帕特·哈里森,此时已经绝望了,他不觉得密西西比还能挺几轮,于是便着手促成法利和萨姆·雷伯恩的晤谈。法利先行来到哈里森的房间,一下子就瘫在椅子上,像死猪一样睡去。雷伯恩来到房间的时候,法利勉强醒转过来,重申了此前的说法,并要求雷伯恩即刻决定。在法利起身告辞的时候,雷伯恩说"我们试试吧。"此次晤谈只持续了片刻时间。副总统提名一事则未曾提起。法利回报路易斯·豪说："抓住了。得克萨斯是我们的了。"二十年的努力，此刻终于来到巅峰，路易斯·豪反而颇为平静，只是说了声："吉姆，很好。"

法利步履蹒跚，一头栽在床上，准备休息一两个小时，路易斯·豪则在继续研判形势。丹·罗珀一头扎了进来，将自己跟麦卡杜晤谈的情况讲了一番。路易斯·豪即刻接通奥尔巴尼，跟罗斯福说话，据罗珀回忆，罗斯福当时在电话里告诉他，满足麦卡杜要求的保证。这其中包括加纳的副总统提名；不过，据弗林回忆，在电话沟通中，他们同罗斯福谈论的是其他人得到副总统提名的可能性。并没有证据表明麦卡杜的其他要求得到了尊重，因此，罗珀的回忆很可能有误。有一点可以肯定，弗林当时力主罗斯福不要将副总统提名给加纳，认为那将是一场错误，理由是，如此一来，就只能进一步疏远北方的天主教民主党人，无论如何，史密斯若是吃了败仗，就非常有必要去安抚这个选民群体了。但罗斯福的决定是，加纳是最佳人选。

此时，身在华盛顿的加纳一直保持静默，吃着午餐，拒绝接听史密斯阵营的疯狂来电。最终，芝加哥时间下午三点，他将电话打给身在芝加哥的雷伯恩。"萨姆，"他说，"我想是时候破冰了。罗斯福就是本次大会的选择。"雷伯恩即刻宣布召集得克萨斯代表团于下午六点开会，此时的得克萨斯代表们绝望地散落在旅馆房间里或者小酒吧里。不过，看来即便是加纳自己的决定也不能动摇那些顽固的支持者们。当雷伯恩发出指示，要求代表们六点集会的时候，代表团的核心成员陷入争论。一些代表继续为加纳呐喊，女性代表甚至开始落泪，就这么相互吼叫着。最终，雷伯恩强制实施票决，最终以五十四票对五十一票的微弱多数，决定在第四轮票决支持罗斯福。

反罗斯福阵营的领导们并不知道事态的此等变化，他们的信心越来越不足了。密西西比州看来已经撑不住了，尽管休伊·朗用尽了手段。海伍德·布龙刚刚还颇为不屑地将罗斯福斥为"这场纠结大会的开瓶器"。此时，围绕贝克的议论也更多了。看来，罗斯福不管怎样都是败局已定了……书记员再次开启了漫长的唱票程序："亚拉巴马，二十四票支持罗斯福。"亚利桑那和阿肯色也归附罗斯福阵营，罗斯福的战线依然在坚持。接着便轮到加利福尼亚了；只见身形瘦长且活力四射的威廉·吉布斯·麦卡杜起身，寻求代表团一致同意，以便他向大会解释加利福尼亚州的投票结果。

当麦卡杜迈步走上讲台，一阵躁动漫过体育场。他身姿挺拔，面带笑容，声音沉稳，自信且优雅。"加利福尼亚代表团此次前来，是要提名合众国的总统人选的，"他说，"我们这个代表团此行可不是为了让大会陷入僵局，更不是要加入一场灾难性的争斗，就像 1924 年那样。"此时，代表中间泛起一阵预警性质的躁动，旁听席也是如此。我们相信，麦卡杜继续说道，加利福尼亚代表团必须在今晚亮明立场，以便这场争斗有一个快速且令人满意的收尾，"我们的立场是基于这样一个信念：若有任何人走进民主党全国大会，身后拥有将近七百票的民意支持度……"

10

至此，一切都尘埃落定了，顷刻之间，代表们纷纷起身，爬上座位，喊叫着、欢呼着，挥舞着手中原先用来举旗用的松木杆。此等自发的激情，是此前罗斯福阵营的巡游活动不曾有过的，此时竟然一下子喷薄而出，很显然，罗斯福逐鹿成功了。不过，即便现场涌起此等欢呼浪潮，旁听席上仍然传来咆哮之声，饱含着敌意、威慑和怒火。麦卡杜听过这声音，那是八年前的事情了，当时的麦迪逊广场上，也曾响起这咆哮声，没错，就是来自坦慕尼集团的众多恶棍。这一次，麦卡杜自然是回头抛去轻蔑的眼光，任凭那些城市暴民嘘声一片。八年前，正是这嘘声否决了他获得提名的机会。今天，他将毁灭阿尔·史密斯，就如同八年前史密斯毁了他一样。他噘起嘴唇，一副满足的表情，等着那喧嚣之声消停下去。此时的汤姆·沃尔什，一脸通红，怒目圆睁，使劲敲击手中小槌。但旁听席上的暴民仍然没有消停下去。最终，沃尔什向芝加哥市市长瑟马克示意，瑟马克成功地恢复了秩序。

麦卡杜遂讽刺说："我要感谢旁听席上的诸位如此恭维于我……我要说的是，我接下来说的话跟旁听席上的这群人或者任何人，都没有关系，他们怎么想，我并不在乎。"麦卡杜停顿片刻，略事回忆，然后说道："我不想伤害任何人。1924年确实留下了创伤，但那并非我所愿。我希望看到民主党人跟共和党人作战，而不是自己人打自己人。"沉吟片刻之后，麦卡杜进入结论部分："加利福尼亚的四十四票将投给富兰克林·D.罗斯福。"乐队再次奏响，体育场欢声雷动……此时罗斯福在遥远之地听着广播，而后靠在椅子背上，颔首而笑，"这个老麦卡杜，真不错"。州长夫人将自己卷拉下来的衣袖拉了上去，而后便进厨房去做培根和煎蛋了。此时的华盛顿，约翰·加纳正在华盛顿酒店的楼顶花园信步而行，跟一个记者简短谈话。"您已经投奔罗斯福了？"记者问道。加纳嘴里的雪茄在夜色中闪着光，他望向财政部大楼的巨大黑影以及更远处闪着灯光的白宫。"是的，孩子，"他弹了弹烟灰，悠然开口了，"……我多少比你年长一些，孩子。政治就是玩笑。"

此时芝加哥方面，全部的重头候选人最终都投奔了罗斯福，除了史密斯之外。但史密斯最终还是收获了一百九十又二分之一张选票，而且，此次提名终究是没能达成全体一致。史密斯本人离开现场的时候，一脸的痛苦。有人问他是否会支持这张民主党竞选票单，他狠狠地咬了咬口中的雪茄，说道："我不置可否。"里奇离开的时候，步态甚是僵硬。除了麦卡杜之外，民主党的所有领袖人物，诸如戴维斯、考克斯、贝克、吉姆·里德等等，差不多都在对战罗斯福，罗斯福的胜利自然令他们垂头丧气。汤姆·沃尔什试图缓和一下气氛，看到里德坐在主席台上，遂请他说点什么，里德拒绝了。此时，阿瑟·马伦走过来说："我们都是民主党人，吉姆。"里德说："没错，可是——"但里德还是起身走上讲台，去提请众人不要忘记民主党的古老信仰：

> 找回古老的原则和方式，这是民主党的至高使命。在国际事务上，乔治·华盛顿的政策一直屹立不倒，延续至今，并无任何改进，将来也绝对不会再有改进了。托马斯·杰斐逊的哲学也不曾有过任何改进，将来也绝对不会再有改进了。约翰·斯图亚特·密尔的经济哲学，同样不曾有过改进，将来同样不会再有改进了。

不过，大会主席接下来便宣布了一条消息，这条消息令大会即刻出现了转向：富兰克林·罗斯福来电，说希望第二天能飞来芝加哥，接受提名。当晚，史密斯的铁杆支持者在旅馆里将罗斯福的宣传画撕得粉碎。

11

此时的奥尔巴尼，可谓一片欢腾。按照传统，接受提名的演说都是在提名大会几个星期之后的正式仪式上发表，但是罗斯福感觉到此时正是民意涌动的时候，民众迫切希望国家事务中能有更具胆略的表现，对此，他要迅速做出回应。奥尔巴尼机场，一架三引擎的飞机正在苍茫的天空下升温、发动，这本身就颇能象征这艰难时代所要求的新的决断精神。星期六一大早，罗斯福带领一行众人登上飞机，飞往芝加哥。

一路之上，飞机一直在剧烈气流中颠簸前行。着陆加了两次油，一次是在布法罗，一次是在克利夫兰（当时身在克利夫兰的牛顿·贝克拒绝加入官方的欢迎队伍）。罗斯福不顾路途上的颠簸，一直在跟自己在奥尔巴尼的幕僚塞缪尔·I.罗森曼草拟提名演说，反复精简、润色，并最终成形……此时的芝加哥，代表们都睡到很晚，而后便纷纷进入大会现场，乐队开始演奏、歌唱，人群在会场里等待提名人的到来。阿尔·史密斯及其朋友们准备返家。有人询问约翰·J.拉斯科布，是否会支持罗斯福；拉斯科布很是强横地回绝了这个问题，并转向身边的一个助手，询问股市行情。但是伯纳德·巴鲁克却是相当温和、平静，他现身罗斯福的指挥部，很有礼貌地询问是否考虑将里奇作为副总统候选人，并希望看一看提名演说的副本。

下午大约四点半的时候，足足晚点了两个小时，飞机终于从低垂的云层中盘旋而来，落在了芝加哥机场的长长跑道上。人群即刻涌上前去，欢迎候选人。罗斯福脸上是大度、开怀的笑容，他一把抓住法利的手："吉姆，老伙计，把手放这里，干得不错。"随后，便乘车经过满是欢呼人群的街道，前往国会酒店，此时国会酒店已经有一大群人在迎候他了。阿尔·史密斯从侧门离开了酒店，比列车时刻表提前一个小时多动身回家，这是为了确保不会跟胜利者碰面。罗斯福在房间里休息了片刻。其间，路易斯·豪引见了查尔斯·米切尔森，米切尔森已经拜别拉斯科布和肖斯，转向罗斯福阵营。罗斯福脸上荡漾起笑容，说道："欢迎登船。"

大约下午六点的时候，这漫长一天的提名大会迎来了高潮。代表们以欢呼声提名约翰·加纳为副总统候选人。最后，他们的总统候选人现身了，身穿蓝色西服，别着一朵红玫瑰，眼睛闪着光芒，头高高抬起；众人纷纷起身，旁听席的一小撮死硬分子仍然在发出嘘声，不过，巨大的欢呼声将之湮没了。"很抱歉我迟到了，"罗斯福说，"不过，我可没本事掌控天气，只能感谢我曾经受过的海军训练。"现场又是一片愉悦和欢腾。

罗斯福接着说,前来芝加哥的决定,确实"没有先例,也不寻常,不过,这个时代已经是没有先例且也不寻常的",有诸多"荒谬传统"需要破除。"那就请从现在开始,将破除这些愚蠢传统视为我们党的任务吧。"不管怎么说,依从延绵不断的历史逻辑,民主党是"自由主义和进步的担纲者"。有一种政府理论认为,应当竭力襄助少数受宠之人,"并寄望这些人兴旺发达之后,会有好处向着劳工、农民和小生意人渗漏",这样的理论和希望已经信誉扫地了。我们没有别的选择了,必须前进。"总有那么一些名义上的民主党人,他们脸朝过去,只是斜眼瞥着未来,他们丝毫感受不到新时代的要求,"罗斯福说,"在此,我要提醒这些人,他们已经跟不上我党的步伐了。"(掌声和欢呼声。)"我们党必须秉持自由主义思想,必须有计划地推行举措,必须拥有开明的国际视野,必须最大可能地造福最大多数的公民。"

很快,罗斯福便切入了大萧条问题,他指出,1920年代生产效能的大幅度提升未能降低价格,也未能提高工资,甚至都没能带来足够的红利和税收,那巨额的利润反而都涌入投机市场,涌入"一大批并无必要的新工厂,如今,这些工厂就那么僵冷地闲置着"。那么现在该怎么办呢?首先,向所有群体提供救济,无分金字塔顶端和底层;其次,华府要厉行节约,为各级政府的偿债能力提供榜样;而后便是撤销禁酒令,推行证券立法,推行公共工程,缩短工时,再造树林,将农业生产纳入计划体制,降低利率,削减关税。

"美利坚人民还要求别的什么东西吗?"罗斯福问道,"……工作和保障……人民就是我们一切重建努力的精神价值所在,也是真正目标所在。"罗斯福说,今时今日,已经脱离了"自私自利时代",对于那样一个时代,我们所有人都必须"平等地承担罪责",离开这个时代,救赎的希望就开始浮现了。

"我向你们保证,"罗斯福高声宣示,"我要给美利坚人民带来新政。"

一时之间,乐队奏响昂扬乐章;闪光灯成片闪动;现场一片欢呼和呐喊;人们纷纷站在座位上,妇女更是放声哭泣;夹杂着大厅里面的汗味和臭味;还有地上已经腐烂的三明治、空瓶子、熄灭的烟头、被扔掉的徽章和成堆的纸屑。外面公园、陋室和道路两旁等待的人群;饥饿和恐惧;在朦胧中开始醒转的希望;还有那一直没有断过的、用来淡化并驱逐这艰难、悲伤时代的流行乐章……"幸福日子再次来临!"[4]

第六部分　快乐战士

二十九　哈得孙河畔的童年

1

富兰克林·德拉诺·罗斯福,生命中最早的记忆是在哈得孙河畔海德帕克的生活。从三楼育婴室,他能够看到外面的田野和树林横亘在他们家的大房子和哈得孙河之间。日子和月份交织成大自然的节律,冬天,白雪如同毛毯一般覆盖了大地,有时候可以在河上滑冰,在冰上划船;春日时光,阵阵含着花香的清风迎面吹来;秋日里,是干爽、透亮的阳光,眼前层林尽染,黄色和深红色尽数铺展开来;一个小男孩会和父亲一起,在乔西后面四处游逛,乔西是家里的一匹母马,是马车时代最后的见证者。海德帕克意味着狗狗——巴迪,一只白色的狐狸犬,鲍特斯温,一只黑色的纽芬兰犬,是个大块头。海德帕克意味着这个小男孩养在马厩里的一匹小马驹。海德帕克意味着书籍,茶余饭后会大声朗读,夜晚则依偎着炉火,细细品味——伦道夫·卡尔德科特的《少男少女舞起来》("我还不能阅读的时候,妈妈会读给我听"),尤金·菲尔德的《童谣》("我妈妈的育儿书,我还是孩子的时候,妈妈就用这本书,陪我又演又唱"),塞缪尔·W.贝克的《海上漂泊记》("童年时代，我最喜欢的书，至少读了三遍"）。最重要的当然是父亲和母亲，父亲平静、温和，母亲美丽迷人，那是一种被安全和爱意包裹的感觉。很多年后，罗斯福写道："回首童年时光，那些地方，那些人，他们给我的是平和，是有条不紊。"[1]

这个"河畔家族"生来有一种丰沛且大度的传统意识和恬淡意识。他们的世界就在眼前铺展开来，那样的世界是一块稳妥、惬意的地方，进入这个世界，他们的任务是执行并巩固从父辈承袭而来的标准。在闯荡外面的大世界的时候，他们信持同样的安定和保障之感。孩子的父亲，詹姆斯·罗斯福，跟萨姆·休斯敦熟识，跟加里波第有过并肩作战的经历。从联合学院和哈佛法学院毕业之后，詹姆斯在铁路和煤矿做了一些很是精明的投资，这些投资足以让他进入商界了，但詹姆斯颇有节度，并没有把商业上的事情推进到牺牲日常生活之快乐的地步。他会定期前往德国的温泉疗养地和英格兰的乡间宅地待上一段时间；也曾在海德帕克的地产上养过一些马匹，直到他感觉那不再是一项绅士运动；他喜欢抽方头雪茄；身边总是带着价值五百美元的黄金；他拥有私人专属的火车车厢，在纽约的舞会和沙龙也有一席之地。詹姆斯个子很高，浓密的络腮胡子，随和的蓝色眼睛，举止风范很是出众。只有一件事情可以揭示他的乡绅根底：内战后，他差不多是罗斯福家族当中唯一一个重归民主党统绪的成员，尽管民主党信仰此前一直是这个家族的传统。

詹姆斯·罗斯福的第一任妻子去世之后，留下一个儿子，詹姆斯·罗斯福·罗斯福，昵称"罗西"。1880年春天，西奥多·罗斯福夫妇在麦迪逊大道举行一场晚宴，宴会之上，詹姆斯·罗斯福遇到一个身材高挑的漂亮女孩，名叫萨拉·德拉诺。萨拉出生在纽堡，距离海德帕克不远。父亲是詹姆斯·罗斯福家族的老朋友了；萨拉成长的世界与詹姆斯基本上是一样的。八岁时候，母亲便已经带她乘坐一艘快帆船前往中国；她在欧洲有过广泛的游历；遇到詹姆斯的时候，已经是贵族范十足的年轻小姐。此时的詹姆斯·罗斯福五十二岁，萨拉·德拉诺只有二十六岁，跟詹姆斯的儿子同龄；但二人还是坠入爱河，并于当年的秋天结婚，就这样，詹姆斯·罗斯福带着年轻新娘，穿过爬满藤蔓的石林和宽阔的草地，一路驱车而下，穿过绚烂树林，来到了海德帕克那温馨舒适的乡间宅地。

对罗斯福一家人来说，生活是惬意的，在农田散步，在树林骑马，在河里泛舟，在邻家宴饮、跳舞，还有烛光中熠熠闪光的高脚酒杯。两年时光就这样在悠然而去。1882年的元旦，大雪深掩海德帕克。詹姆斯和萨拉·罗斯福很是喜欢乘着小小的俄罗斯雪橇，沿着冰冻的白色道路来一场滑雪之旅（这个雪橇当初是为拿破仑三世制造的，詹姆斯是在1872年的巴黎世博会上将之收入囊中并带回海德帕克），萨拉深陷在红色天鹅绒椅垫里面，几根高挑的羽毛在挂钩上迎风飘摆，一路之上铃声相伴。不过很快，这一切都得停下了。1882年1月30日，詹姆斯·罗斯福在日记中写道："八点四十五分，我的萨拉生下一个漂亮的大胖小子。十磅，裸重。"[2]

2

二人给孩子起名富兰克林·德拉诺·罗斯福，万千宠爱加身，享受了家中独子能够享受的一切。很快，富兰克林便长成一个快乐、活泼的小男孩，好动但不顽皮，有自己的主见，但也懂得顺遂父母。他通常都听妈妈的话，但也坚持让妈妈将自己的鬈发剪掉，并拒绝了天鹅绒的方特勒罗伊小爵爷式的装束。他是贪婪读书人，也是热情收藏人，九岁就开始集邮了。

秋天和冬天，他喜欢钓鱼、打猎、滑雪，还喜欢造木筏，挖雪洞。夏天，罗斯福一家会逃离从哈得孙河上游漫卷而来的闷热，通常是去往坎波贝洛，这是新不伦瑞克海岸不远处的一座小岛，小男孩会在那里学着在深海里面划船。有时候，一家人也会去往德拉诺在马萨诸塞费尔黑文的家,在那里,小男孩会在外公的石头码头的纵梁上,观看捕鲸船在海流中下锚,越过新贝德福德海滩远眺,在一座弯弯曲曲的木桥附近,可以看到十几根桅杆在闪闪发光,桅杆下方散落着花岗岩堆砌而成的仓库。也许,这些都是正在逝去的荣耀了吧。不过,雨天时候,这个小男孩会从装订起来的木刻画里面将这些荣耀复活,那些木刻画呈现的是1850年代规模庞大的捕鲸船队,或者会从古老的航海日志里面将之复活,那些航海日志已经深埋在阁楼里的箱子里面了。[3]

1887年的冬天,罗斯福一家人是在华盛顿度过的。克利夫兰总统有意派老罗斯福出国担当一个外交职位;詹姆斯婉拒了,当然,罗西·罗斯福还是成为驻维也纳公使馆的第一秘书。离开华盛顿前夕,罗斯福领着小富兰克林前往白宫道别。罗斯福一家人准备起身离开的时候,一脸关切的总统将手放在小男孩的头上。"我的小家伙,"总统说(这可说是罗斯福家族的一段回忆了),"我现在要许一个奇怪的愿望,那就是你绝不会成为合众国的总统。"[4]

时光就这么静静地流淌着。1896年,十四岁的富兰克林前往德国度夏,他已经在德国度过很多个夏天了,这一次,他在一个督导老师的陪同下,骑车穿越黑森林。林间不时跳过满身斑点的小鹿,将困在旅店后面小溪中的鳟鱼抓来大快朵颐,当然,还有德国人那欢快表象之下,隐藏着的令人很不舒服的民族优越感;这段记忆在富兰克林心中一直徘徊不去。1890年代,他甚至还在巴特瑙海姆断断续续上过乡村学校。不过,这些年间,他的主要教育经历是依托海德帕克的几任家庭教师来完成的,特别是一个名叫让娜·罗萨-桑多的法国女士,让娜给了她历史和语言方面的良好教育,严厉但也关爱,并且让他学会了珍视人类的价值。很多年后,罗斯福还不忘写信给让娜说:"我一直认为,是您而不是别的什么人,真正为我的教育打下了基础。"[5]

3

1896 年，他从欧洲回国，人生的新阶段就此开启了。现在，他要离开家庭，继续自己的教育；父母早早就开始运作他上学的事情，打算让他在马萨诸塞州格罗顿的一所学校就读，这所学校是恩迪科特·皮博迪院长在十二年前建立的。在那个群情躁动的秋天，就在威廉·詹宁斯·布赖恩竭力集结劳工力量，对抗黄金十字架的时候，富兰克林·德拉诺·罗斯福，在恐惧和镇定交织的复杂情绪中，动身前往美利坚这所最具贵族气的学校。

格罗顿公学是仿照英国模式建立起来的，招收的学生依照年级部来划分，借由一套学长体系来维持长幼秩序。学生住在小隔间里面，每天早上都要冲上一个冷水浴，在黑色滑石池子和锡盆里面洗碗或者洗衣服，晚自习过后，学生们都要同校长和校长夫人握手，而后才能上床休息。课程都是古典门类，授课很有效率，有时候也相当尽心尽力。不过，这套体系里面，最重要的因素是校长，他个人的印记就烙印在学校身上，并将令人生畏的道德意涵注入规矩和纪律当中。

恩迪科特·皮博迪身形高大，宽肩膀，很是干练且俊朗，对格罗顿公学的观念，他全身心地奉献和投入，满怀激情，将这所公学视为一个共同体，甚至是一个家庭，这个家庭要培养的是基督徒和绅士，是有着高尚品格和健全学识的人。无论何种场合，他都会给人留下深刻印象；在格罗顿男孩们的心目中，他的形象则更是高大，在孩子们的世界里，他的声音是最为昂扬的，他的怒火是最具威力的，他的关爱也是最为深沉的。他常常说，作为校长，就必须"有那么一点点的威风"；无论孩子们是在格罗顿时代，还是已经毕业了，他都会给予跟进和关切，无怨无悔。他的这种关切态度都是发自内心的，没有任何利益诉求。年轻的格罗顿人埃夫里尔·哈里曼跟父亲的一席话算是说到点上了："老爸，您知道吗，倘若他不是一个如此可怕的基督徒，他至少也会是一个威风八面、令人生畏的人。"

校长已经是如此强悍了，环境则更是提供了严厉的考验。格罗顿的这些男孩，主要源于一个相当狭窄的社会圈子，这样一个学生群体，自然会令那本来就无所不在的压力氛围变成势利的服从。有一个老格罗顿人的单子，这些被摧毁的学生最终都被归入"骗子、酒鬼、色鬼、乞丐和自杀者"的行列。不过，那些更为强健的学生，则会在格罗顿得到极大的历练和砥砺，即便他们也在这套体系之下承受痛苦。思想训练令这些学生变得更强，道德目标的训练令他们得到激励，在进入社会的时候，他们内心也已经发育出基督教绅士的强烈责任意识。若是能成功地闯过格罗顿的训练，那以后就不怕任何事情了。

校长自然也很激赏这类学生；很可能超过了对其他学生的喜欢；这些学生也喜欢校长。"皮博迪夫妇对我的影响，"富兰克林·罗斯福在三十多年后说道，实在是太大了，"恐怕仅次于我的父母"。1940年，罗斯福致信老校长说："四十多年前，您在那座老教堂里面训话的时候，曾特别谈到一个人不能在后来的生活中丢掉童年的理想。您传输给我们的那些格罗顿理想，我从来都没有忘记，您的一席话就这么一直陪伴着我，您还无数次地呼喊着'我的孩子们'，那声音从来没有离开。"⁶第一次世界大战之前的那批格罗顿孩子里面，当然有不少人跟罗斯福一样，一直在信持老校长的这些话，比如埃夫里尔·哈里曼、迪安·艾奇逊、弗朗西斯·比德尔和乔治·比德尔、萨姆纳·韦尔斯、布朗森·M.卡廷、约瑟夫·C.格鲁以及威廉·菲利普斯等。

对年轻的富兰克林·罗斯福来说，格罗顿的经验是颇为复杂的。外面的世界很令人兴奋：1898年的美西战争，在那么一个亢奋时刻，富兰克林有了跑出格罗顿，去当志愿兵的念头；还有南非的布尔战争（"我禁不住地认为，布尔人是对的"）、泰迪叔叔当选纽约州州长（"我们都高兴得疯狂了"）、圣诞节期间的舞会和女孩（"泰迪·罗宾逊和埃莉诺·罗斯福这一对看起来咋样？很不错嘛，应该有戏啊。"）

在格罗顿，富兰克林很是友善、随和，平易且低调，他的表现中规中矩，负责管理学校棒球队，赢得了拉丁语的奖项，还因为守时而获得奖励，当过宿舍舍长，加入了辩论社团（1898年1月，该社团举办主题辩论，罗斯福作为反方，得到的论题是反对兼并夏威夷，当时罗斯福说，"可能很多人都不知道，那里有一处港口，名叫珍珠港，那是属于合众国的"）。富兰克林热情且真挚地响应了校长的社会教育，1900年的夏天，他的部分时间是在学校开办的一处营地度过的，那是为来自城区的穷孩子开办的。三十年后，回首往事，皮博迪还能回忆起当时的富兰克林是一个"安静的孩子，让人满意，头脑超出一般人，出身不错，但不能算特别好的……我们都喜欢他。据我所知，老师和同学们确实都喜欢他。"

不过，富兰克林的这种低调，很可能有保护色的成分在内。他比他那个年级部的其他学生晚入学两年，缺乏有组织的学校生活经验，因此不得不在友善面具之下，学会低调和保留。这自然就令他跟群体有些隔膜。"他知道他们不知道的事情；他们知道他不知道的事情，"半个世纪之后，埃莉诺·罗斯福回忆说，"他感觉落单了。对那些同样落单的人，他是有同情的。"[7]

4

1900年的秋天，富兰克林进入哈佛大学。此时，已经七十二岁高龄的父亲患病了。11月底，这个相当脆弱且疲惫的老人，裹在天鹅绒外套里面，奄奄一息。12月7日，老人的情况似乎好转了一些，有一段时间，看来都用不着萨拉陪在床边了。但是很快便又低落下去。第二天，萨拉在日记里悲伤地写道："都结束了。两点二十分，他永远睡去了。"

新年过后，罗斯福返回学校。在他自己的那个圈子，他似乎仍然是局外人。他的那些颇为聪敏油滑的朋友们都觉得他是书呆子，他所属圈子的女孩们说他是"鸡毛掸子"，因为他看起来肤浅又自傲。很可能是出于自我防护，他装出一副傲然之态，在一些人看来，这显然是自负。不知为何，坡斯廉俱乐部没有接纳他，尽管罗斯福家族在这里通常都是受欢迎的，因此，他不得不接受一些次级俱乐部。未能进入坡斯廉俱乐部，对罗斯福来说是一次沉痛经历。不过也不应当夸大罗斯福不受欢迎的程度。他的劲头还有他的斗志，还是为他赢得了很多的朋友。而且，在坎布里奇的生活自然会给他提供丰富的补偿；比如，黄金海岸中心地段的维斯特莫里堂的豪华三室套房，他跟莱思罗普·布朗分享了；比如在橄榄球队越过河流，走向士兵体育场的时候，迎面扑来的浓郁的秋日空气的味道；比如冬日时节的雪橇运动；还有，春日午后，阳光照射水面，泛着粼粼波光，他会敲着鼓点，和划船俱乐部的成员一起在波浪起伏的查尔斯河上穿行；时不时地还会前往北滩出游，"枕着忧伤的海浪"，休憩一番。晚上时光，他会在马萨诸塞大道的桑伯恩俱乐部打一场台球，或者在波士顿的都兰餐厅或者萨默塞特餐厅享受一顿风格晚餐。作为"速煮布丁"（Fly and Hasty Pudding）的图书管理员，他会经常出没康希尔满是灰尘的旧书店，因此也为自己的海军书册和画册收藏打下了基础。

学业方面，他做得极其充分。他在格罗顿就已经打下了相当的学识基础，艾略特校长更是提出了颇具启蒙意味的"为人生做好准备"计划，两厢支撑之下，罗斯福在三年内就拿到了文学学士学位。他听了众多哈佛精英的课程，爱德华·钱宁和弗雷德里克·杰克逊·特纳的历史课、威廉·Z. 里普利和 O. M. W. 斯普拉格的经济课、乔赛亚·罗伊斯的哲学课以及 A. 劳伦斯·洛厄尔的政府课。他写了大量的东西，尤其是为乔治·皮尔斯·贝克和查尔斯·汤森·科普兰。有一篇文章专门呼吁南方大学效仿哈佛，接纳黑人学生。还有一篇文章考量了纽约著名的荷兰家族的衰落，他在文中申述说，这么多的著名家族如今除了名字，便什么都没留下，"他们为数寥寥，缺乏进步精神和真正的民主精神"。这个年轻人申述说，罗斯福家族则是不一样的。

> 罗斯福家族依然兴盛，其中的一个原因就在于这种真正的民主精神，这很可能是主要原因。他们从来不觉得自己出身良好，就可以把手揣在口袋里，随随便便就能成功了。相反，他们觉得出身良好，反而令他们有着一切的理由为共同体尽职尽责，从出生开始，这样的观念就已经开始向他们灌输了，因此，他们几乎在任何情况下，都能证明自己是好公民。

这样的论说想必是校长非常喜欢的。

不过，没有任何课程能真正点燃他内心的火花。毋宁说，他是靠着课外的那些生活成长起来的。他对政治的兴趣与日俱增。1900年，泰迪叔叔出现在共和党票单上，受此吸引，他成为哈佛共和党俱乐部的持卡会员，甚至还头戴红帽子，身穿长袍，在蒙蒙细雨中参加了选战前夕的火炬游行。两年后，他对泰迪叔叔却是越发地不满了，"他似乎是要让行政分支强过国会，"这个年轻人掷地有声地说，"这可不是什么好事情。"又过了一年，他返回纽约家中，第一次投票，投票之时，他还没正经地高声呐喊："冲啊，海德帕克的民主党！"不过，1904 年，他对泰迪叔叔的忠诚又回来了，将自己在总统选战中的第一票投给了共和党。

生命中的这段时期，对他来说最重要的事情就是《哈佛深红报》,这是一份本科生办的报纸。他大一的时候就获选进入该报的编辑委员会,后来,更是决定将自己在坎布里奇的第四年用来担当该报的主编。在此期间,他谈论的主题完全是传统的,用来展现他作为老生对校内事务的热情关切,比如橄榄球队,比如啦啦队,比如哈佛广场冬天时候的木板人行道,当然不忘记呼吁增加宿舍里的灭火器。不过,在《哈佛深红报》的成功可算是他哈佛生涯的高光时刻了,毫无疑问地强化了他对自己未来的从容自信。[8]

哈佛岁月结束之前,富兰克林更为决绝地将这份自信展示了一把。他是孀居母亲的独子,可谓享尽宠爱,富兰克林很清楚自己是母亲全部生活的中心。大三和大四的时候,萨拉甚至在波士顿买下一栋房子,以便离富兰克林更近一些。以萨拉的强势性格,必然是要把同儿子的关系捋得平平顺顺的。不过,1903年的感恩节,在费尔黑文,萨拉不得不在日记中写道:"富兰克林向我宣布了一个消息,让我吓了一大跳。""他竟然没有让家里任何人知道,"很多年后,萨拉回忆说,富兰克林就同安娜·埃莉诺·罗斯福恋爱了,还是远房堂妹家的第五个闺女,年仅十九岁。富兰克林很是坚定地告知母亲,自己打算早点结婚了。

此番考验过后,富兰克林返回坎布里奇,并颇为愉悦地写道:"我最亲爱的妈妈,我知道这会让您多么难受,您是知道的,倘若我真的还有别的办法,我是不会这么伤害您的——老天,现在您都知道了! ……现在,我是世界上最幸福的人;当然也是最幸运的。"当妈的回复说:"我知道,将来会有我高兴的一天的,时机到了,我自然会爱埃莉诺的,还会完全地接纳她。亲爱的富兰克林,现在你只需要一些耐心,不要让这新来的幸福令你失去对工作或者家庭的热情和兴趣。"

萨拉还收到了埃莉诺的来信,信写得十分动人:"我完全了解您的心情,这肯定不好受,不过我还是要写这封信,争取让您对我有那么一点点的爱。我必须让您知道,将来我绝对不会做任何违背您意愿的事情……在这里,我自然不能说我对富兰克林是多么情深义重。我只能说,我的最大心愿就是要去努力证明我配得上他。"[9]

5

对埃莉诺·罗斯福来说,这可以说是她那令人哀伤的生命当中第一次的自我确认行动;那哀伤的童年令她胆怯,退避,即便是对这个她同意结婚的男人。小女孩时候的埃莉诺十分严肃且胆小,父母之间的紧张关系将她的生活撕裂了,父亲埃利奥特·罗斯福,长相俊朗,有魅力,但很是软弱,"父亲去世很多年后,依然是我生命中的挚爱",母亲安娜·霍尔,"我所见过的最漂亮的女人之一"。埃利奥特爱自己的女儿,也主导了埃莉诺充满幻想的童年生活。"通常就是他和我……我多希望独自待在一个梦幻世界,在那里,我是女主角,爸爸是男主角。"安娜·霍尔冰冷而且通常都很严厉;埃利奥特不久便开始酗酒了,这很可能是因为跟一个如此严厉的女人缔结婚姻所带来的压力。埃莉诺六岁时,埃利奥特便离家出走,一个人生活了。

安娜·霍尔·罗斯福也承受了压力。严重的头疼病一直折磨着她,小埃莉诺经常坐在床头,抚摸着母亲的额头,持续数个小时。不过,情绪一旦转换,安娜就会对埃莉诺定下极为无情的标准,孩子的自信心渐渐被摧毁了。母亲称呼埃莉诺是"老奶奶",若有客人造访,小女孩畏缩不前的时候,母亲还跟客人解释说,"她这孩子就是这么有趣,这么老套"。安娜认为女儿不够美,并对此表现出明显的忧虑,这令埃莉诺生出了挥之不去的感受:自己一点都不吸引人。母亲会因为小过错而施加严厉惩罚。"我总是让妈妈蒙羞。"

1892年,埃莉诺八岁时候,母亲死于白喉。"一件事情扫去了一切的阴霾，我爸爸要回来了，我很快就能看到他了。"然而，安娜还是留下了最后的惩罚：孩子交由祖母监护。两年后，也就是1894年的夏天，埃莉诺收到父亲去世的消息。这消息让她痛不欲生，而后便同祖母一直生活到1899年，这一年，舅舅带她去了英国。在英国，埃莉诺进入一个法语学校读书，学校的操办人是一个很出色的女性，名叫玛丽·苏维斯特。这么多年了，埃莉诺第一次品尝到幸福的滋味，并开始找回自信。

然而，当她在十八岁返回美国后，重又陷入紧张的家庭关系泥潭当中。她住在哈得孙河畔蒂沃利的祖母家，活生生地见证了两个舅舅跟父亲一样，落入酗酒和自我放纵的泥潭。不久，埃莉诺辗转纽约，跟同性恋姨妈一起生活，在这里她毫无疑问遭遇了新的威胁，这其中最要命的就是纽约社交圈。"我是母亲家族中第一个算不上美人的，这一点我很清楚。"好的是，同一个年长友人鲍勃·弗格森结下的友谊给她带来了安慰。她的兴趣也开始多了起来：同玛丽·哈里曼一起参与了青年女子协会的草创工作；加入了消费者协会；在利文顿大街安置区教授健美操和流行舞。这段时间，鲍勃·弗格森越发地迷恋埃莉诺的朋友伊莎贝拉·塞尔梅斯了，埃莉诺得空就会前往坎布里奇，探望正在那里上学的远房堂兄富兰克林·罗斯福。

罗斯福的童年充满了关爱，如果说这样的童年给了罗斯福信心去克服挫折，那很显然，童年的不安全感相应地淬炼了埃莉诺·罗斯福，让她为生活的艰难考验做好了准备。埃莉诺·罗斯福后来也说，"那让我坚强，就像淬炼钢铁一样"。为了避免在遭遇情感危机时陷入崩溃，她必须学会自律。父亲和两个舅舅的例子活生生地摆在眼前，表明人若是失去自控能力，将会发生什么事情。埃莉诺后来写道，她内心逐渐发育出"一种几乎是夸张的对于完全控制所有欲望之必要性的意识"。在这种强烈的自控欲望之外，她还培育了帮助他人的激情。她一直相信没人爱她，没人需要她，因此，她相信，倘若能够帮助周围那些需要帮助的人，就最有可能赢得那些人的爱。"我是有用的，这样的感受也许是我体验过的最大快乐了。"

孤独、胆怯、紧张，这样一个埃莉诺·罗斯福此时不免在未婚夫身上以及未婚夫那健康且活泼的家庭里面，找到了"从未有过的安全感"。至于富兰克林，他是这场爱恋当中心思和取向更为具体、明确的一方，他在埃莉诺身上感受到一种跟自己一样的态度，确切地说是对待他们成长于其中的那个世界的一种复杂态度；他仰慕她的头脑、她的正直和她的同情心；毫无疑问，她那光彩熠熠的眼睛、活泼的笑容还有那婀娜多姿的优雅，都令富兰克林迷醉，同时期的埃莉诺画像实际上也表明，埃莉诺·罗斯福可不像她自己后来说的那样不太有吸引力。也难怪当时的朋友们都很奇怪，她怎么就舍得委身那个"鸡毛掸子"。可以肯定，富兰克林同埃莉诺缔结姻缘的决心是切实的，也是不可动摇的；他是母亲唯一的孩子，二十二岁，还在上大学，便已经要用相对平和、稳定的态势去克服母亲的强烈反对，而他又是如此眷恋母亲，母亲也是如此地眷恋着他，毫无疑问，这是对富兰克林的一场考验，让他十分紧张。

萨拉·罗斯福，对埃莉诺并无任何恶感，但她不能失去富兰克林。她提醒富兰克林，她的爸爸可是直到三十三岁才结的婚；她恳请他先完成学业；一时绝望之下，她甚至带他前往西印度群岛游走了一番。但这一切的努力都是枉然：荷兰人的倔强脾性从来都是完美地隐藏在灵变、平和的外表之下，富兰克林已然是下定决心了。

6

1904 年的秋天，富兰克林进入哥伦比亚大学法学院。12 月，二人正式宣布订婚，并且将婚礼日子定在了 1905 年 3 月 17 日。"这是好消息啊，我们太高兴啦，"合众国的总统写信给富兰克林,"我喜欢埃莉诺,如同我的女儿;我也喜欢你,信任你,相信你。一个真心的男人和一个真心的女人,这样的爱情带来的快乐和幸福是生命中其他的一切成功都不能比拟的,包括我手里的总统宝座在内……你和埃莉诺都是真心的,都是勇敢的,我相信你们的爱情是无私的;美好日子在等着你们呐。"

就这样,在兴奋和混乱中,婚礼的日子日益迫近了。伴娘们帮着埃莉诺为婚礼礼单写感谢附言。有一天,人们发现伊莎贝拉·塞尔梅斯在写下附言"富兰克林和我非常高兴能收到您的礼物"的时候,竟然在无意识中签下自己的名字,富兰克林·罗斯福结婚四个月之后,伊莎贝拉突然宣布跟鲍勃·弗格森完婚。恩迪科特·皮博迪专程从格罗顿赶来主持婚礼,西奥多·罗斯福也从华盛顿赶来,担当新娘父亲的角色。("好吧,富兰克林,"仪式结束后泰迪叔叔说道,"将罗斯福这个名字留在家族当中,没有比这更妙的事情了。")二人遂在一大束粉红色玫瑰花下面交换誓言;新郎吻了新娘,然后众人移驾婚礼接待厅,客人在一个房间里簇拥着总统,把富兰克林和埃莉诺单独留在了另一个房间。[10]

在哥伦比亚法学院,罗斯福是那种中规中矩的学生,称不上很有热情。他中规中矩完成课业,总体上也能得到足够的分数。但是对于富兰克林这种喜欢从具体出发,而后升华到普遍的心灵,法学的抽象论式毫无疑问是枯燥的。"他并不觉得自己在哥伦比亚学习的那些法律,能给他带来多大的满足和快乐,"埃莉诺说,"他是希望能够通过学习法律,能接触到广阔的人类生活。"1907年的春天,富兰克林通过了纽约州律师资格考试。律师资格证到手了,富兰克林也就懒得再去完成学位了。这样的做法倒不是不常见。还有一个名叫斯坦利·里德的肯塔基年轻人,比罗斯福晚两年进入哥伦比亚法学院,成绩可比罗斯福好多了,但也干了跟罗斯福一样的事情。

学年结束之后,小两口前往欧洲把蜜月旅行给补上,他们游走于威尼斯的广场,攀爬多洛米蒂山,造访英国的乡间大宅子。在穿越大西洋的时候,夫妇俩遇到六个日本海军军官,新郎遂同这些军官攀谈起来,话题都是关于海军的:"我发现我输出的信息要比得到的信息多啊。"在巴黎,一个算命先生告诉富兰克林,他将会是"美国总统或者是'公正'总统","我完全搞不懂这话是啥意思!"在苏格兰,西德尼·韦伯和比阿特丽斯·韦伯赶来同小两口共进午餐;富兰克林跟西德尼聊起了哈佛,埃莉诺则同比阿特丽斯聊起了仆人问题。秋天,小两口返回纽约之后,便搬进了第三十六街区东区的一栋房子,那是萨拉趁小两口不在的时候,购置、装修的,还给小两口配备了管家和仆人。

此时的埃莉诺,小小年龄便要有责任担当了,这令她多少有些畏惧,现在又怀上了第一个孩子,不过,埃莉诺并没有有意识地抗拒,开始适应自己的新角色了。"我现在越发地依靠婆婆了,几乎所有问题都需要婆婆的帮助,婆婆对我也是有求必应,我从来没想过有什么事情是婆婆不会答应的。"小两口的第一个宝宝是个女儿,于1906年5月呱呱坠地,取名安娜;接下来的十年间,先后又有五个孩子出世(其中一个夭折了)。家庭规模越来越大,萨拉认为第三十六街区的房子太小了。遂在第六十五街区买下一块地,在那里修建了两座彼此连通的房子,一座房子自己住,另一座留给儿子和儿子的这个大家庭。此番运作并没有征询埃莉诺的意见,不过埃莉诺继续选择服从,即便她的这种自我克制也是有限度的。搬家之后,有一天,富兰克林发现妻子坐在梳妆桌前神情恍惚,询问之下,妻子啜泣着说,她不喜欢住在这样的房子里,这完全不是她的房子,完全没有她想要的生活风格。面对这场家庭风暴,对妻子和母亲同样忠诚的富兰克林选择了务实的妥协,而不是来一场决断。他由此培养了一种轻松惬意的健忘症,在日后的生涯当中,他自然也要面临众多紧张的人际关系,这样的健忘症对他是有帮助的。[11]

7

此时的富兰克林正在卡特-莱迪雅德-米尔本律师行担任初级文员,这是华尔街的一所律师行,主要业务是同反托拉斯法令对抗。错综复杂的公司报表对罗斯福并无吸引力;他最喜欢的事情是离开那摞着厚厚卷宗材料的办公桌,赶奔市政法庭处理某个案子,收集证言,同犀利且匆忙的律师们讨论案件要点,并兴致昂扬地混迹于嘈杂法庭当中。这令他得以投身人群,见识到了在格罗顿或者"速煮布丁"俱乐部从未接触过的形形色色的人物。让他学会了跟各个阶层和族群打交道;也令他亲身接触到贫穷、病弱以及失去保障的人群,接触到这些群体面临的问题。

但是市政法庭的历练并不能算是执业生涯。罗斯福也不是那种中规中矩的律师,他的心思已经越过法律行当了。1907年的某天,一群文员聚在一起闲聊各自的抱负,罗斯福以"迷人的率直"(据同事格伦维尔·克拉克回忆)发表了一通宏论,说他会尽可能地把握机会,去竞逐政治职位,说他想当总统。泰迪叔叔已经提供了样板:先是州议会,而后是海军部助理部长,再往后是纽约州州长。"只要当上纽约州州长,"据克拉克回忆罗斯福当时的说法,"就很有机会当上总统了,只需要一点点的运气。"[12]

西奥多·罗斯福的榜样自然会传染。他在富兰克林的生命中一直都是一个鲜活的人物,这样的情形从奥伊斯特贝的那段日子就开始了,当时西奥多常常会把孩子们拎到陡坡上,然后跟孩子们一起往下冲,一时之间,乱作一团,脚下的沙子纷纷沉陷,一群人就一直冲到下面的海滩上。[13]西奥多·罗斯福确实在整整一代美国人的心目中都成功地渲染了一个公共生活中的绅士形象。对富兰克林来说,泰迪叔叔更是激励了他为民效力的理想,这样的理想深植哈得孙河畔那些乡绅的内心，并且借由这个群体的市镇委员会、篝火晚会以及地方慈善建制推行和传播，同时也激励了罗斯福的基督徒责任意识，这种意识也正是格罗顿时期恩迪科特·皮博迪曾经强力传输过的。

不过，西奥多·罗斯福的榜样并不足以让富兰克林·德·罗斯福脱离传统的民主党归属感。在纽约上州区，民主党组织通常是在那些有能力给政治投钱并且对独立票仓颇有念想的乡绅群体中发掘自己的势力。约翰·E. 麦克，达奇斯县的地区检察官，是民主党人，于1910年年初跟罗斯福讨论了竞逐州参议院议员的可能性。富兰克林·德·罗斯福当时饶有兴趣地听着，思量着，随后也跟西奥多·罗斯福专门商议过这件事情［西奥多·罗斯福转告妹妹说，"富兰克林确实应该转入政治了，无需顾虑我说了什么或者没说什么。……他很不错；不过，我还是希望他能有乔伊（艾尔索普）的政治观念。"］不久，罗斯福就参加了波基普西的一次政治野餐会，啤酒、蛤蜊和酸菜汁让人大快朵颐，罗斯福最终决定走上仕途。

这显然是一个重大决定。二十八年来，他一直过着上流社会的生活，闲适、恬淡、约定俗成。但都没有太好的效果。他一直都尝试中规中矩，照章办事，但他的表现并没有说服力。"所有人都叫他'富兰克林'，"一个熟人评论说，"都认为他不过是个无害的摆设而已。"那样的生活令富兰克林极为厌倦，就是闲扯、势利、造作以及对金钱的痴迷。"他有着记者的灵魂和本能，但是他处身其中的社会阶层，要求一个人必须表现得中规中矩、勤快、没什么学问也没什么口才，否则的话，大家就会觉得这人有点异类。"幸运的是，富兰克林是可以逃避的。他是民主党人，政治为他的野心、他的意气、他的理想主义以及他的现实主义提供了出路。最终，也允许他真正做回自己。不过，面具的习惯仍然保留着。公众面孔是绝无可能用来表达私下里那个真实的人的。[14]

8

一开始，前景看来相当无望。内战之后，民主党人拿下这一参议员选区的事情只发生过一次。但是罗斯福既然下定了决心，也就展开了极具进取精神的行动。二十二年后，他决定从奥尔巴尼飞往芝加哥，1910年的富兰克林也是如此，他打破成规，雇了一辆汽车，在自己所在国会选区的周边展开竞选活动。这是一辆红色的两缸马克斯韦尔，没有防风玻璃，也没有顶篷，车上插满了国旗，以每小时二十英里的危险速度在四处奔走，每次看到前方有马队出现的时候，便很有礼貌的停下来避让。他的竞选活动颇有秋日的快乐调子——早晨从海德帕克出发，然后在弯弯曲曲的道路上奔驰，一路之上扬起阵阵尘土，在乡间百货店或者农民协会厅堂发表演说，或者干脆就在十字路口向闻讯而来的好奇人群发表演说，在乡间小旅店吃顿午饭，偶尔会在苹果汁加工厂略事停留，来上几罐凉凉的新鲜苹果汁。

这个年轻的候选人绝对不是有经验的演说人。演说之时，会有吓人的停顿，令妻子担心他有可能讲不下去了。不过，他那明快的魅力、他的优雅和他的率直倒是颇能愉悦并俘获听众。第二年，保罗·特鲁别茨柯伊王子为他塑像，那是一座坐像，没有腿，样貌很是英俊，充满阳刚之气。情况慢慢地开始好转了。很快，在引介之后，罗斯福就能够展开笑颜并开场说，"我不是泰迪。"待听众笑声过后，他会继续说，"某天，理发店的一个小伙计跟我说，他知道我不是泰迪，我问他'何以见得'，他回答说：'因为你的牙齿没有露出来。'"

这个充满魔力的名字背后，一个聪敏的新人涌现出来，即便这个新人不露牙齿，也足以成为一项资产。另一项资产则是此时共和党内部日益加大的分裂，西奥多·罗斯福强推一个严肃且能干的年轻律师竞选州长，此人名叫亨利·史汀生，西奥多此举违背了党老大的意愿。星期二的选举日下起了雨，农民中的很多稳定选民群体没能前往投票站。这一天，无论如何都是民主党的日子，全国是这样，达奇斯县更是这样，在该县的选战当中，富兰克林·D. 罗斯福一骑绝尘，以超过一千张选票的优势击败了共和党候选人。如果说西奥多·罗斯福是在州众议院开启了政治生涯，那么富兰克林·罗斯福则是在州参议院开启了政治生涯。[15]

这个年轻的州参议员很是气派地来到奥尔巴尼，在州政府大街租了一套灰褐色的石头房子，很是宽绰。他从海德帕克带来的笛鼓乐团出现在就职仪式之上，乐团制造的声响淹没了主教大人的祈祷。下午时候，埃莉诺协同婆婆，给涌入罗斯福新家的海德帕克的人们奉上三明治、啤酒和雪茄。当晚，新任民主党州长约翰·A. 迪克斯约请罗斯福夫妇前往州长官邸参加一场"小规模的非正式舞会"。

不过，新生活并非全部都是欢乐和嬉闹，罗斯福很快便以同样的热情投入政治事务当中。他支持提名罗伯特·F. 瓦格纳担任新进参议员和上州参议员的临时领袖。"我认为瓦格纳是合适的人选，"罗斯福在日记中写道，"他拥有良好意向；唯一的障碍是来自他自己的组织的压力。"（此时，另一名很有干才的纽约市民主党人阿尔弗雷德·E. 史密斯已经成为州众议院的多数派领袖了。）不过，更大的问题很快便摆在面前：应当派何人进入联邦参议院以接替即将退休的共和党参议员吕西·M. 迪普呢？[16]

9

在这个问题上，各方首推的人选是威廉·F. 希恩，一个富有商人，阿尔顿·B. 帕克的法律合伙人，民主党保守派，1904 年，罗斯福曾拒绝支持此人竞逐总统候选人提名。此时，坦慕尼协会的党老大查尔斯·F. 墨菲和公用事业集团以及铁路利益集团都支持希恩进驻联邦参议院，希恩同后面这些利益集团是有长期交情的。在年轻的罗斯福看来，选择这样一个蓝眼睛的希恩，显然背叛了民主党对于进步主义政府的信仰和忠诚。他在元旦宣示："民主党现在要接受考验了，一直以来，民主党都是靠着上州票仓来掌控政府的，现在，若是将这控制权交付纽约市的政党机器，那可是担当不起的事情啊。"另外一批年轻的民主党人也有同样的疑虑。党务核心会议的时间正在迫近，反希恩势力遂结成同盟。他们选任罗斯福为主席，就此组建了一个集团，该集团宣称将不受民主党核心委员会的拘束，并且宣称，他们将联手共和党人，以达成足够的票数来阻止希恩。

随后几个星期，这个高高瘦瘦、充满热忱的年轻人，连同他的高领和金色夹鼻眼镜，越发地成为这个反叛集团的代言人。他以那种真正意义上的罗斯福家族的无畏风格，告诉《纽约时报》，"结结实实地打一场，这是我现在最爱的事情了，我这辈子还没经历过如此有趣的事情呢"。罗斯福这个名字，还有他的那种平易风格，很快便俘获了媒体，他的声名也第一次传布到纽约州之外的地方。他告诉《纽约时报》，问题就在于"党老大主义"；或者也正如他在托莱多《新闻蜜蜂报》（该报把他的名字写成"弗雷德里克·D. 罗斯福"）重申的那样："生意必须远离政治。人民必须抵制这样的事情。墨菲集团代表的是生意，所以，必须清除。"

实际上，罗斯福自己为了对战希恩，根本不会介意跟华尔街的律师展开协作。"并不是说华尔街的一切都是坏的，"他私下里跟一个自己人说起过，"我在这里住了四年了，经验可以证明这一点。"不过，他在报纸上的那番说辞却帮助创造了那样一种意象。各方信笺纷至沓来，向他表示祝贺。马特万的一个名叫詹姆斯·福里斯特尔的木材承购商的来信颇能说明问题："当初我把票投给你的时候，对你的淳良品性和稳健判断，我是有把握的。你的行动证明我是对的。"（福里斯特尔的儿子，詹姆斯·文森特·福里斯特尔在波基普西的一家报纸工作，野心勃勃，是罗斯福的铁杆支持者。）这其中的典范之作当属来自酋长山的一份颂词："寥寥数语，略表心迹，我们对你亲身开辟的道路，备感骄傲，发自内心……请代我问候亲爱的埃莉诺。"这信笺是用草体写就，签名是"西奥多·罗斯福"。《克利夫兰老实人报》揣测说，倘若西奥多·罗斯福的儿子们不能成为万众爱戴的合适对象，"那何不考虑一下这颗冉冉升起的新星呢，也许他能够延续罗斯福王朝呢。"[17]

这场尖锐斗争延续了十个星期之久。党老大墨菲对希恩的支持很可能只是半心半意的，不久就开始考量妥协了；反叛集团的团结局面渐渐地也开始坍塌了。尽管他们成功阻止了希恩，但最终也很不情愿地接受了法官詹姆斯·A.奥戈尔曼作为替换人选，此人曾是坦慕尼协会的前任大头目，跟希恩相比，对墨菲的认同度更是高出很多。鲍勃·瓦格纳和阿尔·史密斯承诺反叛者，不会有秋后算账的事情发生。罗斯福及其支持者也都回归了民主党。双方都宣称自己胜利了。

10

一场大戏就这么结束了，声誉的基础就此奠定，富兰克林·德·罗斯福遂专注于州议会议员的枯燥工作。他对党老大体制的抵制态度虽然是有限的，但也足以揭示出他正在发育中的政治哲学的部分元素。现在，众多问题纷至沓来，特别是作为林业、渔业和狩猎委员会主席要面对的那些问题，也开始迫使他掂量自己在其他方面的立场。他的基本取向一直都很模糊。理想的候选人，他于1911年2月颇为平白地解释说，"在商业利益问题上，应当是保守派,但其立场也是绝对不能被激进派质疑的"。这样的框架自然无懈可击,不过,在具体问题的压力之下,他的社会观点开始明晰且具体起来。

这逐渐发育起来的政治哲学,其核心论题是保护自然资源。这既导源于他自己的关切,也是因为他对泰迪叔叔的仰慕。自童年时代开始,罗斯福就对大自然有着深深关切,比如土地、水和树木,等等。步入成人行列,这种关切越发地系统了。大约从1912年开始,他每年都会在海德帕克种下一千到四千棵树,淡黄色的杨树和白色的松树填满了住宅和河岸之间的陡坡。作为林业、渔业和狩猎委员会主席,他可算是有机会在州内推进一场环保运动了,那也是西奥多·罗斯福曾在全国范围发动的一场辉煌运动。

为了开启这项工作,他邀请西奥多·罗斯福的密友兼国家林业局局长吉福德·平肖来到州众议院大厅发表演讲。平肖在屏幕上放置了两幅图画。一幅展现的是一千五百年时古代中国的一处绿色山谷,角落里隐约可以看到一处伐木槽。另一幅是同一处地方四个世纪之后的情形,土地已经干裂且荒漠化了,裸露的岩石反射着刺眼的阳光。平肖指出,这样的灾难就是贪婪的结果,为了赚钱,人们无度砍伐。罗斯福希望将这样的教训传递给纽约州。

对罗斯福来说,环保观念是再自然不过的事情,是哈得孙河传统的延伸而已,这传统中涵养着对土地的那种父亲般的责任意识。不过,罗斯福很快便发现,为了保护或者拯救土地而提起的那些动议遭遇了木材巨头以及另外一批商业集团的尖刻敌意。这令他一度怒火中烧,"这其中有利益牵扯的人,就不应当让他们的目光范围超出鼻子前面六英寸的地方,若能如此,对我来说倒是很不错的事情。"为了所有人的长远利益,保护森林和水源,这要比为了眼前利益而毁灭森林和水源,好了不知多少倍,难道这些人真的就不懂这个道理吗?[18]

以木材和野生动物为切入点,罗斯福自然要向河流和电站保护问题推进。他竭力为一项议案而战,该议案的主旨是要求由州政府修建、拥有并经营水电站及其输电线路;也是在这个问题上,罗斯福第一次感受到公用事业公司的可怕压力。从自然资源的计划机制迈向乡村和城市的全面计划观念,也只是小小的一步距离。1912年,舅舅弗雷德里克·A. 德拉诺跟富兰克林谈起了芝加哥的新城计划,罗斯福后来记述说,这令他从那一刻开始"就拓展了对计划机制的关切,不再是单独一座城市的计划,而是对计划机制本身更为宏阔的因素也有了热情。那就是未来的路啊"。

既然信奉对自然资源的保护,当然也就会信奉对人力资源的保护。罗斯福起初对劳动立法之事相当迟钝。不过,他很快便成为劳动立法协会的支持者;到了 1912 年,他便在劳动立法事务中扮演了相当积极的角色。这一年,他收获了州劳工联合会的衷心支持。跟史密斯和瓦格纳这样的城市政客不一样,罗斯福对工业问题并没有那么高的反应度,但这个来自乡村地区的上州贵族,毕竟还是对此类问题有了关切,这本身就是相当可圈可点的事情了。[19]

11

环保之战由此在罗斯福内心塑造了一种很是广阔的公共福祉观念,这公共福祉需要小心守护以对抗私人贪欲的侵袭。罗斯福认为,共同体自身必须做好准备,采取立法规制和计划举措,令利润欲望无从摧毁自然资源系统。富兰克林·罗斯福跟西奥多·罗斯福一样,环保哲学直接导向了这样一种信念:政府应当对经济实施干预,以此来保护公共利益。

在 1912 年 3 月于特洛伊发表的一次演说中,罗斯福阐述了自己新的政府哲学。他认为,现代历史的基础动力一直都在于为个人自由而展开的斗争。但是现在,个人主义已经催生了自身的一系列问题。"随同个人自由而来的文明状况，无可避免地产生了众多仅靠个人自由无法解决的问题。"那么怎么才能解决这些问题呢？惟有一种新的社会哲学；对此，罗斯福申述说，"不妨用最简洁的话来说，我认为这种新理论就是要为共同体的自由，而非个人自由而斗争。"他补充说，过去五十年间，所有有益的举措都出自这样的界定，从环保计划和反托拉斯举措，到州政府对公共运输的管制以及委员会体制——"所有这些都是在共同体自由之新理论的演进道路之上迈出的脚步"。

这样的新理论对为个人自由而展开的古老斗争意味着什么呢？"如果我们将'自由'一词同'共同体'一词合起来用，"罗斯福说，"那么'自由'一词所获得的意涵之崇高和尊贵，也就超越了个体层面上的'自由'。"换言之，若是两种自由发生冲突，那么共同体的自由就必须居于优先地位，这就意味着，"个人依照自己的意愿去工作或者不工作的权利，以及在极大程度上依照自己的意愿选择在哪里生活以及如何生活的权利，是不敷用的"，这样的权利很可能是会伤害大多数人的福祉。

"不妨换一种表述方式，"罗斯福继续说道，"某种限度内的竞争当然是有用的，但超过了这个限度，就不一定了。竞争停止的地方，必须由合作取而代之，合作也是新理论中一个至关重要的词汇。"用一个实际例子来说，这就意味，个人虽然有权利砍伐自己土地上的树木，但此举若是伤害到了土壤保护层，危及水源，并因此威胁到共同体的健康，那么这样的个人权利将不会得到允许。吉福德·平肖提供的那两幅中国的图片就足以表明，若是放纵个人无约束地追逐私利，将会造成怎样的后果。"五百年前，每个人都在按照自己意愿处置自己的财产……可悲的是，今天，这个州的人们为了让自己的腰包鼓起来，仅在自己活着的时候，就造成了同中国一样的局面。"

保护自然资源尚且只是"指向共同体自由之必要性和必然性的

第一课"。

> 倘若我们今天可以预言说,州政府(或者也可以说是作为整体的人民)不久就可以告诉一个人,你必须砍掉多少多少的树木,那么我们为什么就不能预言,州政府同样也可以强制所有的农民耕种自己的土地并饲养牛或者马呢?……倘若将这样的办法称为管制,人们就会高举双手,惊恐地喊叫着说,这是"非美行径",是"危险行径"。不过,我们若是将这样的办法称为合作,同样的这些老顽固就会喊叫着说,"干得好"。

罗斯福总结说,依据这样的新原则,一系列的老问题,诸如托拉斯、回扣、规制公共运输等,就都不会是什么大问题了。"合作已然令垄断过时了,而且我们也正在意识到,纯粹的规模并不一定是托拉斯的罪恶。托拉斯的罪恶在于为着少数人的利益而实施垄断,这样的垄断很可能是会伤害到共同体的利益。"

罗斯福发表此番演说的这一年,也正是"新国家主义"崛起的一年,但是绝少有谁,甚至包括西奥多·罗斯福在内,能够如此透彻且强劲地阐述公共利益至上的新理论,这个年仅三十岁的、来自达奇斯县的州参议员却做到了。[20]

12

州参议院的经验淬炼了罗斯福的政治哲学,令其走向成熟,同样也提升了罗斯福的政治技能。一开始,他在奥尔巴尼远远算不上受欢迎的人物。那个时候的罗斯福,身材高大,一副傲然的格罗顿-哈佛做派,喜欢将脑袋高高仰起,给人一副居高临下的样子,还有他的夹鼻眼镜,所有这一切,连同他在反希恩斗争中的领袖角色,都给他打上了瞧不起人的印记,也令众人认为他的那些观念,用一个民主党政客的气愤语词来说,不过是"一个政治道学先生的愚蠢自负而已";弗朗西丝·珀金斯此时正作为消费者协会的代表置身奥尔巴尼,她还能回忆起年轻的罗斯福站在铜栏杆后面,同两三个同僚讨论问题的场景,小嘴噘起,鼻孔放大,脑袋扬在空中,珀金斯远远地还能听到他那冷冷的声音,"不,不,我不想听你们说这个!""这个罗斯福,真够可怕、傲慢的,"坦慕尼集团向来以随和著称的大蒂姆·沙利文说;即便史密斯和瓦格纳也不觉得罗斯福有希望。有一次,在罗斯福强行介入了一场辩论之后,瓦格纳冷冷地说:"参议员罗斯福已经达到目的了。他要的就是报纸的头条位置。现在,我们可以干正事了。"

不过,慢慢地,党组织还是将他作为一个民主党人接纳下来,尽管很不情愿,尽管他是如此刚愎自用。罗斯福也慢慢地开始理解城市民主党人,甚至开始向他们学习。大约四分之一个世纪之后,罗斯福在同弗朗西丝·珀金斯讨论移民问题的时候,突然评论说,"蒂姆·沙利文过去常说,未来的美利坚将由移民来铸造,这些人从内心里、从生活中就明白被蔑视和被接纳并被喜欢之间的区别"。罗斯福还补充说,"可怜的老沙利文啊,根本不懂现代政治,不过他确实懂得人心。"回首自己的早年生涯,罗斯福不免也会评论说:"你知道的,我初入政坛的时候,就是一个极其刻薄的家伙。"[21]

鸿沟缩小了,不过,罗斯福依然是局外人。坦慕尼集团在他看来浑身散发着腐败和保守的味道。他是热忱的民主党人,不会被泰迪叔叔的进步主义共和党观念诱惑;不过,罗斯福以自己的方式成为一个热忱的进步主义者,他确认,民主党需要自由主义的领袖权能。到了1911年底,罗斯福认定,这样的领袖权能最有可能来自邻居新泽西州。他很快便前往托伦顿来了一场朝圣之旅,前往拜会新泽西州州长伍德罗·威尔逊,第二年春天,在公开抵制党老大墨菲的时候，他便已经着手会同纽约的一批政治头面人物，推动一场威尔逊运动，这批人中就包括威廉·吉布斯·麦卡杜。

尽管还不是纽约代表团的成员，不过，罗斯福还是前往巴尔的摩大会，为威尔逊助威。第一次接触民主党的全国政治，对罗斯福来说，是一场颇为兴奋的体验。威尔逊集团的全国委员会委员约瑟夫·E. 戴维斯，给了罗斯福入场券；罗斯福得以同一批南方民主党人碰面，诸如北卡罗来纳州的约瑟夫斯·丹尼尔斯和田纳西州的科德尔·赫尔等；此行也让他切实体验了提名大会的巡游和票决实景。当威尔逊最终赢得提名时，罗斯福已然是兴奋到疲惫不堪了，他给身在坎波贝洛的妻子发出如下电文：脑袋一片混沌；辉煌的胜利。[22]

罗斯福抓住墨菲的这个挫败时刻，在纽约建立了一个反坦慕尼协会并亲威尔逊的民主党集团。但是在州民主党大会前夕，他患上伤寒症，只能卧床养病，墨菲并没有遇到太大阻力，便重建了对纽约民主党的控制权。此时的罗斯福，在纽约市已然沦落无助境地，屋漏偏逢连夜雨，此时又要面临自己在达奇斯县能否获得连任的问题。也就是在这个时候，罗斯福想起了一个人，此人是他在奥尔巴尼结识的《纽约先驱论坛报》的记者，名叫路易斯·麦克亨利·豪。

13

路易斯·豪，1912年时正值四十一岁，是老资格的记者了，对政治抱持一种绝望的痴迷态度，对人性则抱持典型的犬儒态度。他出生在印第安纳州，童年时候迁居萨拉托加矿泉城，父亲在那里创办了一份地方报纸，并涉入民主党的党务。童年时期的路易斯身体很弱，身受哮喘和支气管炎的折磨，而且还有习惯性的心颤。不过，他很是锐利，也很幽默，勤奋，不抱怨。给父亲的报纸作记者的时候，他经常出没萨拉托加矿泉城的那些很是奢华的爱德华风格的旅馆酒店，那些地方挤满了冒险家、赌徒和政客；实际上，一直到生命终点，他身上一直都散发着第一次世界大战之前那个冒险年代的狂放气息。

路易斯并不吸引人，身材矮小、瘦弱，经常脏兮兮的，脸上有很多黑色小斑点，那是年轻时候的一场自行车事故留下的，相当难看的大鼻子，硕大的耳朵从高高竖起的领子里面突兀而出，手指总是因为紧张而抖动，烟已经把手指都熏黄了，黑色衣服松松垮垮，显得皱皱巴巴。超大的领子，经常满是汗渍，都相当有年头了，破破烂烂的，路易斯是要用它来遮掩脖子的，他总觉得自己的脖子太长了，有点像天鹅。他对自己的形象倒是相当骄傲，他曾跟人来过一番这样的自我描绘，"如果我这种形象也能被尊称为人的话，那我就是纽约州最丑的四个人之一了。我就像狄更斯小说中的人物那样，直接干枯了。我的眼睛突出，是因为我看得太多啦。孩子们在大街上看我一眼，转身就跑。"一名记者说他是"中世纪的土地精灵"，路易斯甚至欢喜地接纳了这个称谓。他举止突兀，无从预测，他的脾性枯燥严肃，像是猫头鹰，说话间还夹杂着令人匪夷所思的誓愿语词["额滴神啊"（Mein Gawd）是他的最爱]。他生性不外露，喜欢神秘和阴谋。不过，他那皱巴巴的、满是油光的脸，他那饱含讽刺的、扭曲着的嘴，还有他那四大皆空式的玩笑，这一切的背后隐藏的却是一种真正敏感的精神。这精神时不时地会借助他会说话的褐色眼睛出人意料地表达出来；还有他那些令人吃惊的艺术爱好，比如水彩、蚀刻、业余舞台剧等，也都能表达他的这种敏感，当然他还会借助筹划得十分精细的生日会来表达这种精神。

路易斯·豪在奥尔巴尼媒体旁听席的位置上旁观了罗斯福对希恩的那场战争，先是怀疑，而后便是仰慕和热情涌动而起。这个皱巴巴的小记者，在这个高大、整洁的年轻贵族身上，将会得到怎样的慰藉啊。路易斯当然没有此等挥洒自如的威风气派，不过他至少可以认同这么一个人，一个其品性令他如此嘉许的人；更何况，人们需要英雄，需要英雄崇拜，对此，他心知肚明。1911年冬日的某天，他进入了奥尔巴尼一处住宅的书房，书房以格式嵌板装点起来，壁炉上面放置着家族的盾形徽章，路易斯此行是来采访罗斯福的。在宽大的扶手椅上落座之后，他看着罗斯福在跃动的火苗前面踱步，谈起他要决心阻止希恩。"差不多就是在那场初次会面的时候，"路易斯后来回忆说，"我就料定……除非老天不给机会，否则任何事情都不能阻止他成为总统。"

1912年春天，罗斯福组织独立民主党人为威尔逊助选，路易斯·豪也加入了这场运动，负责宣传攻势。到了这年的6月，罗斯福前往巴尔的摩参加提名大会的时候，路易斯·豪终于有了机会给罗斯福写出了第一封信，表达了半开玩笑性质的恭维，称罗斯福是"受人爱戴和敬重的未来总统"（接下来便是这样一句话，"这封信其实只有一句话，就是想提醒你，别忘了你我曾有个约定，要一起去游泳的"）。此时，时间已经到了秋天，患病的罗斯福只能躺在床上，遂请求路易斯·豪接管自己的竞选事务，他自己已经没办法操持了。路易斯·豪当仁不让，在达奇斯县展开了当地人见所未见的宣传攻势，以各色各样的"私人"信笺、宣传画和报纸广告将地方选区湮没，为罗斯福造势（"环保之战不可或缺的战士……劳工在奥尔巴尼最好的朋友之一"）。最终，这个传统的共和党选区再一次选任了一个年轻的民主党参议员进驻奥尔巴尼。

1912年的这场胜利就此锁定了二人的政治合伙关系。路易斯·豪在罗斯福家中受到的欢迎却并非绝对。埃莉诺·罗斯福并不喜欢这个"脏兮兮的小个子"，而且还不修边幅，咳嗽起来不知收敛，永远都叼着雪茄。但是罗斯福在路易斯身上发现了精明的政治术，而这恰恰弥补了他在经验上的不足，还发现了对待生活的严格态度，这也激发了罗斯福自己的精神和意气。路易斯·豪对政治意识形态不感兴趣，认为那样的东西已经超越了对民主党的忠诚，也超越了一个报界人士对大话空话的蔑视；但他确是政治术的大师，罗斯福需要的恰恰就是这方面的援手。路易斯·豪虽然极其擅长低调行事，但实际上他也热衷于搞各种花招和实验，这点跟罗斯福颇为相像；不过，二人绝少同时屈服，而且彼此都很喜欢约束对方。将路易斯·豪争取过来，令罗斯福的政治生涯就此斩获了新的维度，路易斯·豪也因此得以将自己的身份和罗斯福的身份串联起来，由此便完全实现了他生命当中一直想要的东西。[23]

14

　　1912年的这场胜利打开了一系列新的大门。罗斯福在达奇斯县获得连任，是民主党所取得的一场大范围胜利的组成部分。新泽西州州长伍德罗·威尔逊此时已经是当选总统了；十六年来，民主党还是第一次执掌华府。罗斯福返回奥尔巴尼展开自己第二个任期的时候，随身带了一只手提箱，里面满满当当地都是打算在新会期予以推进的提案。然而，1月份，罗斯福同威尔逊州长在托伦顿会面，此时威尔逊实际上已经约请《纽约世界报》的弗兰克·科布和赫伯特·贝亚德·斯沃普举荐一个不错的纽约州上州民主党人担任海军部助理部长一职，也已经收到了二人的回复，他们举荐的人就是富兰克林·罗斯福。

　　没有人知道托伦顿会面的具体情况。罗斯福在总统就职仪式几天之前，赶奔华盛顿。即将就任财政部部长之职的麦卡杜，给罗斯福提供了财政部助理部长和纽约港税务官的职位，让罗斯福自己挑选。罗斯福都回绝了。就职仪式前夜，罗斯福告诉即将就任海军部部长的北卡罗来纳州的约瑟夫斯·丹尼尔斯，倘若他有心在政府任职，他希望能去海军部。丹尼尔斯自从在巴尔的摩大会上初遇罗斯福之后，便一直惦记着这个年轻人，遂将罗斯福的话记在心里了。

第二天早上,在维拉德酒店的大厅里,丹尼尔斯再次撞见这个纽约人。当罗斯福祝贺丹尼尔斯就任海军部部长的时候,丹尼尔斯回应说:"怎么样,愿意跟我来海军部,当助理部长吗?"罗斯福的脸上立刻现出了灿烂的笑容:"还能说什么呢?还能说什么呢?在公共生活中,我太喜欢那地方了,胜过别的任何地方啊。"丹尼尔斯很是高兴,遂跟威尔逊交涉此事,威尔逊说"好极了",而后便征询来自罗斯福家乡州的参议员们的意见。

参议员奥戈尔曼说,罗斯福是可以接受的人选。第二个接受咨询的纽约州参议员是共和党人伊莱休·鲁特。当丹尼尔斯将自己的打算告诉鲁特的时候,鲁特的脸上浮现出诡异的表情。

"您确定您了解罗斯福吗?"鲁特一脸狐疑地问道。

"只要让某个罗斯福上了马,"鲁特说,"他就必定要一马当先。"[24]

三十　华盛顿历练

1

"这太有趣了，你换了地方，那个地方也正是我待过的。"西奥多·罗斯福致信富兰克林·罗斯福说。约瑟夫斯·丹尼尔斯自然也是兴致颇高，他在日记中写道："他那杰出的西奥多·罗斯福叔叔就是从这个职位登临总统宝座的。希望历史会重演。"[1]对年轻的富兰克林·罗斯福来说，当然也是一样有趣，原因自然是一样的。不过，吸引富兰克林前往海军部的原因，可并不止这一个。从童年时代开始，罗斯福就喜欢船，喜欢开阔水面。十多岁的时候，他便已经读了海军上将马汉的书，对海权的历史分量生出了强烈信念。可以说，任何政府部门都不能像海军部这样激发他的想象。

至于丹尼尔斯，他之所以启用罗斯福，部分原因在于他觉得自己的助手应当是一个来自东北地区的人。不过就如同丹尼尔斯的儿子后来说的那样，还有更重要的原因。此时，诸如丹尼尔斯这样的民主党老人，非常希望这届新的奉行自由观念的政府，能吸纳一批年轻人，而罗斯福恰恰就代表了他们所需要的那种年轻人。1913

年，丹尼尔斯已经接近五十一岁了。他是那种老派人物，衣着老派，皱巴巴的亚麻衬衫、黑色的条状领带、厚且重的猎表；单纯的道德义愤也是相当老派的，偶尔会从蓝眼睛里面迸发出来；对人民的那种慷慨、单纯甚至是神秘的信仰，也是老派的。1896 年，他将自己的头脑和心灵全部奉献给了威廉·詹宁斯·布赖恩，也就是在那一年，年轻的富兰克林·罗斯福开启了自己的格罗顿生涯；此后，丹尼尔斯便一直同布赖恩并肩作战，旨在将民主党改造成受压迫者的政党。他热忱地相信，威尔逊政府若要取得成功，就必须唤醒这个国家那些高尚年轻人对民主信仰的忠诚，富兰克林·罗斯福正是这样的人物。

就罗斯福而言，同丹尼尔斯的相遇是一场崭新的体验。一开始，这个年轻的纽约人在丹尼尔斯身上看到的只是一个来自偏远地区的编辑，"我所见过的相貌最为有趣的乡巴佬"，都不能从吊索上认出舱门。有那么一段时间，这个油滑的年轻助理部长甚至还在大都会俱乐部模仿并恶搞自己这个土里土气的上司，令俱乐部的朋友们捧腹大笑。一天，内政部部长富兰克林·莱恩告诉罗斯福，他应当对自己的行为感到羞耻，并告诉罗斯福，要么忠诚于丹尼尔斯，要么就辞职。慢慢地，罗斯福自己也开始发觉，自己确实有太多的东西需要向约瑟夫斯·丹尼尔斯学习。[2]

这位海军部部长看起来也许是不谙海事，对常规海军事务，甚至可以说就是个傻子，海军将领们也许给了助理部长这样一种欣欣然之感：唯有助理部长大人真正理解他们；不过，将领们如此在意这个助理部长，就没有可能是因为他们觉得他们能从助理部长这里得到他们从部长那里得不到的东西呢？罗斯福一开始确实是被将领们的恭维态势弄得有些飘飘然，不过，慢慢地，便对将领们的动机有所警觉了。此时，他对自己跟将领们的不错交情仍然有些骄傲，不过，他发现，丹尼尔斯在同这些将领们的真正主人打交道的时候，要更为成功，将领们的真正主子自然是合众国的国会。丹尼尔斯凭借乡村编辑的内敛和低调，成功说服了国会的各个相关委员会。对罗斯福来说，这显然是一个全新的世界，他时常失败的地方，有些人却能够取得成功，说实在的，他仰慕这样的人。

2

作为助理部长，他的主要职责是监理海军事务。他将路易斯·豪一并带到华盛顿，两人就这么携起手来，颇为紧张地面对劳工和商业集团的诸般问题。此时路易斯·豪显然对斩获新选区的前景颇为热望，遂建议罗斯福将劳工关系问题作为个人责任担当起来。罗斯福从来都是为新经验做好了准备的，因此让自己办公室的大门随时对劳工领袖敞开，尝试理解他们的问题，同他们建立私交，并颇有成效地在海军码头推行昌明的劳工政策。终于，他得以（同路易斯·豪一起）赢得了这样一项业绩：在他监理之下，合众国所有的海军码头从未发生过大的罢工事件。

丹尼尔斯教育了罗斯福；劳工问题教育了罗斯福；商业问题同样也教育了罗斯福。丹尼尔斯对待那些意欲寻求合同的商界中人，秉持了布赖恩派农业主义者的怀疑态度，他相信，垄断是对这个国家的威胁；路易斯·豪对待这些人，则抱持了新闻记者的那种犬儒态度，他认为所有人都是有自己的欲望的；罗斯福则抱持了一个大海军派的决心，要尽可能地从国会要钱，并尽可能地建设海军战力。态度方面也许会有不同，但结论是一样的：不允许商业集团从国防事务中过度渔利。我们这位助理部长慢慢地就对钢铁和煤炭公司中间的恶性竞标秉持了遏制态度。太多的商人所关切者，似乎全然都是如何尽可能多地从国家安全事务中谋取最大利益。其结果就是，一旦私人企业主动表现出服务公共利益的取向，我们这位助理部长反而会很不习惯，会备感不解。

其他的部门责任也令罗斯福颇受教育。加勒比海区域的习惯性乱象长期以来都是美国海军颇为关切的事情；1915年，海地发生了一场革命，美国海军陆战队就此接管了海地政府的控制权。1917年年初，罗斯福视察了海军部新添的这块附属之地。巡查过程中，罗斯福表现出小心备至的谦逊，恪守海地独立原则，给当地人留下了很好的个人印象；同时，也在海军少将斯梅德利·D.巴特勒的陪同下，巡视了海地岛，颇为赞许地评点了占领带来的好处。当时，他并没有为海地起草宪法，就像几年后他不经意间说起的那样，不过，他离开海地的时候，对这片土地是秉持了一种私人财产意识的，这对他随后几年的生涯既有好的影响，也有不好的影响。[3]

3

不过，他并没有因为海军事务而远离政治。如何保障同纽约的沟通和联系，一直都是他关切的重点。他和路易斯·豪在丹尼尔·C.罗珀这里找到了一个同盟者，罗珀是邮政部部长的第一助理，在联邦职位分配问题上，罗珀可以提供相当助力。然而，坦慕尼集团对罗斯福有了相当大的怀疑，他们认为罗斯福是要建立自己的组织；当这位助理部长看来对1914年州长提名以及联邦参议院提名有所觊觎的时候，这种疑虑就更为强烈了。慢慢地，组织集团的民主党人开始对罗斯福颇多抱怨，威尔逊遂介入，对坦慕尼集团说了些安慰的话，否认跟罗斯福方面的行动有所牵连。

不过，1914年8月，麦卡杜跟坦慕尼集团发生了个人争斗，此时，罗斯福显然是受了麦卡杜的指示，同意竞争联邦参议院的席位。罗斯福自己对此番仓促决定是抱有疑虑的："我还是清醒的"，他向路易斯·豪发出了这样的电文。此一决定显然是违背了丹尼尔斯的建议，也没有咨询路易斯·豪的意见，没有知会党的主要领袖人物（当然，麦卡杜给了罗斯福一个错误感觉，认为威尔逊是支持这个决定的）。一番掂量之后，党老大墨菲做出了回应，举荐了组织集团的候选人詹姆斯·W. 杰勒德，杰勒德是威尔逊帐下驻德国大使。杰勒德从柏林发送电报，告知国务院，除非总统同意，否则他是不会参与竞选的，此等情形之下，布赖恩表明了自己的看法，"罗斯福应该是最佳人选"，并询问威尔逊是否就此放弃杰勒德。但威尔逊选择了不介入。

这就令罗斯福陷入了一场根本无望的选战当中，面对的竞争对手竟然是看不见摸不着的，更是无从指摘。他在纽约州展开了历时三个星期的竞选演说，抨击墨菲和坦慕尼集团，颂扬"新自由"。然而，在德国悄无声息的杰勒德差不多以二对一的优势，横扫了初选大会。对于这场败仗，罗斯福表现得却是十分轻松，因为他很高兴自己还是拿下了乡村地区的这么多县。最终，杰勒德还是在此次选战中遭遇惨败。

但不管怎么说，此次经历还是很有好处的。罗斯福从中懂得了党老大墨菲的组织体系在初选大会的力量，墨菲在经历了杰勒德的惨败之后，势必也会对"独立"候选人在普选中的分量有更好的体悟。选战期间，路易斯·豪曾建议罗斯福："找个恰当时机表个态，让人们知道你并不痛恨坦慕尼集团的所有人。"这显然也是威尔逊用过的策略。到了1915年，罗斯福显然是下定了决心，要放弃组建一个反坦慕尼集团的上州党组织的尝试。也就是在这一年，他宣布支持自己在奥尔巴尼的朋友阿尔·史密斯，后者是坦慕尼集团推出的纽约州警长候选人，罗斯福宣示说，史密斯"配得上该州人民信托的任何权力"；1916年，他襄助鲍勃·瓦格纳得到了纽约市邮政局局长职位的提名。墨菲方面也开始承认确实有必要跟麦卡杜和罗斯福这样的人展开合作，尽管他很厌恶这种事情，但要得到独立派的票仓，这是不可或缺的。到了1917年，罗斯福和墨菲便已经可以在坦慕尼协会的七月四日庆典上同框合影了。(当时的一个发言人是来自得克萨斯州的众议员老马丁·戴斯，此人出了名的仇视移民和激进派；马丁那个高个子小儿子小马丁当时是否陪伴在侧，就不得而知了。)作为一个务实政客，罗斯福显然正在汲取大量的东西，裙带资源方面的、党组织方面的，当然还有如何应对国会议员，如何跟党老大共处，等等。[4]

4

不过，此时最吸引罗斯福的还是海军。他对自己的这种新生活很是喜爱，造访舰队的时候，会有十七个荷枪实弹的士兵和四个荷叶领装束的士兵陪伴，还能见识各种蓝图、图表和作战计划，当然还有老老少少的各色军官和各色战舰。"现在，我觉得我的职业和我的业余爱好可算是完美且令人愉悦地融合在一起了。"此时担任副官或者指挥官之职的年轻军官，罗斯福认识了不少，这其中就包括威廉·D. 莱希、威廉·F. 哈尔西、哈罗德·R. 斯塔克、埃默里·S. 兰德、赫斯本德·E. 基梅尔。将来，他们将会有再相见的机会。同时，罗斯福跟部长的关系也日渐平顺了。1915 年的一份备忘录展现出焕然一新的语气。

富兰克林·德·罗斯福：

海军部部长大人：

1. 请求汇报如下情况：

(a) 我刚刚签署了一份申请单（随附四份副本），请求购买八只地毯钉。

海军部助理部长

而后是丹尼尔斯的草草回复:

> 干嘛这么浪费啊。我敢断定,两只就够了。
>
> 约瑟夫斯·丹尼尔斯[5]

不过,两人仍然是有分歧的,只不过分歧的重点已经不再是处世风格问题,而是政策问题。1913年和1914年,美国跟墨西哥和日本的关系先后紧张起来,此次危机当中,罗斯福的立场也明朗了,他是大海军观念在海军部的支持者。就墨西哥的情况而言,罗斯福就以十足的西奥多·罗斯福风格公开宣示说:"我不想要战争,但是我看不出如何避免战争。看这情况,合众国迟早是要去往那里,收拾一下墨西哥的政治乱局的。"日本方面的威胁令罗斯福更为烦扰;其时,美国舰队分隔在两个大洋之间,他因此特别担忧日本会对美国舰队来上一场突然袭击,用这样的办法削弱美国海军战力。"我当然不希望跟日本有什么麻烦,有些事情很可能是会发生的,"西奥多·罗斯福给自己这个年轻侄子写信说,还颇有预见地补充说,"倘若事情真的发生了,那八成是一场突然袭击。"要让舰队集结在一起,西奥多·罗斯福警告说。海军上将马汉也发出了类似的信件,"之所以给您写信,是因为在这届政府里面,我实在不知道还能写给谁"。(1914年秋天,疲惫且老迈的马汉来到助理部长的办公室,希望能见到罗斯福,但这一面终究是没能见成。罗斯福外出了;几天后,马汉突然患病,一个伟大海军将领就此离去。)[6]

墨西哥和日本只不过是序幕。1914年初夏时节,弗朗茨·费迪南大公在萨拉热窝遇刺,接下来的几个星期,欧洲均势开始动摇并坍塌了。富兰克林·罗斯福对7月底欧洲各国发出的最后期限令和动员令并不抱什么幻想。"彻底崩盘是无可避免了,"他致信埃莉诺说,同时,也匆匆赶回华盛顿,"……将会诞生世界历史之上最大规模的战争。"但是抵达华盛顿之时,他发现所有人"都完全没有注意到最可怕的历史大剧即将拉开这个事实"。丹尼尔斯只是在一味地伤感,他对人性和文明的信仰,"以及那些理想主义的空洞言辞",竟然受到如此蛮横的打击。"那些善良可贵的人们,像威廉·詹宁斯·布赖恩和约瑟夫·戴维斯这样的人,对一场普遍的欧洲战争将意味着什么,是非常明白的,"他写道,"就像埃利奥特(此时还不满四岁)恐惧高等数学一样。"商业集团保证说,没有哪个国家能承受一场现代战争,但这样的保证触动不了罗斯福。"历史表明,一旦一个国家或者民族决心一战,那么不管银行家们说了什么,金钱都不是多大的障碍。"[7]

于是,在海军部,部长和他这个秉持积极态度的助手之间,便开启了一场暗战。丹尼尔斯依然秉持布赖恩的那种老派的孤立主义,依然在担心军国主义和外交纠缠会败坏美利坚的独特天命。但是罗斯福是在马汉和西奥多·罗斯福的传统中成长起来的,在他看来,战争就是一场实际操练,是为了保障国家的物质安全的;倘若国家安全要求更大的战船、更多的战斗人员,甚至要求军事行动,那也没什么好说的,因为这能更好地保护人民。战争对丹尼尔斯、布赖恩以及(此时此刻的)威尔逊来说,是意识形态和道德的问题,对罗斯福来说,却是防御的问题。[8]

罗斯福比以往任何时候都更为强烈地主张备战了。他甚至干起了泄露消息的事情,将国防工作准备不足的情况,告诉了共和党批评者。1915年布赖恩辞职,罗斯福对此很是高兴,丹尼尔斯拒绝面对罗斯福自己所谓的美利坚地位的逻辑,这令罗斯福颇为恼火,差点发生了忤逆事件。他曾在没有请示上司的情况下做过一个决定,谈起这个决定,他说:"我已经冲了上去,已经扣动了扳机,我感觉子弹很可能会弹回来,打在我身上。"他还写道:"若想把这件事情做成,我必须干一些很可怕的非中立的事情,这一点我是十分清楚的!"[9]不过,罗斯福准确把握了分寸,在某些行动上,他只是打一些擦边球，他很清楚，有些行动，即便是宽容的丹尼尔斯也不会容忍。

当威尔逊于1915年最终决定采纳备战政策的时候，已然领先几步的罗斯福遂开始倡议实施工业动员，为此组建了国防委员会，同时展开普遍的军事训练。1916年，他的动静没那么大了，很可能是因为这一年是选举年。他从来都是政客，此时自然要对批评浪潮有所还击，他在一次演说中问道："一场危险大火正在蔓延，要求所有人都献出一份力量，将大火扑灭，倘若公众看到志愿灭火队的人们在向火场猛冲的时候，不得不半道停下来，转而开始一场狗咬狗的竞赛，要确定究竟是何人为那烂掉的消防水带负责；这样的情形怎么能让公众信服呢？"[10]（那消防水带，就应当深藏记忆当中，随时可以再次铺展开来，灭掉其他的火灾。）

5

1916年的选举重新唤醒了他蛰伏的进步主义情感。他全副身心地投入选战，令人震惊的结果也令他兴奋不已。选举日当晚，他离开老亨利·摩根索在纽约比尔特莫尔庄园举办的聚会，返回华盛顿，打算休息一会，其时，他跟大家的看法一致：威尔逊已经败选了。第二天，事态有了变化，"这是我生命中最不平凡的一天"，他致信埃莉诺说；又经过了"极为疯狂动荡"的一天，看来，威尔逊已经赢了。这场选举，罗斯福说，是"财阀统治的溃败"。他还在给妻子的信中补上了这么一句很是痛彻的话："这是前进的岁月，我向上帝祈祷，让我不要在如此疾进的岁月里落伍。"[11]

这场政治运动不过是这部跨大西洋戏剧的间奏而已。到了1916年的秋天，罗斯福已然感觉到，美国的介入是无可避免的了："我们肯定是要加入这场战争了"，他跟丹尼尔斯说。几个月后，威尔逊总统也得出了类似的结论；但是，跟自己帐下那个冲动的下属相比，他在这件事情上的恐惧和担心可要大多了，他害怕自己来承担将美国送入战争的责任。1917年3月，罗斯福以海军部代理部长的身份，提议让舰队有所动作，威尔逊否决了此一提议，他解释说，他不会做任何有可能让未来的历史学家指责美国是进攻方的事情。[12]……也许，等罗斯福再成长一些，是能够更好地体悟威尔逊总统的此番犹疑的。

当威尔逊告诉国会，战争将有助于令这个世界成为民主的安全之地，其时，罗斯福夫妇也正在国会大厦。"我去听了，让人窒息，回家后，人还是晕的。"埃莉诺说。此时的富兰克林，他的胆略终于找到了出路，终于可以展开运作，催动美国海军加入这场美利坚历史之上最大的战争了。如果说他并非真的像他时常想象的那般大胆（"从2月6日到3月4日，"他后来是这么评说这段战前时光的，"我们都在海军部，谋划一系列的行动，那样的行动足以而且也确实有可能将我们送进监牢，待上九百九十九年"），那也可以说，他从来都是毫不犹豫地抄小路、走捷径，毫不犹豫地花钱，刺激新的海军建设工作，毫不犹豫地提起新想法，同时也毫无怜悯地推着自己更为谨慎的上司往前走。从一开始，他就将德国潜艇战视为主要威胁；他力主全力配合盟国，认为那是调配美国资源的最好办法。

罗斯福力主在北海布下雷幕，为此而展开的斗争是他在这出战争大剧中的巅峰演出。面对英国海军部以及美国海军驻英国联络官西姆斯上将的反对，罗斯福申述说，若是布下雷幕，将完全有能力将苏格兰和挪威之间的通道封闭，令德国潜艇无法通过。最终，罗斯福还是说服了丹尼尔斯、威尔逊，甚至说服了西姆斯和英国海军部；尽管这场论战颇耗费了不少的时间，令决定出现了延迟，但雷幕还是及时发挥了效能，在战争结束之前，猎捕了一些德国潜艇。[13]

此时政治已然退居幕后。1918年的一段时间里，罗斯福考虑过党老大墨菲的提议：担当民主党的纽约州州长候选人。尽管威尔逊认为他应当参选，罗斯福还是告诉总统，他不能接受这样的约请，"在这么一个时候，放弃战争事务，转投政治，说实在的，那样的政治实质上只是地方政治而已。"罗斯福后来回忆说，他当时向威尔逊举荐了阿尔·史密斯作为替代；不过，罗斯福的此番回忆有些混乱。[14]不过可以肯定，他此时的关注重点是战争；在这样的时候，纽约州州长竞选事务只是一桩小事，因为此时的他正计划着前往欧洲，视察那里的美国海军。

6

战争事务不仅给了他无价历练，更令他的个人力量意识发育起来。他快马加鞭商议合同事务，推进拨款事务，并支持战争部的费利克斯·法兰克福特提起的战时劳工委员会计划。但凡跟海军沾边的事情，他都会介入，通常（尽管并非从来）都能够贡献清晰的思路以及干练和速度，由此斩获果决行政官的声誉。同当初那个傲慢自负的奥尔巴尼年轻人相比，此时的罗斯福已经发生了明显变化。约瑟夫斯·丹尼尔斯在多年后回首这段往事的时候，不禁感叹说："多么潇洒，多么年轻啊，雄赳赳气昂昂！"班布里奇·科尔比认为他是"华盛顿最帅气、最有魅力的人"；英国人奈杰尔·劳说他是"我在美国四年间遇到的最有魅力的人物，我运气真好"；甚至耶鲁大学橄榄球队教练沃尔特·坎普也说他"身材峻拔，留着运动员的长胡子"。

但问题依然存在，他的透彻和深度又会如何呢？礼拜天下午，富兰克林时常会跟一批聪明年轻人在大法官奥利弗·温德尔·霍姆斯家中聚会；数年后，霍姆斯回忆说，那个时候的罗斯福"很不错，没什么锋芒"。此番评说实际上也总括了当时的一个流行印象，认为罗斯福多多少少是有些肤浅、轻佻的，他外形上的吸引力以及行政才能自然不在话下，但那些更为深层的东西呢，则很难说清楚。"他很可爱，也很吸引人，"他的朋友、时任助理国务卿的威廉·菲利普斯说，"但不够沉稳，很是聪敏，但在看法上不是特别稳健。他能够吸引任何人，但缺乏伟大气质。他有着巨大火力，对任何事情都有热情和兴致；可以肯定，他是相当能干的海军部助理部长。他从来都是那么欢快愉悦，是聚会中人，但看来并没有完全成熟。"

此时，罗斯福一家人在N街区租了一套房子，这是西奥多·罗斯福的妹妹家的房子。西奥多·罗斯福本人在刚接任总统的时候，在这里住过一段时间，当时是为了等麦金利夫人将白宫腾出来。夏天，家人要去往坎波贝洛避暑，富兰克林若是得空，就会前往那里跟埃莉诺和孩子们会合。（1916年的夏天，华盛顿爆发了脊髓灰质炎流行，罗斯福对此极为担忧，到了9月才允许孩子们返回，并叮嘱母亲将海德帕克的所有东西都烧掉，因为马车夫家的孩子就是在那里传染上的。）不过，此时，N街区的房子已经成了他们生活的中心。埃莉诺终于可以自己做主了，于是，这里便成为朋友聚会之所。

她从未见识过如此忙碌的生活，官方午宴、下午的一系列仪式性的电话、州府的晚宴，各种各样的潜在规矩。不过，民主党主导之下的华盛顿也有其松弛的一面，棒球、在岩溪公园跟孩子们捉迷藏、在切维蔡斯俱乐部打网球和高尔夫球，夏天的晚上，在房子后面的玫瑰凉亭来上一场欢乐聚会，还有礼拜天的晚餐会，这时候，大家常常会跟埃莉诺在火锅里面抢鸡蛋吃。威廉·菲利普斯和卡洛琳·菲利普斯一家是这家人特别好的朋友；两对年轻夫妇，还有内政部部长富兰克林·K.莱恩、联邦储备委员会的阿道夫·米勒也常常偕夫人前来聚餐，这个习惯在威尔逊时期一直持续着。

偶尔，亨利·亚当斯也会邀请他们前往拉法耶特广场附近的家中做客，共进午餐。有一次，罗斯福对政府的一项决策表示担忧，亚当斯看着罗斯福，目光如炬，说道："年轻人，我在这座房子里住了很多年啦，广场对面那所白房子的主人来来去去，我可是见识不少了，无论是你这种小官，还是那白房子的主人做了什么或者能做什么，都不会对历史有长远影响的！"不过，在埃莉诺的记忆中，亚当斯先生一直都是老绅士的形象，喜欢跟孩子们在房子外面的那辆折篷马车上嬉闹，埃莉诺无论如何不觉得亚当斯像人们常常认为的那么犬儒。

新生活越发地令这家人偏离老价值了。萨拉·德拉诺·罗斯福就这么看着孩子们渐行渐远，不免颇为警觉和担心起来。"我感觉富兰克林有些厌烦了，我的看法也不再是他的看法了，这让我很是难过，"萨拉写道，"不过，亲爱的富兰克林，也许应当三思一下，也许我还不至于错得这么远吧。"在信中，问题不会那么明显，不过，没有人怀疑萨拉·罗斯福对儿子的这种离经叛道是备感沮丧的。"世道变啦，如今的潮流是'只穿衬衫'，如今的观念是与人为善，讨好所有人，抛弃老式的家庭生活、朴素的家庭娱乐以及我们这些人最为热爱的那些传统，对这样的潮流，能说什么好呢，"萨拉满是情绪地写道，但也有些言不由衷，"信守这些东西，信守这个晚上我所坚持的那种尊严以及其他的一切，究竟有什么用啊。"她做结论说，别人当然可以"遂自己的心愿，奉行民主"，但她将会依然信守"那些'老派'观念"。

在某些方面，大家在偏离老价值的道路上也许走得太远了，超出了萨拉的意料，也超出了富兰克林的预期。1914 年，埃莉诺雇用露西·默瑟担任自己的社交秘书，这是一个弗吉尼亚女孩，背景无可挑剔。接下来几年间，罗斯福对这个女孩生出了一种爱意。默瑟很是甜美，充满了女人味，行为举止略显老派，但很欢快且外向；因为工作和战争事务而劳累、紧张不已的罗斯福想必是在默瑟这里能够得到一些放松。时不时地，默瑟会跟随罗斯福和另外一些朋友一起，沿着波托马克河一路畅游一番；默瑟的出现总会令大家很是放松。这一年的夏天，埃莉诺很可能是觉察到了什么。可以肯定的是，埃莉诺推迟了前往坎波贝洛的时间，当她最终于7月动身离开的时候，她的丈夫写道："你真是有点神经质了，总是觉得我不想你在这里待整个夏天，甚至还刻意这么认为，因为你知道，我确实很想你在这里待上整个夏天！不过，说实话，你确实应当在坎波贝洛待上六个星期才是。"罗斯福还补充说："你是知道的，我现在的确有点不讲道理了，有点烦躁了。"几天后，罗斯福写信给埃莉诺，很是随意地谈起了又一场波托马克之旅；露西也在队伍当中；"这群人太有趣了，"他说，"不过，大家玩得太尽兴啦！"很显然，这个夏天是令人着迷的，不过，很快，这样的迷醉便归于消散了。[15]

7

1917年，还有其他的事情在烦扰着罗斯福。据说他的名字已经出现在德国特工的暗杀名单之上，特勤局的人建议他在出入办公室的时候，随身带上一把手枪。他这么做了几天，最终觉得这种做法实在是太愚蠢了，遂把枪扔掉了。不过，这把手枪寓意这样一个问题：当他在华盛顿展开斗争的时候，他那一代的年轻人却在战壕里面流血牺牲。西奥多·罗斯福于1898年离开海军部，赶奔古巴战场的时候，是四十岁，此时，西奥多·罗斯福不免也提示三十五岁的罗斯福辞去海军部的职位，入伍服役，富兰克林自然不需要提点。不过，约瑟夫斯·丹尼尔斯、莱昂纳德·伍德将军和威尔逊都相当率直地告诉他，在目前的这个职位上，他更有用。威尔逊告诉丹尼尔斯："你、我和富兰克林·罗斯福都没有权利选择国家分配的职位。"[16]

安全是安全了，但安全也令人痛苦。辞职一事未能成行，罗斯福遂设法以文职身份寻求海外差事。1918年的春天，他最终说服了丹尼尔斯：欧洲比华盛顿更需要他，至少目前这段时间是这样的。他对相对安全的运输舰颇为蔑视，选择了一艘刚刚服役并正待处女航的驱逐舰，这艘驱逐舰是受命保护一队运输船的。

这趟行程的所有时刻，罗斯福都很是兴奋，并将一切都在日记中如实记录下来，运输船、巨大的黑色无光的船体、西面显现出黑色轮廓的船尾、枪钻、潜水艇预警系统等等（随后数年间，罗斯福也在反复讲述当时的情形，说经过亚速尔群岛的时候，德国的一艘U型潜艇就在附近出没，而且每次现身的时候，都更逼近船队了，到最后，他甚至肉眼都可以看到那艘潜艇潜了下去）。接着便是抵达英国，在英国，他见到了劳合·乔治（"他过得挺好"）和乔治五世（"一个愉悦平和的人，很容易交流起来"），并跟英方同行有过切磋，还跟阿斯特子爵夫人在克利夫登庄园一起度过一个周末，在格雷律师学院的宴会上发表演说，向那些操持军队事务的公职人员表达敬意。他在演说中谈到，这趟欧洲之行让他切实意识到"有必要拓展个人之间的亲密关系"，这是这场联合战争所需要的。在场听众当中，有一人一直听得十分认真，此人强壮、魁梧且十分聪敏，时年四十四岁；此人就是温斯顿·斯宾塞·丘吉尔。丘吉尔后来不记得这场聚会了，不过，在回忆录里他概括了对罗斯福的印象，"年轻，有力量，光彩四射"。

接着便是前往法国，在敦刻尔克登陆，而后驱车赶往巴黎（在圣安格勒堡空军基地见到了负责指挥的年轻的罗伯特·A. 洛维特，"看起来就像一个十分漂亮的男孩"），拜望了克列孟梭（"一个令人称奇的老人"），跟霞飞元帅交谈（"脸色有些暗淡"），而后在他强行要求之下，来到前线。身边的海军副官试图保证此番巡视绝对安全，罗斯福对此很是愤怒，反而是尽可能地向前行进，尽可能地靠近战场。这一趟，他看到了蒂耶里堡、贝洛森林和凡尔登，这些地方都已经在敌军的炮火之下了（"长长地带着嘶鸣声……而后便是沉闷的爆炸声，接着便是腾起一阵烟雾"），此地距离德军前线已经不足一英里了。

在这样的时刻，战争算是跟他面对面了：褐色的土地被炮火一轮又一轮地炙烤，弹坑里已经满是水，机关枪的弹孔布满农舍，到处都是死马的味道，到处都能见到生锈的刺刀、破碎的枪械、被遗弃的大衣和雨水浸湿了的情书，还有一队队的蚂蚁四处涌动；太多的小土丘，一些没有任何标示，一些插着一把刺刀，一些盖着头盔，当然也有一些用木棍削成的十字架和布片或者是卷纸，上面用铅笔写着一个美国人的名字。这一切都给他留下了无从磨灭的印象，混乱、废墟和疲惫，"黑暗、战斗，没有止息、没有睡眠"。他看到了战争，他感到沉醉，也感到痛恨。

接下来一站是意大利（在都灵，他遇到了航空兵团的菲奥雷洛·H. 拉瓜迪亚上尉，在罗马，他遇到了公共信息委员会的查尔斯·E. 梅里亚姆上尉）；而后便返回法国，经由法国，返回英国。当他最终于 9 月抵达纽约的时候，是躺在担架上被抬上岸的，双侧肺炎，病情已经很危险了。西奥多·罗斯福特意来信，祝贺他恢复过来："我们对你备感骄傲。"然而，这还不够；此时，他激情满怀，要应征入伍。康复之后，他便再次向总统提出申请。威尔逊告诉他，已经太晚啦，此时威尔逊已经收到了来自巴登亲王马克西米连的第一轮停战提议，战争很快就要结束了。[17]

1919 年，罗斯福以助理部长的身份再次前往欧洲，奉命解散驻欧洲的海军建制。这一次，埃莉诺陪同前往，在大西洋中途，他们收到西奥多·罗斯福去世的消息。"我在想，他自己也会觉得这是最好的方式了吧，"罗斯福沉吟着，"这样的话，他就可以免除多年的病痛折磨了。"抵达法国之后，海军建制的解散工作进行得相当快。大部分工作都是罗斯福的助手、司令官约翰·M. 汉考克（John M. Hancock）操持的，战时，汉考克是海军采购处的负责人。罗斯福夫妇则在巴黎的丽思酒店住了下来，一直在关注和谈的消息。2月，夫妇俩随同威尔逊一家人乘坐"乔治·华盛顿"号返航。某天午餐时候，威尔逊很是热情地谈起了国联。"美国必须加入，"他告诉罗斯福和埃莉诺，"否则，会凉了全世界的心，因为美国是唯一一个所有人都认为公正、客观且可信的国家。"总统一行抵达波士顿的时候，已经有热情人群在迎候了。午餐时候，罗斯福夫妇遇到了卡尔文·柯立芝州长；此时埃莉诺已经比任何人都更早地了解到，"这个绅士是何等沉默"！一行人接着便乘坐火车返回华盛顿，沿途的每个车站都有人群迎候。[18]这是1919年年初，世界看来充满了希望。

8

这场战争给罗斯福从马汉那里汲取的战略原则注入了生命。教会了罗斯福一场世界战争对后勤的要求，也让罗斯福在同盟外交领域学习不少。在外交上，罗斯福已然感觉到，美利坚同这个世界建立了"全新的关系模式"；"即便只是尝试回归古老的中国长城式的孤立路线"，恐怕都是大错，将给美利坚自身以及全人类带来巨大伤害。在国内问题上，罗斯福则将此次战争努力的成功归功于威尔逊和战争部部长牛顿·D.贝克拟定的动员计划："战时工业委员会计划以及由华盛顿控制一切的工业和运输设施，此一观念起自白宫。"罗斯福特意指出，不妨说得直白一些，"美利坚的战争组织工作是从上往下而非从下往上开展的。这一点是最重要的。"[19]

此次战争动员的经验，也将罗斯福的心思引向了政府管理问题。比如说，他感觉，外交政策和军事战略之间的关系是极为紧密的，因此，必须在国务院、战争部和海军部之间建立一种常规磋商机制。1919年4月，他提议建立一个联合计划制定委员会性质的机构，由三个部门的代表共同组成，负责界定美国的目标和能力。罗斯福更拟定了基本蓝图呈送国务院，这份蓝图可算得上是后来国家安全委员会的雏形，但没有得到任何回应。他的那封信被错送给了拉美事务处，最终只能落在国务院档案材料里面，无人问津。[20]

他为了提升效率而发动的这场运动，也拓展到国内事务领域。他希望推行"某种形式的青年人的普遍军训体制"。对于劳工政策，他也是有想法的，一方面，"提升劳工的利润份额"，另一方面，基础工业部门也不得有消极怠工的情况（"我们不会支持共同体当中任何一个集团对整个共同体的伤害行径"），为此，罗斯福提议建立一个劳动法庭体系来遏制罢工现象。他还呼吁建立一套联邦预算体系，并严厉抨击了联邦政府的无能。"合众国政府，总体上来看，可算是美利坚大地效率最为低下的管理机构了，"他早在1920年就给出了这样的评说，而且还补充说，"除非我们把我们自己的房间先行收拾停当，并借由合宪手段，令联邦政府提升效率，就如同我们操持我们的私人事务一样……否则的话，就完全有可能导致那些试图借由违宪手段寻求变革的教义流传开来。"一般而言，罗斯福是倡议提升行政权能和职责的，同时也倡议简化并加速国会议事程序。[21]

最重要的是，此时罗斯福已经形成了一种关于总统作为国家之领袖的高尚观念。伍德罗·威尔逊已然是将他从西奥多·罗斯福那里初学的课程给完成了。罗斯福在1920年就曾申述说："我们的大多数伟大行绩都是由我们的行政领袖促成或者完成的，说白了，靠的就是总统，这样的总统并非国会的工具，而是国家的真正领袖，这样的领袖能够极为真实地体悟并解释人民的需求和愿望，因此也就能够令人民支持他们的伟大事业。华盛顿倘若仅仅是跟从大陆会议的意志，决定行动或者不行动，那就不可能引领我们走向胜利。林肯若是顾虑参议院领袖的意见，也断无可能发布《解放奴隶宣言》。克利夫兰若是将纯粹政党领袖的意见放在第一位，就肯定不会在委内瑞拉事务上信持门罗主义。罗斯福若是屈从马克·汉纳、福勒克或者党老大普拉特这样的人物,那他的政府定然已经成为掠食集团的猎物了。威尔逊若不是力排政党关系网,召请这个国家的专家入阁,以创纪录的速度,组建并派遣大军过海参战,那么他也不可能在这场大战中取得成功。"[22]

9

不过,随着1919年的时光渐渐逝去,战后的第一轮希望热潮也开始消退了。在海军部,罗斯福陷入一系列令人沮丧的争论当中,他同西姆斯将军就海军部的做法发生了争论,同约瑟夫·K.陶西格上尉就丹尼尔斯—罗斯福海军监狱改革方案发生了争论,同采购处就一项石油采购计划发生了争执,那是扬基集团的推销商阿瑟·P. 霍默强塞给罗斯福和路易斯·豪的。此番争执的结果之一,便是令罗斯福更为决绝地同部长丹尼尔斯站在一起,反对那些海军将领。另一个结果就是令罗斯福较之以往任何时候都更为强烈地感觉到联邦管控体制的缺陷。一般而言,他支持将政府职能归还私人企业。"竞争天性,"他在1919年说,"是产业界的关键法门;过度管制会令其窒息,法律还将之没收,长此以往,这个国家的工业就会死掉……老天啊,且不要用政治的大棒指挥产业的脑袋。"这其中的一个重大例外是无线电场,在这个问题上,罗斯福强力支持丹尼尔斯的政府垄断政策。[23]

这一年的一系列噩梦般的事情,罗斯福也未能避过。总检察长A. 米切尔·帕尔默就住在罗斯福家的街道对面;6月的一个晚上,富兰克林和埃莉诺回家途中,一颗炸弹在帕尔默家门前爆炸,放置炸弹的人也被一并炸飞。艾丽斯·朗沃思闻讯赶到现场,她后来记述说,"要想不踩到血淋淋的碎片,是有难度的,"她还补充说,"说来奇怪,我们并不恐慌。"不过,朗沃思夫妇也许很镇定,这个国家却并非如此。罗斯福发表演说，严肃告诫民众防范布尔什维克的威胁。不过，他并没有加入帕尔默随后策动的讨伐运动。当波士顿海军码头的指挥官因为忠诚问题解雇了几名机械师的时候，人们发现其中三人是社会主义者，于是纽约州议会一下子炸开了锅，要求将议会里面的社会党人赶出去，罗斯福在这喧嚣声中写道："我亲爱的将军大人，无论是你还是我，都无权因为某人碰巧是社会主义者而将其解雇。"罗斯福补充说，不过，那个在工厂里散发美共传单的机械师确实应当解雇。罗斯福说："这跟纯粹的社会党人身份，完全不是一个性质的事情。"[24]

1920 年的开头不怎么好。罗斯福又病了；扁桃体肿大；他看起来很不好。孩子们也病了。跟丹尼尔斯的关系也有了麻烦，丹尼尔斯怀疑他在同西姆斯的斗争中并不忠诚（这并非完全是无端猜疑，尤其是在这么早的阶段）。同威尔逊的关系也有了问题；不管怎么说，丹尼尔斯在 2 月 22 日的日记中是这么写的，"FDR persona non grata with W"（罗斯福已经很不受威尔逊待见了）。究竟是什么惹到了身体状况不佳且相当易怒的总统，这样的情况已经持续了多长时间，这些都不清楚；另有一篇日记的条目则足以表明，这种情况至少已经持续了整个 7 月。而且 2 月初的时候，露西·默瑟嫁给了年龄要大很多的温斯罗普·拉瑟弗德，成为后者的第二任妻子。不过，罗斯福有着超强的适应和恢复能力，不会让事态就这么长时间低迷下去。同西姆斯的斗争很快就重新拉近了他跟丹尼尔斯的关系，而且较之以往更加紧密了。此时，1920 年选战也正在迫近，罗斯福对政治的兴趣重新萌发了。[25]

10

一年前，在芝加哥的民主党全国委员会上，罗斯福发表的那通演说已经表明了他的政治取向,演说中,罗斯福将共和党斥为反动的党,将民主党捧为进步的党。1920年春天,罗斯福和路易斯·豪起草了一系列的党纲建言书。主体论调是强烈的进步主义。其中一个条目甚至呼吁,在危机时期启动国债手段为公共工程融资,具体建言如下:"我们相信这样的政策在剧烈萧条期,会起到建设性的缓冲作用。"与此同时,有人提议让罗斯福代表纽约州竞选联邦参议员席位,或者,若是阿尔·史密斯不参选,就让罗斯福竞选纽约州州长职位,甚至竞逐副总统职位。到了6月,第三种可能性引发了热议,令罗斯福不得不跟自己的法务合伙人抱怨(虽然语气不是很强烈):"我都不知道是哪个家伙开启了这个副总统话题,引得大家议论纷纷。"6月底,代表们开始赶赴旧金山,参加全国大会,此时的罗斯福应该可以抱持一些希望,尽管他也很清楚政治是没有定数可言的,所以,也实在不能有什么期许。[26]

当他将纽约的旗帜从沉闷的纽约代表团夺走,并加入威尔逊的队伍的时候,他便从一开始就注定了要在旧金山扮演一个积极角色。在伯克·科克兰提名史密斯之后,罗斯福做了一个很是得体的附议演说。前七轮投票,罗斯福是跟着纽约代表团走的,都把票投给了史密斯。但是很快,麦卡杜便将史密斯甩在后面了(麦卡杜是政府的推定继承人,虽然不是总统的,此时的威尔逊正琢磨着第三个任期的可能性),同时,詹姆斯·M.考克斯也赶超了史密斯,此时的考克斯是俄亥俄州的进步派州长,背后有城市党组织的支持,也拥有一批认为同威尔逊政府过从甚密乃是负担的人的支持。当史密斯退出竞争的时候,罗斯福便着力支持麦卡杜(尽管罗斯福此时也对约翰·W.戴维斯的黑马角色颇有几分看好),党老大墨菲和纽约代表团的多数则支持考克斯。

很显然,墨菲是为了力挺考克斯,才在最后时刻承诺支持罗斯福竞逐副总统之职,此番承诺自然不是真心实意的。不过,通常情况下，也会有一拨人抱持同样的想法。罗斯福的支持者们已经在积极运作了；考克斯本人回忆说，当自己的竞选经理询问希望何人出任竞选伙伴的时候，他说的是罗斯福，尽管他并不熟识罗斯福，但这样一个竞选伙伴可以满足地理和政治上的平衡考量。俄亥俄州的法官蒂莫特·T. 安斯伯里，跟考克斯走得很近，同时也是罗斯福的支持者，最终决定提名罗斯福为副总统候选人。此时的罗斯福，并未参加任何重要磋商，对于情况的进展，他只是模模糊糊地知道一些。实际上，当安斯伯里告诉他，他们要展开提名演说，并希望他暂时离场的时候，他正在演讲台后面的某个地方跟人闲扯呢。

阿尔·史密斯支持罗斯福；威斯康星州的乔伊·戴维斯也支持罗斯福；大会遂很是热情地敲定了这个方案。片刻之后，其他竞争者陆续退出，大会以掌声通过了罗斯福的提名。应该说，这是众人的选择。沃尔特·李普曼即刻给罗斯福发来电文表示祝贺，电文说得很有道理，"犬儒主义者当然会问，这有什么用，我们可以这么回答：若是某个政党选择了富兰克林·罗斯福这样的人物，那就表明政治还是有像样的未来的"。各方的祝贺纷至沓来。赫伯特·胡佛写道，他认为这对国家是有好处的，并补充说，这将会把一个伟大公仆的优秀品质带到前台。罗克兰县民主党委员会主席也从纽约发来贺电；此时的詹姆斯·A. 法利还没有学会用绿色墨水签名。詹姆斯敦的罗伯特·H. 杰克逊写道，此次提名"重新激发了我对政治的兴趣，过去几年间，我对政治的热情已经不剩几分啦"。不过，罗斯福的格罗顿校友，也是曾经的好友，《芝加哥论坛报》的罗伯特·R. 麦考密克上校却有不同的看法。"好端端的一个名字，却要掉落票单陷阱里面了，"《芝加哥论坛报》颇为轻蔑地评论说，"如果说富兰克林像西奥多·罗斯福，那也可以说蛤蜊像熊狸……如果他是西奥多·罗斯福，那也可以说伊莱休·鲁特就是吉恩·德布斯，布赖恩就是个酿酒的。"[27]

11

　　此时，民主党的前景颇为黯淡，他们也清楚这一点。不过对罗斯福个人来说，此次全国选战的机会，也令他有机会结识一批地方领袖人物，并且就此确立了他的全国形象，这样的前景相当令人激动。而且，此次集会也让他在类比并追逐西奥多·罗斯福的道路上又迈出了一步，西奥多·罗斯福于二十年前获得副总统提名的时候，是四十二岁，比富兰克林·罗斯福获得副总统提名的年龄，还大了四岁。因此，富兰克林·罗斯福便精神饱满地投入了选战。从旧金山返回之后，他便感觉到国联是很热的议题；当他路经哥伦布市，特意跟考克斯晤谈的时候，他告诉媒体，他认为国联应当是"主要的选战议题"。后来，他精心打磨了一个很是形象的比喻，说这个议题的作用就如同一个消防队，可以阻止邻居家的大火蔓延到自己家中。考克斯和罗斯福很是愉快地敲定了这件事情，尽管我们这位总统候选人也颇为干脆地回绝了来自竞选伙伴的一个标志性提议：将来的内阁会议之上，给副总统留出一个席位。

　　几天之后，二人来了一趟朝圣之旅，前往华盛顿拜望总统。他们在白宫走廊里面看到了正坐在轮椅上的威尔逊，脸色憔悴且阴沉，一块披肩遮盖着已经麻痹了的左臂。总统用虚弱的声音说："谢谢你们来看我。很高兴你们能来。"热心肠的考克斯十分感动；罗斯福注意到考克斯的眼镜片都泛起了雾气，显然是在流泪。片刻之后，考克斯说："总统先生，我们将绝对追随于您和您的政府，当然，还有国联。"[28]

　　剩下的事情就是告别海军了。告别仪式可谓一场盛会：劳工组织给他献上了爱心杯；忠诚的雇员纷纷挤上前来跟他握手。罗斯福不禁回首这段华盛顿岁月，此刻，他也得以平心静气地看待这段经历了。他用一份长长的信笺向约瑟夫斯·丹尼尔斯表达自己的心迹:"此时此刻,任何言辞都不能表达我对您的感激,与您共事的这段生涯对我来说,意味着太多太多,这段记忆恐怕终生难忘,令我回味无穷,不仅仅是我们所做的工作,主要还是您和我是用那样的奇妙方式共同走过了这将近八年的时光。您对我谆谆教诲,在我摇摇欲坠的时候,扶我站稳,全部的这段时光当中,从未有过真正的纷争、敌对或者不信任。"

罗斯福在结尾处写道:"请允许我随时前来拜望于您,以便从您这里感悟并领受那实实在在的理想主义和活生生的、淳良的美利坚主义。"

丹尼尔斯回复说:"我们将一直并肩作战,为国效力。"[29]

接着便是前往海德帕克,参加一场正式的通告仪式。此地的民主党地方委员会主席是达奇斯县的一个邻居,名叫小亨利·摩根索;母亲家门前的草坪上已经挤满了欢乐人群,罗斯福在前门廊发表了提名演说。这份演说词他是用心雕琢了的,他也借此机会总结了他眼中的这场选战。演说突出了两个议题,其一,需要在外交领域采取正面且积极的政策,其二,"国内问题迫切需要采取有组织的进步路线"。他为国联辩护,认为那是通达和平之路。他也呼吁改善劳动条件,呼吁重组政府(包括国会在内),呼吁依托"持续性计划"来开发自然资源。至于那种对"常态"的希望,他斥之为愚蠢的幻梦,"我们绝无可能回去了。'美好旧时光'已经一去不复返了;我们无需遗憾……我们必须前进,否则就只能毁灭……我们反对国家生活中出现任何的昏迷时段"。[30]

12

罗斯福计划了一场大范围的选战运动。路易斯·豪一开始无法追随于他，因为海军部方面还有诸多善后事宜；罗斯福遂把斯蒂芬·厄尔利借用过来，此人一直是美联社派驻海军部的人，罗斯福将之借用过来，担当开路先锋之职，同时也从海军部公关处借用了另一个老资格的报业人士马尔文·麦金太尔，随同他一起登上专列。查尔斯·麦卡锡，罗斯福海军部团队的另一个成员，则坐镇后方，在纽约负责后援事务。麦卡锡的秘书，玛格丽特·莱汉德，一个蓝眼睛、黑头发的漂亮姑娘，有着极高的工作效率，且极为平静镇定。

对罗斯福团队来说，此次选战简直就是一场惬意游玩。他们一路欢笑着游走各个地方，同各方政客和媒体会面，在政党集会上发表演说，深夜会打打牌，寻求放松。斯蒂芬·厄尔利后来告诉哈罗德·伊克斯，1920年，罗斯福拿命都不当回事，就是一个花花公子，喜欢打牌胜过演讲会。不过，罗斯福的演讲也颇有力度和效果，直到某天在蒙大拿州演说之际，一时兴起，宣称他已经写了一份海地宪法，还说倘若美国加入国联，中美洲的那些共和国也会追随美国。此番愚蠢的现实主义申述，加之罗斯福对自己的高估，即刻招来共和党的攻击。哈定称罗斯福此番宣示是"合众国政府责任成员说过的最令人震惊的断言"。最终，罗斯福也只能按照政客的通常做法，避实就虚地解释说，对方是在断章取义，但是恶果已经铸成，此番莽撞吹嘘在未来的岁月里一直缠绕着罗斯福。

在西北地区，罗斯福围绕自然资源开发问题侃侃而谈。"迄今，我们已经在这个领域投入了数亿美元，"在谈到屯垦计划的时候，他说，"不远的将来，我们还会投入十倍于此的资金……我瞩望着那么一天，我国河流里面每一加仑的水都能物尽其用，而不是白白流走，这一天不会太远啦。"他抨击哈定是"躲躲闪闪、模糊难辨且软弱不堪的反动派"。华盛顿州的森特勒利亚，曾是退伍军人协会和世界产业工人联盟相互杀伐的战场，在这里，罗斯福发表演说宣称，他此次前来，实际上也是一趟朝圣之旅，他要看看那些坟墓,"那里面埋葬的是美国退伍军人协会的殉道者,他们是为美利坚主义的神圣事业而死的",罗斯福还保证说,他决心将那些"试图用暴力摧毁美利坚宪法和制度"的人悉数清除。[31]

罗斯福的此番申述显然发挥了强劲的效能,令共和党进步派不得不促动共和党全国委员会派出小西奥多·罗斯福,一路向西,尾随而来。"他是个叛逆,"小罗斯福用他自认为的怀俄明方言品评富兰克林说,"他身上没有我们家族的印记。"此等充斥着奥伊斯特贝式傲慢的宣示自然不会对富兰克林有丝毫阻碍。在被问及罗斯福家族的其他人为什么不喜欢他们的时候,富兰克林的母亲常常说:"也许是因为我们比他们好看多了。"9月和10月,罗斯福一直保持着这样的选战步调,不断地演说,直到嗓子都沙哑了,演说场次差不多上千了。他浑身散发着自信,不过,麦金太尔曾私下里询问他,是否真地对获选前景抱有希望,他回答说:"一点都没有。"10月初,富兰克林致信一个英国朋友说:"我们正在挫掉对手的锋芒……无论结果如何,这都将是一场很有意思的体验。"[32]

13

哈定的胜利是意料之中的事情。罗斯福认为这是紧随战争而来的"不满和毁灭性怀疑潮流"的必然结果。"任何战争都会催生一段物质主义和保守主义的时期;在这个时段,人们很快就厌倦了各种理想,今时今日的我们不过是在重复历史而已。"罗斯福说这话的时候,很可能是记起了威尔逊曾跟他说过的一席话,"一代人的时间,恐怕只有一次机会可以令人们超脱于物质至上,现在正值一代人时间的三分之二的地方,是低沉节点,这就是为什么会出现一个保守政府。"

选战过后,在同考克斯会面的时候,罗斯福预测说,民主党只有等到一场真正的萧条到来时，才会有机会执掌总统大位。罗斯福还告诉海外的朋友们说，现在能够期望的就是这届新政府不至于"太过反动，以至于煽起激进主义的熊熊烈火"。他还特意给自己的选战助手们一人一枚黄金的签名袖扣，并嘱咐大家每年都重聚于此，以这样的方式回首既往并展望未来。"感谢上帝，我俩还都不是太老！"他致信斯蒂芬·厄尔利说。

此时的华盛顿，即将退休的海军部部长约瑟夫斯·丹尼尔斯告诉他心目中最能干的海军部军官泰勒说，小西奥多·罗斯福将成为新政府的海军部助理部长。这位海军上将疲惫地摇摇头说："我已经伺候过两个罗斯福了，再来一个的话，我实在是受不了了。"[33]

十年后，富兰克林·罗斯福再次赋闲，成为普通公民。他毫无热情地回归了法律合伙人的案牍工作，同时介入了一份让他多少有那么一点兴趣的新工作，马里兰州富达储蓄公司驻纽约办事处的副总裁，这是一家担保证券公司。相较于法务，金融的吸引力显然更大一些。此外，他还从事了多种民事和慈善工作。这一年是相当折磨人的，最痛苦的时候是参议院一个调查委员会的共和党多数试图用上届海军部的一些丑闻抹黑他，此举没有取得成功，但也相当令人恼火。当富达公司的总裁范-利尔·布莱克于8月提议乘坐自己的游艇前往坎波贝洛玩一趟的时候，罗斯福很是感激地接受了。

14

游艇一头撞入芬迪湾的恶劣天气里面，唯有罗斯福了解此处的海况，于是就在船舵处坚守了很长时间，直到游艇安全入港。第二天，他们乘坐一条小船外出钓鳕鱼。在准备鱼饵的时候，罗斯福不小心从甲板上掉落水中。"我从未感受过这么冰冷的水！"他后来回忆说，"……都快把人冻僵了。"接下来一天，也就是1921年8

月 10 日，他带着家人航行到坎波贝洛附近的时候，一阵蓝色烟雾从附近一处小岛升腾而起。空气中传来杉树燃烧之后的刺鼻味道。罗斯福迅速组织自己的孩子们赶赴小岛灭火。他们以绿色树枝为武器，同翻滚的火焰作战，直到将火势控制住。"我们的眼睛都被烟火给熏黑了；疲惫不堪，火星子把皮肤灼得生疼。"接着，罗斯福便表现出标志性的能量，命令大家来了一趟两英里的小跑，穿越坎波贝洛，接着在清水里面游了一圈，而后便一头扎进海湾区那冰冷的水中。这一切完成之后，大家都穿着浴袍，沿着满是尘土的高温路面，一路跑回家中。

邮件也刚刚抵达。罗斯福此时感觉一阵寒意袭来，不过，他迫不及待地要看最新消息。他就坐在湿浴袍上面，展读信笺和文件，直到一阵疲惫突然袭来，连穿衣服的力气都没有了。"从未有过那样的感觉"，他后来回忆说。第二天早上，他挣扎着起床的时候，左腿已经不听使唤了。他告诉自己，那只不过是肌肉痉挛而已，也可能只是腰疼。但是他很快就发烧了，并开始感觉到疼痛。不久，左腿便完全没有反应了，接着，右腿也失去了知觉。[34]

三十一 浴 火

1

一段阴沉时光就此开启,充斥着焦虑和不确定。多名医生应召而来。一名医生出现了误诊,开出的救治办法是按摩。路易斯·豪很快也赶来了。他坐在罗斯福床边,按摩着他的脚和背,罗斯福一遍又一遍地说着,"我不知道咋回事,路易斯。我一点都不知道啊。"接着一个专家给出了明确诊断,急性脊髓前角灰质炎,遂叫停了按摩,并建议用热水浴,并要求病人有耐心。路易斯·豪遂协同罗斯福的舅舅弗雷德里克·A. 德拉诺,将罗斯福转至纽约,路易斯·豪尽可能地向媒体封锁消息,将此事对罗斯福政治前途的影响降至最低。人们用担架将罗斯福运到海滩,然后上了一艘摩托艇,摩托艇从一条陡峭甬道而上,通过窗口将罗斯福送入一趟专列。小富兰克林还记得当时看到父亲的情形:"他努力向我挥手,整张脸都绽放出灿烂的笑容,如同阳光挥洒开来。这让我觉得他无论如何不会病得很重。"

然而,他的病情比医生们一开始预测的还要严重。在纽约的长老会医院,专家们都很悲观,担心他有可能再也坐不起来了。至于罗斯福自己，一直以来都是靠着旺盛的身体能量游走这个世界的，而今，正值生命巅峰的时候，遭此迎头重击，没有人知道这些天里他内心是怎样的感受。他不会让别人看到自己的恐惧。"他情绪很好，非常愉悦且满怀希望，"他在纽约的医生记述说，"而且他下定决心，要在两个或者三个星期内，拄着拐杖走出医院。"好心情毫无疑问也是一种疗法，在说服别人的同时也能说服自己。黑夜里就么躺着，怎能入眠啊，破碎且无助的内心，过往的辉煌和未来的凄凉，反复涌上心头，压抑着愤怒和绝望，他经历了怎样的痛楚啊。后来，他常常说，亨里的《不可征服》是他最爱的诗篇。[1]

2

与此同时，一场激烈的争论围绕他未来将何去何从这个问题爆发了。萨拉·罗斯福强压着满怀的母爱，认为富兰克林应当就此认命，退隐海德帕克，过一个普通乡绅的生活。就像她的一个外孙后来回忆的那样，疾病给了这个当妈妈的一个机会，"可以重新完全主导儿子的生活了"。不过，其他的所有人、罗斯福自己、医生、路易斯·豪以及最重要的，埃莉诺·罗斯福，则都认为他必须竭尽所能地回归正常活动。

埃莉诺·罗斯福已经不再是十五年前的那个怯懦女孩了，不会再完全顺服地接受婆婆的控制。华盛顿的生涯给了她一定程度的解放意识，部分是出于同婆婆分居的缘故，战争以及在医院和军队餐厅的工作经历，也让人有了积极生活的体验。直到1920年，她仍会时不时地自感怯懦和犹疑。这一年的某一天，她离开晚宴，敦促孩子们上床睡觉，并倾听孩子们的祈祷。直到丈夫上楼，看看为什么她离开那么长时间。"要接待这么多的人，我确实有点坚持不住了，"她流着泪说道，"我知道，他们所有人都觉得我很愚钝，也不吸引人。我只是想在这里躲一会儿。"

依然是这场选战帮了她,特别是借由这场选战,她第一次跟路易斯·豪有了近切接触。在奥尔巴尼和华盛顿,她对路易斯·豪跟自己丈夫的密切关系很是不满。但是在竞选专列上,路易斯·豪竭力安抚她,询问她对演说的看法,帮助她克服了历次的羞怯。丈夫落病之后,这场新的友谊就变得至关重要了。路易斯·豪较之以往任何时候都更坚定了,他要奉献出全部的生命,助罗斯福入主白宫。眼前的病状令这项任务更为艰难;"但无论如何,富兰克林都将会是总统的,有腿没腿都一样。"路易斯·豪自然也是要指靠埃莉诺,令富兰克林保持同人民以及同政治的联系。

坎波贝洛之后的这个冬天,在纽约这栋过度拥挤的宅子里,日子很是难过。埃莉诺·罗斯福说:"那是我生命中最艰难的冬天。"萨拉觉得这个媳妇和路易斯·豪简直是在折磨富兰克林;在如何照顾的问题上,大家的讨论往往变成相互攻击。萨拉觉得路易斯·豪是一切麻烦的根源,遂酝酿着要把这个丑八怪赶出家门,她告诉十五岁的安娜说,路易斯·豪竟然占据了宽敞的正厅卧室,安娜却只能在后屋拥有那么小的一间顶楼卧室,这实在是太不公平了。一幕幕戏剧就此拉开。有时候,怒火在餐桌上爆发出来,安娜当场落泪,哽咽着退回自己房间。有一次,在跟安娜的弟弟们读书的时候,埃莉诺也禁不住地失控落泪,泪如泉涌,无法止息。

不过,在路易斯·豪的促动之下,埃莉诺继续这趟自我确证之旅。她学会了游泳,学会了开车。她开始融入公共事务。甚至在丈夫患病之前,就已经为女性选民协会做一些工作了。这令她接触到一批干练且有着社会心性的职业女性,这些人极大地拓展了她的视野。通过罗斯·施耐德曼,她对女性工会联盟有了兴趣,莉莲·沃尔德和玛丽·西姆霍维奇则把她引入了社会工作圈子。马里昂·迪克曼和南希·库克令她接触到民主党州委员会妇女部的事务。她也开始关切党组织事务,为妇女部创办了一份报纸,同时开始在全州展开定期的政治巡游，同地方领导人交流。这一切事务中，最大的障碍还是公共演说。一旦害怕起来，她的声音会变得高且尖，似乎要爆裂成紧张的咯咯声。演讲过后，路易斯·豪就会用沙哑温和的语气安抚说："你太吓人了，根本没什么好笑的东西，你为什么发笑呢？……把声音压低，看在上帝分上，停止那愚蠢的咯咯声。"埃莉诺悉心听从，并开始训练声音，在这个过程中，斩获了技术，也斩获了信心。她并不赶时髦，仍然戴着那种别在胸口的表，是严格的禁酒主义者；不过，此时的她已经是能干的行政人员了，个性也相当强劲且有魅力。[2]

3

罗斯福已经非常倚重埃莉诺。不过，关键战役还是要他自己去打，那就是自己内心的战役。此时，罗斯福的公开表现，较之以往更为强劲、坚定了。只有一次，埃莉诺听他说过一些沮丧的话。偶尔也有一次，罗斯福提到，也许可以投资一艘游船，指不定将来会帮上自己，让自己有点事情做，经历如此沉重的考验之后，说出这样的话，的确是非常温和了。格雷丝·塔利，从1928年开始一直在罗斯福身边工作，直到罗斯福去世，据她回忆，他"从未沉溺于自艾自怜，也从未对疾病带来的不便表现出任何的烦躁"。罗斯·麦肯泰尔，罗斯福后来的白宫医师，也有类似的说法，"没有人看他有过自艾自怜的情绪"。

当然，无形中的迹象还是会有的。罗斯福喜欢打高尔夫球，但落病之后，埃莉诺便再也没有听他提起过高尔夫（尽管他跟其他人提起过）；此后的十二年里，他也没有再回过坎波贝洛。但是他跟麦肯泰尔说过，在最初的绝望之后，他便决心要竭尽所能，缓解病症。他当然明白，这需要极为强悍的意志，但他没有动摇。"自那之后,"路易斯·豪说,"我便不记得他有过抱怨,对那可怕的纪律要求有过反抗,而且这种纪律要求是他强加给自己的。"他几乎是以一种炽烈的眼光,望向将来,而非惦记着过去,全身心地投入,要重新找回健康,重新找回活力。

一开始,确实很艰难。甚至恢复家里的正常氛围都很困难。他会向孩子们展示自己的腿,让孩子们看见那肌肉,借此消除孩子们的悲伤和不适应;若是一直蛰伏着的肌肉有任何一丝颤动,他都会兴奋地大喊大叫。在学着四处移动的过程中,他也开始学习自嘲的能力,以帮他打破紧张氛围。他会在海德帕克的花园里的一套杆子上练习;会挂着拐杖,沿着私家车道勉力行走,尽管速度之慢令人痛苦,额头上通常浸满了汗珠;也会竭力爬到游泳池的边上,然后把自己放到水里,怪笑着说:"解铃还须系铃人,是水把我变成这个样子,就让水把我变回来!"他心里当然还想着芬迪湾的水。很快,他便又开始见人了。约瑟夫斯·丹尼尔斯第一次来访的时候,罗斯福从床上起身,要给丹尼尔斯来上一拳,这个动作差点让他失去平衡。"你觉得你是来看一个废物的,"罗斯福说,"但我随时可以把你击倒。"他只不过是腿上完全没有力量了。"我决心要把这力量找回来,而且我会跑得比你快的。"[3]

此时,罗斯福投入精力,搞集邮,造模型船,还跟路易斯·豪一起在哈得孙河实验这些模型船,编修海德帕克地方志,跟拉斯基明星电影公司谈判一部电影剧本,取材于约翰·保罗·琼斯的生平,还仔细斟酌了一份海军版画订单,当然,他还很是热切地与朋友和访客交谈。无休无止地阅读,历史、地方志、胡佛的《美利坚个人主义》("这书让我得到了极大的愉悦"),还有亨利·R. 卢斯当年创办的那份盛气凌人的新周刊("我唯一的批评意见是,偶尔在需要简洁一些的时候,《时代》反而会给出一些说法,这些说法是有水分的")。

过了一段时间,他便靠着拐杖以及腿上的一副用来固定和支撑的铁架,返回富达公司上班了,偶尔,他会驾驶游艇前往佛罗里达水域游走一番,或者在新英格兰租上一栋小房子,休闲一番。有朋友还回忆起当时路易斯·豪是如何在马萨诸塞州马里昂的一处小房子里给罗斯福送上早餐的:"好好吃,这会让你强壮起来的。我会看着你成为美国总统的。"

就这样,罗斯福开始了工作,开始了无休无止的锻炼,开始耐心地观察,对生活不曾有过任何抱怨。这样的过程毫无疑问催生了乐观,乐观则又让这过程更为轻松。没有希望,他是难以为继的:1921 年(他致信理查德·E. 伯德说),"明年秋天,我就能和你一起追逐敏捷的驼鹿了"!1922 年(他致信莱昂纳德·伍德,描述了腿部肌肉的情况),"它们都要回来啦";1923 年,他最终放弃了当地乡村俱乐部的积极会员身份,说"这一两年里,我看来是没办法打高尔夫了";1924 年(他致信里奇曼·P. 戴维斯),"再次上场挥杆的时刻估计很快就会到来了";1925 年(他致信乔·塔马尔蒂),"我一直在努力,希望明年这个时候就可以走路了"。[4]

他发现游泳是最好的训练,因为水可以卸去腿部的重量。1924 年夏天,老朋友乔治·福斯特·皮博迪致信罗斯福,谈到他在佐治亚州西部一个叫沃姆斯普林斯的地方有一处温泉疗养地,温泉疗法对他的身体会有好处的。罗斯福自然愿意尝试任何办法,遂进一步询问了情况,当年秋天,他便在沃姆斯普林斯那座老旧的木制酒店旁边租下一间小房子。在水边的一处池子里面,水温高达八十九华氏度,密度也是异常的高;这样的温度和浮力非常适合锻炼麻痹的肌肉群。罗斯福很快便感到情况有改善,遂决定春天时候再回来。

此时,有报纸报道说,罗斯福"正在游回健康",这篇报道吸引了全国的关注,第二年,便有同样的患者络绎不绝地赶往沃姆斯普林斯。在缺少医护的情况下,罗斯福亲自上阵,把事情操持起来。他帮助病友展开联系,还用自己的快乐,让病友们振作起来,重拾希望。越来越多的病患赶赴这座小镇,罗斯福遂着手找一批医生过来。不过，到了这个时候，也确实需要更成体系和组织的解决办法了。1926年，罗斯福说服一个矫形外科医生委员会调研在此地开办医疗机构的可能性。该委员会提供的报告是支持这个前景的，罗斯福遂于1927年从皮博迪手中买下了温泉和相关设施，并建立了一个名叫"沃姆斯普林斯基金会"的机构。该基金会继续运作，将这个度假胜地改造成脊髓灰质炎患者的疗养中心。罗斯福自掏腰包，投了二十万美元进去，这差不多是他全部家当的三分之二了。他以无可遏制的热情将这件事情做起来。沃姆斯普林斯给了他太多太多的东西，不仅是浮力劲的温泉，他更在这里砥砺了自己的行政能力。他在此地修建了自己的一座小房子，邻居们开始给这座小房子馈赠各种礼物，鲜花、草莓还有蜂蜜，就放在门前的台阶上。于是，在派恩芒廷，在这桃花和映山红盛开的地方，在佐治亚州的明媚阳光之下，他找到了自己的第二个家园。[5]

4

罗斯福身体状况逐步改善，开始重新投入工作，并重启了政治活动。路易斯·豪依然忠心耿耿追随于他，在各个领域都是他的左膀右臂。玛格丽特·莱汉德，自1920年选战之后，也留在罗斯福身边，此时开始担任罗斯福的机要秘书。罗斯福家人都称呼她"小姐"，她是那种可爱、沉静、时髦并且很有头脑的人，绝对忠诚；她的职责可不仅仅是秘书，很快，她便也成为罗斯福生活中惬意且优雅的存在，成了罗斯福一直挚爱的朋友。埃莉诺·罗斯福在这个团队中的价值也日益提升。罗斯福主要依靠埃莉诺，收取外界的信息。他时常会围绕她的所见所闻，提出尖锐问题，以此来锤炼她的观察能力，终于令埃莉诺学会了不忽略任何东西，学会了记住任何事情。

富达公司在下城区为他提供了一处住所。至于他同兰登·马尔温的法务合伙关系,虽然自 1910 年他获选进入州参议院之后就开始了,并于 1920 年又重启,但这方面的事务并不契合他的新生活。部分是因为此时再让他爬台阶,前往以前的那个办公室,已经是很困难的事情了,更重要的原因则是业务本身,"主要是地产、遗嘱方面的事情",罗斯福说,"这类事情让我烦透了。"1924 年,他剪断了同埃米特-马尔温-罗斯福律师行的关系,几个月之后,同一个精明、有趣但略显粗俗的爱尔兰人搭建了新的合伙关系,此人名叫巴兹尔·奥康纳。他同奥康纳携手建立了一家更为高效的律师行;新的执业活动也颇为冒险地进入了公司领域,不过,这要比先前的业务更契合罗斯福。[6]

他最大的乐趣似乎是从商业推广和商业投机的混合领域得来的。对新想法,他有着赌徒一样的热情,尽管他绝对不会在单独的一件业务上下太多赌注。他那灵活、丰富的头脑迸发出众多天才想法,比如,在德国通胀期间,用马克买入公司股票,在美国开通有人驾驶的商用航线,在出租车上设置广告空间用来出售,开发自动售卖机以及拍立得照相系统等;他甚至还谋划着在龙虾市场搞垄断。[7]

这让人迷醉的"新时代",罗斯福显然也是参与其中、享受其中的,而且不知疲倦。此时,他还担任了美国建筑委员会主席的职位,这是更严肃的事情,该委员会是建筑业的同业公会组织,始建于 1922 年,部分地是依托了商务部长胡佛的动议。在这个位置上,罗斯福的工作重点不仅是通过平复建筑业的波动来抵制经济周期,同时也鼓励行业自治,来替代政府干预。"政府管制体制,"他于 1922 年申述说,"并不可行。太笨重也太花钱了。"不过他也援引胡佛的话,申述说,潮流是向着公共控制涌动的。"除非我们管好自己,否则的话,政府就定然会介入,无论以怎样的形式,未来几年间就很可能会出现这样的势头"。

然而，产业自治需要有信息支撑；当他向胡佛建言，由商务部主持建立一套建筑业指数体系以配合产业自治，胡佛很是严厉地拒绝了，认为这会诱发政府干预。最终，罗斯福的委员会不曾收到产业或者政府的足够支持。罗斯福把自己同建筑业的关系维持到1928年，这一年，他最终感觉，要想真正催生一场产业重组运动，就非得来上一场萧条冲击一下不可。[8]

法务和商务都很占时间和精力，不过，政治仍然是他的持续关切。物质主义确实主宰了这个时代，甚至也主宰了罗斯福自己的商务生活，但并没有主宰民主党。落病几个月之后，在给杰克逊纪念日晚宴写的报告中，他宣称，必须将"政府的控制权从职业货币集团手中解放出来"，并抨击了共和党的如下观念："旨在让人无需顾及他人而自行致富的法律，是能够造就一个繁荣且幸福的国家的"。也许他不能四处走动了，但他至少可以写信。在路易斯·豪的帮助下，他开始同美利坚大地之上的民主党政客建立起大范围的通信网络。信的主题一直不曾变过：民主党必须重新奉行"进步主义民主原则"，当然也要小心避免"诸如无党派同盟那样太过激进的观点"。

他迅速回归了州政治舞台。1922年，阿尔·史密斯一度不愿意再度参加州长竞争，罗斯福遂扮演了一个领导角色，力促史密斯接受提名。与此同时，他也继续跟坦慕尼协会展开小心翼翼的和解进程，支持该集团的罗亚尔·S.科普兰参加1922年的参议员竞选，1924年，他的老对头、党老大墨菲去世之时，他还公开表示哀悼，称墨菲是过去几代人的时间里纽约市政党机器"最为强大也最有智慧的领导人"。1925年，当莽撞、冲动的詹姆斯·沃克获选市长的时候，罗斯福致信沃克，表达了自己的小小乐观，"我知道，您将会百分百胜任的"。

随着1924年选战的临近，罗斯福也加倍运作起来，力图让民主党成为一个自由主义政党。"在我看来，我们必须提名一个真正意义上的进步主义者,甚至提名一个激进派民主党人也未必不可行,"这是他跟一名记者说的话,他还补充说,"……要不是我还得拄着拐杖,我想我会亲自出马的。"当时,他可能确实没有意愿亲自出马,不过,路易斯·豪在1923和1924年间跟很多人有过推心置腹的谈话,他一直在竭尽所能地维持罗斯福这个名字的生命力。(他作为罗斯福的代表,征询过一系列人的意见,包括伊利诺伊州的刘易斯·格林·史蒂文森,此人是阿德莱·史蒂文森的儿子,他的儿子也叫阿德莱·史蒂文森。)此时,一些人甚至推举罗斯福担当副总统提名。但罗斯福婉拒了,他说:"我不想当副总统。依我目前的身体状况,要主持整整四年的参议院会期,对我来说,是完全不会有成果也不会有收获的任务,也完全不适合我。"

5

一开始,罗斯福对麦卡杜在1924年的前景很是看好。但是不久便爆出,麦卡杜接受了多希尼的一笔聘用费,此事令麦卡杜的选战势头遭遇顿挫,罗斯福便把眼光转向了史密斯。不过,他依然担心史密斯尚不足以确立自己的全国形象,路易斯·豪也预断说,麦卡杜即便不能赢得提名,至少也有足够的票仓可以封堵史密斯。然而,史密斯急于跟西部和南方的领袖人物建立联系,遂邀请罗斯福担任自己名义上的选战经理人;罗斯福当然很清楚,民主党既需要农业集团也需要城市集团,遂接受了史密斯的这个邀约。

接着便是麦迪逊广场的那段痛苦时光,罗斯福几乎是唯一一个从中全身而退并斩获声望的人。《先驱论坛报》评论说,罗斯福"已然成为凭借其声望就能够钳制提名大会的人";《世界报》说他是"那个真正的主角……那个能够赢得各个派系尊重和仰慕的领导人"。来自弗吉尼亚州的哈里·伯德写道,罗斯福是"此次大会之上最受欢迎的人物",而且他表态说,他希望有一天他有机会支持罗斯福的总统候选人提名。另一名代表则援引堪萨斯城的托马斯·彭德格斯特的一席话来评说罗斯福,"我所见识过的人当中,最有魅力的那个,我料定,他将以总统候选人的身份出现在1928年的民主党票单之上"。[9]

大会结束之后,很多人提议他参加州长竞选,罗斯福全部回绝。沃姆斯普林斯此时已经出现在他的日程上面,而且,他在此次选战中并没有太多参与。10月,他告诉埃莉诺,他现在的心思已经足够深远了,他觉得,倘若柯立芝获选,"那么在未来的四年里,人们将会对那个古老的金钱集团的保守主义变得极为憎恶,如此,我们便可以在1928年迎来一场真正的进步主义大潮"。选举结束之后,他便更为悲观了,"即便民主党已经是如此诚实且进步的政党,"他写道,"只要工资还不错,只要市场还繁荣,人民依然是不会将共和党赶下台的……我只是希望全部的民主党人能够更为紧密地团结起来,扔掉派性和地方主义,好好听听媒体的意见,将全国组织体系置于文件的财政基础之上。"

正是最后的这份感受,催生了他1924年的那封公开信,信中提议对政党组织体系实施重组。尽管提议本身无疾而终,但此番努力重建了罗斯福的全国领袖的地位和形象。接着,罗斯福便推出了一系列的信件,告诫民主党不可在派系争斗或者围绕具体人选展开的不成熟的斗争中,白白消耗自己的能量。"黑暗中这莫可名状的摸索"已经够多的了;现在需要的是团结,需要确立这样一种观念:"进步主义民主是我们的共同阵地,各个派系、集团都可以在这个阵地上集结起来。"这当然跟极端激进主义没有任何关系,"我们的一些朋友宣称,通往乌托邦的康庄大道是存在的,但是沿着这样的道路盲目奔跑,最终就只能是发现自己无望地陷入未经检验的政治理论催生的流沙当中";不过,进步主义民主确实意味着稳健的进步态势,这可不是"一动不动的保守主义",而是"有制动闸的进步主义"。当前的共和党阵营,已经有很多很多的进步派,当前的民主党阵营,也已经有很多很多的保守派:"我不禁觉得,重组时刻终究是要到来的。"[10]

然而,民主党究竟该往哪个方向走呢?在这个问题上,罗斯福开始形成一些试探性的想法。此时,很多民主党人仍然相信,"应当减少华府的统治职能,办法就是削减联邦政府的既有职能"。这样的观念令罗斯福十分恼火。这样的看法显然忽略了这样一个坚硬事实:"现代文明是如此复杂,传统的州的边界已然开始瓦解,诸如公用事业体系、州际商业体系以及全国性大公司的销售体系,已然很清楚地揭示出这样的发展趋向,因此,在太多的事情上,都要求政府实施某种形式的介入,以遏制滥权或者剥削行径。"1926年,他以民主党纽约州大会临时主席的身份发表演说,很是简洁有力地表达了自己正在发育中的政府职责观念。此等观念代表跟民主党传统的杰斐逊主义的明确决裂:

> 倘若我们接纳"政府越小越好"这个说法,那我们也必须明白,这个说法仅仅适用于简化具体的政府职能部门,并遏制政府对正当私人活动的不恰当干预,但是人口的巨大增长以及现代科学的极大发展,也在催生诸多新的问题,倘若这个国家或者某个州,仍然不愿意通过政府行动来应对此类问题,那就必然会走向衰落,最终必然难逃一死。

他依然没有在这个"粗俗物质主义"的时代看到什么希望;"当前,我们所有人面对的那堵石墙,是选民大众的满足感"。但是,"不管我们的银行家朋友们怎么说,这个国家的增长率也不可能永远维持在百分之百"。当前人们都沉浸在金钱游戏当中,但在更为深层的地方,也不难辨识出民众的另外一些品性。"今时今日,我们的公众人物都十分惧怕政治上的理想主义,但这并不能改变这样的事实：这个国家仍然愿意倾听物质主义之外的东西。"不过话又说回来，这需要时间。1928年也许太早了。"坦率地说，"罗斯福致信一名记者说，"我要把时间节点放在1932年的选战，那时候也许会诞生一个民主党总统。"[11]

6

纽约政坛此时也没有闲着。史密斯等人力推罗斯福参加1926年的参议院竞选。罗斯福拒绝了。部分的原因是他不希望打断自己的康复训练："再有两年，我就可以不靠支架再次站起来了。"不过，他无法忍受参议院的那种生活，这也是其中的原因。"我喜欢行政或者管理工作，不过我不希望被束缚手脚，被剪掉羽翼，六年啊……否则的话，我会频繁爆炸的，到最后就会完全失去能量。"

不过在其他问题上，罗斯福倒是衷心追随了史密斯在纽约的领导权能。确实，1927年，路易斯·豪听闻，南方的一批禁酒派民主党人，在卡特·格拉斯引领之下，意欲阻止史密斯竞逐总统之职，并转而支持罗斯福，此一消息令路易斯·豪十分担忧，他害怕史密斯集团会认为这是罗斯福在暗中运作，力图取代史密斯的总统提名，并因此对罗斯福生出恨意。"我已经向这样的想法泼了足够的冷水，"路易斯·豪致信罗斯福说，"我会竭力浇灭伍尔沃斯大楼的火气的。"罗斯福随后也致信约瑟夫斯·丹尼尔斯，反对任何的妥协方案，比如说让罗斯福担当总统候选人提名，同时为史密斯强力论证。罗斯福还不忘补充说，"严格来说，无论我们谁出面，对于民主党人在1928年的选战前景，我是十分怀疑的。"[12]

罗斯福是真心仰慕史密斯的行政头脑和干劲。他对史密斯是有个人情感的，他也确实认为史密斯会成为优秀的候选人。1926年，在给史密斯的一封长信中，他以大师级的手法为史密斯勾勒了策略，他认为，史密斯若要赢得 1928 年的提名的话，就应当遵循这样的策略。不过，罗斯福并非史密斯心腹圈子中人；而且史密斯似乎只是将他视为政治门外汉，当当橱窗里的摆设兴许有用，但不必太把他当回事。即便在这段时期，二人之间还是有小摩擦。作为塔科尼克州立公园委员会的主席，罗斯福曾致信史密斯，批评史密斯竟然向罗伯特·摩西低头，取消了达奇斯县的一条公园道路计划。"我全部公共生涯当中，就没有遇到过像你这般自私自爱的人。"史密斯则是给出了他惯常的回复，"所以，你可以随便找我麻烦，没关系的。我不会为了任何事情或者任何人而跟你干架。不过，这并不能阻止我给你小小的提点，对于你不曾亲身应对过的事情，切不可如此肯定。"[13]

不过，这场纷争并没有影响二人之间的根本友谊。1928 年选战正在迫近，罗斯福也越发地为史密斯出力了。在副总统候选人问题上，罗斯福支持田纳西州的科德尔·赫尔："我是那种老派思维，所以我相信在选择副总统人选的时候，一定要考虑到也许有一天全能的上帝会召唤他担当总统之职，赫尔会是一个好总统的。"在党纲问题上，罗斯福给出的仍然是那些熟悉的议题：农业、政府重组、"将国家资源，特别是水电资源的最终所有权维持在人民手中"、外交政策上的国际主义以及"用一个秉持务实理想主义的民主党政府来取代奉行粗俗物质主义的寡头体制"。他还尝试在外交事务、农业政策之类的议题上教育史密斯，这位纽约州州长，即便作为潜在的总统候选人，对此类问题也是相当无知的。史密斯是天主教徒，自然会因此招致诸多敌意，罗斯福对此特别愤怒："这让我热血沸腾，"他致信丹尼尔斯说，"即便我从祖辈以来一直都是纯正的新教徒。"他在宗教问题上的此等义愤更是越发地强烈了，直到最后，他实在忍不住了，大声抨击那场"很不美国、很无耻也很恶毒的运动"。[14]

在 6 月的休斯敦大会之上，他维持了四年前在麦迪逊广场留给世人的那种印象。他在会场附近走动着，已经不用拐杖了，但还需要支架将腿锁住，他靠在一根手杖上，儿子在身边搀扶着，给人一种快要康复的印象。他以史密斯的现场经理人的身份出现，提名史密斯，并且是此次极为和谐的大会当中一个重要的和谐因素。不过，史密斯仍然将罗斯福视为漂亮的门面而非真正的政客，对他关于此次选战的想法基本上没有关注。罗斯福对身为全国委员会主席的拉斯科布甚是怀疑，并认为民主党不应当将争取大商业集团的支持作为战略组成部分，史密斯对罗斯福的这些想法均予以拒斥。到了8月，罗斯福抱怨说，他很少能见到史密斯，甚至都没有机会跟史密斯讨论重要问题，比如说服麦卡杜支持史密斯。与此同时，罗斯福也在民主党全国总部商务处负责人的位置上，一直努力工作。此时的埃莉诺已然凭借在纽约的工作赢得了党内职业政客集团的尊重，正负责妇女部的事务。

7

9月，罗斯福前往沃姆斯普林斯。此前的这个夏天，各方给他施加了很大的压力，希望他接受纽约州州长的竞选提名。但他已经决心不让任何事情阻挡他的彻底康复之路，这个决心比任何时候都更强烈了。同样重要的是，无论是他自己还是路易斯·豪，都不认为1928年会是属于民主党的。然而，各方压力继续涌动而来，9月底，当民主党在罗切斯特集会的时候，党内领导层已然达成一致：罗斯福若是能出现在州长竞选票单上，并为民主党拿下纽约州，那么即便史密斯失败了，民主党也仍然有可能获得一场全国性的胜势。路易斯·豪预计民主党会在罗斯福身上强取分数，遂给罗斯福发出如下电文，以示警告："依照目前的情况，我比以往任何时候都更笃定，你不可参加竞选，埃莉诺也同意。路易斯还补充说，唯一可被接受的借口就是身体状况不佳。别的任何理由都会被州长本人驳回。"

连续数天的时间,电报和电话在沃姆斯普林斯和纽约北方之间频繁往返。"他们若是要找一头山羊,那瓦格纳何不牺牲一下自己呢",这是路易斯·豪在 26 日发送的电文,语含讽刺。罗斯福遂向媒体明确表态,拒绝参选,希望以此来结束这场热闹。史密斯即刻亲自给罗斯福打电话(路易斯·豪则发送了这样的电文:"州长先生试图给你电话……千万小心前来送礼的希腊人。"),罗斯福遂告诉史密斯,他能否重新行走,取决于沃姆斯普林斯的疗养:"我现在只有四十六岁,身体状况一直在改善,我觉得需要维持这个势头,这也是我对家人和对我自己的责任。"女儿来电说:"一往无前,参选吧。"罗斯福回复:"亲爱的,真该打你屁股。爸。"史密斯动员了一干人等,试图让罗斯福回心转意。爱德华·弗林,布朗克斯区的党老大,也来电劝说;这一次,罗斯福不仅以身体状况为借口,更谈到了自己对沃姆斯普林斯基金会的财务责任。弗林遂转告史密斯,倘若能把沃姆斯普林斯的事情料理好,罗斯福是有可能参选的,史密斯颇有信心地回答说:"去跟他说,不会有问题。我虽然不知道具体该怎么做,但我们肯定能把那边的事情解决好。"很快,拉斯科布便同意将罗斯福在沃姆斯普林斯的债务给清偿掉。

埃莉诺·罗斯福于这个当口抵达罗切斯特,于是,一干人等便竭力将埃莉诺也纳入这个游说集团。埃莉诺拒绝游说自己的丈夫;不过,弗林,至少还有拉斯科布,都察觉到,埃莉诺是希望罗斯福参选的,最终,埃莉诺同意给罗斯福打个电话试试。此时,罗斯福开始回避电话了,而且已经离开沃姆斯普林斯有一天的时间了,并没有留话说哪里可以找到他。埃莉诺的电话最终还是找到了他,当时他正在距离沃姆斯普林斯几英里之外的某个地方为一场民主党集会发表演说。最后,罗斯福还是强行结束了演讲,在一家商店的电话亭里接了埃莉诺的电话。埃莉诺显然是要将这个睡眠者抓回纽约了,电话接通之后,埃莉诺将话筒递给史密斯,而后便消失了。她并不知道此次交涉的情况,直到第二天她在纽约买到了一份报纸。

话筒这边的史密斯遭遇了断线的噩梦;没人听到电话那头有任何的声响。接线员建议在罗斯福返回沃姆斯普林斯的时候,再尝试一下。这次,连线很成功,声音很清楚。拉斯科布保证了基金会的事情;史密斯则从政治角度申述;赫伯特·H. 莱曼,一个有着公认行政才能的纽约银行家,也赶来游说,他告诉罗斯福,他会竞选副州长,这样的话,只要罗斯福想离开纽约州,他都会出来代理州政。绝望之下的史密斯遂恳请罗斯福接受此番约请,全当是私人的人情。此时,"小姐"莱汉德在罗斯福身边不住喊"你敢——你敢",罗斯福坚持了回绝态度。最后,史密斯发出了这样的问询:倘若提名于你,你仍然拒绝参选,是吗?罗斯福缓缓地回答说,他不知道。要的就是这个回答。

第二天上午,大会以欢呼声通过了罗斯福的提名。路易斯·豪绝望地摊开双手,发送电文说:"彻底乱套了……这一次,我也没办法了。"另外还发送电文:"告诉小姐,夫人和我跟她一样高兴。"埃莉诺随后还是表达了自己的忧虑,担心罗斯福是不是因此错过了重新行走的机会,无论如何,有一点是可以肯定的,罗斯福自己觉得要就此错过完全康复的最后机会了。"我从未见识过有谁能像你这样,"拉斯科布致信罗斯福说,"付出如此大的牺牲来帮助我们这个党。"至于沃姆斯普林斯的事情,罗斯福并没有接受拉斯科布提供的三十五万美元贷款,不过,随后的几年间,拉斯科布一直都是沃姆斯普林斯基金会的慷慨支持者。几年之后,罗斯福跟埃米尔·路德维希谈起这段往事,"当时我确实不想参选,"他用力捶打着自己的膝盖说,"我想要的是我的右腿能动起来,太想要这个了!……可惜,道义压力太大了。"[15]

8

共和党媒体即刻行动起来,将残疾的罗斯福说成是史密斯无度野心的可怜牺牲品。史密斯自然还以颜色,"州长可不一定非得是杂技演员。我们不是因为他会连续两个后空翻而选择他"。罗斯福很快也补充说,既然他自己的状况显然并不适合为州长职位而"赛跑"("run" for office),那就只能靠着朋友们的搀扶,才有可能走到那个职位。

10月中,选战正式开启了。罗斯福再次有了一个强干的团队。路易斯·豪坐镇指挥部。小亨利·摩根索,达奇斯县的邻居,1920年代,二人的关系越发密切了,摩根索对农业的兴趣,令罗斯福对这方面有了广泛的了解,在此次选战中为罗斯福担当先锋。"小姐"莱汉德此时患病,留在沃姆斯普林斯休养;格雷丝·塔利,一个漂亮且聪明的女孩,曾在民主党全国总部为罗斯福夫人工作,此时则进入罗斯福团队,担任竞选秘书。塞缪尔·I. 罗森曼,一个年轻律师,也加入团队,负责在州问题上为候选人提供咨询和建言。

罗森曼,严肃且讲求条理,他用一系列大大的红色马尼拉信封将竞选议题归整分类,每个信封上面都仔细地贴着对应的主题标签。罗森曼是史密斯的忠实追随者,但对这位候选人的软领、宽大的粗花呢西装以及破旧的皮帽,当然还有装束和举止方面那漫不经心的贵族范,很是犹疑。不过,他没有感觉出罗斯福真的是那种无足轻重的人物,尽管史密斯圈子常常这样议论。"宽宽的下巴、高高翘起,闪动的眼睛透着锐利的眼神,双手很是坚定有力,"罗森曼后来记述说,"——跟他们说的不一样。"他确实让人印象深刻且心生不安。"他很友善,不过,他的举止中透着一种莫可名状的尊严感,让人不管轻易靠近。"

罗斯福展开上州地区的竞选演说，是在一辆别克车的后座上发表的即席演讲，我们这位候选人先是聚焦于全国性议题，特别是宗教偏见。很快，话题便转向州内问题，到了这个时候，候选人就要向罗森曼求助了。他们很快便设计了一套方法来拟定演说词：先是罗森曼写出草稿，罗斯福对之加工润色，口授速记员写成新的版本，而后就新草稿展开会商，予以修订，到最后才将正式稿打印出来。罗斯福对罗森曼那讲求条理的性格、流畅的文风以及稳健的判断留下了极为深刻的印象。罗斯福的编辑能力也令罗森曼甚是吃惊且仰慕，罗斯福竟然能够靠着断句、重新排序或者偶尔添加一些语词，就令整整一页的沉闷草稿，一下子有了生命，并且打上了罗斯福的个人风格印记。

罗斯福凭借此次选战，为史密斯政府提供了强有力的辩护。我们这位候选人是这么评说史密斯的福利政府理想的：

> 如果说他削减女工和童工工时的计划是社会主义，那我们都是社会主义者；如果说他关于州医院系统和州监狱系统的公共改进计划是社会主义，那我们都是社会主义者。如果说他改善本州人民健康状况并大力援助教育体系的计划是社会主义，如果说这样的事情都是社会主义，那我们都是社会主义者，而且我们以这个名字为傲……
>
> 公共生活中的任何人，若是保持前进态势并倡导改进计划，都会被称为激进派。本州的民主党就是这样，一直保持前进态势并倡导改进计划，为此，我们党备受非议，一直被说成是激进派或者别的什么东西，但在这个州，我们党一直都在赢得胜利，而且只要我们党仍然能够拿出进步计划，能够保持前进态势，也就能够一直赢得胜利。

选战过程中时不时地会遭遇一些难题。有一次，一楼没有侧门可以通往演讲台。面对这样的情况，罗斯福并不想走过长长的中间通道，前往演讲台，因为他不想人们觉得他是在博取同情，所以，他选择了攀爬消防通道。他就靠着强壮的手臂和肩膀，相当艰难地攀爬陡峭的梯子，偶尔停下来换口气，还会开一些玩笑，舒缓一下大家的紧张，而后便继续攀爬，最后，汗如雨下，白衬衫都能拧出汗水了。爬上梯子之后，也只有时间抹一把脸，便赶紧现身演讲台了。听众当中，自然没有人能想到他此前经历了什么。

这是一场胜利的个人选战，罗斯福凭借这场个人表现，掀起新的乐观潮流，将民主党的希望撑了起来。然而，选举日当晚的巴尔的摩，看着不断反馈回来的投票情况，民主党人陷入巨大的沮丧当中。很快，情况便很明确了，史密斯败选了；甚至在他的家乡州，也毫无希望地落于人后。从初始阶段的回馈情况来看，罗斯福似乎也要败选了。不过，我们这位候选人注意到上州地区的票选结果在出炉之际有了很不寻常的延迟，这令罗斯福甚至都在怀疑地方官员是不是在故意放缓计票进程，以便有时间更改票选结果——倘若为了选出一个共和党州长而不得不这么干的话。罗斯福即刻抓起电话，打给上州区各县的治安官："我要你亲自去查看一下，票箱是不是被人做了手脚。"此番操作奏效了，结果出炉的速度提高了。

到了早上，一切都尘埃落定了，史密斯不仅在"牢固的南方"遭受重挫，连自己的家乡州都丢掉了，最终以十万票之差落败，罗斯福则以两万五千票的优势拿下纽约州。"漆黑地平线上唯一的光点。"萨姆纳·韦尔斯致信罗斯福评说了民主党的这场惨败。"就是你成为纽约州州长。"哈里·伯德说，"现在，你是民主党的希望了。"[16]

三十二　在奥尔巴尼的责任

1

如此，他二十一年前给格伦维尔·克拉克开具的那份时间表里，便又有一个目标达成了。他又一次坐在西奥多·罗斯福曾经坐过的椅子上。跟西奥多·罗斯福一样，他也要主导自己的政府。"我必须成为纽约州的州长，"他告诉弗朗西丝·珀金斯，"而且我要自己干。"

这里面所作的强调是有原因的。阿尔·史密斯曾是纽约州的伟大州长。现在，总统选战落败，看来不会乐意放弃州长权能。他的动机显然是复杂的。他确实关心罗斯福的健康，关心纽约州的福祉，但这中间并非没有私心，不管怎么说，他是不愿意就此让权的。史密斯，也许在骨子里瞧不上罗斯福的力量，无论是头脑方面的、道德方面的，还是身体方面的。曾有朋友跟罗斯福说起史密斯对他的看法，"他撑不过一年的"。无论如何，史密斯知会罗斯福，贝尔·莫斯科维茨已经在着手准备就职演说词以及州议会咨文。史密斯还说，莫斯科维茨夫人已经被指定为州长秘书，罗伯特·摩西仍然担当州政府秘书的职位。而且，史密斯还在奥尔巴尼的德威特·克林顿酒店给自己保留了一个套房，以便襄助重大决策。

然而，罗斯福那随和的贵族范外表，却是有欺骗性的。新任州长已经不是政坛的公子哥了。内质里，他已经变成一个老谋深算且相当强悍的操盘手。实际上，他在 1920 年代便一直都在运作，比如同全国各地的政治人物保持系统联系，比如一直致力于维持党内城市集团和乡村集团之间的平衡，这一切都是经过精心算计的，是为了培养自己在党内的地位。他太爱权力了，所以，不可能乖乖交出权力。对于史密斯的此番提议，罗斯福颇为温和地答复说，就职演说和呈送州议会的咨文差不多已经完成了，不过他倒是很乐意给莫斯科维茨夫人审阅，也乐于在史密斯抵达奥尔巴尼的时候给史密斯审阅。不过，罗斯福最终自然是"忘记"这么做了。史密斯很快便意识到，无论是莫斯科维茨夫人还是摩西，恐怕都留不下来了。罗斯福内心已然将罗森曼看作是州长幕僚了，因此没有对罗森曼避讳什么，而是冷冷地告诉罗森曼，"我无意继续任用阿尔用过的人"。

罗斯福当然也无意公开决裂。实际上，史密斯时期各个部门的首脑，他差不多都保留下来了。但是，仅仅是此番独立宣言本身，就足以令史密斯起疑了。阿尔后来也申述说，从那一刻开始，他就已经确定了，罗斯福是要谋划着寻求总统候选人提名了。阿尔自己也开始有所改变了。经济上的成功令这个从富尔顿鱼市走出来的家伙沉醉其中，却终究令那个哈得孙河畔的乡绅备感厌烦。他们从未真正走近过；他们注定了会渐行渐远。1931年，史密斯评论说，他和罗斯福在社交层面一直都是朋友，而且罗斯福还特别用心地去赢得史密斯家人的好感，"但是，"他不禁站起身来，跺了跺脚，说道，"苍天可鉴啊，自从他当上州长之后，就再也没有在任何事情上征询过我的意见，这个情况你们都知道吗。"[1]

2

很快，罗斯福便着手组建自己的政府了，在这个过程中，他越来越感觉罗森曼作为助手是极其有用的。这个年轻律师有着冷静的头脑、镇定的举止，更有低调、谦逊的天分，很快便在罗斯福团队中成为不可或缺的人物，甚至令路易斯·豪都嫉妒三分。罗森曼会常常告诫新加入罗斯福团队的那些助手，"要时刻提防着点，一不小心，路易二世'就会给你一脚'"。[2]路易斯·豪接管了当初史密斯打算给予贝尔·莫斯科维茨的大部分心腹职责；莫斯科维茨在社会福利问题上的幕僚职责，则交付弗朗西丝·珀金斯，罗斯福还特意任命珀金斯为工业专员。小亨利·摩根索则先是接过了罗斯福在塔科尼克州立公园委员会的主席职位，而后又成为农业顾问委员会的主席，再往后便升任环保专员。州政府秘书之职，罗斯福则用爱德华·J.弗林取缔了摩西，在纽约州政客集团当中，弗林是罗斯福最喜爱的人物。

弗林出生在一个富有的爱尔兰家庭，是福特汉姆法学院的毕业生，在州议会有任职经历。1920年代初期，凭借冷静的政治谋略，他赢得查尔斯·F.墨菲的青睐，成为布朗克斯区的民主党党魁。他衣着总是一尘不染，扣眼里面从来都不忘别上一束康乃馨，他很是谦逊，精于社交，在政治上很是强悍，是彻头彻尾的现实主义者。在他眼中，贪污腐败可不仅仅是不道德的事情，更是愚蠢的事情。他是有标准的人，他竭力依托这些标准来要求自己的政治机器，力争让政治机器保持诚实状态，回应共同体的需求，当然，在这件事情上，他也秉持了不抱幻想的态度。"像我们国家这样的政府制度，党老大是无可避免的，"他常常说，"但党老大不一定就得是坏蛋。"

弗林是那种情绪并不稳定的人，时不时会爆发出无望的悲观。不过，若是遇到危机，他通常也都能平静应对，而且很有头脑。他在经济上是独立的，特别是他的律师业务，干得相当不错，这就给了他力量。"我很享受政治，也喜欢政治，"他曾说过，"但我从来都拥有一个很安稳的位置，倘若发生什么事情，我基本上不会受影响。"罗斯福感觉弗林是个社交能手，而且政治上也很精明。此外，罗斯福还将弗林视为自己在纽约市政党机器里面的唯一盟友，毕竟，坦慕尼协会对罗斯福依然充满疑虑。弗林一开始并不愿意前往奥尔巴尼，不过，最终还是在罗斯福的魅力面前投降了。[3]

罗斯福怀着巨大的热忱入驻了那座维多利亚风格的州长官邸，孩子、访客和政客很快便充斥其中，一派罗斯福的风格。正如他担心的那样，沃姆斯普林斯多多少少是退居后台了；以前，他每年会在那里待上三个月，现在，要是能待上六个星期，就已经很不错了。罗斯福夫人则继续自己的忙碌生活，每个星期在纽约市的托德亨特学院讲三天的课，而后便返回奥尔巴尼，继续自己作为州长官邸女主人的职责。有人问她这样的家务事是否很麻烦，她总是回答说："我每天料理家务的时间很少超过十五分钟。"[4]

3

罗斯福的基本政策路线实际上是史密斯政府牢牢奠定了的。不过，罗斯福禀性不喜欢原地踏步。他没有犹豫，很快便开始探寻新的方向并有所动作了，先是在公共电力和环保问题上，大萧条降临之后，也开始在救济和社会保障领域有所动作了。

他对廉价电力问题的关切，从他将近二十年前进入州议会的时候就已经开始了。时光推移，他的这份关切并未减弱。早在1921年，他就已经在倡议把帕萨马科迪湾的潮涌利用起来，转化成电力，此处就在坎波贝洛附近；1927年密西西比河大洪水期间，他曾告诉史密斯，洪水问题的解决办法是在地势更高的支流区域实施蓄水工程，当时他特意强调说，有了这样的蓄水工程，就可以一并"开发水电项目，造福苍生了"。[5]

在罗斯福看来，廉价电力问题包含了两个方面，其一，推进公共电力体制，其二，对私人公用事业公司实施有效管制。他在这个问题上是有自己的想法的，不过他仍然会听取其他人的建议。就如同二十年前一样，他仍然求助于吉福德·平肖，平肖此时已经是宾夕法尼亚州州长了。莫里斯·卢埃林·库克因此得以来到纽约，施展一番拳脚，此人是费城的一个管理工程师兼电力专家；罗斯福还启用利兰·奥尔兹担当纽约州电力局的一个高级职位。罗斯福还在圣劳伦斯河推进史密斯的公共电力开发计划。他表态说，倘若意欲购买州政府电力的公用事业公司不愿意接受廉价费率合同，那么州政府将建立自己的电力输送系统，这显然是要比史密斯更进一步了。罗斯福很是坚持的一个条件是放弃将再生产成本理论作为费率制定的基础，并转而支持谨慎投资理论，据此理论，费率基础在于电力设施的初始成本，而非当前的修理和替换成本，由此也就更有效地遏制了电力费率借由股票稀释以及其他形式的虚拟资本化而强行提高。

在罗斯福看来，这场电力战争还涵涉了更大的议题。他在1929年申述说，圣劳伦斯河、马斯尔肖尔斯和博尔德大坝是美利坚人民手中仅存的三个大型天然电力储蓄地了。因此，应当由政府予以开发，如此，它们便可以"成为永久标尺，来衡量电力生产和运输成本"。政府也应当改进对公用事业公司的管制："倘若合众国实际上放弃了对公用事业公司的管控，那么美利坚人民其他的自由就会接二连三地遭到攻击。"借由这一系列的声明，罗斯福也开始以公共电力战争之领袖的形象，吸引了全国的关注。[6]

环保和土地政策问题上的战斗，同样意味着回归了奥尔巴尼的熟悉战场。罗斯福最喜欢的事情恐怕就是告诉大家,他是个农民。这样的自我认证确有其事。不过,这样的自我认证能够让他在民主党城市集团和乡村集团之间担当调解人的身份,无论是州政治舞台,还是全国政治舞台。这也是他跟史密斯的另一个不同之处,1929年,史密斯颇为不屑地品评,农民是"天生的共和党人",而且还很是讥诮地补充说,"他们这个群体,只要有点规模,我都不会有任何影响。"[7]

罗斯福认为,区域计划机制是农业境况的改善之道。这意味着需要推动一系列的政策举措,比如边缘土地退耕、植树造林,并将土地利用和环保举措结合起来,一并推进,等等。1931年,罗斯福提起宪法修正案,旨在授权州政府买断荒弃农地,用于植树造林,史密斯对此提案持反对态度,但民众是支持的。"阿尔的反对态度如此强烈,这实在是太奇怪了,"罗斯福说,"……这不禁让我想起,他当州长的八年间,他提起的所有政策,我差不多都是赞同的,尽管我也反对其中的一两项政策,但为了党内团结,我始终都没有开口。"[8]

4

此时,环保问题对罗斯福来说,不仅仅是在土地利用和资源开发问题上推行计划机制那么简单了。"宽泛来讲,"他于1931年申述说,"这意味着要拯救并保护我们所拥有的真正有价值的东西,财富、健康以及幸福等,可以说涵涉甚广,需要政府倾尽全部职能。"[9]1929年10月,华尔街闪崩之后,就在胡佛总统忙着向华府来客保证大萧条已经结束的时候,罗斯福州长也正忙着酝酿一系列的计划,来拯救大萧条的受害者。

其中一项举措,究其根源,在于罗斯福对乡村生活的眷恋之情。他觉得，倚靠农田生活的人们，最起码不用恐惧饥饿，也无需恐惧没有工作。因此，政府可有所作为，"在大城市和小的乡村共同体之间，更好地分配人口"。不过，罗斯福也特意指出，若这样的举措仅仅是增加商业化农业体系当中的人口，那其实就没有意义了。但罗斯福希望将乡村生活跟工业联结起来。随着交通的改进，工人已经不需要住在工厂附近了；而且随着水电项目的图景，工厂为什么就不可以进驻乡村地区呢？"工业本身，"罗斯福提点说，"其取向有可能是分散化的。"如此一来，工人实际上就可以耕种自己的一块田地，以保证生存，还可以据此在乡村享受"健康且自然的生活方式"，同时还能保有工厂里面的工作。[10]

在福利问题上，罗斯福此番对环保观念的拓展，很容易地就在弗朗西丝·珀金斯的社会工作领域得到支持。甚至在大萧条降临之前，罗斯福和珀金斯就已经开始在纽约州推动老年补贴计划了。失业浪潮开启之后，二人首要的工作是让人们明白这场危机将会是何等深重。当胡佛于1930年1月宣称就业状况开始好转的时候，弗朗西丝·珀金斯即刻依托劳工部的数据，表明情况正在恶化。到了这一年的3月，华府依然绝少承认经济恶化的现实，罗斯福则已经在纽约建立了一个稳定就业委员会。不久，在盐湖城召开的州长会议之上，罗斯福为失业保险原则做了背书。

但是，失业保险是长期规划；眼前的情况，需要采取更多的近切措施来对抗这个大萧条冬天的饥饿和寒冷。看到地方救济系统逐渐瓦解，罗斯福遂于1931年8月呼吁纽约州建立一个临时应急救济局。他还亲自前往州议会宣读咨文，在咨文中特别强调，"现代社会有明确义务去帮助那些虽竭力自持但有心无力的人们，不受饥饿之苦，不被白白消耗，政府在其中是有着重要担当的。"对失业公民的援助，罗斯福说，"是政府必须担当并拓展开来的，这不仅仅是慈善，也是社会责任"；"本州将以决然态度接受此一任务，这是因为本州相信，这将有助于恢复同民众的紧密关系，这样的关系是我国民主制度不可或缺的要件。"[11]

跟从西蒙·帕滕的学习经历,令珀金斯见识并意识到了更为宏大的经济议题。1930年,她告诉参议院的一个委员会,"科学的分析和计划,我相信,是能够缓解失业问题的,能够将这个问题化解于无形";珀金斯也支持借由工业自治制度来推进计划机制。[12]在具体方法和操作层面,罗斯福并没有明确想法,不过,此时的罗斯福越来越多地为计划机制之重要性倡言了。"复杂的未来需要切实的计划机制,"他于1931年夏天申述说,"是时候展开实验了……我相信,即将到来的这个冬天,将会催生大量建议,围绕我们的经济制度展开实验……请不要再给此类观念贴上激进标签。请不要忘记,昨天的激进派很可能是(甚至从来都会是)今天的保守派。"[13]

罗斯福是第一个呼吁州政府介入救济事务的州长;而且,纽约州的临时应急救济局是第一个介入救济事务的州级救济机构。该机构的行政长官是一个来自纽约市的社会工作者,精力充沛且相当干练,名叫哈里·L. 霍普金斯。与此同时,罗斯福通过州的环保项目,为失业者开辟工作机会,比如说,设立劳动营、植树造林、屯垦土地,等等。1931年的州长会议之上,他更是抓住机会,围绕大会分派给他的主题"土地利用和州级计划机制",发出全国性的倡议,呼吁推行计划机制。不过,此时的罗斯福,无论是在州长会议的场合,还是在其他场合,仍然倾向于州一级的计划机制。这部分是因为很多年前他同布赖斯爵士的一番交谈,那次交流令他特别看重以州为单位推行社会实验;部分地则是因为他担心"东部强大且富有的工业利益集团"很可能会将联邦计划体系操控起来;当然还有更为严肃的原因,但凡积极一些的行政官员,自然都希望将权力集中在自己所在的那个位置或者层级之上。也正是在此等情感推动之下,罗斯福对华盛顿方面正在铺展开来的那个稳定进程提出了告诫,他认为,华府"正在建造一个由委员会、管制实体以及特殊立法融构而成的体系,就如同一个颠倒的金字塔那样,将一切的朴素宪法条款牢牢压制在下面";此等情形之下,罗斯福申述说,就必须坚决捍卫州权,以对抗华盛顿的"'那些主子们'推行的管制和立法教义"。

不过,在1930年和1931年的这段困顿时期,重点仍然是解放观念,相形之下,计划机制的具体内容相对而言不是那么重要,所谓解放观念,当然也意味着人是可以借由政府机制来摆脱困境的。罗斯福对那种流行的经济宿命主义极为愤怒。有正统经济学家告诉他,唯一的办法是让经济体制自行触底,他则一脸憎恶地回击说:"你可知道,人不是牲畜!"[14]

5

此时的美利坚,没有哪个州长像罗斯福这样,如此强烈地回应大萧条。他还将行政决断同政治演说结合起来,一起运用。他面对的是一个共和党的立法机构,这个议会是敌视公共电力体制的,同样也敌视劳工、环保以及社会改革。但罗斯福充分运用广播手段来激发家乡民众,这通常都能够迫使议员们接受他们起初反对的举措("在我看来,"罗斯福于1929年说道,"广播正逐渐让民众喜欢倾听有关国计民生的事情了,这是日常的报刊做不到的,平日里,即便那些报纸就摆在面前,民众对此类事务也是漠不关心的");最终,我们这位州长令自己的大量计划都得到了推行。就如同劳工联合会的威廉·格林在给罗斯福的信中说的那样:"在立法机构单独一个会期之内,竟然确保通过了这么多对劳工的经济、社会和产业福祉如此有利的立法,这是劳工阵营绝少能够做到的。"[15]

第一个任期也给罗斯福提供了另一种历练机会。在爱德华·弗林协助之下，罗斯福也开始尽可能地平顺同宿敌坦慕尼协会的关系。但是看起来，此时坦慕尼协会自身已经是问题重重了。首领们在小屋里面争吵起来；好奇的局外人也开始围绕纽约市市长詹姆斯·J. 沃克的问题，提出了越来越尖锐的问题。情况越来越明显了，沃克那百老汇风格的挥洒自如，已经无法再避讳纽约市政府的腐败浪潮。起初，罗斯福对整件事情采取了忽略态度，他申述说（并非没有道理，但不够充分），州长无权调查市政事务。后来，他逐渐发展出一套策略，予以适度介入，既能平复改革派，又不至于疏远坦慕尼的领导集团。然而，时间推移，这套平衡策略越发难以维系了。

此时的共和党阵营已经在酝酿要让坦慕尼协会问题成为1930年纽约州选战的选举议题。州长试图将纽约市的腐败问题冷处理为一个"地方"问题，并相应地凸显自己纲领中的自由主义元素。当胡佛政府派出国务卿亨利·L. 史汀生、战争部部长帕特里克·H. 赫尔利以及财政部副部长奥格登·米尔斯实施介入的时候，罗斯福发表措辞尖锐且语含讽刺的演说，嘲讽了共和党的此番入侵行径。1930年11月，纽约州选民以七十二万五千票，令罗斯福获得连任，这在纽约州的历史上是空前的。也就是在这个时候，吉姆·法利发表了那份有关罗斯福和总统职位的宣言。

随着新会期的开启，共和党团即刻提议对纽约市展开立法调查。这一次，罗斯福顺从了，调查遂即启动，由法官塞缪尔·西伯里为负责人，此人是反坦慕尼协会的民主党人，一年前，罗斯福曾指定此人调查纽约市行政法院。罗斯福同西伯里之间的合作一度十分密切，这就激怒了坦慕尼协会的领导层。1931年年底，西伯里提起一份调查报告之后，罗斯福甚至遂即将纽约县的治安官解职了。但二人之间的合作关系很快便遇到了麻烦。西伯里反对罗斯福寻求总统候选人提名，他自己便因此被怀疑对总统大位有觊觎之心。此时，西伯里决定对沃克提起指控，此一指控正式完成之际，距离民主党提名大会只剩下几个星期了，西伯里的此番决心很可能蕴藏了这样一个盘算：迫使罗斯福在不得已的时候做出抉择，要么跟坦慕尼协会决裂，要么就向坦慕尼协会投降。

对罗斯福声誉破坏最大者，恐怕就是他对纽约腐败案的这种应对态度。改革派，无论是州内的还是州外的，都认为罗斯福是怕了坦慕尼协会，要不就是无可救药地糊涂了；职业政客集团，无论是州内的还是州外的，则认为他是敌视坦慕尼协会的，要不就是无可救药地软弱了；罗斯福竟然都找不到足够稳当的立足之地，可以将自己的旗帜树立起来，以便自己的支持者实施集结。西伯里展开的调查活动，其吸引眼球的程度远远超越了电力局或者临时应急救济局，于是，1931年和1932年间，罗斯福在报刊头条越发地呈现为骑墙政客的形象，至于那个强干且有创造力的州长形象，则越发地暗淡下去了。此时的罗斯福并没有尝试向这怒潮屈服，借此来寻求自我补救，尤其是没有向改革派的怒潮屈服。就在民主党提名大会几个星期之前，罗斯福还跟豪斯上校说："西伯里这家伙，只不过是又上演了一出政治剧，试图让我尴尬，这样的事情他干的可不少。"

很多观察者都同意沃尔特·李普曼对1932年6月之局面的评判："此等乱象，究其根源不在别处，在于罗斯福州长自己的软弱和怯懦……富兰克林·D.罗斯福的问题在于，他的心思不够清晰，他的目的并不单纯，他的方法也不够直接。"[16]不过，真要说起来，对于某些问题，身为州长的罗斯福是有着清晰看法，有着单纯目的，也有着直接方法的；不难想见，这些问题可比纽约市腐败案重要多了。不过，在那个时候，人们相对而言并不是特别关注这些问题。他作为州长的声誉从未能完全避开因模棱两可和犹豫不决而造成的困境，正是他在坦慕尼协会问题上采取的那种做法，令他陷入了这样的泥潭。

6

如果说对沃克展开的调查和指控遮蔽了罗斯福在第二任期的改革纲领,则也可以说,他在这段时期日益显露出来的总统候选人野心,就更令他的改革纲领黯然失色。1928年之后,他一直关注的是州内的问题。现在,看来他需要再一次将注意力转向全国性的问题。在全国性问题上,他有着丰富的观念和想法。不过,他对美利坚之过往和当前的关切,仍然是务实且具体的,理论取向并不浓重。他认为他热爱历史;但严肃历史,确切地说是分析性质的历史,也确实令他备感厌烦。他真正热爱的是游记、冒险故事,要不就是对航海历史或者哈得孙河历史的考古式的重建。对于政治哲学或者经济理论,他并无持久兴致。[17]

不过,他仍然有着一个一般性的观念框架,他依托这个框架来看待当前问题。在养病期间,他闲来无事,已经在构思一部合众国的历史。不过,全部存续下来的内容是一份导言以及对于大发现时代之历史背景的相当粗略的勾勒,这些很可能是他写下的全部东西了。但不管怎么说,他的研究框架是很有意思的。他认为,技术变革已然催生了"人类的明确阶级划分",在这样的层级体系当中,"仅仅一小撮人,顶多也就是1%的人,拥有并操控着剩下99%的人的生活和命运。"他依托技术进步以及社会冲突的框架,描述了封建制度的没落、商业的加速、中产阶级的崛起以及欧洲向西方的扩张。[18]

1926年,他在弥尔顿学会发表演说的时候,重拾了变革和冲突的论题。他在演说中宣称,历史是循着一系列上下波动的曲线运转起来的,但上行曲线从来都会更长一些。在任何社会,变革都是不可避免的;躁动不安是"健康的标志";社会失序之根由"既在于那些恐惧变革的人,同样也在于那些寻求革命的人"。切不可再出现里普·范·温克尔那样的人,"总是力图将那些寻求新事物的人称为异端或者无政府主义者,由此来证明保守主义"。我们当前面临的全国性威胁并不在于激进主义,而在于"太长时间的无所事事以及反动立场"。科学已经彻底改变了生存条件。"但凡对未来真正有所见解的人,都不会怀疑,美利坚人民和全世界通力合作的时代快要到来了。"然而,我们仍然没有摆脱"那被称为'阶级意识'的古老疾病"。我们常常谈论服务;但"真正的服务唯有到了我们将整个世界视为一个大家庭的那天,才会到来"。[19]

罗斯福于1928年申述说,美利坚领导权能所面临的挑战,就是要弥合"田园文明催生的旧政治秩序和技术文明催生的新社会秩序"。1929年,他在哈佛大学优等生荣誉学会发表的演说中进一步申述说,这就要求人们能以新的姿态认肯社会对病患、穷人和无助者的义务。"昔日里少数人的特权,"他说,"必须转变成多数人手中的遗产。"[20]

他在此次哈佛大学演说中提出了"社会意识时代"的观念,此一观念是从他的环保主义政府理论中汲取力量的,依据此一理论,政府是受了人民的信托,有义务去保护并开发国家的遗产。更为宽泛地看,此一观念也足以代表重新涌动起来的"新国家主义"和"新自由"情感,确切地说,就是要牢牢把握住公正和福祉这样的核心观念,这样的观念植根于对古老的美利坚进步梦想的深刻承诺。罗斯福信仰那些可确定的公共利益,并且认为值得为之战斗。

此等观念还存在另一个脉络,那就是乡绅对于缺乏社会责任意识的富人的轻蔑。这个脉络很是清晰地贯穿了富兰克林·罗斯福的思想世界,即便他从未像哈得孙河的邻居,霍普韦尔章克申的赫伯特·克莱本·佩尔那样,给出那么强烈的阐发和表达。佩尔是在塔克西多和纽波特更为辉煌的岁月里成长起来的,1920年代曾担任过纽约州民主党委员会的主席,战后,商业势力接管了该委员会,佩尔对他们并无任何好感。"1920年,这个世界的命运就这么放在一个餐盘里面交给他们了。他们如同猪猡一样蜂拥而上，抢夺、瓜分，不足九年时间，就将整场宴会破坏殆尽。这些人，他们的无知恐怕只有他们的肆意妄为才能媲美，却自封为这个国家的正牌领导者。"他认为，无论是贵族还是布尔乔亚，都是彻底的自私自利，但贵族至少会对子孙后代的利益有所顾虑，布尔乔亚则只想着自己。1931年，佩尔便已经相当憎恶地训示自己的财产经理人，不得投哪怕一个美元给任何公司。这个国家注定要完蛋了，他说，除非从富人手里解放出来。"那些富人，他们根本就没有意识到，他们所谓的自由企业制度，不过是贪欲而已，除此之外，就什么都不是了。"不要欺骗自己了，他告诫自己的阶层说：民众"可以摧垮我们，也可以保护我们，这就要看我们是欺骗民众还是公正对待民众了"。

对于脾性更为温雅的罗斯福来说，佩尔的此番议论太过尖利了。不过，罗斯福同样是将这样的"贵族责任感"和共同体责任感，同地产绅士阶层对商人的蔑视以及贵族的轻浮和自满融于一身。对于富人，罗斯福有过长期了解，这就令他在同富人打交道的时候，有诸多优势。"威尔逊认为富人都是恶棍，"罗斯福的一个老朋友说，"但罗斯福先生很清楚，他们只是愚蠢和无知而已。"对于富人的判断力和欲念，罗斯福并无任何尊重可言。在1929年的独立日演说中，他说："一个新的洞穴人俱乐部，一套新的封建体制，显然正在创造极度集权的工业控制体系，令我们禁不住地要问一问，我们是否到了需要酝酿并宣示新《独立宣言》的时候呢？"1929年的闪崩并没有摧毁罗斯福的任何幻想。那场闪崩只不过是确证了他对商业领袖权能之贪婪和愚蠢的感受。[21]

7

在情感上，罗斯福自然是能轻松面对这场大崩溃，但在智识上,就未必会这么容易。他在哈佛学到的全部那些古典经济学知识,现在看来是根本派不上用场的。他曾经在桌子上画了一个圈,而后说道:"我们的教授们总是教导我们说,圈里的这个部分是财富,那个部分是空的,反正就是诸如此类的东西。现在,全完蛋啦!"[22]

塞缪尔·罗森曼其实也没有为这场大萧条做出更好的智识准备。"倘若您明天就要获得提名并不得不在十天内开启竞选演说之旅,"他于1932年3月跟罗斯福说,"那就太糟糕了,我们毫无准备啊。"笼统的印象和感受是不够的;无论如何都必须有切实的观念和想法才对。那么应该向何人咨询呢?罗斯福问道。罗森曼说,肯定不能是商人,也不可能是政客;他们曾经有过机会,但他们都已经摔了个结结实实。"我认为我们应该离他们远点……按照我的想法,何不去这个国家的大学里面搜寻一番呢?您跟大学教授可是颇有过一番交道的啊。我认为他们是不会因为路是新的,就不敢迈开脚步开辟新路了。"

罗斯福吞吐了一口雪茄,若有所思。这个想法对他来说倒也不是新的,自接任州长开始,他便一直在大学教授里面招兵买马。两个月前,在同哥伦比亚大学的雷蒙德·莫利教授共进午餐时,罗斯福不经意地做了一番评论,莫利认为那是罗斯福在邀约自己协助他的全国选战。此前一直独自行动的罗森曼,此时也建议将莫利作为关键人物招募过来。罗斯福点头,并告诉罗森曼去完成这件事情。

罗森曼即刻打电话给莫利,告诉他州长需要一个专家团队。"看来,他很希望给人这样一种印象:他是这个计划的发起人,"莫利后来记述说,"实际上,(自同罗斯福先生的那次午宴之后)我所有醒着的时候,心里都在惦念这个计划,但要把这话说出来,显然是不合适的,既无善意,也很愚蠢。"无论如何,莫利做出了很是感激的回应。很快,二人便在纽约巴兹尔·奥康纳家中有了一次短暂会面,其时,莫利已经备好了一份问题清单,当然也备好了相应的人选来应对这些问题。

农业方面，莫利举荐了克莱尔蒙特大道的邻居兼哥伦比亚大学的同事雷克斯福德·G. 特格韦尔。信贷方面，他举荐了哥伦比亚大学法学院的小阿道夫·A. 伯利教授。此外还举荐了哥伦比亚的一批教授，其中一席人贡献了备忘材料并参加了奥尔巴尼会商。但莫利、特格韦尔和伯利，连同罗森曼和奥康纳，是这个团体的常任成员，人们很快也就知道了，这就是罗斯福的幕僚团队，说白了就是智囊。[23]

莫利的才具自然不如特格韦尔和伯利，不过，他却毫无疑问地被特格韦尔、伯利视为智囊团的领袖，罗斯福和罗森曼也是这个态度。莫利是土生土长的俄亥俄州人，1932年春天正值四十五岁，他是政治学学者，专长是刑事司法。当年，汤姆·约翰逊和牛顿·D. 贝克在克利夫兰倡议的改革理想将他点燃，令他在十五年前便已经涉入俄亥俄政坛，甚至还成了奥尔姆斯特德福尔斯的市长。不过，他还是决定继续自己的学术生涯，以此作为自己的根据地，1923年，他来到东部，进入哥伦比亚大学政府系。他对刑事司法的兴趣令他结交了路易斯·豪；1928年选战期间，路易斯·豪将他引见给罗斯福。身为州长的罗斯福很快便形成一个习惯，在演说稿和声明稿的问题上，常常请教莫利，先是司法改革问题，而后论题范围便逐渐拓展开来。

莫利身形敦实，宽肩膀，稀疏的黑发中夹杂着几缕白发，精明、平易，心思条分缕析，更有撰写演说词的天分。他声音很低，说起话来也是不紧不慢，举止有些散漫；嘴上一直叼着一个相当厚重的黑色烟嘴，一派教授风范；不过，为了推动自己以及自己的观念，他展现出足够的沉静和韧劲。在学院派群体当中，他扮演的是一个现实主义者的角色，俨然是一个谙熟实际政治的学者，瞧不起理想主义，喜欢以温和的犬儒范来调侃改革热情。"我感受不到任何召唤要去拯救邪恶，"他常常说，"我可没有一星半点的冲动要去做一个改革派。社会工作者也让我很厌倦……我本质上就是个保守的家伙。我可不会对着风车干什么蠢事。"作为专家团队的头面人物,他很讲究策略,作为专家思想的中间人,他相当审慎且通达。罗斯福发现他那样的效能有着巨大价值。不过,莫利内心里也是有焦灼和压力的。他会忠诚,会嫉妒,在这些方面,他都有些意气用事;他外表平和,但这外表下面隐藏了深深的焦虑,假以时日,这些都会浮出水面。[24]

8

在观念领域,特格韦尔和伯利的自信远远超过莫利,在政治领域,他们的自信就远远不如莫利了。二人在对待现实事务之时,秉持了一种混合着试探和傲慢的态度,很是怪异。特格韦尔眼睛明亮,外形俊朗,拥有一往无前的热情和大胆的观念,他喜欢凭借这些东西去冲击,去开拓,而且往往都能见效。伯利身材纤瘦、笔直,动作敏捷,口才一流,俨然就是个大小孩,十八岁就获得了哈佛大学的文科学士学位,经验甚广,参加过巴黎和会,还跟莉莲·沃尔德在亨利街社区中心闯荡过。必要时候,他也可以在外交上露两手;不过,那有些锋芒毕露,因为不能容忍愚蠢,所以,时常会让自己的讽刺和憎恶爆发出来。1928年,他支持胡佛,1932年,他则是贝克的支持者。二人在观念领域一直都相当多产,且不受过往的拘束,也都不受未来的威慑。H. G. 威尔斯对伯利曾有这样一番评说:"慢慢地,他将他对世界的看法铺展在我面前,看来,那里面涵括了我以前学过和想过的所有东西,不过,更有条理,更贴近现实。"[25]

对于经济问题之本质,莫利、特格韦尔和伯利是有一致看法的。在他们看来,大规模经济体制是经济生活中不可避免的事情;

"竞争，就其本身而言，"莫利说，"并非内在的善……（相反）它制造的扭曲和问题，同它遏制的扭曲和问题一样多。"他们对威尔逊-布兰代斯式的破除大经济体制的观念，都很是不屑，认为那毫无意义。问题不在于消解，而在于控制，依照莫利的形象说法，就是要终结"集中化经济权能的无政府状态，就如同打在护卫舰上的一颗炮弹，从一侧直穿另一侧，一路之上将碰到的所有东西悉数炸飞"。"我们无需再害怕大经济了，"特格韦尔说，"……我们已然决心公开承认，大部分的竞争形式都相当浪费，而且成本高昂；但凡现代社会，更大规模的联合都将是主流趋势……无约束的个体竞争不但不能给经济带来生命，反而会带来死亡。"[26]

这就是他们带往奥尔巴尼的基础观念，在州长官邸那宽敞的老式门厅里面，或者在书房的壁炉旁边，他们同州长反复探讨了这些观念。特格韦尔对自己的第一次奥尔巴尼之行抱有疑虑，在他的预期中，他是要去面见报纸上说的那个躲躲闪闪、不敢正面担当的行政长官。罗斯福坐在游廊的一张椅子上面。特格韦尔即刻被他的笑容、他那不住摆动的脑袋，还有他叼着烟嘴的姿态，给迷住了。"他是那么有活力，令我先前关于他的所见所闻，顷刻之间便都消散于无形了。"随后，他们便进入那很是散乱的维多利亚风格的房子里面，里面到处都是放满了东西的椅子。他们坐下来一起吃饭，餐桌上摆满了果冻、腌菜、热松饼和坚果。罗斯福饶有兴致地吃起了烤鸭，边吃边说，他其实更喜欢野鸭，"吊好了，文火慢烤"，那种美味令特格韦尔很是震惊。饭后，二人便前往书房，接着便是一场热烈的、探究性的谈话。

有很多这样的夜晚。莫利温文尔雅地担当起掌舵人的角色，把控谈话方向，特格韦尔和伯利则以他们的观念在前开路，罗森曼扮演"魔鬼代言人"的角色，奥康纳负责提供现实主义的评析，罗斯福则一直都是倾听，适时打断，开上一些玩笑，穿针引线，反复盘诘，不断地吸收观念，转化成自己内心的东西。此等宽松家庭氛围之下，罗斯福自然也顺势将这伙人称为自己的"枢密院"，会将罗森曼称为"罗斯萨米"（Sammy the Rose），将摩根索称为"摩尔哥亨利"（Henry the Morgue）；但是没有人知道在那温雅好奇心的背后，他究竟吸收了什么，究竟拒斥了什么。"我们不断抛出理论片段，"特格韦尔后来记述说，"这些片段也许能在他的规划当中找到一席之地。我们自然可以阐述各种意涵；也许，某些阐述之新颖，能够吸引他的关注。但是，他要编织的政策的挂毯，终究是要由艺术家的心灵和构思来主导和引领，那心灵和构思究竟是什么，我们就不得而知了。"

9

这些夜晚的主导话题是眼前这场经济危机。这个集团反对胡佛的后期观点，认为这场更大萧条的根由乃在国际。特格韦尔阐述了消费不足理论：生产率提升带来了巨大收益，但工商业集团未能以提高工资或者降低价格的方式，将这收益分配出去，由此引发了购买力不足，萧条便因此成为必然之事。（那个晚上，在奥尔巴尼阐发了此番理论之后，特格韦尔走在百老汇的上街区，一个失业者拉住了他的衣袖。特格韦尔转回头说："我的朋友，昨天晚上我可是为你干了件好事啊。"此话一出，那乞讨者站在当场，呆若木鸡。）罗斯福似乎是接受了消费不足理论，并将之视为当然之事。那么该怎么应对呢？特格韦尔认为必须降低工业产品价格。"为什么不提高工资呢？"罗斯福问道。

这中间是有区别的。特格韦尔赞同梅隆的看法，1920年代的繁荣大潮已然走到了尽头。按照特格韦尔的思路，若是竭力维持既有的价格结构，他不免担心会阻碍复苏。但是伯利和罗斯福倾向于膨胀路线。若是实施紧缩政策，在二人看来，这其中的代价未免太大了。不过，他们也承认，膨胀政策最终只能是令结构失衡状态更形固化，除此之外，便不会有别的贡献。尽管在价格问题上存在诸多分歧，某些商品的价格应当下降，某些商品的价格应当提升，在这一点上二人是有一致意见的。5月的某天，罗斯福询问特格韦尔是否可以借助货币政策来提升价格水平。特格韦尔告诉罗斯福，单纯靠货币政策是不够的。罗斯福仍然不太满意；"他想要更简单的东西。"[27]

1932年4月，罗斯福动身前往沃姆斯普林斯之时，要求莫利和罗森曼继续备忘录的工作，"我也好赶一赶我的家庭作业，要不就会落到太后面了"。三个星期之后，罗森曼前往沃姆斯普林斯拜望罗斯福，随身带了大批文件，涵涉一系列的问题。此时，罗斯福已经在准备奥格尔索普大学的演讲了。《纽约先驱论坛报》的欧内斯特·K. 林德利是个很有头脑的记者，跟罗斯福交情不错，支持罗斯福的观念，他负责撰写此次奥格尔索普演说的草稿，其中着重申述了计划机制以及大胆且持久的实验举措的必要性。[28]

这是提名大会之前的最后一次演说了。不过，智囊团可没有时间休息。某些政策问题看来是十分棘手的；特别是农业问题，这是特格韦尔的强项，但依然令人十分受挫。特格韦尔认为自己在这个问题上的思考太过老套了，绝望之下，遂决定前往芝加哥参加农业经济学家们的一次会议，此次会议就在提名大会前夕召开。在华盛顿，他从比尔兹利·拉姆尔那里约略听到了有关内部分配计划的一些新信息；在芝加哥，他有机会跟蒙大拿州的 M. L. 威尔逊交流一番，威尔逊已经是该计划的使徒了。抵达芝加哥的时候，他不仅见到了威尔逊，还见到了艾奥瓦州的亨利·华莱士。于是，连续几天时间，他们就在落脚的芝加哥大学宿舍里面每天都谈到深夜。最终，特格韦尔相信自己找到了一直在寻找的东西，确切地说，就是一套行之有效的农业限产方法，农业领袖集团想必也会赞同。

此时，时间已经越发地紧迫起来。提名大会周的星期一，特格韦尔致电罗斯福，尝试解释此等错综复杂的计划。半个小时过去了，罗斯福仍然不得要领，遂把罗森曼叫过来听电话。罗森曼也没能搞明白。罗斯福禁不住笑了。"好吧，教授，"他最终告诉特格韦尔，"写在电报里，两三百个字就行，我们会弄到演说里面。我会把你的话也写进去，告诉人们这是最新也是最有效的方法。"[29]

6月的第三个星期，莫利已经完成了提名演说的初稿。而后便动身前往芝加哥同特格韦尔会合，此时，罗斯福和罗森曼已经在奥尔巴尼开启了长时间在线模式。莫利的初稿太长了，罗斯福只能利用零敲碎打的时间予以精简。但演说仍然缺少一个结尾。在彻夜倾听票决情况直播之后，罗森曼一下子紧张且躁动起来，赶紧带了几份热狗和一壶咖啡，着手撰写结尾，此前，他一度感觉这结尾也许都没有机会跟人见面。恰恰就是在这个时候，罗森曼可能是受了斯图尔特·蔡斯在当月《新共和》杂志上一篇文章的标题的刺激（这篇文章的标题是《给美利坚一套新体制》），大笔一挥，就写下了这样一句话："我向你们保证，我向我自己保证，将给美利坚人民一套新体制。"（实际上，罗斯福把这句话讲出来的时候，跟罗森曼一样，并不知道具体的意思）。[30]

10

芝加哥方面，罗斯福集团的核心人物都在以各自的方式，为提名演说担忧不已。路易斯·豪已经写好了自己这边的草稿，对于这份草稿，他保证说，他念给莫利听了，但拒绝让莫利看。路易斯·豪此番神秘兮兮的做法，令莫利颇为不安，遂对自己那份奥尔巴尼草稿的命运极度忧虑，甚至都有些抓狂了。特格韦尔和奥康纳则重新审阅莫利的草稿，并连续十二个小时不停奋战，逐字逐句地修订，最终在得到莫利允许之后，通过电话将修订稿反馈给奥尔巴尼方面。提名之后，莫利发现奥尔巴尼方面选定的版本仍然忠实了自己的草稿，不免大大地松了口气；但是当他将奥尔巴尼最终敲定的版本展示给路易斯·豪看的时候，这个干瘦的小老头却勃然大怒，二十年的梦想，如今终于走上顶峰，岂容他人前来分享。"老天啊，是不是什么事情都必须我亲自来做啊？"他告诉莫利，"这乱糟糟的稿子，成何体统，里面的每段话都能看见塞缪尔·罗森曼的影子。"

提名之后的那个早上，莫利飞奔着赶往路易斯·豪的套间。这一次，路易斯颇为屈尊地跟莫利大致说了说自己的草稿。就在这个当口上，伯纳德·巴鲁克走了进来，休·S.约翰逊将军陪伴在侧；路易斯·豪将他们引入隔壁房间。莫利认为，巴鲁克的出现意味着开始跟保守派妥协了，人一下子委顿下去，眼睛直勾勾地盯着窗外。突然间，杰西·斯特劳斯拍了一下他的肩膀："能让巴鲁克看看提名演说吗？"莫利一下子感觉这样的刺激已经超越自己忍耐的极限了，遂将草稿纸一股脑地扔向斯特劳斯，令斯特劳斯目瞪口呆，不知如何是好。莫利还留下了这样一席话："拿去看吧！……这碰巧就是富兰克林·罗斯福相信的东西，也是他想说的东西。不过，我敢肯定，他不会是第一个在压力面前屈服的人。"不过，当巴鲁克说他更喜欢奥尔巴尼版本的时候，莫利又迅速平复过来了。

罗斯福其实已经决定放弃特格韦尔-奥康纳的修订版本了，他认定，奥尔巴尼版本仍然太长了，连续多日的亢奋，已然令大会代表疲惫不堪，所以不适合这种长篇大论的东西。在飞往芝加哥的飞机上，罗斯福和罗森曼自然是没有闲着，对草稿来了一番刀砍斧削，全副精力地将篇幅削减到适当的程度。然而，当他们抵达芝加哥的时候，路易斯·豪带着自己的草稿迎候二人，这份草稿大概有十到十二页，基本上是对民主党竞选纲领的评点和拓展。突然见到这么一份此前从未听说过的草稿，这令罗斯福颇有些不高兴；不过路易斯·豪很是坚持。在驱车驶过挤满人群的街道之时，罗斯福一边向人群挥舞帽子,回应人群的欢呼,一边浏览他展放在腿上的路易斯·豪的草稿。

当罗斯福开始演说的时候,莫利和特格韦尔挤过圆形体育场的人群,站在过道中央的地方。一时之间,他们都震惊了。那些语词完全都是新的;难不成最终还是路易斯·豪获胜了?但很快,他们就开始听到他们已经很是熟悉的语词。罗斯福当然很清楚这个场合对于自己那个忠心耿耿的朋友有着何等深重的意义,因此,他选取了路易斯·豪草稿的第一页;而后才回归他从奥尔巴尼带来的演说文本。("我太了解他了,就像贴身管家了解主人那样,"几个月之后,路易斯·豪记述说,"他仍然是我的英雄。") [31]

11

当年的那个年轻人,曾如此快乐地开着两缸的红色马克斯韦尔汽车,在达奇斯县灰尘飞扬的小路上四处奔走,而今,时间已经过去很久了;当年,特鲁别茨柯伊王子凭借何等致命的预感,为那个强健的年轻人立下一座无腿塑像,而今,时间已经过去很久了;当年,那个年轻人曾在奥尔巴尼那间嵌板装饰的书房里面,初会路易斯·豪,而今,时间已经过去很久了;此时,距离威尔逊、战争以及1920年的国联之战;距离坎波贝洛那个下午的森林大火灼热他的身体,而后冰水的彻骨寒意侵入他的腿部并再也没有褪去,也已经过了很久了。现在,他终于走上顶峰,男孩成了男人,已然走过了半个世纪的沧海桑田,褐色头发开始染上灰白,脸上也有了皱纹,有了沧桑,但仍然对美利坚的未来、民主制度的未来,抱持着决绝的希望精神。

很多男人,当然也有很多女人,都出现在这个男人的成长历程当中:西奥多·罗斯福和伍德罗·威尔逊、路易斯·豪和约瑟夫斯·丹尼尔斯、萨拉·德拉诺·罗斯福和埃莉诺·罗斯福、阿尔·史密斯、吉姆·法利和塞缪尔·罗森曼、莫利、特格韦尔和伯利。病患同样贡献良多，尽管他的朋友们永远都在争论1920年代的那场考验究竟在多大程度上改变了他。阿尔本·巴克利在威尔逊时期便已经认识他了，巴克利自认是"这样一批人中的一员，这些人相信罗斯福终将成为伟大领袖，无论患病与否"。但是埃莉诺·罗斯福觉得，同病痛的这场斗争给了罗斯福相当的深度，这样的深度是他年轻时候不曾有过的，罗斯福的舅舅弗雷德里克·A. 德拉诺也写道："他最大的考验就是'脊髓灰质炎'，我感觉，真正造就他的就是这场考验，令他成为'重生之人'。"弗朗西丝·珀金斯和小亨利·摩根索都觉得罗斯福经历了一场"精神改造"，痛苦经历扫除了他身上的轻浮和倨傲，拓展了他的同情，深化了他的理解。威廉·菲利普斯在时隔多年之后，于1932年的春天再次见到他，发觉他"已经不是威尔逊时期那个魅力四射但时常缺乏责任意识的年轻人。同可怕疾病的两年战斗显然给了他新的道德力量和身体力量"。[32]

不过也不能忘记，在落病之前，罗斯福表现出的能力，足以在截至当时的美利坚历史之上最大的一场战争中将海军部操持起来，并且获得副总统候选人的提名。病痛的经历当然对他有所改变，但还不至于在他身心中发掘出如此大的潜力和潜能，令他有了新的力量、新的同情、新的自控能力和新的、明确的专注度。确实，无论外在还是内在，他都没那么轻浮和自以为是了，也更镇定、更成熟了。无论是耐心方面，还是观察力方面，他都学到了很多。后来，每当有人问起，病痛可曾让他忧虑，他总是回答说："倘若你也花两年时间躺在床上，竭尽全力地扭动你的大脚趾，那么之后，其他的一切事情就都没那么艰难了！"确实，经历此番磨难之后，他完全能够克服日后的危机，扔掉忧虑，靠着集邮来寻求放松，或者干脆上床睡觉，来上八个小时的无梦睡眠。当州长的时候，他常常说,"就让赫伯特为我操心去吧",这里的赫伯特指的是副州长莱曼,莱曼的心性相当严肃。他的管家欧文·麦克达菲也曾记述说:"经受病痛折磨的时候,他没有说过任何抱怨的话。……他是我所见过的人当中,怨言最少的……他能够将任何事情都抛在脑后。"

就这样,身为残疾人的感觉从他生命当中渐渐淡去了;其他人也渐渐淡忘了他那孱弱的身体状况。只不过,他仍然十分怕火,恐惧能够让人记起他身体上的无助和脆弱(当然,即便是这样的恐惧也不能说有多严重,他一直都坚持用蜡烛装点家里的圣诞树)。当有故事把他逗乐的时候,他甚至会喊叫着说"太有趣了,跟我的拐杖一样",这话没有任何的违和感;或者在决定结束拜访的时候,他会说"很抱歉,我现在必须跑了";有时候也会听到这样的话,"今天早上从床上起来的时候,我用错了脚啊"。经历了如此痛苦的战斗之后,内在的和平自然而然地就降临了。"他比我见过的任何人都更宁静,"弗朗西斯·比德尔说,"令人禁不住觉得,不会有任何东西能打扰到他。"[33]

12

同死神擦肩而过,自然增加了他生命中的快乐,为他的生命力注入了新的维度,那就是对生命之奇迹和变幻的感恩。幽默是另一种可以缓解因无助感而生的压力的方式,而且,他的笑声比以往更多了,也更欢快了,用笑声来浸润他对朋友或者对自己开的那些玩笑。过去,他一直都很享受处身人群当中。现在,这种享受和快乐成了他同生活的至关重要的联系,而且,身体残疾的他,自感有义务让所有来到他床边探望的人感受到他的魅力,这就令他特有的罗斯福式的外向、活泼的爱社交的性格,更形强化了。他比以往更为强烈地要去认识人,理解人,赢得人。有时候,他甚至会因为过分地与人为善，而模糊了自己的情感。他的笑容、他那真挚热烈的"是的，是的，是的"，只不过意味着他听到了对方说的话，并且希望对方继续说下去，并一定表示他同意对方的说法（虽然对方时常会这么认为，罗斯福也时常希望对方这么认为）。[34]

此等要取悦于人的迫切心态还会带来其他的问题。比如说，罗斯福觉得很难拒绝人，很难将人打发走，很难伤害别人的情感。但是渴望被人们喜爱的欲望，也让他学会了放开自己，去体会人们的需要、人们的恐惧。这在极大程度上解释了此时正在他内心发育起来的体悟他人、感受他人的才能，这样的才能令他拥有了非同寻常的接纳能力。就仿佛看不见的触角四处伸展开来，以无可挑剔的精准度接触并汲取人类情感中那碰触不到的元素。在他这里，个体是学习并汲取经验的核心场域；他就是从个体出发，以大胆和自信，推展到国家和世界的。

他的头脑从来都是直觉的，而非逻辑的。他的思考往往流于散漫和表面。但他的感受是极为深刻的。他的推论令一些观察者备感恼火，这些观察者看不到推论的中间过程，便纷纷批评他过分简化，并感觉他的那些重大决策，其基础并不可靠，就是有关农民的一些愚蠢的逸闻趣事，而罗斯福也不过是在达奇斯县的日常生活中认识并了解那些农民的。然而，在罗斯福这里，个体更多的是他所得结论的象征物，而非根源或者基础；这其实是一条捷径，可以用来解析情感、想象力和同情心的巨大运动潮流，这样的捷径，罗斯福自己既无法说清，也无法理解，但这样的捷径对那巨大潮流的把握却极为深沉且精准。

罗斯福拥有强劲的记忆力，正是这样的记忆力催生了他的这种深沉本能，同时也滋养了这种深沉本能。他的心灵对细节有强大的附着力，就如同蜂蜡吸附沙粒一样。树木、河流、山川、风景、地理位置、海拔读数、船载吨数、硬币、邮票、商业操作、政治关系，当然还有最重要的，他生活中接触到的人，这些都牢牢地留在他的记忆当中。他仰慕百科全书式的人,诸如杰斐逊、富兰克林、伦福德伯爵等,而且,在他心目中,西奥多·罗斯福是那个独一无二的多面手,他常常说,西奥多·罗斯福吸纳了整个文明。

他自己的智识欲望巨大且宽和,在甄别度和品味方面,并没有太高的要求。他是浏览者,而非读者,会用令人震惊的速度汲取文章或者书册的精华。他当然也喜欢大自然的美和建筑的美,但基本谈不上审美或者鉴赏。他很少读小说、诗歌,也很少听音乐。他观瞧画作的时候,吸引他的是内容,而非技法;他不喜欢现代艺术,他对画作的期许就是健康、"干净"。[35]

病痛没有改造他的头脑,反而令其头脑更有力量,更为敏锐了。静处不动,令他越发地学会了集中精力和意志。先前,他总是在无数兴趣当中游移转换。路易斯·豪都抱怨说:"您就不能专注下来嘛。"现在,他学会了专注。当他从一个主题切换到另一个主题,如同他妻子说的那样,就像是拉下心灵中一道道的窗帘。他就那么平躺在那里,什么都做不了,只能思考、阅读和谈话。后来,有人会问他,他是怎么知道这么多东西的,他会说:"你们这些两腿健全的家伙啊,你们的闲暇时间都拿去打高尔夫、打野鸭或者搞各种娱乐去了,我所有的活动都在书里面啊。"他说这话的时候,并没有任何的自艾自怜。[36]

最重要的也许是他对病魔取得的胜利,这场胜利更加确立了他那乐观主义的家族传承。他浑身散射出欢快的力量,这自然也激发了他人的快乐,而非怜悯,更激发了他人的自信和对未来的期许。他的声音令人迷醉,脑袋不时摆动,还有他叼着烟嘴的盎然姿态,这一切都能给他人传递信心。"在我丈夫全部的公共生涯里,"埃莉诺说,"……我就从来没有听他说过有什么危机是不能解决的。"[37]如此强健的信念,是一场个人斗争必然会催生的东西,毕竟,在那样一场个人斗争中,他在任何时候都绝对不能承认有失败的可能性。他对命运是有深刻认同的,对于那些鲁莽挑衅命运的人，他会退避三分。有人用一根火柴点燃三支烟，或者一下子在桌子上摆放十三支烟，这样的举动在他看来就是挑衅，是他无法忍受的。

13

在很多人看来，他的乐观主义并非真切。罗斯福显然相信每个故事都有圆满的结局，这就让他有了过于理想的特质。米尔顿·麦凯品评说，他的生活全然都是光明，没有阴影，全部都是明媚的希望，没有黑暗的绝望。有人觉得他自满、平淡且肤浅，缺乏张力，缺乏悲剧。但更了解他的人都知道，他有着深层的困惑。他的公共形象，从来都是笑意盈盈，充满勇气，这些都是他在格罗顿和哈佛的早年时期悉心培养出来的；病痛则塑造了他的第二天性。在那热忱和昂扬意气的背后，有着一处无从通行的保留地，很多人都试图前往探察一番，但都无功而返。他那肆意涌动的快意姿态，与其说是发自灵魂的冲动，倒不如说是做给世人看的一副快乐面具，这其中当然有着相当的自发元素，但更多的是一种防御机制，以此来抵挡外来的怜悯以及内在的沮丧。"在罗斯福这里，"费利克斯·法兰克福特说："乐观主义并不是镇痛药，而是一种能量。"在这姿态和面具背后，那个真正的罗斯福俨然隐没在神秘当中，甚至他自己都看不清分不明。即便宗教也只是提供了一种俗成的、未经检省的慰藉而已。他当然要做一个合格的圣公会教徒，对此他是有信仰的，但在他这里，这跟做一个合格的美国人，并没有区别；他不喜欢反思罪孽和救赎。就像他跟埃莉诺说过的那样："过多地思虑那些事情，这可不是什么好事情！"

在他的公共形象之下，显然隐藏了另外的一个人，比那个公共人物更为强悍、更为坚定、更有野心、更懂得谋划，但也更小气、更顽劣、更自私、更有恶意、更深沉、更复杂、更有趣。只有很亲密的朋友才能见识到他的这些面相，就在他那谜一样的、有时候有些可怕的惊鸿一瞥之间。他的眼神，友善但无可揣测，他的笑容，温和但捉摸不定，他的举止，随意但如同深渊一般，无从探测，所有这一切都表明没有可能切近他的内在。他享受跟人相处，但绝少跟人交心。这样的漠然给了他政治上的精明以及人际关系当中的谋算能力，有时候甚至会让他在人际关系中变得决绝冷酷。那些最爱他的人，也是他最无情地予以调侃的人。在他这里，几乎所有人都是可以消费的。他在思想上颇为随意且浅薄，他在道德上同样可以变得油滑且闪避。他外表温软、灵变，但内质里却坚硬得令人生畏。"如此坚硬的内质，"哈罗德·伊克斯品评说，"竟然装点得如此精致！"但是，公共领袖能担得起内心里的眷顾和承诺吗？此等一切随风、若即若离的内质给了他内在的独立性，令他可以自由地切近犬儒主义，也可以自由地切近理想主义，当然，也可以二者兼具。此等若即若离的内质意味着公共层面的解放，但也完全有可能意味着私人层面的悲剧。确切地说，这令他沦落终极的孤独和阴郁当中，若是旁人有类似的境况，他会避之唯恐不及，但这样的情况放在他自己身上，他却又颇为沉静地接纳。

说到底，富兰克林·罗斯福是那种不抱幻想、心思明澈且充满同情心的人，他曾经足够接近死亡，这就令他懂得人类的奋斗是何等不堪一击，但也正是因此，他依然忠于生命，并竭尽所能，力求上帝见证。[38]

第七部分　昏暗平原

三十三 为美利坚而战

1

已经没有时间可浪费了。"选战将于今晚十点正式打响,"提名大会的第二天,富兰克林·D.罗斯福告诉民主党全国委员会。此时,罗斯福也已经用吉姆·法利取代了约翰·J.拉斯科布的全国委员会主席之职;同时,他盼咐雷蒙德·莫利继续负责演说和选战议题方面的事情。当然,也给团队的每一个人都明确了职责分工。"要尽可能地为他争取票仓,我只关心这个,"法利告诉莫利,"选战议题不是我的事情。那是你们和他的事情。你们管好你们的事情,我管好我的事情。"

在选战战略问题上,罗斯福已经有了自己的清晰想法。民主党的参议员们一致告诉法利,候选人最好是安居不动,牢牢守着广播就行了,可以偶尔在东部搞两场集会演说,但一定要谨慎。但罗斯福有自己的考虑,他打算给选民呈现一个干练且果决的强劲形象,也借此驱散有关他身体状况的疑虑,于是,我们这位民主党候选人便决定展开一场全国范围的选战之旅。此事议定之后,罗斯福便给法利和莫利留下了进军指令,自己则在儿子们的陪同之下,乘坐一艘帆船沿着缅因州海岸而行,由此放松一下。莫利、伯利和特格韦尔则留在后方,在罗斯福酒店的混乱套房里面为秋季的巡回演说准备并整理材料。[1]

智囊团已经扩大了规模以满足新的需求和职责。主要的加盟者是休·S.约翰逊将军,此人是伯纳德·巴鲁克的亲密助手,因此可算是巴鲁克给罗斯福的赠礼了。1932年约翰逊正值五十岁,他的到来,令罗斯福酒店的这个学者团队,更增添了丰富得多的经验。约翰逊的履历可回溯到边疆时期印第安淮州的一座小镇。童年时代的约翰逊很是聪敏,很是自负;邻居们一直都记得他童年时候常说的一句话:"世人皆醉我独醒。"后来他迁居切罗基地带,不久又进入西点军校,跟道格拉斯·麦克阿瑟同级,毕业后获得骑兵指挥官军衔,并在得克萨斯和菲律宾有过军旅生涯。第一次世界大战之前的几年间,他一直待在陆军,日子过得甚是惨淡;不过他也在这段时间写了不少儿童读物,还在加利福尼亚大学攻读法律。在墨西哥边界实施了对维拉的那场追击行动之后(此次行动中,约翰逊同另一个骑兵指挥官小乔治·S.巴顿共享一个帐篷,后者因为那支珍珠手柄的左轮手枪而出了名),约翰逊受命前往华盛顿;1917年美国选战之后,约翰逊负责规划并执行征兵事务,同时接管了陆军采购事务,并成为战争部驻战时工业委员会的代表。

对待战时职责,就如同对待一切事情一样,约翰逊都展现出令人震惊的能量、才干和效率。此等工作态度,赢得了很多人的赞赏和关注,特别是巴鲁克。1919年,约翰逊以准将军衔退役,而后便进入莫林农具公司同乔治·皮克一起工作,协助皮克酝酿了麦克纳里-豪根计划,在同皮克发生争吵之后,便转投巴鲁克,从事商务,1928年,约翰逊为阿尔·史密斯工作,在接下来的闪崩当中,折损了一笔钱,而后,便全副身心地研究如何结束这场大萧条。约翰逊为人直截且强悍。当人们第一次将他引入奥尔巴尼的时候,罗斯福不免为之着迷,罗斯福的团队也为之倾倒,当时的约翰逊正在高声宣读一份对胡佛政府的强力檄文,众人当中,莫利是个例外,因为他此前已经听过这份檄文两次了,于是,莫利便离开房间,试图躲个清静,但依然没法避开将军从楼上传来的震天响的声音。此次见面,众人甚是欢畅,甚至错过了当晚回纽约的火车。(罗斯福后来特意跟莫利说起了约翰逊的这份檄文,"写得太棒了。70%的内容都可以修整一下,放到演说里面"。)

在基本诊断层面,约翰逊跟智囊团在很多问题上意见是一致的。不过,约翰逊深刻信守预算平衡机制,这是他和智囊团的显见差异。在约翰逊看来,除了商业信心外,经济复苏所需的一切因素都已经具备了;若要重拾商业信心,最好的办法就是财政稳定。因此,政府节约是他的复苏计划的一个核心元素。

就此时的情形而言,这样的分歧实际上是优先次序上的分歧,而非内容上的分歧;将军在阐述经济集中协调机制之时,可是表现出了巨大的热忱,跟这样的热忱相比,优先次序上的分歧,无论如何都不是那么重要了。他跟智囊团一样蔑视自由放任。战时工业委员会的经历令他相信,政府是可以对国民经济进行指导的。在经济稳定问题上,他很久之前就认为,"繁荣的首要条件是消费,消费自然需要购买力"。倘若政府的指导能够令工业、农业以及消费群体形成恰当的平衡,则国内市场就能够维持国家的繁荣。1932 年 6月,他以宣言的形式阐发了自己的纲领,昂扬意气隐现纸端,署名是"墨索克里尼,临时独裁者"(Muscleinny, Dictator pro tem)。这份令人侧目的宣言着重申述说,"唯一的救治之道是集中控制并即刻行动"。[2]

尤其是对特格韦尔和伯利来说,此次选战可算是绝佳机会,可以将此一观念铺展开来。罗斯福在提名大会之前的系列演说,以奥格尔索普演说为巅峰,实际上已经确定无疑地预示了一种有机经济体观念,尽管还不是那么清晰,在这样的有机体经济体当中,政府已然接受了现代技术催生的大型经济机制潮流,并据此致力于重组混乱的经济秩序,将之整合成全国性的统一体系。但是在侧重点方面,特格韦尔和伯利是存在内部分歧的,特格韦尔倾向于通过拓展政府管制体系来实施整合,伯利则更希望靠着商业领袖集团的自律和责任意识来实施整合。莫利在理论层面远不像特格韦尔和伯利这般明确,不过,即便是莫利也完全接受了范海斯的"集中与管控"理论,并且同特格韦尔大力协作,致力于推动企业合并。看来,美利坚终于迎来了前所未有的好机会,可以酝酿并发布国家计划指令了。[3]

2

然而,此时的智囊团已经不像芝加哥大会之前那么有影响力了。获得提名之后,罗斯福的侧重点也随之发生了改变,同时面临着协调和领导方面的诸般新问题。现在,罗斯福已经是全党的候选人了,而不仅仅是民主党自由派的候选人了。民主党保守派既已失去提名,便即刻展开运作,力图将这个全党候选人争取过来;如果说他们此时已经开始对改宗罗斯福不抱希望,但他们至少也要竭力斗争一番,避免罗斯福过分信持自由派信条。此外,保守派发布的一系列公共演说,也都竭尽所能地将民主党看作是正统政策的执行者。

保守派以他们自己的副总统候选人加纳为切入点,展开施压行动。加纳的立场已经足够清楚了,在接受副总统候选人提名的时候,他就申述说,当前的几乎所有问题"究其根源,都在于政府偏离了正当职能"。"看看现在的情形吧,大批人物纷纷涌向华盛顿,试图修正一切错误,令事情回归正轨,"加纳宣称,"倘若联邦政府不曾以那种步步为营的态势侵夺各州的保留权利和职责,哪会出现这样的情形啊。"加纳还通过唐纳德·里奇伯格给罗斯福递了封信，以更加痛切的口吻说明了自己的意思，"告诉州长，他是我的老板，如有必要，我们会追随到底，不过，要是他把那些狂野观念推进得太远了，我们也不会跟他玩了"。加纳还特意叮嘱罗斯福，大范围的巡回演说并无必要，"您需要做的就是静待选举日那天到来"。[4]

提名大会之上被罗斯福挫败的那些对头，此时则更加卖力，力图将民主党纳入保守主义轨道。"我们不能再谈论'被遗忘的人'啦，不能再谈论阶级分化啦，"阿尔·史密斯于 10 月申述说，"……'被遗忘的人'不过是一个神话，且让他从选战中消失吧，越早越好。"在史密斯看来，经济复苏的密钥是缩减政府支出；而且，要满足目前的财政需求，并尽可能地削减高收入群体的税负，"最公正也最合理"的办法就是推行销售税。州长里奇也宣称，民主党应当致力于遏制联邦对州的侵权行动，结束政府同私人企业的竞争，还应当平衡预算。卡特·格拉斯则采取了迂回之策，对胡佛政府的政策展开抨击，认为那样的政策"令联邦官僚体系的仆从获得了全权去支配巨额资金，这些钱可都是从美利坚人民的口袋里搜刮而来的"。里奇的弗吉尼亚老乡哈里·F. 伯德直截了当地提议即刻将联邦支出削减十亿美元。约翰·W. 戴维斯对胡佛政府的一番鞭挞看来足以概括民主党保守派的态度，他认为胡佛政府"正在向着社会主义高速推进，那样的速度是美利坚历史之上的和平时期不曾有过的"。[5]

3

不过，就在民主党保守派竭力将罗斯福向右拉的时候，民主党自由派也没有闲着，他们同样卖力地将罗斯福向左拉。这里所谓的左，主要指涉的是布赖恩-威尔逊统绪中的进步主义路线，这是他们最希望罗斯福予以归附的。昔日的进步主义而今分化为两种形式，其一是西部和南方激进派的那种肆意伸展的平民主义，其二是东部律师和知识分子集团所奉行的布兰代斯派经济观念。

此时，西部和南方的参议员党团，显然支持一场老式的、声势浩大的选战运动，对既得利益集团宣战，这批人在罗斯福这里颇有影响力。其中一些人，诸如蒙大拿州的惠勒，是罗斯福最早的支持者。还有一些人，诸如加利福尼亚州的海勒姆·约翰逊、威斯康星州的鲍勃·拉福莱特以及新墨西哥州的布朗森·卡廷，则很有可能在共和党阵营制造一场大规模脱党运动。至于乔治·诺里斯这样的人，则无需多言，他可是美利坚进步主义的元老。

然而，以进步主义观念向我们这位民主党候选人施压最劲且风头最盛者，却是路易斯安那州的休伊·朗，此人自认是两党激进派的代言人。8月份某天的海德帕克，一个电话打断了罗斯福的午休。仆人将电话机拿到桌子上。罗斯福禁不住地哑然一笑，用手捂着听筒说，"那头是休伊。"客人们隐隐约约能听到电话里那愤怒的声音，有新闻说罗斯福在海德帕克宴请欧文·D. 扬，正是此事令电话那头的人愤怒不已。休伊·朗告诉罗斯福，这些人在芝加哥可没少使绊子，接着便是连篇的脏话脱口而出，警告罗斯福最好不要跟戴维斯、贝克、格拉斯之流的保守分子继续来往。电话这头的罗斯福自然是轻松应对，不过，电话那头的休伊·朗确实是很严肃的，这一点没有疑问。挂掉电话之后，罗斯福相当严肃地评论说："这事确实有趣，不过，有趣归有趣，休伊也是今日美利坚最为危险的人物之一。我们可不能坐视不理。"（特格韦尔当时也在场，他询问罗斯福电话那头是何人。罗斯福说"道格拉斯·麦克阿瑟"。）

在这个问题上，罗斯福能做的事情之一就是也邀请休伊·朗前来海德帕克。于是，午饭时间，这位来自路易斯安那州的参议员如约驾临，一身西服，很是夸张，兰花色的衬衫、西瓜色和粉红色相间的领带，被安排在紧挨着我们这位民主党候选人的位置上。整个用餐过程中，罗斯福和休伊·朗相谈甚欢，其他客人则另外扎堆聊天。突然之间，饭局出现了冷场，一直用难以置信的眼神盯着休伊·朗的萨拉·德拉诺·罗斯福，不禁提高嗓门议论说："那个可怕的家伙，坐我儿子右边那个，究竟是谁啊？"[6]

为了让休伊·朗一家人高兴，罗斯福准备的可不仅仅一场午宴。毕竟，休伊·朗的立场所享有的支持度不可小觑，不仅是诺里斯和拉福莱特这样的严肃进步主义者，更有全国的那些颇有头脑的保守派政客，他们都支持休伊·朗的立场。北卡罗来纳州的州长O. 马克斯·加德纳并不是激进派，但也于 7 月告诫罗斯福要认清情况，民众的变革要求是巨大的，倘若此等要求遭遇顿挫，"一场暴烈的社会和政治革命"不是没有可能的事情。"美利坚人民是反对当前的时局的，"加德纳说，"倘若我们认为美利坚人民将会信持现状，那我们犯下的错误可不仅是瞎了眼那么简单了……如果我是罗斯福，我肯定会更加地向自由派靠拢。我将会跟随同民众一起前进，原因则正如我跟你说的那样，民众在前进，若是拯救这个国家，就只有一个办法，那就是用自由派的路线来解释当前的民众情感。"[7]

至于布兰代斯派的进步主义理论，则享有一个无可估量的优势，这个理论拥有一个极具说服力的代言人，并且此人可以为罗斯福所用。此人就是哈佛大学的教授费利克斯·法兰克福特，我们这位民主党候选人早在二十五年前就已经认识法兰克福特了，当时二人都是纽约市的年轻律师。1932 年法兰克福特正好五十岁，他是十二岁的时候从维也纳移民美国的。从纽约城市学院和哈佛大学法学院毕业之后，便成为时任纽约州联邦监察官的史汀生的助手，而后又追随史汀生来到战争部。再往后，他以哈佛大学法学院教授的身份跟西奥多·罗斯福和威尔逊都有过合作。1918 年，他返回华盛顿，住在"真理之家"，并担任战时劳工政策委员会主席，也就是在这里,他与年轻的海军部助理部长加深了交情。1920年代,他继续了自己在坎布里奇的出色教学生涯,在此期间,他一方面在联邦最高法院为消费者协会伸张,为福利立法之合宪性辩护,为萨科和万泽蒂声辩,另一方面对劳动禁令发起了抵抗运动。矮小、敏捷、干练、消瘦,法兰克福特有着无尽的精力和好奇心,就如同充电过量的电池组一样,不时地迸射出火花。他喜欢社交,喜欢聊天,喜欢影响力,喜欢生活。他的个人品质熠熠闪光,更有着渊博学识和犀利的法律头脑,公共政策问题根本难不住他,同时,他满怀热忱地要提升公共服务的标准。他更有着一种能力,可以推行很多事情,1920年,大法官霍姆斯颇怀善意地将这种能力称为"匪夷所思的天分,可以挤进自己想去的任何地方"。

在经济问题上,法兰克福特跟布兰代斯一样,并不信任社会计划派的那些恢宏规划。他不觉得垄断是无可避免的;而且他支持联邦政府采取果断且灵变的战略,运用手中权能,对竞争企业的做法实施改革。他跟罗斯福的智囊团一样令我们这位民主党候选人着迷,虽然路数并不一样。"费利克斯时时刻刻都会蹦出很多想法,这是我所认识的任何人都比不了的,"罗斯福曾评论说,"他心思聪敏,但转得太快了,我很难跟得上。他发觉他极其有趣,极其刺激。"在这段时间,法兰克福特多次低调造访奥尔巴尼和海德帕克,他自然是利用这样的机会将最新版本的布兰代斯纲领推销给罗斯福,其主旨是希望政府对投资银行以及证券交易实施严厉管制,以此来扭转经济集中的潮流。很显然,跟西部进步主义一样,这样的纲领也要令我们这位民主党候选人展开一场针对既得利益集团的战争。[8]

在特格韦尔和伯利看来,进步主义,无论是西部的还是东部的,都已经是过时之物了,那样的进步主义其实跟彻头彻尾的保守主义一样有害。在罗斯福的智囊团看来,老派的进步主义者非但不认肯经济体的有机特性以及对集中指导机制的需求,反而是在强行维持这样一种致命幻象:只要对大规模经济体制实施足够力度的打击和拆解，经济就能够自行运作起来。但实际上，反托拉斯举措对经济复苏不会有任何帮助，而且还会令计划机制失去空间和机会。因此，智囊团很是担心这样的进步主义一旦推行起来，将会彻底终结自由主义改革。

4

如此一来，在选战即将开启的这个时刻，我们这位民主党候选人便发现自己置身三派观点的围拢之下，三派观点恰如三角形的三个顶点，候选人则出现在三角形的中心位置上：一个顶点是经济整合和社会计划；另一个顶点是收缩支出、平衡预算以及自由放任；第三个顶点则是反对托拉斯并推行政府管控。

处在中心位置的罗斯福，自己并无明确的想法可以化解如此乱局。此时，我们这位候选人内心虽然塞满了各种经济装备，但这些装备也都是极为俗常的，比如说，他在1930年写道，竞争"基本上应当算是自然法则了"，1931年写道，政府"若是一直处于支出超过收入的状态，就不可能长期维持下去"。不过，1932年春天的一系列讨论对他的这些陈腐的古典装备形成了挑战和冲击，令他意识到购买力的重要性，也令他对经济体系之自我修复能力的诸般论调产生了强烈怀疑。提名大会之后的第一次演说，是7月30日的那场广播演讲，借助此次演说，他呼吁强化政府对经济的干预，甚至谈到了"某些制度性的修订"，认为那是复苏所必需的。不过他同时也说，"停止赤字……政府，就跟家庭一样，某个年份自然可以支出略多于收入。但你我都知道，若一直这么干，那就跟济贫院没区别了"。

各方观点就这么围绕着他，形成了交叉攻击的局面，罗斯福则从中学到了大量的东西，这些东西彼此殊异，但他有着更大的智慧去抵制一致性。不过，所有这一切元素中最为根本者，当属他的这样一种感受：这场经济危机已然将各派经济学院甩在后面了，因此，事情的关键就在于保持充分的选择空间。莫利则更是强化了候选人对教条的憎恶。他在春天特意申述说："倘若我们不能得到一个心思灵变的总统，那我们前面可就没好日子过了。"特格韦尔是希望候选人能有所归附的，遂直接从自己所著《工业纪律》一书的最后一章整理了一篇演说词。罗斯福则一如既往地认真倾听，甚至一度在谈话中提炼了特格韦尔的诸般观念。"不过，仔细思量之后，我便也明白了，"特格韦尔后来记述说，"他不会从我那些东西里面总结出任何东西……我们这位候选人自然是要捍卫自己修订演说词的自由和权利，而且，我们这位候选人很看重这样的权利和自由，那是至关重要的东西。"实际上，在计划机制问题上，罗斯福最终也确实是这么跟特格韦尔说的："这样的事情必须经历一个成长过程，这可不是一场选战就能争取并敲定的。"[9]

除了经济问题外，我们这位候选人还要面对无数别的问题，足以将他的心思挤得满满当当的。选战本身将如何组织呢？这就是其中一个问题。吉姆·法利以无尽的平和以及技能，操持着总指挥部的工作。他将一批经验丰富的政治人物融入团队当中，比如弗吉尼亚州的克劳德·斯旺森、怀俄明州的约瑟夫·C. 奥马霍尼以及内布拉斯加州的阿瑟·J. 马伦等，这些人可以帮助他弥补全国性政治经验不足的缺陷。他还召请玛丽·杜森加入，以领导妇女部的工作，杜森在1928年和1930年的选战经历之后，从社会工作转投政治事务。西弗吉尼亚州的路易斯·约翰逊，是退伍军人协会的头面人物，他受命负责老兵部的工作；卡车司机工会组织的丹·托宾则负责劳工部的工作。不过，仍然存在诸多难题。保守派疏远了，加之不断热议的"新政"话题，令资金募集越发困难。总指挥部经常陷入一文不名的境地；有时候，为了能让候选人坐上一回飞机，大家不得不用凑份子的办法。巴鲁克尽管先前的态度颇为冷淡，但最终还是成了最大的捐助人；威廉·伍丁、文森特·阿斯特、约翰·J. 拉斯科布、威廉·伦道夫·赫斯特、皮埃尔·S. 杜邦、詹姆斯·W. 杰勒德、约瑟夫·P. 肯尼迪以及詹姆斯·M. 柯利也都可算是稳靠的捐助人。[10]

选战战略问题同样令罗斯福操心不已，比如说，如何动员共和党异见派为自己助选。这一年的春天，共和党进步派的残存力量在党内做了最后一次努力，此次努力可以说是掏心掏肺，但哈罗德·伊克斯最终也未能说服海勒姆·约翰逊去争取共和党的提名，于是，伊克斯便同意支持吉福德·平肖。但这一切最终也都没有任何效果。乔治·诺里斯不得不得出结论说："我们这些秉持进步主义信仰的人，如今只能寄望于民主党了。" 7月，罗斯福告诉民主党全国委员会，他期望能得到大量的共和党选票；而且，罗斯福拟定了此次选战中将对共和党阵营提起的指控，这些指控并非针对共和党，而是针对共和党领导层。9月，全国进步主义同盟正式组建并选择支持罗斯福，诺里斯担任该同盟的主席，弗雷德里克·C. 豪担任秘书，法兰克福特、伊克斯、唐纳德·里奇伯格和亨利·华莱士也都进入了全国委员会。随着选战的深入，共和党进步派在西部战场上担当起越来越重要的角色。[11]

整个这场乱战当中，全国性政治经验胜过手下所有选战管理者的候选人，基本上也别无选择了，只能亲自上阵，操持自己的选战。他把事情做得风生水起，颇有效能。"罗斯福将自己政治活动的各个部分梳理得有条不紊，"莫利后来作证说，"权责分配极为精准，并同我们每个人都保持了极为清晰的个人联系，令权责冲突的情况根本没有可能发生，也绝对不存在职能重叠的问题。"路易斯·豪的总结式评论并不算夸张："在我四十年的经验当中，我就从来没有见过有哪场总统选战是由候选人自己……如此彻底、如此全面地操控、主导并引领的。"[12]

5

除了选战问题外，8月还需要面对纽约市市长沃克的问题，这个问题依然没有得到解决，依然令各方愤怒。提名大会只不过是将这个问题推迟了，但在全国的众多选民眼中，能否以及如何解决这个问题，都将是一场关键的道德考验。"很多独立派和共和党人都是倾向于您的，"哈罗德·伊克斯7月致信罗斯福（此时的罗斯福尚不认识伊克斯），"但是我发现他们还没有下定最终的决心，他们都在观望，要看看沃克市长的问题会怎么解决。"这个小个子市长此时已然成了机器政治之邪恶的全国性象征。一个朋友警告罗斯福说，"若是放过此人，您当然会得到坦慕尼协会的选票，但您在坦慕尼协会每得到一张选票，就相应地会在西部损失十二张选票。"

很显然，这已经是罗斯福无法逃避的问题了。要解决这个问题，自然面临诸多难题，这其中就有一个难题颇为特殊，那就是罗斯福个人是相当喜欢沃克的。这一年夏天的某个时候，罗斯福就曾禁不住地沉吟说："倘若让这个小个子市长就此去职，沦落万人嘲骂的地狱，那会是怎样的光景啊？"不过突然之间，罗斯福仿佛是在自问自答地厉声说道，"不，那样的话岂不是太软弱了嘛。"从那一刻开始，莫利就认为罢免沃克已经是铁板钉钉的事情了。其他人则不是这么肯定：据埃德·弗林的证言，他和罗斯福夫人以及路易斯·豪曾多次思量、讨论州长内心究竟是何打算。

8月，罗斯福传召沃克前来奥尔巴尼参加了一系列的听证会。听证会上，罗斯福亲自展开问询，展现出令人震惊的镇定，对错综复杂的庞大证据更是娴熟应对，甚至令沃尔特·李普曼这样的怀疑派都留下了深刻印象。不过，最终将如何做出决定，在这个问题上，罗斯福的心思依然是无从探测。9月1日晚上，一群人集结起来，同罗斯福会商沃克的案子，这其中包括法利、弗兰克·沃克、罗森曼以及巴兹尔·奥康纳等人。奥康纳是沃克的律师。大多数人主张发出前责令，将沃克解职。州长没有任何反应，看来仍然在犹豫，这时候有人在点燃一根雪茄之后，将火柴扔向罗斯福，顺势嘲讽了一番，"看来，您是宁愿不当总统，也要当这个好人了！"罗斯福颇为平静地说："也许吧，你说的也不是没有道理。"就是在这个时候，电话铃声响起，传来了戏剧性的消息。沃克辞职了。这样的收场令罗斯福就此摆脱了这个泥潭，并且将政治伤害减到最低程度。[13]

6

罗斯福也就是在这个时候开启了秋季选战，此时罗斯福在政策问题上看来是要向着三角形当中布兰代斯派的那个角靠近了。接近8月底的时候，罗斯福在俄亥俄州的哥伦布发表演说，对胡佛政府的经济思路展开了犀利批判；接着便阐发了自己的纲领，重心议题是对证券市场、控股公司和银行实施联邦管控。对特格韦尔和伯利来说，这样的管制方案包含了一些颇有效用的次要改革；但他们觉得若仅仅聚焦于此类边边角角的修补举措，是根本不足以促成持久复苏的。看来，罗斯福非但没有重提提名大会之前的社会改革倡议，反而开始批评胡佛政府竟然致力于那样的计划机制。在特格韦尔看来，来自哈佛法学院的那个小个子教授已然胜利了，更何况，法兰克福特还有路易斯·豪和休·约翰逊的支持，前者历来憎恨投资银行家，后者则一直都在酝酿着对金融集团的领导人物展开打击。特格韦尔后来是这么评说哥伦布演说日的，"就是在那天，我们回归了反托拉斯轨道，并且开始放弃企业合并方面的斗争了"。[14]

特格韦尔显然高估了罗斯福所作决策的终极性，就如同他低估了我们这位候选人之模糊态度中蕴涵着的实践智慧。第二场大的经济问题演说是9月中旬在托皮卡发表的农业问题演说。这份演说稿经过很多人的修订之后，才最终敲定。7月，M. L. 威尔逊带着莫迪凯·伊齐基尔前往纽约和奥尔巴尼，此行的目的是向候选人解释国内分派计划。威尔逊同意提供一份农业演说的草稿；在经历了令人焦灼的迁延、众多的电报和电话之后，这份草稿最终于8月底送达候选人，还附带了亨利·华莱士提供的相关材料。与此同时，摩根索也起草了土地利用以及农业债务问题的段落；约翰逊则以老资格农业专家的身份，撰写了自己的草稿。罗斯福详细审读了大量的材料，并据此将自己的想法补充进去；特格韦尔也是如此；最终，仍然是由莫利执笔，将多份文稿统合为单一且完整的演说稿。其结果显然是站在了社会管理的立场之上，尽管对内部分配计划的认同还是颇为谨慎的。"我要全力强调的是，我们必须推行全国性的农业计划机制……我们需要统一计划，需要在执行的时候做到全国一盘棋，我们要强调的是治本而非治标。"[15]

三天后的盐湖城，罗斯福阐发了一份铁路纲领，算是对"经济生活重组计划"的另一个贡献。9月21日的波特兰，罗斯福讨论了电力问题，呼吁政府对公用事业控股公司实施管制，若是私人电力公司提供的电力太少或者收费太高，则可以相应地推进公共电力开发计划。在这个国家的四个角落地带，政府拥有四个大型的电力开发工程，分别是圣劳伦斯河电站、马斯尔肖尔斯电站、博尔德大坝和哥伦比亚河电站，罗斯福说，这些大型工程都可以"确立为国家标尺，据此可以阻止私人公司盘剥公众，并使得电力这个人民的仆人得到更大范围的推广。"[16]

7

选战演说就这么铺展下去，我们的候选人也一直在伸张自己的实用主义路线,留守纽约罗斯福酒店的伯利和特格韦尔在这个过程中,则越发地对这场选战能否保持思想上的一致性感到担忧。截止到此时,罗斯福显然是在那场古老的自由主义论战的两个立场之间来回切换,一边是"新国家主义",另一边是"新自由"。这些立场能协调起来吗?或者说,倘若两种立场的最终涵义无法协调,那么能否设计出什么权宜之策,至少将这场选战以团结态势维持下去呢?伯利对这个问题已经颇为上心了,多番思量之后,他草拟了一份演说稿,罗斯福只是做了最低限度的修订,便于 9 月 23 日,在旧金山共和国俱乐部的演说中发布了。

在所有的演说中,此次演说最为深切地抓住了大萧条早期知识界的情感。演说先是极为出彩地叙述了美利坚民主的背景,而后便认为,扩张的时代已经要结束了:

> 稍稍看一下今时今日的情状,一切都再清楚不过:我们所熟知的机遇平等已经不复存在。我们的工厂已经建立起来了;如今的问题是,依据目前的条件,工厂建设是不是过度了呢。很久之前,我们最后的边疆就已经关闭了,实际上已经没有自由土地了。我们超过半数的人民已经不靠农田或者土地为生了,而且仅仅耕种自己的土地,也无法为生了。已经没有当年的那个西部大草原可以作为安全阀,当年,那些被赶出东部经济机器的人们,是可以前往西部大草原,重新开始的。我们也已经没有能力召请欧洲移民来分享我们的无尽丰裕。而今,我们只能给我们的人民提供一种贫乏的生活……独立商人而今只能被拉入一场注定会输掉的竞赛……倘若经济集中的进程依然以这样的势头维持下去,那么在下一个世纪结束的时候,美利坚工业将完全掌控在少数几个公司手中,真正操控这些公司的人也许只有一百个左右。坦率地讲,我们其实正在向着经济寡头体制稳步推移,甚至有可能已经抵达那里了。

罗斯福申述说，是时候重估价值了。"我们当前的使命并不是找寻或者开发自然资源，也不一定是要生产更多的东西。当前的使命虽然没那么大的戏剧色彩，却是更为严肃的，那就是调配已有的资源和工厂，为我们的剩余产品重建国外市场，解决消费不足问题，依据消费来调整生产，更为公平地分配财富和产品，调整既有的经济组织体系，令其服务人民。"在这其中，政府的职责是要进一步推动这样一套经济机制的发展，"这套机制将令各种规划达成平衡，即便这样的平衡会在某种程度上限制个体经济单位的行动自由。"罗斯福还补充说，这样一套秩序不能仅仅因为某些公司滥用自身的权能，就拒斥大型经济体制带来的收益。

罗斯福申述说，私人经济权能如今已经变成了一种公共信托。工商界必须担当起与权能对应的责任。倘若他们做不到这一点，那么政府就必须迅速采取行动，保护公众利益。"在这个问题上，政府的职责是要维持一种平衡，在这个平衡体系当中，每个人只要愿意，都可以找到自己的位置；每个人只要愿意，都可以得到安全保障；每个人都可以依照自己的能力，得到相应的力量，并担当相应的责任。"[17]

这显然是一份强有力的演说，以宁静的哲思态度接纳经过改造的美利坚命运。不过，演说本身更多地反映了伯利而非罗斯福的思想。当时，我们这位候选人肯定是从内心里接纳了这份演说，将之看成是对美利坚当前困境的有说服力的阐释。不过，候选人的这种赞同态度更多的是观念上的，而非实际层面的；演说开篇的修辞，"美利坚是新的。美利坚正在变化和发展。美利坚有着年轻人的巨大潜能"，跟随后有关扩张时代已然结束的平静论断比较起来，开篇这话显然更为真切地表达了罗斯福自己的感受和精神。此外，此次共和国俱乐部演说为政府角色的扩张提供了颇能触动人心的诸多理由。罗斯福对结果而非体制本身更感兴趣，对于这样一个候选人，这一点要比基本的解释架构问题更为根本。

8

至于计划派和原子派之间的争斗，共和国俱乐部演说在某种意义上采取了超越争论的态势，据此将二者之间的争斗模糊处理了。也就是在这个时候，三角对话当中的第三条战线越发地重要起来了。此时，关税问题演说的时间越来越近了，奉行自由放任路线的老派民主党人，已经在福德尼-麦坎伯法案和斯穆特-霍利法案时代忍受很长时间了，而今，他们自然是要集中力量，要让我们这位民主党候选人尽可能地切近自由贸易立场。这派观点最具影响力的支持者是来自田纳西州的参议员科德尔·赫尔。

8月，莫利让查尔斯·W.陶西格在关税问题演说问题上咨询一下赫尔的意见。这个陶西格是哈佛大学经济学家陶西格的侄子，时任美国糖浆公司的总裁，是罗斯福智囊团的边缘成员，他本人秉持自由贸易立场；他从田纳西返回华盛顿的时候，随身携带了一份有着赫尔签名的演说草稿，该草稿的主旨是将关税税率一次性削减10%。罗斯福智囊团当中，特格韦尔和伯利肯定不是经济孤立主义者，即便是莫利，也认肯了削减关税的必要性，但不管怎么说，计划哲学本身蕴涵了经济民族主义，即便这样的经济民族主义对于进口的敌视态度远不如斯穆特-霍利主义那般强烈。在计划派看来，若是接受赫尔-陶西格草稿，那就等于是向这样一种理论过分让步：大萧条之根本原因在于国际方面。此外，计划派还认为，此等无差别的关税削减计划会威胁到国家整合计划，并因此给迫切需要的内部调整计划制造障碍；而且计划派还担心，赫尔明显倾向于一笔勾销战争债务，这样的举动很可能会重演1920年代的那场灾难性实验，再次利用美国贷款人为地补贴美国的出口贸易。莫利和特格韦尔转而支持以双边协定的方式来推行削减关税的政策，依据这样的方式，可以有选择地接纳他国产品进入美国市场，政府则仍然能够将进口贸易控制在手中。休·约翰逊对赫尔-陶西格草稿也秉持一般性的反对态度，并即刻着手草拟替代草稿，在这个过程中，约翰逊在罗斯福酒店的房间里来回踱步，速记员换了一个又一个，直到草稿最终完成。约翰逊草稿的主旨是，依从双边机制，推行一系列"老式的扬基马匹贸易"模式，以此为国内过剩产品寻求国外市场；依据这样的方式，进口贸易将仅限于那些对国内经济扰动最小的产品。

莫利将两份彼此竞争的草稿呈送罗斯福。"他看起来是颇为仔细地审读了两份草稿，"莫利后来记述了当时的情形，"而后宣示说，我最好'将二者缝合在一起'，这让我呆若木鸡，无言以对。"莫利只能表示无能为力，罗斯福遂提议将整个问题延后，到选战专列上再行商议。接下来的几天，M. L. 威尔逊向罗斯福呈送了一封措辞强劲的信笺，信中申述说，若是一揽子削减关税，对农业带的影响将会是灾难性的。此番申述触动了罗斯福，罗斯福遂让莫利同参议员汤姆·沃尔什和基·皮特曼一同议定新的草稿出来，沃尔什和皮特曼当然都是贸易保护主义者。

此时，专列已经在加利福尼亚了。当陶西格再次现身，打算协助草拟演说稿的时候，素来就对自由贸易派颇不待见的沃尔什很是唐突地回绝了陶西格。莫利在同沃尔什拟定稿子的时候，科德尔·赫尔那受伤且充满怨恨的影子似乎在那摇摆的包厢里游荡，如影随形地跟着他们一起进入亚利桑那。最终，沃尔什那更为极端的保护主义论调淡化下来。当最终的草稿呈送罗斯福的时候，罗斯福很是满意，说"自由贸易派和保护主义者总算是达成妥协了"。

莫利自然不会相信存在这样的妥协，这样一出戏剧令他目瞪口呆。不过，莫利很可能是将复杂情况过分简化了。罗斯福自己的关税立场当然是国际主义，这一点毫无疑问。1932 年 10 月，他告诉安妮·奥黑尔·麦考密克，众多的贸易壁垒是"经济失常的症状"。"倘若当前的关税战继续下去,"我们这位候选人说,"这个世界就会倒退一千年。"不过,他也申述说,在整个这套疯狂体制得到修正之前,难道就没有必要对美利坚经济采取一些紧急保护措施吗?在这么一个大萧条的谷底时期,一个秉持长远眼光的国际主义者除了短期民族主义外,也许确实看不出有其他负责任的办法可供依循;事实上,在英国,凯恩斯已经采取了这样的立场。罗斯福认为,美国政府,无论何人执政,都绝无可能任由美利坚人民身陷悲惨泥潭,就那么被动地等待世界大复苏最终到来。而且,通过重建国民购买力来推动美国经济恢复繁荣,这自然也能促成世界经济复苏,"其效能是那些单纯借钱给落后且瘫痪的国家的援助项目,在数代人时间里都达不到的。在这个问题上,我赞同美国优先论"。

选战过程中罗斯福对关税问题的此番探讨,其首要目的是要维持行动自由,这样的目的既因应了眼前的智识状况,也帮助我们这位候选人避开了过于清晰的立场很可能会带来的政治麻烦。苏城演说就此应运而生,该演说令保护主义者失望,因此令科德尔·赫尔备感挫伤,不过,该演说对诸般选择保持了开放态势,等于是给双方都留下了希望。[18]

9

就这样,罗斯福完成了西部巡游之旅,于 10 月 3 日返回奥尔巴尼。一路之上,经历了太多的集会、太多的疯狂,跟太多的人握手,跟太多的人交流意见,到处都是为他着迷的人群,到处都是闪光灯的爆炸声;电线杆一个接一个掠过行进中的火车,每到一站,候选人都要再次戴上铁支架,沿着通道而下,走向后面的演讲台,而后便介绍说,"我家小孩,吉米",现场听众则会看着詹姆斯·罗斯福那七十五英寸的高大体型发出一阵笑声,罗斯福接着便颇为严肃地发表一会儿演说，手就搭在吉米的胳膊上，讲完之后又走回火车包厢，火车重新开动起来。火车上的时间是从来不会停止的。莫利从来都是带着新的演说稿出现在包厢，要不就是汤姆·沃尔什、基·皮特曼和詹姆斯·F.伯恩斯组成的参议员团队，我们这位候选人是极其倚重这些人的智慧的。（西部之旅结束之后，皮特曼致信罗斯福："我从未经历过如此快乐、如此成功的旅行，我也从未见过有哪个候选人能像您这样，如此耐心且专注地倾听建议，如此温和、友善地接受相反的观点，然后按自己的意愿行事，而且，就您的情形而言，您总是正确的。"）[19]

大规模人群纷纷涌现，在火车站、拥挤的演讲厅里以及开阔的户外场所。人们总体上持严肃且关切的态度，并不是为了凑热闹。"这个国家正在期盼一位弥赛亚，"欧内斯特·K.林德利报告说，"罗斯福先生无论是看起来还是听起来，都不像是弥赛亚。"不过，他仍然是"用来打击执政党的可靠工具"。如果说听众并没有臣服于无可遏制的热情，他们至少也已经开始以越来越大的热忱来回应我们这位候选人的信心和希望。人们开始搜寻罗斯福家族的特征：高仰的脑袋，在调侃反对派的时候，眉毛会弯曲，展现出自信的面容，在听众逐渐入迷的时候，会逐渐舒展出露齿的笑容，当然还有诡诈的玩笑、尖锐的嘲讽以及正气凛然的愤怒。

对罗斯福来说，一路之上出现在眼前的众生相，是一场无从忘怀的体验，杰斐逊市议会大厦前面灯光之下的大批密苏里人、在托皮卡骄阳下耐心倾听的堪萨斯人、在麦库克灿烂夕阳余晖映照之下的内布拉斯加州的农民，还有比尤特的那些虽然落魄却无畏的矿工。有时候，黑暗当中会有声音传来。在俄亥俄州的贝尔方丹，人群中就有这样的声音，"您不能像胡佛那样，让所有这些人都躺在公园的椅子上睡觉"。其他时候，人们则只是盯着演说人，眼神中透射出安静和炽烈。

"我看了成千上万美国人的脸，"罗斯福跟一个朋友说道，

"……写满了惊恐,就像丢了孩子一样。"在欢送威尔逊前往巴黎的人群中,罗斯福也曾看到过同样的表情,但那主要是渴望的表情。"那个时候,人们心里想的是战争。他们的眼睛仿佛是在说,也许这个人能拯救我们的孩子脱离我们已经知道了的恐怖和恐惧。但是这次,人们的眼睛仿佛是在说,'我们陷入了我们无法理解的泥潭当中;也许这家伙能帮我们出去。'"有时候,人们的表情在罗斯福看来"是因巨大的希望而充斥了快乐"。罗斯福自己也在无休无止地观看,透过火车车窗、从汽车后座、从拥挤演说听的讲台之上,我们这位候选人一直面带笑容,挥舞着手中破旧的意大利皮帽,似乎是在从人民那里汲取新的力量。[20]

10

此时已经是 10 月中了,树林染上红色和金色,预示着冬日的寒意即将袭来,空气也开始清爽起来。选战浪潮开始扩张,声音越发地尖利了,那沉默的、那不情愿的,也都纷纷被拖入这浪潮当中。约翰·N. 加纳,素来痛恨讲话("不管我说什么,都不会带来额外的选票,只能给反对派落下口实"),此时也做了他唯一的一次选战演说,试图安抚商业集团,为了不给人留下爱煽动的印象,他只是简单地回忆了当年的往事,说他在 1896 年可是反对过自由银币运动的。罗斯福在纽约的民主党集会之上同阿尔·史密斯握手,不过并没有像媒体报道的那样,称呼史密斯"你这个老马铃薯"。休伊·朗口无遮拦地跟一个记者说道:"民主党的大问题是,我们拥有所有的选票,但我们没钱。就目前的局面来看,我相信最好的办法就是卖一百万张选票给胡佛总统,只收他愿意付出的价码的一半即可。我们花得起这么多的选票,而且这样一来,我们也有钱花了。"[21]

到了这个时候,共和党终于开始列阵迎敌了。共和党在战略问题上颇耗费了一些时间。一开始,胡佛出于莫可名状的原因,竟至于认为罗斯福很可能是"最容易击败的人"(胡佛就是这么跟史汀生说的)。此等情绪支配之下,共和党领导集团也就仅仅满足于对我们这位民主党候选人略事嘲讽,说这位候选人就是一个没有责任担当的浪荡子,热衷于肆意无度的各种实验而已。当罗斯福将自己素来宠爱的大规模造林计划公之于世的时候,胡佛的农业部部长海德嘲讽说"虚头巴脑、不切实际"。奥格登·米尔斯早先曾尝试为共和党选战定立基调,当时他说:"民主党似乎喜欢尝试任何事情,共和党则始终如一地信持自己的信念:若是违背了稳固、健全的经济原则,则任何救治举措非但不能发挥本来的效能,事实上还会导致更大的灾难。"还有一些共和党人认为,公认激进的加纳才是真正的威胁。海军部部长查尔斯·弗朗西斯·亚当斯就以警示口吻问询说:"真的有哪个总统能控制住加纳吗?"[22]

胡佛自己本来计划只发表三到四次演说。7月初,他告诉史汀生,罗斯福也许能在西部和南方激进派取得一些战绩,但这位民主党候选人并不是多么强的人物。胡佛说,这场历时四个月的选战过后,罗斯福将失去东部商业集团的信任。总统这话的意思很明显,若失去东部商业集团的信任,罗斯福将必败无疑。但是到了8月,胡佛的态度开始发生转变。到了这个时候,他看来是越发地惧怕罗斯福的力量,也越发地决心要竭尽所能地阻绊罗斯福的选战运动。当史汀生告诫他不可随意动用复苏体系,以避免党派嫌疑,胡佛"一下子爆发了,他以暴烈口吻强调说,他将动用一切可能的机构和体系去赢得选战,因为他觉得自己的胜利对这个国家来说是十分必要的"。这话令史汀生相当震惊,他说他不能相信胡佛真的是那个意思。史汀生后来在日记中记述说,"即便是现在我都不敢相信,但是他一直在重复那样的话,在我看来,这只不过是证明了他在承受着何等的疲惫和压力"。[23]

有关罗斯福 9 月西部之行的报告纷纷涌入共和党总指挥部,胡佛身上的压力也越来越大,看来他也必须到西部走一趟了。共和党的其他那些演说人帮不上太多的忙;其中一些很有影响力的人物,诸如博拉这样的,更是根本就帮不上忙。情况很快便十分清楚了,用总统秘书的话来说就是,"他显然是无法指靠别人了,必须亲自上阵,靠自己去赢得连任"。9 月民主党在缅因州取得的成功尤其令共和党阵营沮丧。"对我们来说,这就是一场灾难啊,"总统说,"看来,我们必须战斗到极限了。"9 月底,胡佛告诉史汀生,他感受到了整个西部对他的"恨意",这样的"恨意"惟有"恐惧"才能克服,"现在看来,我们正在输掉这场选战,要想扳回局面,唯一的办法就是激发人们对罗斯福政策的恐惧。"

第一次演说计划在总统家乡州的得梅因举行。10 月初,火车在中西部穿行,从华府的无尽操劳和疲惫中摆脱出来的总统,一路之上看到的是冷漠的人群,并无欢欣和热情可言。有一次,他从演讲台走下来的时候,禁不住地说,这样的情形让他想起了当年哈定的葬礼火车。抵达得梅因的时候,迎接他的是在大街上游行的农民队伍,队伍举着旗帜,上面写着:"我们信过胡佛;但现在我们都完蛋了。"不过,这场得梅因演说还是给共和党注入了信心。演说中,胡佛力量和情感兼具,颇为骄傲地历数了自己的执政记录,为金本位、保护性关税以及预算平衡辩护,认为那是共和党政策体系的三大支柱。[24]

胡佛差不多是以一种愤怒的绝望态势投入选战当中,在印第安纳州、马里兰州、西弗吉尼亚州、俄亥俄州和密歇根州四处游走。火车抵达底特律的时候,一大批人在站台上用嘘声迎候他。骑警驱散群众之后,胡佛及其团队乘坐亨利·福特提供的轿车前往演讲厅(亨利·福特已经在自己的工厂贴上了很有意思的标语:"为了避免时局进一步恶化,为了让情况有所好转,胡佛总统必须获得连任。")。置身此等情形当中的总统,很是困惑且惊慌。在大厅起身演讲的时候，脸如死灰，双手颤抖，演说中，我们这位总统召请了卡尔文·柯立芝的大名，并保证会进一步削减政府支出。[25]

11

罗斯福则依托"新政"号召，继续推动选战。他承诺，在救济问题上，倘若地方救助力量瓦解，联邦政府将承担责任。他还呼吁推行公共工程计划和失业保险计划。10月初，他倡议一系列的举措，旨在"对各个产业实施规制和计划，以促成产业平衡，并将生产整合为全国性的经济活动"。商业"必须少惦记自身的利润，多想想其应当担当的国家职能。每个经济单位都必须意识到自己是一个更大整体的组成部分，并学会以这样的方式思考问题"。

不过，胡佛的反击很快便见效了。有一段时间，巴鲁克和约翰逊一直在敦促罗斯福就预算和政府节约问题发表演说；路易斯·豪对这个想法颇为上心，在西部巡游过程中，促动团队中的参议员们轮番劝说罗斯福发表这方面的演说，直到我们这位候选人不胜其扰，直接告诉路易斯·豪"闭嘴"。罗斯福从西部返回之际，约翰逊便已经备好了一份演说词，前来向总统施压，该演说的主旨就是要削减25%的政府支出。约翰逊高声宣读草稿之时的那种昂扬意气，令包括特格韦尔在内的智囊团都屈服了。特格韦尔后来评论说，"那样的演说稿，就是一场无可原谅的蠢行"。

罗斯福很快便将约翰逊的这份演说稿在匹兹堡发表，虽然偏离了罗斯福一贯的选战策略，那就是避免明确承诺，但不管怎么说，这份演说稿的主旨确实表达了罗斯福在财政政策问题上的真实看法。演说中，罗斯福相当朴素地以家庭财务为参照来讨论国家财政问题，据此批评胡佛政府干的是入不敷出的事情，并宣布支持这样一种观念："应当尽快将管控权能向着华盛顿集中"。政府必须节约;唯有饥饿才能让预算失衡;不过,罗斯福也申述说,若遇到重大需求,他也会推行赤字政策。

接下来的几个星期,罗斯福重申了自己的主要选战议题,先后在伊利诺伊州、密苏里州和马里兰州发表演说。在巴尔的摩的演说一度激起了共和党的一场抗议风暴,当时他说,1929 年,共和党完全掌控了联邦政府的所有分支,不但行政、立法尽在手中,"而且我完全有理由说,最高法院也在控制之中"。在胡佛的猛烈反击之下,我们这位民主党候选人在关税问题上本来就模糊的立场变得更加模糊了。当共和党直接挑战于他,让其举例说明他究竟想降低哪些产品的关税的时候,他给出的回应是颇为仓促的,他说他不会撤除针对低生活水准国家的保护壁垒(10 月 19 日),他说他认为农产品的高关税并不过分(10 月 25 日),他说他支持"继续保护美利坚工业和农业"(10 月 31 日)。不过,在根本上,他一直维持着进攻态势,攻击胡佛是停滞和绝望的代言人。在选战的最后几天里,罗斯福则淡化了这样的进攻态势,以策安稳前行,在这段日子的结束语当中,他着重谈论的是信仰、决心和尊严。[26]

12

此时的胡佛,一旦热情起来了,就再也收不住了。10 月的大部分时间里,他一直主打关税牌,将之奉为他的核心议题,他反复宣示说,"在全部的经济生活当中,于今日之美利坚劳工和农民而言,最为重要的举措就是维持保护性关税"。不过,工作和激情很快令他疲态尽显,新的忧虑也开始涌动起来。他越是听闻罗斯福的"新政"承诺,这承诺在他看来就越像是一场社会和经济革命的先兆。但是在其他一些人的感受中,正是胡佛自己为积极政府创立了这么一个十足的先例。"胡佛先生和罗斯福先生,"沃尔特·李普曼说,"在 1932 年,在现代国家之于现代经济的责任问题上,其实并没有原则上的根本分歧。"不过,在胡佛这里,底线始终是存在的,他自己准备做的事情就是那条底线,若是有人逾越了这条底线,哪怕只是向前推进了一步,在他看来,都将是致命的。

10 月的最后一天,胡佛依照惯例现身麦迪逊广场花园。第一句话就奠立了他的基调。"这场选战可不仅仅是两个人之间的竞争。也不仅仅是两个政党之间的竞争。这场选战是两种政府哲学之间的竞争。"胡佛抨击说,罗斯福"倡议的改革以及那所谓的'新政',将会摧毁美利坚制度的根基"。胡佛还满心轻蔑地清点了革命者的名录,现场听众则也跟着宣示胡佛念到的每一个名字作为回应:诺里斯、拉福莱特、卡廷、朗、惠勒、赫斯特等等,这些人"阐扬的社会哲学,完全背离了美利坚传统的社会哲学"。倘若他们的候选人上台,那人就会增加联邦支出;那人就会令货币膨胀;那人就会摧毁联邦信贷;那人就会削减关税;那人就会让联邦权能介入电力事务;那人就会瓦解最高法院;那人就会建立一套"我国历史之上前所未有的官僚体系"。

总统的言辞直击人们的内心;显然是危机意识催生了他的此番肃穆陈词。当他在关税问题上慷慨陈词的时候,情绪激奋,一度在演讲台边上差点跌倒。"倘若取消保护关税,荒草将遍布上百城市和上千市镇的街道;也将漫卷数百万农家的田地。"不过,说归说,他内心深处的恐惧却显露无遗。"这场选战,"他在纽约发表总结陈词说,"并不仅仅是谁上台谁下台的问题。这场选战将决定未来百年这个国家的走向。"[27]

13

此时,波士顿一家酒店里,某处房间的门半开着,罗斯福就是在此处房间里通过广播听完了胡佛的这场演说,他愤怒地说:"我完全不能容忍胡佛质疑我的美利坚主义。"但是对罗斯福集团的左翼来说,胡佛此番呈现的革命者罗斯福的形象,显然是太过恭维这个民主党人了。在这些人看来,除非是一场革命,否则便根本无法解决这场危机,因此,这些人对此番出自一个乡绅之口的有关"新政"的含混说辞,自然不会有太多触动。在这些真正的激进派看来,罗斯福最多也就是有点热情而已,实质上是相当肤浅的,要是往坏里说,他们眼中的这位民主党候选人是相当油滑且不诚恳的,这样一个人物无论如何都已经无可救药地信持了资本主义体制。而且,左翼知识分子更是一味地认定了资本主义的灭亡。约翰·张伯伦于9月写道,"今日之进步主义,若真要对之加以重新评估,则肯定是要么意味着诺曼·托马斯,要么意味着威廉·Z. 福斯特,尽管二者当中至少有一个是根本无效的,甚至有可能二者都没什么效能。"[28]

那些仍然抱持希望的拥有学院派背景或者社会工作背景的改革派,态度自然要严肃一些,在他们看来,社会党仍然是理想的出路,诺曼·托马斯则是命定的领袖人物。他那沙哑且急促的演说,在1932年的选战潮流当中,确实对受过教育的中产阶级产生了真切的影响,而不仅仅是影响到了工人群体;在很多人眼中,这个高高瘦瘦、一头白发的男人正是国民良知的代表。独立政治行动同盟于7月经过正当商议之后,以票决方式推举了托马斯。保罗·道格拉斯虽然承认自己对罗斯福是"发自内心地喜欢",就因为罗斯福在公共电力问题以及失业保险问题上的立场,不过,他仍然抨击民主党是横亘在由农民、工薪阶层以及白领工人组成的第三党道路之上的主要障碍;道格拉斯说:"倘若民主党毁灭,那将是我政治生涯能够遇到的最好事情之一。"约翰·杜威则认定,在罗斯福政府当中,"拉斯科布这样的人物是完全可以支配惠勒或者沃尔什这样的人物的",因此他便抨击了支持罗斯福的政策,认为那是"自杀",尽管有人会觉得支持罗斯福是两害相权取其轻。众多知识分子,从埃尔默·戴维斯到亨利·黑兹利特,从威廉·特鲁芬特·福斯特到斯图尔特·蔡斯,从乔治·S.考夫曼到斯蒂芬·文森特·贝内特,从莫里斯·欧内斯特到莱茵霍尔德·尼布尔,都认为唯一合理的选择就是托马斯,一定要把票投给托马斯。[29]

但是在更具浪漫派取向的知识分子眼中,托马斯难说比罗斯福好到哪里去。刘易斯·芒福德说:"让我投票的话,我会把票投给美共,这样的话,就可以旗帜鲜明地表达这样一种信念:当前的危机需要全盘且猛烈的重新定向。"这个群体的其他人则干脆就放弃了这种条件句式的表达。10月,一批作家以"文化与危机"为题发表声明,声明中陈词说,"作为负责任的知识劳工,我们自然是无所避讳地跟美国共产党站在一起,那毕竟是劳工的政党"。声明还指出,共和党路线已经破产;民主党则不过是"共和党路线的民众煽动家面相而已";社会党"不过是在推行改革路线,这样的路线只能确立国家资本主义,如此,就只能强化资本主义国家以及法西斯主义潜能"。唯有美国共产党倡议真正的解决办法,那就是"颠覆当前体制,当前体制是一切危机的根源"。这是值得为之战斗的理想,而且,这理想是"切实的,是可以实现的,苏联那边已经证明了这一点"。该声明总结说,"是资本主义毁灭了所有的文化,共产主义则致力于将文明及其文化遗产从深渊中拯救出来,这场世界危机正在将整个世界推向这个深渊"。声明的签名者包括了一批很有名的小说家,诸如西奥多·德莱塞、舍伍德·安德森、约翰·多斯·帕索斯、厄斯金·考德维尔以及沃尔多·弗兰克等;也包括了埃德蒙·威尔逊、牛顿·阿尔文、马尔科姆·考利以及格兰维尔·希克斯这样的批评家;诸如西德尼·胡克和弗雷德里克·L.舒曼这样的大学教授,以及林肯·斯蒂芬斯、马修·约瑟夫森以及埃拉·温特这样的记者。这样一份名单是颇令人触动的证据了,足以表明知识分子群体已然叛离了当前秩序。[30]

14

很显然,在一些知识分子眼中,罗斯福就是一个胡言乱语、并无实质内涵的先知,但赫伯特·胡佛仍然将罗斯福视为革命的先驱者。11月初,他抨击说,民主党的哲学"就是那套曾经毒害了整个欧洲的政府哲学……那样的味道就是从巫师的大锅里面飘洒出来的,那口大锅正在俄罗斯沸腾着"。

胡佛此番陈词是选战将近结束的时候在圣保罗宣示的,他继续申述说,民主党已经成了"暴民的政党"。他还特意补充说,"感谢上帝,华盛顿仍然有我们的政府,知道该如何对付暴民",此话一出,即刻激起了听众当中的一场愤怒议论。此时的总统,脸色煞白,疲惫不堪,说起话来磕磕绊绊,时常找不到稿子念到哪里了,就这么在演讲台上摇摇晃晃。他身后有人抓过一把空椅子,推到总统身下,以防总统跌倒。此番场景令白宫特勤处主任斯塔林上校直冒冷汗。演讲结束之后,一个有点名望的共和党人把斯塔林叫到一边,"他们为什么不让他退出呢?这对他自己、对共和党没有任何好处啊。这情形都快成闹剧了。他显然已经身心俱疲了。"

到了这个时候,胡佛终于返回家乡帕洛阿尔托投票去了。投票日的前夜,威廉·艾伦·怀特前来拜望,当时总统正在准备自己最后的广播演说稿。总统专列就停在内华达沙漠的一条侧线上,黄昏的幽光映衬出远处大山的黑暗轮廓,眼前伸展着没有边际的开阔地,高度的碱含量已经让那开阔地变成白茫茫一片了。胡佛坐在车厢里面,眼睛没有任何光彩,眼圈都已经红了,整个身体因为疲惫而塌陷下去。他集结起全部的能量,发表了这最后的广播演说,演说中,他告诫听众"不可信奉假神,假神都会给出彩虹般绚烂的承诺",并抨击了"我们的敌人的派系和集团行径的毁灭性力量"。

他再次申述说，此次选举将影响后代子孙的福祉。

一直在场的怀特评论说，演说时候，"他的声音逐渐变得疲惫不堪了，极度地疲惫，那样的语词是何等空洞，那样的绝望又是何等哀伤"。很显然，这条苦路他已经快走到头了。[31]

15

此时，在大陆的另一侧，富兰克林·罗斯福正置身波基普西的朋友和邻居当中，安静地回味此次选战经历，记忆不断涌动而起，令人难忘，人群、脸庞、场景以及那辽阔博大的美利坚万花筒。最后，他告诉广播听众，"你们不一定都会赞同我，但你们对我是这么地友善。不论我走到哪里，迎接我的都是那伟大的美利坚的理解和宽容；在此，请容许我表达衷心感谢。"

他补充说，"我见证了美利坚的万众一心，我们也将因此构筑起最为强固的岸堤，足以让我们自己脱离这大萧条的泥潭。"[32]

早上，美利坚开始票决了。赌徒和民调人员都不会怀疑最终的结果；罗斯福将大概率胜选，胡佛的金钱不会有什么机会。但是最终要做决定的是人民，而且除非等到票决结果公布，否则人民是不可能知道最终的结局的。于是，人们纷纷涌入投票站，用选票表达自己的恐惧和希望。较之四年前，前往投票站的人数整整多出了三百多万。

纽约比特摩尔酒店一楼，距离民主党总部不远的一处小房间里，富兰克林·罗斯福在倾听着票决情况。家人都围拢在他身边，还有为数不多的几个朋友：爱德华·弗林、奥康纳夫妇、罗森曼夫妇、小亨利·摩根索以及雷蒙德·莫利。吉姆·法利不停地进进出出，将最新的票决信息传送过来。路易斯·豪一时之间难以克制自己的悲观情绪，就在麦迪逊大道那间乱糟糟的办公室里将自己结结实实地藏了起来。

早先的票决情况表明罗斯福是有明显胜势的。但是路易斯·豪仍然深为忧虑，一根接一根地点烟，以此来掩饰紧张，嘴里不停地念叨着"开始跑得快，最终总是输家"。慢慢地，票决信息甚至令路易斯·豪都转变了心绪。十一点左右，埃莉诺·罗斯福和吉姆·法利来到路易斯的房间，劝说他回到总部。二人的造访令路易斯颇为愉快，但他仍然选择了通过电话来祝贺罗斯福，在这个过程中，他一直在仔细盯着票决情况，法利说，那情形跟守财奴检查自己的黄金没有区别。不久，老头把手伸进抽屉，拿出一瓶雪利酒。这瓶酒是他在希恩之战结束之后就收藏起来的，算起来，已经是二十年前的事情了；显然，老头是要一直等到罗斯福当上总统的时候才肯拿出来的。接着，路易斯·豪便很是仔细地把酒倒在几个玻璃杯里面，然后举起自己的杯子说道："致下一任美国总统！"

到了十一点的时候，很显然，一切都尘埃落定了。午夜之前不久，一脸笑容的罗斯福很是愉快，他特别指出路易斯·豪和法利这两个名字，认为"此二人对这场伟大胜利居功至伟，非他人能及"。午夜十二点十五分，赫伯特·胡佛在帕洛阿尔托发表败选声明。一点四十分左右，罗斯福终于离开比特摩尔，前往东六十五大街。在门口迎候的母亲拥抱了儿子。"这是我一生中最伟大的夜晚。"罗斯福说。[33]

三十四　举国期待

1

选战尘埃落定，一切归于沉静，富兰克林·罗斯福就是在这样的沉静氛围中，开始审视这个国家的状况，很快他便真切意识到自己将要接过来的担子是何等沉重，这不免令他十分惊惧。到了这个时候，在阴冷大街之上四处游荡，搜寻工作的人，至少有一千三百万之众。全国各地的救济体系已然开始坍塌。1932年夏天，胡佛政府并非自愿地推行了一阵赤字开支政策，算是给经济打了一针强心剂，令经济一时之间有了活跃势头，此时，这股势头早已经在下行和紧缩压力的消磨之下，归于消散。价格不断沉降，令先前更高价位之上形成的债务负担，日益沉重起来，越发地令人无法承受了。这日益沉重的债务负担正在将铁路、地方政府推入破产深渊，令整体的银行信贷结构承受着无法承受的压力，同时，也正在促动农民走向暴力。一个漫长的冬天在眼前伸展开来了，但是除了沮丧和绝望之外，便没有任何事情是确定的。

此时当选总统已经没有任何休息时间了。有太多的邮件需要回复，麦卡杜从加利福尼亚写信过来，谈到"焦急和信任写在千千万万人的脸上,他们为了您能当选,可是付出了不少,也都曾祈祷,就因为他们相信您将会……确保他们得到工作,并确保他们重新生活"。威廉·H. 伍丁报告说,华尔街方面的情绪"属于松了口气那种,甚至颇有些热情";约瑟夫斯·丹尼尔斯此时则尝试将昔日的称呼掉转过来,称罗斯福是"老大"(对此,罗斯福回复说:"我敬爱的老大,我们彼此的称呼还是别变啦,我仍然是您的部下富兰克林。")。还有太多的人需要面见。甚至一个共产主义团体也派出一个代表团,很是强横地要求面见当选总统,要跟当选总统谈一谈下个月要在华盛顿搞一场"全国饥饿大游行"的事情。令他们吃惊的是,罗斯福竟然接见了他们,并且还十分耐心地倾听了一个斯大林主义者的长篇大论。代表团的一个成员最后说道,"我们希望您能告诉胡佛总统,联邦政府必须——",罗斯福即刻打断了此人的发言,"我不能吩咐总统做任何事情。在联邦政府面前,我不过是一介私人公民而已"。[1]

有一段时间,当选总统想着去欧洲走一趟。刚从里维埃拉、维也纳和博斯普鲁斯返回美国的威廉·C. 布利特,突然之间出现在罗斯福的随行团队当中。他拟定可能的巡游路线,不过罗斯福很快便放弃了这个念头,认为国内危机才是要优先考虑的事情。[2]然而,政府方面仍然信持大萧条之国际起源的理论。此时,胡佛的债务延期方案已经到期了,接下来的债务分摊偿还期限是12月15日。选举结束之后没过几天,罗斯福便很是震惊地收到了胡佛发来的长篇电文,在任总统希望跟当选总统就外债问题晤谈一番。

2

此次晤谈的先期铺垫工作却是颇为糟糕。在罗斯福收到电报之前几个小时,胡佛就已经向媒体放风了,这等于是在刺激收报方。

不管怎么说，自1920年之后，二人的关系就已经大为恶化，1920年，罗斯福还曾经希望胡佛出面担当民主党的总统候选人，甚至到1928年，二人的关系还是可以的，当时，罗斯福拒绝写文章批评胡佛，理由是，这位共和党候选人是自己的"老朋友，私交不错"。

胡佛政府曾有一件很是怪异的事情至少在埃莉诺·罗斯福内心留下了阴影。先前的州长会议计划在弗吉尼亚附近召开，身为总统的胡佛自然是要出面邀请参会的州长前来白宫参加一场国宴。埃莉诺·罗斯福很清楚，受邀客人必须在东厅等候总统和总统夫人接见，于是对这场晚宴便加了几分小心。当晚，总统夫妇颇为反常地迟到了半个小时，这令埃莉诺内心更加警觉了。这么长的等待，罗斯福就那么一直颇为紧张地保持直立姿态，靠着纯粹的意志力量，罗斯福挺过了这场考验，后来也不曾跟任何人提起过这件事情；若说胡佛是有意让自己的竞争对手经受这么一番残酷考验，那确实让人不敢相信。但不管怎么说，糟糕的阴影就此留下了。就像埃莉诺·罗斯福说的那样，"那样的情形，看起来他就是要整这么一出耐力测验"。[3]

在胡佛选定的这个议题上，二人并没有太大可能达成共同见解。确实，二人都反对取消债务，而且，二人为此也都愿意对抗国际银行家集团和学院派经济学家集团的绝大多数。但是无论是在债务本身的意涵问题上，还是在一般性的国际经济关系问题上，二人都存在尖锐分歧。此时胡佛在国内政策领域已经看不到进一步的希望了，因此也就越发地认定，要对抗这场大萧条，"下一个重大建设性举措"只能在国际领域展开。面对美国价格急剧跌落的局面，胡佛能够看到的惟一办法就是重建国际金本位体制。他也确实颇为真诚地向国民保证说，用这样的办法，"价格走向就能够稳定且迅速地扭转回来，失业问题、工农业问题催生的深重绝望，也能够得以逆转，变成希望和信心"。倘若取消部分战争债务能够促成世界货币体系以黄金为基准的稳定格局，胡佛当然乐于重新调整债务关系。此时的胡佛,一方面相信可以通过国际金融机制来对抗大萧条,另一方面却又信持美国自身的高关税壁垒,很显然,我们这位总统依然不觉得这二者之间有什么不能相容的地方。[4]

罗斯福及其幕僚团队则相信,这场大萧条主要是场国内危机,因此,便认为美国的复苏需主要通过国内举措达成,罗斯福方面还认为,国内举措领域尚且有很多未曾开掘的可能性。他们愿意较胡佛更进一步,通过互惠协定机制来削减贸易壁垒,但他们并不希望美国价格水平跟世界价格水平捆绑在一起。因此,在他们看来,战争债务问题一旦处理不好,是很可能引爆政治的,至于其经济分量,倒在其次。倘若削减战争债务,他们不觉得欧洲方面能拿出什么东西来交换,一旦削减战争债务,则很可能引发国内震荡,进而威胁到美国自身的复苏计划;转移支付问题,也就是一些债务国失去美元偿债能力的问题,在他们看来是被夸大了,毕竟,从欧洲到纽约,每天都有这样的转移支付来化解私人债务;此外,华尔街和国际银行集团虽然也在不断施压,要求取消战争债务,但他们对这些压力始终抱持极不信任的态度,毕竟,若是对战争债务抱持如此宽许的姿态,那显然会影响到私人债务的偿还积极性。更何况,从长远来看,终究是要在债务问题上有所作为的,因此,在罗斯福当前的议程表上,这个问题不会占据一个很高的位置。在罗斯福眼中,取消战争债务显然不足以解决任何问题。因此,我们这位当选总统反对任何推迟偿还12月15日到期债务的动议,在这一点上,他跟胡佛是一样的态度,跟胡佛不一样的是,他反对任何以债务方案来拱卫国际金本位体制的动议,以及任何有可能令国际方案在优先次序上压过紧迫国内问题的动议。[5]

此时,萨姆纳·韦尔斯从纽约传来消息说,奥格登·米尔斯已经放言:"我们现在就是要把那家伙牢牢困住,让他将来不得脱身。"这样的消息自然是于事无补。[6]于是,这场有关债务问题的晤谈看来另有企图,确切地说,胡佛政府意图借此将即将接任的政府预先绑缚在大萧条之国际根源理论上面，如此便可以避开"新政"了。罗斯福本人别无选择，只能接收邀请，而且他希望尽自己所能地帮一些忙。他当然十分小心谨慎，避免在选战结束之后上当受骗，接受自己在选战期间抨击的那些方案。在尚且没有权力制定公共政策的时候，他是不会承担相应的责任的，这是再明显不过的事情。

3

总统虽然是此次晤谈的发起方，非但没有化解罗斯福对此次晤谈的疑虑，反而强化了这种疑虑。选举之事仍然令我们这位在任总统耿耿于怀。史汀生曾经为三个共和党总统效力，其中两人在寻求连任时均遭遇挫败，史汀生不免将塔夫脱和胡佛比较一番。塔夫脱在败选的时候，表现得很冷静，甚至有一种放松感；至于胡佛，在史汀生看来则是另外一回事情了，他"深陷这样一个信念：这个国家的状况真的是要取决于他能否获得连任。我真的相信他是相信这个的"。即便在票决结束之后，我们这位在任总统也仍然是"满身的战斗味道"。晤谈之日的早上，史汀生特别记述："我最担心的是胡佛对待此次晤谈的态度。他显然肆意放纵了自己对罗斯福的不信任，我觉得这很可能会令此次晤谈以失败收场。"[7]

11月28日，罗斯福在前往沃姆斯普林斯的中途，在华盛顿停留，晤谈的两个主角显然都很不自在，刚从车站赶来的罗斯福风尘仆仆，头发凌乱，很是紧张地梳理着头发，胡佛的神情严肃、冷淡且阴沉。莫利和米尔斯也参与了此次晤谈，有点像是一场决斗的助手。罗斯福在孩童时期就认识米尔斯了，那个时候，二人可都是哈得孙河畔的玩伴，四人见面之后，先是很礼貌地寒暄了一阵，聊了聊刚刚过去的选战。而后，四人便在红厅落座，头顶悬挂着亚当斯、杰斐逊、麦迪逊和格兰特的画像，此时，气氛一下子紧张起来。胡佛和米尔斯抽着雪茄,罗斯福和莫利则点燃了卷烟,仆人将冰水壶和橙汁壶摆放在就近的一张桌子上。

胡佛遂开始发言。他回避了罗斯福的眼神,先是看着脚前地毯上编织的合众国大印章图案,而后便看着莫利,颇有力度地阐发自己的观点。罗斯福则不时地插入一些问题,这些问题大多都是莫利在同伯利和特格韦尔商议之后,拟定出来的。最后,在任总统先生提议恢复先前的债务委员会,并希望罗斯福跟他一起甄选该委员会的成员。罗斯福和莫利回避了此一提议,二人当然不想在他们本来就反对的优先事项之上有所承诺,同时也不想过分地强调他们眼中的这么一个边缘问题。此时,已经是黄昏时分了;下午的阳光透过厚重的红色窗帘透射而来,很是暗淡。

接下来,在任总统和当选总统之间的这场晤谈便没什么实质性的收获了。胡佛强烈认定,只有他知道如何化解这场危机,但无法让眼前的这个继任者信服。"他根本就没听明白我的话",有人听到了胡佛的这句哀叹;我们这位在任总统后来也跟史汀生说,这就是在花时间教育一个很是无知但心地还算善良的年轻人。然而,胡佛竟然没有来由地相信罗斯福同意了他的提议。很显然,事情还悬着,罗斯福认为自己只是同意了胡佛的总体原则,这一点他很快就在一份公开声明中确认了,但是他无意接受胡佛提起的具体方案,他对那些方案没有信心。双方的误解在第二天便明朗化了,罗斯福恨胡佛,因为他认为胡佛是谋划着要让对那份已经准备好的声明做出承诺,胡佛同样也恨罗斯福,因为罗斯福拒绝认购他的政策。此次晤谈的结果加重了二人之间的不信任。[8]

4

11 月的晤谈并没有让事情就这么结束。胡佛接着便开始倡议建立酝酿已久的"国际经济与货币会议"。12月,莫利偶然看到了一份有关此次会议议程的国务院报告,马上觉察出这是华府的又一次谋划,力图用国际承诺来绑缚罗斯福在国内改革问题上的手脚。莫利和特格韦尔即刻敦促罗斯福赶在大会议程正式敲定之前,召见胡佛在会议筹备委员会的代表埃德蒙德·E. 戴和约翰·H. 威廉斯。

胡佛方面则是向罗斯福施压,希望罗斯福参加大会之前重启的债务谈判。但罗斯福在同特格韦尔和刘易斯·道格拉斯商议之后,拒绝了胡佛的邀约,罗斯福认为,胡佛此举仍然是试图让自己为他人的政策承担责任(尽管在这件事上,道格拉斯的角色很是模糊;一两天之后,在华盛顿,道格拉斯给米尔斯和史汀生留下的印象是,他确实是赞同他们的。)[9]胡佛接着便将此番交互信息释放给媒体,看来在任总统是要彻底了断这段无法忍受的关系了。

就是在这个时候,史汀生突然接到老朋友费利克斯·法兰克福特打来的电话,前一天晚上,法兰克福特一直在奥尔巴尼跟当选总统聊天。在电话里,法兰克福特告诉史汀生,罗斯福说的很明确,"为什么不让亨利·史汀生过来跟我谈谈,把这件糟糕的事情解决掉,现在看来,只有他能做到了。"史汀生遂将消息转达在任总统,但胡佛坚决反对,在任总统很是尖刻地说道:"你什么都得不到,真的,你什么都得不到。你不能信任他。"

不过,罗斯福方面很快便重新发出邀请。史汀生在反复掂量的过程中,开始意识到,"我们的这种做法等于是剥夺了当选总统在重要对外事务上的知情权,这样的做法确实没有道理啊"。"胡佛和米尔斯对罗斯福的猜疑造成了这样的局面",对于这一局面,史汀生从一开始就是"备感遗憾"的。既有如此"暴烈的成见",那么以此为基础的任何行动在史汀生看来,都是"靠不住"的;"我们应当给这个人尽可能公正的机会"。元旦过后,当胡佛返回华盛顿的时候,史汀生重启了这个议题。在任总统的态度依然如故,他告诉史汀生,罗斯福其人非常危险,反复无常,在任总统还特意指出,他是不会再跟这个当选总统单独会面了。史汀生则回应说,拒绝让当选总统了解相关信息,这样的责任很难担当得起;即便罗斯福真的像胡佛认为的那般不堪,也不能如此对待当选总统,这恐怕会比任何事情都更能令当选总统远离在任总统。

二十四个小时之后,胡佛最终还是同意了,虽然很不情愿。1月9日,一个寒冷的星期一,早上,雨水先是变成冻雨,接着便是雪花纷飞,亨利·L.史汀生搭乘火车赶赴海德帕克,寻求同罗斯福的第一次会面;当年,史汀生曾寻求纽约州州长职位,但在民主党的选战浪潮面前还是败下阵来,也正是那次选战浪潮,将富兰克林·D.罗斯福送进了纽约州参议院;回首往事,已然过去很多年了。二人从上午十一点一直谈到下午五点半。

史汀生后来记述说,"他对我的那种善意,令我深受触动,确实是征服了我"。在远东政策问题上,罗斯福完全认同史汀生的做法;真要有什么批评的话,那就是应该更早一些推行那样的政策。当选总统同时也肯定了裁军政策,在"经济会议"问题上,当选总统的态度依然是不温不火,但明确反对胡佛建立一个专门委员会来应对战争债务问题的想法,最后,在拉丁美洲问题上,当选总统也提出了一系列的问题。"这是第一次跟他交流,以前从来没有过,"史汀生在日记中写道,"但是交流过程很是顺畅,没什么困难……我非常愉快,因为总统大人先前的那些预测一个都没有应验。"同一个月晚些时候二人再度会面的时候,罗斯福就已经品评一番了:"我们合作得还算不错吧,简直就是一个团队了,不是吗?"史汀生会心一笑:"是的。"[10]

5

在债务问题和"经济会议"问题上,罗斯福于12月底在海德帕克面见戴和威廉斯,他告诉两位代表,"经济会议"最好是能够推迟,等自己在国内政策问题上稳住局面之后再说。但是就在元旦前夕,诺曼·H.戴维斯,民主党阵营老资格的国际主义者,时任日内瓦裁军大会的美方代表,从欧洲赶回,竭尽全力,说服罗斯福将"经济会议"重新纳入议程。莫利和特格韦尔代表了国内问题的优先立场,二人此时开始感觉到,罗斯福的内心正在斗争。1月份,二人的警觉越发强烈了,罗斯福先是单独面见了史汀生,而后又公开支持史汀生的观点,认为美国应当加入武器禁运计划,接着便又认可了所谓的史汀生主义,据此主义,美国将拒绝承认日本对中国东北的征服。

"很久没有感觉这么好过了",史汀生在日记中写道;但是莫利和特格韦尔的感觉越来越糟,二人抓住一切机会去劝阻罗斯福。"我对中国人从来都是有深切同情的,"罗斯福回应说,并且还回忆了家族先人在中国做生意的那段时光,"你们怎么能期望我不在日本问题上支持史汀生呢?"特格韦尔也是寸步不让,他说他也同情中国人,但是史汀生的政策很可能会导致战争。罗斯福承认战争的可能性,但也很是直截了当地告诉特格韦尔,跟日本的战争不如现在就开打,总比以后再打要好一些,此话一出,特格韦尔不禁肝胆颤动。[11]

这些事情过后,又出现了一份声明,说罗斯福已经同意跟胡佛商讨英国方面提出的重申债务情况的要求,这就令莫利和特格韦尔更为不安且懊恼。国内问题的优先地位看来已经遇到了巨大威胁。罗斯福让莫利陪同他参加会商。不过此时,戴维斯也赶来华盛顿,尽管他并无打算陪同罗斯福前往白宫;晤谈当天的早上,戴维斯同莫利和特格韦尔发生了一场激烈争论,原因是莫利和特格韦尔希望将债务谈判问题推迟到3月4日之后,并且希望让债务问题的谈判跟"经济会议"剥离开来。此番争斗之后,戴维斯便询问罗斯福,是否考虑让他也随行前往白宫。依照罗斯福的好性子,当然是要应允的。

　　此次晤谈，自然还是胡佛开场，在任总统以强劲口吻申述了即刻采取行动的必要性。（"他那样子，看起来就跟快死了一样，"莫利后来跟特格韦尔说起，"那态势显然是已经完蛋了，但还能苟延残喘下去，这背后可能有啥天杀的责任在驱动吧。"）史汀生、米尔斯乃至戴维斯都为胡佛伸张；莫利予以回应；最终还是罗斯福介入进来，重新确认自己反对在 3 月 4 日之前展开谈判，也反对将债务问题同其他的经济问题联系在一起。

　　但是乱局并未就此结束，当天晚些时候，史汀生试图让罗斯福同意一项声明，该声明体现的是上午白宫晤谈之时罗斯福予以拒斥的那些提议，此中意图莫利和史汀生自然看得清楚。此时，罗斯福急着赶火车前往沃姆斯普林斯，遂吩咐史汀生会同莫利，将声明拟定出来。于是，莫利和特格韦尔便同史汀生及其助手在国务院展开商议。特格韦尔重新解释了罗斯福的立场，史汀生则是愤怒地指责特格韦尔试图将自己在国务卿期间所做的一切工作都毁掉。特格韦尔面红耳赤，但终究还是没有爆发。最终，史汀生恢复了平静，并且颇有一番悔意地谈到了一个问题：他实际上是在以国务卿身份同时伺候两位总统。最终文本表达的是莫利和特格韦尔对罗斯福立场的解释。此事既了，债务问题的争论便也在国际舞台上退居后台了。[12]

6

　　与此同时，也就是 1932 年 12 月 5 日，已经进入瘸鸭会期的第七十二届国会开启了最后一次会期。此次会期仿佛是在重兵围困之下开启的；第一天，警力便增加了一倍，都装备了催泪瓦斯和防暴枪械，将国会大厦的台阶封锁得严严实实。美国共产党组织的饥饿游行队伍,此时也已经有一支新军进入华盛顿,大约有一千两百多人,都戴着油腻不堪的灰色帽子,穿着破破烂烂的汗衫,口中叫喊着"给受饿的人吃的,征富人的税"。警察很是蛮横地将这些人赶入一处居留"营地"(至于相当有头脑的格拉斯福德将军,则早已经去职了),那是一处暴露的开阔地,沿着纽约大道伸展开来,游行者就在那里过夜,要么睡在卡车里,要么就干脆躺在人行道上,刺骨寒风漫卷而来,这些人没有任何防护。第二天,警察嘲讽、辱骂他们,不给他们提供食物和水,也没有医疗救护,过了一段时间,甚至也不再允许他们就地挖掘茅厕。最终,还是一批国会议员认为即便是共产分子,作为美国公民,也是有权利的,在这些国会议员的支持下,这些人才获准展开游行。于是,在重装警察的看管之下,这支破烂不堪的队伍向着国会大厦前进,国会大厦前面的广场之上,红色阵线乐团(Red Front Band)还是颇为勇敢地奏响了《国际歌》,尽管声音是那么微弱。[13]

白宫方面,总统将这个短暂的瘸鸭会期视为最后的机会,他要抓住这根稻草来推行自己的计划。他跟自己的一个秘书说道,"我将竭尽所能,让我过去四年的履历在3月4日之前得以圆满。我要尽可能地让那履历完整"。民主党保守派也从中看到了机会,希望就此圈定罗斯福的政策并强加给胡佛。民主党保守派仍然认为,关键问题是平衡预算,拯救金本位,恢复商业信心;并且认为,要达成这些目标,推行销售税是快捷且有效的办法。阿尔·史密斯说,民主党现在可算是有机会清除"那些平民派,这么多年,这些人一直在用自由银币和其他经济方面的异端邪说,折磨我们党……他们就是江湖骗子,靠着种种荒唐言论和不负责任的胡言乱语来攻击富人和大公司。"[14]当胡佛提起销售税动议的时候,加纳和乔·罗宾逊作为参众两院的民主党领袖,即刻予以赞同,甚至没有征询当选总统的意见。他们自感是在回应某种道德律令;"我们必须平衡预算",加纳告诉媒体。但罗斯福有不同看法,即刻否决了此一动议。加纳遂通过私人电话向胡佛道歉,因为他未能尊重约定。

罗斯福及其幕僚,在反对累退性质的销售税的同时,同样热切地要提升其他的税种。即便是特格韦尔和伯利,虽然对平衡预算的态度不像民主党保守派那般狂热,但也绝对不是膨胀派或者赤字派。二人关心的是经济结构问题,而非需求总量的问题,因此,他们的思考重点在于制度重组而非货币扩张。此时,特格韦尔在鲍勃·拉福莱特这里发现了同道中人;他们共同认定,政府将收入从富人转移给穷人,就能够产生足够的购买力,令经济运转起来。特格韦尔后来记述说,"当时,我们俩都不觉得有必要动用预算赤字手段"。[15]

只有为数不多的一批异见派对平衡预算提出了质疑。一些西部民主党人和进步派共和党人,诸如艾奥瓦州的亨利·华莱士,建议采取某种形式的膨胀政策。梅纳德·凯恩斯批评节约政策就是以邻为壑。"一个人的支出,"他写道,"就是另一个人的收入。"既如此,则抵制消费就成了反社会之举;其逻辑结论便是令所有人坐以待毙,就因为拒绝购买别人的东西。据此,凯恩斯颇为尖刻地问询说,我们是不是一定要等待一场战争来重启公共支出,并靠着这个办法来结束这场大萧条呢?即便是"死脑袋"不免也都会认为赤字政策是合情合理的,难道这道理就真的说不通了吗?威廉·特鲁芬特·福斯特也发出了类似的呼吁,希望推动政府支出;斯图尔特·蔡斯也倡言:"少花钱是绝对不可能恢复繁荣的,必须多花钱……若仍然厉行节约,那将对购买力造成重创,并挑起失业人群的怒火,若真是到了那一步,除非实施全盘救济,否则的话,革命就无可避免了。"

然而,大多数的银行家和经济学家,在这个问题上的态度跟大多数政治人物是一样的,当年德国通货膨胀的景象仍然困扰着他们,如同梦魇,若是有一天,满满一袋子的美元却只能换来一条面包,那是他们不能接受的。倘若通货膨胀是真正的威胁,那么厉行节约就是真正的解决之道。对此，凯恩斯写道："祭起通货膨胀这个怪物来反对支出，这就如同警告一个因为饥饿和消瘦而快要完蛋的人，过度肥胖是有危险的。"[16]

7

各方压力就这样向着当选总统漫卷而来。莫利较之以往任何时候都更像是当选总统的替身了，整个内阁集结在他一人之身，他竭力将重大问题都担当起来，无分内政和外交。选战智囊团此时已经解散了。此后，莫利、特格韦尔、伯利和约翰逊便再也没有集结为一个团队。而且，罗斯福也已经显现出一些令人不安的新习惯，特别是在他忘了交待某些工作的时候，他会吩咐新人去做这些工作。选战期间的那套相对还算说得过去的秩序，已然消散了。特格韦尔回首这段日子的时候，留下了这样的评说："整套体系都没有规矩可言，这简直是在摧毁神经啊。"此等情状尤其令莫利恼火，不管怎么说，他名义上担当着协调责任，结果便只能不断地发火。

不过，莫利能够得到补偿。围绕"经济会议"问题同胡佛展开的谈判，将他置于泛光灯之下，他也由此成为全国瞩目的人物。"我曾同莫利教授有过一次很是愉快的交谈，"从不知难而退的休伊·朗说道，"当时我就告诉他，我早就看出来他是有智慧的人，但是，任何有智慧的人在某些时候都是需要听取更有智慧之人的意见的，他可以随时来找我，我随时都在。我还特意跟他说，我不会告诉任何人的，除了记者外。"来自得克萨斯的萨姆·雷伯恩则更是直截爽快，在 12 月从沃姆斯普林斯返回的火车上，他从过道另一侧斜靠过来，意味深长地跟莫利低语一番，"我希望这届政府里面不会有天杀的拉斯普京式的人物"。[17]

这届政府确实不会有这样的人物。这一点在 1 月底就明确了，当时，特格韦尔接受《纽约世界电讯报》的福里斯特·戴维斯的访谈，此次访谈还颇有意味地被人称为"新政"的权威预报。特格韦尔在访谈中说，特格韦尔计划涵括了五十亿美元的公共工程资金，还有直接性的联邦救济机制，还会扩张复兴金融公司的活动范围；特格韦尔还谈到要推行稳健货币和平衡预算，不过，所需资金则主要来自两个渠道，其一，大幅度提升收入税和遗产税，其二是发行联邦债券。"倘若我们缺少购买力，"特格韦尔说，"那我们将缺少一切。……要做的事情只有一件，那就是从有钱人那里拿钱，转给缺钱的人。"特格韦尔还补充说，通过拯救银行来拯救国家，这就等于是"给树枝而非树根施肥，意图借此拯救树木"。此次访谈惹恼了罗斯福，令特格韦尔预定的沃姆斯普林斯之行就此泡汤，《工业纪律》一书的出版也因此推迟。（"此事过后，"特格韦尔在日记中写道，"我再也不会相信记者了。"）[18]

当选总统的身边还有其他的声音。费利克斯·法兰克福特很是轻捷地在奥尔巴尼进进出出，传播着大法官布兰代斯的福音；刘易斯·道格拉斯，来自亚利桑那州的年轻众议员，干练且有魅力，谈论着政府重组和节约问题上的种种方案。有一段时间，伯纳德·巴鲁克也觉得自己的时机到来了。他颇为交心地跟一个朋友说起，"很明显，我要将全部的经济问题担当起来了。"信笺和电报每天都在涌入，传递着各种新观念。在这风暴的中心地带，罗斯福本人安居不动，心灵开放，保持着实验和乐观的心态，并且适当地守护着自己的想法。

来自得克萨斯州的汤姆·康纳利，于 12 月拜访沃姆斯普林斯，他很是震惊地发现罗斯福在大肆谈论预算平衡问题，并强调政府行动的宪法限制。"倘若花四百亿美元打一场战争是合宪的，"这位来自得克萨斯州的参议员不禁抗议说，"那么花上一点点的钱去缓解一下自己公民的饥饿和悲惨，难道就违宪了吗？"对此，我们这位当选总统就那么套着衬衫袖子，安坐在那里，抽着烟卷，一副不置可否的态度,这很可能是故意设计出来的姿态,目的是引诱康纳利做出反应,借此来探察一下此人的可能性。老威尔逊派人物科德尔·赫尔和丹·罗珀对罗斯福此时表现出来的明显的保守姿态,却是备感忧虑,遂央求约瑟夫斯·丹尼尔斯去规劝一番,争取让当选总统更进步一些。"我跟他说话的时候,"休伊·朗抱怨说,"他就是满口的'好!好!好!'。不过乔·罗宾逊第二天去拜望他的时候,他仍然是满嘴的'好!好!好!'。也许他跟所有人都是这么说话的。"[19]

8

罗斯福在具体方案问题上的态度,也许并不明朗,不过在方向问题上,他却有着强劲本能,在政策问题上,他的信念相当强烈,且涵盖范围相当广泛。比如说,从选战期间的表现就完全能看出,他相信积极政府是弥补经济失衡的手段,他有心推行联邦救济体制以及老年补助和失业保险计划,在公共工程方面,他也有所规划,他还推动自然资源保护计划,包括土地利用、植树造林以及洪水控制,等等,他也准备好了要解决农业过剩问题,并恢复农业群体的购买力;他还计划调整城乡人口分配格局,也酝酿着要对投机活动和证券交易实施管制。

选战以及州长经历令他认定要在公共电力问题上采取果决行动;1932年9月,他告诉一名记者,在公共电力问题上,他的"底线"计划是让诺里斯的马斯尔肖尔斯提案获得通过,完成对电力托拉斯的调查,并通过针对公用事业控股公司的管制立法,他允许这名记者将这话发布出去。[20]对于整体的经济问题,他在选战期间的态度则模糊一些,不过还是谈到了要建立一套合宪的经济秩序以及全国性的生产计划体系。在国际问题上,他赞成通过互惠贸易协定来达成削减关税的目的,当然,他的这个表态是颇为谨慎的。他的州长履历足以表明,他有心提高工资并削减工时,同时也有心强化工会力量。没有人可以严肃地认定,罗斯福要的是一届无所作为的政府。选战期间,他甚至谈到了革命,"正确的革命,也是这个国家能够支持的惟一的革命类型,就是票箱的革命"。对于保守派,惟一的安慰就是他在匹兹堡演说中给出的节约保证和平衡预算保证,以及他在多个场合给出的稳健货币承诺(尽管他还是十分小心地避免依据金本位标准来界定稳健货币)。[21]

元旦之后没过几天,威廉·伦道夫·赫斯特派出代表前来拜会当选总统。罗斯福告诉赫斯特的代表,他认为农业救济是当务之急,其次是失业救济和公共工程,尽管他认为赫斯特的五十亿美元规划"目前来看太过庞大了"。自然资源保护、荒地开垦、植树造林以及基本农业生产,这些方面的事情在当选总统看来,可以完全吸纳过剩的劳动力。预算平衡则需要通过政府节约来达成,特别是要在退伍军人补贴金的事情上厉行节约。罗斯福还特意补充说:"倘若物价下跌的趋势还不能遏制住,那我们很可能就得采取膨胀措施了。这样的话,也许就要以白银作为货币基础了,要不就是减少美元的黄金含量。至于最佳、最安全的膨胀政策如何推行,现在我还没有定见。"

我们这位当选总统同样也向乔治·克里尔保证会推行显著的改革举措。他告诉克里尔,1929年的大崩盘标志一个时代的结束。强悍个人主义支撑起来的旧秩序已经一去不复返;相互依存是如今的新秩序。工商业应当而且也已经开始在公共利益方面有所担当,这一点是显而易见的,那些仅仅靠着童工、漫长工时、低工资以及谎言和欺骗,才能维持正常利润的企业,不是这个国家所需要的。新经济秩序必须推行国家标准,必须对矿业、加工业、制造业以及农业等领域的大企业实施中央管制。当选总统说,唯有靠着这样的办法,人们才有可能在晚上安然入睡,不必恐惧天亮。[22]

9

到了1月底的时候,华盛顿的一些观察家们开始注意到那些前往沃姆斯普林斯朝圣的人们,在返回的时候,自由派明显要比保守派更愉快一些。乔治·诺里斯的沃姆斯普林斯之行就特别能说明问题。早在12月份,罗斯福就已经致信诺里斯,说他"特别希望"诺里斯能陪同他去马斯尔肖尔斯走一趟。1月中的时候,二人便已经站在一起俯瞰威尔逊大坝,看着数千加仑的水从水道里面奔涌而过,翻滚着白色的浪花。现在,这奔涌的河水至少可以给千家万户提供照明,可以转动轮子,可以灌溉峡谷区域。罗斯福跟身边这位同行者说:"今天对你来说可是个快乐日子啊,乔治。"诺里斯眼含热泪,缓缓回应说:"确实是,总统先生。我终于看到美梦成真了。"随后,罗斯福在蒙哥马利的州议会走廊里面发表讲话,明确了自己的态度:马斯尔肖尔斯的电力资源究竟应当是公共的还是私人的,这个问题他当然关心,但他的关心远远超越了这个狭窄问题。"今日之所见所闻令我在两件事情上下定了决心,"他说,"其一是要将马斯尔肖尔斯电站运转起来。其二是要让马斯尔肖尔斯融入一个更为庞大的开发计划,这个计划将会把整个的田纳西河流域都涵括其中,从弗吉尼亚的山区一直到俄亥俄州以及海湾区域。"

几天之后,他坐在沃姆斯普林斯"小白宫"的壁炉前,在一群记者面前侃侃而谈,阐述了将贯穿整个田纳西河峡谷区域的多功能开发愿景,此等愿景相当恢宏,是水电、蓄洪、林业、环保、屯垦、农业以及工业综合体,是一场规模庞大的实验。"我认为,"他说,"此一开发计划将成为先驱,将引领这个国家其他地方的类似计划,比如俄亥俄河、密苏里河、阿肯色河以及西北哥伦比亚河等水域,都将动起来。"他还重拾了先前的信念:城乡人口的平衡必须重新调整。即便能够恢复 1929 年的经济水准，仍然会有五百万人找不到工作。"回归土地运动，是今日之大势所趋。……实际上自西奥多·罗斯福和吉福德·平肖时代起，我们就一直在逐步推进这方面的事情，只不过是零敲碎打的……现在看来，是时候将这方面的工作全部整合起来，在一个指定区域推定大规模的综合性计划。"[23]

在另外一些问题上，罗斯福同样有切实说法，比如说，在另一次记者招待会上，他就相当明晰地勾勒了运输体系的重组计划。不过，模糊态度一直都存在，这样的模糊态度在执政之前的这段空白期，应该说是无可避免的。在这段时间，他一直在说话，跟自己，跟别人，一直在界定自己的方向，廓清自己的任务，但也一直都避免明确的承诺或者表态。他告诉自己威斯康星时代的老朋友丹·罗珀，"我们只需集中关注一件事情就行了，那就是拯救人民和国家，倘若为此不得不每天改变两次心意，那我们改变就是了。"特格韦尔曾很是懊恼地跟他抱怨说，这些人是在这个国家遭遇最严重低谷的时候执政的，罗斯福的回答既有忧虑也有兴奋，"是的，我知道；但我们也只能兵来将挡水来土掩，把每天的工作做好。我们将作出的决策是何等可怕啊！而且，有时候，我们还是会犯错的呢！"[24]

三十五 混沌空位期

1

此时国会方面,正手忙脚乱地处理一系列的立法提案,显然并无效果可言,一些来自快要下台的在任总统,还有一些则来自当选总统。胡佛希望政府厉行节约,希望推行销售税,希望推行银行业和破产立法,同时也希望推行一套普遍的抵押贴现制度。对于破产和抵押救济方案,罗斯福也有自己的想法,他将一批条目添加在自己的议程当中,比如撤销宪法第十八修正案、啤酒合法化以及新的农业政策,等等。一些国会议员也提出了自己的办法去应对这场危机,比如来自亚拉巴马州的参议员布莱克就提出了三十四小时工时议案。然而,政党纪律在这个时段荡然无存了;人们纷纷失去耐心,随时都会爆发怒火,神经备受煎熬。休伊·朗的私人怒火已然是倾泻而出,对卡特·格拉斯的银行业提案发起了阻止演说。詹姆斯·E. 沃森,胡佛派驻参议院的领袖,则打算对1月的立法事务实施封堵,以此迫使罗斯福在3月启动特别会期,这样的话,就有可能令新总统因为提不出具体议案而陷入被动。实际上,在瘸鸭会期进入中段的时候,胡佛自己就已经发话了,

"我不希望他们现在能做任何事情"。[1]慢慢地,这个会期的国会状况也就成了这个国家之混沌和挫败状况的镜像,当然,也强化了这个国家的混沌状况。

这确实是断裂期,是大空位期。旧体制的令状已然远去,新体制的令状尚且没有权力去突破僵局。胡佛已经是信誉扫地的失败者,罗斯福代表了希望,但这希望很是含混,而且看来正呈现出消退之势;这个国家就这么悬置在过去和将来之间,在不现实、不切实的黑暗海洋中兀自漂泊。人们只是感觉到某种预兆,感觉到将会有变化;但未来的形态就跟对过去的记忆一样,说不清道不明。此时,一个来自被淡忘时代的人物,隐现而出,着重刻画了过去几年间这场深刻且巨大的变化。12月的一个寒冷日子,在纽约,卡尔文·柯立芝花了一个下午的时间跟一位老友闲谈。"我们正置身一个新时代,但我并不属于这个时代,"柯立芝最后说道,"我也没有可能适应这个新时代了。这些新观念需要新人去拓展、去推行。那些仍然只相信我所了解的那种政府的人,是担当不了这样的使命的。"三个星期之后,柯立芝去世了。[2]

有很多东西也都随他一并离去了,特别是商业集团的声望,那可是他曾以决绝的狂热供奉的东西。1月,参议院银行货币委员会扩大了一年前就已经开始的对银行业和股票交易活动的调查。记者们极为震惊地看着银行界的头面人物轮番出场,接受问讯,在委员会新任顾问费迪南德·佩科拉那耐心且无情的攻势之下,不断地扭动身体,坐立难安,直冒冷汗,最终都不得不供认一桩又一桩违背正常伦理乃至正常头脑的罪过。随着佩科拉问讯的推展,众多偶像纷纷坍塌。不过,更多的灾难性坍塌事故却出现在参议院财政委员会的一个论坛之上,2月的最后两个星期,参议院财政委员会设立了一个论坛,希望银行界能借此机会,用自己的智慧给这个国家出谋划策。

2

参议员帕特·哈里森，一个民主党保守派，很快便利用这个机会秀了一把，试图封堵激进观念。其结果却只是激起了激进派最为强烈的反击。约翰·W.戴维斯发言说，他没什么可以提供的，无论是事实还是理论；来自宾夕法尼亚铁路公司的阿特伯里将军认为只能任由经济自行触底，除此之外，便别无他法；伯纳德·巴鲁克坚持认为，国家信贷就要消耗殆尽，政府不能再借钱了。他说："要平衡预算，停止赤字。要为节约和增收做一些牺牲。削减政府支出，就如同遭遇围困之时削减配给一样。还要征税，竭尽一切可能地征税，对一切人、一切物征税。"

就这样，集团中人陆续加入了这个阴沉队伍。一名参议员询问纽约第一国民银行的杰克逊·雷诺兹有什么解决办法。雷诺兹说："没有，我也不觉得其他人会有。"那么美国钢铁公司的梅隆·C.泰勒呢？"我实在想不出还有什么办法"，除了节约，除了平衡预算。威尔逊的农业部部长和财政部部长，如今是互助人寿保险公司的戴维·F.休斯敦呢？"避免一切不必要的拨款。"保德信保险公司的爱德华·D.达菲尔德呢？"为今之计，平衡联邦预算乃头等要务。"布洛克报业集团的保罗·布洛克呢？"平衡预算，此乃重中之重。"尼古拉斯·默里·巴特勒呢？"政府厉行节约并平衡预算。"克莱顿-安德森公司的威尔·克莱顿呢？"大幅度削减政府支出，以求平衡预算。"韦尔顿钢铁公司的欧内斯特·T.韦尔呢？"当务之急（就是）平衡预算。"

当然也出现了少数几个异见派。矿工联合会的约翰·L.刘易斯呼吁推行全国性的计划机制，他颇为轻蔑地说道，"单单是平衡预算，可绝对没有办法将牛奶送入饥饿婴儿的胃里，也没有可能让婴儿的母亲扔掉破衣烂衫。"威廉·伦道夫·赫斯特在呼吁推行销售税的同时，也不忘倡言铁路国有化，这可算是他那段激进时光的最后残余。《费城纪闻报》的发行人 J. 大卫·斯特曼批评了预算平衡观念，并召请约翰·梅纳德·凯恩斯的权威，他说凯恩斯是"在世的最伟大经济学家"。"政府何以应对这场危机呢？"经济学家劳伦斯·丹尼斯问道，"必须承认需要更多的支出，此乃首要前提。"老资格的进步派唐纳德·里奇伯格则希望推行计划经济机制。不过，这些边缘声音很快便被倡言政府节约的洪流给湮没了。[3]

很显然，到了大萧条的第四个冬天，美利坚商业集团无论是经济状况还是思想状况，都快要沦落破产境地了。里奇伯格则是在这个时候现身参议院财政委员会，发布了如下的猛烈判词：

> 我要说的是，此次来到这个委员会面前的可有不少工商界的头面人物，还有不少人慷慨陈词，为当前的政治-经济秩序辩护，认为不应当触动当前秩序，应当让它维持下去，并且维持当前的控制力；这些人要么是太过无知，枉顾事实，要么就是在理解力上太过愚钝，要不然就是以其鼠目寸光来彰显其极度自私，今时今日，这个国家迫切需要的是诚实、智慧且充溢着公共精神的计划机制，以修复我们正在坍塌的文明，在这样的时刻，上述的那些人是根本不值一提的。

乔治·索科尔斯基于这个冬天在全国展开了六千英里的巡视，他得出同样的结论。"人们对这个国家先前的领导集团已经没有信心了。提到战后时代这个国家任何一个大人物的名字，得到的只有嘲讽。银行家也好，大工业家也好，大学校长也罢，这些人没有一个能赢得美利坚人民的尊重。"约瑟夫·P. 肯尼迪本身是华尔街的投机客,但他也不免写道:"有一段时间,人们还是相信那些掌控美利坚公司体系的人,他们的动机是诚实的,是有关高尚行为的诸般理想在驱动着他们,但是现在,这样的信念已经彻底破碎了。"沃尔特·李普曼说,"过去五年间,美利坚的工业和金融领袖集团已然从影响力和权力的巅峰跌落到谷底,这样的糟糕情况在我国历史之上并不多见。"[4]

3

这个国家的势力集团已然陨落,但没有东西取而代之,填补由此形成的空缺。人民只能在不信任中躁动难安,很显然,单纯是这样的不信任,是不会有任何效果的。1932年至1933年的这个冬天,城市的状况还算平静,尽管威廉·格林于1月在参议院的一个委员会面前相当勇敢地谈到了"阶级战争"和"暴力语言"。但是乡村的情况仍然因为前一个夏天农民假日协会的鼓动而动荡不已,此时则正在竭尽所能地寻找机会,采取更为简便也更具民众参与度的直接行动。

债务状况越发地严重了。艾奥瓦州是抵押债务最为严重的州,在这个州,农田总价值额度,差不多三分之一是被闭锁在抵押债务链当中,而且主要的债主是银行和保险公司。农业价格跌落,令农民越发难以靠农产品的现金收入来支付利息或者缴纳税款。这场危机就这样将勤劳者的劳动成果抹平了,跟那些游手好闲且没有能力的人,没什么区别,这就当然令农民越发地坚定了决心,他们不战斗一场是不会投降的。于是,各种农民行动组织纷纷崛起,抵制销售税,抵制取消抵押品赎回权,脸上没有任何笑意的人们,穿着长外袍以及灯芯绒裤子,配上破旧的红色或者绿色汗衫,拿着棍棒便开始行动了。

在艾奥瓦州斯托姆莱克地区，人们挥舞着绳子，威胁要将一个前来取消抵押品赎回权的律师给绞死。在该州的范布伦县，奥托·瑙夫人用一把步枪瞄准警长博斯托克，勒令他离开自己的农田。在勒马斯小镇，在约翰·A.约翰逊家的农田要执行拍卖的时候，片刻之间便有五百多人围拢过来，怒目相向；当纽约人寿保险公司的执行人员给出低于抵押农田市场价格的竞价的时候，人们即刻对执行人来了一番拳打脚踢；有人还喊叫着"上私刑！"在堪萨斯州普莱森顿附近，有人发现了一具尸体，被杀者刚刚取消了一处五百英亩农田的抵押赎回权。在内布拉斯加州的西德尼，一些农民领袖威胁要带二十万债务人挺进林肯市的州议会大厦，"要将大厦推倒"，除非得到救济。在俄亥俄州的马林塔，艾伯特·勒尔家的谷仓上面挂着一个绳套，这显然是警告外来竞标农地的人最好走开，否则这绳套就是他们的下场。一宗又一宗的破产案上，债务人的亲朋好友靠着种种无言的威慑手段，将别的竞标人赶走，最终只用几分钱便将抵押田地重新拿回。

风声很快便传到华盛顿。爱德华·奥尼尔告诉国会，必须采取措施了，否则，乡村地区不出十二个月就会有革命爆发。农业协会的约翰·A.辛普森在参议院农业委员会作证说，"诸位先生，此前已经有不少的小股革命浪潮了，现在，聚沙成塔之势已经形成，最大和最终的浪潮看来就要席卷全国了。"在纽约，"布卢尔妈妈（即埃拉·里夫·布卢尔）"，老资格的共产主义煽动家，刚从中西部地区返回，她评论说："这些农民的斗志如此昂扬，实在是我见所未见。"这话充满了职业上的仰慕。

不过，中部边界地区这些人群背后的推动力量并非布尔什维克主义。他们其实是在捍卫自己的财产权，特别是守护自己家园的权利，那是他们在这大草原之上，用自己的血汗和节俭一点一点换来的，这样的权利他们定然要确证并捍卫，必要的话，他们不惧用武力来对抗一切银行和保险公司的侵夺行径。在他们眼中，他们的这条路，并非革命之路，而是爱国之路。发生在艾奥瓦州普里姆加尔的止赎骚乱就颇能说明问题，代理警长在愤怒农民面前当众下跪并亲吻国旗，才算给抵押赎回权引发的骚乱画上了句号。[5]

话又说回来，这些行动仍然揭示并代表了对公民财产权以及公民责任的新观念。对直接行动的崇拜开始滋长。对此，阿尔·史密斯于2月初以另一种方式作出了回应。这场大萧条不啻一场战争，他说，情况确实是比1918年时更糟糕了。"那么，民主体制在战争中该如何作为呢？要变成暴君、专制者，要变成真正的君王。在世界大战期间，我们就是这么干的，我们将宪法包裹起来，束之高阁，就让它待在那里，等待战争结束。"沃尔特·李普曼在几天之后也申述说，应当给予总统为期一年的完整且彻底的授权，限制国会论辩和修订的权利，"危险并不在于我们会失去自由，而在于我们没有能力以必要的速度和全面性采取行动。"[6]而且，远远看去，随着美利坚民众在这段大空位期载沉载浮，更多的战队开始集结起来，"一分钟人""银衫军""卡其衫军""白衫军"以及"美利坚民族主义阵线"等，纷纷涌现，无不给人以山雨欲来风满楼的感受。这个国家显然已经到了深渊的边缘。《慕迪圣经学院月刊》甚至在这个冬天的酷寒天气中察觉出末世意味，说末日将临，这场危机就是末日之前的终极危机。

4

这个冬天，诡异的亢奋情绪一时之间如同巨浪一般高高涌起，但突然之间便又退去了，此等状况比任何东西都更有力地证明了人们对空位期的恐惧。这段亢奋浪潮不难找到自己的先知，此人是一个怪异的纽约工程师，名叫霍华德·斯科特。斯科特的生涯可以溯源到1919年的那段肆意张扬的希望时光。他是在纽约结识的凡勃仓，并吸收了凡勃仑关于工程师在工业社会之未来角色的观念（当然，他的门徒并不这么看，反而认为是斯科特激发了凡勃仑的这些想法），1920年，他创建了一个名为"技术同盟"的组织，旨在实现凡勃仑有关技术苏维埃的梦想；斯图尔特·蔡斯就是该组织的成员。那些年间，斯科特一度担任过世界产业工人联盟的顾问。他很可能就是在那段时间接触了《工业管理》上的文章，W. H. 史密斯在这里面讨论了一种新的社会组织观念，这就是所谓的"技术统治"。

1920年代，斯科特成了格林威治村的老熟人。他平常会做一些地板蜡的生意；不过他的真正精力是放了经济学上面，只要有人愿意听，他就会侃侃而谈，表现得相当自信，且热情十足。牛津大学的教授弗雷德里克·索迪，曾获得诺贝尔化学奖，此人所著《财富，真实财富与债务》一书于1926年在美国推出，该书更是强化了斯科特的经济观念。斯科特眼中的未来，生产率将会无可遏制地增长，并将就业和投资机会的增速远远甩在后面，这必将意味着恒久且日益增长的失业以及越发沉重的债务，最终，资本主义将在这双重压力之下走向崩溃。工业时代最终将"驱迫着工业体系的主人去摧毁工业"。不过，"恰恰就是在毁灭时刻，（工业时代）也给美利坚大陆的居民提供了一种他们不曾知晓的安全保障。"希望就在于将控制权能转归技术人员，（就如同斯科特在1932年说的那样）这个技术集团能够在十六小时周工时的基础上，为人们提供十倍于1929年的生活标准。"在能量状态当中，政治结构或者政治手腕不会有任何效用。倘若技术统治机制主宰了这片大陆，那么任何的政治行动就都不会有存在空间了。"

不过，若要将经济资源充分利用起来，就必须抛弃既有的价格体制。"若要将物理生产成本降至最低，就必须大规模生产，这样的生产机制必须持续满负荷地运转，"斯科特申述说，"要维持这样的生产率，就必须有足够的大众购买力来匹配此等产出……任何价格机制都没有可能掌控此等商品和服务的生产率……必须对所有商品和服务的生产率予以精准测度，必须用这样的测度体系取代以货币和信贷机构为依托的既有估价体系。"斯科特的计划是用以能量和焦耳为基础的货币来取代以黄金为基础的货币，确切地说，就是以能量基准来取代黄金基准。如此，便可以生产商品所耗能量为基准来实施定价，从而令产品总价格等同于总劳动的千瓦时。（至于服务产品该如何衡量，斯科特则一直都没能说清楚。）此等机制，完全可以对能量货币实施恰当分配，进而令消费能力同生产能力相匹配。

这场大萧条让斯科特有了伸张自己的看法并获得听众的机会。1932年8月，纽约报纸爆出新闻，说哥伦比亚大学的一个名为"技术统治"的团队，正在酝酿对北美大陆实施能量测度。此等观念即刻抓住了民众的想象。"技术统治"为大规模失业提供了一种看来相当合理的解释。更是以权威的科学和工程语言来表述相应的诊断。他们以技术视角而非政治或者金融视角来看待问题，这就令已然对人和钱而非机器失去信心的人们，生出了相当的兴趣。"这片大陆之上，并不存在任何物理的因素，能够阻止以能量为依托和基准的经济活动，"斯科特说，"唯一能够阻止这件事情的，就是我们对一个陈腐之物的信仰，这陈腐之物就是价格。"

在实践层面，这场运动是有明显缺陷的。"技术统治并不知道如何实际运行，"斯科特承认，"……技术统治对政治之道并无兴趣。"然而，民众热情却奇迹般地涌动起来。银行家和工业家们蜂拥而来，前往大都会俱乐部和皮埃尔酒店聆听斯科特的演说。厄普顿·辛克莱以颤抖的斜体字写道，"技术统治"是"我们这个时代涌现出来的最为重要的运动"。斯图尔特·蔡斯从中看出了"美利坚工业体系遇到过的最为强劲的挑战"。《民族》杂志宣称"技术统治"是"向着一种真正的美利坚革命哲学迈出的第一步"，并且特意发布了一封公开信，向这场运动的先知致敬。广播喜剧纷纷以此为话题；罗斯兰还出现了以之命名的一种新式舞蹈；在芝加哥（据《时代周刊》报道），反牛仔竞技同盟、精神病人保护者协会的支持者们很快便组建了美国技术统治党。

当然不会所有人都叫好。"大萧条降临以来，已经有不少的人在兜售各种药方了，"H. L. 门肯颇为轻蔑地说，"这副药方是最糟糕的。在我看来，共产主义反而更理智一些。"阿奇博尔德·麦克利什冷冷地评论说，马克思的经济决定论将有可能让位给斯科特的技术决定论，"不过是用一个机械论的奶头取代了另一个而已。"阿尔·史密斯则提供了正面的评说："有人希望用工程师取代政治领袖，来操持这个国家，对此，有个事实是不能回避的，华盛顿刚刚结束了一个由工程师主宰政府的时代。"

此时的霍华德·斯科特，身穿工程师的皮外套，揣着红色手绢，打着红色领结，以一副消瘦憔悴的态势侃侃而谈，竭尽所能地靠着连珠炮式的演说风格，维持着天启即将降临的氛围。然而，他所呈现的数据和图表是有缺陷的，那传闻中的能量勘查运动也从未推展。1 月中，尼古拉斯·默里·巴特勒代表哥伦比亚大学，否认跟斯科特有任何牵扯。几天之后，"技术统治委员会"的那些颇有名望的成员，比如哥伦比亚大学的沃尔特·劳滕施特劳赫教授和罗素·塞奇基金会的利昂·亨德森，都对斯科特展开了批判，而后便从委员会辞职了。各方纷纷对技术统治论展开粗野抨击，相关人员也纷纷宣布同这场运动脱离干系，令技术统治之梦迅速消退，就如同当初迅速崛起一样。不过，残余影响也是存在的，比如说对技术之无限可能性的感受和意识，比如说对新方法的开放态度，比如说同过去决裂的意愿。[7]

此番碎裂、坍塌以及对救星的追寻有着千禧年意味。每天都有越来越多的国民渴念着将宪法束之高阁，渴望着某种类似独裁权能的东西。既有的这套体制说到底是要依靠信心和信仰的；恰恰就是这信心和信仰，正在一点点地消散。银行在债务重压之下，已然是摇摇欲坠了,这片大地之上的男男女女充斥着莫名的不安,开始向银行柜台的窗口集结,显然,人们要撤走自己的存款了。2月的前两个星期,挤兑额度急速攀升,一场金融危机看来无可避免。领袖集团较之以往更为暗弱且无能了:胡佛,躲在华盛顿,默然无助;罗斯福,手中尚且没有任何权能可供施展,只能平和地等待,此时也正乘着文森特·阿斯特的游艇"努尔玛哈尔号",在佛罗里达海岸附近恬然游荡。

5

2月14日,密歇根州州长发布指令,要求银行歇业八天,遂即关闭了该州所有银行。15日,罗斯福在迈阿密上岸。车队赶来,在暮色降临时,将当选总统送往海滨公园的一个接待站。(在后面的一辆车上,文森特·阿斯特和雷蒙德·莫利很是学究气地谈论起在城市的拥挤街道上遭到刺杀的风险。)罗斯福则坐在敞篷车后座的顶上,向人群讲话。讲话结束之后,新闻短片的制作人员请罗斯福给他们重复一下刚才的讲话。他很礼貌地回答说不行。而后便滑到自己的座位上。

这个时候,芝加哥市市长瑟马克专程赶来。(瑟马克此行是要寻求政治分肥资源;吉姆·法利后来记述说,其实他本不必专程来迈阿密跑一趟,主要就是因为提名大会第一轮投票之后,他阻止伊利诺伊州代表团将选票转给罗斯福。)一个人手拿一份长长的电报,在向罗斯福解释着什么。当选总统身子前倾,听着对方的解释,而后又靠向轿车的左侧。突然,罗斯福听到一阵爆裂的声音,他误以为是鞭炮声;紧接着又是几阵爆裂的声音。鲜血瞬间就溅在一个特勤人员的手中。在昏暗光影中,罗斯福一下子便看到一个矮小黑影站在三十五码开外的一个小箱子上,正疯狂地向当选总统的方向开枪射击。人群即刻在惊恐中尖叫起来。片刻之间，罗斯福那高昂的声音便盖过了惊慌浪潮，"我没事！我没事！"

乔（朱塞佩）·赞加拉，一个失业砖工，在北迈阿密大道一家典当店花八美元买了把手枪。因胃部溃疡而引发的剧烈疼痛，令他对这个世界充满了仇恨。"我一直都痛恨富人和权贵……我希望我的运气能比十年前好一些，十年前，我在意大利也买过一支步枪，准备刺杀国王埃马努埃莱……我坐在公园里面，一直等着，胃部一直在疼，比以前更疼了……我跟罗斯福先生并无私怨，我不恨他，但我恨所有的总统，无论他们是哪个国家的，我恨所有当官的，我恨一切有钱人。"就这样，在胃部如同烈火炙烤般疼痛的驱策之下，他疯狂地将子弹射向总统座驾。市长瑟马克当场倒地，身体在痛苦扭曲；还有四个人受伤。罗斯福靠近瑟马克，将他拉进车辆后座，当场吩咐司机驱车直奔医院。"托尼，平静一些，别动，"他说，"保持平静就行，不会疼的。"

此次事件令这个国家一下子清醒过来。虽然拯救人民的机会相当渺茫，但当选总统的表现相当镇定，那样的反应，传递出更多的意味和信息，确切地说，那样的反应足以令人心鼓舞。无论如何，人们看得很清楚，罗斯福丝毫没有身体上的恐惧，内心的勇气勃发而出，向这个国家灌注，而那背景便是迈阿密的枪弹。

12月，约翰·加纳就曾警告罗斯福，当心有人图谋刺杀，罗斯福当时很是轻松地回答说："我记得西奥多·罗斯福跟我说过，'倘若刺客是一个根本就不在乎生死的人，那才是真的危险。大多数的疯子都是可以提前发现的。'"现在，刺杀图谋的事实就摆在眼前，但这并未对罗斯福有所扰动。"当晚的'努尔玛哈尔号'上，罗斯福是如此平静，"莫利后来记述说，"这可算是我平生所见最为壮丽的事情了。"此时的罗斯福，唯一关切的就是瑟马克以及另外几个受伤人员的情况。（瑟马克熬了几天，但最终还是离世了。）"他是宿命论者，"他的管家麦克达菲说，"他相信该来的总会来。他仍然是那样的笑容！根本没太当回事。他不是那种对已经发生的事情特别挂怀的人。事情过去了，就让它过去吧。"第二天早上，麦克达菲如常送上领带架的时候，罗斯福仍然伸手去取前一天的红色领带。麦克达菲回忆说，"我说，'今天咱就不用这条红色领带了吧。'他笑了又笑……那也是我唯一一次替他挑选领带。"[8]

（十四个月之前的某个晚上，大约十点半的时候，一个英国政客在穿越纽约第七十六和七十七街区之间的第五大道，因为看错了方向，被一辆疾驰而来的汽车撞倒在地，此人后来回忆说，那一刻，他满眼金星，整个人都呆住了，"我不明白我居然没有像蛋壳一样直接碎掉，或者干脆像鹅莓一样，溅上一地。"当然会有人认为个人之于历史，实在是微不足道，不过，这些人也应当想一想，倘若朱塞佩·赞加拉的子弹在1933年的迈阿密杀死了罗斯福，或者马里奥·孔塔西尼的汽车在1931年的纽约第五大道杀死了温斯顿·丘吉尔，那么接下来二十年间的这个世界是否还是我们现在知道的那个样子呢。）[9]

6

迈阿密事件就此释放了国民情绪，强化了人们对当选总统的信仰。与此同时，罗斯福也在一步一步地酝酿着组建新政府的事情。早在10月，罗斯福就告诉法利，他希望犹他州的乔治·德恩担任内政部部长，法利担任邮政部部长。但是选战之后的那段时间，组阁事宜因为保守派和进步派的争斗和双重施压，不免暂时搁浅下来。甚至当选总统的妈妈都有一些自己的想法。"我倒是想知道你打算把谁弄来华盛顿，"萨拉写道，"我觉得欧文·扬或者牛顿·贝克很不错。"不过，到了1月初，罗斯福便已经向威廉·伦道夫·赫斯特的代表保证说，会有一个"激进"内阁；"这届内阁里面,不会有人认识前往华尔街 23 号的路。也不会有人跟电力托拉斯或者国际银行集团有任何牵扯。"贝克、扬、约翰·W. 戴维斯肯定不会入阁,财政部部长也不会是个银行家。[10]

罗斯福无意让那些在芝加哥输掉的人,在华盛顿又赢回来。同时,他也无意让这届内阁成为奖品,奖励曾经为自己提供过政治支持的人。当路易斯·豪、法利、弗林和沃克形成一个非正式的委员会,试图借此为芝加哥之前罗斯福集团中人提供关照的时候,罗斯福警告他们别惦记内阁。"我不希望他们当中有任何人获得内阁提名,甚至包括你在内,路易斯,"他告诉路易斯·豪,并且还用手中卷烟指向另外三人,补充说,"还有你、你和你。"在提名大会之上曾为罗斯福出过大力的内布拉斯加州的阿瑟·马伦,一直惦记着总检察长的职位,但罗斯福在 1 月便已经决定由来自蒙大拿州的参议员托马斯·J. 沃尔什担任总检察长之职。但此时沃尔什已经是极具名望的国会人物了,更是一等一的调查人,所以并不愿意离开参议院。最终,在经历了差不多一个月的犹疑之后,他还是应允了罗斯福的请求。[11]

接下来就是要为最为重要的内阁职位寻找合适人选了。一年前,罗斯福曾告诉丹·罗珀,他有心让牛顿·贝克担任国务卿之职。接下来发生的事情自然是剪灭了这种可能性。此时报界对诺曼·H. 戴维斯颇为看好。但法兰克福特等人告诫罗斯福,戴维斯并非合适人选,因为第一次世界大战之前,戴维斯在古巴的商业生涯不清不楚,当时联邦最高法院对他有不利判决,认为他侵害了信托关系,收取秘密资金,欺诈商业伙伴。[12]随后的几个星期里,罗斯福在外交问题上征询戴维斯的看法,并无证据表明戴维斯真的有心接掌国务院。12 月底,罗斯福告诉莫利,已经将候选名单缩减到三人,路易斯维尔的罗伯特·W. 宾厄姆、欧文·D. 扬和科德尔·赫尔。罗斯福说,宾厄姆是豪斯上校推荐的(但豪斯上校后来告诉哈罗德·伊克斯,自己当时推荐的是赫尔),但他自己对宾厄姆确实了解不多。至于扬，倒是很有头脑，也很有良知，但罗斯福担心他跟公用事业公司的牵扯会让进步派不满。对于赫尔的高尚心性，罗斯福则是非常尊重。而且罗斯福也清楚自己是大大地欠了赫尔一笔政治债。路易斯·豪也支持赫尔。

不久，罗斯福便让路易斯·B. 韦利去试探赫尔的想法。这个田纳西人一开始不肯表态，心里充斥了恨意，最后他告诉韦利，他为罗斯福做了那么多的事情，都没有得到一句感谢的话。至少，韦利记得赫尔当时就是这么说的；赫尔自己后来回忆说，来自罗斯福的直接提议，是1月中的事情，当时当选总统在前往沃姆斯普林斯的半路上，在华盛顿停留了一下。赫尔后来记述说，"这让我感觉头顶炸了一个响雷……没人跟我说过，有人在考虑我啊。"就在赫尔思量此事的时候，先后有五个参议员警告莫利，说赫尔在削减关税问题上秉持的态度过分理想主义，而且说赫尔没有能力处理好人际关系（这是莫利提供的记述）。莫利遂将情况汇报给当选总统，罗斯福的回复是："告诉那些参议员，我倒是很高兴国务院里有如此高尚的理想主义。"赫尔自己也确实担心处理不好社交方面的事情，罗斯福遂提议任命自己在威尔逊时期的老朋友威廉·菲利普斯担任副国务卿，将官方交际的事情接过去，由此来化解赫尔的担忧。2月中旬，迈阿密事件之后，赫尔告诉罗斯福，同意入主国务院。[13]

7

财政部方面，第一人选是没有争议的。弗吉尼亚州的卡特·格拉斯，曾为威尔逊执掌财政部，一直是民主党的财政专家。罗斯福中途停留华盛顿，向赫尔提出国务卿之职的同时，也提请格拉斯执掌财政部。但是我们这位当选总统内心肯定有着诸多忧虑，格拉斯在货币问题上秉持严格的正统观点，这势必会大大限制政府的政策手脚。格拉斯方面也要求当选总统给出明确保证：政府不会策动膨胀政策。莫利以罗斯福的代理人的身份将格拉斯的这个态度转达给当选总统，罗斯福告诉莫利，"就膨胀本身来说，你可以告诉他，我们不会仅仅因为有人贴了膨胀标签，就将那些想法扔出窗外。要是你感觉这个老家伙无意跟进，也不要强迫他。"阿道夫·伯利则不免有了这样一种感觉：我们这位当选总统内心是希望莫利将这件事情办砸的，让格拉斯最终拒绝财政部之约；不过，此时格拉斯也担心自己的健康问题，他的家庭医生强烈反对他担当政府职责。2月7日，格拉斯最终送来信笺，拒绝了此番邀约。[14]

莫利遂将威廉·伍丁举荐给路易斯·豪，后者很快就答应了。伍丁拥有商业履历，金融集团对他颇为待见，在政策问题上，伍丁要比格拉斯灵变一些。不过，巴鲁克等人此时介入，劝说格拉斯重新考虑。这令此事在接下来的两个星期里没有任何定论。最终，格拉斯重新确认了一开始的拒绝态度。罗斯福立刻向伍丁提出邀约。伍丁一开始持拒斥态度，巴兹尔·奥康纳遂开车带他在中央公园转了一大圈，借此机会来了一番长谈，由此打消了伍丁的疑虑。[15]

农业部方面，小亨利·摩根索在纽约时候便一直是罗斯福的保育计划专员，也是《美国农业家》的发行人，因此可算是首选了。罗斯福自然喜欢小摩根索，而且小摩根索那颇有影响力的父亲老摩根索也希望看到儿子入阁。但是身为罗斯福农业政策问题首席幕僚的特格韦尔则强烈支持艾奥瓦州的亨利·A. 华莱士。据克伦威尔出版公司的托马斯·H. 贝克说，自己曾受罗斯福嘱托去征集农业领袖人物的意见。绝大多数人倾向华莱士。农业局的爱德华·奥尼尔似乎也特别强烈地反对摩根索。

华莱士自己则举荐乔治·皮克。但此前跟华莱士有过交道的罗斯福，对华莱士颇为倾心，这位当选总统很希望内阁中有一个进步派共和党人，遂于2月初致信华莱士，希望他成为农业部部长。紧随信件之后,莫利在得梅因给华莱士打电话,重申了这份邀约。电话里,莫利颇不耐烦地说:"你好!你好!你究竟怎么想的啊,快给个说法吧。"又是一阵停顿之后,电话那头传来华莱士颇为犹疑的声音,"好吧。"年轻的亨利接着便在《华莱士农民》上面发布了他最后一篇评论文章,"我将在华盛顿尽我所能,把活干好。我会犯不少的错误,这是肯定的,不过我希望人们能觉得我确实尽力了。"[16]

8

商务部方面,罗斯福首先想到的是纽约梅西百货公司的杰西·I. 斯特劳斯。不过,他面临着巨大压力,需要对党内的老威尔逊-麦卡杜集团有所认可。麦卡杜、约瑟夫斯·丹尼尔斯、豪斯上校,还有一干人等,纷纷施压,力荐丹·罗珀负责商务部,罗珀曾在威尔逊帐下担当多个职位,在十五年前,也曾是罗斯福的政治同盟。罗斯福最初计划让罗珀负责货币总稽核,此时则决定将罗珀提到商务部长的位置上。遗憾的是,在这次乱局中,竟然没有人告知斯特劳斯计划有变,直到在农业部部长人选问题上备感失望的老亨利·摩根索主动担起责任,通知斯特劳斯,他也未能入阁。这种传递信息的方式,甚至比所传递信息本身更令斯特劳斯愤怒;不过,罗斯福还是及时将此事摆平,劝说斯特劳斯担任驻法大使之职。[17]

劳工部方面则没有这么多的难题。玛丽·杜森自然不会错过任何机会为女性伸张,她迅即组织劳工组织和社会工作群体的人们,发起了一场进谏运动,力促罗斯福任命弗朗西丝·珀金斯为劳工部部长。罗斯福其实已经对珀金斯女士颇为倾心了,此番竟有这么多的人自发支持珀金斯,这对他当然有巨大说服力。看来,唯一的异议者就是珀金斯女士自己。2月1日,珀金斯呈送罗斯福一份便条，希望有关她任命的传言是没有根据的。"为了您自己，也为了这个国家，"珀金斯写道，"我认为应当直接从劳工组织里面甄选合适的人，这样的话就可以牢牢重建这样一个原则：劳工也在总统的议事会里面。"美国劳工联合会的约翰·弗雷或者爱德华·麦格雷迪为什么就不行呢？"我也许提供了一些想法，但那些想法其实也都是您的想法，确实没有必要让我入阁。我想这一点您是了解的。"

不过罗斯福不为所动。两个星期后，当选总统在第六十五大街的寓所约见了珀金斯女士，他告诉她，他希望她出任劳工部部长。珀金斯花费了一些功夫劝阻当选总统，并重申自己并不是劳工组织的代表，当这个理由也未能打动罗斯福的时候，珀金斯便进一步申述说，她不会考虑这个职位，除非她还能有机会回归广阔的社会工作领域。罗斯福回答说，他喜欢她的想法，也希望她继续走下去。如此，珀金斯女士便只能投降了，遂接受了劳工部部长之职。[18]

内政部的情况可就没这么简单了。乔治·德姆曾是罗斯福的第一人选，但环保派予以抵制，公共电力政策的支持者们也颇多疑虑。罗斯福遂在原则上给德姆承诺了一个内阁职位，但告诉德姆，具体哪个部门暂时不能让他知道。接着，当选总统便着手寻找另外的人选，并以参议院里面的西部进步派为甄选重点。但无论是加利福尼亚州的海勒姆·约翰逊还是新墨西哥州的布朗森·卡廷，都回绝了。无论如何，人们越发明显地感觉到，罗斯福在从参议院挖人，以此来装点内阁，并且在这一点上做得有点过分了。

也就是在这个时候，一个新人加入了这场竞争，此人就是芝加哥的哈罗德·伊克斯。伊克斯最初颇为觊觎印第安事务署，但在反复思量之后，决定来上一场弯弓射大雕，直接寻求部长职位。但是到了 2 月初的时候，伊克斯甚至连印第安事务署的希望差不多都已经完全放弃了。据他所知，罗斯福都没有听说过他的名字。莫利就是在这个当口上，邀请伊克斯以进步派代表的身份参加一次经济会议，罗斯福也将到会。在前往参会的路上，伊克斯撞见了阿瑟·马伦，后者同意给罗斯福电话，谈一下伊克斯以进步派身份入主内政部的可能性。罗斯福询问马伦对伊克斯了解有多少。马伦回答说，若伊克斯负责内政部，卡廷和约翰逊都是会同意的，但从个人角度，他对伊克斯确实是不了解。罗斯福说自己没有时间调查了，现在就必须要任命了。

第二天早上，一群人集结在会场。罗斯福问道："伊克斯先生在吗？"会议很简短；结束时候，有人在楼梯口将伊克斯拦住，据伊克斯后来确认，此人就是雷克斯福德·特格韦尔，特格韦尔告诉伊克斯，罗斯福想见见他。我们这位当选总统没有浪费时间。"你和我在过去的二十年里一直在说同样的话，"罗斯福说，"我们有同样的见解。现在，我要找人担任内政部部长，但是有点难度啊……目前，我似乎觉得我要找的这个人就是芝加哥的哈罗德·L.伊克斯。"当天晚些时候，罗斯福告诉莫利已经找到自己的内政部部长了，罗斯福还很是愉快地解释说，"我喜欢他那样的长相。"

当天晚上，一个男人和一个女人各自走过东六十五大街一处寓所的一楼，那里堆满了报纸，地毯沿着墙壁卷了起来，角落里面塞满了箱子和盒子。而后，两人便一同等在二楼罗斯福书房外面的房间里。很快，便有人将那男人引进了罗斯福的书房。没过多久，当那男人要离开的时候，罗斯福面带笑容，将那男人引见给那女人，"我想咱们的内政部部长该见见咱们的劳工部部长了"。[19]

9

伊克斯入主内政部，如此一来就必须为德姆另找一个位置；这个问题很快便解决了，那就是战争部。至于海军部，自格拉斯回绝了财政部部长之职位的邀约之后，罗斯福便将眼睛转向格拉斯的参议院同僚兼弗吉尼亚老乡克劳德·A. 斯旺森。斯旺森执掌海军部，领导风格平易、和善，同时也为罗斯福的老朋友、前任州长哈里·F. 比尔德腾出一个参议院席位，罗斯福此时正需要比尔德的支持。

于是，一番辗转之后，内阁便组建起来了。很显然，职业政客集团在此番任命中遭到忽略（伊克斯说得很有道理，倘若罗斯福尝试选任伊利诺伊州的两位民主党领袖埃德·凯利和帕特·纳什，"他们会立刻激动得昏死过去的"）[20]，尽管如此，结果仍然遵循了政治常规，确切地说是三个参议员和一个州长，然后是农业集团、商业集团、改革派、威尔逊派和职业政客集团各有一个代表，同时也辅以政治地域方面的适度考量。其中三个内阁成员，伍丁、华莱士和伊克斯，都拥有共和党身份，即便伊克斯在过去二十五年间只投过一次共和党的票，并且1928年时候，伍丁和华莱士都支持史密斯。除了华莱士和伊克斯外，剩下的人全都是罗斯福的老朋友了，长期的熟识令罗斯福很了解他们的看法。如此，则不难见出，议题和观念上的考量在这其中基本没有扮演什么角色，除了在同格拉斯谈判的时候。最终的结果便是一届有着合理效能的内阁，在国会山也有着合理影响力，毕竟有国会民主党团和独立自由派集团的加持，同时也不会令民众特别瞩目。

智囊团依然保留着。罗斯福此时对莫利、特格韦尔和伯利已经非常倚重，自然不希望就此抛弃他们。3月他致信罗森曼说，"你向我举荐的雷和雷克斯，这可能是整个选战期间我的最佳收获了。"他计划让莫利担任助理国务卿，这个职位不需要受条条框框束缚，可以同总统直接沟通；至于特格韦尔，罗斯福则有意将他送到商务部助理部长的位置上，伯利则担任联邦贸易委员会的委员。但伯利当即回绝了，他无意在华府任职，特格韦尔本也是这个打算，但华莱士任农业部部长之职，这改变了他的计划。

1月初，特格韦尔和华莱士携手酝酿农业立法的时候，特格韦尔在日记中写道："我们正在建立友谊，也正在以满心的期待，探测彼此的心思。"华莱士最终接掌农业部的时候，便希望特格韦尔能成为助理部长，还以他那标志性的谦逊补充说，他犹豫再三才有此建议，"不管怎么说，雷克斯，我实际上是应当做你的下属的。"此时特格韦尔已然强烈感受到农业部需要大幅度重组，最终便也告诉华莱士，他会考虑去农业部待一段时间，帮华莱士进行重组工作。[21]

此时莫利对于计划中自己要担当的职位，却是越发地犹疑了。在关税问题上，他跟赫尔是有尖锐分歧的；他也担心新任部长并不能轻易容得下一个跟总统的交情比自己还近的下属。于是，莫利敦促当选总统明确界定自己的职责，并最终取得了一份声明，让他负责外债事务、"经济会议"事务以及总统临时交代的事情。但是媒体依然在模糊此中情形，莫利觉得惟一的办法就是将声明公开。莫利当着约瑟夫斯·丹尼尔斯的面跟路易斯·豪说道，"难道你不觉得总统有义务这么做吗？"丹尼尔斯则坚决指出，若是公布了这份声明，赫尔就必然会就此拒绝这个任命，而且罗斯福不久便也告诉莫利，这份声明是不能公开的。既如此，莫利便私下里决定，只在华府待一个月时间。[22]

10

此时，银行系统正面临着越来越大的压力，压力呈现出稳步叠加的态势。佩科拉委员会揭示出来的种种材料，毫无疑问强化了人们对银行家集团的不信任，就如同1月份的复兴金融公司秘密贷款案强化了人们对银行的不信任一样。不过，追究此等不信任的根源，还在更为深层的地方。即便是在繁荣年代，银行每年中止兑换的平均次数也达到了六百三十四次（单年的次数就差不多是1934年之后的十二年间总次数的两倍之多）。1931年，凯恩斯特意警告说,在美国,银行的处境"很可能是整体形势中最为薄弱的环节"。(凯恩斯还告诫人们,切不可相信银行家是清醒的。"一场银行家的阴谋!这完全是胡说八道!我倒是希望银行家能搞一场阴谋!……一个'清醒'的银行家,可不是什么能够预见危险且能够规避危险的人,这所谓的'清醒',用在银行家身上,意思不过是说,当他被毁灭的时候,是以正常且正统的方式走向毁灭的。")

几年之后,胡佛在回首银行体系的时候,依然十分痛彻,他宣称,那样的银行体系"莫可名状地脆弱,组织情况相当糟糕",是"整个经济体系当中最为薄弱的一环"。然而,在他担任总统的时候,无论是言辞还是行动,他可都不曾表现过这样的关切和忧虑。身为总统,他曾颇有信心地谈起"内在合理且健全的银行状况"(1929年11月15日)、"银行的稳固处境"(1929年12月3日)、"健全的信贷体系"(1930年2月10日)以及"银行体系的强大力量"(1931年10月6日)。当然,此等满意态度在他执政的最后几年间渐次低落下去,但不管怎么说,他从未倡议任何的严肃改革举措。[23]

此时,多年的疏忽怠惰开始结出恶果了。三年时间里,美利坚人民便见证了超过五千家银行中止兑付,因此,完全没有理由指望人们会这么被动等待下去,等着自己剩下的血汗钱在一场终极爆发中灰飞烟灭。人们开始明白了,监管者们是允许银行家隐匿自己的糟糕境况的,比如说,银行家可以用银行所持债券来充当资产,这其中包括大量已经没有持有价值的债券,很久之前的市场跌落就已经令这些债券一文不值。货币贬值是无可避免的,此一信念越发地传布开来,由此便令挤兑潮流越发地强劲。任何人都是要让自己的钱安全的,倘若手里钱不多,就自己找个地方藏起来,要是钱不少,就兑换成外币。2月的联邦储备委员会数据显示,黄金储备已经开始下降,窖藏的额度在不断增加,人们逃离美元的速度也越来越快了。

此前当然也有银行暂时歇业的情况，比如1932年10月的内华达州和1933年2月初的路易斯安那州，不过，对大多数国民来说，银行业危机是以2月中旬密歇根州的歇业事件为开端的。主导该州银行体系的是两家银行控股公司。其一是联邦卫士信托公司，该公司此时已经是穷途末路了，正在寻求一笔五千万美元的复兴金融公司贷款；倘若这个信托公司崩塌了，那么密歇根州所有的银行就都得关门大吉。政府一开始的态度是动用复兴金融公司贷款，火速救驾，但来自密歇根州的参议员詹姆斯·卡曾斯认为将联邦贷款注入不健全的银行并非有意义的举动，他说任何超过担保额度的复兴金融公司贷款，他都是反对的，并且他会展开批评。商务部部长罗伊·D.蔡平和副财长阿瑟·A.巴兰坦遂草拟了一份替代方案，该方案能否成功，取决于亨利·福特是否愿意稳住自己在联邦卫士托拉斯的存款。一场戏剧性晤谈就此诞生，蔡平和巴兰坦于2月13日早上在迪尔伯恩见到了亨利·福特，"新时代"的经济英雄就这样跟"新时代"政府的代表见面了，其时，那令人目眩神迷的"新时代"梦想大厦正在四处坍塌。

福特，彻头彻尾的美利坚个人主义者，自然是相当直接地拒绝合作。他告诉胡佛的代表，强行支撑当前金融局面的努力，是错误的；复兴金融公司本身很可能就是一场错误，经济必须经历这场劫难。就联邦卫士信托公司的情况来说，他不会贡献一分钱，因为此举的原则就是错误的；倘若该银行第二天不开门，他将撤走福特公司存在第一国民银行的两千五百万美元，那可是底特律最大的银行，傻子都知道，福特若真这么干了，那就等于是注定了密歇根州所有银行的覆灭命运。政府若要拯救银行，那就让政府去干吧。倘若政府不愿意，那也不是他的错，跟他没关系，蔡平和巴兰坦似乎认为他是有责任的，这话显然不对。"是政府要给银行贷款，有什么理由让我出钱呢，我只是这个国家最大的个体纳税者而已。"蔡平和巴兰坦坚持，福特则很是阴沉地说，这是诡计，这是阴谋。胡佛的两位代表尝试提醒福特此举的潜在后果，福特则还是那句话：政府的决定政府自己做。"哎，你们要这么干的话，"福特说，"那我认为参议员卡曾斯的话并没有说错，'就让大崩盘降临吧。'"[24]

复兴金融公司的注资举措是否只能大大延长这苦局，这一点不容易定论。不过，福特的态度甚至连这种可能性都排除了。此时的密歇根州，除了州长宣布银行歇业外，便没有别的任何办法了。恐慌便也随着密歇根州的这股歇业浪潮向全国传布。密歇根州歇业令发布三天之后，身在华盛顿的总统亲自写了一封长信，第二天由特勤局呈送身在纽约的当选总统。情急之下，我们这位总统甚至都拼错了当选总统的名字。

信中所写仍然是熟悉的看法，这场危机本质上就是一场信心危机，并非国家政策或者经济结构出了问题。胡佛说1932年夏天时候他其实已经击退了这场大萧条，但不久，"公众信心被打破了"，这显然是民主党在作怪，令煮熟的鸭子又飞了。此间2月份的银行危机同样是心理危机，而非经济危机；"主要难题在于公众心态。"只要能改善公众态度，或者如同他在给其他一些人的信中说的那样，只要"对新政府之政策的恐惧"能够消散掉，那么一切就都能恢复过来，都不会有问题。"我相信，"胡佛告诉罗斯福，"若是您能早早地发布两三项政策声明，就能大大地有助于恢复公众信心，如此就可以重续复苏进程了。"那么该拿哪些政策作出声明呢？在任总统告诉当选总统，"倘若能即刻保证不会有货币膨胀政策，预算平衡也将是毫无疑问的事情，即便为此需要进一步征税，并保证政府将拒绝以发行债券的方式消耗政府信誉，并据此来维持政府信誉；那么局面就能大大地平复下来。"

简言之，胡佛此信打着"合作"的旗号，实质上是建议罗斯福弃绝"新政"，并提前归附胡佛政府的那些根本政策。在给俄亥俄州参议员费斯的一封信中，胡佛更是直接举证了罗斯福目前必须放弃的政策举措："比如联邦政府为数十亿美元的抵押债务托底，比如提供市政公共工程贷款，比如田纳西河谷和马斯尔肖尔斯水电开发计划，等等，都是必须放弃的"；胡佛指出，当选总统也必须放弃对销售税的反对态度，同时必须赞同提升关税。在给罗斯福的长信发出三天之后，胡佛致信来自宾夕法尼亚州的参议员里德，毫无避讳地指出，"倘若当选总统发出这些声明，那就等于是批准了共和党政府全部的重要规划；这将意味着放弃 90% 的所谓的新政；这个情况我是很清楚的"。[25]

11

胡佛的此番建言自然是异乎寻常，不过，此类政策建言毫无疑问是出自他的这样一种正气凛然的信念：他的规划是这个共和国惟一的救赎之道。从中不难见出他的这样一种强烈信念：罗斯福应当而且有可能会遵从他的指示，放弃 90% 的"所谓的新政"，并转而采纳人民在选举之时已然拒斥了的政策规划。倘若遵循胡佛的政策规划，那么罗斯福之丧失原则的程度恐怕要远超胡佛的设想。然而，2 月 22 日，也就是长信发出五天之后，胡佛跟史汀生说，罗斯福若是拒绝自己的指令，那他就是"疯子"。

这封长信的意图，罗斯福当场就觉察出来了，当选总统斥责在任总统的这封信是一份"厚颜无耻"的文件。当选总统的幕僚简直不敢相信会有这样的信笺问世。恐惧就是问题所在，没错，但那可不是对新政府的恐惧，而是对旧体制的恐惧。民众纷纷挤兑，这显然不是因为人们恐惧罗斯福的政策，而是因为人们恐惧银行。乐观声明是不会有帮助的。现在需要的是重组和改革，而不是连篇空话。"对于当前银行业危机的严重性，我跟您是同样关切的——"罗斯福最终回复胡佛说，"不过我的看法是这样的：危机的根源在深层的地方，单靠一些声明，恐怕无济于事，根本阻挡不住火势蔓延。"然而，出于某些说不清道不明的原因，有可能是罗斯福真的被惹怒了，也可能是相关人员的疏忽，当选总统的回信耽搁了十天，直到 3 月 1 日才送达白宫。[26]

在具体举措方面，银行集团也有自己的想法。2 月 27 日，托马斯·W. 拉蒙特告诉罗斯福，J. P. 摩根家族认为"情况已经严重得不能更严重了"。华尔街 23 号想要的解决办法是授权复兴金融公司向各银行提供无担保贷款，以备不时之需。如此情形把罗斯福都逗乐了：这些银行家曾如此高调地反对向农民和失业群体提供联邦援助，现在却跑来要求联邦向他们自己提供援助。他说他实在看不出有任何理由特别保护某个利益集团并因此伤害所有其他的利益群体；当选总统明确申述说，拯救人民比什么都重要。

罗斯福团队此时正沿着截然不同的路线思量着对策。1 月初，罗斯福提议自己的团队考虑一下是否有可能在国际汇兑方面脱离黄金，以便对货币实施内部掌控。他告诉特格韦尔，他记得第一次世界大战期间曾有法令授权总统宣布禁止黄金输出，这些法令还没有撤销。调研结果很快就出来了，1917 年《对敌贸易法案》已然经历了多次修订；不过可以想见，虽然有修订条款叫停了其中的部分授权，但这些条款不曾针对黄金管控授权而来。这意味着这方面的行动依据是存在的。[27]

此时，银行业的处境越发地糟糕了。在华盛顿，佩科拉以无情态势对国民城市银行的查尔斯·E. 米切尔展开问讯。肥胖、宽肩膀、面色红润，这样一个米切尔在无情问讯之下，不禁蜷缩起来，昔日趾高气扬的银行家变成颤颤巍巍的码头工人，混乱和负罪感令他变了一个人。[28]在全体国民面前，米切尔揭露了繁荣时期一桩又一桩令人匪夷所思的银行操作案，同时也展示出银行家们是何等热切地以自身利益优先的。比如说，1929 年，他将自己的股票"折价"卖给一个亲戚，以此逃避了所有的收入税，随后又回购了这些股票。他说，1929 年闪崩之后，国民城市银行曾秘密将两百四十万美元股东的钱分配给银行职员,无需担保,也没有利息,目的是让银行职员凭借这些钱留在市场上;最终,这笔资金的回流额度尚且不足5%。银行家们一直在抱怨佩科拉的调查活动正在摧毁人们的信心,对此,罗斯福指出,银行家们"也应当能想到'早知如此,何必当初'的道理"。就这样,忧惧不断散播开来,人们的疑问、传闻也越来越多了,银行救济线开始取代面包救济线。到了3月2日,接近半数的州已经或者准备推行银行歇业令了。即便有银行仍然敞开青铜大门,门前也是排起长队,人们都希望趁着还来得及,将自己的存款取走。

此时,胡佛身边一些更为大胆的人物,也已经在敦促这位在任总统采取行动了。奥格登·米尔斯将昔日的《对敌贸易法案》翻了出来,敦促在任总统控制国际汇兑市场上的黄金,并限制国内的黄金兑换。但胡佛仍然信守有限的总统权能观念,认为联邦储备委员会而非总统才是真正的决策者;在他执政生涯的最后一个星期里,他在这个问题上的全部工作就是(以书面形式)询问联邦储备委员会,是否考虑动用联邦存款保证机制或者结算凭证机制,来救助那些受银行歇业影响的地区。联邦储备委员会于3月2日给出疲软回复:我们没什么好说的,米尔斯遂再次敦促总统动用战时授权。但总检察长威廉·D. 米切尔质疑了此等权能的合法性。胡佛最终的决定是,除非当选总统附议,否则他不会动用此等授权。

12

3月2日的那个寒冷下午,富兰克林·德拉诺·罗斯福及其团队乘坐渡船越过哈得孙河,登上了从巴尔的摩开往俄亥俄的火车,前往华盛顿。他们随身携带了两份总统声明草稿,一份是呼吁国会召开临时会期,另一份则是召请《对敌贸易法案》并宣布银行歇业。火车向南而行，一路之上，总统包厢里的商议进程不曾断过。

吉姆·法利趁着中间的片刻安静，拉了一张椅子进来，坐在当选总统旁边。看来，罗斯福已然深切意识到前路的艰难。汤姆·沃尔什突然去世的消息更令他悲伤。在最后的决定时刻，他邀约老威尔逊派霍默·卡明斯担任总检察长之职，按照原计划，卡明斯是要前往菲律宾担任总督。此时，我们这位当选总统面向法利，开始了一番推心置腹的话。思考一下上帝，他说，也许是开启总统生涯的最好方式。他的心思回到了孩童时代的宗教教育。他告诉法利，宗教说到底就是救赎所有人："就我们自己来说，宗教也正是帮助我们脱离绝望深渊的办法，而今的情况很明显，已经有太多的人沦落这绝望深渊了。"[29]

一行人在冷雨中抵达华盛顿，满眼所见的是混乱、憔悴和不安。联邦储备委员会的尤金·迈耶已经协同委员会的多数，决定让银行彻底歇业了，财政部的米尔斯和巴兰坦也支持他的观点。胡佛仍然不赞同，不过，此时胡佛看来已经失去对自己政府的掌控；财政部和联邦储备委员会的代表自行动作起来，希望威廉·伍丁说动当选总统同意发布一份银行歇业声明。3月2日晚上大约11点，伍丁将消息反馈回来：在正式就职之前，罗斯福拒绝采取任何行动；胡佛仍然权责在手，他可以按他自己的看法去做事情。胡佛获悉此番交涉的信息之后，即刻否决了财政部-联邦储备委员会提议，并宣称，只需要发布声明，管控外汇交易和黄金窖藏，这就可以了。对此，罗斯福会有怎样的看法呢？罗斯福给出的回复依然如故。

3月3日，星期五，这一天的下午，罗斯福携家人前往白宫同即将离任的总统一起喝茶，传统的晚宴取消了，胡佛很不高兴地用茶会取而代之。不久，正在五月花号酒店房间卧床之上辗转反侧，试图入眠的莫利，接到了罗斯福的表亲沃伦·罗宾斯的电话，这位礼宾处主任告诉莫利，白宫管家艾克·胡佛已经告诉罗斯福，在任总统正谋划着在此次正式茶会之上，抬出米尔斯和迈耶，意图向当选总统施压，让当选总统接受一批新举措。莫利即刻警觉起来，并及时出现在白宫，襄助罗斯福展开这场新的谈判。

不过，此番晤谈仍然是那些熟悉的议题。迈耶再次敦促发布银行歇业令；胡佛再次否决银行歇业之必要性，并认为发布一份有限声明就够了；罗斯福再次重申前一天晚上借由伍丁传递的说法。胡佛说，单凭他自己是不能采取这样的举措的，因为他的总检察长对《对敌贸易法案》授权之效力是有质疑的，对此，罗斯福回答说，他相信那些授权的效力还是在的，不过无论如何，他不能保证国会将来就不会否决此番总统举措，无论总统是谁。

就职日的前夜，罗斯福在五月花号酒店自己的套房里面跟国会领袖展开晤谈。其间，胡佛打来两次电话；关于电话内容，在场之人说法不一。[30]不过，局面依然如故。午夜时刻，白宫方面给出了这样的陈词："我们已经到头了。不能再做什么了。"

此时财政部方面，伍丁和莫利已经介入了胡佛的团队，大家仍然在通过长途电话巡查全国银行业的状况。他们认为，唯一的办法是实施一场全国性的歇业。于是，他们敦促州长莱曼发布纽约州的银行歇业令；但是纽约州银行家集团在托马斯·W.拉蒙特引领之下展开抵制，显然，他们寄望新政府的到来能够令公众信心复兴起立。最终，星期六凌晨四点二十分，莱曼发布了纽约州的银行歇业令。伊利诺伊州紧随其后。当美利坚大地迎来破晓，全国银行看来都进入了"尸僵"状态。

就职日到了，阴沉、苍凉，天空密布乌云，笼罩着恐惧但也有所期待的人民：

> 迟重脚步
> 踩踏大地
> 昔日大党
> 溃散而去。

号角响起

回荡四方

"新政"踏步而来。

这是罗伯特·E. 舍伍德的讽刺诗文,毫无疑问,这里面灌注的是民众的疑虑。新总统笑意盈盈,散射着乐观。但这笑容面具的背后又会是什么东西呢?

我们能确定您的眼光

已然瞩望着超乎政客视野的目标了吗?

您可有意志抵达那远方?

抵达那栖息着人们希望的远方?[31]

13

此时的富兰克林·罗斯福,一副无可洞察的镇定姿态,没有人知道这后面究竟隐藏着什么。他当然明白,就职之前发生的事情,罪责都将归于他的前任,而非他自己,他也明白,3月4日的危机越是严重,重建的机会就越大。不过,超越此番俗常盘算,他对于自由社会的能量和创造力也有着深沉且绝对的信心。他相信,美利坚民主尚且没有经历公平考验。现在,总统职位本身很可能是国家复兴的最后希望了。

十二年前的副总统选战之时,罗斯福就已经确立了自己的总统观念,确切地说,在他眼中,总统就是国家的"领袖",总统应当忠实且真切地解释人民未曾明言的需求和愿望,以便在遭遇重大使命之时,可以寄望人民的支持。1928 年,在对这些问题进行一番思量之后,他留下了这样的评说,"民主制并没有那样的魔力,可以弃绝对领袖的需要。"罗斯福同那些有着强劲能量的总统也是有亲身接触的,这就令他确证对总统领袖资质的信仰。

西奥多·罗斯福对他的影响是毫无疑问的,即便当人们将他比作西奥多·罗斯福的时候,他时常都很不高兴;威尔逊对他的影响也是毫无疑问的,即便罗斯福私下里谈论更多的是自己的泰迪叔叔。家庭纽带令他跟西奥多·罗斯福有了联系,政党纽带则令他跟威尔逊有了联系。此二人都给了他这样一种信念:美利坚人民能够而且愿意对理想和道德目标作出回应。他发觉二人之间的对照是很有教益的。对此,他曾记述说:

> 伍德罗·威尔逊对根本性的东西是有感受、有诉求的,他能够激发真正深刻的道德信念和社会信念,西奥多·罗斯福显然缺乏这些特质。不过,西奥多·罗斯福能够在具体事情上激发人民的热忱,即便此类具体之事跟那些根本性的东西比较起来,显得甚是肤浅;在这方面,威尔逊是不如西奥多的。[32]

值此危机时代,罗斯福认为,一个总统既需要威尔逊的品性和能力,也需要西奥多的品性和能力。他必须对深沉信念发出诉请;他必须激发人民对具体事务的热忱;最重要的是,他必须让政府成为人民手中的积极且正面的工具。

多年前,当罗斯福以海军部助理部长身份来到华盛顿的时候,西奥多·罗斯福已经在《自传》中勾勒了两种截然对立的总统权能理论。西奥多将其中一种称为布坎南-塔夫脱派,这派理论认为,除非宪法明确授权,否则总统不能采取行动,无论这行动是何等必要。另一派则是西奥多所谓的杰克逊-林肯派,这一派认为总统必须为了满足这个国家的需求而做任何事情,只要宪法没有明确禁止。"我相信,只要国家有需要,总统有着绝对自由去召请国家权能,"西奥多·罗斯福写道,"而且我相信,我们的宪法之所以被视为人类智识能够设计的最伟大文件,是因为这样的宪法是为了襄助人民施行一切必要权能来寻求自我改善,很显然,宪法可不是借由诡诈之手设计出来的紧身衣,专门用来绞杀人民的生长和发育。"伍德罗·威尔逊也有类似的申述:"无论法律上还是良知上,总统都可以自由伸展,尽其所能地成为大人物。要说有什么界限的话,那就是总统自身的能力……宪法在命令总统说话,而且越是危机和变革年代,就越是需要总统担当起政策策动人的职责。"[33]

14

毫无疑问,此时正值"危机和变革时代",1932年的罗斯福自然是对总统之职责多有思量。选战期间,他曾跟安妮·奥黑尔谈起,"总统之职并不仅仅是一个行政职位,行政职责只是其中最为次要的部分。也并不仅仅是工程师式的职责,仿佛用有效或者无效就可以衡量了。总统职位之首要担当,在于其道德领袖权能。且看看我国历任伟大总统,他们可都是激荡时代的思想领袖,在那样的激变时代,需要廓清国家生活中的一些历史性观念"。比如说,华盛顿总统体现了联邦团结的观念,杰斐逊和杰克逊体现了民主观念,林肯体现了团结和自由的观念,克利夫兰体现了强悍且粗朴的诚实观念。"这样一个职位,提供了绝佳的机会,可以在历久弥新的境遇中,反复运用那简单的人类行为准则,只要时代需要,我们总是要回归那些准则的,难道不是这样吗?我这里强调的是对古老准则的现代运用,之所以要这么强调,是因为我们一直都在前进;技术和经济境况已经变了,而且变化速度之快前所未有。没有一个对变化警觉且敏感的领袖权能,我们很可能就会停顿下来,甚至迷失道路,过去十年间就是这样。"

罗斯福着重申述说:"今时今日的目标,在我看来,就是要寻找这样的人来引领这个国家,此等人物,其利益是普遍的,而非特殊的,有能力将国家作为一个整体加以理解和对待。至此关键时刻,最需要重新确认的,就是这样一个观念:合众国是一个有机实体,任何利益、任何阶层、任何集团都不得单独行事,都不得高于全体利益。"罗斯福此处伸张的正是催动过"新国家主义"和"新自由"的那种精神;此处伸张此种精神的这个人,在就职之前的一年里,巡访了这个国家的四十一个州,在美利坚大地之上走过了将近三万英里的路程,毫无疑问,他入主白宫之际,对这个国家和这个国家的人民的了解较之先前的所有总统,都更为广泛且深切。所以,费利克斯·法兰克福特才会在选战结束之后致信罗斯福,说这位当选总统的见识和经验足以"全面表达各个群体的利益、情感、希望和思考,无数的群体将在他引领之下,凝结为一个国家"。[34]

美利坚的自治实验此时正面临有史以来除了内战以外的最大考验。跟 1861 年比起来,成败的关键恐怕更取决于国家领袖应对并克服危机的能力。1933 年,合众国的命运已然同全世界自由人民的命运联结在一起。那个时候的世界,自由生活方式已然在退却中了。就职日的三十三天之前,也就是 1933 年 1 月 30 日,富兰克林·罗斯福在沃姆斯普林斯庆祝自己的五十一岁生日,将一个八十磅重的蛋糕给病友和工作人员分享,也就是在那一天,十万人之巨的"冲锋队"和国家社会主义党人手持火炬,在夜幕下的柏林街道穿行。一支又一支纵队,唱着,喊着,挥舞着卐字旗,踏步而行,穿过勃兰登堡门,沿着菩提树下大街鱼贯而下。总统冯·兴登堡那僵直的身体静立在总统府一处映照着灯光的窗前,望着窗外的场景,拐杖配合着军乐,原地踏步。另一个窗户前面也站了一个人,此人不断地挥手、点头,不断地向下面街道上的冲锋队伸出手臂,回应他们的军礼,显然,他整个人都因为巨大的期待而迷狂了,此人就是德国新总理阿道夫·希特勒。[35]

很多人抛弃了自由，更多的人失去了勇气。但是，罗斯福在内在信仰的拱卫之下，依然是那么平静，那么无可探测，他依然相信美利坚是有着足够的应变能力，以自己的方式应对未来。3月4日，他静静地坐上总统专车，沿着挤满人群的街道驶向国会大厦，一路之上，他是肃穆的，但没有恐惧。他在内心深处就知道，这个国家的资源和能量不仅仅是银行和政券交易所；他也知道，旧秩序的崩溃意味着一场净化而非灾难；这场共同的灾难将令人民有机会成为一个共同体、一个家庭；他当然也知道，这场灾难是民主实验以及总统领袖权能不可或缺的舞台和背景。美利坚人民唯一要恐惧的就是恐惧本身。因此，他要在宁静中等待明天。世事掌控在上帝手中。

注　释

一　序幕：1933 年

1. T. G. Joslin, *Hoover Off the Record* (New York, 1934), 366, 180.
2. 此处对就职演说的叙述，依托了一系列目击者提供的说法，特别是埃德温·C. 希尔(Edwin C. Hill)于 3 月 6 日所作的生动转播(收录于 Roosevelt Papers)、安妮·奥黑尔·麦考密克(Anne O'Hare McCormick)的报道("The Nation Renews Its Faith," *New York Times Magazine*, March 19, 1933)、埃德蒙·威尔逊(Edmund Wilson)的报道("Inaugural Parade," *New Republic*, March 22, 1933)以及《时代》周刊的报道(March 13, 1933)；也可参见，E. W. Starling, *Starling of the White House* (New York, 1946), 305–306; Henry L. Stimson, Diary, March 4, 1933。
3. Herbert Hoover, *Memoirs*, III, 344.
4. E. J. Flynn, *You're the Boss* (New York, 1947), 125; Grace Tully, *F. D. R., My Boss* (New York, 1949), 64; I. H. Hoover, *Forty-Two Years in the White House* (Boston, 1934), 227.
5. Tully, *F. D. R.*, 67–68.
6. 此处援引以及进一步的细节，可参阅本书第 19—22 章。
7. Senate Agriculture and Forestry Committee, *Agricultural Adjustment Relief Plan: Hearings*, 72 Cong., 2 Sess. (1933), 15; Senate Manufactures Committee, *Federal Aid for Unemployment Relief: Hearings*, 72 Cong., 2 Sess. (1933), 455; Senate Judiciary Committee, *Thirty-Hour Work Week: Hearings*, 72 Cong., 2 Sess. (1933), 21–22.

8. *Time*, Jan. 9, 16, 1933.
9. Elmer Davis, "The Collapse of Politics," *Harper's*, Sept. 1932; Cornelius Vanderbilt, Jr., "Do the American Bourbons Realize Their Fate?" *Liberty*, July 2, 1932; H. F. Pringle, "A Year Ago Today," *Red Book*, April 1934.
10. Senate Finance Committee, *Investigation of Economic Problems: Hearings*, 72 Cong., 2 Sess. (1933), 1060, 758, 5, 8; *Time*, March 6, 1933.
11. White to Walter Lippmann, April 19, 1932, in W. A. White, *Selected Papers … 1899-1943*, Walter Johnson, ed. (New York, 1947), 324; Reinhold Niebuhr, "After Capitalism-What?" *World Tomorrow*, March 1, 1933; Hamilton Fish, Jr., to F. D. R., Feb. 24, 1933, Roosevelt Papers.
12. Hughes to F. D. R., Feb. 28, 1933, Roosevelt Papers.
13. 具体内容(没有开篇那句话)，可参见，F. D. R., *Public Papers* (1933); 也可参见，罗斯福本人关于此次演讲稿写作的备忘录材料，March 25, 1933, Roosevelt Papers; 以及，S. I. Rosenman, *Working with Roosevelt* (New York, 1952), 89 ff。

二　正午阴云

1. *Parliamentary Debates*, House of Commons, Nov. 11, 1918, quoted in R. H. Ferrell, *Peace in Their Time* (New Haven, 1952), 3.
2. S. J. Woolf, "Bullitt Looks at the European Scene," *New York Times Magazine*, Sept. 6, 1936; Jack Alexander, "He Rose from the Rich," *Saturday Evening Post*, March 11, 18, 1939; Janet Flanner's sketch in *An American in Paris* (New York, 1940); Ernesta Drinker Bullitt, *An Uncensored Diary from the Central Empires* (New York, 1917), 4.
3. Address to Congress, Jan. 8, 1918, Woodrow Wilson, *Messages and Papers*, Albert Shaw, ed. (New York, 1924), I, 466, 469.
4. Lincoln Steffens, Autobiography (New York, 1931), 791-792, 799; W. C. Bullitt, The Bullitt Mission to Russia (New York, 1919), 54.
5. Berle to Upton Sinclair, Dec. 27, 1939, Berle Papers. 在此请容许我补充一个情况，莫里森教授和赫脱州长对此事所作的回忆是有出入的。
6. *Papers Relating to the Foreign Relations of the United States: The Paris Peace Conference* (Washington, 1942-1947), XI, 570-574.
7. 此处叙述出自，Mr. Hoover, *America's First Crusade* (New York, 1942), 50-51; 胡佛在《回忆录》(I, 462)中提及，他都是在晨间散步的时候遇到史末

资(Smuts)和凯恩斯的。

8. H. C. F. Bell, *Woodrow Wilson and the People* (New York, 1945), 342 – 344; Wilson, *Messages*, II, 810.
9. J. M. Keynes, Economic Consequences of the Peace (New York, 1920), 297.

三 新国家主义

1. "The Great Decision, " *New Republic*, April 7, 1917.
2. Edward Stanwood, *History of the Presidency* (Boston, 1898), 509 – 513; Richard Hofstadter, *The Age of Reform* (New York, 1955), Ch. 2.
3. Robert M. La Follette, *La Follette's Autobiography* (Madison, Wisc., 1913), 478, 479.
4. Theodore Roosevelt, *An Autobiography* (New York, 1913), 67; Roosevelt to F. S. Oliver, Aug. 9, 1906, in Theodore Roosevelt, *Letters*, E. E. Morison, ed., 8 vols. (Cambridge, 1951 – 1954), V, 352; Roosevelt to Sir Edward Grey, Nov. 15, 1913, in Theodore Roosevelt, *Works* (Memorial ed.), XXIV, 409.
5. H. L. Stimson and McGeorge Bundy, *On Active Service in Peace and War* (New York, 1948), 63; Roosevelt to F. S. Oliver, Aug. 9, 1906, in Theodore Roosevelt, *Letters*, V, E351, to F. J. Turner, Nov. 4, 1896, I, 564, to W. H. Moody, Sept. 21, 1907, V, 803.
6. Stimson and Bundy, *On Active Service*, 60.
7. La Follette, *Autobiography*, 478, 686 – 687.
8. Herbert Croly, *The Promise of American Life* (New York, 1909), 12 – 13, 17, 20 – 21, 25, 169, 274.
9. G. W. Perkins, Copartnership: Address ... [before] the Canadian Club, Ottawa, February 4, 1911(n. p., n.d. [1911]), 3; Address ... Before the Quill Club of New York, December 20, 1910 (n. p., n.d. [1911]), 5; "Business and Government, " *Saturday Evening Post*, March 16, 1912; Wanted-A Constructive National Policy: Address ... [before] Michigan College of Mines ... August 7, 1911 (n. p., n. d. [1911]), 12; A Constructive Suggestion: Address ... Youngstown, Ohio, December 4, 1911 (n. p., n.d. [1912]), 4 – 5, 9; Copartnership, 15; Efficiency in Business and What It Must Stand For: Address ... Before ... the Massachusetts Institute of Technology, Boston, January 4, 1911 (n. p., n. d. [1911]), 15; Modern Industrialism: Address ... [before] Southern Commercial Congress, Atlanta, Georgia, March 8, 1911 (n. p., n. d.

[1911]），7.
10. C. R. Van Hise, *Concentration and Control*（New York，1912），278.
11. Theodore Roosevelt, Introduction to S. J. Duncan-Clark, *The Progressive Movement*（Boston，1913），xix；Theodore Roosevelt, *The New Nationalism*（New York，1910），23 – 24.
12. Washington Gladden, *Social Salvation*（Boston，1902），229 – 230，61；Walter Rauschenbusch, *Christianizing the Social Order*（New York，1912），449.
13. Frances Perkins, "A Method of Moral Progress," *New Republic*，June 8，1953；Florence Kelley, *Minimum Wage Boards*（New York，[1911]）；Lillian Wald, *Windows on Henry Street*（Boston 1934），45. 也可参见, *Annual Reports of the Consumers' League*；Florence Kelley, "Twenty-five Years of the Consumers' League Movement," *Survey*，Nov. 27，1915；Paul Kellogg, "Semi-Centennial of the Settlements," *Survey Graphic*，Jan. 1935；Josephine Goldmark, "50 Years-The National Consumers' League," *Survey*，Dec. 1949；speech by Paul H. Douglas at the Fiftieth Anniversary Dinner of the Consumers' League, Dec. 9，1949；Jane Addams, *The Second Twenty Years at Hull-House*（New York，1930）；Josephine Goldmark, *Impatient Crusader: Florence Kelley's Life Story*（Urbana，Ill.，1953）；R. L. Duffus, *Lillian Wald*（New York，1938）；Frances Perkins, *People at Work*（New York，1934），Sec. II。
14. Theodore Roosevelt to Mrs. Frederick Nathan, Jan. 20，1907，National Consumers' League, Eighth Annual Report（[New York，1907]），15；Addams, Second Twenty Years，18 – 27；Roosevelt to G. W. Perkins, Aug. 23，1913，in Theodore Roosevelt, Letters, vii，742 – 743.

四 新自由

1. Woodrow Wilson, *The New Freedom*（New York，1913），7 – 8，55，190，198，218，221，284；"Ideals of Public Life"（1907），quoted by A. S. Link, *Wilson: The Road to the White House*（Princeton，1947），115；"The State and the Citizen's Relation to It"（1909）and "Spirit of Jefferson"（1906），quoted by William Diamond, *The Economic Thought of Woodrow Wilson*（Baltimore，1943），73，68.
2. W. G. McAdoo, *Crowded Years*（Boston，1931），104 – 105；G. W. Perkins, The Modern Corporation: Address ... [at] Columbia University, February 7，1908（n. p.，n. d. [1908]），2；W. G. McAdoo, Decent Treatment of the Public by

Corporations and Regulation of Monopoly: A Speech ... Before the Chamber of Commerce, Boston, Mass., January 30, 1911 (n. p., n. d. [1911]), 8, 9.
3. Senate Interstate Commerce Committee, *Control of Corporations*, *Persons and Firms ... Hearings*, 62 Cong., 2 Sess. (1911), I, 1258, 1278; A. T. Mason, *Brandeis and the Modern State* (Princeton, 1933), 96; A. T. Mason, *Brandeis: A Free Man's Life* (New York, 1946), 585.
4. Link, *Wilson*, 492.

五 国家主义化的"新自由"

1. Brandeis to Wilson, Sept. 30, 1912; A. S. Link, *Wilson: The Road to the White House* (Princeton, 1947), 492.
2. Herbert Croly, *Progressive Democracy* (New York, 1914), 16‑17, 54; Charles A. Beard, "Jefferson and the New Freedom," *New Republic*, Nov. 4, 1914; Walter Lippmann, *Drift and Mastery* (New York, 1914), 136‑137; George W. Perkins, *National Action and Industrial Growth* [New York], 1914, 9, address at Lincoln Day Dinner of the Progressive Party, Feb. 12, 1914.
3. Woodrow Wilson, *The New Freedom* (New York, 1913), 284.
4. 这部作品怪异且生硬。书中某处，德鲁对俄国展开思量，想知道俄国的救赎何时到来。"他知道，在这片专制之地，是有着伟大工作等着人去做的。"在尾声部分，德鲁放弃了独裁权能，学习"斯拉夫语"，同自己那有着异乎寻常耐心的女朋友从旧金山起航，奔赴未知之地，很可能是要去策动一场俄国革命。参见，E. M. House, *Philip Dru, Administrator* (New York, 1912)。豪斯这部作品的最初版本，据其出版人 B. W. 许布希（B. W. Huebsch）和哈里·E. 莫尔（Harry E. Maule）说，是经过莫尔先生重新加工过的，目的是让该书的可读性达到最低标准。不过，此番修改仅限于风格方面，不涉及内容和形式。豪斯上校对这样的修订显然不高兴，只是勉强同意了最后的版本。

莫尔的研究者们当然注意到德鲁的国内改革计划同"新政"的相似之处，他们还特意指出，德鲁的名字的前两个字母实际上是可以拼写成 F(PH)DR 的。1932 年，就在民主党全国大会召开前夕，罗斯福还特意让自己的一个朋友关注这本书；一年后，在百日新政即将结束的时候，莱汉德还致信许布希说，"总统希望能得到'*Philip Dru, Administrator*'一书……的副本。"（F. D. R. to W. H. MacMasters, June 8, 1932, M. A. LeHand to B.W. Huebsch, June 1, 1933, Roosevelt Papers）。

5. F. K. Lane, *Letters*, A. W. Lane and L. H. Wall, eds. (Boston, 1922), 297.
6. A. S. Link, "The South and the 'New Freedom,'" *American Scholar*, Summer 1951.
7. Walter Lippmann, "The Case for Wilson," *New Republic*, Oct. 14, 1916; Herbert Croly, "The Two Parties in 1916," *New Republic*, Oct. 21, 1916; A. S. Link, *Woodrow Wilson and the Progressive Era* (New York, 1953).
8. H. L. Ickes, *Autobiography of a Curmudgeon* (New York, 1943), opposite 164, 217; Roosevelt's speech of March 28, 1918, in Theodore Roosevelt, *Letters*, E. E. Morison, ed., 8 vols. (Cambridge, 1951 – 1954), VIII, 1294; Donald Richberg, *Tents of the Mighty* (Chicago, 1930), 97.

六 亢奋与败落

1. Randolph Bourne, *Untimely Papers* (New York, 1919), 140.
2. Theodore Roosevelt, *The Foes of Our Own Household* (New York, 1917), 122; B. M. Baruch, *American Industry in the War* (New York, 1941), 29.
3. Baruch, *American Industry*, 104 – 107.
4. Baruch, *American Industry*, 29; "Morale," *New Republic*, April 21, 1917.
5. John Dewey, "What Are We Fighting For?" *Independent*, June 22, 1918, reprinted as "The Social Possibilities of War," in *Characters and Events* (New York, 1929), II, 552 – 557; 也可参见, Dewey, "The New Social Science," *New Republic*, April 6, 1918。
6. Donald Richberg, *Tents of the Mighty* (Chicago, 1930), 81 – 82; W. E. Weyl, *The End of the War* (New York, 1918), 303, 304; Arthur Pound and S. T. Moore, eds., *They Told Barron* (New York, 1930), 22.
7. Woodrow Wilson, *Messages and Papers*, Albert Shaw, ed. (New York, 1924), II, 673 – 674.
8. Mary Synon, *McAdoo* (Indianapolis, 1924), 187.
9. White to Bryce, Feb. 19, 1917, to Mark Sullivan, Jan. 28, 1918, to Paul Kellogg, Dec. 2, 1919, in W. A. White, *Selected Letters … 1899 – 1943*, Walter Johnson, ed. (New York, 1947), 177, 185, 203.
10. John Dos Passos, Introduction, *Three Soldiers* (Modern Lib., New York, 1932).
11. Richberg, *Tents of the Mighty*, 96 – 97.
12. Woodbury Willoughby, *The Capital Issues Committee and War Finance Corporation* (Baltimore, 1932).

13. A. M. Palmer, "The Case Against the 'Reds,'" *Forum*, Feb. 1920.
14. Zechariah Chafee, Jr., *Free Speech in the United States* (Cambridge, 1941), Ch. 5; Josephus Daniels, *The Wilson Era: Years of War and After, 1917-1923* (Chapel Hill, 1946), 546.
15. Harold Stearns, *Liberalism in America* (New York, 1919), 110, 146-147.
16. F. C. Howe, *The Confessions of a Reformer* (New York, 1925), 279, 282; H. L. Ickes, *Autobiography of a Curmudgeon* (New York, 1943), 222. 伊克斯最终认定,自己一开始就是正确的。
17. Daniels, *Wilson Era*, 560.
18. C. W. Gilbert, *The Mirrors of Washington* (Washington, 1921), 184.

七 白宫的普通人

1. Arthur Pound and S. T. Moore, eds., *They Told Barron* (New York, 1930), 13-14.
2. 关于哈定,可参阅, S. H. Adams, *The Incredible Era* (Boston, 1939); A. R. Longworth, *Crowded Hours* (New York, 1933), 324-325; [C. W. Gilbert], *The Mirrors of Washington* (Washington, 1921), 30。
3. David Karsner, *Talks with Debs in Terre Haute* (New York, 1922), 18.
4. Adams, *Incredible Era*, 7-8; W. A. White, *Autobiography* (New York, 1946), 619; W. A. White, *Masks in a Pageant* (New York, 1928), 431; N. M. Butler, *Across the Busy Years* (New York, 1939), I, 411.
5. H. M. Daugherty with Thomas Dixon, *The Inside Story of the Harding Tragedy* (New York, 1932), 134, 207, 214.
6. White, *Autobiography*, 619-620; E. W. McLean, *Father Struck It Rich* (Boston, 1936), 253.
7. Adams, *Incredible Era*, 371-378; Herbert Hoover, *Memoirs*, II, 49-52; Charles Michelson, *The Ghost Talks* (New York, 1944), 229.
8. McLean, *Father Struck It Rich*, 275; T. L. Stokes, *Chip Off My Shoulder* (Princeton, 1940), 127-128.

八 常态

1. W. A. White, *A Puritan in Babylon* (New York, 1938), 241-243.

2. F. L. Allen, *The Lords of Creation* (New York, 1935), 184.
3. H. L. Stimson, "Reminiscences" (Oral History Project, Sept. 1949), 4.
4. J. A. Garraty, *Henry Cabot Lodge* (New York, 1953), 421n, 394–396; Hoover to Fall, March 12, 1923, H. M. Daugherty with Thomas Dixon, *The Inside Story of the Harding Tragedy* (New York, 1932), 187–190; Taft to A. I. Vorys, June 10, 1923, to Horace Taft, Feb. 21, 1924, in H. F. Pringle, *Life and Times of William Howard Taft* (New York, 1939), II, 1022; Russell Lord, *The Wallaces of Iowa* (Boston, 1947), 227.
5. M. J. Pusey, *Charles Evans Hughes* (New York, 1951), II, 427, 428, 565; Herbert Hoover, " 'Coolidge Prosperity,' " *Collier's*, Oct. 6, 1951; 胡佛在其《回忆录》的第二卷(58)对休斯的刻画则多少要温和一些。
6. Morrow to Lamont, May 25, 1920, Harold Nicolson, *Dwight Morrow* (New York, 1935), 233.
7. Esmé Howard, *Theatre of Life* (Boston, 1936), II, 491; A. H. Vandenberg, *The Trail of a Tradition* (New York, 1926), 396; Calvin Coolidge, *Foundations of the Republic* (New York, 1926), 41, 187, 201; Calvin Coolidge, *Have Faith in Massachusetts* (Boston, 1919), 14, 19; White to Ickes, March 18, 1926, in W. A. White, *Selected Letters ... 1899–1943*, Walter Johnson, ed. (New York, 1947), 255; I. H. Hoover, *Forty-Two Years in the White House* (Boston, 1934), 233, 268; Calvin Coolidge, *Autobiography* (New York, 1929), 196; S. J. Woolf, *Drawn From Life* (New York, 1932), 45; Hoover, *Memoirs*, II, 55; J. E. Watson, *As I Knew Them* (Indianapolis, 1936), 248; W. H. Taft to Lorace Taft, Sept. 29, 1923, in Pringle, *Taft*, II, 1019; 也可参见 W. A. 怀特和 C. M. 福斯(C. M. Fuess)撰写的传记。
8. Lodge to Roosevelt, Oct. 20, 1902, *Selections from the Correspondence of Theodore Roosevelt and Henry Cabot Lodge, 1889–1918*, 2 vols. (New York, 1925), 542。洛奇于1924年编录通信集的时候，刻意保留了几段话，这是其中之一。
9. B. N. Timmons, *Portrait of ... Charles G. Dawes* (New York, 1953), 238; Taft to I. M. Ullman, Nov. 12, 1924, in Pringle, *Taft*, II, 968.

九 共和党经济学

1. John Ihlder, "The Business Man's Responsibility," *Nation's Business*, Nov. 1925; J. W. Prothro, "Business Ideas and the American Tradition," *Journal of*

Politics, Feb. 1953; *New York Times*, Oct. 24, 1924.

2. S. J. Woolf, *Drawn From Life* (New York, 1932), 223–229; Lucius Beebe, "Mellon-Croesus and Corinthian," *Outlook*, Feb. 4, 1931; E. G. Lowry, *Washington Close-Ups* (Boston, 1921), 154–156.

3. A. W. Mellon, *Taxation: The People's Business* (New York, 1924), 17, 18, 69, 80.

4. G. W. Norris, *Fighting Liberal* (New York, 1945), 288.

5. 关于加纳的演讲，以及相应的图表和数据，参见，Congressional Record, 71 Cong., 2 Sess. (March 14, 1930), 5329, and 71 Cong., 3 Sess. (Dec. 16, 1930), 873–876。

6. W. A. White, *A Puritan in Babylon* (New York, 1938); Herman Oliphant to Henry Morgenthau, Jr., March 29, 1937, Morgenthau Diary, LXI, 185 ff.; "Twelve Ways to Dodge the Income Tax," New Republic, May 29, 1935.

7. Mellon, *Taxation*, 20.

8. Woodrow Wilson, *Messages and Papers*, Albert Shaw, ed. (New York, 1924), II, 1227.

9. White, *Puritan in Babylon*, 279–281, 289.

10. E. P. Herring, "Politics, Personalities, and the Federal Trade Commission, II," *American Political Science Review*, Feb. 1935.

11. A. A. Berle, Jr., and G. C. Means, *The Modern Corporation and Private Property* (New York, 1932), 32, 40.

12. P. H. Douglas, "Purchasing Power of the Masses and Business Depressions," *Economic Essays in Honor of Wesley C. Mitchell* (New York, 1935), 125–126.

13. Maurice Leven, H. G. Moulton, and Clark Warburton, *America's Capacity to Consume* (Washington, 1934), 94.

14. White, *Puritan in Babylon*, 344.

15. National Bureau of Economic Research figures; cf. A. F. Burns, *Economic Research and the Keynesian Thinking of Our Times* (New York, 1946), 30, 32.

16. J. K. Galbraith, *The Great Crash* (Boston, 1955); *Historical Statistics*, Ser. N 221–223, N 228–232; George Soule, *Prosperity Decade* (New York, 1947), 295; A. L. Bernheim and M. G. Schneider, eds., *The Security Markets* (New York, 1935), 50, 53; Bureau of the Census, *Statistical Abstract of the United States: 1948* (Washington, 1948), 367.

17. S. E. Harris, *Twenty Years of Federal Reserve Policy* (Cambridge, 1933), II, especially pages 436–439; 关于"Principal Policy Actions of Federal Reserve

System"的便捷一览表，可参见，Joint Committee on the Economic Report (Patman Committee), *Monetary Policy and the Management of the Public Debt* (Sen. Doc. 123, 82 Cong., 2 Sess., 1952), Part I, 216-233。

18. White, *Puritan in Babylon*, 335-338. 里普利的 *Main Street and Wall Street* 一书于1927年问世。
19. *New York Times*, Jan. 7, 1928; H. P. Willis, "The Failure of the Federal Reserve," *North American Review*, May 1929.

十 商业时代

1. Julius Klein, "Business," in C. A. Beard, ed., *Whither Mankind* (New York, 1928), 95; Garet Garrett, *The American Omen* (New York, 1929), 149.
2. Burce Barton, *The Man Nobody Knows* (New York, 1925), Introduction.
3. Eugene Lombard, "Where the Surplus Value Comes From," *American Industries*, Jan. 1920; cf. J. W. Prothro, "Business Ideas and the American Tradition," *Journal of Politics*, Feb. 1953; J. E. Edgerton, "The President's Annual Address," *American Industries*, Nov. 1925; J. M. Beck, *The Vanishing Rights of the States* (New York, 1926); *Congressional Record*, 69 Cong., 1 Sess. (April 5, 1926), 6924.
4. Owen D. Young, "What is Right in Business," *Review of Reviews*, March 1929.
5. 参见，Harry Bennett, with Paul Marcus, *We Never Called Him Henry* (New York, 1951)。
6. Ford in an interview with Samuel Crowther, Crowther, *A Basis for Stability* (Boston, 1932), 73.
7. E. A. Filene, *Successful Living in the Machine Age* (New York, 1933), 18; Garrett, *American Omen*, 79-80.
8. H. L. Mencken, *Prejudices: Third Series* (New York, 1922), 271.
9. White to R. S. Baker, Dec. 8, 1920, in W. A. White, *Selected Letters … 1899-1943*, Walter Johnson, ed. (New York, 1947), 213.
10. John Dos Passos, "Washington: The Big Tent," *New Republic*, March 14, 1934; Eastman to J. J. Storrow, Nov. 9, 1925, in C. M. Fuess, *Joseph B. Eastman* (New York, 1952), 338; D. C. Roper, *Fifty Years of Public Life* (Durham, N. C., 1941), 241-245; Alfred Lief, *Democracy's Norris* (New York, 1939), 226; Brandeis to Alfred Brandeis, April 10, 1921, in A. T. Mason, *Brandeis: A Free Man's Life* (New York, 1946), 530.

11. F. Scott Fitzgerald, "Echoes of the Jazz Age," *Scribner's*, Nov. 1931；关于林德伯格的影响力，也可参见，W. T. Foster and Waddill Catchings, *The Road to Plenty*（Boston, 1928），221。

十一 "新时代"的先知

1. 胡佛先生在其《回忆录》的第一卷（120）写道："我是在1909年加入共和党全国俱乐部的"；但是在第二卷（33），他则写道："在1912年的总统选战中，我是为西奥多·罗斯福阵营工作的。我也是在那一年加入了共和党全国俱乐部。"另外，在《回忆录》的第一卷（9），他有这样的陈词，"那个村镇里面只有一个民主党人"；但是在 *The New Day*（Stanford University, 1928, 49）一书中，他却写道，"那座小镇只有两三个民主党人"。

2. Hoover, *Memoirs*, I, Chs. 1–12, especially pages 155, 124, 135；Will Irwin, *Herbert Hoover: A Reminiscent Biography*（New York, 1928），59–60；"The President's Fortune," *Fortune*, Aug. 1932.

3. Hoover, *Memoirs*, I, Chs. 12–55, especially pages 140, 218, 287；Brandeis to Norman Hapgood, July 21, 1917, in A. T. Mason, *Brandeis: A Free Man's Life*（New York, 1946），520；Josephus Daniels, *The Wilson Era: Years of War and After, 1917–1923*（Chapel Hill, 1946），316；P. C. March, *The Nation at War*（New YORK, 1932），73；J. M. Keynes, *The Economic Consequences of the Peace*（New York, 1920），257；House to Wilson, July 30, 1919, in *Papers Relating to the Foreign Relations of the United States: The Paris Peace Conference*（Washington, 1942–1947），XI, 623.

4. Brandeis to Norman Hapgood, Feb. 11, 1920, Mason, *Brandeis: A Freeman's Life*, 530.

5. F. D. R. to Hugh Gibson, Jan. 2, 1920, Roosevelt Papers. 三十年后的胡佛根本记不起跟罗斯福的这场政治谈话了，Hoover to Freidel, Oct. 11, 1951, Frank Freidel, *Franklin D. Roosevelt: The Ordeal*（Boston, 1954），cf. Also 56–58；Milton MacKaye, "The Governor," *The New Yorker*, Aug. 22, 1931。

6. 转引自，T. R. B., *New Republic*, May 10, 1943。

7. Herbert Hoover, *American Individualism*（New York, 1922），8, 19, 48, 36, 18, 68, 24, 37, 29, 61, 17, 39, 44.

8. O. G. Villard, *Prophets True and False*（New York, 1928），24.

9. Henry Hazlitt, "Salvation Through Charts," *Nation*, Aug. 23, 1933；胡佛一直都在使用此一论证，比如，可参见，*New Day*, 132–133。

10. 转引自，Julius Klein, "Business," in C. A. Beard, ed., *Whither Mankind* (New York, 1928), 104。
11. E. J. Howenstine, Jr., "Public Works Policy in the Twenties," *Social Research*, Dec. 1946; C. J. Anderson, "The Compensatory Theory of Public Works Expenditure," *Journal of Political Economy*, Sept. 1945; E. E. Hunt, "From 1921 Forward," *Survey Graphic*, April 1929; F. D. R. to R. H. Edmonds, June 20, 1923, Roosevelt Papers; C. J. Hynning, "Evolution of National Planning," *Planning Age*, June 1939; R. G. Tugwell and E. C. Banning, "Governmental Planning at Mid-Century," *Journal of Politics*, May 1951; O. T. Mallery, "Prosperity Reserves," *Survey Graphic*, April 1929; V. A. Mund, "Prosperity Reserves of Public Works," *Annals of the American Academy of Political and Social Sciences*, May 1930.
12. *New York Times*, Nov. 21, 1928; *Literary Digest*, Dec. 8, 1928; W. T. Foster and Waddill Catchings, "The New Attack on Poverty," *Review of Reviews*, April 1929; W. T. Foster and Waddill Catchings, "Better Jobs and More of Them," *Century*, July 1929; Howenstine, "Public Works Policy."
13. Walter Lippmann, "The Peculiar Weakness of Mr. Hoover," *Harper's*, June 1930.
14. W. A. White, *A Puritan in Babylon* (New York, 1938), 353.
15. S. J. Woolf, *Drawn from Life* (New York, 1924), 49; W. M. Jardine to W. A. White, Aug. 1936, in White, *Puritan in Babylon*, 400; J. E. Watson, *As I Knew Them* (Indianapolis, 1936), 255-256; I. H. Hoover, *Forty-Two Years in the White House* (Boston, 1934), 176-179; E. W. Starling, *Starling of the White House* (New York, 1946), 268-269.
16. Hoover, *New Day*, 12, 16, 22, 30, 120-121, 156, 174, 182, 214.

十二　困顿政治

1. F. K. Lane, *Letters*, A. W. Lane and L. H. Wall, eds. (Boston, 1922), 464-465.
2. A. T. Mason, *Brandeis: A Free Man's Life* (New York, 1946), 533-534; J. M. Blum, *Joe Tumulty and the Wilson Era* (Boston, 1951), 261-262.
3. Woodrow Wilson, "The Road Away from Revolution," *Atlantic*, Aug. 1923.
4. McAdoo to F. D. R., Dec. 15, 1922, Roosevelt Papers.
5. Frances Perkins, *The Roosevelt I Knew* (New York, 1946), 22; *Time*, July 11,

1949.
6. Alfred E. Smith, *Up to Now* (New York, 1929); H. F. Pringle, *Alfred E. Smith: A Critical Study* (New York, 1927); Norman Hapgood and Henry Moskowitz, *Up From the City Streets* (New York, 1927); F. D. R. to H. R. Micks, May 9, 1924, Roosevelt Papers; Felix Frankfurter, "Why I Am for Al Smith," *New Republic*, Oct. 31, 1928; W. A. White, *Masks in a Pageant* (New York, 1928), 463 ff.
7. *New York Times*, June 27, 1924; Lippmann to F. D. R., June 27, 1924, Roosevelt Papers; Paxton Hibben, *The Peerless Leader: William Jennings Bryan* (New York, 1929), 197.
8. *New York Times*, June 29, 1924.
9. *New York Times*, June 23, 29, 1924; D. C. Roper, *Fifty Years of Public Life* (Durham, N.C., 1941), 224–225.
10. Charles Michelson, *The Ghost Talks* (New York, 1944), 235.
11. T. A. Huntley, *Life of John W. Davis* (New York, 1924), 5, 274; Blum, *Tumulty*, 247.
12. E. N. Doan, *The La Follettes and the Wisconsin Idea* (New York, 1947), 103–104, 111–112.
13. *New York Times*, May 29, 1924；拉福莱特对苏联的看法，可参见，Lincoln Steffens, *Autobiography*, 2 vols. (New York, 1931), II, 806。
14. *Labor*, July 26, 1924; Donald Richberg, *Tents of the Mighty* (Chicago, 1930), 137–138; R. B. Nye, *Midwestern Progressive Politics* (East Lansing, Mich., 1951), 325–347.
15. B. C. Marsh, *Lobbyist for the People* (Washington, 1953), 6; Richberg, *Tents of the Mighty*, 138.
16. Walter Lippmann, *Men of Destiny* (New York, 1927), 6.
17. 这封信笺的具体内容，可参见，Carroll Kilpatrick, ed., *Roosevelt and Daniels: A Friendship in Politics* (Chapel Hill, 1952), 82–83。
18. Cummings to F. D. R., Dec. 12, 1924, Glass to F. D. R., Dec. 17, 1924, Rainey to F. D. R., Dec. 30, 1924, Roosevelt Papers.
19. F. D. R. to T. A. Adams, Nov. 4, 1925, to W. A. Oldfield, April 11, 1925, Roosevelt Papers; *New York World*, Dec. 3, 1925.

十三 乡村震荡

1. *Historical Statistics*, Ser. E 72–75, E 76–87, E 88–104, E 244–245.

2. Arthur Capper, *The Agricultural Bloc* (New York, 1922), 107–108.
3. G. N. Peek and H. S. Johnson, *Equality for Agriculture* (Moline, Ill., 1922); G. N. Fite, *George N. Peek and the Fight for Farm Parity* (Norman, Okla., 1954); J.D. Black, *Agricultural Reform in the United States* (New York, 1929), Ch. 8; H. C. and A. D. Taylor, *The Story of Agricultural Economics in the United States, 1840–1932* (Ames, Iowa, 1952), xiii, 583–590; D. N. Kelley, "The McNary-Haugen Bills, 1924–1928," *Agricultural History*, Oct. 1940; M. R. Benedict, *Farm Policies of the United States, 1790–1950* (New York, 1953), 208 ff.
4. Capper, *Agricultural Bloc*, 9; Herbert Hoover, *American Individualism* (New York, 1922), 173, 189, 190, etc.; *Wallace's Farmer*, April 23, 1920; Russell Lord, *The Wallaces of Iowa* (Boston, 1947), 214–215.
5. H. C. Taylor, "A Farm Economist in Washington, 1919–1935," MS; Lord, *Wallaces*, 251.
6. Black, *Agricultural Reform*, 248; Hoover, *Memoirs*, II, 174, 111; Lord, *Wallaces*, 257.
7. H. A. Wallace, *Agricultural Prices* (Des Moines, 1920), 8, 17–18.
8. Lord, *Wallaces*, 233–234；华莱士第一次提到"平准仓储"计划，可见，*Wallace's Farmer*, March 3, 1922；也可参见, H. A. Wallace, "Controlling Agricultural Output," *Journal of Farm Economics*, Jan. 1923; M. O. Sillars, "Henry A. Wallace's Editorials on Agricultural Discontent, 1921–1928," *Agricultural History*, Oct. 1952。
9. Lord, *Wallaces*, 256; O. M. Kile, *The Farm Bureau Through Three Decades* (Baltimore, 1948), 132.
10. Lord, Wallaces, 273.
11. Black, *Agricultural Reform*, Ch. 10; H. A. Wallace, *New Frontiers* (New York, 1934), 156–157; interview with John D. Black, Oct. 1955.
12. R. G. Tugwell, "Reflections on Farm Relief," *Political Science Quarterly*, Dec. 1928.

十四 劳工骚动

1. *Historical Statistics*, Ser. D 77–89, D 117–120, D 121–133, D 134–144; "The Next Labor Offensive," *Fortune*, Jan. 1933; E. M. Hartl and E. G. Ernst, "The Steel Mills Today," *New Republic*, Feb. 19, 1930; G.S. and Broadus Mitchell, "The Plight of Cotton-Mill Labor," in J. B. S. Hardman, ed.,

American Labor Dynamics（New York, 1928）, 206–207; J.E. Edgerton, "The President's Annual Address, " *American Industries*, Nov. 1929.

2. Leo Wolman, *Ebb and Flow in Trade Unionism*（New York, 1936）, 16.
3. 转引自, J. B. S. Hardman, "Fifty Years of American Labor, " *New Republic*, Oct. 21, 1931。
4. Reinhold Niebuhr, *Leaves from the Notebook of a Tamed Cynic*（Chicago, 1929）, 111.
5. W. H. Taft to Horace Taft, May 7, 1922, in H. F. Pringle, *Life and Times of William Howard Taft*（New York, 1939）, II, 967.
6. *New York Times*, Sept. 19, Oct. 18, 1928.
7. H. W. Laidler and Norman Thomas, eds., *Prosperity?*（New York, 1927）, 145–146.
8. G. W. Norris, *Fighting Liberal*（New York 1945）, 241–243, Ch. 29.
9. Fred E. Beal, *Proletarian Journey*（New York, 1937）, Bk. II; Margaret Larkin, "Ella May's Songs, " *Nation*, Oct. 9, 1929.

十五 公共电力政策的斗争

1. Theodore Roosevelt, *The New Nationalism*（New York, 1910）, 22; Gifford Pinchot, *The Fight for Conservation*（New York, 1910）, 46, 38.
2. Gifford Pinchot, *Breaking New Ground*（New York, 1947）, 333–339; Pinchot, *Fight for Conservation*, 83, 27–28.
3. Will Rogers, *The Autobiography of Will Rogers*, Donald Day, ed.（Boston, 1949）, 373.
4. Ferdinand Pecora, *Wall Street Under Oath*（New York, 1939）, 225–226; M. W. Childs, "Samuel Insull, " *New Republic*, Sept. 21-Oct. 5, 1932; M. L. Ramsay, *Pyramids of Power*（Indianapolis, 1937）; J. G. Bonbright and G. C. Means, *The Holding Company*（New York, 1932）, 108–113.
5. 此处所用材料取自联邦贸易委员会对公用事业公司所作调查的结果, 此次调查结果的汇总材料, 可参见, Ernest Gruening, *The Public Pays*（New York, 1931）; C. D. Thompson, *Confessions of the Power Trust*（New York, 1932）; Jack Levin, *Power Ethics*（New York, 1931）。
6. Hoover before 48th Convention of the National Electric Light Association, June 1925; Amos Pinchot, "Hoover and Power, " *Nation*, Aug. 5, 1931; Felix Frankfurter, *Law and Politics*（New York, 1939）, 280–283.

7. Hoover, *Memoirs*, II, 174.
8. G. W. Norris, *Fighting Liberal* (New York, 1945), 11, 19.
9. Norris, *Fighting Liberal*, 19, 93.
10. R. L. Neuberger and S. B. Kahn, *Integrity: The Life of George W. Norris* (New York, 1937), 339, 187; M. W. Childs, *I Write from Washington* (New York, 1942), 37 - 41; Edmund Wilson, *The American Jitters* (New York, 1932), 105 - 106.
11. G. W. Norris, "The Power Trust in the Public Schools," *Nation*, Sept. 18, 1929; Norris, *Fighting Liberal*, 160 - 161, 171, 248. Neuberger and Kahn, *Integrity*, 176.
12. John Dewey, "The Need for a New Party," *New Republic*, March 25, 1931; Frankfurter to F. D. R., Jan. 5, 1929, Roosevelt Papers.
13. F. D. R. at Oswego, Oct. 24, 1928, speech draft, Roosevelt Papers.

十六 1928 年选战

1. *New York Times*, June 28, 1928.
2. H. C. Pell to William Manice, Aug. 6, 1935, Pell Papers.
3. Louise Overacker, *Money in Elections* (New York, 1932), 75.
4. J. J. Raskob, with Samuel Crowther, "Everybody Ought to be Rich," *Ladies' Home Journal*, Aug. 1929; R. G. McManus, "Raskob," *North American Review*, Jan. 1931.
5. Milton to McAdoo, July 31, 1928, in Edmund A. Moore, *A Catholic Runs for President* (New York, 1956), 114; F. D. R. to G. L. Radcliffe, July 11, 1928, to V. L. Black, July 25, 1928, to Ward Melville, Sept. 21, 1928, Roosevelt Papers.
6. T. L. Stokes, *Chip off My Shoulder* (Princeton, 1940), 238 - 241; Bruce Bliven, "Trouping with Al Smith," *New Republic*, Oct. 10, 1928; J. M. Proskauer, *A Segment of My Times* (New York, 1950), 61 - 62.
7. *New Republic*, Sept. 5, 1928.
8. Samuel Lubell, *The Future of American Politics* (New York, 1952), 34 - 41, 169; S. J. Eldersveld, "The Influence of Metropolitan Party Pluralities in Presidential Elections since 1920," *American Political Science Review*, Dec. 1949.
9. Davis to F. D. R., Jan. 29, 1929, Roosevelt Papers; Silas Bent, "Will the Democrats Follow the Whigs?" *Scribner's*, Nov. 1929.

十七　自由主义哲学

1. 关于此事，更为充分的讨论可参见，Arthur M. Schlesinger, Jr., "The Revaluation of Liberalism"；这是即将由巴纳德学院（Barnard College）出版的一本讲座集，由巴兹尔·劳赫（Basil Rauch）编辑。
2. John Dewey, *Human Nature and Conduct* (Modern Lib.), 107.
3. John Dewey, *Individualism Old and New* (New York, 1929), 18, 33, 118, 155.
4. George Soule, "Herbert Croly's Liberalism, 1920 - 1928," *New Republic*, July 16, 1930; Edmund Wilson, " 'H. C.,' " *The Shores of Light* (New York, 1952), 476 - 484; Felix Frankfurter, "Herbert Croly and American Political Opinion," *New Republic*, July 16, 1930; George Soule, "Hard-Boiled Radicalism," *New Republic*, Jan. 21, 1931.
5. C. A. Beard, ed., *Whither Mankind* (New York, 1928), 406, 19, 407.
6. C. A. Beard, *Toward Civilization* (New York, 1930), 299, 300 - 301, 303.
7. W. T. Foster and Waddill Catchings, *Business Without a Buyer* (Boston, 1927), 19, 85; W. T. Foster and Waddill Catchings, *The Road to Plenty* (Boston, 1928), 158, 194, 200.
8. 华莱士的此番评论写在护封上面；罗斯福也在《丰裕之路》（*The Road to Plenty*）的副本里面写下自己的评论，该副本如今收藏在罗斯福图书馆。
9. Foster and Catchings, *Road to Plenty*, 153 - 154.
10. Patten to F. H. Giddings, March 24, 1898, in Joseph Dorfman, *The Economic Mind in American Civilization* (New York, 1949), III, 188; S. N. Patten, "Extravagance as a Virtue," *Current Opinion*, Jan. 1913; S. N. Patten, *The New Basis of Civilization* (New York, 1907), 186; S. N. Patten, *Essays in Economic Theory*, R. G. Tugwell, ed. (New York, 1924), 255; R. G. Tugwell, "Some Formative Influences in the Life of Simon Nelson Patten," *American Economic Review*, Suppl., March 1923; R. G. Tugwell, "Notes on the Life and Work of Simon Nelson Patten," *Journal of Political Economy*, April 1923; R. G. Tugwell, "The New Deal: The Progressive Tradition," *Western Political Quarterly*, Sept. 1950; C. M. H. Lynch, "Frances Perkins," *Mount Holyoke Alumnae Quarterly*, April 1929.
11. Thorstein Veblen, *The Engineers and the Price System* (New York, 1921), 9, 104, 120 - 121, 146.
12. Herbert Hoover, *The New Day* (Stanford University, 1928), 110; S. H. Strawn,

"Problems of the Manufacturer," *American Industries*, Oct. 1929.

13. G. L. Joughin and E. M. Morgan, *The Legacy of Sacco and Vanzetti* (New York, 1948); Phil Stong, "The Last Days of Sacco and Vanzetti," in Isabel Leighton, ed., *The Aspirin Age, 1919 – 1941* (New York, 1949), 169 ff.; Malcolm Cowley, "Echoes of a Crime," *New Republic*, Aug. 28, 1935; Edmund Wilson, "The Consequences of the Crash," *Shores of Light*, 496 – 497; R. M. Lovett, *All Our Years* (New York, 1948), 190; John Dos Passos, *The Big Money* (New York, 1936), 462; Murray Kempton, *Part of Our Time* (New York, 1955), 45 – 50.

14. 道格拉斯的态度则显然要保守很多。特格韦尔、蔡斯和道格拉斯的态度，可参见，Stuart Chase, Robert Dunn and R. G. Tugwell, eds., *Soviet Russia in the Second Decade* (New York, 1928); John Dewey, *Impressions of Soviet Russia* (New York, 1929), 121; R. G. Tugwell, "Experimental Control in Russian Industry," *Political Science Quarterly*, June 1928。

15. Walter Lippmann, *Men of Destiny* (New York, 1928), 27; Steffens to Jo Davidson, Feb. 18, 1929, in Lincoln Steffens, *Letters*, Ella Winter and Granville Hicks, eds., 2 vols. (New York, 1938), II, 829 – 830.

16. F. C. Howe, *The Confessions of a Reformer* (New York, 1925), 195 – 196; "Where Are the Pre-War Radicals," *Survey*, Feb. 1, 1926; F. C. Howe, "Where Are the Pre-War Radicals," *Survey*, April 1, 1926; Donald Richberg, *Tents of the Mighty* (Chicago, 1930), 59; Steffens to Ella Winter, Aug. 2, 1929, in Steffens, *Letters*, II, 841; White to Brandeis, Jan. 12, 1929, in W. A. White, *Selected Letters ... 1899 – 1943*, Walter Johnson, ed. (New York, 1947), 290.

十八　知识分子的反叛

1. Scott Fitzgerald, This Side of Paradise (New York, 1920), 304; "Early Success," The Crack-Up, Edmund Wilson, ed. (New York, 1945), 87 – 90.
2. Scott Fitzgerald, "Echoes of the Jazz Age," *Scribner's*, Nov. 1931; G. J. Nathan, *The World of George Jean Nathan*, Charles Angoff, ed. (New York, 1952), 201; Malcolm Cowley, "Twenty Years of American Letters," *New Republic*, March 3, 1937; Louis Kronenbeiger, "H. L. Mencken," *New Republic*, Oct. 7, 1936.
3. Anderson to Waldo Frank, Oct. 29, 1917, in Sherwood Anderson, *Letters*, H. M. Jones and W. B. Rideout, eds. (Boston, 1953), 18; in *Vanity Fair*, 1923, 转引

自，*Malcolm Cowley in Exile's Return* (New York, 1934), 118。

4. Donald Richberg, *Tents of the Mighty* (Chicago, 1930), 25; Donald Richberg, *The Shadow Men* (Chicago, 1911); Donald Richberg, *A Man of Purpose* (New York, 1922), 301, 313, vi.

5. W. C. Bullitt, *It's Not Done* (New York, 1926), 340, 371; Francis Biddle, *The Llanfear Pattern* (New York, 1927), 252.

6. H. L. Mencken, *Notes on Democracy* (New York, 1926), 9, 22, 106–107, 126, 137, 176, 192; H. L. Mencken, *Prejudices: Second Series* (New York, 1920), 102, 117; H. L. Mencken, *Prejudices: Fifth Series* (New York, 1926), 70.

7. Irving Babbitt, *Democracy and Leadership* (Boston, 1924), 205, 214, 288, 312。白璧德的诸多暗黑警告中，有一个是值得重申的：倘若人类"成功地释放了原子当中储存的能量（这可是近来很多物理学家的雄心），那么人类的最终命运将很可能是将自己从这个星球炸飞"。(*Democracy and Leadership*, 143)

8. T. S. Eliot, "The Waste Land," *Collected Poems, 1909–1935* (London, 1936), 61–77.

9. Walter Lippmann, *A Preface to Morals* (New York, 1929), 187, 229, 209, 329–330.

10. J. W. Krutch, *The Modern Temper* (New York, 1929), 9, 45, 183, 247, 249.

十九　崩盘

1. Hoover, *State Papers*, I, 3–13; W. T. Foster and Waddill Catchings, "Mr. Hoover's Road to Prosperity," *Review of Reviews*, Jan. 1930.

2. R. L. Wilbur, "What About Our Public Lands?" *Review of Reviews*, Dec. 1929; Hoover to J. M. Dixon, Aug. 21, 1929, in Hoover, *State Papers*, I, 91–96; *Boston Globe*, Aug. 28, 1929; E. L. Peffer, *The Closing of the Public Domain* (Stanford University, 1951), Ch. 11.

3. Amos Pinchot, "Hoover and Power," *Nation*, Aug. 12, 1931; P. Y. Anderson, "Mr. Hoover's Last Mile," *Nation*, Nov. 9, 1932.

4. 此一观点在有声望的经济学家群体当中，只是少数派观点。不过，凯恩斯于接下来一年便采纳了此一观点，他认为，利率的提升"将发挥重大效能，引发经济迅速崩溃。原因很简单，此等惩罚性利率势必会对新投资率产生冲击……因此也就注定会引发价格下跌，在相当长的时间里造成普遍的经济损失"。J. M. Keynes, *Treatise on Money* (New York, 1930), II, 296.

不过，在这个问题上，也请参见，Thomas Wilson, *Fluctuations in Income and Employment*, 3rd ed. (London, 1948), 147 ff。
5. J. M. Keynes, "Fluctuations in Net Investments in the United States," *Economic Journal*, Sept. 1936; Wilson, *Fluctuations*, 118.
6. J. K. Galbraith, *The Great Crash* (Boston, 1955); F. L. Allen, *Only Yesterday* (New York, 1931), Ch. 13; Burton Rascoe, "The Grim Anniversary," *New Republic*, Oct. 29, 1930; Irving Fisher, *The Stock Market Crash-and After* (New York, 1930); Matthew Josephson, "Groton, Harvard, Wall Street," *The New Yorker*, April 2, 1932.

二十　"新时代"窘境

1. B. N. Timmons, *Portrait of ... Charles G. Dawes* (New York, 1953), 286.
2. F. D. R. to J. Lionberger Davis, Aug. 5, 1929, Roosevelt Papers.
3. Hoover, *Memoirs*, II, 58; *New York Times*, Nov. 1, 4, 1929 (此处我给拉蒙特声明加了斜体)。
4. 工商业方面的此类预测，是有相关记录的，可参见，*Reveiw of Reviews*, Jan. and Feb. 1930 and *American Industries*, Jan. 1930; Edward Angly, ed., *Oh Yeah?* (New York, 1931)
5. Hoover, *Memoirs*, III, 30–31.
6. Reed Smoot, "Why a Protective Tariff?" *Saturday Evening Post*, Sept. 10, 1932; W. C. Hawley, "The New Tariff: A Defense," *Review of Reviews*, July 1934; statement of F. W. Fetter, *American Economic Review*, June 1942; D. C. Roper, *Fifty Years of Public Life* (Durham, N. C., 1941), 236; *Nation*, July 1, 1931; Hoover, *State Papers*, I, 318.
7. J. T. Adams, "Presidential Prosperity," *Harper's*, Aug. 1930; "The Hoover Happiness Boys," *Nation*, June 18, 1930; "Prophet Lamont," *New Republic*, Nov. 5, 1930; Julius Klein, "It's Great To Be a Young Man Today," *American Magazine*, Feb. 1930. 胡佛3月7日的这份声明，可见，*New York Times*, March 8, 1930；这份重要声明并没有收录在胡佛的"国务文件"里面，有关胡佛政府的其他半官方文件也都没有这份声明的踪迹，这不免有些奇怪。
8. 比如说，1930年8月，查尔斯·E. 珀森斯教授(Charles E. Persons)就从统计局辞职，以此抗议那些意在降低并模糊失业人数的统计花招(*New York Times*, Aug. 16, 1930)。

9. J. K. Galbraith, *The Great Crash* (Boston, 1955), 144; Will Rogers, *The Autobiography of Will Rogers*, Donald Day, ed. (Boston, 1949), 232; Gilbert Seldes, *The Years of the Locust* (Boston, 1933), 63.
10. Hoover, *State Papers*, I, 289–296.

二十一 恐惧蔓延

1. *New York Times*, March 7, 1930; J. N. Leonard, *Three Years Down* (New York, 1939), 123–125.
2. Bruce Bliven, "On the Bowery," *New Republic*, March 19, 1930; Green before the House Judiciary Committee, *Unemployment in the United States: Hearings*, 71 Cong., 2 Sess. (1930), 23.
3. 有关国会失业调查委员会的听证会材料以及相关文章，可参阅 *Survey Graphic* 等杂志；也可参见，Clinch Calkins, *Some Folks Won't Work* (New York, 1930); Bruce Bliven, "No Money, No Work," *New Republic*, Nov. 19, 1930。
4. J. C. Brown, *Public Relief, 1929–1939* (New York, 1940), 429.
5. Hoover, *State Papers*, I, 391, 395, 405.
6. 胡佛的这种勉强态度，可参见，"Formation of Committee," interview with E. P. Hayes and E. L. Bernays, Feb. 26, 1931, Hopkins Papers。此等地方性质的失业理论已经推展到了相当荒谬的地步。1931年8月25日，T. T. 克雷文（T. T. Craven），联邦协调局的首席协调官，向各地的协调员发出指令，告诫他们说："从今往后，不得提及联邦层面的产业协会组织、联邦协调局，也不可提及联邦政府，无论是直接地还是间接地。我已经反复强调过，救济问题是地方性质的和个人性质的，我这个部门只是一个沟通渠道而已。"（Hopkins Papers）
7. E. P. Hayes, *Activities of the President's Emergency Committee for Employment* (Concord, N. H., 1936), 43, 141–144; H. L. Hopkins, *Spending to Save* (New York, 1936), 21–25.
8. Mark Sullivan, "The Case For the Administration," *Fortune*, July 1932.
9. Hoover, *State Papers*, I, 496–499.
10. Congressional hearings; Hugo Johanson, "Bread Line," *Atlantic*, Aug. 1936; Edmund Wilson, *Travels in Two Democracies* (New York, 1936), 30–31; C. R. Walker, "Relief and Revolution," *Forum*, Aug. 1932; R. L. Duffus, *Lillian Wald* (New York, 1938), 287–288, 349–350.

11. S. H. Slichter, "Doles for Employers," *New Republic*, Dec. 31, 1930.
12. White to William Green, Sept. 1, 1931, in W. A. White, *Selected Letters ... 1899–1943*, Walter Johnson, ed. (New York, 1947), 317.
13. Senate Manufactures Committee, *Unemployment Relief: Hearings*, 72 Cong., 1 Sess. (1932), 311–331.
14. Senate Manufactures Committee, *Federal Cooperation in Unemployment Relief: Hearings*, 72 Cong., 1 Sess. (1932), especially 7, 136–137.
15. Federal Farm Board, Second Annual Report, Senate Agriculture and Forestry Committee, *Agricultural Conference and Farm Board Inquiry: Hearings*, 72 Cong., 1 Sess. (1931), 457–458; Wallace to F. D. R., Dec. 1, 1934, Roosevelt Papers.
16. *Historical Statistics*, Ser. E 88–104.
17. *Historical Statistics*, Ser. E 244–245; testimony of Ed O'Neal, Senate Banking and Currency Committee, *Refinancing Past Due Obligations on Farms and Homes: Hearings*, 72 Cong., 1 Sess. (1933), 174–176.
18. Sen. Banking Com., Refinancing ... Obligations, 175; W. G. Clugston, "Thunder in the Wheat Belt," *Nation*, Aug. 5, 1931; L. A. Dahl, "Class War in the Corn Belt," *New Republic*, May 17, 1933; W. A. White, "The Farmer Takes His Holiday," *Saturday Evening Post*, Nov. 26, 1932.
19. *New York Herald Tribune*, Jan. 4, 1931; *New Republic*, Jan. 14, 1931; Leonard, Three Years Down, 163; Will Rogers, *The Autobiography of Will Rogers*, Donald Day, ed. (Boston, 1949), 237; Whittaker Chambers, "Can You Hear Their Voices?" *New Masses*, March 1931; Steffens to Chambers, June 18, 1933; in Lincoln Steffens, *Letters*, Ella Winter and Granville Hicks, eds. (New York, 1938), II, 961; Edith Abbott, *Public Assistance* (Chicago, 1940), 705–706.
20. Senate Agriculture and Forestry Committee, *To Establish an Efficient Agricultural Credit System: Hearings*, 72 Cong., 1 Sess. (1932), 28.
21. Sen. Man. Com., *Unemployment Relief*, 214.

二十二 商业大分裂

1. 此处的产业文告依托了如下机构的预测：Guardian Trust Company, Cleveland, Moody's Investment Service, Brookmire Economic Service, Standard Statistics Company, and McGraw-Hill，参见 *Review of Reviews*, Feb. and July 1930; J. E. Edgerton, "The Unemployment Situation and An Idea," *American*

Industries, Sept. 1930; Julius Klein, "When Do We Come Out Of It?" *American Magazine*, Sept. 1930; *Time*, Jan. 14, 1935。

2. Edgerton, "Unemployment Situation"; S. H. Strawn, "The Need for Restored Confidence," *Nation's Business*, Jan. 1932; for Mitchell and Wiggin, Senate Manufactures Committee, *Establishment of a National Economic Council: Hearings*, 72 Cong., 1 Sess. (1931), 533, 373, 364; Morrow to Charles Burnett, May 7, 1931, in Harold Nicolson, *Dwight Morrow* (New York, 1935), 394.

3. *New York Times*, Sept. 16, 1931; Henry Ford, Associated Press interview, March 14, 1931; Sen. Man. Com., Nat'l Economic Council, 536; Edgerton, "Unemployment Situation"; Merle Thorpe, "Our Vanishing Economic Freedom," *Saturday Evening Post*, Oct. 3, 1931; J. M. Beck, *Our Wonderland of Bureaucracy* (New York, 1933), 85.

4. Edgerton, "Unemployment Situation".

5. *Time*, April 4, 1932.

6. Nichlos to Hurley, Jan. 9, 1931, Hurley to Woods, Jan. 13, 1931, Hopkins Papers; H. L. Hopkins, *Spending to Save* (New York, 1936), 26–28.

7. Winston S. Churchill, "The Dole," *Saturday Evening Post*, March 29, 1930; James C. Young, "Ford Scans the Economic Future," *New York Times Magazine*, May 24, 1931; Gilbert Seldes, *The Years of the Locust* (Boston, 1933), 101, 153–154; J. N. Leonard, *Three Years Down* (New York, 1939), 157–159.

8. J. C. Long, "Dwight W. Morrow," *Scribner's*, Sept. 1935; W. T. Foster and Waddill Catchings, "Must We Reduce Our Standard of Living?" *Forum*, Feb. 1931; Strawn, "Need for Restored Confidence"; Hopkins, *Spending to Save*, 41–42; W. S. Gifford, "Can Prosperity Be Managed?" *Saturday Evening Post*, Nov. 8, 1930; M. C. Taylor with Samuel Crowther, "Leisure and the Machine Age," *Saturday Evening Post*, March 28, 1931.

9. Senate Banking and Currency Committee, *Unemployment Relief: Hearings*, 72 Cong., 1 Sess. (1932), 184; J. C. Long, "Morrow"; Daniel Willard, "The Challenge to Capitalism," *Review of Reviews*, May 1931.

10. N. M. Butler, "A Planless World," in C. A. Beard, ed., *America Faces the Future* (Boston, 1932), 11, 19; Leonard, *Three Years Down*, 138; W. B. Donham, *Business Adrift* (New York, 1931), 33, 35–36, 141–148.

11. Paul Mazur, *New Roads to Prosperity* (New York, 1931), 95–96, 139; B. M.

Baruch, "A Plan For the Regulation of Production," in J. G. Frederick, ed., *A Philosophy of Production* (New York, 1930), 93–103; W. L. White, *Bernard Baruch* (New York, 1950), 74; *New York Times*, June 5, 1931; Samuel Crowther, *A Basis for Stability* (Boston, 1932), 118, 59; *Nation*, Oct. 8, 1930; B. M. Baruch, "A Few Kind Words for Uncle Sam," *Saturday Evening Post*, April 5, 1930; B. M. Baruch, "Notes for Address to Ninth Reunion of the United States War Industries Board ... November 11, 1931" (mimeographed).

12. Gerard Swope, *Stabilization of Industry* (New York, [1931]); Gerard Swope and Others, *Discussion of 'Stabilization of Industry'* (New York, [1931]); Sen. Man. Com., Nat'l Economic Council, 303–311.

13. J. H. Barnes, "Government and Business," *Harvard Business Review*, July 1932; H. I. Harriman, "American Busines Turns a Page," *New York Times Magazine*, Dec. 2, 1933; H. I. Harriman, "The Stabilization of Business and Employment," *American Economic Review*, March 1932; Sen. Man. Com., Nat'l Economic Council, 167–168, 185–188; *Congressional Record*, 73 Cong., 1 Sess. (June 7, 1933), 5164.

14. Ralph E. Flanders, "Limitations and Possibilities of Economic Planning," *Annals of the American Academy of Political and Social Science*, July, 1932; Harriman, "American Business".

二十三 改革议程

1. Louis Stark, "Labor's Unemployment Program," *Survey*, Nov. 15, 1930; William Green, "The Way Forward," *American Federationist*, March 1931; Green to Hoover, July 24, 1931, in Senate Manufactures Committee, *Establishment of a National Economic Council: Hearings*, 72 Cong., 1 Sess. (1931), 604; *American Labor Year Book*, 1931 (New York, 1931), 32–34; Louis Adamic, "The Collapse of Organized Labor," *Harper's*, Jan. 1932; Gilbert Seldes, *The Years of the Locust* (Boston, 1933), 205.

2. *New York Times*, May 14, 1932.

3. Senate Finance Committee, *Investigation of Economic Problems: Hearings*, 72 Cong., 2 Sess. (1933), 792; Sen. Man. Com., Nat'l Economic Council, 644–645.

4. Sidney Hillman, "Unemployment Reserves," *Atlantic*, Nov. 1931; Sidney Hillman, "Labor Leads Toward Planning," *Survey Graphic*, March 1932; Sen.

Man. Com., Nat'l Economic Council, 435 – 436.

5. W. T. Foster, "Wizards with Boot-straps," *North American Review*, April 1933; Senate Banking and Currency Committee, *Unemployment Relief: Hearings*, 72 Cong., 1 Sess. (1932), 63; W. T. Foster and Waddill Catchings, "Must We Reduce Our Standard of Living?" *Forum*, Feb. 1931; Sen. Finance Com., Economic Problems, 1152 – 1153; W. T. Foster and Waddill Catchings, "'In the Day of Adversity,'" *Atlantic*, July 1931; W. T. Foster, "When a Horse Balks," *North American Review*, July 1932.

6. 参见, J. A. Hobson, *Rationalization and Unemployment* (New York, 1930); J. A. Hobson, *Poverty in Plenty* (New York, 1931); J. A. Hobson, "The World's Economic Crisis," *Nation*, July 20, 1932。

7. J. M. Keynes, "The World's Economic Outlook," *Atlantic*, May 1932.

8. Senate Banking and Currency Committee, *Further Unemployment Relief Through the Reconstruction Finance Corporation: Hearings*, 72 Cong., 2 Sess. (1933), 129; Sen. Finance Com., Economic Problems, 713, 706.

9. Sen. Banking Com., *Unemployment Relief*, 57.

10. A. A. Berle, Jr., and G. C. Means, *The Modern Corporation and Private Property* (New York, 1932); G. C. Means, "The Growth in the Relative Importance of the Large Corporation in American Economic Life," *American Economic Review*, March 1931; G. C. Means, "The Separation of Ownership and Control in American Industry," *Quarterly Journal of Economics*, Nov. 1931; G. C. Means, "Who Controls Industry?" *Nation*, May 4, 1932; A. A. Berle, Jr., "For Whom Corporate Managers Are Trustees: A Note," *Harvard Law Review*, June 1932; A. A. Berle, Jr., and Louis Faulkner, "The Nature of the Difficulty" (May 1932), Berle Papers; A. A. Berle, Jr., "A High Road for Business," *Scribner's*, June 1933; A. A. Berle, Jr., "The Social Economics of the New Deal," *New York Times Magazine*, Oct. 29, 1933; A. A. Berle, Jr., "Private Business and Public Opinion," *Scribner's*, Feb. 1934; A. G. Gruchy, "The Administrative Economics of Gardiner C. Means," *Modern Economic Thought: The American Contribution* (New York, 1947), 473 – 540.

11. (这则注释援引所有作品的作者都是 R. G. 特格韦尔, 除非另有说明): "The Light of Other Days," Chs. 1 – 6, MS autobiography in the Tugwell Papers; "Government in a Changing World," *Review of Reviews*, Aug. 1933; "Social Objectives in Education", in R. G. Tugwell and Leon Keyserling, eds., *Redirecting Education* (New York, 1934), I, 55; "Experimental Economics,"

in R. G. Tugwell, ed., *The Trend of Economics* (New York, 1924), 384; "The New Deal: The Available Instruments of Governmental Power," *Western Political Quarterly*, Dec. 1949; R. G. Tugwell, Thomas Munro, and R. E. Stryker, *American Economic Life*, 3rd ed. (New York, 1930), 365; "The Progressive Tradition," *Western Political Quarterly*, Sept. 1950; "Governor or President?" *New Republic*, May 16, 1928; "After the New Deal: 'We Have Bought Ourselves Time to Think,'" *New Republic*, July 26, 1939; "America's War-Time Socialism," *Nation*, April 6, 1927; *The Stricken Land* (New York, 1946), 436。也可参见, "The Experimental Economics of Rexford G. Tugwell", in Gruchy, *Modern Economic Thought*, 405 – 470; Russell Lord, "Rural New Yorkers," *The New Yorker*, March 23, 30, 1935; [J. F. Carter], *The New Dealers* (New York, 1934), 92。

12. R. G. Tugwell, "The Principle of Planning and the Institution of Laissez-Faire," *American Economic Review*, Suppl., March 1932.

13. Senate Agriculture and Forestry Committee, *Confirmation of Rexford G. Tugwell: Hearing*, 73 Cong., 2 Sess. (1934), 11.

14. Tugwell and Keyserling, *Redirecting Education*, I, 64.

15. R. G. Tugwell, *The Industrial Discipline* (New York, 1933), 85, 87, 229, 207, 212 – 215.

16. Tugwell, Munroe, and Stryker, *American Economic Life*, 712; Tugwell and Keyserling, *Redirecting Education*, I, 68, 90, 105 – 106, 107; Tugwell, "Planning and ... Laissez-Faire"; Tugwell, "Discourse in Depression," 转引自, R. G. Tugwell, "The Progressive Orthodoxy of Franklin D. Roosevelt," *Ethics*, Oct. 1953。

17. (这则注释援引的前五份作品都是P. H. 道格拉斯所作): "Money, Credit and the Depression," *World Tomorrow*, March 1932; "Connecting Men and Jobs," *Survey Graphic*, Dec. 1930; "The Prospects for a New Political Alignment," *American Political Science Review*, Nov. 1931; *The Coming of a New Party* (New York, 1932), 164, 171, 195, 96 – 97, 93, 215 – 16; "Lessons from the Last Decade," in H. W. Laidler and Norman Thomas, eds., *The Socialism of Our Times* (New York, 1929), 54。也可参见, *American Labor Year Book*, 1930 (New York, 1930), 126 – 130; *American Labor Year Book*, 1931 (New York, 1932), 100; Devere Allen, ed., *Adventurous Americans* (New York, 1932), 181 – 190; Norris to Dewey, Dec. 27, 1930, in R. L. Neuberger and S. B. Kahn, *Integrity: The Life of George W. Norris* (New York, 1937), 185 – 186;

John Dewey, "The Need for a New Party," *New Republic*, March 18, 25, April 1, 8, 1931。

18. Sen. Man. Com., Nat'l Economic Council, 459–463; George Soule, *A Planned Society* (New York, 1932), 277; George Soule, "Hard-boiled Radicalism," *New Republic*, Jan. 21, 1931.

19. C. A. Beard, "'A Five-Year Plan' for America," *Forum*, July 1931; C. A. Beard, "The Myth of Rugged American Individualism," *Harper's*, Dec. 1931; C. A. Beard, "The Rationality of Planned Economy" in C. A. Beard., *America Faces the Future* (Boston, 1932), 400–401.

20. W. H. Hamilton, "The Control of Big Business," *Nation*, May 25, 1932; J. T. Flynn, "The Evil Influence of Wall Street," in S. D. Schmalhausen. Ed., *Behold America!* (New York, 1931), 198; J. T. Flynn, "A Demand for State Action on a Security Wage," *Forum*, Oct. 1931.

21. 下列作品的作者均是斯图尔特·蔡斯: "Harnessing the Wild Horses of Industry," *Atlantic*, June 1931; "What Do the Liberals Hope For?" *New Republic*, Feb. 10, 1932; *Prosperity, Fact or Myth* (New York, 1929), 188; *A New Deal* (New York, 1932), 240, 86, 97, 252; "The Age of Distribution," *Nation*, July 25, 1934; "A New Deal for America: IV," *New Republic*, July 27, 1932; *The Nemesis of American Business* (New York, 1931), 95, 97; "Mergers Pfd.," *New Republic*, Oct. 14, 1931; "The Case for Inflation," *Harper's*, July 1932。

22. 285 *U.S.* at 280, 306, 307–308, 311; *Time*, April 4, 1932.

23. J. M. Keynes, "Economic Possibilities for Our Grandchildren," *Saturday Evening Post*, Oct. 11, 1930; 285 *U.S.* at 311.

二十四　告别改革

1. Will Rogers, *The Autobiography of Will Rogers*, Donald Day, ed. (Boston, 1949), 237; Cornelius Vanderbilt, Jr., *Farewell to Fifth Avenue* (New York, 1935), 197–198; Walter Lippmann, *Interpretations, 1931–1932*, Allan Nevins, ed. (New York, 1932), 30; *New York Times*, Sept. 24, 1931; C. G. Dawes, *Journal As Ambassador to Great Britain* (New York, 1939), 404; Hilton Butler, "Bilbo-The Two-Edged Sword," *North American Review*, Dec. 1931.

2. R. E. Sherwood, *Reunion in Vienna* (New York, 1932), 7; Scott Fitzgerald, "Echoes of the Jazz Age," *Scribner's*, Nov. 1931; Scott Fitzgerald, *The Crack-*

Up, Edmund Wilson, ed. (New York, 1945), 126; Arthur Mizener, *The Far Side of Paradise* (Boston, 1951), 225, 234.

3. Eric Sevareid, *Not So Wild a Dream* (New York, 1946), 56-57.
4. *New York Times*, Nov. 25, 1929.
5. Daniel Bell, "The Background and Development of Marxian Socialism in the United States," in D. D. Egbert and Stow Persons, eds., *Socialism and American Life* (Princeton, 1952), I, 369-370.
6. "Whither the American Writer," *Modern Quarterly*, Summer 1932.
7. Lincoln Steffens, *Autobiography* (New York, 1931), II, 706, 574, 631, 818, 832, 872.
8. 加雷特·加勒特的评论写在斯蒂芬斯《自传》一书的护封之上；John Reed, "Almost Thirty," *New Republic*, April 29, 1936; Newton Arvin, "Epitaph of a Generation," *Nation*, April 15, 1931。
9. Granville Hicks on Steffens in Malcolm Cowley and Bernard Smith, eds., *Books That Changed Our Minds* (New York, 1939), 12; Granville Hicks, "Lincoln Steffens: He Covered the Future," *Commentary*, Feb. 1952; Steffens to Ella Winter Steffens, Aug. 16, 1930, Feb. 7, 1933, to Sam Darcy, April 12, 1936, in Lincoln Steffens, *Letters*, Ella Winter and Granville Hicks, eds. (New York, 1938), II, 878, 949, 1020; Lillian Symes to the editors, *Modern Monthly*, Oct. 1934.
10. John Chamberlain, *Farewell to Reform* (New York, 1932), 305, 321, 323。即便是在告别改革的时候，张伯伦仍然宣示说，再分配性质的税收机制(190-191)和选票(309)可以成为暴力革命的替代选择。不过，此番让步性质的申述终究是湮没在他通常的幻灭论调当中。参见他的作品，"Votes Will Do," *Common Sense*, Feb. 16, 1933, 这是张伯伦第一次尝试消解《告别改革》造成的影响。
11. John Strachey, *The Coming Struggle for Power* (Modern Lib., New York, 1935), 358-360, xi, 406-407; Richard Crossman, "John Strachey and the Left Book Club," *New Statesman and Nation*, Jan. 7, 1956.
12. Schmalhausen, "An American vs. America," in S. D. Schmalhausen, ed., *Behold America!* (New York, 1931), 755; S. D. Schmalhausen, ed., *Recovery Through Revolution* (New York, 1933), 477; Kenneth Patchen, *Before the Brave* (New York, 1936), 49.
13. Dewey, "The Imperative Need for a New Radical Party," *Common Sense*, Sept. 1933.

14. J. H. Nichols, *Democracy and the Churches* (Philadelphia, 1951), 226 - 227.
15. *World Tomorrow*, Sept. 30, 1930; H.F. Ward, *In Place of Profit* (New York, 1933), 96 - 97; L. P. Powell, "A Clergyman Looks in on Russia," *Review of Reviews*, Oct. 1934.
16. R. M. Lovett, "The Degradation of American Politics," in Schmalhausen, *Behold America!* 43; M.S. Stewart, "Where Everyone Has a Job," *Survey Graphic*, Aug. 1931; Edmund Wilson, "Art, the Proletariat and Marx," *New Republic*, Aug. 23, 1933; Rogers, *Autobiography*, 249; White to Ickes, Nov. 14, 1933, in W. A. White, *Selected Letters … 1899 - 1943*, Walter Johnson, ed. (New York, 1947), 337; Albert Parry, "A Gold Rush to Fight For," *Atlantic*, May 1941.
17. James Wechsler, *The Age of Suspicion* (New York, 1953), 37; Stewart Alsop, "Wanted: A Faith to Fight For," *Atlantic*, May 1941.
18. Edmund Wilson, "An Appeal to Progressives," *New Republic*, Jan. 14, 1931; Edmund Wilson, *Travels in Two Democracies* (New York, 1936), 321.
19. "Whither the American Writer," *Modern Quarterly*, Summer 1932; "How I Came to Communism," *New Masses*, Sept. 1932; Edmund Wilson, "What I Believe," *Nation*, Jan. 27, 1932.
20. Michael Gold, "Wilder: Prophet of the Genteel Christ," *New Republic*, Oct. 22, 1930.
21. Archibald MacLeish, "The Social Cant," *New Republic*, Dec. 21, 1932; Archibald MacLeish, "Ars Poetica" and "Invocation to the Social Muse," in *Collected Poems, 1917 - 1952* (Boston, 1952), 41, 94 - 95; Michael Gold, "Out of the Fascist Unconscious," *New Republic*, July 26, 1933.
22. Joseph Freeman, Introduction to Granville Hicks, et al., eds., *Proletarian Literature in the United States* (New York, 1935), 11, 25.
23. Robert Cantwell, The Land of Plenty (New York, 1934), 369.
24. William Rollins, *The Shadow Before* (New York, 1934), 175; Cantwell, *Land of Plenty*, 301.
25. Granville Hicks, "Communism and the American Intellectual," in I. DeW. Talmadge, ed., *Whose Revolution?* (New York, 1941), 80, 84.
26. House Committee to Investigate Communist Activities, *Investigation of Communist Propaganda*, 71 Cong., 2 Sess. (1930), 348, 348 - 385; Edmund Wilson, "Foster and Fish," *New Republic*, Dec. 24, 1930.
27. W. Z. Foster, *Toward Soviet America* (New York, 1932), 212, 213, 275.

28. John Dos Passos, *The Theme is Freedom* (New York, 1956), 82; *New York Times*, Sept. 30, 1931.
29. John Dos Passos, "Red Day on Capitol Hill," *New Republic*, Dec. 23, 1931; J. N. Leonard, *Three Years Down* (New York, 1939), 204 – 206; Senate Manufactures Committee, *Unemployment Relief: Hearings*, 72 Cong., 1 Sess. (1932), 209; Ella Bloor, *We Are Many* (New York, 1940), 227 – 230; C. R. Walker, "Relief and Revolution," *Forum*, Sept. 1932; Nathaniel Weyl, "Organizing Hunger," *New Republic*, Dec. 14, 1932.
30. C. R. Walker, "Down and Out in Detroit," *Forum*, Sept. 1931.
31. Senate Manufactures Committee, *Federal Cooperation in Unemployment Relief: Hearings*, 72 Cong., 1 Sess. (1932), 36.
32. Whittaker Chambes, *Witness* (New York, 1952), 196.
33. J. B. Matthews, *Odyssey of a Fellow Traveler* (New York, 1938), 256.
34. Matthews, *Odyssey*, 91; Benjamin Gitlow, *The Whole of Their Lives* (New York, 1948), 237; Bloor, *We Are Many*, 307.
35. J. B. S. Hardman, "Communism in America," *New Republic*, Aug. 27, 1930; Bell, "Marxian Socialism," 353.
36. Lauren Gilfillan, *I Went to Pit College* (New York, 1934), 359; "It Seems to Heywood Broun," *Nation*, March 26, 1930; George Soule, "Are We Going to Have a Revolution?" *Harper's*, Aug. 1932.

二十五　华盛顿的高潮

1. S. J. Woolf, "Wagner Seeks Humanity in Government," *New York Times Magazine*, July 31, 1932; S. J. Woolf, "A Senator Asks Security for Workers," *New York Times Magazine*, Jan. 11, 1931; Senate Commerce Committee, *Unemployment in the United States: Hearings*, 72 Cong., 2 Sess. (1930), 8; H. F. Pringle, "The Janitor's Boy," *The New Yorker*, March 5, 1927; [J. F. Carter], *The New Dealers* (Washington, 1934), 56 – 57; Hoover, *State Papers*, I, 530 – 532.
2. Senate Manufactures Committee, *Unemployment Relief: Hearings*, 72 Cong., 1 Sess. (1932), 8; E. N. Doan, *The La Follettes and the Wisconsin Idea* (New York, 1947), 163 – 170; W. M. Raine, "Costigan of Colorado," *Nation*, Oct. 29, 1930; Edmund Wilson, *American Jitters* (New York, 1932), 114; H. L. Hopkins, *Spending to Save* (New York, 1936), 43 – 74.

3. A. T. Mason, *Brandeis: A Freeman's Life* (New York, 1946), 600–601; Senate Agriculture and Forestry Committee, *Agricultural Conference and Farm Board Inquiry: Hearings*, 72 Cong., 1 Sess. (1931), 135–136.
4. B. N. Timmons, *Garner of Texas* (New York, 1948); G. R. Brown, *The Speaker of the House* (New York, 1932); Tom Connally, *My Name Is Tom Connally* (New York, 1954), 91, 78; S. J. Woolf, "Garner Revives a Jacksonian Tradition," *New York Times Magazine*, Nov. 22, 1931; P. Y. Anderson, "Texas John Garner," *Nation*, April 20, 1932; R. S. Allen, "Texas Jack," *New Republic*, March 16, 1932; George Milburn, "The Statesmanship of Mr. Garner," *Harper's*, Nov. 1932; Raymond Moley, *27 Masters of Politics* (New York, 1949), 68–75; M. W. Childs, *I Write from Washington* (New York, 1942), 88–89; Cordell Hull, *Memoirs* (New York, 1948), I, 133.
5. D. A. Reed, "The Future of the Republican Party," *Atlantic*, March 1931; John Dewey, "The Need for a New Party," *New Republic*, March 25, 1931.
6. Hoover, *State Papers*, I, 145, 181, 290; Herbert Hoover, *The New Day* (Stanford University, 1928), 30.
7. Hoover, *State Papers*, I, 137, 182.
8. *Historical Statistics*, Ser. H 1–26, H 33–35.
9. Amos Pinchot, "We Met Mr. Hoover," *Nation*, Jan. 14, 1931; testimony of J. A. Ryan, Senate Banking and Currency Committee, *Further Unemployment Relief Through the Reconstruction Finance Corporation: Hearings*, 72 Cong., 2 Sess. (1933), 144; Mellon to W. L. Jones, June 18, 1929, in Federal Employment Stabilization Board Papers, National Archives; W. T. Foster, "The Bill for Hard Times," *Survey Graphic*, April 1936; Senate Education and Labor Committee, *Establishment of Administration of Public Works: Hearings*, 72 Cong., 1 Sess. (1932), especially 107–115.
10. Hoover, *State Papers*, I, 240, 578; II, 28, 459–460; W. S. Myers and W. H. Newton, *The Hoover Administration: A Documented Narrative* (New York, 1936), 156–157.
11. Hoover, *State Papers*, II, 106, 148, 149, 175, 189, 194, 196, 232.
12. 依据该法案，于 1932 年设立复兴金融公司（Reconstruction Finance Corporation），据此推行新的公共工程计划，以自行清算的贷款为基础；但政府实际上只动用了该法案授权资金量的很小一部分。参见本书第 279—280 页的论述。
13. *Historical Statistics*, Ser. M 55; Hoover, *State Papers*, I, 376, 429, 574.

14. J. M. Keynes, *Essays on Persuasion* (London, 1931), 292 – 293; Herbert Hoover, *Address Upon the American Road, 1933 – 1938* (New York, 1938), 30. 此次黄金危机的争论, 可参见, Myers and Newton, *Hoover Administration*, 79, 159 – 173, and Rixey Smith and Norman Beasley, *Carter Glass* (New York, 1939), 317 – 320。
15. Hoover, *State Papers*, II, 46, 397.
16. Hoover, *State Papers*, I, 136, 382, 394, 437; Hoover, *Memoirs*, III, 334, 420; Myers and Newton, *Hoover Administration*, 119, 155.
17. Mark Sullivan, "Storm Over Washington," *Saturday Evening Post*, April 1, 1933; Hoover, *Memoirs*, III, 84 – 88, 97.
18. Senate Banking and Currency Committee, *Creation of a Reconstruction Finance Corporation: Hearings*, 72 Cong., 1 Sess. (1932), 40.
19. J. H. Jones, *Fifty Billion Dollars* (New York, 1951), 14 – 15.
20. Leffingwell to Alexander Sachs, Jan. 4, 1935, Roosevelt Papers.
21. Hoover, *State Papers*, II, 106; Jones, *Fifty Billion*, 517, 72 – 83; J. T. Flynn, "Inside the RFC," *Harper's*, Jan. 1933.
22. Hoover, *State Papers*, II, 8 – 9; *New York Times*, Oct. 19, 20, 1932; Myers and Newton, *Hoover Administration*, 242.
23. Federal Farm Board, *Second Annual Report*, 492, 514, 526; Legge to Hoover, March 5, 1931, in Forrest Crissey, *Alexander Legge* (Chicago, 1936), 206; A. M. Hyde, "The Agricultural Teeter Board," *Review of Reviews*, Oct. 1931; Hoover, *State Papers*, II, 312; O. H. Kile, *The Farm Bureau Through Three Decades* (Baltimore, 1948), 166 – 168; Lawrence Sullivan, "The Curse of Plenty," *Outlook*, Sept. 3, 1930; Russell Lord, "The Forced March of the Farmers," *Survey Graphic*, April, 1936; Theodore Norman, "The Federal Farm Board" (Ph. D. Thesis, Harvard University).
24. Wagner in the Senate, *Congressional Record*, 72 Cong., 1 Sess. (Jan. 15, 1932); Edith Abbot, "The Fallacy of Local Relief," *New Republic*, Nov. 9, 1932.
25. *New York Times*, May 12, 13, 1932.
26. Hoover, *State Papers*, II, 236; Senate Banking and Currency Committee, *Unemployment Relief: Hearings*, 72 Cong., 1 Sess. (1932), 18; Alfred E. Smith, "The New Outlook," *New Outlook*, Oct. 1932; Abbott, "Fallacy of Local Relief"; J. C. Brown, *Public Relief, 1929 – 1939* (New York, 1940), 126.
27. Hoover, *Memoirs*, III, 195; Hoover, *State Papers*, I, 608, II, 45, 101; Sen. Man. Com., *Unemployment Relief*, 116 – 117; O. E. Clapper, *Washington*

Tapestry (New York, 1946), 3-4.
28. S. J. Woolf, "Mills Weighs Our Problems," *New York Times Magazine*, Feb. 28, 1932; Clapper, *Washington Tapestry*, 3-4; Will Rogers, *The Autobiography of Will Rogers*, Donald Day, ed. (Boston, 1949), 275; *Time*, April 4, 1932; Christopher Morley, "What the President Reads," *Saturday Review of Literature*, Sept. 24, 1932.
29. T. G. Joslin, *Hoover Off the Record* (New York, 1934), 4, 6, 55, 318, 194; I. H. Hoover, *Forty-Two Years in the White House* (Boston, 1934), 184, 233, 250, 267, 323; Donald Richberg, *My Hero* (New York, 1954), 149-150.
30. W. A. White, *Autobiography* (New York, 1946), 515; Hoover, *Forty-Two Years*, 267; H. L. Stimson and McGeorge Bundy, *On Active Service in Peace and War* (New York, 1948), 196, 197, 205.
31. W. A. White, "Herbert Hoover," *Saturday Evening Post*, March 4, 1933; Esme Howard, *Theatre of Life* (Boston, 1936), II, 569; Hoover, *Forty-Two Years*, 184, 187; H.G. Wells, *Experiment in Autobiography* (New York, 1934), 679.
32. J. E. Pollard, *The President and the Press* (New York, 1947), 737-770; P. Y. Anderson, "Hoover and the Press," *Nation*, Oct. 14, 1931; J. F. Essary, "The Presidency and the Press," *Scribner's*, May 1935; R. P. Brandt, "The President's Press Conference," *Survey Graphic*, July 1939.
33. Joslin, *Hoover*, 91, 182, 34; J. N. Leonard, *Three Years Down* (New York, 1939), 215-216; Hoover, *Forty-Two Years*, 232.
34. W. A. White, "Herbert Hoover," *Saturday Evening Post*, March 4, 1933; Hoover, *State Papers*, II, 189, I, 470, 502-503, 504, 582, II, 251, I, 430-431.
35. Hoover, *State Papers*, II, 249, I, 527; Alfred Lief, *Democracy's Norris* (New York, 1939), 395.

二十六　1932年危机

1. *Historical Statistics*, A 117, A 118, J 30; A. F. Burns, *Economic Research and the Keynesian Thinking of Our Time* (New York, 1946), Appendix; Paul Webbink, "Unemployment in the United States," *American Economic Review*, Feb. 1941; Thomas Wilson, *Fluctuations in Income and Employment*, 3rd ed. (London, 1948), Ch. 17; J. T. Flynn, "Who But Hoover?" *New Republic*, Dec. 4,

1935; J. T. Flynn, "Hoover's Apologia: An Audacious Torturing of History," *Southern Review*, Spring 1936; George Soule, "This Recovery," *Harper's*, March 1937.

2. D. D. Bromley, "Vanishing Wages," *New Outlook*, April 1933; R. S. Halle, "'Lucky' To Have a Job," *Scribner's*, April 1933; J. T. Flynn, "Starvation Wages," *Forum*, June 1933; "The Next Labor Offensive," *Fortune*, Jan. 1933; Frances Perkins, "The Cost of a Five-Dollar Dress," *Survey Graphic*, Feb. 1933.

3. "'No One Has Starved,'" *Fortune*, Sept. 1932; H. L. Lurie, "'Spreading Relief Thin,'" *Social Service Review*, June 1932; "Is It To Be Murder, Mr. Hoover?" *Nation*, Aug. 3, 1932; *Time*, March e14, 1932; *San Francisco Chronicle*, July 1, 1932; M. A. Hallgren, *Seeds of Revolt* (New York, 1933), Chs. 1, 7; testimony of H. L. Lurie, in Senate Manufactures Committee, *Federal Aid for Unemployment Relief: Hearings*, 72 Cong., 2 Sess. (1933), 74–77; J. L. Heffernan, "The Hungry City," *Atlantic*, May 1932; J. N. Leonard, *Three Years Down* (New York, 1939), 187–189, 266–279; Gilbert Seldes, *The Years of the Locust* (Boston, 1933), 208–210, 342; Lillian Symes, "Children Are Starving," *Common Sense*, Dec. 5, 1932; House Labor Committee, *Unemployment in the United States: Hearings*, 72 Cong., 1 Sess. (1932), 145–146.

4. Wayne Weishaar and W. W. Parrish, *Men Without Money* (New York, 1933); R. C. Hill, "Seattle's Jobless Enter Politics," *Nation*, June 29, 1932; T. J. Parry, "The Republic of the Penniless," *Atlantic*, Oct. 1932; Malcolm Ross, "The Spread of Barter," *Nation*, March 1, 1933; Hallgren, *Seeds of Revolt*, 195–201; Leonard, *Three Years Down*, 288–290.

5. Thomas Minehan, *Boy and Girl Tramps of America* (New York, 1934), 20; L. A. Norris, "America's Homeless Army," *Scribner's*, May 1933; Leonard, *Three Years Down*, 272–276.

6. George Soule, "Are We Going to Have a Revolution?" *Harper's*, Aug. 1932; G. R. Clark, "Beckerstown: 1932," *Harper's* Oct. 1932; Bernard DeVoto, "Notes on the American War," *Harper's*, May 1938; M. A. Hamilton, *In America Today* (London, 1932), 17.

7. Gifford Pinchot, "The Case for Federal Relief," *Survey Graphic*, Jan. 1932; Hoover, *Memoirs*, III, 116; Cornelius Vanderbilt, Jr., *Farewell to Fifth Avenue* (New York, 1935), 221–226.

8. Hallgren, *Seeds of Revolt*, 124–126.
9. *New York Times*, Jan. 6, 13, 1933; Ferdinand Pecora, *Wall Street Under Oath* (New York, 1939), Ch. 9.
10. *New York Times*, Jan. 8, March 13, 15, 1932; Leonard, *Three Years Down*, 226–230.
11. M. L. Ramsay, *Pyramids of Power* (Indianapolis, 1937); *New York Times*, June 12, 1932; *New York World-Telegram*, Dec. 9, 1933; Donald Richberg, "Gold-Plated Anarchy," *Nation*, April 5, 1933; Leonard, *Three Years Down*, 230–235; Steward Holbrook, *The Age of the Moguls* (New York, 1953), 236–244.
12. N.D. Baker, "Human Factors in a Depression," *New Outlook*, Nov. 1932; W. B. Donham, "The Failure of Business Leadership and the Responsibility of the Universities," *Harvard Business Review*, July 1933.
13. Oakley Johnson, "After the Dearborn Massacre," *New Republic*, March 30, 1932; Hallgren, *Seeds of Revolt*, 172–174; Harry Bennett, with Paul Marcus, *We Never Called Him Henry* (New York, 1951), 91–94; Edmund Wilson, *American Jitters* (New York, 1932), 65.
14. Memorandum of the Meeting of the Technical Staff of the Delegation of the United States to the Disarmament Conference, Nov. 23, 1931; Norman H. Davis Papers; J. F. Byrnes to M. H. McIntire, Oct. 6, 1936, Roosevelt Papers.
15. 1941年到1945年间,特别是在麦克阿瑟问题和麦卡锡问题大论战期间,一直有人试图确立这样一种观念:远征军(B. E. F.)是一场美共阴谋的产物。

所谓美共控制了远征军,此一看法依托的是约翰·T. 佩斯(John T. Pace)在众议院非美活动委员会提供的证词,佩斯是阿纳卡斯蒂亚的共产党领袖。佩斯的证词如下:"远征军中的共产党人数不会超过一百人,"而且,"比较活跃的党团、派系当中,就我们所了解的情况,可靠党员不会超过二十五个";不过,佩斯也补充说,美共确实有意攫取远征军的控制权,在一次访谈中,佩斯也确实申述说:"我们控制了远征军的一切行动。"佩斯在1949年提供的此番美共控制权的证词,跟1932年的实情是完全不符的。关于佩斯的作证情况,参见,House Un-American Activities Committee, *Communist Tactics Among Veterans: Hearings*, 82 Cong., 1 Sess. (1951),以及霍华德·鲁斯莫尔(Howard Rushmore)的一次三方访谈, *New York Journal-American*, Aug. 28–30, 1949。

本杰明·吉特洛也有类似的断言(Benjamin Gitlow, *The Whole of Their Lives* [New York, 1948], 226–230),不过,只需参考一篇文章便可以轻易驳倒

这样的断言，这篇文章是"A Labor Party for America,"*Modern Monthly*, Sept. 1933。这篇文章谴责美国共产党和社会党没有抓住美国的革命形势。"当时的情形，四处涌动反叛热潮，比如农民罢工、退伍老兵对华盛顿发起的补助金远征行动等等，这些都是自发性质的，都是在两党不曾参与的情况下铺展开来的。美国共产党和社会党没有及时介入组织工作。也没有在这些运动中扮演任何领导角色。当美国共产党试图介入退伍军人的补助金远征运动之时，那些老兵都秉持憎恶态度，认为那是外来干预，并将美国共产党视为外来的敌对势力。"这篇文章的作者恰恰就是本杰明·吉特洛。

总体上可以肯定如下几点：第一，这场运动是自发的，美国共产党只是后来才对之有所介入，企图利用这场运动；第二，远征军领袖人物都秉持公开且强硬的反共立场；第三，共产党顶多只能代表其中的一小部分人，而且这一小撮人在这场运动中身陷囹圄；第四，即便没有共产党，补助金远征运动也一样会铺展开来。

16. 关于此次补助金远征运动，可着重参阅，*B. E. F. News*, June-Sept. 1932；对应时间节点的 *New York Times* and *Time*；W. W. Waters with W. C. White, *B. E. F.: The Whole Story of the Bonus Army*（New York, 1933）; P. Y. Anderson, "Tear-Gas, Bayonets, and Votes," Nation, Aug. 17, 1932, and "Republican Handsprings," *Nation*, Aug. 31, 1932; John Forell, "The Bonus Crusade," *Virginia Quarterly Review*, Jan. 1933; F. C. Springer, "Glassford and the Siege of Washington," *Harper's* Nov. 1932; Gardner Jackson, "Unknown Soldiers," *Survey Graphic*, Aug. 1932; Gertrude Springer, "What Became of the BEF," *Survey Graphic*, Dec. 1932; "The Summer of the BEF," *Washington News*, Nov. 23, 1946; H. W. Blakely, "When the Army Was Smeared," *Combat Forces Journal*, Feb. 1952; J. H. Bartlett, *The Bonus March and the New Deal*（Chicago, 1937）; Jack Douglas, *Veterans on the March*（New York, 1934）, Ch. 22; W. S. Myers and W. H. Newton, *The Hoover Administration*（New York, 1936）, 498 - 501; Clark Lee and Richard Henschel, *Douglas MacArthur*（New York, 1952）, 54 - 58; T. L. Stokes, *Chip Off My Shoulder*（Princeton, 1940）, 301 - 304; John Dos Passos, "Washington and Chicago," *New Republic*, June 29, 1932; Walter Lippman in *New York Herald Tribune*, Sept. 14, 1932; M. A. Hallgren, "The Bonus Army Scares Mr. Hoover," Nation, July 27, 1932; Slater Brown, "Anacostia Flats," *New Republic*. Aug. 17, 1932; Malcolm Cowley, "The Flight of the Bonus Army," New Republic, Aug. 17, 1932; Patrick J. Hurley to *McCall's*, in *McCall*'s Dec. 1949。

17. O. M. Kile, *The Farm Bureau Through Three Decades* (Baltimore, 1948), 172 - 173; J. A. Simpson, "A Farm Leader Speaks, " *Common Sense*, May 11, 1933; "Bryan! Bryan!!" *Fortune*, Jan. 1934.
18. W. A. White, "The Farmer Takes His Holiday, " *Saturday Evening Post*, Nov. 26, 1932; D. R. Murphy, "The Farmers Go On Strike, " *New Republic*, Aug. 31, 1932; *New York Times*, Aug.-Sept. 1932; WPA Iowa Federal Writers' Project, *Woodbury County History* (Sioux City, 1942), 56; M. H. Vorse, "Rebellion in the Combelt, " *Harper's*, Dec. 1932; Wayne Gard, "The Farmer's Rebellion, " *Nation*, Sept. 7, 1932; William Hard, "Reno and Revolt in Iowa, " *Today*, Nov. 11, 1933; Bruce Bliven, "Milo Reno and His Farmers, " *New Republic*, Nov. 29, 1933; Theodore Saloutos and J. D. Hicks, *Agricultural Discontent in the Middle West*, *1900 - 1939* (Madison, Wisc., 1951), Ch. 15; Ella Bloor, *We Are Many* (New York, 1940), 233 - 236; Whittaker Chambers, *Witness* (New York, 1952), 332 - 334.
19. Virgil Jordan, "Business Leadership Passes the Buck, " *New Republic*, May 20, 1931; Hamilton Fish, 转引自, *Labor*, Feb. 9, 1932; Reed in the Senate, *Congressional Record*, 72 Cong., 1 Sess. (May 15, 1932), 9644; *Vanity Fair*, June 1932; F. A. Ogg, "Does America Need a Dictator? " *Current History*, Sept. 1932。

二十七 民主党备战

1. Charles Michelson, *The Ghost Talks* (New York, 1944), 15 - 16; Leslie Wallace, "The Kansas Optimist, " *Outlook*, Jan. 27, 1932; T. S. Barclay, "The Bureau of Publicity of the Democratic National Committee, 1930 - 1932, " *American Political Science Review*, Feb. 1933; Ray Tucker, "Presidential Publicist, " *Today*, July 13, 1935.
2. C. W. Gilbert, *The Mirrors of Washington* (Washington, 1921), 146 - 160; "No Climax, " *Fortune*, Oct. 1933; Jonathan Daniels, *The End of Innocence* (Philadelphia, 1954), 326.
3. Baruch to F. D. R., Nov. 18, 1930, Roosevelt Papers.
4. George Creel, "Let's Have Another Party, " *World's Work*, March 1930; "Goodbye to Mr. Raskob, " *New Republic*, March 2, 1932; Cordell Hull, *Memoirs* (New York, 1948), I, 131, 140; *New York Times*, March 6, 1931.
5. F. D. R. to R. S. Copeland, Feb. 23, 1931, and to H. C. Nixon, Feb. 27, 1931,

Roosevelt Papers; F. D. R. to Alfred E. Smith, Feb. 28, 1931; and to Jouett Shouse, Feb. 28, 1931, in F. D. R., *Personal Letters*, III, 179.

6. F. D. R. to Wheeler, June 3, 1930, and Wheeler to F. D. R., June 10, 1930, Roosevelt Papers.

7. Brandeis to Norman Hapgood, May 29, 1930, in A. T. Mason, *Brandeis: A Free Man's Life* (New York, 1946), 600–601; Alfred Lief, *Democracy's Norris* (New York, 1939), 375–379; *New York Times*, March 12, 13, 1931.

8. J. A. Farley, *Behind the Ballots* (New York, 1938), 62; E. J. Flynn, *You're the Boss* (New York, 1947), 84.

9. Flynn, *You're the Boss*, 82–84.

10. F. D. R. to Farley, Nov. 21, 1930, J. A. Farley, *Jim Farley's Story* (New York, 1948), 7–8. 这封信很可能是因赫伯特·克莱本·佩尔(Herbert Claiborne Pell)的一封来信而起,佩尔是罗斯福的老朋友,曾在1920年代担任纽约州民主党委员会的主席,佩尔在信中写道:"好好写封信给法利。我知道,倘若引领这份票单的人在我担任主席的五年里,曾有片刻时间对我所做过的工作聊表感谢,那我会感激不尽。"(Pell to F. D. R., Nov. 10, 1930, Roosevelt Papers)

豪斯上校倒是不赞同外派法利,认为这么做不够明智;不过,豪坚决支持外派法利,过问西部政治组织之事,甚至让他过问独立选民群体的事务,必要时候外派到南方也是可以的;Howe to House, Aug. 17, 1931, Roosevelt Papers。

11. F. D. R., *Public Papers* (1928–1932), 486, 487, 495.

12. Farley to F. D. R, July 6, July 11, 1931, Louis Howe Papers; Farley, *Behind the Ballots*, 81–89; note on 1931 expense account, Dewson Papers.

13. Michelson, *The Ghost Talks*, 35.

14. *New York Times*, Jan. 9, May 12, 1932.

15. A. F. Mullen, *Western Democrat* (New York, 1940), 260–261; Flynn, *You're the Boss*, 86; Farley, *Behind the Ballots*, 96; 诺顿夫人于1948年3月5日向玛丽·杜森(Molly Dewson)重复了史密斯的此番评论, M. W. Dewson, "Farley from the Woman's Angle," in *MS autobiography*, "An Aid to the End," Dewson Papers。

16. Farley, *Behind the Ballots*, 95; J. M. Cox, *Journey Through My Years* (New York, 1946), 416.

17. Senate Finance Committee, *Investigation of Economic Problems: Hearings*, 72 Cong., 2 Sess. (1933), 853–854.

18. Ritchie before the Southern Society of New York, Dec. 10, 1924, Ritchie to F. D. R., Dec. 8, 1924, Roosevelt Papers; O. G. Villard, *Prophets True and False* (New York, 1928, 119–124); A. C. Ritchie, "Give Us Democracy," *North American Review*, Oct. 1930; "Roosevelt, Ritchie, and Pinchot," *Nation*, June 17, 1931; *New Republic*, Dec. 2, 1931; *New York Times*, Jan. 8, 1932.
19. Cora Miley, "'Alfalfa Bill,'" *New York Times Magazine*, Aug. 16, 1931; S. J. Woolf, "'Alfalfa Bill' Sizes Up Our Troubles," *New York Times Magazine*, Jan. 31, 1932; Jack Spanner, "'Alfalfa Bill,'" *North American Review*, April 1932; T. L. Stokes, *Chip Off My Shoulder* (Princeton, 1940), 318; *Time*, Feb. 29, 1932.
20. E. D. Coblentz, *William Randolph Hearst* (New York, 1952), 118–119, 126–129, 40; *New York Times*, Jan. 3, 1932.
21. D. C. Roper, *Fifty Years of Public Life* (Durham, N. C., 1941), 258.
22. Baker to F. D. R., Nov. 6, 1928, Roosevelt Papers; *New York Times*, Jan. 15, 27, 1932; George Creel, "Newton D. Baker's Measure," *Collier's*, March 19, 1932; O. G. Villard, "Newton D. Baker-Just Another Politician," *Nation*, April 13, 1932; Katherine Palmer, "Newton D. Baker," *Review of Reviews*, April 1932.
23. Villard, "Baker"; F. D. R. to Daniels, May 14, 1932, in Carrol Kilpatrick, ed., *Roosevelt and Daniels* (Chapel Hill, 1952), 116; Davis to Baker, April 7, 1932, Norman H. Davis Papers; Rixey Smith and Norman Beasley, *Carter Glass* (New York, 1939), 308.
24. Memorandum by Sidney Hyman of interview with K. C. Blackburn, March 27, 1949, Roosevelt Foundation Papers; Baruch to F. D. R., Dec. 6, 1931, F. D. R. to Baruch, Dec. 19, 1931, and March 22, 1932, Roosevelt Papers.
25. *New York Times*, Feb. 2, 3, 1932; Coblentz, *Hearst*, 120–121.
26. F. D. R., *Public Papers*, I, 624–647.
27. "Is Roosevelt a Hero?" *New Republic*, April 1, 1931; O. G. Villard, "The Democratic Trough at Chicago," *Nation*, July 13, 1932; Elmer Davis, "The Collapse of Politics," *Harper's*, Sept. 1932; Walter Lippmann, *Interpretations, 1931–1932*, Allan Nevins, ed. (New York, 1932), 261, 262, 273; Walter Lippmann, "Today and Tomorrow," *New York Herald Tribune*, April 28, 1932; F. D. R. to M. L. Cooke, Jan. 18, 1932, Roosevelt Papers; *Time*, June 20, 1932.
28. *New York Times*, April 14, 1932.

29. F. D. R. to W. C. Fitts, Dec. 16, 1931, Roosevelt Papers.
30. *New York Times*, May 5, 1932; F. D. R. to Daniels, May 5, 1932, in Carroll Kilpatrick, ed., *Roosevelt and Daniels*, 115.
31. Walter Lippmann, "The Deflation of Franklin Roosevelt," *Review of Reviews*, June 1932.

二十八　芝加哥决议

1. R. V. Peel and T. C. Donnelly, *The 1932 Campaign* (New York, 1935), Ch. 4; H. L. Mencken, *Making a President* (New York, 1932), 63; Walter Lippmann, *Interpretations, 1931 – 1932*, Allan Nevins, ed. (New York, 1932), 289; T. G. Joslin, *Hoover Off the Record* (New York, 1934), 226 – 227; *Time*, June 20, 27, 1932; R. M. Lovett, "Hoover in Excelsis," and John Dos Passos, "Spotlights and Microphones," *New Republic*, June 29, 1932; N. M. Butler, *Across the Busy Years* (New York, 1939), 284.
2. Anne O'Hare McCormick, "The Two Conventions: Chicago Contrasts," *New York Times*, July 3, 1932.
3. 至少这是特格韦尔提供的回忆，莫利也给出了类似的记述；不过，爱德华·弗林(Ed Flynn)回忆说，他当时是向豪提出了此番建议；莱拉·斯泰尔斯(Lela Stiles)当时也在场，他则给出了第四种说法。
4. 关于此次大会，可参见，*New York Times*, June 20-July 4, 1932; *Official Report of the Proceedings of the Democratic National Committee* (n. p., n.d. [1932]); J. A. Farley, *Behind the Ballots* (New York, 1938), 102 – 154; E. J. Flynn, *You're the Boss* (New York, 1947), Ch. 9; A. F. Mullen, *Western Democrat* (New York, 1940), 251 – 280; Charles Michelson, *The Ghost Talks* (New York, 1944), 4 – 10; Cordell Hull, *Memoirs* (New York, 1948), I, Ch. 11; Mencken, *Making a President*, Chs. 11 – 20; B. N. Timmons, *Garner of Texas* (New York, 1948), Ch. 10; Raymond Moley, *After Seven Years* (New York, 1939), 27 – 34; J. A. Farley, *Jim Farley's Story* (New York, 1948), 19 – 26; S. I. Rosenman, *Working with Roosevelt* (New York, 1952), Ch. 6; Mary W. Dewson, "An Aid to the End," Vol. I, MS autobiography in the Dewson Papers; T. L. Stokes, *Chip Off My Shoulder* (Princeton, 1940), 314 – 323; E. D. Coblentz, *William Randolph Hearst* (New York, 1952), 130 – 139; Lela Stiles, *The Man Behind Roosevelt* (Cleveland, 1954), Ch. 10; Tom Connally, *My Name Is Tom Connally* (New York, 1954), Ch. 17; Grace Tully, *F. D. R., My Boss* (New York,

1949），51–52；W. L. Cross, *Connecticut Yankee* (New Haven, 1943), 267–268；J. M. Guffey, "Politics and Supreme Courts," *Vital Speeches*, Sept. 15, 1937；Joseph Alsop and Robert Kintner, "The Guffey," *Saturday Evening Post*, April 16, 1938；D. C. Roper, *Fifty Years of Public Life* (Durham, N. G., 1941), 259–261；R. G. Tugwell, "A New Deal Memoir: Early Days, 1932–1933," Ch. 1, MS in the Tugwell Papers；R. M. Lovett, "The Big Wind at Chicago," *New Republic*, July 13, 1932；John Dos Passos, "Out of the Red with Roosevelt," *New Republic*, July 13, 1932；Lippmann, *Interpretations*, 298–314；J. F. Dinneen, *The Purple Shamrock* (New York, 1949), 189–190；Eleanor Roosevelt and Lorena Hickok, *Ladies of Courage* (New York, 1954), 254–255；Jack Yellen and Milton Ager, "Happy Days Are Here Again" (Copyright 1929)。

二十九 哈得孙河畔的童年

1. F. D. R. book inscriptions, Roosevelt Papers；这是一份没有日期标注，也没有题头的备忘录，Roosevelt Papers。
2. Joseph Alsop and Robert Kintner, "The Roosevelt Family," *Life*, Sept. 9, 1940；R. H. Kleeman, *Gracious Lady: The Life of Sara Delano Roosevelt* (New York, 1935), Chs. 1–7；Sara Delano Roosevelt, with Isabel Leighton and Gabrielle Forbush, *My Boy Franklin* (New York, 1933), Part I；F. D. R., "History of the President's Estate at Hyde Park, New York, with Anecdotes," Roosevelt Papers；Eleanor Roosevelt, *Franklin D. Roosevelt and Hyde Park* (Washington, 1949)；Clara and Hardy Steeholm, *The House at Hyde Park* (New York, 1950), Ch. 4；F. D. R. Press Conference #621, Feb. 5, 1940, Roosevelt Papers；F. D. R. to A. G. Schwarz, March 18, 1935, Roosevelt Papers；Frank Freidel, "Roosevelt's Father," F. D. R. Coll. Nov. 1952.
3. F. D. R., Introduction to C. W. Ashley, *Whaleships of New Bedford* (Boston, 1929), iv, v；*Today*, Dec. 9, 1933.
4. Kleeman, *Gracious Lady*, 146；S. J. Woolf, *Here Am I* (New York, 1941), 200–201；A. G. Murray, *At Close Quarters* (London, 1946), 96.
5. F. D. R. to Jeanne Rosat-Sandoz, March 31, 1933, 也请参见, Constance Drexel to F. D. R., March 15, 1933, Roosevelt Papers；Constance Drexel, "Unpublished Letters of F. D. R. to His French Governess," *Parents' Magazine*, Sept. 1951；F. D. R. to AA. C. Murray, March 4, 1940, in Murray, *At Close*

Quarters, 86; Adolf A. Berle, Jr., Diary, May 2, 1942, Berle Papers; Press Conference #992, Feb. 23, 1945, Roosevelt Papers。

6. 不过,1933 年时,罗斯福认为此番关于童年理想说法乃出自菲利普斯·布鲁克斯(Phillips Brooks), F. D. R., *Public Papers* (1933), 419。

7. F. D. R., *Personal Letters*, I, 29 – 413; F. D. Ashburn, *Peabody of Groton* (New York, 1944); George Biddle, *An American Artist's Story* (Boston, 1939), 50 – 66; F. D. R. to Endicott Peabody, April 25, 1940, Roosevelt Papers; S. D. Roosevelt, et al., *My Boy Franklin*, 36 – 50; Frank Freidel, *Franklin D. Roosevelt: The Apprenticeship* (Boston, 1952), Ch. 3; John Gunther, *Roosevelt in Retrospect* (New York, 1950), 171 – 175; Eleanor Roosevelt on "Author Meets the Critics," Feb. 9, 1950.

8. F. D. R., *Personal Letters*, I, 417 – 534; Freidel, *Apprenticeship*, Ch. 4; Kleeman, *Gracious Lady*, 206 – 233; F. D. R., "The Roosevelt Family in New Amsterdam before the Revolution," Roosevelt Papers.

9. Kleeman, *Gracious Lady*, 233; S. D. Roosevelt, et al., *My Boy Franklin*, 62; F. D. R. to His mother, Dec. 4, 1903, Eleanor Roosevelt to Sara Roosevelt, Dec. 2, 1903, in F. D. R., *Personal Letters*, I, 518, 517; Sara Roosevelt to F. D. R., Dec. 6, 1903, Roosevelt Family Papers.

10. Eleanor Roosevelt, *This Is My Story* (New York, 1937), Chs. 1 – 5; Eleanor Roosevelt, "The Seven People Who Shaped My Life," *Look*, June 19, 1951; Kleeman, *Gracious Lady*, 233 – 244; Mildred Adams, "When T. R. Gave His Niece in Marriage," *New York Times Magazine*, March 17, 1935; Theodore Roosevelt to F. D. R., Nov. 29, 1904, Roosevelt Family Papers.

11. Earle Looker, *This Man Roosevelt* (New York, 1932), 47 – 48; F. D. R., *Personal Letters*, II, Ch. 1; Eleanor Roosevelt, *This Is My Story*, Chs. 5 – 7.

12. Grenville Clark, in *Harvard Alumni Bulletin*, April 28, 1945; Freidel, *Apprenticeship*, Ch. 5; "What's To Become of Us?" *Fortune*, Dec. 1933.

13. Press Conference #570, Aug. 8, 1939, Roosevelt Papers.

14. Theodore Roosevelt to Anna Roosevelt Cowles, Aug. 10, 1910, *Letters from Theodore Roosevelt to Anna Roosevelt Cowles, 1870 – 1918* (New York, 1924), 289; G. W. Martin, "Preface to the President's Autobiography," *Harper's* Feb. 1944.

15. Freidel, *Apprenticeship*, Ch. 5; *Poughkeepsie News-Press*, Oct. 27, 1910; Reminiscences of Harry T. Hawkey in Clara L. Dawson to Eleanor Roosevelt, Dec. 13, 1937, Roosevelt Papers; Eleanor Roosevelt, *This Is My Story*, 167; M. H.

Hoyt, "Roosevelt Enters Politics," F. D. R. Coll., May 1949; F. D. R., *Public Papers* (1933), 338–339.

16. F. D. R, Diary, Jan. 1–3, 1911, Roosevelt Papers.
17. F. D. R., Diary, Jan. 1, 1911, Roosevelt Papers; *New York Times*, Jan. 22, 1911; *Toledo News-Bee*, Jan. 23, 1911; F. D. R. to Chalmers Wood, Feb. 1, James Forrestal to F. D. R., Jan. 28, 1911, M. H. Hoyt to F. D. R., July 8, 1940, Theodore Roosevelt to F. D. R., Jan. 29, 1911, Roosevelt Papers; *Cleveland Plain Dealer*, Jan. 23, 1911; Freidel, *Apprenticeship*, Ch. 6; Vlastimil Kybal, "Senator Franklin D. Roosevelt, 1910–1913," F. D. R. Coll., Nov. 1951.
18. F. D. R. to W. M. Taylor, Feb. 17, 1911, Roosevelt Papers; Nelson C. Brown, "Personal Reminiscences of Franklin D. Roosevelt," Roosevelt Papers; F. D. R., "A Debt We Owe," *County Home*, June 1930; F. D. R., *Public Papers* (1935), 363–364; F. D. R. to Dexter Blagden, Feb. 21, 1912, Roosevelt Papers.
19. A. B. Rollins, Jr., "The Political Education of Franklin Roosevelt," Chs. 9–11, Ph.D. thesis, Harvard University; Freidel, *Apprenticeship*, Chs. 7–8; F. D. R., "Growing Up By Plan," *Survey Graphic*, Feb. 1932.
20. 此处演说词是从演说草稿当中整理而来的，见，Roosevelt Papers，以及，*Troy Record*, March 4, 1912。
21. Frances Perkins, *The Roosevelt I Knew* (New York, 1946), 11–13; Freidel, *Apprenticeship*, Ch. 7; *New York Times*, Dec. 25, 1911; *New York Globe*, June 2, 1911.
22. F. D. R., *Personal Letters*, II, 192; Freidel, *Apprenticeship*, Ch. 8.
23. John Keller and Joe Boldt, "Franklin's On His Own Now," *Saturday Evening Post*, Oct. 12, 1940; Lela Stiles, *The Man Behind Roosevelt* (Cleveland, 1954), Chs. 1–2; S. J. Woolf, "As His Closest Friend Sees Roosevelt," *New York Times Magazine*, Nov. 27, 1932; Elliot Roosevelt, "The Most Unforgettable Character I've Met," *Reader's Digest*, Feb. 1953; Looker, *This Man Roosevelt*, 72; Raymond Moley, *27 Masters of Politics* (New York, 1949), 140; Rollins, "Political Education," Ch. 15; *Poughkeepsie Enquirer*, Nov. 3, 1912.
24. 此处请允许我感谢阿瑟·沃尔沃思(Arthur Walworth)先生，因为此处来自丹尼尔斯日记手稿的引文是蒙沃尔沃思先生帮助才得到的，见，Daniels, manuscript diary, March 6, 9, 15, 1913; 也可参见，Josephus Daniels, *The Wilson Era: Years of Peace, 1910–1917* (Chapel Hill, 1944), 124–128;

Josephus Daniels, "Franklin Roosevelt As I Know Him," *Saturday Evening Post*, Sept. 24, 1932; Josephus Daniels, "God Bless Franklin Roosevelt," address at the Electoral College Banquet, Jan. 19, 1941; communication from Herbert Bayard Swope, Dec. 6, 1954; Jonathan Daniels, *The End of Innocence* (Philadelphia, 1954), 53-55. 关于跟罗斯福和鲁特(Root)的这些谈话, 约瑟夫斯·丹尼尔斯给出的记述有一些出入, 但并不是很重要。

两个罗斯福给人的这种不信任感其实在二十四年前就已经有人有过经典表述了, 当时卡波特·洛奇(Cabot Lodge)正打算劝说詹姆斯·G. 布赖恩(James G. Blaine)任命西奥多·罗斯福为助理国务卿。"罗斯福先生拥有极为敏捷的理解能力, "布赖恩致信洛奇说, "但是我担心他的执行能力太过敏捷了……想象一下我睡在'奥古斯塔'号或者'巴尔港'号上, 掌舵人虽然极为出色, 但也极具进攻性, 这样的话, 我怎么可能睡得安稳呢。毕竟, 事情发生的时候, 往往都是最需要集中精力展开深思并保持极大耐性, 不轻易行动的。那么, 您觉得西奥多·罗斯福先生的脾性能保证这一点吗?"(J. A. Garraty, *Henry Cabot Lodge*, New York, 1953, p. 104)

三十 华盛顿历练

1. T. R. to F. D. R., March 18, 1913, Roosevelt Papers; Jonathan Daniels, *The End of Innocence* (Philadelphia, 1954), 55.
2. William D. Hassett, "The President Was My Boss," *Saturday Evening Post*, Oct. 31, 1953.
3. Frank Freidel, *Franklin D. Roosevelt: The Apprenticeship* (Boston, 1952), Ch. 16.
4. 罗斯福在海军部的任职情况, 可特别参见弗赖德尔的出色记述, Freidel, *Apprenticeship*, Chs. 9-12; 也请参见, Daniels, *End of Innocence*, Ch. 3; Lela Stiles, *The Man Behind Roosevelt* (Cleveland, 1954), Chs. 3-4; F. D. R., *Personal Letters*, II, Chs. 5-7; Josephus Daniels, *The Wilson Era: Years of Peace, 1910-1917* (Chapel Hill, 1944), 131-132; A. B. Rollins, Jr., "The Political Education of Franklin Roosevelt," Chs. 17-19, Ph. D. thesis, Harvard University。
5. F. D. R., *Personal Letters*, II, 236, 299.
6. *Milwaukee Sentinel*, April 27, 1914; Freidel, *Apprenticeship*, 232; T. R. to F. D. R., May 10, 1913, and Mahan to F. D. R., Aug, 18, 1914, Roosevelt Papers.
7. F. D. R. to Eleanor Roosevelt, Aug. 1. Aug. 2, 1914, *Personal Letters*, II, 232, 238, 239-240.

8. F. D. R., speech at the Republican Club, Washington, Jan. 30, 1915, Roosevelt Papers.
9. F. D. R. to Eleanor Roosevelt, n.d. [1915], Sept. 2, 1915, *Personal Letters*, II, 291, 267.
10. F. D. R., speech before Navy League Convention, April 13, 1916, Roosevelt Papers.
11. F. D. R. to Eleanor Roosevelt, Nov. 8, Nov. 9, 1916, *Personal Letters*, II, 339; F. D. R. to David Gray, Nov. 24, 1916, Roosevelt Papers; Freidel, *Apprenticeship*, 267.
12. F. D. R., remarks at Roosevelt Library Dinner, Feb. 4, 1939, in F. D. R., *Public Papers* (1939), 117–118.
13. Eleanor Roosevelt, *This Is My Story* (New York, 1937), 245; Freidel, *Apprenticeship*, Chs. 17–19.
14. 他本人的相关记述是有冲突的，可参见，F. D. R. to Wilson, July 8, 1918, F. D. R., "Memoranda of Trip to Europe, 1918," speech at Atlanta, Sept. 26, 1928, F. D. R. to Ray Stannard Baker, Oct. 21, 1938, Roosevelt Papers。也可参见，Rollins, "Political Education," Ch. 20; Freidel, *Apprenticeship*, 339–343; Daniels, *End of Innocence*, 259–260。
15. Daniels, *End of Innocence*, 336, 159–160, 80–81, 201, 233–235; Natalie Sedgewick Colby, *Remembering* (New York, 1938), 196; Freidel, *Apprenticeship*, 321; Eleanor Roosevelt, *This Is My Story*, 236–237; Eleanor Roosevelt, *This I Remember* (New York, 1949), 53–54; O. W. Holmes to H. J. Laski, Nov. 23, 1932, M. DeW. Howe, ed., *Holmes-Laski Letters* (Cambridge, 1953), 1420; William Phillips, "Reminiscences" (Oral History Project, July 1951), 67; Sara Roosevelt to Franklin and Eleanor Roosevelt, Oct. 14, 1917, in F. D. R., *Personal Letters*, II, 274–275; Anna Roosevelt, "My Life with F. D. R.," *The Woman*, June 1949; Frances Parkinson Keyes, *Capital Kaleidoscope* (New York, 1937), 19; F. D. R. to Eleanor Roosevelt, July 17, 25, 1917, in F. D. R., *Personal Letters*, II, 347–352.
16. Josephus Daniels, address at Electoral College Banquet, Jan. 19, 1941, Roosevelt Papers; Daniels, *Wilson Era*, 130; Freidel, *Apprenticeship*, 301–302.
17. F. D. R., *Personal Letters*, II, Ch. 10; *The War Book of Gray's Inn* (London, 1921), 57; W. S. Churchill, *The Gathering Storm* (Boston, 1948), 440; T. R. to F. D. R., Sept. 23, 1918, Roosevelt Papers; F. D. R. to Daniels, Feb. 14, 1941, in Carrol Kilpatrick, ed., *Roosevelt and Daniels: A Friendship in Politics*

(Chapel Hill, 1952), 220; Freidel, *Apprenticeship*, Chs. 20 – 21.

18. Eleanor Roosevelt, *This Is My Story*, 275, 292 – 293; F. D. R. to Daniels, Jan. 9, 1919, in Frank Freidel, *Franklin D. Roosevelt: The Ordeal* (Boston, 1954), Ch.1.
19. F. D. R., speech at the Worcester Polytechnic Institute, June 25, 1919, and F. D. R., "Memorandum for Captain Thomas G. Frothingham" [n. d., ca. 1925], Roosevelt Papers; Freidel, *Apprenticeship*, 319.
20. E. R. May, "The Development of Political-Military Consultation in the United States," *Political Science Quarterly*, June 1955; Freidel, *Ordeal*, 20.
21. F. D. R., speech at the Worcester Polytechnic Institute and speech at the Harvard Union, Feb. 26, 1920, Roosevelt Papers; Freidel, *Ordeal*, Ch. 2; Rollins, "Political Education," Ch. 21.
22. F. D. R., speech at Manchester, N. H., Sept. 13, 1920, Roosevelt Papers.
23. *New York Times*, June 29, 1919; Freidel, *Ordeal*, Chs. 2 – 3.
24. Alice Roosevelt Longworth, *Crowded Hours* (New York, 1933), 283; F. D. R. to S. S. Robison, Dec. 30, 1919, in Freidel, Ordeal, 30 – 31.
25. Freidel, *Ordeal*, 58; Daniels, *End of Innocence*, 309 – 310, 316.
26. D. R. Fusfeld, *Economic Thought of Franklin D. Roosevelt* (New York, 1956), 74 – 75; F. D. R. to Langdon Marvin, June 17, 1920, Roosevelt Papers.
27. F. D. R. to T. B. Love, Jan. 26, 1938, Lippmann to F. D. R., July 8, 1920, Hoover to F. D. R., July 13, 1920, Farley to F. D. R., July 7, 1920, Jackson to F. D. R., July 7, 1920, Roosevelt Papers; J. M. Cox, *Journey Through My Years* (New York, 1946), Ch. 20; Rollins, "Political Education," Ch. 21; Freidel, *Ordeal*, Ch. 4 – 5; *Chicago Tribune*, Aug. 13, 1920.
28. Cox, *Journey*, 241 – 242; Emil Ludwig, *Roosevelt: A Study in Fortune and Power* (New York, 1938), 82.
29. F. D. R., *Personal Letters*, II, 489 – 491.
30. F. D. R., *Personal Letters*, II, 500 – 508.
31. H. L. Ickes, *The Secret Diary ... The First Thousand Days, 1933 – 1936* (New York, 1953), 699; 关于此次海地事件, 参见一份出色分析, Freidel, *Ordeal*, 80 – 83; speeches in Spokane, Aug. 19, San Francisco, Aug. 23, Centralia, Aug. 21, 1920, Roosevelt Papers。
32. *New York Times*, Sept. 18, 1920; Daniels, *End of Innocence*, 321; F. D. R. to Arthur Murray, Oct. 9, 1920, and speech at Brooklyn, Sept. 6, 1920, Roosevelt Papers; Freidel, Ordeal, Ch. 5; Rollins, "Political Education," Ch. 22;

Hassett, "The President Was My Boss".

33. F. D. R. to Anna Henderson, Nov. 9, 1920, to Willard Saulsbury, Dec. 9, 1924, to Robert W. Bingham, Sept. 29, 1931, to Key Pittman, Nov. 18, 1929, to Martin Archer-Shee, Nov. 9, 1920, to Stephen Early, Dec. 21, 1920, Roosevelt Papers; Daniels, *End of Innocence*, 323.

34. Earle Looker, *This Man Roosevelt* (New York, 1932), 111–112; Anna Roosevelt, "My Life with FDR," *The Woman*, July 1949.

三十一　浴火

1. F. D. R. to Walter Williams, Oct. 31, 1929, Roosevelt Papers. 关于罗斯福病情的最佳记述，可参见，Gunther, *Roosevelt in Retrospect* (New York, 1950), 221–227；也请参见，F. D. R. to Dr. William Egleston, Oct. 11, 1924, in R. T. McIntire, *White House Physician* (New York, 1946), 31–34; Lela Stiles, *The Man Behind Roosevelt* (Cleveland, 1954), 76; Eleanor Roosevelt, *This Is My Story* (New York, 1937), Ch. 21; F. D. R., *Personal Letters*, II, Ch. 13。H.G. 威尔斯于1934年同罗斯福会面的时候，罗斯福特意跟他提起了亨里的书，Henley, *Experimenting in Autobiography* (New York, 1934), 680。

2. Elliot Roosevelt, "The Most Unforgettable Character I've Met," *Reader's Digest*, Feb. 1953; S. J. Woolf, *Here Am I* (New York, 1941), 195–196; Eleanor Roosevelt, *This Is My Story*, Ch. 21; Helena Huntington Smith, "Noblesse Oblige," *The New Yorker*, April 5, 1930; Eleanor Roosevelt and Lorena Hickok, *Ladies of Courage* (New York, 1954), 257–264; Kathleen McLaughlin in the *New York Times*, Oct. 8, 1944; S. J. Woolf in the *New York Times*, Sept. 23, 1945; Anna Roosevelt, "My Life with FDR," *The Woman*, July 1949; Eleanor Roosevelt, "The Seven People Who Shaped My Life," *Look*, July 19, 1951.

3. Eleanor Roosevelt, *This I Remember* (New York, 1949), 25; Grace Tully, *F. D. R., My Boss* (New York, 1949), 33; McIntire, *Physician*, 8, 5; Eleanor Roosevelt, Foreword, in F. D. R., *Personal Letters*, II, xviii; Louis Howe, "The Winner," *Saturday Evening Post*, Feb. 25, 1933; Anna Roosevelt, "My Life with FDR"; Gunther, *Roosevelt*, 228–232; Josephus Daniels, *The Wilson Era: Years of Peace, 1910–1917* (Chapel Hill, 1944), 131; Josephus Daniels, "Franklin Roosevelt As I Know Him," *Saturday Evening Post*, Sept. 24, 1932.

4. F. D. R. to L. A. Wilkinson, Jan. 18, 1923, to H.R. Luce, Aug. 13, 1923,

Roosevelt Papers; D. S. Carmichael, "An Introduction to *The Log of the Larooco*," F. D. R. Coll., Nov. 1948; F. D. R. to R. E. Byrd, Nov. 21, 1921, to Leonard Wood, May 2, 1922, to J. P. Adriance, Dec. 15, 1923, to R. P. Davis, Oct. 27, 1924, to J. P. Tumulty, Nov. 7, 1925, Roosevelt Papers.

5. 特恩利·沃克对此有不错的叙述,尽管里面有加工的成分,参见, Turnley Walker, *Roosevelt and the Warm Springs Story* (New York, 1953)。

6. F. D. R. to Van-Lear Black, Sept. 24, 1924, to G. T. Emmett, Sept. 24, 1924, to Langdon Marvin, Dec. 19, 1924, Roosevelt Papers.

7. Frank Freidel, *Franklin D. Roosevelt: The Ordeal* (Boston, 1954), Ch. 9; D. R. Fusfeld, *Economic Thought of Franklin D. Roosevelt* (New York, 1956), Ch. 7.

8. *New York Times*, June 4, 1922; *Constructor*, June 19, 1922; Hoover to F. D. R., June 12, 1923, F. D. R. to Johnson Heywood, Oct. 29, 1923, to C. F. Abbot, Oct. 24, 1925, to D. L. Hoopingarner, March 26, 1928, Roosevelt Papers.

9. F. D. R. to H. G. Starkweather, Dec. 27, 1921, to F. J. Rowan, Jan. 8, 1923, to Stephen Van Tassel, Nov. 13, 1922, to James J. Walker, Nov. 8, 1925, to J. W. Jenkins, Aug. 20, 1923, to Stephen Demmon, July 18, 1923, Byrd to F. D. R., July 17, 1924, I. B. Dunlap to F. D. R., July 10, 1924, Roosevelt Papers; E. J. Flynn, *You're the Boss* (New York, 1947), 131; *New York Herald Tribune*, July 1, 1924; *New York World*, July 7, 1924; Freidel, *Ordeal*, Ch. 10.

10. F. D. R. to Eleanor Roosevelt [Oct. 1924], in F. D. R., *Personal Letters*, II, 566; F. D. R. to W. C. Martin, Dec. 9, 1925, to Willard Saulsbury, Dec. 9, 1924, to Russell Murphy, n.d. [March 26, 1926], to E. T. Meredith, March 17, 1925, to J.A. Edgerton, Jan. 27, 1925, to D. W. Thom, July 20, 1925, to E. N. Vallandigham, May 21, 1926, Roosevelt Papers.

11. F. D. R. to Winter Russell, April 16, 1925, speech at the Syracuse Convention, Sept. 27, 1926, to T. A. Adams, Nov. 4, 1925, to H. C. Hansbrough, July 22, 1925, to J. W. Remick, Jan. 23, 1925, to Sidney Gunn, Dec. 29, 1925, Roosevelt Papers.

12. F. D. R. to Adolphus Ragan, Dec. 9, 1925, to George Foster Peabody, Dec. 11, 1925, Louis Howe to F. D. R., April 26, 1927, F. D. R. to Daniels, June 23, 1927, Roosevelt Papers.

13. F. D. R. to Smith, Sept. 17, 1926, F. D. R. to Smith, Jan. 30, 1928, Smith to F. D. R., Feb. 3, 1928, Roosevelt Papers.

14. F. D. R. to George Van Namee, March 26, 1928, to C. C. Donaugh, March 17,

1928, to Daniels, July 26, 1928, to Nicholas Roosevelt, Jan. 28, 1929, Roosevelt Papers.
15. E. K. Lindley, *Roosevelt* (New York, 1931), Ch. 1; Howe to F. D. R., Sept. 25, 26, 26, 28, 28, Oct. 1, 2, 3, 1928, Roosevelt Papers; Eleanor Roosevelt, *This I Remember*, 44, 46; Flynn, *You're the Boss*, 67–70; Doris Fleeson, "Missy-To Do This-FDR," *Saturday Evening Post*, Jan. 8, 1938; Anna Roosevelt, "My Life with FDR," *The Woman*, Aug. 1949; Emil Ludwig, *Roosevelt: A Study in Fortune and Power* (New York, 1938), 119–120; Raskob to F. D. R., Dec. 3, 1928, M. H. McIntyre to G. M. Kimberly, Feb. 10, 1936, Roosevelt Papers; J. T. Flynn, *The Roosevelt Myth* (New York, 1948), 266–270; Freidel, *Ordeal*, Ch. 15.
16. Freidel, *Ordeal*, Ch. 16; S. I. Rosenman, *Working with Roosevelt* (New York, 1952), Ch. 2; F. D. R. speech at Flushing, Oct. 29, 1928, Welles to F. D. R., Nov. 10, 1928, Byrd to F. D. R., Jan. 9, 1929, Roosevelt Papers; Flynn, *You're the Boss*, 70–72; Anna Roosevelt, "My Life with FDR" (17. Aug. 1949)。对此次选举之夜，罗森曼和弗林的记述是有出入的；从约翰·戈弗雷·萨克斯（John Godfrey Saxe）和罗斯福的通信（Dec. 20, 27, 1940, Roosevelt Papers）来判断，罗森曼的记述更为准确一些。

三十二　在奥尔巴尼的责任

1. Frances Perkins, *The Roosevelt I Knew* (New York, 1946), 52; S. I. Rosenman, *Working with Roosevelt* (New York, 1952), 30–31; Grace Tully, *F. D. R., My Boss* (New York, 1949), 45; Clark Howell to F. D. R., Dec. 2, 1931, in F. D. R., *Personal Letters*, III, 230–231; F. D. R. to Adolphus Ragan, April 6, 1938, Roosevelt Papers; Grace Tully to Lindsay Rogers, Aug. 27, 1948, Roosevelt Foundation Papers; J. M. Proskauer, *A Segment of My Times* (New York, 1950), 63–64; James Kieran, "Roosevelt and Smith," *New York Times Magazine*, June 28, 1936.
2. J. F. Carter, "Sire of the Secret Six," *Today*, Jan. 13, 1937; Raymond Moley, *After Seven Years* (New York, 1939), 7.
3. E. J. Flynn, *You're the Boss* (New York, 1947), 235, 74–78; Raymond Moley, *27 Masters of Politics* (New York, 1949), 118–127; E. J. Flynn, "Reminiscences" (Oral History Project, March 1950), 12; "More Candor," *The New Yorker*, Aug. 30, 1947.

4. F. D. R. to Bruce Bliven, Aug. 6, 1931, Roosevelt Papers; Diana Rice, "Mrs. Roosevelt Takes On Another Task," *New York Times Magazine*, Dec. 2, 1928.
5. F. D. R. to G. Hall Roosevelt, May 20, 1921, and to Smith, May 20, 1927, Roosevelt Papers.
6. F. D. R., "The Real Meaning of the Power Problem," *Forum*, Dec. 1929; F. D. R. to F. A. Delano, Nov. 22, 1919, and to J. Lionberger Davis, Oct. 5, 1929, Henry Salant to F. D. R., April 11, 1931, Roosevelt Papers; S. I. Rosenman, "Governor Roosevelt's Power Program," *Nation*, Sept. 18, 1919; Langdon Post, "The Power Issue in Politics," *Outlook*, July 15, 1931; Judson King, "Roosevelt's Power Record," *New Republic*, Sept. 7, 1932; M. L. Cooke, "The Early Days of the Rural Electrification Idea: 1914 – 1936," *American Political Science Review*, June 1948.
7. Alfred E. Smith, *Up To Now* (New York, 1929), 314.
8. F. D. R. to J. G. Saxe, Nov. 5, 1931, Roosevelt Papers.
9. *Public Papers of Franklin D. Roosevelt, Forty-Eighth Governor of the State of New York … 1931* (Albany, 1937), 716.
10. F. D. R., *Public Papers* (1928 – 1932), 143, 507 – 508, 509, 511; 第二次伊萨卡演说的标题是"回归土地"(Back to the Land), *Review of Reviews*, Oct. 1931。
11. F. D. R., *Public Papers* (1928 – 1932), 458, 459; F. D. R., *Government-Not Politics* (New York, 1932), 29.
12. Senate Commerce Committee, *Unemployment in the United States: Hearings*, 71 Cong., 2 Sess. (1930), 43 – 45; Frances Perkins, "Helping Industry to Help Itself," *Harper's*, Oct. 1930.
13. E. K. Lindley, *Roosevelt* (New York, 1931), 332.
14. F. D. R., *Public Papers* (1928 – 1932), 498, 571 – 572, 573 – 574; Perkins, *Roosevelt I Knew*, 108; 也可参见, F. D. R. to Charles Perkins, Dec. 8, 1930, to Mrs. Caspar Whitney, Dec. 8, 1930, to Governor W. P. Hunt, Sept. 29, 1931, Roosevelt Papers.
15. F. D. R. to Atlee Pomerene, Feb. 5, 1929, Green to F. D. R., Aug. 22, 1930, Roosevelt Papers.
16. F. D. R. to House, June 4, 1932, Roosevelt Papers; Walter Lippmann, *Interpretations, 1931 – 1932*, Allan Nevins, ed. (New York, 1932), 250, 251.
17. F. D. R. to V. M. Beede, Aug. 10, 1922, Roosevelt Papers; H. W. Van Loon, "What Governor Roosevelt Reads," *Saturday Review of Literature*, Oct. 15,

1932; L. H. Robbins, "Roosevelt Seeks Guidance in History," *New York Times Magazine*, Jan. 28, 1934; John Valentine, "FDR, Book Collector," *F. D. R. Coll.*, May 1949.
18. F. D. R., *Personal Letters*, II, 545 – 552.
19. F. D. R., *Whither Bound?* (Boston, 1926), 6, 13, 16, 20, 31, 28.
20. F. D. R., memorandum on Leadership, July 16, 1928, Roosevelt Papers; F. D. R., "The Age of Social Consciousness," *Harvard Graduates' Magazine*, Sept. 1929.
21. H. C. Pell to Mary Carter, May 25, 1943, to Hamilton Fish, Jan. 2, 1937, to John W. Davis, Dec. 10, 1931, Pell Papers; Pell to F. D. R., Jan. 4, 1929, F. D. R. to Pell, Jan. 28, 1929, Roosevelt Papers; H. C. Pell, "A Contented Bourgeois," *North American Review*, Summer 1938; H. C. Pell, "The Future of American Honesty," *North American Review*, March 1933; G. W. Martin, "Preface to the President's Autobiography," *Harper's*, Feb. 1944; *New York Times*, July 5, 1929.
22. Emil Ludwig, *Roosevelt: A Study in Fortune and Power* (New York, 1938), 161.
23. Rosenman, *Working with Roosevelt*, 56 – 59; Moley, *After Seven Years*, 1 – 9.
24. Moley, *After Seven Years*, 8 – 9; E. K. Lindley, *The Roosevelt Revolution* (New York, 1933), 298 – 302; *Time*, May 8, 1933; "A Brain Trust At Work," *Review of Reviews*, July 1933.
25. H. G. Wells, *Experiment in Autobiography* (New York, 1934), 672.
26. Moley, *After Seven Years*, 23 – 24; R. G. Tugwell, "The Ideas Behind the New Deal," *New York Times Magazine*, July 16, 1933.
27. R. G. Tugwell, "A New Deal Memoir: Early Days, 1932 – 1933," Ch. 1, MS in the Tugwell Papers; R. G. Tugwell, "The Preparation of a President," Western Political Quarterly, June 1948.
28. Moley, After Seven Years, 21 – 22; Rosenman, Working with Roosevelt, 64 – 66.
29. Tugwell, "New Deal Memoir," Ch. 1.
30. Moley had used the phrase in a memorandum sent down to Warm Springs in May: "Reaction is no barrier to the radical. It is a challenge and a provocation. It is not the pledge of a new deal; it is the reminder of broken promises." A little later Stuart Chase and Bruce Bliven hit upon "A New Deal for America" as the title for a series of articles in the New Republic, beginning June 29, 1932. It was not, of course, in any case a wildly original phrase. In Henry James's The Princess Casamassima (1886), the Princess said, "I'm one of those who believe that a great new deal is destined to take place …. I believe, in a word, in the action of

the people for themselves—the others will never act for them; and I'm all ready to act with them—in any intelligent or intelligible way." Three years later, in Mark Twain's A Connecticut Yankee in King Arthur's Court, the Yankee described Arthurian Britain: "So to speak, I was become a stockholder in a corporation where nine hundred and ninety-four of the members furnished all the money and did all the work, and the other six elected themselves a permanent board of direction and took all the dividends. It seemed to me that what the nine hundred and ninety-four dupes needed was a new deal." In 1903, Brooks Adams wrote: "We must have a new deal, we must have new methods, we must suppress the states, and have a centralized administration, or we shall wobble over." And doubtless thousands of others used the phrase in similar sense before the spring of 1931. Roosevelt almost certainly never read The Princess Casamassima, but Eleanor Roosevelt has written that A Connecticut Yankee was his favorite Mark Twain novel; and Cyril Clemens, an unreliable source, quotes Roosevelt as claiming to have "obtained the phrase" from the Connecticut Yankee. But there can be little doubt that Rosenman contributed the actual words; and that the press, so to speak, created the phrase "New Deal" by endowing the words with a significance that neither Roosevelt nor Rosenman intended. Clark Clifford informs me that the phrase "fair deal" was launched with as little premeditation in the Truman administration.

See Rosenman, *Working with Roosevelt*, 71; Moley, *After Seven Years*, 23; Henry James, The Princess Casamassima, Ch. 34; Mark Twain, A Connecticut Yankee in King Arthur's Court, Ch. 13; Thornton Adams, Brooks Adams: Constructive Conservative (Ithaca, N. Y., 1951), 100; "Cyril Clemens, Mark Twain and Franklin D. Roosevelt, foreword by Eleanor Roosevelt (Webster Groves, Mo., 1949), 11, 19."

31. Moley, *After Seven Years*, 27–34; Rosenman, *Working with Roosevelt*, 67–79; R. G. Tugwell, Diary, Dec. 31, 1932, Tugwell Papers; Tugwell, "New Deal Memoir," Ch. 1; F. D. R., memorandum, March 25, 1933, Roosevelt Papers; Lela Stiles, *The Man Behind Roosevelt* (Cleveland, 1954), 174–175, 192; S. J. Woolf, "As His Closest Friend Sees Roosevelt," *New York Times Magazine*, Nov. 27, 1932.

32. Alben W. Barkley, *That Reminds Me*—(New York, 1954), 140; Eleanor Roosevelt, Foreword, in F. D. R., *Personal Letters*, II, xviii; F. A. Delano to H. S. Hooker, Oct. 28, 1936, Roosevelt Papers; Perkins, *Roosevelt I Knew*, 29;

Henry Morgenthau, Jr., interview, April 11, 1947; William Phillips, *Ventures in Diplomacy* (North Beverly, Mass., 1952), 154.

33. Herbert Lehman, *Congressional Record*, 84 Cong., 1 Sess. (April 13, 1955), 3635; M. F. Reilly with W. J. Slocum, *Reilly of the White House* (New York, 1947), 15; National Emergency Council, *Proceedings*, Dec. 20, 1934, National Archives; Tully, F. D. R., 320; Rosenman, *Working with Roosevelt*, 37; Max Hall, "A Hero to His Valet," Emory University Quarterly, Oct. 1947; Francis Biddle, interview, July 20, 1953; Perkins, *Roosevelt I Knew*, 81.

34. Flynn, *You're the Boss*, 210; Earle Looker, *This Man Roosevelt* (New York, 1932), 13; Perkins, *Roosevelt I Knew*, 33.

35. F. D. R., Press Conference #597, Nov. 14, 1939, Roosevelt Papers; Walter Tittle, *Roosevelt As an Artist Saw Him* (New York, 1948), 136; Woolf, "As His Closest Friend Sees Roosevelt".

36. Stiles, *Man Behind Roosevelt*, 83; J. N. Rosenau, "Interview with Mrs. Franklin D. Roosevelt," 297, Roosevelt Papers; Charles Michelson, *The Ghost Talks* (New York, 1944), 51.

37. Eleanor Roosevelt, "My Day," *New York World-Telegram*, Feb. 19, 1946.

38. 这些判断，当然是有主观的成分在里面，毕竟是跟罗斯福圈子中很多人的聊天和交流中得来的。相关引文，可参见，Felix Frankfurter, "Franklin Delano Roosevelt," *Harvard Alumni Bulletin*, April 28, 1945, Eleanor Roosevelt, *This Is My Story*, 150, and Harold Ickes, "My Twelve Years with F. D. R.," *Saturday Evening Post*, July 24, 1948。有价值的评析，可参见，Milton MacKaye, "The Governor," *The New Yorker*, Aug. 22, 1931; Isaiah Berlin, "Mr. Churchill," *Atlantic*, Sept. 1949; Marquis W. Childs, "Mr. Roosevelt," *Survey Graphic*, May 1940; Sir Arthur Salter, *Personality in Politics* (London, 1947), 176–177, Anne O'Hare McCormick, "Roosevelt's View of the Big Job," *New York Times Magazine*, Sept. 11, 1932, and "Still 'A Little Left of Center,'" *New York Times Magazine*, June 21, 1936; 也请参阅下面这些人的书或者文章：Sherwood, Perkins, Moley, Stimson, Bundy, Freidel, Rosenman, Gunther, Tugwell, Lindley 等。

三十三 为美利坚而战

1. Proceedings of the Democratic National Committee, 1932, 587; Raymond Moley, *After Seven Years* (New York, 1939), 35–36; *New York Times*, July 4, 1932; J.

A. Farley, *Behind the Ballots* (New York, 1938), 163 - 164; Charles Michelson, *The Ghost Talks* (New York, 1944), 12.

2. H. S. Johnson, *The Blue Eagle from Egg to Earth* (New York, 1935), 93 - 94, 114, 116, 121, 123 - 132, 140; R. G. Tugwell, "A New Deal Memoir: Early Days, 1932 - 1933," Ch. 1, MS in the Tugwell Papers; Raymond Moley, "There Are Three Brain Trusts," *Today*, April 14, 1934; Raymond Moley, *27 Masters of Politics* (New York, 1949), 168.

3. R. G. Tugwell, "The Progressive Orthodoxy of Franklin D. Roosevelt," *Ethics*, Oct. 1953; R. G. Tugwell, "The Preparation of a President," *Western Political Quarterly*, June 1948; Tugwell, "New Deal Memoir," Ch. 1.

4. *New York Times*, Aug. 27, 1932; Donald Richberg, *My Hero* (New York, 1954), 155; B. N. Timmons, *Garner of Texas* (New York, 1948), 168. 为了尽量贴近历史真实性原则，我此处选用了里奇伯格在1947年1月3日接受我的访谈之时提到的那个版本，弃用了里奇伯格在书中刊印的那个更为温和的版本；未删节的部分更能解释里奇伯格当时是何等尴尬，毕竟，他要将如此直截的信息传送给总统候选人。

5. Alfred E. Smith, "The New Outlook," *New Outlook*, Oct., Nov. 1932; Alred E. Smith, "They're Wasting Your Money," *Red Book*, Nov. 1932; testimony, Senate Finance Committee, Investigation of Economic Problems, 854 - 855; A. C. Ritchie, "The Democratic Case," *Saturday Evening Post*, Oct. 29, 1932; Rixey Smith and Norman Beasley, *Carter Glass* (New York, 1939), 472; H. F. Byrd, "Better Government at Lower Cost," *Yale Review*, Sept. 1932; J. W. Davis in the *New York Times*, Oct. 30, 1932.

6. Tugwell, "Progressive Orthodoxy"; R. G. Tugwell, interview, Jan. 22, 1952; Grace Tully, *F. D. R., My Boss* (New York, 1949), 324.

7. O. Max Gardner, *Public Papers and Letters ... 1929 - 1933* (Raleigh, N.C., 1937), 623.

8. Holmes to Laski, July 30, 1920, in M. DeW. Howe, ed., *Holmes-Laski Letters* (Cambridge, 1953), 272; Tully, *F. D. R.*, 140; "Felix Frankfurter," *Fortune*, Jan. 1936; Archibald MacLeish, "Mr. Justice Frankfurter," *Life*, Feb. 12, 1940; Archibald MacLeish, Introduction in Felix Frankfurter, *Law and Politics*, MacLeish and E. F. Prichard, Jr., eds. (New York, 1939).

9. F. D. R. to D. W. Hovey, Oct. 2, 1930, to Gilbert Orlovitz, Dec. 7, 1931, Roosevelt Papers; F. D. R., *Public Papers* (1928 - 1932), 662 - 663, 666; Moley, *After Seven Years*, 11; Tugwell, "New Deal Memoir," Ch. 1; Tugwell,

"Progressive Orthodoxy".
10. *New York Times*, Jan. 5, 1933; Louis Overacker, "Campaign Funds in a Depression Year," *American Political Science Review*, Oct. 1933.
11. Alfred Lief, *Democracy's Norris* (New York, 1939), 388–394; H. L. Ickes, *Autobiography of a Curmudgeon* (New York, 1943), 253; *Proceedings of the Democratic National Committee*, 597; *New York Times*, Sept. 26, 1932; A. F. Mullen, *Western Democrat* (New York, 1940), 294–295; Richberg, *My Hero*, 156–157.
12. *New York Times*, Jan. 5, 1933; Moley, *27 Masters*, 37–38.
13. Ickes to F. D. R., July 8, 1932, Elizabeth Bass to F. D. R., July 19, 1932, Roosevelt Papers; Moley, *27 Masters*, 209–211; Gene Fowler, *Beau James* (New York, 1949), 327; E. J. Flynn, "Reminiscences" (Ordeal History Project, March 1950), 15; Walter Lippmann in the *New York Herald Tribune*, Oct. 7, 1932; Mullen, *Western Democrat*, 286–287; S. I. Rosenman, *Working with Roosevelt* (New York, 1952), 83.
14. Tugwell, "Progressive Orthodoxy".
15. F. D. R., *Public Papers* (1928–1932), 699.
16. F. D. R., *Public Papers* (1928–1932), 712, 740.
17. F. D. R., *Public Papers* (1928–1932), 742–756.
18. Moley, *After Seven Years*, 47–52; Anne O'Hare McCormick, "The Two Men at the Big Moment," *New York Times Magazine*, Nov. 6, 1932; F. D. R, speech at Atlanta, Oct. 24, 1932, Roosevelt Papers; Tugwell, "New Deal Memoir," Ch. 1; Moley to F. D. R., Nov. 30, 1935, Roosevelt Papers.
19. T. L. Stokes, *Chip Off My Shoulder* (Princeton, 1940), especially 324; Anna Roosevelt, "My Life with FDR," *The Woman*, Oct. 1949; Pittman to F. D. R., Oct. 4, 1932, Roosevelt Papers.
20. E. K. Lindley, *The Roosevelt Revolution* (New York, 1933), 4; F. D. R., address at Poughkeepsie, Nov. 7, 1932, Roosevelt Papers; H. M. Kannee, transcript of campaign speeches, Roosevelt Papers; McCormick, "Two Men at the Big Moment".
21. Garner to F. D. R., Oct. 3, 1932, Roosevelt Papers; Farley, *Behind the Ballots*, 176; Press Conference # 578, Sept. 12, 1939, Roosevelt Papers; *New York Times*, Oct. 11, 1932; *New York Herald Tribune*, Oct. 13, 1932.
22. H. L. Stimson, Diary, June 27, 1932; Dolly Gann, *Dolly Gann's Book* (New York, 1933), 230; *New York Times*, July 5, 1932; *New York Herald Tribune*, Oct. 11, 1932.

23. Stimson, Diary, July 5, Aug. 5, 1932.
24. T. G. Joslin, *Hoover Off the Record* (New York, 1934), 295, 296, 301; Stimson, Diary, Sept. 25, 1932; I. H. Hoover, "The Hospitable Hoovers," *Saturday Evening Post*, April 14, 1934; *New York Daily News*, Oct. 5, 1932; Hoover, *State Papers*, II, 302, 308.
25. Joslin, *Hoover*, Ch. 26; Stokes, *Chip Off My Shoulder*, 304–305; E. W. Starling, *Starling of the White House* (New York, 1946), 299; Edward Angly, "A Story Time Has Told," *New Outlook*, April 1934; Hoover, "Hospitable Hoovers".
26. F. D. R., *Public Papers* (1928–1932), 784, 808, 835–837, 853; Moley, *After Seven Years*, 59, 64; Michelson, *The Ghost Talks*, 11; Tugwell, "New Deal Memoir," Ch. 1.
27. Hoover, *State Papers*, II, 351, 337, 408–428; *New York Times*, Nov. 1, 1932; Walter Lippmann, *The Method of Freedom* (New York, 1934), 32.
28. Moley, *After Seven Years*, 64; John Chamberlain, "A Hamiltonian Reformer," *New Republic*, Sept. 14, 1932.
29. Paul Douglas, "Who Are the Democrats?" *World Tomorrow*, Sept. 28, 1932; John Dewey, "The Need for a New Party," *New Republic*, March 18, 1931; John Dewey, "Prospects for a Third Party," *New Republic*, July 27, 1932; *New York Times*, Oct. 7, 1932; R. M. Lovett, "Progressive at Cleveland," *New Republic*, July 20, 1932.
30. "How I Shall Vote," *Forum*, Nov. 1932; *Culture and the Crisis* (New York, 1932), 3, 17, 20, 24, 18, 30.
31. Hoover, *State Papers*, II, 452–454, 477–479; *New York Herald Tribune*, Nov. 6, 1932; *New York Times*, Nov. 6, 1932; Starling, *Starling*, 300; W. A. White, "Herbert Hoover," *Saturday Evening Post*, March 4, 1933.
32. F. D. R., address at Poughkeepsie, Roosevelt Papers.
33. *New York Times*, Nov. 9, 1932; Lela Stiles, *The Man Behind Roosevelt* (Cleveland, 1954), 216; Farley, *Behind the Ballots*, 185–189.

三十四 举国期待

1. McAdoo to F. D. R., Nov. 22, 1932, Woodin to F. D. R., Nov. 15, 1932, Roosevelt Papers; Daniels to F. D. R., Nov. 9, 1932, F. D. R. to Daniels, Nov. 17, 1932, in Carroll Kilpatrick, ed., *Roosevelt and Daniels: A Friendship in Politics* (Chapell Hill, 1952), 122–124; Milton Stone to F. D. R., Nov. 14,

1932, Roosevelt Papers; *Time*, Nov. 28, 1932.
2. F. D. R. to Norman Davis, Nov. 26, 1932, Davis Papers; L. B. Wehle, *Hidden Threads of History* (New York, 1953), 120-121.
3. Sumner Welles to Norman Davis, Nov. 28, 1932, Davis Papers; F. D. R. to W. H. Mahony, May 22, 1928, Roosevelt Papers; Eleanor Roosevelt, *This I Remember* (New York, 1949), 61.
4. Hoover, *State Papers*, II, 587, 589, 592; Hoover, *Memoirs*, II, 179-180.
5. Raymond Moley, *After Seven Years* (New York, 1939), 68-79; R. G. Tugwell, Diary, Dec. 20, 1932, Jan. 14, 1933, Tugwell Papers; R. G. Tugwell, "A New Deal Memoir: Early Days, 1932-1933," Ch. 1, MS in the Tugwell Papers.
6. Welles to Davis, Nov. 28, 1932, Davis Papers.
7. H. L. Stimson, Diary, Nov. 14, 11, 22, 1932.
8. Moley, *After Seven Years*, 72-77; I. H. Hoover, *Forty-Two Years in the White House* (Boston, 1934), 222-223; Stimson, Diary, Nov. 22, 1932. 胡佛对此次晤谈的记述显然有错漏。据胡佛记述,史汀生当时是在场的,实际上,史汀生并不在场。很显然,胡佛是把11月22日的会议跟1月份进行的后续商议给弄混了。参见,Hoover, *Memoirs*, III, 179-184。
9. Tugwell, Diary, Dec. 20, 1932; Stimson, Diary, Dec. 21, 1932.
10. Stimson, Diary, Dec. 22, 23, 24, 24, 27, 28, 1932, Jan. 3, 4, 6, 9, 19, 1933; H. L. Stimson, "Reminiscences" (Oral History Project, Sept. 1949), 20-21; H. L. Stimson and McGeorge Bundy, *On Active Service in Peace and War* (New York, 1948), 289-293; Stimson to F. D. R., Dec. 10, 1932, F. D. R. to Stimson, Dec. 24, 1932, Roosevelt Papers.
11. Stimson, Diary, Jan. 17, 1933; Tugwell, Diary, Jan. 17, 1933; Moley, *After Seven Years*, 94-95.
12. Tugwell, Diary, Jan. 22, 1933; Moley, *After Seven Years*, 94-105; R. G. Tugwell, "The Protagonists: Roosevelt and Hoover," *Antioch Review*, Dec. 1953. 这些材料在史汀生1933年1月20日的日记中保留了副本,可以证明莫利的说法:史汀生最初的声明中并没有包含此次会议达成的有关对债务问题和经济问题实施剥离的协议。不过,也应当指出,史汀生在1月19日时确实是很明确地认为,莫利在这个问题上是赞同戴维斯和自己的意见的,所以,当莫利在1月20日的白宫晤谈会上站在相反立场之时,这样的举动在史汀生看来"完全跟前一天晚上的立场来了一个一百八十度的大逆转,前一天晚上他可是颇多赞同的,这样的举动令我完全不能理解"。
13. *New York Times*, Dec. 5, 6, 1932; J. N. Leonard, *Three Years Down* (New York,

1939), 298 – 300; M. A. Hallgren, *Seeds of Revolt* (New York, 1933), 184 – 185; Malcolm Cowley, "Red Day in Washington," *New Republic*, Dec. 21, 1932; Allen Chase, "Both Hungry and Marching," *Common Sense*, Dec. 21, 1932; Robert Cantwell, "The Hunger Marchers' Victory," *Common Sense*, Jan. 19, 1933.

14. T. G. Joslin, *Hoover Off the Record* (New York, 1934), 331; Alfred E. Smith, "Democratic Leadership at the Crossroads," *New Outlook*, March 1933.

15. B. N. Timmons, *Garner of Texas* (New York, 1948), 171 – 172; Rixey Smith and Norman Beasley, *Carter Glass* (New York, 1939), 323 – 324; Tugwell, Diary, Dec. 27, 1932; *New York Times*, Jan. 6, 7, 1933; Tugwell, "New Deal Memoir," Chs. 1, 4.

16. J. M. Keynes in Arthur Salter, et al., *The World's Economic Crisis* (New York, 1932), 61; J. M. Keynes, "The Economy Report," *New Statesman*, Aug. 15, 1931; J. M. Keynes, *Essays in Persuasion* (London, 1931), 162; Stuart Chase, "Government Economy," *Scribner's*, Dec. 1932.

17. Tugwell, "New Deal Memoir," Ch. 1; *New York Herald Tribune*, Dec. 1, 1932; Raymond Moley, *27 Masters of Politics* (New York, 1949), 242.

18. Tugwell, "New Deal Memoir," Chs. 1, 4; Tugwell, Diary, Dec. 20, 1932, Jan. 14, 25, 29, 1933; *New York World-Telegram*, Jan. 26, 1933.

19. W. L. White, *Bernard Baruch* (New York, 1950), 78; Tom Connally, *My Name Is Tom Connally* (New York, 1954), 148; Cordell Hull, *Memoirs* (New York, 1948), I, 161 – 162; *Time*, Jan. 23, 1933.

20. Judson King, "Roosevelt's Power Record," *New Republic*, Sept. 7, 1932; Alfred Lief, *Democracy's Norris* (New York, 1939), 396.

21. 一直有一种错误观念认为,"新政"政策是在1932年选战之后突然之间降临的。但事实是,差不多所有的"新政"举措在选战当中便已经有所显现了。就如同 E. K. 林德利总括的那样,"差不多所有的重大'新政'举措在选战期间就已经有所预示了,只有一个例外"。罗森曼也写道,"除了NRA之外……第一任期的所有重要计划、新政规划的所有重要元素,都在竞选演说中有过预示了,一次或者多次",而且真要说起来,即便是NRA计划,也肯定在10月6日有关生产计划和管理的演说中"预示"过了。可参阅,E. K. Lindley, *The Roosevelt Revolution* (New York, 1933), 3, 10, 34 – 41; S. I. Rosenman, *Working with Roosevelt* (New York, 1952), 85 – 86。

22. E. D. Coblentz, *William Randolph Hearst* (New York, 1952), 146 – 151; George Creel, *Rebel at Large* (New York, 1947), 270 – 273.

23. F. D. R. to Norris, Dec. 14, 1932, Roosevelt Papers; *New York Times*, Jan. 22,

23, Feb. 3, 1933; F. D. R., *Public Papers* (1928-1932), 888.
24. D. C. Roper, "The New Deal Endorses Profits," *Forum*, Dec. 1934; Tugwell, "New Deal Memoir," Ch. 1.

三十五 混沌空位期

1. James E. Watson, *As I Knew Them* (Indianapolis, 1936), 305; T. G. Joslin, *Hoover Off the Record* (New York, 1934), 340.
2. *New York Sun*, Jan. 6, 1933; H. L. Stoddard, *It Costs To Be President* (New York, 1938), 142-146. 是罗伯特·罗德(Robert Roeder)在这个意义上使用了"大空位"一词,我在此借取了这个用法。
3. Senate Finance Committee, *Investigation of Economic Problems: Hearings*, 72 Cong., 2 Sess. (1933), 18, 204, 215, 219, 287, 249, 77, 798, 941, 827, 443, 446, 683, 690, 300, 741.
4. George Sokolsky, "The Temper of the People," *New Outlook*, April 1933; Walter Lippmann, "Big Business Men of Tomorrow," *American Magazine*, April 1934; Joseph P. Kennedy, *I'm for Roosevelt* (New York, 1936), 93.
5. Testimony of E. A. O'Neal, Senate Banking and Currency Committee, *Refinancing Past Due Obligations on Farms and Homes: Hearings*, 72 Cong., 1 Sess. (1933), 168-176, and Senate Agriculture and Forestry Committee, *Agricultural Adjustment Relief Plan: Hearings*, 72 Cong., 1 Sess. (1933), 15; testimony of J. A. Simpson, Sen. Agr. Com., *Agricultural Adjustment Relief Plan*, 27-28; *Time*, Jan. 16, 23, Feb. 13, 1933; *Literary Digest*, Jan. 21, Feb. 4, 11, 1933; M. H. Vorse, "The Farmers' Relief Conference," *New Republic*, Dec. 28, 1932; Lief Dahl, "Nebraska Farmers in Action," *New Republic*, Jan. 16, 1933; Ella Bloor, *We Are Many* (New York, 1940), 237; Karl Presthold, "Do Farmers 'Revolt'?" *North American Review*, July 1933; "Bryan! Bryan!!" *Fortune*, Jan. 1934.
6. *New York Times*, Feb. 8, 1933; *New York Herald Tribune*, Feb. 10, 17, 1933.
7. Howard Scott, "Technology Smashes the Price System," *Harper's*, Jan. 1933; Allen Raymond, *What Is Technocracy?* (New York, 1933), especially 96-97; Howard Scott, "Technocracy: an Appraisal," *North American Review*, Feb. 1933; Stuart Chase, *Technocracy: An Interpretation* (New York, 1933); "Twenty-Five on Technocracy," *Common Sense*, Feb. 2, 1933; Archibald MacLeish, "Technocracy Speaks," *Saturday Review of Literature*, Jan. 28, 1933; Alfred E. Smith, "The New Outlook," *New Outlook*, Jan. 1933; *New*

York Times, Aug 21, 1932, Jan. 18, 24, 1933; Paul H. Douglas, "Technocracy," World Tomorrow, Jan. 18, 24, 1933; Pau Blanshard, "The Gospel According to Technocracy," World Tomorrow, Feb. 22, 1933; George Soule, "Technocracy," New Republic, Dec. 28, 1932; Virgil Jordan, "Technocracy-Tempest on a Slide Rule," Scribner's, Feb. 1933; W. W. Parrish, "Technocracy's Challenge," New Outlook, Jan. 1933; Broadus Mitchell, "A Test of Technocrats," Virginia Quarterly Review, April 1933; letter by W. H. Smyth, Nation, Dec. 28, 1932; Time, Jan. 23, 1933; Robert Roeder, "Utopianism's Effects on America During the Great Void," written in my Harvard seminar; J. S. Gambs, The Decline of the I. W. W. (New York, 1932), 156 - 162; Joseph Dorfman, Thorstein Veblen and His America (New York, 1934), Ch. 24.

8. M. F. Reilly, Reilly of the White House (New York, 1947), 48 - 52; New York Herald Tribune, Feb. 16, 1933; New York Times, Feb. 16, 17, 20, 1933; New York World-Telegram, Feb. 16, 1933; F. D. R. to Garner, Dec. 21, 1932, Roosevelt Papers; Time, Feb. 27, 1933; Max Hall, "A Hero to his Valet," Emory University Quarterly, Oct. 1947; Raymond Moley, After Seven Years (New York, 1939), 139 - 139; J. A. Farley, Jim Farley's Story (New York, 1948), 22.

9. New York Times, Dec. 14 - 22, 1931; New York Herald Tribune, April 6, 1955; 为了公正起见, 在此也应当为孔塔西尼先生说两句: 丘吉尔后来也大方承认自己应当为此次事件负责, 遂给了孔塔西尼一张支票, 孔塔西尼当时虽然失业, 但还是拒绝了, 丘吉尔遂将《未知的战争》(The Unknown War) 一书赠给孔塔西尼, 并附上自己的亲笔签名。

10. Sara Roosevelt to F. D. R., Nov. 14, 1932, Roosevelt Family Papers; J. A. Farley, Behind the Ballots (New York, 1938), 183; E. D. Coblentz, William Randolph Hearst (New York, 1952), 147.

11. Lela Stiles, The Man Behind Roosevelt (Cleveland, 1954), 231; E. J. Flynn, You're the Boss (New York, 1947), 123; Moley, After Seven Years, 109, 123; A. F. Mullen, Western Democrat (New York, 1940), 305.

12. Davis v. Las Ovas Co., Inc., 227 U. S. at 80.

13. Cordell Hull, Memoirs (New York, 1948), I, 156 - 159; L. B. Wehle, Hidden Threads of History (New York, 1953), 129; Moley, After Seven Years, 111 - 118; H. L. Ickes, The Secret Diary ... The First Thousand Days, 1933 - 1936 (New York, 1953), 110; Charles W. Ervin, Home-grown Liberal (New York, 1954), 203 - 204.

14. Moley, *After Seven Years*, 118–121; Rixey Smith and Norman Beasley, *Carter Glass* (New York, 1939), 330–334; A. A. Berle, Jr., Diary, May 10, 1939, Berle Papers; Glass to F. D. R., Feb. 7, 1933, Roosevelt Papers；里克西·史密斯当时是格拉斯的秘书，他支持莫利的说法，对法利的说法颇多质疑，见，Farley, *Behind the Ballots*, 202–203。
15. Moley, *After Seven Years*, 121–123; Farley, *Behind the Ballots*, 206.
16. Russell Lord, *The Wallaces of Iowa* (Boston, 1947), 322–324; Raymond Moley, "Gideon Goes to War," *Newsweek*, Jan. 12, 1948; Sidney Hyman, memorandum of talk with Thomas H. Beck, March 13, 1949, Roosevelt Foundation Papers; O. M. Kile, *The Farm Bureau Through Three Decades* (Baltimore, 1948), 194; Wallace to F. D. R., Nov. 17, 1932, in G. C. Fite, *George N. Peek and the Flight for Farm Parity* (Norman, Okla., 1954), 241–242.
17. D. C. Roper, *Fifty Years of Public Life* (Durham, N. C., 1941), 265–266; Moley, *After Seven Years*, 124–125; R. G. Tugwell, Diary, Feb. 26, 1933, Tugwell Papers.
18. Mary W. Dewson, "An Aid to the End," Ch. 1, MS autobiography, Dewson Papers; Frances Perkins to F. D. R., Feb. 1, 1933, Roosevelt Family Papers; Frances Perkins, "Eight Years as Madame Secretary," *Fortune*, Sept. 1941; Frances Perkins, *The Roosevelt I Knew* (New York, 1946), 150–152.
19. F. D. R. to Dern, Feb. 2, Dern to F. D. R., Feb. 12, 1933, M. N. Dana to F. D. R., Jan. 23, 1933, Roosevelt Papers; H. L. Ickes, *Autobiography of a Curmudgeon* (New York, 1943), 261–270; Perkins, *Roosevelt I knew*, 150–151; Mullen, *Western Democrat*, 302–303; Ickes, *First Thousand Days*, 240, 631; Moley, *After Seven Years*, 126–127.
20. H. L. Ickes, "My Twelve Years with F. D. R.," *Saturday Evening Post*, June 5, 1948.
21. F. D. R. to Rosenman, March 9, 1933, Roosevelt Papers; Moley, *After Seven Years*, 81; Tugwell, Diary, Jan. 7, Feb. 10, 17, 18, 1933; Raymond Moley, *27 Masters of Politics* (New York, 1949), 81.
22. Moley, *After Seven Years*, 115–118; Daniels to F. D. R., July 18, 1939, Roosevelt Papers; Josephus Daniels, *Shirt-Sleeve Diplomat* (Chapell Hill, 1947), 18–19.
23. *Historical Statistics*, N 141–147; J. M. Keynes, *Essays in Persuasion* (London, 1931), 168–178; Hoover, *State Papers*, I, 133, 145, 375, II, 4.
24. Memorandum of talk with Henry Ford, Feb. 13, 1933, by R. D. Chapin and A. A. Ballantine, Office of the Comptroller of the Currency, Banking Emergency

Records, National Archives; A. A. Ballantine, "When All the Banks Closed," *Harvard University Review*, March 1948; testimony of Edsel Ford, A. A. Ballantine, and others, Senate Banking and Currency Committee, *Stock Exchange Practices*: *Hearings*, 73 Cong., 2 Sess. (1934), Parts X, XI.

25. Hoover to F. D. R., Feb. 17, 1933, Hoover to S. D. Fess, Feb. 21, 1933, Hoover to D. A. Reed, Feb. 20, 1933, in W. S. Myers and W. H. Newton, *The Hoover Administration: A Documented Narrative* (New York, 1936), 338–341, 351; Moley, *After Seven Years*, 140.

26. Stimson, Diary, Feb. 22, 1933; Grace Tully, *F. D. R., My Boss* (New York, 1949), 63; Myers and Newton, *Hoover Administration*, 344–345; Moley, *After Seven Years*, 141–142; R. G. Tugwell, "The Protagonists: Roosevelt and Hoover," *Antioch Review*, Dec. 1953.

27. Lamont to F. D. R., Feb. 27, 1933, Roosevelt Papers; Tugwell, Diary, Jan. 14, Feb. 18, 26, 1933; Moley, *After Seven Years*, 142–144; E. K. Lindley, *The Roosevelt Revolution* (New York, 1933), 77–78; R. G. Tugwell, "A New Deal Memoir: Early Days, 1932–1933," Ch. 1, MS in the Tugwell Papers.

28. Edmund Wilson, "Sunshine Charley," *Twelves in Two Democracies* (New York, 1936), 55–62.

29. Tugwell, "New Deal Memoir," Ch. 1; Farley, *Behind the Ballots*, 207–208; Farley, *Jim Farley's Story*, 36.

30. 参阅, Moley, *After Seven Years*, 146–147, footnote; Myers and Newton, *Hoover Administration*, 366; Smith and Beasley, *Glass*, 340–342。

31. R. E. Sherwood, "Inaugural Parade," *Saturday Review of Literature*, March 4, 1933.

32. F. D. R. "Memorandum on Leadership," July 6, 1928, F. D. R. to Ray Stannard Baker, March 20, 1935, Roosevelt Papers; 关于富兰克林·罗斯福与西奥多·罗斯福, 也可参阅, Earle Looker, *This Man Roosevelt* (New York, 1932), 55; H. F. Pringle, "The President," *The New Yorker*, June 30, 1934; Perkins, *Roosevelt I Knew*, 46。

33. Theodore Roosevelt, *An Autobiography* (New York, 1913), 378–380, 400–401; Woodrow Wilson, *Constitutional Government* (New York, 1908), 70.

34. Anne O'Hare McCormick, "Roosevelt's View of the Big Job," *New York Times Magazine*, Sept. 11, 1932; Frankfurter to F. D. R., Nov. 10, 1932, Roosevelt Papers; Lindley, *Roosevelt Revolution*, 34.

35. *Times* (London), Jan. 31, 1933; *New York Times*, Jan. 31, 1933; Konrad Heiden, *Der Fuehrer* (Boston, 1944), 540.

Arthur M. Schlesinger, Jr.

THE CRISIS OF THE OLD ORDER: 1919-1933, THE AGE OF ROOSEVELT, VOLUME I

Copyright © 1957, Arthur M. Schlesinger, Jr.
Copyright renewed © 1985 by Arthur M. Schlesinger, Jr.
All rights reserved

图字：09-2018-1136号

图书在版编目（CIP）数据

旧秩序的危机：罗斯福时代. I /（美）小阿瑟·M. 施莱辛格著；林国荣译. -- 上海：上海译文出版社，2025. 6. --（小阿瑟·M. 施莱辛格史学经典）. -- ISBN 978-7-5327-9369-3

Ⅰ. K712. 507

中国国家版本馆CIP数据核字第2025EK6532号

旧秩序的危机 1919—1933
罗斯福时代 I
The Crisis of The Old Order: 1919-1933, the Age of Roosevelt, Volume Ⅰ

Arthur M. Schlesinger, Jr.
［美］小阿瑟·M. 施莱辛格　著
林国荣　译

出版统筹　赵武平
责任编辑　陈飞雪
装帧设计　张擎天

上海译文出版社有限公司出版、发行
网址：www.yiwen.com.cn
201101　上海市闵行区号景路159弄B座
上海盛通时代印刷有限公司印刷

开本890×1240　1/32　印张20.5　插页2　字数377,000
2025年6月第1版　2025年6月第1次印刷

ISBN 978-7-5327-9369-3
定价：138.00元

本书版权为本社独家所有，未经本社同意不得转载、摘编或复制
本书如有质量问题，请与承印厂质量科联系，T: 021-37910000